후비를이롬이니라 니학리오도라가친뎡부모쎄문안학리라학니눈 츙랴시경에글오디어늬옷은싯꼬어듸옷은싯지아 눈어버이편이홈만큼이업다학니가히풍경치아 버이셤김을하놀셤김갓치호다학니 으로써그마음을고치지아니학노니고로 미귀홈으로써그효도를옴기지아니학고이미부홈 써시업시리라고로어진사룸의어버이를셤김이 불모셤기놈도를시부모의게밀루면다시더학고불딸

웃눈얼골로질거움을흐노이눈그어버이를잘셤기
지못흐눈쟈오졍셩과효도와사랑과공경을어귄비
엄눈이눈그어버이를잘셤기눈쟈라이불을달며쟈
리를거둠은례졀의씻시오밤을의실쎄여옷을리징움
은일의셰미홈이니반다시공경흐고부지런흐야죠
셔의명즁신바의게우르며거스림이업셔공경이더
욱집펑이와신의엄호고맛나고단음식을밧다시자
시다남품을삼가흐거든하말며이보단큰쟈라
고로그몸을욕되지아니케흐고그어버이를어귀지
아니홈이이어버이셤겁의룬거시라어림으로부터

# 역사신문

신문으로 엮은 한국 역사

조선후기(1608년~1876년)

4

사계절

**이 책을 만든 사람들**

| | |
|---|---|
| 검토위원 | 조동근(경동고 교사) |
| | 박주현(서울대 대학원 역사교육과) |
| | 박진동(덕수산업정보고 교사) |
| | 남궁원(서울사대부고 교사) |
| | 이화연(경서중 교사) |
| 집   필 | 신선호(국악고 교사) |
| 학술 협조 및 자문 | |
| | 오수창(서울대 규장각 학예연구사, 문학박사) |
| 시사만평 | 이은홍 |
| 삽   화 | 김종도 이철원 김영민 장양선 전기윤 이은홍 |
| 만   화 | 이바구 |
| 지   도 | 전크리에이티브 |
| 표   지 | 박현숙디자인 |
| | |
| 교   정 | 강윤재 최옥미 조경숙 |
| 제   작 | 조영준 |
| 미   술 | 이은홍 송춘희 |
| 연   구 | 김성환 |
| 기   획 | 우지향 |
| 편   집 | 최영재 |
| 편 집 인 | 김경택 |

# 역사신문 발간에 부쳐

우리는 흔히 '역사'에 대해 서로 다른 두 가지 상을 갖게 됩니다. 역사란 오늘의 우리 모습을 비춰 주고, 내일의 삶에 방향을 제시해 주는 거울 같은 것이라는 거창한 명제가 우리들 의식 한 켠에 늘 자리잡고 있습니다. 그러나 다른 한편, 역사를 단순히 흘러간 옛날 이야기로 치부하거나 골치 아픈 연대기를 외우는 지겨운 과목쯤으로 생각하는 경우도 적지 않습니다. 이처럼 역사에 대해 상반된 상을 갖게 되는 것은 역사를 역사답게 배우지 못했던 교육 여건의 결과이기도 하지만, 역사를 올바로 이해할 수 있도록 도와 주는 자료나 매체가 풍부하지 못한 데에도 원인이 있습니다.

역사란 결코 박제화된 먼 과거의 연대기가 아닐 것입니다. 인류는 유사 이래 서로 이해관계를 다투며 각 시대마다 그 시대의 사회체제와 생활양식을 만들고, 또 이것을 떠받쳐 주는 사상을 엮어왔는 바, 그 총체가 바로 역사라고 할 수 있습니다. 또한 오늘 우리들의 삶도 바로 이 역사의 연속선상에서 이루어지고 있습니다. 그러기에 우리는 과거의 태반 속에서 태어난 역사의 자식인 것입니다.

그러나 이 점을 확연하게 깨닫게 해주는 책은 그리 많지 않은 것 같습니다. 통사류의 개설서나 교과서는 역사의 전 시기를 체계적으로 서술하는 것이 목표이다 보니 너무 추상적이고 어려워, 지식대중들이나 학생들이 역사를 자신의 삶과 관련하여 생생하게 이해하는 데에는 큰 도움을 주지 못하고 있습니다. 그런 반면 이야기 형식으로 꾸며진 역사책들은 흔히 흥미 위주의 이야기들을 모아놓은 데 그치는 경우가 많아 과거 사람들의 삶에 흥미를 갖게 하지만, 각 시대의 실상을 체계적이고 객관적으로 파악하게 하는 데에는 미흡할 수밖에 없다고 생각합니다.

우리가 역사를 신문형식으로 편찬하기로 한 것은 이처럼 비어 있지만 가장 중요한 자리를 채우는 좋은 방법이 아닐까 하는 생각에서 입니다. 먼 과거의 역사를 마치 우리가 날마다 주위에서 일어나는 사건을 신문을 통해서 보는 것처럼 쉽고 생생하게 이해할 수 있을 거라는 생각입니다. 말하자면 우리가 신문보도를 통해서 그날 그날 일어난 사건을 접하고, 해설기사를 보면서 그 사건의 성격을 이해하며, 사설을 읽고 그 시시비비를 가릴 수 있듯이, 역사신문을 봄으로써 과거 역사를 생생한 오늘의 일로 느끼면서도 깊이 있게 이해하도록 하자는 것입니다.

우리 역사신문편찬위원회는 이런 목표를 이루기 위해 지난 3년여 동안 함께 모여 수많은 논의를 거치며 집필과 편집작업을 거듭하여 우리 역사를 모두 130여 호의 신문으로 편찬하게 되었습니다. 선례가 없이 처음 만드는 신문이라서 기사의 내용이나 편집체제가 애초의 의도를 살리기에 미흡한 점이 적지 않으리라 생각되어 걱정이 앞서기도 합니다.

그러나 그런 가운데서도 우리 역사를 자기 것으로 이해하고자 하는 지식대중들이나 역사를 가르치고 배우는 교사와 학생 모두에게 바른 역사이해의 길잡이가 되었으면 하는 마음 간절합니다.

우리가 신문보도를 통해서
그날 그날 일어난 사건을 접하고,
해설기사를 보면서
그 사건의 성격을 이해하며,
사설을 읽고 그 시시비비를 가릴 수 있듯이,
역사신문을 봄으로써 과거의 역사를
생생한 오늘의 일로 느끼면서도 깊이 있게
이해하도록 하자는 것입니다.

역사신문편찬위원 일동

# 역사신문 읽는 법

(1) 역사신문은 중요한 역사적 사건을 중심으로 전후 몇십 년, 간혹 몇백 년을
한 호의 신문에 포괄하고 있습니다. 그래서 어쩔 수 없이 수십년 동안 일어난 일을 한 호의 신문에
실었고 기사 내용도 몇십 년을 한 시간대로 간주하고 쓰여진 경우가 있습니다.

## (2) 역사신문 기본호는 4면으로 구성되어 있습니다.

4면의 예

**1면**에는 해당 시기의 주요 사건의 보도기사들을
역사적 중요도에 따라 크기를 달리하여 실었습니다.
**2면**에는 1면 기사 가운데 중요한 비중을 갖는 사건의 배경과
역사적 맥락 등을 이해하도록 하는 해설성 기사와 사설,
만평 등을 실었습니다.
**3면**에는 1면의 관련기사나 생활, 경제기사를 주로 실었습니다.
**4면**에는 문화 관련기사와 해외소식 을 주로 실었습니다.

## (3) 역사신문의 기사들은 이런 성격을 갖고 있습니다.

**기사제목** : 기사제목은 역사의 사실을 전달하면서도
이를 당시 살았던 사람들의 생각을 통해 이해하도록 뽑았습니다.
주요 기사의 제목만을 쭉 읽어 보아도 한 시대의 흐름을
알 수 있을 것입니다. 물론 기억에도 오래 남습니다.

**연표** : 1면 제호 옆의 연표를 보면 해당 호에 주로 어떤 사건들이
일어났는가를 파악할 수 있습니다. 또 주요 사건의 관련기사가 몇 면에
실려있는가가 표기되어 있어 신문의 목차 역할도 합니다.

**연대표** : 1면 하단의 간단한 연대표를 보면 해당 호의 주요 사건이
각 시대의 전체 흐름 가운데 어떤 위치와 맥락에 있는지
참조할 수 있습니다.

**관련기사** : 각 호의 주요 기사에 대해서는 반드시 관련 해설이나 관계 인물과 인터뷰 등을 하여 그 내용을 역사적 관점에서 다각도로 이해할 수 있도록 하였습니다.

**참조기사** : 앞뒤 호로 연결되는 사건이나 정책 등에 대해서는 참조기사 표시를 하여 역사적 흐름의 이해를 돕고 있습니다.

**사설** : 사설에서는 각 시대의 주요 사건을 오늘의 관점에서가 아니라, 그 시대를 살았던 사람들의 관점에서 시비를 가려 평가하였습니다. 오늘날 흔히 논란이 되고 있는 역사적 쟁점을 그 시대인의 눈으로 보는 데에 도움이 될 것입니다.

**찾아보기** : 책 말미의 찾아보기는 신문에 실린 각 시대의 주요 사건, 인물, 제도, 정책 유물 등의 내용을 사전처럼 쉽게 찾아볼 수 있도록 그 게재 위치를 표시한 것입니다. 필요할 때마다 여러 가지 용도로 활용하세요.

## (4)역사신문을 읽고 이렇게 해 보세요.

(1) 역사신문의 사설을 읽고 논평이나 비판을 써 보면 그 주제에 대한 자신의 생각을 정리하는 데에 도움이 됩니다.

(2) 관심 있게 읽은 기사에 대해 독자투고를 써 보면 역사적 사실이 먼 과거에 일어났던 남의 일이 아니라 바로 자신의 일임을 느끼게 됩니다.

(3) 만평을 보고 자신의 소감을 써 보거나 자신이 직접 만평을 그려봐도 재미있습니다.

(4)특정기사를 광고문으로 만들어보는 것도 흥미로운 일입니다.

---

**일러두기**

1. 역사적 사실에 대한 고증이나 평가 가운데 역사학계에서 이론(異論)이 있는 경우, 고등학교 국사 교과서를 기준으로 삼았으며, 국사 교과서와는 다르지만 중요하다고 생각되는 견해에 대해서는 독자투고 등의 형식으로 소개하고자 했다.

2. '역사신문'의 기사는 모두 사실(史實)에 기초하여 집필하였으나, 신문의 형식상 필요한 경우 사실의 범위 내에서 가공한 부분도 있다.

3. 사설은 기본적으로 역사적 입장을 견지하였으며, 구체적인 사항에 대한 평가는 '역사신문'의 견해에 입각한 것임을 밝힌다.

4. 용어나 지명은 가능한 한 해당 시기의 명칭을 사용하는 것을 원칙으로 하였으나, 현재 확인할 수 없는 경우는 현재의 명칭을 그대로 썼다.

5. 역사상의 인물 모습은 가능한 한 초상화나 인물화를 사용하였다. 그런 자료가 남아 있지 않은 경우에는 임의로 그렸음을 밝혀둔다.

6. 역대 국왕의 명칭은 원래 사후에 정해지는 것(영조, 정조 …)이나 편의상 당대에 쓰여진 것처럼 표기하였다.

7. 꼭 필요한 경우 외에는 한자를 생략하였다. 중요한 용어나 인명 등에 대해서는 책 말미의 '찾아보기'에 한자를 병기하였다.

8. '찾아보기'는 신문의 각 면을 4등분하여 좌·우, 상·하의 차례대로 가, 나, 다, 라로 세분하여 표시하였다.

# 역사신문 4권 차례

# 역사신문

# 전후 10년, "나라 다시 만들자"

## 전쟁 영향 심각

### 재정 바닥, 신분질서 와해 조짐
### 조세제도 개편으로 민생안정 도모

7년간 국토를 전란으로 뒤덮은 임진왜란이 끝난 지 10년이 지나면서 전쟁의 영향이 사회 각 부문에 파급되고 있다. 이러한 전쟁의 영향은 단지 인명 손실과 재산 피해에 그치지 않고, 신분제의 전반적 해이와 유교사상의 사회 결속력 약화 등 사회구조적인 변화양상마저 나타나고 있고, 국제적으로도 동북아 국제정세에 엄청난 지각변동을 가져오고 있는 것으로 드러났다.

그중에서도 민생에 직접 관련된 경제부문에 대한 파급효과가 가장 심각한 것으로 밝혀졌다. 경지면적이 전쟁 전 170만 결에서 전후 54만 결로 축소되면서, 민생이 극히 궁핍해져 인육을 먹는 끔찍한 일이 있었다는 보도도 있었다. 이러한 민생 파탄의 여파로 세입이 격감해 국가재정도 위기를 맞고 있다. 특히 이 와중에서 이몽학 난과 같이 정부 전복을 내걸고 난을 일으키는 충격적 사건마저 일어난 바 있다. 이러한 사태는 경제적 궁핍 때문만이 아니라 이전의 엄격했던 유교적 신분제가 현저하게 와해되고 있는 지표라는 분석이 나오고 있다.

한편 이러한 전쟁 후유증에 대한 우려가 깊어지면서 이를 극복하기 위한 노력이 각계에서 시도되고 있다. 그중에서도 정부가 주도적으로 '나라 다시 만들기'에 적극 나서고 있다. 특히 현 국왕 광해군은 임진왜란을 현장에서 직접 겪어 '나라 다시 만들기'에 강한 집념을 보이고 있는 것으로 알려졌다.

정부는 우선 경지를 복구하고 조세제도를 대폭 개편하여 민생을 안정시키는 데 역점을 두고 있다. 특히 대동법은 일반 농민들의 부담을 지주층이 일정 부분 분담하게 함으로써, 민생안정과 국가재정 확충이라는 이중효과를 거두기 위한 제도로 주목되고 있다. 아울러 정부는 신분제의 이완에 대응해서 전국의 충신, 효자, 열녀를 발굴, 포상하는

등 신분질서 재구축에 안간힘을 쓰고 있다. 특히 지방의 사대부들은 향약 등을 통해 신분질서 복구에 나서고 있다.

현재 광해군은 이러한 '나라 다시 만들기'의 순조로운 추진을 위해 각 정파를 골고루 등용하는 거국정부를 구성하겠다고 밝혔으며 후금과의 외교관계도 이러한 내부개혁에 초점을 맞춰 '평화관계 유지'에 중점을 두고 있다.

그러나 이러한 노력에는 걸림돌도 산적해 있다는 지적이 많다. 농업 부문에서는 지주제가 점차 일반화되고 있고, 지방관들의 부정부패 현상도 심각해 민생안정이 여의치만은 않은 상태다. 또 물자 및 인구 이동이 날로 증대하는 상황은 유교적 신분제 유지에 결정적인 어려움으로 작용하고 있다.

참조기사 3권 19호 2·3면

## 국제정세 급변, 후금 부상

### 광해군, 실리외교 천명 "큰 논란"

임진왜란은 동북아 국제정세에 큰 타격을 가해 일본은 물론 중국대륙의 정세가 급변하고 있다. 현재 명이 과대한 전쟁 비용으로 국가 자체가 휘청거리고 있고, 여진족이 후금을 건국, 명을 압박해들어가 긴장이 고조되고 있다. 일본은 임진왜란을 계기로 토요토미 정권이 몰락하고 도쿠가와 막부가 들어서더니 최근에는 막번체제라는 새로운 통치체제가 출현, 정세가 급변하고 있다.

이중에서도 후금이 동북아 국제질서의 균형추를 뒤흔드는 주요요인으로 작용할 태세다. 현재 명과 조선은 전쟁 피해국으로서 내정추스르기에 골몰하고 있고, 일본은 전국시대 통일 이후 새로운 정치체제 구축을 모색하고 있어 국제정치 역학상의 공백이 발생하자 여진족 후금이 그 자리에 나서고 있는 것이다.

이러한 상황에서 광해군은 전통적 사대외교에 구애받지 않고 실리 위주의 등거리 외교를 펴고 있어 관심을 끌고 있다. 지난 1619년 3월 명의 요구에 의해 후금 전투에 파병된 강홍립 휘하의 1만여 조선군이 싸워보지도 않고 투항했는데, 이 투항은 광해군의 지시에 따른 의도적 행동이라는 사실이 밝혀졌다. 광해군은 명으로부터 대 후금 전투에 지원군을 파병하라는 요구를 수차례 받았으나 후금과의 정면충돌을 어떻게든 피하기 위한 방편으로, 출병하는 강홍립 도원수에게 "형세를 봐서 적당히 투항한 뒤 후금에게 우리측의 난처한 처지를 설명해 오해가 없도록 하라"는 밀명을 내렸다는 것이다.

현재 우리 정부 내에서는 광해군의 이러한 외교정책에 대해 논란이 벌어지고 있다.

관련기사 6면

## 대동법, 경기 일원 전면 실시

### 공납부담 "농민에서 지주로"
### 세부담 경감, 획기적 조세개혁

**1608년(광해군 원년)** 그동안 '대공수미법(代貢收米法)'이란 이름으로 시범 실시돼오던 새 세금제도가 대동법이란 세목으로 확정돼 이번부터 경기 일원에 전면적으로 실시된다. 이에 따라 농민들은 각 가구당 할당된 공납물과 진상물을 조달하느라 애를 먹을 필요가 없어지고, 토지를 소유한 지주가 토지 1결당 쌀 16말을 봄·가을로 나누어 내게 된다. 이는 일반 농민들의 실질적인 세 부담 경감효과가 엄청나게 커 획기적인 제도라고 할 수 있다.

정부에서는 대동법 실시를 주관할 선혜청을 설치해 이곳에서 대동미를 일괄 수납, 이를 가지고 공물과 진상물을 구입하는 데 충당하게 된다. 한편 실질적으로 선혜청에서 수납하는 대동미는 1결당 14말이고 2말은 해당 관아에서 경비로 쓰게 된다.

관련기사 5면

## 기유약조 체결

### 일본과 국교정상화

### 일본, "전쟁 도발 시인"

**1609년 6월** 지난 임진왜란 이래 적대관계에 있던 조·일 양국은 종전 10년만에 강화조약을 체결, 양국의 국교정상화가 이루어졌다.

국교정상화의 선행조건으로 우리 정부는 "국서를 정식으로 먼저 보낼 것, 왜란 중 왕릉을 도굴한 범죄인을 송환할 것, 전쟁포로들을 송환할 것" 등 세 가지를 제시했고, 이를 일본측이 충실히 이행, 우리측이 일본에게 통교를 허용하는 방식으로 이번 조약이 체결되었다.

따라서 이번 약조는 일본측으로 하여금 전쟁을 유발시킨 범죄행위를 스스로 시인케 한 외교문서가 되었다. 한편 정부에서는 향후 일본측의 태도를 보아가며 삼포의 재개항과 통신사의 파견도 신중히 검토하고 있는 것으로 알려지고 있다.

## 역사신문

### 변화하는 국제정세, 어떻게 대처해야 할 것인가?

#### 유연한 외교정책과 철저한 준비자세 필요

최근에 국제정세가 급박하게 돌아가고 있다. 명은 임진왜란 파병의 후유증과 내부의 반란으로 급속히 쇠퇴하고 있고, 반면에 만주지역에 있던 여진족은 세력을 계속 넓혀오다 이제는 나라까지 세우며 날로 강성해지고 있다. 그런데 우리의 현실은 어떠한가? 7년 동안 계속된 전쟁은 농토를 황폐화시키고 많은 인명피해를 내며 우리 백성과 국토를 사정없이 할퀴고 지나갔다. 그리고 우리에게 남은 것은 굶주림과 전염병이었다. 이것이 우리의 현실이었다. 이제 겨우 전쟁의 충격으로부터 벗어나 복구의 삽을 들고 전쟁의 상흔을 없애기 위해 백성 모두가 노력하고 있다. 누구도 이러한 상황에서 만약 또 한번의 전쟁을 맞는다면 전쟁을 수행할 수도 없을 뿐만 아니라, 우리나라는 재기 불능의 상태로 빠져들고 말 것이라는 것을 알고 있다.

그런데 변화하는 국제정세에 아랑곳하지 않고 명에 대한 사대만을 고집함으로써 후금과의 전쟁을 자초하는 무리가 있어 실로 가슴 답답함을 느낀다. 그들은 임진왜란 때 명이 도와주지 않았다면 지금의 우리가 존재할 수 없고 따라서 은혜에 보답하는 의미에서라도 명과의 의리는 끝까지 지켜야 한다고 주장하고 있다. 그들에게 묻고 싶다. 명이 우리나라에 군대를 파견했던 것은 정말로 우리나라를 위해서였냐고. 원래 일본이 우리를 침범할 때의 명분이 '정명가도', 즉 명을 정벌하기 위해서 길을 빌려달라는 것이어서 명이 어쩔 수 없이 여기에 대처한 측면이 강하기 때문이다. 즉, 그들은 전쟁의 불똥이 자신에게까지 튀는 것을 막기 위해서 어쩔 수 없이 군대를 파견한 것이다. 실제로 명나라 원군이 전쟁 중 끝까지 소극적 태도로 일관한 것은 이것을 뒷받침하는 것이다. 바로 이것이 국제관계의 냉혹한 현실이다.

그렇다면 우리는 급변하는 현재의 국제정세 속에서 어떻게 대처하는 것이 현명할까? 한마디로 자주적이고 주체적으로 대응해야 한다. 무엇보다도 전란의 후유증으로 전쟁을 수행할 수 있는 능력이 없는 우리의 현실을 감안한다면, 우선 명과 후금 모두를 자극하지 않는 유연한 외교정책을 구사하여 시간을 벌 필요가 있다. 그런 다음에 전후 복구사업을 마무리하고 힘을 길러 이후 정세에 자주적이고 능동적으로 대처할 수 있도록 철저히 준비하는 것이 필요하다. 다시 한번 내실없이 명분론만을 외치고 있는, 현실에 무감각한 사대파들에게 당부한다. 지금 우리의 현실은 허황되게 명분만을 외치고 앉아 있을 정도로 한가한 상황이 아니다. 보다 냉철하게 현실을 직시하고 민족생존의 길을 진지하게 모색해야 할 중요한 시점이다.

### 그림마당
이은홍

### 광해군 정권이 풀어야 할 역사적 과제

## "'나라 다시 만들기' 성공 여부가 향후 조선역사를 결정할 것"

광해군은 임진왜란의 상흔이 채 가시지 않은 어수선한 정세 속에 국내외적으로 지난한 과제들을 안고 즉위했다. 대륙에서는 명나라가 임진왜란 참전의 여파로 급격히 약화, 내부 분열을 거듭하는 반면 여진족이 후금을 건국, 새로운 강자로 등장하면서 미묘한 국제정세가 조성되고 있다. 내적으로는 하루빨리 산업생산을 복구하면서 나라의 체제를 새롭게 정비해야 하는 '나라 다시 만들기'의 과제가 놓여 있다.

어느 것 하나 쉬운 일이 아니다. 우선 개국 이래 초유의 대전쟁으로 인한 사회경제적 참상과 민심이반은 상상을 초월하고 있다. 뿐만 아니라 산업의 황폐화와 백성들의 토지이탈로 국가재정도 위기상황이다. 따라서 어떻게든 속히 민심을 수습하고 국가재정을 안정적으로 확보하는 일이 시급한 실정이다.

광해군은 이 두 가지 과제의 해결을 위해 대동법을 실시했다. 대동법은 국가재정에 있어서나 농민들의 안정을 위해 획기적인 역할을 할 것으로 전망된다. 그러나 아직 실시지역이 경기에 한정되어 있고 지주층의 반대가 격렬하여 당장 괄목할 만한 정책적 효과를 나타내기는 어려울 것으로 관측된다.

또 황폐화된 농업의 복구가 주로 지주층을 중심으로 이루어지면서 농촌사회 내부 갈등이 심화되고 있으며 이로 인해 유교적 신분질서의 유지조차 어려운 상황이다. 사회질서 유지를 위해 정부에서는 호패법을 실시, 백성들을 통제하려 하고 향촌에서는 사족들이 향약을 통해 통제를 가하지만 실효성은 미지수다. 때문에 일부 식자들 가운데서는 보다 근본적인 민생안정책이 필요하다는 주장이 대두되는 실정이다.

날로 강성해지는 후금에 대해 어떻게 대처할 것인가도 광해군 정권이 풀어야 할 숙제다. 이들은 이미 명나라를 위협하고 있으며 우리에게도 위협적인 존재다. 정부는 우선 이들과 정면충돌을 피하려 명과의 사이에 현실적인 등거리 외교를 꾀하고 있다. 시의적절한 대책으로 평가되지만, 명의 원조요구가 더욱 강해질 때 임진왜란에서의 혈맹관계인 명의 요청을 얼마나 뿌리칠 수 있을지 장담하기 어렵다. 또 우리 사회 지배층 사이에는 조선이 명으로부터 재조지은(再造之恩)을 입었다는 인식과 후금은 오랑캐라는 생각이 일반적이어서 광해군의 대외정책은 큰 논란을 야기할 것이라는 지적이 많다.

모든 과제가 광해군 정권과 지배층이 풀어나가야 할 역사적 과제다. 조선사회의 현실은 이러한 과제들에 대한 시급한 대책을 요구하고 있다. 향후의 조선역사는 이 과제들에 대한 해결의 기록이 될 것이다.

### 인터뷰 후금에 투항한 강홍립 장군

## "광해군의 밀명에 따른 계획적 투항 국왕의 중립외교는 구국의 결단으로 믿어"

**후금에 투항하게 된 경위와 그 과정을 말씀해주십시오.**

투항이라고 말씀하셨는데, 저는 결코 투항이라고 생각하지 않습니다. 당시 저희 부대는 후금과 싸우지 않는 것이 작전이라면 작전이었습니다. 저는 '형세를 봐서 향배를 정하라'는 국왕의 밀명을 받고 출병을 했습니다. 출발할 때부터 시간을 끌어 서울을 출발한 지 7개월만에 압록강을 건넜습니다. 명군과 합류해서도 식량이 떨어졌다거나 무기가 모자란다는 이유로 뒤에 처져 앞장서지 않았습니다. 한편 밀사를 후금군에 보내 우리는 명나라의 강요에 의해 출병했다는 것과 조선은 후금과 적이 될 이유가 없다는 뜻을 알렸습니다. 그래서 1619년 3월 5일 후금과 화의를 맺었고, 또 그 다음 날에는 누루하치를 만나 국왕의 뜻을 전했습니다. 어쨌든 우리 부대는 별 희생 없이 저와 김경서 장군만 후금에 억류되고 나머지는 고국에 송환되었습니다.

**지금 조정에서는 장군이 패장임을 들어 처벌해야 한다는 주장도 있는데요.**

저는 국왕의 뜻에 따라 행동했고 지금도 그것이 옳았다고 확신하고 있습니다. 지금은 임진왜란의 피해를 복구해야 할 때이지 또다시 전쟁을 할 때가 아니지 않습니까. 국왕 자신이 임진왜란을 일선에서 몸소 겪으신 분으로 지금 정력적으로 '나라 다시 만들기' 작업을 진두지휘하고 계십니다. 전쟁은 이 작업에 결정적 타격을 줄 것이므로 어떻게 해서든지 막아야 한다고 보고 계십니다.

**억류되어 있으면서 인간적인 고충도 많을 것으로 생각됩니다.**

억류생활도 괴로웠지만, 제가 후금에 투항해서 한때 제 처자식이 감금되었다는 소식을 들었을 때는 가슴이 찢어지는 아픔을 느꼈습니다. 그러나 조국의 장래를 생각하는 마음으로 기꺼이 감내했습니다. 설혹 일이 잘못되어 역사에 반역 죄인으로 남을지라도 조국을 위한 충성심으로 최선을 다했기 때문에 후회는 없습니다.

### 해설

## 왜 대동법인가

공납이란 3대 세목, 즉 토지에 부과되는 전세, 노동력을 제공하는 부역, 각 지방 특산물을 진상하는 공납 중 하나로 그중에서 가장 부담이 큰 세목이다. 이는 현재 전세가 토지 1결당 4말인 데 반해 이번에 정해진 대동세가 토지 1결당 16말이라는 것만 봐도 알 수 있다. 임진왜란으로 경지가 황폐화된 상황에서 이러한 세 부담은 농민들이 감당하기에 힘든 수준이라는 점이 누차 지적돼왔고 정부에서도 이미 전쟁 중에 '대공수미법'이라는 시범안을 마련해왔던 것이다.

비록 경기도지역에 한정된 것이기는 하지만 이번 대동법 실시는 조세제도상 획기적이라고 할 수 있다. 기존의 공납은 대개 해당 지역 전체를 대상으로 가구당 분담하는 형식이었던 데 반해, 대동세는 토지에 부과되기 때문에 지주층만 과세대상이 되기 때문이다. 대동법 실시에 대해 지주층에서 극렬하게 반대했던 것도 바로 이런 이유에서였다. 그럼에도 정부가 대동법 시행을 밀어붙인 것은 농민층의 부담을 덜어주지 않고는 국가운영 자체가 어려운 상황에 도달했다는 점을 인식했기 때문이다. 또 국가재정상으로도 더 이상 중·하층 농민을 쥐어짜는 방식으로는 재정의 획기적 개선이 난망했기 때문이다.

대동법 실시는 농민부담 경감 이외에도 시장경제의 활성화를 가져올 것으로 보인다. 기존에는 방납업자들이 사적으로 공납을 대행해왔으나, 앞으로는 국가를 상대로 대규모 공물조달업을 수행하게 되기 때문이다. 벌써부터 이를 전담하는 공인(貢人)이 나타나고 있다.

그러나 대동법의 취지는 개혁적이지만 문제점 또한 많다. 우리나라의 조세체계 특히 공납제도는 가구별이나 토지별이 아니라 군현별로 총액이 배정되는 형식을 취해왔다. 이러한 관행이 당장 단절되기를 기대하기는 어렵다. 따라서 지방 수령의 직권으로 지주가 아닌 일반 농민에게 대동세가 부과될 위험은 상존한다. 또 지주들이 소작인들에게 대동세를 전가시킬 개연성도 충분하다. 대동법이 이러한 난관들을 제치고 본뜻을 관철시킬 수 있을지 귀추가 주목된다.

# "농민살리기가 곧 나라 살리기"

조선사회는 지금 전후복구와 국가체제 정비라는 '나라 다시 만들기' 과업에 매달려 있다. 정부당국뿐 아니라 재야의 학자들도 전란 이후 흐트러진 사회체제를 바로잡는 방안에 대해 여러 가지 안을 내놓고 있다. 그러나 그 견해가 모두 한 방향으로 모아지고 있는 것만은 아니다. 현실에 대한 진단이 각기 다르고 따라서 대안도 약간씩 차이를 보이고 있다. 그래서 각기 다른 견해를 가진 세 분을 모시고 '나라 다시 만들기'의 방향에 대해 토론하는 자리를 마련했다.

## 좌담 참석자

**정인홍** 영의정. 남명 조식의 수제자. 임란 때 영남의병장.
**한백겸** 재야 학자. 정여립사건 관련 귀양. 임란 때 수훈 세워 재임용.
**김상헌** 현재 칩거 중. 임란 때 문과에 급제.

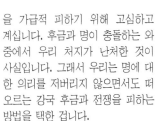

정: 조세부담
경감으로 민생안정
도모하면서
생산력 제고에
힘써야

한: 농민들에게
토지를 분배해주는
제도개혁이
시급하다

김: 사대부들의
책임 막중,
백성들의
충·효·예 의식을
선도해야

**사회** 먼저 전란이 미친 사회적 영향부터 진단해보도록 하죠.

**정인홍** 가장 큰 영향을 미친 것은 사회·경제 분야입니다. 전쟁이 7년 동안이나 지속됐기 때문에 피해의 정도가 엄청납니다. 우선 황폐화된 토지가 너무 많습니다. 전란 전에 최고 170만 결에 이르던 토지면적이 지금은 54만여 결에 지나지 않은 실정입니다. 또 토지의 황폐화로 인해 농민들이 땅을 버리고 유랑하는 경우가 많아 빈 마을들이 많습니다. 이러다보니 세금을 거둘 게 없어 국가재정도 말이 아닙니다. 그래서 정부는 전후복구의 최대 역점 사업을 농업생산의 복구에 두고 향촌사회의 유력자들이 앞장 서서 농업생산력 향상에 나서도록 촉구하고 있습니다.

**한백겸** 전란의 상처를 씻기 위해 농업생산을 발전시키는 것이 시급하다는 점에 대해서는 저도 동감입니다. 그러나 농업발전의 주체를 누구로 삼느냐도 중요하게 고려해야 할 문제라고 봅니다. 정부에서는 당장의 현실적인 가능성 때문에 지주들 중심으로 농업발전을 추진하고 있는데, 그러다보니 지주제가 더욱 확대되면서 땅을 잃은 농민들이 늘어나고, 이로 인해 농촌사회는 한층 피폐해진 측면이 있습니다. 요즈음은 왕실이나 정부기관에서도 재정이 부족하자 땅을 점유하여 대지주가 되어가고 있습니다. 백성들의 유랑이 늘어나자 호패법의 시행으로 이를 막으려 하지만, 제가 보기엔 이들을 정말로 땅에 안착시키고자 한다면 농사지을 땅을 갖도록 해주는 것이 시급하다고 봅니다.

**김상헌** 저는 국가의 근본인 신분제가 하루가 다르게 허물어지는 것 같아 걱정됩니다. 전란을 통해 많은 사람들이 피난을 떠나 죽거나 돌아오지 않은 경우가 있는가 하면, 아예 피난지에서 눌러사는 경우도 있어 각 지역마다 그야말로 향촌사회가 전반적으로 재편되는 양상을 겪고 있습니다. 그 바람에 사회적인 신분질서도 예전처럼 지켜지기 어려운 측면이 있습니다. 또 전쟁 중에 군량미 확보를 위해 공명첩이나 납속책을 마구 발행하였는데 이것이 신분질서를 이완시키는 구실을 한 겁니다. 요즘 지방에 가보면 돈깨나 있는 상민들이 양반행세를 하는 것을 흔히 볼 수 있는데 그야말로 가관입니다. 신분질서를 재확립하는 대책이 필요하다고 봅니다.

**사회** 전후 사상계의 동향은 어떻습니까.

**한백겸** 시대가 변하면 학문과 사상도 그에 걸맞는 새로운 틀을 모색하는 것이 당연합니다. 아직 널리 퍼지고 있지는 않지만 그동안 우리가 너무 주자학의 테두리에만 집착하지 않았나 하는 회의가 일부에서 일고 있는 것으로 알고 있습니다. 유교의 경전들을 재해석해서 우리 시대가 요구하는 새 규범을 창출해낼 수 있다고 봅니다.

### 경전 재해석, 새 규범 만들어야

**김상헌** 그러나 사상의 중심은 역시 주자학에 있는 것 아닙니까. 지금 향촌사회에서 신분제 해이가 문제되고 있는데 사대부들마저 사상적으로 흔들리면 안된다고 봅니다. 사대부들이 먼저 주자학의 가르침을 충실히 따르고 몸소 실천하면서 백성들이 충·효·예 의식을 갖도록 선도해야 합니다.

**사회** 현 정부의 외교정책에 대해서도 지금 식자들간에 논란이 많은 것으로 알고 있습니다. 정부의 입장은 어떤 겁니까?

**정인홍** 명과 후금 사이에서 관계를 어떻게 조절하느냐가 현재 외교문제의 현안으로 떠올라 있습니다. 북방의 여진족 누루하치가 등장하면서 통일을 이뤄 예전에 볼 수 없는 막강한 힘을 갖고 있습니다. 그런 힘을 바탕으로 최근에는 스스로 후금이라 칭하고 중국대륙을 향해 명을 압박하고 있습니다. 또 새롭게 문자도 만들고 국가제도도 정비했다고 합니다. 문화적으로야 오랑캐에 지나지 않지만 군사적 힘은 결코 무시할 수 없는 수준입니다. 그래서 국왕께서는 후금과의 충돌을 가급적 피하기 위해 고심하고 계십니다. 후금과 명이 충돌하는 와중에서 우리 처지가 난처한 것이 사실입니다. 그래서 우리는 명에 대한 의리를 저버리지 않으면서도 떠오르는 강국 후금과 전쟁을 피하는 방법을 택한 겁니다.

**김상헌** 실리를 추구하다 명분을 잃는 것만큼 위험한 일은 없습니다. 우리가 지난 임진왜란 때 누구의 도움을 받아 어려움을 극복했습니까. 그런데 이제 그 명나라가 오랑캐의 압박으로 위기에 처해 있는데 모른 척한다는 것은 군자의 나라로서 있을 수 없는 일입니다. 사회적으로 신분제가 해이해지는 것도 이런 일에서부터 명분과 의리를 지키지 않기 때문인 것입니다.

**정인홍** 글쎄요, 대외정책에서 유연성을 갖는 것을 그런 식으로 확대해석하여 공박하는 것은 곤란하지 않을까요? 실제로 정책을 세워 나라 정치를 이끌어가야 할 당국자의 입장이 되면 현실을 인정하는 바탕 위에서 대책을 세워나갈 수밖에 없습니다.

**사회** 화제를 국내정책 쪽으로 돌려보지요. 지금 정부에서는 민생안정과 국가재정을 위해 대동법을 실시했습니다. 이에 대한 여론은 어떤지요.

**한백겸** 대다수 농민들이 대동법의 실시로 큰 혜택을 받게 되어 크게 찬성하는 분위기입니다. 경기지역에만 실시된 것이 매우 아쉬운 일입니다. 그러나 저는 좀 다른 이야기를 하고 싶은데, '나라 다시 만들기'를 하는 데 가장 중요한 문제는 어떻게 해야 대다수 농민들의 삶을 안정시킬 수 있느냐 하는 겁니다. 이점과 관련하여 저는 농민들에게 토지를 분배해주는 제도적 개혁을 서둘러야 한다고 봅니다. 세금을 내리는 것도 필요하지만 백성들의 생업을 보장하는 것이 보다 근본적인 문제라는 거지요. 지금 우리 학계에서는 토지제도 개혁은 현실적으로 불가능하다고들 생각하는데, 제가 연구한 바에 의하면 옛날에 기자가 평양에서 정전제(井田制)를 시행했던 것이 확실합니다. 정전제는 역사적으로도 실재했던 제도이고, 또 정부가 의지만 있다면 그 취지를 오늘날의 현실 속에 살린 토지제도를 마련할 수 있다고 봅니다.

### 대동법, 전국 확대 바람직

**정인홍** 그거야 이상적인 이야기지요. 정부로서는 현실적인 대안을 찾을 수밖에 없습니다. 대동법 실시만 해도 정부는 지주층의 강력한 반발을 무릅써야 했습니다. 국가에서는 백성들의 세금부담을 덜어 삶의 안정을 도모하고, 지주와 농민이 서로 힘을 합해 생산력을 높이는 것이 백성들의 생활을 향상시킬 수 있는 현실적인 방안이라고 생각합니다. 앞으로 시행세칙을 다듬어가면서 대동법을 전국적으로 확대해 나가야겠지요.

**김상헌** 저는 대동법 실시에 찬성할 수 없습니다. 대동법은 백성들이 골고루 나누어 져야 할 공물부담을 몽땅 땅 가진 지주에게 떠넘기는 것인데 그래가지고서야 양반 사대부들이 어떻게 경제적으로 사회적 위신을 지킬 수 있단 말입니까? 사회질서를 안정시키려면 그보다는 오히려 백성들에 대한 교화와 통제를 강화하는 일이 중요하다고 봅니다. 이와 관련해 지금 각 지방에서 사대부들이 향약을 부흥시키고 있는 것은 장려할 만하다고 봅니다.

### 조세제 개편이냐 토지개혁이냐

**한백겸** 저는 사대부들도 시대의 변화에 어느 정도는 순응할 필요가 있다고 봅니다. 주자학만 가지고 백성들을 교화할 수 있다고 고집해서는 곤란합니다. 중심은 백성들의 삶의 질 향상에 놓고, 그를 위한 방편으로서 여러 가지 방안과 사상을 모색할 수 있을 겁니다. 신분제만 해도 양반과 상민의 구별은 필요할지 모르지만, 부당한 차별과 수탈이 신분제란 명목으로 자행된다면 이야말로 큰일 아니겠습니까. 땅을 한 없이 많이 가진 지주와 한 뙈기도 못 가진 전호로 양극분해되는 현실을 볼 때 더욱 그런 생각이 듭니다.

**사회** 오늘 이야기의 주제는 '나라 다시 만들기' 과제의 실천방향을 어떻게 잡을 것인가에 있었습니다. 정책을 구체적으로 입안, 실행하는 정부의 입장에서는 지주들을 중심으로 농업생산을 발전시키면서 대동법 실시 등을 통해 농민들의 세금부담을 덜어서 사회안정을 기하자는 방향인 것 같습니다. 반면에 학계 일각에서는 정전제의 정신을 살려 농민들에게 토지를 분배해줄 수 있는 보다 근본적인 농민안정책을 모색하는 것 같습니다. '나라 다시 만들기'의 두 방향이라고 할 수 있겠지요. 그러나 둘다 다 그 실현에는 많은 난관이 놓여 있습니다. 좋은 실행방안들이 많이 나와 민생안정과 국가부강을 이룰 수 있게 되길 바라면서 오늘 이야기를 이만 줄이겠습니다.

# '영창대군 피살'

## 방 안에 갇혀 뜨거운 구들에 데어 죽어
## 왕위계승 가능자들, 차례로 의문의 죽음

**1614년** 광해군의 이복 아우이자 선왕 선조의 유일한 적자 영창대군이 강화도에 위리안치(圍籬安置:집 울타리 밖으로 못 나오도록 유폐시키는 조치)돼 있던, 갇힌 방 안에서 뜨거운 구들에 데어 죽었다. 강화부사 정항이 저지른 것으로 밝혀졌지만 상부의 지시에 의한 것으로 알려지고 있다.

영창대군은 지난해 이른바 '7서자들의 난' 사건에 연루돼 강화도로 위리안치돼 있던 참이었다. 지난해 문경새재에서 일어났던 은 매매상 강도사건을 조사하던 중 박응서, 서양갑 등 명문가의 서자 7인으로 구성된 반역조직이 드러났는데, 그 배후에 인목대비의 부친 김제남과 선조의 유일한 적자 영창대군이 연루

돼 있는 것으로 밝혀졌었다. 이 사건으로 김제남은 사약을 받는 극형에 처해졌다.

한편 광해군의 친형 임해군 역시 지난 1609년 타살당한 바 있다. 명이 임해군이 장자라는 이유로 광해군의 국왕책봉을 차일피일 미루던 차에 일어난 일이었다.

이렇게 왕실에서 왕위계승의 가능성이 있는 이들이 차례로 살해되는 것에 대해 정가에서는 광해군이 선왕 선조의 적자가 아닌 서자인데다 그나마 서자들 중에서도 장자가 아니라는 사실에 주목하고 있다. 즉, 실제로 역모가 진행됐든지 아니면 광해군측에서 왕권의 불안을 제거하기 위해 사건을 조작해냈든지 둘 중 하나라는 것이다.

# 인목대비, 서궁에 연금

## 호 삭탈하고 대우는 후궁 수준으로 격하
## 광해군, 대북세력의 '폐모론' 주장 결국 받아들여

**1618년** 마침내 인목대비의 호를 삭탈하고 그 거처를 서궁(경운궁)으로 한정하며 대우는 후궁의 예에 따른다는 내용의 절목이 발표되었다. 이 소식에 접한 인목대비는 모든 것을 체념한 듯 대비복을 벗고 궁녀 몇을 거느린 채 서궁으로 향했다.

이로써 김제남의 옥사와 영창대군의 위리안치 이후 대북세력을 중심으로 끈질기게 제기돼온 폐모론이 일단락지어졌다.

그동안 대북세력들은 대비가 그녀의 아버지인 김제남과 역모를 꾸미고 있다는 익명의 투서를 계기로 공포분위기를 조성하여, 자신들이 장악한 삼사(三司)를 통해

연일 폐모상소를 올리고 심지어 시전 상인들을 동원하여 폐모 시위를 하게 하는 등 수단과 방법을 가리지 않고 폐모여론을 부추겨왔다. 광해군은 이런 분위기 속에 결국 호 삭탈과 서궁 연금의 선에서 결단을 내린 것으로 알려졌다.

이번 조치로 외형상 대북세력들이 정치적 주도권을 완전히 장악한 듯 보이지만 내적으로는 사림 전체의 반발을 불러일으켜 오히려 대북정권 자체의 존립이 큰 위협을 받을 것이라는 분석들이 나오고 있다.

---

# 7서인들, 영창대군 추대 역모

## 인목대비 부친도 관련 … 정가 큰 파문

박응서 등 7인의 서자들이 은을 모아서 선조비 인목대비의 아버지인 김제남을 영입한 후, 영창대군을 국왕으로 추대하려는 계획이 밝혀져 정가에 큰 파문이 일고 있다. 더군다나 조사 결과 공초에서 이상구, 김정엽 등 서인들이 연루된 것으로 밝혀져 서인들이 곤경에 빠질 것으로 보인다. 이번 사건의 주모자들인

7명은 모두 명문가의 서자들로 스스로를 죽림7현이라 부르며 동지애를 결속하던 중, 현 국왕 즉위 초 서얼 금고법을 철폐할 것을 건의하였으나 거절당하자 역모를 꾀한 것으로 밝혀졌다. 한편 대비의 아버지가 이 사건에 관련된 관계로 대비의 입장이 곤경에 빠지게 될 것으로 보인다.

## 인목대비

### 남편과 아들 모두 잃은
### 슬픔과 원한의 여인

꽃다운 나이 19살에 50살 선조의 왕비로 간택돼 적자가 없던 선조에게 영창대군을 낳아줬으나, 25살에 홀몸이 되고 최근에는 아들 영창대군까지 잃은 뒤 경운궁에 가택연금돼 있는 비운의 여인.

선조는 1567년 16세 나이로 즉위, 2년만에 왕비 의인왕후를 맞아들였으나 왕비는 30여 년 동안 아이를 낳지 못하다가 끝내 지난 1600년 병으로 죽고 말았다. 선조는 그동안 공빈(恭嬪) 김씨와 인빈(仁嬪) 김씨 등의 후궁을 거느려 여러 아들을 낳았는데 현 국왕 광해군은 바로 공빈 김씨에게서 1575년에 태어남. 인목대비가 선조비로 책봉된 1602년 당시 그의 나이 28세이니 어머니로 모셔야 할 인목대비보다 오히려 9살 위다.

인목대비는 아들 영창대군이 왕실 적자임에도 왕위를 얻지 못했을 뿐만 아니라 이번에 오히려 비참한 죽임을 당했으니 광해군에 대한 미움은 골수에 사무쳤을 것. 지아비의 따뜻한 사랑도, 아들의 귀여운 재롱도 모두 잃은 그녀가 구중궁궐 깊숙한 내전에서 홀로 내쉬는 원한 맺힌 깊은 한숨소리가 귀에 들리는 듯하다.

---

## 잇단 역모사건과 광해군 정권의 정치역학

### 소북·대북세력간 권력투쟁이 사건의 배경
### 대북세력측의 권력독점 길 험난할 듯

광해군 즉위 후 계속 터져나오고 있는 역모사건은 그 배후에 반드시 왕실이 관계하고 있다는 점에서 여느 역모사건들과는 구별된다. 즉 광해군 즉위과정에 문제제기의 소지가 있었다는 것이고, 그를 매개로 해서 각 정파의 이해가 얽혀 살벌한 권력투쟁을 벌인 것이라는 얘기다.

선왕 선조가 말년이 되도록 적자가 없자 서자 중 광해군이 물망에 올랐으나, 곧이어 정궁인 인목대비로부터 적자인 영창대군이 태어나자 갈등의 싹이 트기 시작한 것이다. 당시는 북인세력 중 소북(小北)세력이 실권을 장악하고 있었고, 상대적으로 열세이던 대북(大北)세력은 광

해군을 밀었다. 결국 광해군이 즉위하게 되자 정인홍, 이이첨 등을 중심으로 하는 대북세력이 정계의 주도권을 잡으면서 세력 역전이 실현됐다. 그런데 광해군이 출신상의 약점을 가지고 있는 한 소북세력의 재역전 시도는 거의 필연적이었다고 해야 할 것이고 그것이 역모사건의 형태를 띠고 가시화된 것이다.

한편 광해군측의 대북세력으로서는 당연한 전후 재건작업을 무리없이 추진하는 데 있어 왕권에 대한 잡음은 결정적인 걸림돌이었다. 따라서 가시화된 도전뿐만 아니라, 잠재적 위험요소조차 사전에 제거해야 했을 것이다. 동복형인 임해군과 이

복동생이긴 하지만 선왕의 유일한 적자인 영창대군을 모두 죽여버린 것이 그 이유다. 그러면 아직도 위험요소가 남아 있는가?

바로 아들 영창대군이 비명에 가는 것을 지켜본 정궁 인목대비이다. 따라서 대북세력측에서 인목대비마저 역모로 몰아 호를 박탈한 뒤 경운궁에 유폐시킨 것은 이러한 정치적 배경에서였다. 이제 대북세력의 권력독점은 실현됐다. 그러나 이러한 파행성으로 말미암아 대북세력은 소북세력 및 서인, 남인 등으로부터의 연합공세에 시달릴 것이 틀림없을 것으로 보인다.

---

# 정인홍, 이언적과 이황 비판 상소 올려
# 전국의 남인 유생들 격분, '상소, 동맹휴학'

**1611년 3월** 현 정국의 실세이자 북인의 영수인 정인홍이 작년에 결정된 오현, 즉 김굉필, 정여창, 조광조, 이황, 이언적 등에 대한 문묘종사 결정에 이의를 제기하고, 그들 중 이언적과 이황을 오현의 문묘종사에서 빼야 한다는 상소를 올려 전국적으로 파문이 확산되고 있다.

이는 남인의 종사인 이황을 비판함으로써 상대적으로 그의 스승인 남명 조식을 옹호하기 위해 의도적으로 시도된 것으로 보인다. 이 사실에 격분한 남인들과 성균관 유생들이 연일 상소를 올려 정인홍을 청금록(문과에 급제한 유생들의 명부)에서 삭제하고 성균관 유생 50여 인이 권당(성균관 유생들의 동맹휴학)을 해 이번 사태는 좀처럼 가라앉을 기미가 보이지 않고 있다.

## 정인홍, 왜 이황 비판하나

### 정국 주도권 장악하려는 정치적 의도 때문

최근 정가에 '학통 확인 바람'을 몰고온 정인홍의 이황 비판 사건을 과연 단순한 학파간의 대립으로만 볼 수 있을 것인가? 학파별로 자파 성리학의 영수를 계보화하려는 시도들이 선배 사림들에 대한 추모의 움직임으로 나타나, 문묘종사 논의는 유생들에 의해서 끊임없이 제기되어오다가, 작년 오현의 문묘종사를 국왕이 허락함으로써 일단락되었었다.

그러나 문묘종사를 통한 학통의 국가적 공인은 자파의 정치적 기반을 강화할 수 있는 것이어서 정파에 따라서 미묘한 문제의 소지가 될 수밖에 없었다. 김굉필, 정여창, 조광조는 사림들이 공통으로 추앙하는 대상이므로 별 문제가 없었지만, 남인의 종사로 인정되는 이황과 그 연결 위에 있는 이언적을 배향시킨다는 것은 어떤 의미에서는 남인의 학통에 대한 국가적 차원의 인정이라고 볼 수 있는 것이었다. 이에 실권을 장악하고 있었던 북인이 이에 대해 문제를 제기하고 나선 것이다. 이는 이언적과 이황에 대한 단순한 격하시도가 아니다. 그것은 대북세력이 조식의 추앙을 통해 정계에서 그들의 정치적 기반을 더욱 강화하여 정국 주도권을 완전히 장악하기 위한 정치적 의도를 가진 것이라고 볼 수 있다.

## 대동법 실시 찬반론　　찬성론자 이원익 對 반대론자 유공량

### "백성들 토지상실　심각, 대동법은 사회안정 위해 반드시 필요"
### "취지 좋으나 문제 많아, 호패법 강화 통해 사회안정 도모해야"

대동법 실시는 농민부담을 덜어준다는 점에서 우리나라 조세제도사상 획기적인 의미를 갖고 있다. 그런만큼 대동법 실시에는 각 계층과 지역간에 이해가 엇갈려 실시 전부터 찬반논쟁이 치열하게 전개되었다. 찬성과 반대 입장의 대표자를 초빙하여 각각의 입장을 들어본다.

**이원익**　임란을 겪고 나라를 다시 만드는 과정에서 가장 중요한 문제는, 어떻게 하면 백성들의 생활을 안정시킬 것인가 하는 거다. 지금 전국 각지에서 땅을 잃고 유랑하는 농민이 계속 늘어나고 있고, 이들은 도적이 되거나 변란을 꾀하는 무리로 변해가고 있다. 고을에 따라서는 변란세력의 준동으로 수령이 산골로 피해 있는 경우까지 있다. 국가적인 위기상황이다. 이들을 안정시키자면 시급하게 대동법을 실시하여 세금부담을 덜어줘야 한다. 또 국가적으로도 관리들에게 녹봉 지급할 재정도 없는 실정이어서 이 문제 해결에도 꼭 필요하다.

**유공량**　국가의 조세제도를 하루아침에 바꾸는 것은 결코 현명한 일이 아니다. 대동법은 그 취지는 좋으나 문제점이 많다. 우선 토지를 많이 가진 사람이 져야 할 부담이 이만저만 큰 것이 아니다. 대동미를

토지 1결당 12말씩 걷게 되면 가령 땅을 20결 가진 사람이라면 16가마나 내야 한다. 또 공물 대신 쌀로 내는 과정에서 각종 공물을 쌀로 계산하는 문제도 결코 쉽지 않다.

**이원익**　그런 시행상의 문제점은 장차 보완해나가면 된다. 지주층의 부담이 크다고 하는데 사실 그동안 토지에 대한 세금이 너무 적었다. 토지 1결당 전세 4말 정도만 내면 됐으니 이것은 수확량의 1/40, 50에 지나지 않는다. 1/10세를 내는 것이 예부터의 통례였던 점을 생각해보라. 또 그동안 공물을 징수하는 과정에서 과세가 불공정하여 땅 많이 가진 양반지주들이 빈농의 1/10밖에 부담하지 않는 실정이었다. 현재의 국가적 위기를 해결하기 위해서는 지주들이 자신들의 경제력에 걸맞게 좀더 부담해야 한다. 또 국가 재정의 차원에서도 쉽게 유랑해버리는 빈한한 소농들에 의존하기 보다는 땅 가진 사람들의 소득에 의존하는 것이 보다 안정적이고 재정수입에 유리하다.

**유공량**　시행상의 문제점을 가볍게 보는데 현재 전국 각 지방의 감사와 수령들 대다수가 이런 문제를 들어 반대하고 있다. 또 백성들이 유랑하는 문제는 호패법의 강화를 통해 통제를 강화함으로써 해결해나가야 한다.

**이원익**　대동법은 지방 수령들

뿐만 아니라 중앙의 고위관료들 가운데도 반대자가 많다. 이들이 반대하는 것은 우선 자신들의 경제적 부담이 크기 때문일 것이고, 또 자신들의 사복을 채우기 어려워지기 때문이기도 할 것이다. 방납인들의 이해를 대변해서 반대하는 경우도 있을 것이다. 또 지방에 따라 찬반이 엇갈린 경우가 많은데, 대개 큰 고을은 반대하고 있고 작은 고을은 찬성하고 있다. 공납의 경우 각 고을별로 그 양이 같아서 대읍은 부담이 적었고 소읍은 부담이 컸기 때문에 대동법에 대해 서로 다른 반응을 보이는 것이다. 이 문제는 지역간 공평의 차원에서도 시정되어야 할 문제였다. 유승지는 백성들의 유랑에 대해 호패법 강화를 주장하는데 이는 오히려 백성들의 반발만 더 불러일으킬 것이다.

**유공량**　대동법을 실시하려면 전국적으로 실시해야지 경기도에서만 시행한 것도 문제가 아닌가.

**이원익**　전국적으로 실시하고 싶지만 조선의 곡창이라고 하는 삼남지방의 경우 지주들이 많아 반대가 너무 완강하다. 시행세칙을 정비해가면서 시간을 두고 확대 실시할 계획이다. 경기도에서 먼저 시행한 것은 경기도가 다른 지역에 비해 공물부담이 가장 큰 곳이기 때문이기도 하다.

---

## 허균, 역모죄로 '능지처참'

**1618년**　「홍길동전」의 저자 허균이 역모죄로 붙잡혀 능지처참형에 처해졌다. 50세의 나이로 파란만장한 생애를 마감한 그는, 서얼차별을 없앨 뿐 아니라 신분계급을 타파하고 붕당을 혁파해야 한다는 이상을 가지고 이를 실현하기 위해 한성을 장악할 것을 결심했다고 한다.

그는 동지들을 모아 뜻을 결집한 후 민심을 끌어들이기 위해 남대문에 다음과 같은 벽서를 붙였다. '북방의 여진족이 쳐들어왔고, 남쪽에서 왜구가 들어와 남쪽 섬을 점령하고 대군을 상륙시키려 한다'. 이 벽서로 민심이 흉흉해진 틈을 타 대사를 일으키고자 하였으나, 모의 도중 현응민의 밀고로 사건이 탄로나게 된 것이다.

허균은 원래 관직에 있었으나 기생을 가까이 했다는 이유와 불교를 믿는다는 이유, 서얼들과 가까이 지낸다는 이유로 네 번이나 파면당하는 곤경을 치르기도 했다.

---

## 朝報, 왜인에 매매, '엄중 단속'

### 국가기밀 유출 "국가 안보에 심각한 문제"

**1621년 3월**　최근 조보를 왜인에게 비싼 값을 받고 팔아넘기는 사태가 발생하자 정부에서는 이를 엄히 단속하고 나섰다. 나라의 기밀이 왜인들에게 유출되면 국가안보에 심각한 문제가 야기될 수 있기 때문이다. 사실 정부는 조보의 배포를 엄격히 통제하기 위해 조보를 인쇄하자는 일부 신하들의 논의에도 불구

하고 조보의 유통을 규제해왔다. 그러나, 보통 기별서리나 조보를 배포하던 기별군사들에게 돈을 주고 입수할 수도 있어 조보가 쉽게 유출되었다. 한편 지난 1578년에도 민간인들이 생계를 위한 방편으로 조보를 인쇄하여 발행한 사건이 일어나 관련자를 유배시키는 등 떠들썩한 사회문제가 된 적이 있었다.

### 미니 해설　조보란?

조보는 조정에서 매일 내는 소식지를 말하는데 흔히 기별지로 통하고 있다. 조보의 발행절차는 승정원에서 보도내용을 취사선택하여 그 자료들을 산하기관인 조보소에 내려보내면 조보소에서 이들을 발표한다. 발표된 소식은 각 관청이나 기관으로부터 파견된 기별서리들이 그곳에 와서 필사해 간다. 따라서 그 내용과 체제가 동일하지는 않다. 조보는 매일 아침에 나오는데 조보의 내용은 대체로 국왕의 명령과 지시, 당면정책 및 중요 문제들에 대한 유생과 관료들의 건의인 상소문과 이에 대한 국왕의 비답, 국왕이 관민에게 보내는 윤음 등이고 그밖에 때때로 '네 발과 네 날개를 가진 병아리의 출현'과 같은 기이한 현상도 실렸다. 조보의 배포 범위는 원칙적으로 전현직 고급관리들로만 한정하고 있으나 실제는 비공식적으로 일부 사대부들까지 받아볼 수 있어 사대부들의 정치에 대한 관심을 채워주고 있다.

---

## 대동의 의미

### "대동이란 말에는 이상사회 향한 염원 담겨 있어"

대동법이라는 말은 과연 어디에서 유래했을까?

'대동'이란 말은 「예기」의 〈예운〉편에 나온다. 예부터 유교에서 이상사회로 이야기되어온 것이 바로 '대동'이다. 그 내용은 "대도가 행해졌던 고대에는 첫째, 천하를 공도로 삼아 현명하고 능력 있는 사람을 뽑아 국정을 맡게 하고 둘째, 사람은 신의로써 서로 화목하고 셋째, 나의 부모만 부모로 알지 않고 나의 자식만 자식으로 알지 않으며 넷째, 노인은 천수를 다하고 젊은이는 일할 자리를 얻고 어린이는 무럭무럭 자라고 과부, 고아, 병자는 버림받는 일이 없고 다섯째, 재화는 사장을 하지 않으며 힘은 자기를 위해서만 쓰지 않고 간교한 계책도 행하지 않으며 도둑이 없으므로 집은 문을 잠그지 않는 이런 상황을 '대동'이라고 한다"고 되어 있다. 다시 말해서 고대의 이런 이상적인 사회와 자꾸 멀어져가는 현실을 당시의 공자가 비판하면서 그 대안으로 제시한 것이 바로 다름아닌 '대동'인 것이다.

공자 이전에도 대도란 표현은 노자가, 대동이란 말은 장자가 이미 언급했던 것으로 보아 중국인들이 오랫동안 꿈꾸어오던 이상향이 '대동'이란 말로 집약되어 표현된 것이라고 볼 수 있다. 이번에 실시된 '대동법'도 많은 농민들의 무거운 공납부담을 덜어준다는 취지에서 출발한 법이기 때문에 그렇게 붙여진 것이라고 생각된다. 자못 거창한 면이 없지 않으나 '대동'이라는 이름의 무게를 잘 담아내기를 바란다.

---

## 대동법 실시를 계기로 알아보는 공납

### 행정당국의 무사안일, 공납 폐단에 큰 몫

공납이 사회문제화되는 데는 무엇보다도 행정당국의 무사안일이 큰 몫을 했다. 해당 지방 특산물이 아닌 것이 공납품으로 책정되는 경우가 많았고, 그렇지 않은 경우라도 납품 기일이 월별로 정해져 있어 농민들은 그 기일을 맞추느라 진땀을 빼는 경우가 허다했다.

이는 정부가 지방 사정을 살피지 않고 행정편의만 따져 탁상에서 공물을 책정해왔기 때문이다. 이에 따라 인삼이 나지 않는데도 인삼이 공물로 책정된 지역에서는 인삼이 나는 황해도지방에 가서 인삼을 구입해 공물을 충당해야만 했다. 강원도 해안지방의 경우, 이상기온으로 오징어가 잡히지 않았더라도 기일까지

무조건 납품해야만 했다.

절차가 이렇게 복잡해지다보니 이를 대행해주는 이른바 방납(防納)업자들이 생겨나게 된 것이고 이들의 횡포가 날로 심해져왔다.

즉, 조정에 공물을 납품해준 뒤 농민들에게는 실제 가격의 몇 배를 요구하여 폭리를 취한 것이다. 더욱 문제가 되는 것은 최근 이들 방납업자들이 조정의 공물수납기관 관리들과 결탁하고 있다는 사실이다.

공물의 품목 및 수량 결정에 이들 방납업자들의 로비가 작용한다는 것은 공공연한 사실이었다. 그리고 이들의 뒤를 봐주는 이들이 바로 조정의 고위대신들이라는 말이 파다하게 퍼져 있는 실정이다.

### 대동법 시행으로 달라지는 것

|  | 기존 | 향후 |
|---|---|---|
| 책정권자 | 지방 수령 | 대동법 규정 |
| 책정액 | 군현 할당액을 가구당 분담 | 법정 세액(1결당 쌀 16말) |
| 담세자 | 모든 가구 | 토지소유자(지주) |
| 납부방법 | 방납업자에 위탁 | 쌀로 직접 납부 |

---

## 전국의 농토 '새로 측량'

### 부실해진 국가재정 복구 위한 기초작업
### 조세징수 자료도 새로 만든다

**1611년**　전국의 농토를 다시 측량해 재정비하라는 명령이 정부로부터 시달되었다. 임진왜란으로 전국의 농토가 많이 황폐해져 백성들이 농토를 운영해나가는 것이 어려울 뿐 아니라, 국가의 재정확보도 어려운 상황이었다. 특히 전쟁으로 각 고을의 농민들이 토지로부터 유리되었을 뿐 아니라 조세징수 장부도 불타버려 징세 자체가 현실상 어려운 사태

에 직면했던 것이다.

이번 토지측량사업은 이런 연유 때문에 토지경영이 가능한 농토를 정확하게 가려내는 것과 함께, 토지소유자를 분명히 하는 것에 주안점을 두고 있다고 한다. 이로써 국가의 재정이 임란 이전의 상태로 회복되고, 전쟁으로 불안해진 농민의 생활도 안정되기를 바란다고 당국의 관계자는 말했다.

역사신문

---

## 인술 실천에 평생 바친 참된 의자(醫者)

세상에 신체의 고통보다 더 괴로운 것이 있으리. 그래서 의술은 인술이어야 하는 법. 그러나 그렇기 때문에 인술을 실천하기는 참으로 어렵다. 우리가 의자(醫者) 허준을 기억해야 하는 것은 그의 의술 때문이 아니라 인술(仁術) 때문이다. 위로는 임금으로부터 아래로 시골 아낙네에 이르기까지 그를 고마워하지 않는 사람이 없다. 그의 인술 덕이다.

허준 인술의 첫째 목표는 무엇보다 수많은 가난한 사람들의 병을 고치는 것. 그래서 그는 일반백성들이 잘 걸리는 병을 간단하게 치료할 수 있도록 하는 의학서적의 보급에 정성을 쏟았다. 「두창집요」, 「구급방」과 같은 한글판 의학서의 편찬이 그것이다.

이런 그의 생각은 자연스럽게 조선땅에서 쉽게 구할 수 있는 약재로 우리 풍토의 질병을 고치자는, '신토불이 의학'으로 발전하였다. 그의 불후의 역저 「동의보감」의 가장 큰 특징 가운데 하나가 바로 이 신토불이 의학의 결정체인 셈. 의자 허준의 이런 모습은 그의 스승 유의태가 없었다면 상상하기 어려운 일이다. 뛰어난 의술을 가진 유의태는 늘 해진 옷과 다 떨어진 갓을 쓰고 자유분방하게 살면서 어려운 병자를 고치는 데 많은 일화를 남긴 진정한 의인이었다. 이런 스승 밑에서 그는 의술이 무엇인가를 뼛속 깊이 새겼을 것이다. 임진왜란 때 내의로서 선조 임금을 수행한 공으로 서자 출신으로는 파격적이게 양평군 숭록대부의 지위에 올랐지만, 항상 그는 질병구제와 의서저술을 잊어본 적이 없다.

그리하여 그가 10여 년간 집념의 노력 끝에 완성한 것이 저 유명한 「동의보감」이다. 「동의보감」으로 하여 조선의학이 비로소 그 체계를 세우게 되었다고 하지 않는가. 투철한 집념은 바위를 뚫고 지극한 정성은 하늘을 움직이듯이, 허준의 집념은 「동의보감」을 낳았고 그의 정성은 이 땅의 수많은 병자들을 낫게 하고 있다. 부디 그의 남은 여생에 축복 있으라.

본관은 양천. 1546년생. 호는 구암. 저서로 「동의보감」이 있음.

---

## 허준, '민족의학 집대성', 「동의보감」 25권 간행

### 우리 의학의 주체성 확립 … 민초들을 위한 의료체계 마련

**1613년 8월** 내의원 어의 출신 허준이 새로운 의학책인 「동의보감」을 내놓았다. 이 책은 임진왜란 중인 1596년에 집필을 시작한 지 무려 17년만에 올해 완성된 것으로 우리나라의 의학과 중국에서 들어온 한 의학 학설을 집대성한 것이다.

이 책에는 임진왜란 이후 발생해 전국적으로 만연하고 있는 전염병에 대한 대비책으로서, 이미 그 효과가 입증된 그의 저서 「신찬벽온방」, 「벽온신방」을 비롯한 한글본 의서들이 실려 있다.

이 책의 서문에는 선왕이 허준에게 분부한 내용을 길게 인용하고 있는데 여기서 우리는 이 책이 궁극적으로 목적하는 바가 무엇인지를 알 수 있다. "… 요사이 중국에서 들어온 의학서는 번잡하여서 기준할 만한 것이 못된다. … 우리나라에서 많이 나는 약재를 자세하게 적어서 지식이 없는 사람, 가난한 사람들도 쉽게 이해할 수 있고 누구나 병을 고칠 수도 있도록 해야 한다. …"

이 책의 가장 두드러진 특징은 이처럼 주체적이면서 백성들을 위한 의료체계를 마련한 데 있다. 즉, 값비싼 중국산 약재에 비해 쉽고 싸게 구할 수 있는 우리 약재를 기술한다거나, 약재의 가짓수가 많기 때문에 약값이 비싸지는 것을 비판하고 약재의 가짓수를 줄이려고 노력한 것 등이 그것이다.

이 책은 나오자마자 국내 의료계는 물론이고 중국, 일본 등 외국 의료계에서도 찬사를 받는 등 커다란 반향을 불러일으키고 있다.

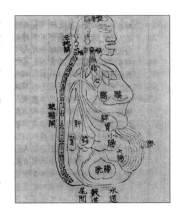

---

### 동의보감에 나오는 일명 '단방요법들'

**어린아이가 변비에 걸렸을 때는** 참기름을 입에 물고 가느다란 대롱을 항문에 꽂은 후 기름을 불어넣으면 얼마 있다가 똥이 저절로 나온다.
**체했을 때는** 날 무를 씹어서 삼킨다.
**혀가 잘리거나 손가락이 잘려 피가 멈추지 않으면** 현미식초를 발라 지혈시킨다.
**귀나 코가 떨어졌을 때는** 머리털 태운 재를 기름에 풀어 그 속에 귀나 코를 담갔다가 제자리에 붙인다.
**두드러기에는** 탱자술이 특효약이다.

---

## 한백겸, 평양에서 기자정전의 실재 밝혀

### 토지개혁론의 확고한 근거 마련 '학계 논란' 예상

**1607년** 한백겸이 기자정전(箕子井田)의 실재를 밝혀내 학계에 큰 충격을 주고 있다. 기자정전이란 중국에서 건너온 기자가 중국의 정전제를 실현하기 위해 평양에 설치하였다는 정전을 말하는 것으로, 지금까지는 문헌상으로만 남아 있을 뿐 실제로 확인되지 않아 그 실재가 부정되어왔다. 그러나 이번에 한백겸이 평양에서 세밀한 조사 끝에 그 실재를 밝힌 「기전고」라는 논문을 발표해 그 실재를 확인하게 되었다.

그의 「기전고」에 따르면 기자정전은 평양 외성의 남쪽에서 대동강변에 이르는 지역에 설치되었는데, 정(井)자형으로 구획됐던 주나라의 정전과는 달리 전(田)자형으로 구획된 것이 특색.

그의 연구결과로 학계에서는 정전제의 실재 여부와 토지개혁의 가능성을 놓고 큰 논란이 일 것으로 예상된다. 그동안 학계에서는 토지개혁의 문제를 놓고 그 실현 가능성의 척도를 주나라의 정전제에 두어왔다. 그러나 정전제는 이상으로만 존재했지 실재하지 않았다는 주장이 우세하여, 주나라 정전제 이념에 바탕을 둔 토지개혁은 불가능하다는 의견이 대세를 이루었다. 그러나 이제 기자정전이 확인됨으로써 토지개혁론자들의 주장이 확고한 근거를 갖게 되었고 학계의 논란은 더욱 치열해질 것으로 보인다.

---

### 최근 경상도지역에서 담바귀 타령 유행

## 고추, 호박 수입

**1616년 11월** 일본으로부터 들여온 담배가 한해 전에 들여온 고추와 더불어 백성들 사이에 급속하게 퍼져나가고 있다. 양반, 상민 할 것 없이 곰방대에 연초를 넣고 뻐끔뻐끔 피워대는 모습은 이제 우리에게 그렇게 낯설지만은 않다. 이런 세태를 반영이라도 하듯이 요즈음 경상도지역에서는 '담바귀 타령'이라는 노래가 유행하고 있다.

귀야 귀야 담바귀야 동래 울산 담바귀야 / 너의 국도 좋다드니 조선국을 왜 왔느냐 / 나의 국도 좋다마는 너의 국을 유람왔네

귀야 귀야 담바귀야 동래나 울산의 담바귀야 / 은을 주러 나왔느냐 금이나 주러 나왔느냐 / 은도 없고 금도 없고 담바귀씨를 가지고 왔네

일본을 통해 고추와 호박이 수입되어 많은 사람들의 입맛을 새롭게 하고 있다. 고추의 경우 열매가 익어가면서 서서히 청색에서 홍색으로 바뀌는 것이 마치 감이 익어가는 것과 비슷하다. 그러나 맛은 아직까지 맛보지 못했던 매운맛을 지녀 그냥 먹기보다는 밥 반찬으로 어울린다고 식품전문가는 말한다.

한편 호박은 기근이 생길 때 유용하게 활용될 수 있는 식품이어서 앞으로 백성들의 집 창고에서 쉽게 찾아볼 수 있을 것이다. 밥 반찬으로도 그만이지만, 익혀서 죽을 끓이면 구황식으로 적절할 것이라고 한다.

---

## 여진족, 후금 건국

### 우리와의 향후 외교관계 '주목'

**1616년** 우리나라와 명이 임진왜란에 휘말려 있는 사이에 여진족이 흥기해 새로운 국가를 세웠다. 후금이라 불리는 이 나라의 1대 왕은 누루하치.

그는 처음에는 원교근공(멀리 있는 나라와 사귀고 가까이 있는 나라를 치는)의 책략을 써서, 한편으로 명에 대해 신하로서 복종하고 다른 한편으로는 여진 각 부족에 대해 실력으로 무력 정복했다. 그는 허투알라를 근거지로 삼아 급속히 세력을 키워, 관제를 설치하고 만주문자를 창제했으며 법률을 제정했다. 1616년에는 이미 동북의 대부분 지역이 그에 의해 통일돼, 명과 단절하고 후금을 세웠는데 연호를 천명, 도읍을 허투알라의 신성에 정했다. 12세기 만주에 세워졌던 금을 계승한다는 의미에서 국명을 후금이라 정했다고 한다.

만주나 몽고의 유목민 사회에서 정치적 통일세력이 생기면, 중원지방 진출을 기도하게 마련이다. 그때마다 배후의 우리나라를 복속시키기 위한 전쟁을 도발하는 일이 많았다. 조선과 명은 정치적으로 밀접한 관계에 있었고, 임진왜란 때는 군사행동을 함께 한 경험이 있었기 때문에 향후 후금의 견제를 받을 것으로 예상된다.

---

### 영국 청교도들, 메이플라워 호로 아메리카 상륙

**1620년** 종교의 자유를 찾아 9월 16일 영국의 플리머스항을 출발한 102명의 청교도들이 12월 21일 드디어 꿈에 그리던 신대륙 아메리카에 도착했다. 그들은 종교적 신념 하나로 겨우 180톤급의 배, 메이플라워호로 대양을 건너오는 모험을 감행한 것이다. 출발했던 영국의 항구명을 따서 도착한 곳을 플리머스라고 이름 붙이고, 도착하자마자 작업을 시작, 작은 통나무집 16개를 완성했다.

한편 그들은 플리머스 항에 상륙하기 전 승선자 중 성인남자 전원의 서약으로 자주적 식민지정부를 수립하고 다수결 원칙에 따라 운영할 것을 결정하는 계약을 체결했다. 이 청교도적 사회계약은 플리머스 식민지의 기본법이 될 것으로 보이며, 나아가 신대륙의 다른 식민지에도 영향을 미칠 것으로 전망된다.

# 역사신문

# 서인세력 쿠데타 … 광해군 축출

## 13일 새벽, 반란군 창덕궁 점령 '인조반정' … 인목대비 복권돼
## 새정부 구성하고 대규모 숙청 단행 … 광해군은 강화도로 유배

1623년(광해군 15) 3월 12일 현 국왕 광해군을 무력으로 폐위시키는 쿠데타가 발생했다. 주모자는 이귀, 김자점, 김류, 최명길, 이괄 등 서인세력인 것으로 밝혀졌다. 반정 세력들은 창덕궁을 점령, 일단 쿠데타가 성공을 거두자, 곧바로 13일 창덕궁이 아닌 인목대비가 유폐돼 있던 별궁 서궁에서 현 국왕 광해군을 폐하고, 광해군의 배다른 조카인 능양군을 새 국왕으로 추대하여 즉위식을 갖는 등 발빠른 행보를 보이고 있다. 즉위교서는 이례적으로 즉위식 다음날 전국에 반포됐다. 이렇게 반정의 완성을 의미하는 새 국왕의 등극 절차가 형식적 요건을 갖춤으로써, 지난번 연산조에 일어났던 반정에 이어 조선왕조 역사상 두 번

째의 반정이 일단 성공을 거둔 것으로 받아들여지고 있다.

이 교서에서는, 광해군이 동생들을 죽이고 모후인 인목대비를 서궁에 유폐시키는 패륜을 저질렀고, 강홍립을 오랑캐인 여진에게 투항시키는 등 대외적으로 국가의 명분을 실추시킨 것에 더 이상 참지 못하고 분연히 일어났음을 밝히고 있다.

한편 국왕과 반정세력은 새로운 의정부와 6조의 구성을 위한 조각 작업에 착수한 것으로 알려지고 있다. 이에 따라 이전 집권세력인 대북세력에 대한 대대적인 숙청과 함께 서인세력을 중심으로 한 반정공신들의 대거 등용이 예상되고 있는데, 폐모론을 상소했던 관리들 전원이 참수형에 처해졌고 광해군의 외

교노선을 지지했던 대다수 관리들이 처벌되고 있다. 현재까지 참수자는 약 40명, 숙청대상자는 약 2백여 명에 이르고 있다.

한편 새 정부는 갑작스런 쿠데타로 어수선해진 사회분위기를 다잡기 위해 민심수습책 마련에 분주한데, 우선 백성들에게 부담을 줬던 영건도감, 의례도감, 화기시 등 12개 도감을 혁파한다고 발표했다. 특히 영건도감의 혁파는 광해군 때 임진왜란으로 불탄 궁궐을 중건하는 각종 토목공사를 벌이면서 백성들의 부담을 가중시켜 불만이 있었던 것을 고려한 조처로 보인다. 또 대규모 사면조치와 백성들의 세금부담을 덜어주는 추가조치가 있을 것으로 예상되고 있다.

## 3월 13일 숨가빴던 창덕궁과 경운궁

### 거사계획 누설 … 예정보다 하루 앞당겨

12일 밤, 거사 정보의 사전누설로 예정보다 몇 시간 앞당겨 홍제원에 집결한 쿠데타군은 7백여 명. 원래 지휘자는 김류로 예정돼 있었으나 현장에 나타나지 않아 임시로 이괄이 지휘. 연서역을 지나 도성으로 진격하는 도중, 뒤늦게 김류가 합류. 이괄이 김류가 반란의 실패를 두려워해 기회주의적인 행동을 보인다며 지휘권 넘겨주기를 거부, 일시 소란. 그러나 이귀의 중재로 김류에게 지휘권을 넘겨준 뒤 계속 진격, 새벽 4시경 한성 북쪽 창의문(자하문)에 도달. 도성 수비군을 살해하고 창의문을 통과하자, 능양군이 부하들을 거느리고 나와 이들을 맞이함. 이 당시 이미 쿠데타 정보가 광해군에게 보고돼 훈련도감 이확이 군사를 거느리고 주위에 매복해 있었지만 그는 이 결정적인 순간에 쿠데타군을 공격하지 않았다. 대세가 이미 기울었다고 판단했다는 후문. 쿠데타군이 창덕궁에 도착했을 때 궁궐 밖에 진을 치고 있던 훈련대장 이흥립은 휘하 궁궐수비병들에게 병력이동을 금지시킴. 이미 반란군에 가담해 있었던 것.

창덕궁 정문인 돈화문에 이어, 인

정전과 대조전에 이르는 각 문은 미리 내통해 있던 자들에 의해 빗장이 모두 열려 있어 쿠데타군은 순식간에 창덕궁을 점령. 그러나 광해군 체포에는 실패. 광해군은 돈화문이 소란해질 무렵 쿠데타 사실을 보고받고는 황급히 몸을 피했던 것. 광해군은 후원으로 나가 사다리를 타고 궁궐 담을 넘어, 우선 급한 대로 의관 안국신의 집에 숨었던 것으로 나중에 밝혀졌다.

쿠데타군은 궁궐 안을 샅샅이 뒤졌으나 광해군을 찾지 못했고, 후원에서 광해군이 급히 담을 넘느라 떨어뜨리고 간 옥새만을 주워 능양군에게 바쳤다. 능양군은 우선 옥새만 가지고 경운궁으로 가 인목대비에게 옥새를 올리며 쿠데타 성공을 알림. 주위 대신들은 환호하며 속히 광해군을 폐하고, 능양군의 국왕 즉위식을 거행할 것을 촉구했다.

그러나 인목대비가 "광해군 부자의 목을 우선 베어오라. 그놈들의 살점을 씹은 뒤에야 식을 거행할 수 있다"며 완강히 버티자, 대신들은 "어쨌든 국왕을 살해하는 것은 법도에 어긋난다"며 설득, 인조 즉위식을 거행하게 됐다.

## 인조반정 관련 일지

1609 광해군 친형 임해군, 강화 교동에 유배 중 살해당함

1613 인목대비의 아버지 김제남, 역모 혐의로 처형됨

1614 영창대군, 강화에 유배 중 살해당함

1615 능양군(인조) 아우 능창군, 역모로 처형됨

1618 인목대비 존호 폐하고 서궁에 유폐

1622. 12 강원감사 백대형 등 경운궁에서 굿 빙자 인목대비 살해 기도

1622. 12 평산부사 이귀 역모 혐의로 고발됐으나 무혐의 처분

1623. 1 사간원서 이귀, 김자점 등 역모 혐의 상소, 이귀 파면으로 일단락

1623. 3. 12 밤 반정군 홍제원에 집결

1623. 3. 13 새벽 반정군 창덕궁 점령, 광해군은 민가로 피신

1623. 3. 13 오전 경운궁에서 능양군이 국왕에 즉위

1623. 3. 14 광해군 체포, 강화로 유배

## 광해군 체포와 압송, 처벌 현장

### 담넘어 상가로 피신 … 압송되는 광해군에게 백성들 비난
### 인목대비 앞에서 자신의 죄목 일일이 낭독 후 기진맥진

3월 14일 안국신의 집에서 체포된 광해군은 경운궁으로 압송돼 인목대비로부터 치욕스런 수모를 당한 뒤 강화로 유배 조치됐다.

광해군은 쿠데타 당일 간신히 화를 면하고 내시와 함께 후궁 담을 넘어 의관 안국신의 집에 숨어 있었다. 마침 안국신이 상중이라 광해군도 생포로 만든 상복에다 흰 개가죽 남바위를 쓰고 짚신을 신는 등 위장을 하고 앉아 있었다. 바깥 상황이 궁금한 광해군이 안국신의 아내를 시켜 상황을 살펴보라고 했으나 그녀는 이미 대세가 기운 것을 알고 도리어 반란군측에 가서 일러바쳤다. 이에 능양군이 이천부사 이중로를 시켜 체포해오도록 했던 것이다. 광해군이 압송되는 길목에는 동네 사람들이 담장과 지붕 위에 올라가 구경하면서 "돈 애비야, 돈 애비야. 거두어들인 금·은은 다 어디 두고 이 길을 가는가"라며 조롱했고, 광해군은 머리를 숙인 채 눈물만 흘렸다.

인목대비는 애초에는 광해군의 목을 베어야 직성이 풀릴 것이라며 분기탱천했으나, 능양군 및 주위의 만류로 이를 거두어들이는 대신 광해군으로 하여금 자신 앞에 꿇어 엎드려 36가지 죄목이 적힌 비망기를 직접 읽도록 했다. 36가지 죄에는 물론 인목대비를 폐하고 형제를 죽인 죄가 포함돼 있지만 불충한 죄, 종묘사직을 공경하지 않고 저버린 죄, 하늘을 기만한 죄, 배은망덕한 죄 등 사실상 같은 말의 반복에 지나지 않아 광해군을 괴롭히기 위해 길게 나열한 것인 듯했다.

비망기를 다 읽은 광해군은 식은땀과 눈물로 범벅이 되었고, 주위 군사의 부축을 받고서야 겨우 일어설 수 있었다. 인목대비는 그 자리에서 당장 강화로 떠나도록 명령했다.

## 하루아침에 평민이 된 비극의 국왕 광해군

### 그의 정책, 일방적 매도는 곤란

반정이 성공한 지금 광해군은 살제폐모(殺弟廢母), 의리 배반과 변절 등 온갖 악행을 저지른 패륜아로 지탄받고 있다. 그런데 진짜 그럴까.

광해군은 1575년, 사림이 동인과 서인으로 분당되던 해에 태어났고 이번에 북인과 서인 사이의 권력투쟁으로 권좌에서 쫓겨났으니 그야말로 당쟁과 함께한 평생. 그러나 광해군이 애초부터 당쟁에 수동적으로 끌려다닌 것은 아니다. 형 임해군을 제치고 세자로 책봉된 것은 그만큼 그가 총명했기 때문. 약관 18세에 임진왜란을 만나 궁궐이 아닌 강원도 등지에서 백성들과 직접 대면하며 전쟁을 수습한 소중한 경력을 쌓은 그였다. 따라서 즉위하면서 나라를 전쟁의 위험에서 구하고, 새 기틀을 다지겠다는 각오에 불탔다. 즉위 3년만에 창덕궁을 중수, 임시궁궐 시대를 마감한 것, 자신의 반대편에 섰던 대신들을 그대로 유임시킨 것, 일본과 국교정상화 길을 연 것 등이 모두 그의 이러한 각오에서 나왔다. 후금과의 평화관계를 추구한 것도 그 연장선에서였다.

그러나 당쟁의 소용돌이는 점점 깊어만 갔다. 그를 정점으로 주위에 포진하고 있는 대북세력은 일당 독주로 치달았고, 그에 비례해 타 정파에 대해 신경이 극도로 예민해져가고 있었다. 이들에겐 임해군, 영창대군, 인목대비 등 서인세력측에서 접근할 수 있는 자들을 제거하는 것이 기득권을 공고히 하는 첩경이었을 것이다. 광해군은 거기에 들러리를 서고 만 것은 아닐까. 결국 인목대비 서궁 유폐 시점에 와서는 광해군의 '나라 다시 만들기' 의지는 대북세력의 독주에 의해 빛이 바래졌고 결국 반정이 일어났다. 50세도 안된 전 국왕이 평민이 돼 강화에 유배돼 있는, 이 유례가 없는 사태는 타협을 허용치 않는 당쟁의 비극적 희생물로밖에 설명할 수 없을 듯하다.

---

취재 수첩 ## 반정 명분, 설득력 있나?

인목대비는 인조반정의 명분으로 첫째, 광해군이 선왕 선조를 독살하고 형제들을 죽이고 어머니인 자신을 유폐시킨 것 둘째, 과도한 토목공사를 벌여 민생을 도탄에 빠지게 한 것 셋째, 오랑캐인 여진에게 투항하여 국가를 위태롭게 했다는 것 등 세 가지를 들었다.

그러나 이것이 일반인들에게 얼마나 설득력이 있을지 의문이다.

첫번째의 경우는 상당히 감정적인 것일 뿐더러, 선조 독살 주장은 사실성이 의심되는 주장이다. 선조는 광해군을 세자로 삼았다가 후에 적자인 영창대군이 태어나자 혹시 세자를 교체하고 싶었는지 모른다.

그러나 그 당시 조정의 많은 대신들이 영창대군은 너무 어려서 문제가 있음을 지적했었다.

때마침 선조가 승하하자, 인목대비는 당시부터 광해군이 부친 선조를 독살했다는 주장을 해왔지만 사실로 확인된 바는 없는 것이다.

어쨌든 광해군이 형제인 임해군과 영창대군의 살해에 사전이든 사후든 관여한 것은 틀림없는 사실이고, 인목대비는 이 점에 대해서만은 당당하게 주장할 수 있다고 본다.

그러나 두 번째와 세 번째 것은 괜히 꿰맞춘 것이라는 인상이 짙다. 광해군이 창덕궁을 비롯해 임진란 당시 훼손된 궁궐을 중건한 것은, 작게는 왕실의 체통을 위해서이고 크게는 국가의 위신을 위해서였다. 광해군이 아니더라도 어차피 누군가는 해야 할 일이다.

지난 반정 때 창덕궁 일부가 쿠데타군들에 의해 불탔다. 그 것을 민생을 생각해 지금 그대로 놔두고 있는가 묻고 싶다.

광해군의 중립외교는 물론 조정에서 논란이 많았던 문제다. 그러나 광해군의 중립외교 덕분에 우리는 지금 명과 후금이 전쟁인 와중에서도 평화를 구가하고 있다.

백보를 양보하여도 이것은 정책결정의 문제다. 중요한 정책이 결정될 때마다 그것이 맘에 안 든다고 정권을 뒤집어엎는다면 국가의 장래가 어떻게 되겠는가.

반정이 진정으로 백성들로부터 인정받는 길은 백성들 앞에 솔직한 모습을 보이는 데서부터 시작해야 할 것이다. 나라의 장래가 왕실의 한풀이 마당이 되지 않기를 바라는 마음은 단지 기자만의 생각은 아닐 것이다.

---

## 막을 수도 있었던 쿠데타 …

### 반란음모 사전에 알았으나 적극적으로 대응 안해

이번 인조반정은 쿠데타군이 일사불란하게 움직여 불과 한나절만에 '상황 끝'이었지만, 사실 광해군이 조금만 주의를 기울였다면 막을 수 있는 쿠데타였다며 아쉬움을 토로하는 이들이 많다.

지난 1622년 12월 "평산부사 이귀가 서궁을 끼고 흉측한 변을 도모하고 있다"는 유천기의 보고가 있었으나 구체적 물증이 없다는 이유로 각하됐다. 이 때 이귀와 장단부사 이서는 호랑이 사냥을 빌미로 군사를 도 경계선 너머로 자유로이 이동시킬 수 있도록 요청하여 허가를 받았는데, 이는 결국 군사를 평산에서 도성 안에까지 밀고들어오기 위한 계략이었음이 밝혀졌다.

뒤이어 1623년 초에는 사간원의 한 유상 등이 이귀와 김자점 등 반정세력들을 역모 혐의로 탄핵하는 상소를 올렸으나 이귀가 이를 부인하고 자신의 결백을 주장하는 상소를 올렸다. 광해군은 이때도 이귀를 파직시키는 선에서 마무리했다.

쿠데타 바로 전날인 3월 12일에도 쿠데타군의 말단에 끼여 있던 이이방이란 자가 쿠데타의 성공에 회의를 품고 "이귀와 김류의 무리가 오늘밤 홍제원에서 군사를 일으켜 대궐을 침범할 것이며, 도성 안에는 훈련대장 이흥립이 내응하기로 되어 있다"라고 구체적인 거사계획을 고발해왔다. 이귀와 김자점에 대한 계속된 고발과 상소로 경계심이 약화돼 있던 광해군과 대신들에게 이이방의 고발은 심각하게 받아들여지지 않았고, 마침 주연을 베풀고 있던 국왕은 의금부 당상관들이 사태의 위급함을 고하며 군사동원의 어명을 기다리고 있었지만 이들의 요구를 들어주지 않았다.

이러한 와중에서 오히려 쿠데타군이 자신들의 거사계획이 발각된 것을 알고 예정을 앞당겨 출병하여 무방비 상태의 창덕궁을 접수해버린 것이다.

# 역사신문

## 서인 정권 수립

### 대북파 완전 제거 ··· 남인과 연합
### 외교노선 친명배금으로 선회

광해군 때 집권세력에 대한 대대적인 숙청이 개시됐다. 우선 인목대비 폐비 논의와 관련된 9백30여 명, 인목대비의 서궁 유폐에 관련된 7백90명 등이 숙청대상에 올랐다. 이들 외에도 광해군측 왕실관계자 및 측근 1백70여 명이 제거됐다. 이번 숙청으로 광해군 재위 16년 동안 삼사와 6조의 종6품 이상의 자리에 오른 3백21명의 관리들 중 40퍼센트에 이르는 1백27명이 처벌됐다.

이와 함께 조정의 요직은 반정에 가담한 서인들을 중심으로 짜여지고 있다. 새 내각의 면면을 보면 병조판서에는 쿠데타군 총지휘를 맡았던 김류, 공조판서에는 쿠데타군에 내응한 전 훈련대장 이흥립, 한성판윤에는 역시 쿠데타군을 실질적으로 동원했던 이괄이 임명됐고, 그밖에도 이조전랑에 이탕이 임명되는 등 논공행상의 성격을 노골적으로 드러냈다. 그러나 내각 최고위직인 영의정에는 폐모론에 반대하여 파직당했던 남인 출신의 이원익이 임명돼 눈길을 끌고 있다. 이에 대해 반정 주도세력측에서는 "서인을 우선 등용

하지만 남인이나 소북쪽에서 쓸 만한 인재가 있으면 수용할 것"이라고 하면서 '대북만은 조정에 발을 못 붙이게 해야 한다'고 강경한 주장을 피력하고 있어 앞으로 정계는 서인의 주도 아래 대북을 제외한 남인과 일부 소북이 연립하는 정세를 이룰 것으로 보인다.     **관련기사 2면**

서인 정권의 정책은 우선 외교노선에서 광해군의 등거리 외교를 전면 철회하고 친명배금(親明背金)으로 선회할 것이 확실하다. 사대부들의 대체적인 여론이 그쪽으로 가고 있는데다 서인측의 광해군 정책에 대한 반대심리가 크기 때문이다. 일부에서 국제정세를 따져보지 않은 너무 감정적인 정책이 아니냐는 비판을 던지고 있기는 하지만, 당분간 이에 대해 감히 이의를 제기하고 나설 자는 없을 것으로 보인다.

한편 서인 정권측에서는 반정으로 어수선해진 민심을 달래기 위해 백성들의 세금부담을 경감해주는 일련의 조치를 고려 중이며, 아울러 호패법 실시 등 대민 통치책도 준비 중인 것으로 알려지고 있다.

## 후금 침공, 정묘호란 발발

### 3만 군사, 북방 방어선 유린 ··· 국왕, 강화로 피신

1627년(인조 5) 1월 후금은 아민을 대장으로 하여 3만의 병력으로 압록강을 건너 우리나라를 침공하여 왔다. 우리측은 곽산 등지에서 저지선을 폈으나, 역부족으로 막지 못하고 개성 방면으로 후퇴하였다. 후금군은 의주, 안주, 황주를 거쳐 평산에서 진을 쳤다.

사태가 위급해지자, 조정에서는

원로 대신 이원익의 건의에 따라 세자의 분조를 결정하고 국왕은 강화로, 세자는 전주로 몽진하기로 결정하고 떠났으며, 수도 한성은 김상용을 유도대장으로 삼아 지키게 하였다. 그러나 그는 한성을 버리고 도망, 분노한 한성 주민들이 선혜청과 호조에 불을 지르는 등 민심이 극도로 악화되고 있다.

이번 전쟁은 인조반정 이후 우리측이 후금과의 관계를 끊는 한편, 가도에 진을 치고 요동수복을 꾀하고 있던 명나라 장수 모문룡을 지원하는 등 노골적인 친명배금 정책으로 돌아서자, 배후로부터 위협을 받게 된 후금이 명 침공에 앞서 주변을 정리하기 위해 일으킨 것으로 분석되고 있다.     **관련기사 2면**

## 정전협상 ··· 화의조건 5개항 합의

### 조선, 후금에 형제국의 예 갖추기로

1627년 3월 3일 후금과 우리측은 강화부 성문 밖에서 제단을 쌓고 그 위에 흰 말과 검은 소의 머리를 제물 삼아 하늘에 제사를 지내고 맹약식을 가졌다. 그동안 평산에서 대치한 상태에서 화의교섭을 벌여온 양국은 결국 화의조건 5가지를 양측이 수용함으로써 강화조약이 체결된 것이다.

지난 1월 침공한 후금의 군대가 파죽지세로 밀고내려와 강화도에까지 이르렀으나 아무도 강화를 주장하지 못했는데, 참판 최명길의 주장으로 주화론이 채택되고 비로소 강화를 맺기 위한 교섭이 진행되었다. 후금은 명나라 연호를 쓰지 말 것과 왕자를 인질로 보낼 것 등을 요구했으나 우리측 최명길은 이에 응하지 않았다. 그러나 후금측도 명을 앞에

두고 우리와 장기전을 펼칠 형편은 아니고, 또 후방 보급로가 우리측 의병들의 활동에 의해 위협받는 등 전세가 유리하지만은 않아 결국 서로의 입장을 절충한 5개항에 합의하게 되었다.     **관련기사 2면**

---

**화의 조건 5개항**

1 현재 이후 후금은 평산을 넘어 가지 않는다
2 맹약 후 후금은 즉시 철병한다
3 철병 후 후금은 압록강을 넘어 오지 않는다
4 향후 양국은 형제국으로 지낸다
5 조선은 후금과 맹약을 맺되 명나라를 적으로 대하지는 않는다

## 화의 깨지다 ··· 양국 긴장

### 후금의 군신관계 요구에 척화교서 발표로 대응

1633년 1월 국왕 인조는 후금과의 화의를 전면 철회하는 척화교서를 발표하고, 백성들에게 전쟁에 대비할 것과 전쟁이 있을 시 모두 참전하도록 촉구했다. 이에 대해 후금측에서도 전쟁준비에 들어가 양국간에 전운이 짙게 감돌고 있다.

이번 사태는 후금이 지난 정묘년의 화의조약에도 없는 무리한 요구를 계속해오던 중 급기야는 기존 '형제' 관계를 '군신' 관계로 전환할 것을 요구해와 조정 백관들의 분노가 폭발한 데 따른 것으로 알려졌다.

최근 후금은 내몽고지역을 복속한 뒤 만리장성을 넘어 북경으로까지

진격해들어가고 있다. 이렇게 전선이 확장됨에 따라 군비수요도 급증하여 우리측에게 황금·백금 각 1만 냥, 말 3천 필, 지원병 3만 등을 요구해온 것이다. 이에 대해 우리측에서는 이는 지난 화의조약에 명시된 "조선은 명과 적대하지 않는다"는 양해조항을 깨뜨린 것이라며 무시했다. 그러자 후금은 한술 더 떠 아예 기존 화의조약을 파기하고 양국관계를 군신관계로 하는 새 조약을 맺자고 해왔다. 후금으로서는 자신들의 세력이 강해지는 데 비례하여 요구 수준을 높여온 것이지만 서인세력이 집권하고 있는 우리 조정으로서는 도저히 감내할 수 없는 것이었다.

특히 지난 1636년 2월에는 인조비 한씨의 장례사절로 후금 장수 용골대와 마부태가 직접 와서는 면전에서 군신관계를 요구해 조정대신들의 분노는 폭발 직전에 이르렀다. 사태가 이렇게 되자 그들은 신변의 위험을 느끼고 도주하였는데, 도중에 민가의 말을 빼앗아 달아나다 우연히 조정에서 평안도 관찰사에 보내는 전쟁준비를 지시하는 척화문서를 취득하게 됐다. 이에 따라 후금측도 이제는 우리와의 전쟁이 불가피하다는 것을 인식하고 출병을 적극 검토하고 있다는 소식이다.     **관련기사 2면**

## 역사신문

## 반정의 열정과 명분에 앞서 냉철한 이성을

### 광해군 정책 무조건 부정은 안돼

이번 반정으로 우리 역사는 지난 연산조 때 일어났던 중종반정과 함께 두 번의 반정이라는 불행한 역사를 가지게 되었다. 반정 주도세력은 반정의 명분을 다음과 같이 두 가지로 제시하고 있다. 첫번째는 광해군이 임해군과 영창대군 등의 형제를 살해하고 모후인 인목대비를 폐함으로써 패륜을 저질렀다는 것이고, 두 번째는 명에 대한 은혜와 의리를 저버리고 오랑캐와 교통함으로써 금수의 나라로 전락해버렸다는 것이다. 이러한 폐주의 폐덕을 바로잡기 위해서 반정을 일으켰다는 것이다. 일단 이러한 명분이 설득력을 얻어 반정이 성공을 거둔 것으로 보인다. 반정세력이 빠르게 그리고 성공적으로 권력을 안착시켜 나가고 있는 것이 이를 반증하고 있다. 한편 광해조 때 대북정권의 권력독점으로 붕괴위기에 빠져 있던 붕당정치가 복원될 조짐을 보이는 등 새로운 정치에 대한 기대도 높아지고 있다.

잘못된 역사는 바로잡아야 하고 필요하다면 몇 번의 반정이라도 일어날 수 있다. 그러나 우리는 여기서 보다 이성적이고 보다 냉철해져야만 한다. 으레 그렇듯이 반정은 반정의 대상에 대해서는 무조건적인 비난을, 그리고 반정의 주체에 대해서는 무조건적인 정당성을 강요하는 부정적인 수법 때문에 자칫 비이성적으로 치닫게 될 위험성을 항상 안고 있다. 지금도 냉철해야 할 이성이 반정의 열정 앞에 숨을 죽이고 있다. 그러나 광해조 때의 일에 대한 전면적인 부정은 우리 역사의 장래에 결코 바람직하지 않다. 살제폐모의 패륜에 대해서는 굳이 변호하고 싶지 않다. 그리고 대북정권의 권력독점화 경향도 반성되어야 한다. 그러나 광해군 때의 실리적인 중립외교정책은 계승되어져야 한다. 옥에 돌이 섞였다고 옥석을 모두 버리는 우를 범해서는 안되기 때문이다.

우리가 우려하는 것은 반정의 열정과 명분에 집착하여 자칫 나라의 장래를 그르칠 수도 있다는 것이다. 이번 호란은 저들이 우리에게 보내는 명백한 경고이다. 그럼에도 조정에서는 애써 이를 무시하고 현재의 경직된 외교정책을 계속 고수하고 있다. 이는 국가적인 불행을 자초하는 것일 뿐이다. 그리고 이는 반정의 궁극적인 목적이라고 할 수 있는 '역사 바로 세우기'에도 결과적으로 도움이 되지 않는다. 왜냐하면 역사를 바로 세운다는 것은 잘못된 것을 버리고 올바른 것을 취하는 냉철한 비판정신에서 비롯되기 때문이다. 지금 우리에게는 반정의 열정을 가라앉히고 현실을 직시하는 보다 냉철한 이성이 절실히 요구되고 있는 것이다.

### 그림마당
이은홍

## 출범 때부터 정통성 시비에 시달렸던 광해군, 붕당통제에 실패
## 서인 정권의 친명배금 정책 … 국제정세와 맞지 않아 파란 예고

1633년 서인세력에 의한 광해군 축출 쿠데타는 그동안의 정국 파행 양상을 감안할 때 어느 정도 예감되었던 일이었다는 게 일반적인 지적이다. 특히 인목대비 폐모를 강행하기 위해 대북세력이 조성했던 살벌한 정국분위기와 이이첨 일파의 정국 독단, 그리고 이에 대한 사림 전체의 반발 등은 그런 예감이 가능케 했던 대목이다. 또 명과 후금 사이에 중립을 지키고자 했던 광해군의 등거리 외교는 대명은혜론에 사로잡혀 있던 사림들의 광범한 비판을 초래하고 있었다. 사실 광해군은 그의 즉위과정에서부터 끊임없는 정통성 시비에 시달렸다. 이점은 전후 재건시책을 강력히 추진하려 했던 광해군에게 왕권행사에 큰 제약요소로 작용했다. 그래서 그는 점차 자신의 즉위를 지지한 대북세력에 의존하여 정국을 운영할 수밖에 없었고, 그 과정에서 대북세력의 이해와도 얽혀

여러 가지 파행을 거듭, 자신의 형과 동생들을 죽이고 급기야 인목대비의 폐모 사태로까지 치달았다. 이 과정은 다른 한편 대북세력의 독주에 의한 정상적인 붕당정치의 붕괴를 가져와 여타 당파로부터 광범한 반발을 사게 되었다. 정국은 이미 기존의 정상적인 운영의 틀을 넘어서버린 것이다.

여기서 눈여겨봐야 할 대목은, 그렇지 않아도 정통성 시비에 시달려 왔던 광해군이 이런 파행적인 정국 운영으로 여러 붕당을 적절히 통어하지 못함으로써 궁극적으로 왕권 자체의 권위추락과 권력약화를 초래했다는 점이다. 비상한 수단을 통해 국왕까지도 포함한 정치판 자체를 뒤바꾸는, 그야말로 조선왕조체제의 기본질서를 뒤엎는 반정을 도모할 수 있는 정치역학이 여기서 가능했다는 것이 공통된 분석이다. 그리고 그동안 정국에서 소외되었던 서인세

력이 그 가능성의 과녁을 명중시킨 셈이다.

앞으로 전개될 서인정권의 정국운영과 정책방향은 지금까지의 정치과정을 역으로 그려보면 어느 정도 그 윤곽을 예측할 수 있다. 우선 예상할 수 있는 것은 서인세력이 당연히 권력의 핵심을 장악하리라는 것이다. 그러나 서인은 자신들이 권력을 독점하지 않고 남인이나 소북세력을 정권에 참여시켜 붕당정치의 틀을 갖춤으로써 정치안정을 기하려 할 것이라는 게 일반적인 예측이다.

또 예상할 수 있는 것은 외교정책에서 광해군 대의 중립외교를 탈피하고 친명 일변도의 외교정책이 전개되리라는 것이다. 그러나 대륙정세의 변동을 감안할 때 명분만을 앞세운 이러한 정책변화는 새로운 풍운을 몰고올 가능성이 크다는 것이 외교전문가들의 지적이다.

척화론자 김상헌

지금 조야에서는 후금이 정묘년의 형제맹약을 군신관계로 바꿀 것을 요구하자, 후금을 치고 명과의 의리를 지켜야 한다는 척화론이 거세게 일어나고 있다. 한편 우리의 현실적 여건을 감안해 후금과의 화해를 깨뜨려서는 안된다는 주화론도 일부에서 제기되고 있다. 각 주장을 대표주자들의 입을 통해 직접 들어본다.

주화론자 최명길

명나라가 우리나라에게 부모라면, 후금은 곧 부모의 원수입니다. 자식된 자로서 부모의 원수와 형제가 되어서 부모를 저버린다는 것은 있을 수 없는 일입니다. 임진왜란 때 우리가 일본을 물리친 것은 오로지 명의 힘에 의한 것이었습니다. 우리가 지금 먹고 숨쉬는 것조차 명의 은덕임을 어찌 잊는단 말입니까. 차라리 나라가 없어질지라도 의리는 저버릴 수가 없는 것입니다.

백보를 양보해 화의를 한다 해도 반드시 먼저 싸우고 난 뒤에 화의해야 합니다. 처음부터 화의를 청한다면 화의 또한 바랄 수 없는 것이 국제관계의 실상입니다. 따라서 지금 후금과 화의를 도모하는 것은 명분상으로뿐 아니라 전술적 측면에서도 옳지 못한 일입니다. 지금 이 순간 척화의 기치를 높이 들어야 합니다.

주화를 주장하면 마치 역적인 양 몰아붙이지만, 그럼에도 나는 후금과 화친하는 일이 그르다고 생각하지 않습니다. 현재 논의하는 사람들은 모두 후금의 누루하치가 황제를 칭하였으니 그들과 왕래를 해서는 안된다고 하지만, 그들이 오랑캐인 이상 황제라고 외람된 호칭을 하든 안하든 우리가 상관할 바가 아닙니다.

경망하게 큰소리만 쳐서 오랑캐의 노여움을 도발, 백성이 도탄에 빠지고 종묘와 사직에 제사지내지 못하게 된다면 누가 책임을 지겠습니까. 지금 우리는 인재를 등용하고 땅을 개간하여 백성들의 삶을 보살피는 일이 급선무입니다. 그 다음에 군사를 훈련시키고 성을 잘 수리하여 전쟁에 대비해야 합니다. 준비도 없는 상황에서 전쟁을 한다는 것은 무모한 일입니다.

## 여러 부족들 통합, 국력 강성 … 명 공격 앞서 조선 칠 가능성 있어

지난 1616년 여진족 누루하치가 후금을 건국한 이래 후금의 세력은 날이 갈수록 강성해지고 있다. 현재 만주 전지역과 몽고족 거주지역으로까지 세력이 팽창해가고 있는 중이다. 반면 명은 각지에서의 농민반란으로 국력이 허약해져서 후금의 팽창압박을 견뎌내지 못하고 있다.

이렇게 후금이 대륙의 강국으로 급속하게 성장한 데는 몇 가지 요인이 있었다. 우선 전통적으로 지난 시기의 몽고나 금과 같이 유목민족들은 전투력에 있어 농경민족들보다 우월했다. 항상 이동하며 생활하는데다 각 부족간의 분쟁이 끊이질 않아 자연히 전투력이 몸에 배 있기

때문이다. 그러나 또 바로 그점 때문에 유목민 각 부족이 분열돼 있을 경우에는 대륙정세에 별 영향을 미치지 않아 왔다. 이번에 후금이 강력하게 명을 공격하고 나올 수 있었던 것도 바로 누루하치가 여진 각 부족을 통일하여 단일 대오를 형성했기 때문이다.

군사적으로는 현재 후금이 명은 물론 우리 조선보다 우월하지만 문화수준까지도 그런 것은 아니다. 이점은 후금 자신도 명확하게 인식하고 있다. 바로 얼마 전까지만 해도 여진은 명에 조공을 바쳐왔고 임진왜란 때는 명을 도와 참전하기도 했던 것이다. 따라서 후금이 명을 공

격하는 것은 단순히 파괴와 약탈이 목적이라기보다는 보다 더 많은 교역과 문화교류를 원하기 때문이라는 해석이 가능하다.

그리고 이는 우리 조선에도 그대로 적용될 수 있다. 지난 광해군 때 사신을 보내 적의가 없음을 알리자, 양국관계가 순탄했던 것이 그 증거다. 그러나 우리가 그들과 적대할 경우, 그들로서는 명과의 전쟁 중에 배후에 또 하나의 적을 둔 셈이 된다. 따라서 이 경우 먼저 우리쪽을 쳐서 무력화시킨 뒤 명쪽으로 향할 것은 너무나 뻔한 사실이다.

# 반정공신 이괄, 반란 일으켜

## 한성 일시 점령 … 길마재에서 관군에 패퇴

**1624년 1월 22일** 인조반정의 공신이자 현직 부원수 겸 평안병사인 이괄이 1만여 병사를 거느리고 평안도 영변에서 난을 일으켜 한성으로 진격, 한때 한성을 점령했다.

국왕 인조는 황망히 공주로 피신했다. 이괄은 경복궁 터에 주둔하면서 선조의 아들 흥안군을 왕으로 추대하고 새 행정체계를 세우는 등 제법 반란은 성공하는 듯했다. 그러나 도원수 장만이 이끄는 관군은 곧 전열을 가다듬고 반격을 개시,

길마재에서 이괄의 반군을 패퇴시켰다. 이괄, 한명련 등 반란군 지휘자들은 경기, 광주 방면으로 퇴각했다가 내부의 이반자들에 의해 살해당했다.

이번 난이 일어나게 된 원인에 대해, 정부에서는 이괄이 반정에 공이 컸음에도 2등공신밖에 되지 못하고 더군다나 평양병사 겸 부원수로 외지에 부임한 것에 대해 앙심을 품어 일으켰다고 발표했다. 하지만 정통한 소식통에 의하면 그

가 반역음모를 꾸미고 있다는 거짓 밀고가 이미 있었으나 그를 잘 아는 인조가 이를 묵살했다고 한다. 그러나 대신들이 그의 아들이라도 불러다 문초해봐야 한다고 간청하여 그것은 허락했다. 이괄은 자기 아들을 모반죄로 압송하려 오는 줄 알고, 어차피 죽은 목숨이라며 급작스레 난을 일으켰다는 것이다.

진상이야 어쨌든 이번 난은 국내외에 적지 않은 영향을 미칠 것으로 보인다. 국내 반란으로 국왕이

서울을 떠난 사례는 역사상 처음 있는 일인데다가 이번 난에 노비 등 하층민들이 다수 가담하는 등 민심의 이반현상도 나타났기 때문이다.

또 반란이 실패하자, 주모자 한명련의 아들이 후금으로 도망쳤는데 국내 사정을 후금에 알려 후금의 침략야욕을 부채질할 것이 우려된다.

---

# 서인 정권, 중앙군영 정비

## 반정 후 권력강화책 …
## 유사시 대비 총융청·어영청·수어청 신설

반정에 성공한 서인 정권은 자신의 권력기반을 강화하기 위해 어영청과 총융청을 신설하는 등 중앙군 체제정비에 나서고 있다. 중앙군영의 정비는 이괄의 난과 후금과의 관계가 악화되어가면서 더욱 가속화되고 있다.

쿠데타를 통해 집권에 성공한 이귀·이서·김유 등 서인세력은 반정에 동원된 군사들을 근간으로 삼아 1623년 호위청을 신설, 국왕을 호위토록 하였는데 이 군사가 이후 신설된 중앙군영의 모태가 된 것.

집권 후 바로 후금에 대해 강경책을 표방한 서인 정권은 북변 국

경에 긴장이 감돌자 유사시 국왕이 개성으로 나아가 친정할 것을 계획하고, 이를 위해 이귀로 하여금 어영군 260여 명을 훈련케 하였다. 이괄의 난 때 이 군사가 국왕을 호위하게 되면서 1천 명으로 증원되어 수도방위를 책임진 훈련도감과 함께 중앙군의 핵심을 이루고 있다.

또 서인 정권은 이괄의 난 때 반군이 경기도의 방어망을 쉽게 뚫고 한성을 점령하게 된 것을 계기로, 경기도의 방비를 튼튼히 하기 위해 1624년 총융청을 신설하고 경기 일대의 정군과 속오군을 편재하여 총

총융청 건물. 경기 일대의 수도권 방어 사령부. 서인세력의 군사기반이기도 하다.

융군으로 삼았다. 총융군의 창설은 서인의 반정공신 이서가 주도하였는데, 이로 인해 서인세력은 경기 일대에 강력한 무력기반을 갖추게 된 것으로 평가되고 있다.

한편 정부는 정묘호란 이후 남한산성을 수축하고 남한산성 방위의 주력부대로 수어청을 신설했다. 이는 유사시 국왕이 도성을 떠날 경

우 국왕은 훈련도감 군사와 어영군을 거느리고 강화도로 들어가고, 총융군을 거느린 세자가 남한산성에서 그곳을 거점으로 강화도에 대한 압박을 둔화시키면서 각 도에서 군사를 모아 대적토록 한다는 방어계획에 따른 것으로 알려졌다.

---

# 영정법 시행

## 풍흉에 관계없이 토지 비옥도에 따라 일정한 전세율 적용

**1635년** 토지의 세금을 풍흉에 관계없이 각 지역별로 땅의 비옥도에 따라 고정된 세율을 적용하는 영정법이 실시된다. 이 법의 실시로 각 지역에서는 풍흉에 관계없이 일정한 전세율이 적용될 것으로 보인다.

이전까지는 토지세 체계가 토지의 비옥도에 따라 6등급, 다시 그해 농사의 풍흉에 따라 9등급으로 나누는 총 54등급의 아주 복잡한 체계로 되어 있었으며, 세율 또한 높아 그대로 시행되기 어려웠다. 그래서 15세기 말부터 풍흉에 관계없이 최저 세율인 토지 1결에 쌀 4~6말을 걷는 것이 관행화되어왔다.

이번에 제정된 영정법은 이런 관행을 법제화한 것. 또 세금수입을 늘리기 위해 풍흉에 관계없이 농지의 비옥도만을 기준으로 9등급의 수세액을 새로 정하고 있다.

이 법의 시행에 대해 정부관계자는 "농민들의 세금부담을 줄이는 한편 세입량이 어느 정도 고정화될 수 있으므로 안정적인 재정운영이 가능할 것"이라고 말했다. 그러나 전세 이외에 대동미, 삼수미 등의 부담을 생각한다면 실제 농민들의 생활부담이 얼마나 줄어들지는 의문이라는 것이 중론이다.

**참조기사 3권 5호 1면**

### 전분 9등의 관례에 따른 수조액

| | | | |
|---|---|---|---|
| 상상전 | 20두 | 중하전 | 10두 |
| 상중전 | 18두 | 하상전 | 8두 |
| 상하전 | 16두 | 하중전 | 6두 |
| 중상전 | 14두 | 하하전 | 4두 |
| 중중전 | 12두 | | |

---

# 폐지됐던 호패법 다시 실시키로

## 일반 백성 통제 정책 강화 일환
## 민생 정책 외면 … 백성들 '실망'

**1626년 1월 1일** 국왕은 새해 첫날인 오늘 호패법 실시에 대한 교지를 내렸다. 이 법이 실시된 것은 이괄의 난 이후 백성들의 동태가 심상치 않고 검문검색에 여러 난점이 드러나 이를 시정하기 위한 것으로 보여진다. 그동안 존폐를 거듭하다 광해군 4년에 완전히 폐지된 호패법을 이번에 다시 시행한다는 교지는, 반정 후 새로운 민생정책을 기대하는 백성들에게 적지 않은 실망감을 주고 있다. 이번의 조치로 백성들에 대한 통제정책이 더욱 강력해질 것으로 예상되기 때문이다. 국왕의 강력한 의지에도 불구하고, 그 실시여부와 실효성에 대한 회의가 팽배한 실정이어서 이 조치에 대해서 비관적인 전망이 지배적이다.

---

## "사회기강 바로잡자"
## 삼강행실도 전국 배포

최근 조정에서는 임진왜란 이후 혼란해진 사회기강을 바로잡기 위해 「삼강행실도」를 전국에 배포하기로 했다고 한다. 이 책은 충효의 기본이념을 그림을 덧붙여 설명해놓아, 글을 잘 모르는 일반백성들이 쉽게 접할 수 있는 생활윤리 도서라고 할 수 있다. 한편 이러한 배포시책에 대해 조정에서 사회기풍이 무너지게 된 근본원인을 치유하기보다는 모든 원인을 백성들의 흐트러진 마음에 두는 것은 잘못이라는 지적도 있다.

---

# 대동법, 강원지역까지 확대 실시

**1624년** 강원도에 대동청이 설치되어 이곳에서 대동미를 일괄수납하도록 하였다. 이미 경기도에서 실시해온 대동법이 대다수 농민들에게 좋은 반응을 얻자 조정에서는 강원지역에도 실시키로 했다. 그러나 아직

시행세칙이 완전하지 않아 관련기관과 농민 사이에 혼선이 있을 뿐만 아니라, 지방지주들의 반대도 아직 많아 운영에 어려움을 겪을 것으로 보인다.

---

## 반정으로 달라지는 역사편찬

▲ 먼저 폐군주는 '군'이라는 칭호를 쓴다. 따라서 이번 반정으로 폐군주는 왕자 때의 칭호인 광해군으로 불리게 된다. 중종반정 때의 폐군주가 연산군으로 불리워진 것과 같은 맥락이다.

▲ 광해군 때의 실록은 '일기'라고 한다. 사관들의 기록을 바탕으로 편찬되는 실록에서는 ○○실록이라고 하지 않고 ○○일기라고 불리게 된다. 따라서 이번 반정 이후의 역사는 광해군 일기로 편찬 될 것이다.

▲ 보통 선왕이 죽은 해에는 즉위하는 왕의 연호를 바로 사용하지 않고 다음해부터 연호가 시작된다. 그러나 반정의 경우는 신왕의 즉위년을 바로 신왕 1년으로 한다. 따라서 반정이 성공한 올해가 지금 국왕의 연호가 시작되는 해이므로 올해부터 '○○ 1년'이라고 쓴다.

## 이번 호의 인물　이원익

### 원칙과 책임에 충실한 오리 정승

작은 나라에서는 키 작은 인물이 크게 되고, 큰 나라에서는 키 큰 인물이 대성한다는 속설이 있다. 오리 정승 이원익 같은 사람을 두고 하는 말일 것이다. 그는 정말 키가 작다. 150㎝가 못되니 단구라 하지 않으리요.

그러나 인간의 국량을 어찌 키의 크기로 잴 수 있겠는가. 천성이 사람들과 번잡하게 어울리는 것을 싫어하고, 공적인 일이 아니면 외출도 잘 안하는 그다. 그런데 인조반정으로 서인 정권이 들어서자, 상하 모두가 남인계열인 그를 영의정으로 떠올리게 된 것은 조정에서의 그의 무게 때문이다. 5척 단구의 그가 어찌하여 조정의 무게중심이 되었을까.

그는 광해군 때 영의정을 지냈으나 정국이 파행을 맞자 사임하였고, 인목대비의 폐비 때는 이를 극렬하게 반대하다 홍천으로 유배를 당했다. 그런 그가 인조반정 후 인목대비가 광해군을 죽이려 하자, "광해가 하늘의 뜻을 어겼으니 그를 폐하는 것은 당연하나 그를 죽인다면 나도 그 밑에서 일한 몸이니 조정을 떠나겠다"고 호소하여 광해군의 목숨을 건졌다. 그처럼 원칙에 충실하고 책임감 있는 그의 모습이 조정의 상하로 하여금 그를 신뢰하게 만든 것이다.

이원익은 이미 임진왜란 때의 뛰어난 활약으로 선조의 두터운 신임을 받아 영의정을 두 번씩이나 지냈다. 광해군 때에는 영의정으로 있으면서 김육이 건의한 대동법이 실시되도록 하는 데 힘썼다. 인조도 그를 특별히 신임하고 있으며, 연로한 그가 옥하 앞 뜰까지 가마를 타고 들어올 수 있는 특전을 베풀고 있다. 그의 무게로 조정이 서인의 전횡에 휩쓸리지 않게 되기를 기대해본다.

태종의 아들 익녕군 치의 4세손. 1547년생. 호는 오리(梧里). 저서로 「오리집」과 「오리일기」가 있다.

## "이제는 실(實)의 시대"

### 이수광, 백과사전적 저서 「지봉유설」 저술
### 총 3천4백여 항목 … 방대한 분량
### 단순 설명 아닌 저자의 독창적 견해 담아

**1614년** 백과사전류의 책이 편찬되어 관심을 모으고 있다. 이수광이 저술한 「지봉유설」이 그것. 이 책은 천문에서부터 지리·제국(諸國)·언어·문장·인물·식물·곤충에 이르기까지 총 3,435항목에 대해 설명하고 있는데, 6경(經)을 비롯하여 여러 문집과 소설 등 384가(家)의 글을 참고하였으며 기록된 사람만도 2,265명에 이르는 방대한 저서.

이 책은 단순히 항목에 대한 설명에 그치는 것이 아니라, 그에 대한 저자 자신의 견해까지도 밝히고 있는 것이 특징. 그는 이 책을 통해서 사변적인 경향으로 흐르고 있는 학계를 비판하고 실(實)을 추구할 것을 강조하고 있는데, 이 책의 내용이 현실세계의 구체적 항목으로 채워져 있는 점에서도 잘 드러나고 있다. 향후 실(實)을 학문의 모토로

참고자 하는 사람은 반드시 이 책과 함께 여기에 담긴 정신을 본받아야 할 것이라는 게 학계의 중론이다.

또 이 책은 저자가 청나라를 통해 알게 된 서양 각국의 사정을 비교적 상세히 전하고 있으며, 서양종교인 천주교의 교리를 설명한 「천주실의」를 소개하여 천주교에 대해 알게 해주고 있어 다른 책에서 볼 수 없는 새로움이 있다.

## 벨테브레 등 네델란드인 3명 서울생활 화제

### 물 구하러 제주에 상륙했다가 붙잡혀
### 벨테브레는 귀화 … 조선 여자와 결혼

지난번에 제주도에 표착하였다가 붙잡혀 서울로 압송된 네델란드인 3명의 서울생활이 화제가 되고 있다. 1628년 그들이 탄 우베르케르크호가 일본으로 향하던 중 풍랑을 만나 제주도에 표착, 동료선원인 벨테브레, 히아베르츠, 피에테르츠 등 3명이 음료수를 구하려고 상륙하였다가 관헌에게 잡혀 서울로 압송된 것으로 알려지고 있다. 현재 그들은 훈련도감에서 총포의 제작·조종에 종사하고 있는 것으로 알려지고 있는데, 이는 그들의 우수한 화약과 총포제작술을 익히기 위해서라고 한다. 그들 중에서 특히 벨테브레는 귀화하여 조선 이름으로 박연이라고 불리며, 조선인 여자와 결혼하여 1남 1녀를 두고 있는데, 그 아이들이 신기하게도 조선인과 네델란드인을 반반씩 섞어놓은 모습이어서 주위 사람들을 놀라게 하고 있다고 한다. 큰 키에 노란 머리와 푸른 눈을 가진 벨테브레는 한 겨울에도 솜옷을 입지 않을 정도로 건장하다고 한다. 특히 그가 보고 들은 각국의 풍물과 천문관측에 대해 즐겨 이야기하고, 자주 선악과 화복의 이치를 말하여 도인다운 모습을 보이고 있어 더욱 관심의 대상이 되고 있다.

## 정두원, 명에서 서양서적, 최신 기기 수입

### 마테오리치의 천문서·화포·천리경·자명종 등

정두원이 사신으로 명나라에 다녀오면서 최신 기계와 서양서적을 가지고 와 화제이다. 우리나라의 것보다 최신형인 청의 화포, 먼 거리도 한눈에 내다볼 수 있는 천리경, 자동으로 소리를 내 시간을 알려주는 자명종, 마테오리치의 천문서와 「직방외기」, 「서양풍속기」, 「천문도」, 「홍이포제본」과 같은 서양소개 서적이 그것이다. 그는 특히 새로운 화약제조법도 가지고 들어와 더욱 주목을 끌고 있으며, 서양소개 서적은 우리나라와는 다른 세계의 문화를 접할 수 있는 기회를 제공해줄 것 같다.

## 해외 소식

## 영국 의회, 권리청원 통과시켜

### 국민의 기본 인권 구체적으로 명시
### 국왕의 전제 정치 견제될 듯

**1628년** 영국의 의회는 국왕 찰스 1세가 스페인과의 전쟁 비용을 마련하기 위해 의회를 소집하자, 이를 기회로 국민의 기본권에 대해서 구체적으로 명시한 권리청원을 통과시켰다.

이 권리청원이 통과되게 된 것은 1625년에 즉위한 찰스 1세가 부왕인 제임스 1세의 절대군주제를 답습하여 세금을 과중히 부과할 뿐만 아니라, 강제로 공채를 발행하고, 군대를 민가에 강제로 숙박시키는 등 전제정치를 자행했기 때문이라고 한다. 그래서 이에 제동을 걸기 위해 하원의원인 코크 등을 중심으로 국왕에게 청원이라는 형식으로 권리선언을 하게 된 것이라고 한다.

이것이 청원이라는 형식을 취하게

된 것은 새로운 입법의 형식으로는 국왕의 동의를 얻을 수 없으리라는 판단에 따라, 이 문서가 영국인이 과거부터 가지고 있던 권리를 단순히 선언한 것에 불과하고 새로운 권리의 요구가 아니라는 것을 납득시키려고 하였기 때문이라고 한다. 주요 내용은 다음과 같다.

- 의회의 동의 없이는 어떠한 과세나 공채도 강제할 수 없다.
- 법에 의하지 않고는 누구도 체포, 구금되지 않는다.
- 육군 및 해군은 인민의 의사에 반하여 민가에 숙박할 수 없다.
- 민간인의 군법에 의한 재판은 금지한다.
- 각종의 자유권을 보장한다.

## 갈릴레이 "지동설 포기" 선언

### 서양 종교계와 학계, 논란

**1633년(인조 11)** 로마에서 열린 종교재판에서 이탈리아의 저명한 과학자 갈릴레이가 천체의 중심이 태양이라는 코페르니쿠스의 지동설에 대해 "그것을 맹세코 포기하며 저주하고 혐오한다"고 말한 것이 밝혀져 유럽의 학계가 술렁이고 있다. 갈릴레이는 지난 1604년 낙하물체는 질량에 관계없이 등가속도 운동을 한다는 법칙을 발표해 주목을 끈 이래, 1609년에는 32배율 망원경을 개발한 저명한 과학자이다.

그의 이번 지동설 포기 선언이 학계에 충격을 준 것은 천체의 중심이 지구라는 프톨레마이오스의 천체관이 이미 오류로 굳어지고 있고, 코페르니쿠스의 지동설에 대부분 동의를 보내고 있는 가운데 나온 것이기 때문이다. 그러나 코페르니쿠스의 주장 또한 관측 사실과는 일치하지 않는 부분이 많아, 그동안 종교계와 학계는 그의 주장을 일단 '가설'로 받아들이자는 데 대체로 합의한 상태였다. 이런 상황에서 갈릴레이가 코페르니쿠스의 가설을 '진리'로 강하게 주장한 것이 보수적인 일부 종교지도자들을 자극해 이번 사건이 일어난 것으로 보인다. 학계에서는 지나치게 보수적인 일부 종교계도 문제지만 학자적 태도를 견지하지 못한 갈릴레이에 대해서도 실망하고 있다는 소식이다.

## 후금, 청으로 국호 바꿔

### 한족 흡수정책 실시로 명, 무장세력 투항 조짐

**1636년** 후금은 주변국을 정벌하여 중국 북동부의 만주 전역과 내몽고를 차지한 뒤 청(淸)으로 국호를 고쳤다. 누루하치를 계승해 정권을 잡은 홍타쿠는 만주족과 한족을 통합하기 위해 이전과는 다른 통치책을 펼치고 있다고 한다. 특히 한족에 대해서는 투항해올 경우, 관리나 일반인을 막론하고 그 공과에 따라 관직과 생활기반을 제공한다 한다. 이에 내분으로 복잡해진 명나라에서는 벌써부터 무장세력들이 청에 투항하려 하고 있다는 소문이 무성하다. 앞으로 청이 요동지역을 정벌해 만주족을 제압하고 중국본토로 들어가 명을 정복하는 일은 시간문제라는 것이 외교전문가들의 중론이다.

# 역사신문

# 무릎꿇은 국왕 … 청에 굴욕의 항복 맹세

## 삼전도에서 우리 역사 최초의 항복식 거행 … 청의 12만 대군 침공에 저항 한 번 못해

## 소현세자 등 수만 명 인질로 청에 끌려가

병자호란 항전일지

| | | |
|---|---|---|
| 1636 | 12. 10 | 청태종이 지휘하는 12만 대군이 침략 |
| | 12.13 | 종묘의 신위, 왕자들 강화도로 떠남 |
| | 12. 14 | 강화 가는 길 차단, 남한산성으로 들어감 |
| 1637 | 1. 21 | 강화 함락 |
| | 1. 26 | 국왕, 항복 결정 |
| | 1.30 | 삼전도에서 청태종에 게 항복식 거행 |

1637년(인조 15) 1월 30일 병자호란 발발 45일만에 국왕 인조는 항복을 결정하고, 그동안 항전을 해왔던 남한산성을 나와 삼전도에서 우리 역사상 최초의 굴욕적인 항복식을 거행했다. 국왕은 곤룡포 대신 평민이 입는 남색옷을 입고, 세자를 비롯한 대신들과 함께 청태종의 수항단(受降壇)이 마련되어 있는 잠실나루 부근 삼전도에 도착, 어가에서 내려 2만의 적병이 도열하고 있는 사이를 걸어 수항단에 이른 뒤, 9층으로 마련된 수항단 맨 위의 황제를 향해 세 번 절하고 아홉 번 머리를 조아리는 이른바 삼배구고두례(三拜九敲頭禮)라는 치욕적인 항복례를 실시하였다. 국왕은 얼어붙은 땅바닥에 이마를 짓이긴 탓으로 용안이 온통 피투성이가 되어, 보는 이의 가슴을 안타깝게 했다.

청은 지난 1636년 12월 6일, 청태종의 지휘 아래 용골대와 마부태를 선봉장으로 해서 12만 대군으로 압록강을 건너 침공해왔다. 그들은 진격로 주변의 성들을 공격하지 않고 곧바로 한성으로 직행했다. 조정은 종묘의 신위와 빈궁, 왕자들만 먼저 강화도로 떠나게 하고 14일에는 국왕도 몽진을 결정했으나, 이미 홍제원이 점령당해 강화로 가는 길이 차단당했다. 이에 남한산성으로 몽진, 장기항전에 돌입했었다. 당시 남한산성의 방어 능력은 병사 1만 2천에 식량은 약 두 달치에 불과한 1만 4천 3백여 섬으로 적의 12만 대군과 싸우기는 역부족이었다.

적군은 남한산성을 직접 공격하지 않고 보급로를 차단하는 고사작전을 택했다. 남한산성에 혹한으로 동사자가 늘어나자, 국왕은 옷가지와 양피이불을 하사했고, 뒤이어 백관들도 이불과 심지어 말안장 등속까지 거둬 성채의 군병들에게 나누어주었으나 동사하는 병사들과 백성의 수는 늘어만 갔다. 또 12월 22일에는 호조판서 김신국이 식량 부족을 국왕에 고하고 전직 관원들에 대한 양식배급을 중지할 것을 청했다. 이에 국왕은 "그들이 나를 믿고 따라왔는데 어찌 박정하게 양식을 끊을 수 있는가. 있으면 같이 먹고 없으면 같이 굶는 것이 도리일 것이오" 하면서 몸소 찬을 줄였고, 갈수록 식량난이 심각해지자 국왕도 닭다리 한 쪽으로 하루를 버티는 처절한 상황이 되어 아사자 수 또한 늘어만 갔다. 관련기사 2·3면

이러한 와중에도 김상헌 중심의 척화파와 최명길 중심의 주화파 사이에 논쟁이 끊이질 않았으나, 강화가 함락됐고 세자가 인질로 잡혔다는 소식이 전해지자 대세는 주화 쪽으로 기울었다.

## 반청파 봉림대군, 세자 책봉

### 소현세자 사후 세손 제치고 … 일부 반발

1645년 소현세자가 청에서 귀국한 지 두 달만에 죽자, 국왕은 조정 대신들의 반대에도 불구하고 곧바로 봉림대군을 세자로 책봉하였다. 소현세자와 봉림대군은 병자호란 후 청에 8년 동안 인질로 잡혀가 있던 중, 청세조가 명을 멸망시키고 중원을 장악한 이상 조선의 인질들을 더 이상 잡아둘 필요가 없다고 보고 대사면령을 내려 얼마 전에 귀국했었다.

이번 처사에 대해 조정대신 일부에서는 세자가 죽으면 마땅히 원손이 세자 계승권을 가지고 있음에도 불구하고, 봉림대군을 세자에 책봉한 것은 이해할 수 없는 조치라는 여론이 일고 있다. 그러나 소현세자는 외교노선을 두고 국왕과 계속 불화관계에 있었고, 반면에 봉림대군은 국왕의 강경한 대외정책에 동조하고 있었던 것에 비추어 이번의 파격적인 세자 계승은 미리 예견된 것이었다는 주장도 있다.

이에 대해 소현세자는 봉림대군의 세자책봉을 위해 독살되었다는 증거들이 조심스럽게 제기되는 등 세자책정을 둘러싼 잡음은 당분간 계속될 전망이다. 관련기사 3면

## 최명길·임경업, 청으로 압송되다

### 최명길, "서신교환 등 명과 내통 혐의"
### 임경업, "명과 교전 중 이적행위 혐의"

1642년 11월 최명길과 임경업이 명과 내통한 혐의로 심양으로 압송되어갔다.

조정에서는 지난번 청이 명의 금주위를 공략하면서 병력을 강력히 요청해오자, 평안감사 임경업을 상장, 황해병사 이완을 부장으로 임명하여 전선 1백20척과 병 6천 명으로 출전케 하였는데, 임경업은 일부러 배를 파선시키고, 청의 동태를 명에 알리며, 명과의 교전 중에는 화살의 촉을 빼내어 싸우게 함으로써 명의 사상자를 극소수에 그치게 하는 등 이적행위를 한 사실이 탄로나 이번에 압송조치된 것이다.

한편 청의 출병요구를 심양에 직접 가서 담판을 짓는 방식으로 두 차례나 철회시킨 바 있는 최명길은 남한산성을 나온 직후에 명에게 조선이 부득이 항복하게 된 사연을 적은 서신을 전달하고, 명으로부터 이에 대한 답서를 받는 등 이번에 명과 내통한 것이 발각이 되어 이번에 압송되었다. 관련기사 3·4면

## 역사신문

# 아! 어찌 우리 이날을 잊으리

### 삼전도의 굴욕을 길이 새기자

1637년 1월 30일! 아! 어찌 우리 이날을 잊을 수 있단 말인가? 우리가 그토록 오랑캐라고 얕잡아보았던 여진족의 후예인 후금 앞에 우리 국왕이 무릎을 꿇고 머리를 조아리며 3배 9고두례의 치욕을 당한 이날을.

우리 역사상 오늘처럼 이렇게 부끄러웠던 적은 없다. 지난 고려조에 몽고의 침략으로 강토가 유린되고 치욕스러운 항복을 하였다고 하나 군신의 예로써 항복한 것은 아니었다. 따라서 이번처럼 민족적 자존심이 철저하게 짓이겨지지는 않았다. 역사와 선조들에게 부끄러워 고개를 들 수가 없다. 그러나 이날, 이 삼전도의 치욕을 잊지 말고 영원히 기억하자. 그리고 해마다 이날이 오면 후손들로 하여금 이날의 아픔과 의미를 꼭 되새김질하게 하자. 그래서 우리의 후손들이 못난 우리들의 전철을 다시는 되밟지 않도록 하자. 오늘을 영원히 기억하여 역사의 교훈으로 삼도록 하자.

그러나 절망하고 주저앉아 있기에는 우리의 현실이 너무나 엄혹하다. 먼저 이번 전란으로 강토가 철저히 유린되어 이의 복구가 시급한 문제이고, 또한 저들에게 끌려가 고초를 당하고 있는 수많은 우리 백성들의 송환문제도 해결해야 할 과제이다. 게다가 저들이 우리의 국력으로는 감당하기 힘든 엄청난 공물을 요구해와 이의 지불도 코앞에 닥친 문제이다. 어느 것 하나 만만한 것이 없다. 그러나 우리가 여기서 주저앉아버린다면 훗날 후손들에게 우리는 못난 선조들로서만 남아 있게 될 것이고, 이는 또 다른 치욕을 남기는 것이 아니고 그 무엇이겠는가? 이 치욕을 천배만배로 되갚아주기 위해서라도 우리는 꼭 이 현실을 딛고 일어서야 한다.

이를 위해서는 무엇보다도 우선 분열된 국론을 하나로 모아야 한다. 전쟁이 끝난 지금도 척화파는 주화파를 가리켜 끊임없이 오랑캐와 야합하는 무리라고 매도하고 있다. 적반하장이 아니라 할 수가 없다. 우리는 이미 여기에 대한 입장을 누차 밝혀왔기 때문에 다시 거론하지 않겠다. 다만 이미 우리는 전쟁에 패했고, 또한 맛볼 수 있는 모든 치욕을 당한 지금, 척화니 주화니 이제 이러한 것들이 무슨 소용이 있는지 반문하고 싶다. 또한 일부 사대부가와 여염집에서는 전란에 능욕을 당한 여자들에게 자살을 강요한다고 한다. 그러나 어찌 그들의 잘못이란 말인가? 굳이 말한다면 그들을 지켜주지 못한 못난 사내들과 약한 나라에 책임이 있는 것을. 이제 이러한 모든 것들은 덮어두자. 지금은 무엇보다도 분열된 국론을 통일하고 나아가 현 상황을 타개해나가기 위한 지혜와 힘을 모아나가야 할 때이기 때문이다.

---

### 그림마당
이은홍

---

병자호란, 왜 일어났나

## 대륙정세에 정면도전한 조선외교가 빚은 참화

### 조정대신 다수 척화론 고수 … 외교노선 둘러싼 혼돈 계속될 듯

국왕이 이마가 찢어지도록 머리를 땅바닥에 박아야 할 정도로 치욕을 감내하며 끝난 이번 병자호란은 도대체 양국 사이에 어떤 현안이 걸려 있었기에 일어난 것인가? 지난 20년 동안 양국이 몇몇 현안을 두고 계속 티격태격해왔지만, 한마디로 잘라 말한다면 청과 조선의 관계가 군주와 신하의 상하관계로 정립돼야 한다는 청의 요구와 이에 대한 우리 조선의 강력한 반발이 정면충돌한 것이다.

지금까지 대륙의 정세는 청과 명 사이의 전쟁이 주축이고 우리 조선은 부차적 요인에 불과했다. 그런데 압록강 주변 요동지방이 전쟁 무대가 되면서 우리 조선이 급속하게 말려들어가게 된 것이다. 명은 지금 내정이 허약할 대로 허약해져 있지만, 최근 요동도사 모문룡의 끈질긴 저항으로 요동에서 대치선을 형성할 수 있었다. 이렇게 되자 청에게는 요동정벌이 급선무로 떠올랐고 이 시점에서 우리 조선이 눈엣가시가 된 것이다.

청은 이미 전부터 전선이 중국 전체로 확장되고 군비부담이 늘어나자 수차례에 걸쳐 우리에게 지원을 요청해왔다. 그러나 이것이 지난 정묘호란 때의 화의조약을 깨는 것일 뿐만 아니라(당시 우리는 명과 적대할 수 없다는 것을 명문화해 놓았다) 인조반정 이후의 국내정세에서 외교노선이 대청 강경으로 치달을 수밖에 없어 우리로서는 도저히 받아들일 수 없는 것이었다.

이러한 양국간 긴장관계가 요동정벌을 계기로 드디어 폭발한 것이 병자호란이다. 즉 청은 이제 강성해진 국력을 배경으로 태도를 한층 강화시켜 지난 고려 때 몽고와 금이 그랬듯이 우리에게 전면적 사대를 요구해온 것이다. 요동을 정벌하고 이어 명 본토로 진격하기 위해서는 배후의 불안요소인 조선을 완전히 제압해두어야 했다.

우리 조정이 지난 1632년 인목대비 국상사절로 온 만월개를 냉대하고, 1635년 인열왕후 조문사절을 살해 및 추방하는 등 강경일변도로 대응한 것은 서인 정권의 외교노선상 이러한 청의 태도에 대한 선택의 폭이 극히 좁았기 때문이다. 결국 전쟁은 일어났고 승패는 쉽사리 결판났다. 그리고 청의 요구대로 청에게 사대를 하게 됐다. 그러나 조정의 다수 대신들은 아직도 척화의 속마음을 버리지 않고 있어, 외교노선을 둘러싼 국내정치의 혼돈은 계속될 전망이다.

---

## 삼전도에 청의 승전기념비 건립

### '대청황제공덕비' … 조선을 속국으로 묘사

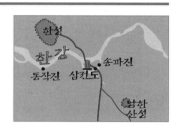

**1639년** 청태종의 "대청국의 승전을 기념하는 비를 세우도록 하라"는 지시에 따라 삼전도에 청의 승전 기념비인 〈대청황제공덕비〉가 세워졌다. 이 치욕의 비를 세우는 문제로 조정은 오랜 논의 끝에 대제학 이경석이 비문을 짓고, 참판 오준이 쓰고, 참판 여이징이 전서하도록 결정했다. 세워진 비는 높이가 3백95㎝에 너비가 1백40㎝로 장대하며 비문은 몽고문, 만주문, 한문의 3개 국어로 새겼다.

조정의 한 대신은 "이번 요구를 적은 서한을 청의 사신이 가지고 왔는데 그 사신을 천사(天使)로 칭하고 그 문서를 칙유(勅諭)라고 하는 등 우리 조선을 속국으로 취급하는 태도로 일관돼 있었다"고 전해 전쟁 후의 우리의 처지를 실감하게 했다. 한편 오늘 세워진 기념비를 지켜보던 한 백성은 "삼전도에서의 수모도 감당하기 힘든 수치스러운 일인데 이제 그 사실을 비문에 새겨서 세웠으니 자손만대에 이르기까지 지워지지 않을 국치가 되었다"며 눈물을 흘렸다. 또 다른 선비는 강경한 어조로 "이 치욕스러운 비를 만드는 데 관련된 사람은 모두 자결함으로써 조선 사림의 기개를 보여주어야 한다"며 주먹을 불끈 쥐었다.

---

### 남한산성, 삼전도, 3배9고두례

**남한산성** 백제의 옛 도읍지이기도 했던 곳으로 둘레가 20리 정도의 석성. 선조 28년(1595)에 축성을 시작, 1626년에 완성되었으니 무려 31년에 걸쳐 축성되었다. 힘준하고 가파른 곳에 석축이 있어 방비하는 데는 안성마춤의 천혜의 요새이나 주위 다른 성들과 긴밀한 연락을 할 수 없는 것과 식수 공급이 어려운 것이 단점.

**삼전도** 잠실에 있는 나루로 한성과 경기 광주를 연결하는 길목. 광주를 거쳐 영남지방으로 교역하는 상인들이 주로 이용하는 교통 요지여서 사람, 우마 통행량이 많다. 남한산성에서 한성으로 들어오려면 반드시 거쳐야 한다.

**3배 9고두례** 인조가 삼전도에서 청태종에게 한 항복례. 한 번 절할 때마다 세 번 머리를 땅바닥에 부딪치는 것을 세 번 해야 한다. 단 이 때 반드시 머리 부딪는 소리가 크게 나야 한다. 청태종은 소리가 나지 않는다고 다시 할 것을 계속 요구해 인조는 사실상 수십 번 머리를 부딪쳤고 이에 인조의 이마는 피투성이가 됐다.

---

### 강화조약 요지

강화 조약문은 청태종이 친서 형태로 전달해온 항복조건을 그대로 수용한 것이다. 친서에는 청태종이 자신을 '짐'이라 하고 우리 국왕에 대해서는 '너'라고 굴욕적으로 부른 것으로 알려지고 있다.

1. 조선은 청에 대해 군신의 예를 행한다.
2. 명의 연호를 폐하고 왕래를 끊으며, 명에서 받은 책봉 고명과 책인을 내놓는다.
3. 두 왕자(소현세자와 봉림대군)와 대신들의 아들도 심양에 인질로 보낸다.
4. 명과의 구례대로 성절사 등의 사절을 보낸다.
5. 청이 명나라 정벌시 보병, 기병, 수군 등을 조달하되 기일과 장소를 맞춘다.
6. 내외제신과 혼인을 맺어 우호를 굳게 한다.
7. 성과 담장을 개수치 않는다.
8. 정묘년에 정한 세폐를 보낸다.

---

### 좌의정 홍서봉과 적장 용골대의 항복절차 교섭

**홍서봉** 항복례는 어떻게 할 것인지?
**용골대** 항복의 규례는 두 가지가 있는데, 제1등의 절목으로 함벽여친(손을 뒤로 결박하고 구슬을 입에 물고 죽음에 처해도 이의가 없다는 마음을 표시하기 위해 관을 짊어지고 가는 끔찍한 항복례)이 있으나, 제2등의 절목인 3배 9고두로 하라.
**홍서봉** 날짜와 장소 그리고 항복례 참가 규모는?
**용골대** 1월 30일, 삼전도로 하라. 출성할 때는 5백 명만 거느리고 위의와 군사는 갖추지 마라. 예를 행한 뒤 곧바로 서울의 대궐로 돌아가게 될 것이다.
**홍서봉** 국왕이 곤룡포를 입을 수 있는지?
**용골대** 당치 않다. 일반인과 같이 남색 복장을 할 것.
**홍서봉** 출성할 때 남문으로 나올 수 있는지?
**용골대** 당치 않다. 죄진 자가 감히 정문으로 나올 수 없으니 서문으로 나와야 한다.

인터뷰   난국 수습의 주역, 주화론자 최명길

# "화의론 주장은 치국의 방편일 뿐이다"

지금 세상에서는 삼전도 항복의 치욕 때문에 청에 대한 화의를 주장하고 강화교섭을 이끌었던 대감에 대한 비난이 거셉니다. 남한산성에서 항복문서를 손수 쓰셨고, 김상헌 대감이 항복문서를 찢어버리자 "대감은 찢으나 나는 주워맞추리라"하면서 주워맞췄다고 하는데 당시의 심정은 어땠는지요?

오직 답답하고 창망할 뿐이었습니다. 조선 백성치고 누군들 그런 치욕을 원하겠습니까? 하지만 현실을 직시할 필요가 있습니다. 청의 막강한 군사력에 당장 종사와 백성이 도륙을 당하는 상황에서 최선이 아니면 차선의 길이라도 애써 찾아야 한다는 것이 내 신념입니다. 비록 역사에 오명으로 남더라도 현실을 타개하는 길이라면 나라도 해야 한다는 생각으로 피눈물을 삼키며 항복문서를 썼습니다.

대감께서는 정묘호란 때부터 청에 대해 화의할 것을 줄기차게 주장해왔는데, 어떤 배경에서 그런 주장을 하신 겁니까?

우리는 흔히 세상이 바뀔 때 기존의 가치와 명분에 사로잡혀 변화에 대처하지 못하는 경우가 많은데, 대륙정세의 변동에 대해서도 그런 것 같습니다. 대부분의 사대부들이 청의 현실적인 강대함은 보지 않고 야만족이라는 고정관념에만 집착하다 보니, 현실을 직시하지 못하게 되고 변화에 부응하지 못하게 된다고 봅니다. 나로서는 김상헌 대감 같은 분의 그런 점이 답답합니다. 또 내가 청과의 화의를 줄기차게 주장했던 것은 국력을 키우기 위해 평화국면이 필요해서 그런 것으로, 치국의 방편이지 그 자체가 목적은 아닌 것입니다. 그런 점에서 나와 김상헌 대감의 본뜻은 같은 겁니다.

대감께서는 지금 나라를 튼튼히 하기 위해서는 어떤 정책을 펴야 한다고 생각하시는지요?

나라의 체제를 재정비할 필요가 있다고 봅니다. 그러기 위해서는 우선 백성들의 세금부담을 덜어줘 생활을 안정시켜야 할 것이고, 다른 한편 호패법을 실시하여 신분질서를 확립하고 백성들이 유랑하는 것을 막아야 한다고 봅니다. 또 서얼이라도 능력 있는 자는 관직에 등용하고 화폐를 유통시켜 경제를 활성화시켜야 한다는 생각입니다. 요컨대 시대가 변한 만큼 옛 법을 그대로 따를 것이 아니라 고칠 것은 고치는 변통이 필요하다고 봅니다.

대감께서는 대내외적으로 시대의 변화에 따라 변통해야 함을 강조한다는 점에서 다른 사대부들과 생각이 다른 것 같습니다. 그런 생각은 어디서 얻으셨는지요?

나 자신 이항복 선생으로부터 주자학을 배운 유자이지만, 젊은 시절 양명학을 접해 형식적 명분에 구애되지 않는 행동적 철학과 마음을 바르게 하는 심학에 심취하였는데 그 영향이 적지 않은 것 같습니다.

## 국난 책임 물어 국방관계자 처벌

### 강화도 수비 책임자는 극형

나라를 방비해야 할 중요한 자리에 있으면서도 맡은 바 소임을 다하지 못한 사람들을 대대적으로 논죄하였다. 서로도원수 김자점, 제도도원수 심기원 등은 근왕을 하지 않은 죄로, 강화검찰사 김경징, 부사 이민구 등은 강화도의 방비를 소홀히 한 죄로 논죄되었다. 중요 외직의 수령들이 모두 해당되는 대대적인 것이라고 볼 수 있다. 여기서 주목되는 것은 다른 외직의 수령들이 유배나 귀양, 삭탈관직 등에 그친 것에 비해 강화도 수비의 책임은 무겁게 물어, 사사나 자진의 형이 내려졌다는 것이다. 이는 강화의 수비가 어처구니없는 것이었고, 종묘의 신주를 소홀히 했다는 죄가 더해졌기 때문이다.

---

## 소현세자 독살설

**1645년** 소현세자가 청에서 귀국한 지 두 달만에 급서하여 조야가 모두 그 비운을 안타까워하고 있다. 소현세자는 일찍이 세자로서 정묘호란 때는 전주로 내려가 남도의 민심을 수습하였으며, 병자호란으로 삼전도의 굴욕을 당하자 자진하여 봉림대군과 척화파 대신들을 이끌고 청나라로 들어가 호란 뒤의 착잡했던 청과의 관계를 원만하게 풀어나갔던 것이다. 그처럼 뛰어났던 활동 때문에 그를 잃은 우리의 슬픔은 더욱 크다.

그런데 우리를 더욱 당황케 하는 것은 소현세자가 독살당했다는 소문이다. 독살설의 근거는 대충 이렇다.

첫째, 소현세자를 치료했던 전의 이형익은 세자와 사이가 좋지 않았던 인조의 총비 귀인 조씨의 친정측 의원이었다고 한다. 그런데다 보통의 경우 국왕이나 왕비, 세자가 훙거하였을 경우 담당의원을 처벌하는 것이 관례인데 이형익은 불문에 부쳐졌다는 것이다. 둘째, 세자의 시신이 검은색으로 변해 있었으며 신체의 아홉 구멍에서 피를 흘린 흔적이 있었다는 것이다. 더구나 왕위계승의 서열상 세손이 있는데도 인조가 조정의 반대를 무릅쓰고 서둘러 봉림대군을 세자로 책봉한 것은 독살설에 더욱 신빙성을 더해주고 있다.

만약 이 소문이 사실이라면 그간의 정황으로 미루어 세자 독살의 장본인은 인조 자신일 가능성이 크다. 그리고 우리는 여기서 지금의 조정 분위기를 엿보게 된다. 삼전도의 굴욕에 절치부심하고 있던 인조로서는 청의 존재를 인정하고 정상적인 대청관계를 추구했던 소현세자에게 대통을 잇게 할 수 없었을 것이다. 비단 인조만의 생각이 아니라 적어도 서인 집권하의 조정 전체의 분위기가 그러했을 터이니, 청에 대한 현실론을 주장하는 것은 세자의 목숨까지도 부지하기 어려운 상황이다.

---

# 남한산성 보수하고 군비 확충키로

### "청과의 무력충돌에 대비해야"

병자호란 이후 조정에서는 남한산성을 대폭적으로 보수하고 군비도 확충하기로 해 시행단계에 있다. 산성 재건은 강화조건 중 "청이 요구할 때는 조선은 출병의 의무가 있다"는 조항 때문에 시작된 것인데, 만약 청이 명을 치기 위해 출병을 요구한다면, 조선으로서는 받아들일 수 없으며 이때는 또다시 무력충돌이 불가피하다고 조정에서 판단했기 때문이다.

현재 산성 보수공사는 병자호란 중 적의 홍이포에 의해 파괴된 부분 보수와 망월대 맞은편 봉우리의 곡성 축조, 또 포가 절대적으로 부족하다고 판단되어 망월대와 동격대에 포루 설치작업 등을 중점적으로 시행하고 있다. 이밖에 조총 1천 정, 활 1천 개, 화살 2만 개의 무기와 쌀 1만 7천여 석, 콩 5천여 석, 잡곡 수천여 석이 이미 확보되었으며 이후 군량은 4만 석을 확보하는 것을 목표로 하고 있다고 한다. 이밖에 병란으로 흩어진 부민을 다시 모으기 위해서 부민에게는 3년간의 면역의 혜택을 제공하고 직산, 이천 등지에 둔전을 신설하는 등 군비확충을 위한 노력을 계속해왔다.

---

국왕과 소현세자의 불화, 그 시작과 끝

정묘호란이 일어나자 소현세자는 16살의 나이로 분조를 설치하고 의병을 모집하는 등 활약을 하여 국왕의 인정을 받았다. 그러나 불화는 세자가 볼모로 가 있는 동안에 싹트기 시작하였다. 세자는 점차 척화론이 현실적이지 못하고 오히려 오랑캐나 서양 오랑캐에게서도 배울 것은 배워야 한다는 입장을 가지게 되었다. 이는 국왕의 척화 의지와는 상반되는 것이었다. 1644년 세자는 세자빈과 함께 일시적으로 귀국 허락을 받고 환국하였는데, 이때 국왕은 이들을 쌀쌀하게 받아들였다. 세자의 문안인사를 받았을 때에도 "거기가 적진이거늘 아무리 어릿광대이기로 가슴에 사무치는 한까지 버리며 살 테이더냐! 너를 어찌 세자라 하리"라고 호통을 쳤다. 이미 부자간의 골은 깊게 패어 있었다.

마침내 중원을 정복한 청은 세자와 대군 내외를 조선으로 돌려보냈다. 그러나 국왕은 신하들의 進賀禮(환영인사)를 못하게 했다. 세자가 청나라의 사정과 서양의 문물을 두루 이야기하자, 인조가 매우 언짢아 했으며 서양의 책과 기계를 보여주자 인조가 벼루를 들어 소현세자의 얼굴을 내리쳤다. 이후 세자는 병을 얻어 결국 숨을 거두고 만 것이다. 그러나 비정한 국왕은 장례를 국상으로 치르지 않고 사대부가에서도 찾아볼 수 없는 약식으로 치렀다. 죽어서도 부자간에 화해하지 못한 것이다.

---

심양에 인질로 끌려가는 소현세자와 조선인 포로들

2월 5일, 소현세자가 국왕을 마지막으로 접견하는 것이 허락되었다. 이에 소현세자는 창경궁에 들러 국왕에 마지막 하직인사를 올리기 위해 창경궁에 잠시 들렀다. 청나라 병사들의 삼엄한 호위를 받고 있었다.

세자의 하직인사가 끝나자, 국왕은 흐느끼고 있는 세자의 손을 잡고 "거기가 적진일지나 조선국 세자로서의 체모가 무너져서는 아니될 것이다. 몸이 상하지 않도록 해라. 세월이 좋아지면 다시 상봉할 날이 있을 테이즉"이라 하며 말을 제대로 잇지 못했다. 2월 8일 친히 전송하는 것을 청으로부터 허락받은 국왕은 날이 샐 무렵에 홍화문을 나섰다. 막차에서 나오자 도열해 있던 백관들이 맨바닥에 주저 앉아 통곡하였다.

국왕은 환궁하라는 신하의 말을 듣고 어가에 오른 뒤 "큰 길을 피해 가라"고 명하였다. 부끄러워서였을 것이다.

한편 척화파의 상징인 청음 김상헌 대감이 심양으로 끌려가면서 읊은 시조 한 수가 화제이다.

가노라 삼각산아 다시 보자 한강수야 / 고국산천을 떠나고자 하랴마는 / 시절이 하 수상하니 올동말동하여라

---

## 기근 심한 지역 「구황촬요」 배포

### 농민들, 실질 대책 요구

**1639년** 최근 기근이 전국적으로 심해지자 조정에서는 「구황촬요」를 전국에 배포하기로 했다. 기근이 심한 지역에서는 사람들이 먹을거리가 없어, 산으로 들로 다니면서 나무뿌리나 열매를 닥치는 대로 먹다가 독성이 있는 것을 잘못 먹어 사망하는 일도 발생하고 있다고 한다. 따라서 조정에서는 각 지방의 수령들에게 식량을 대신할 수 있는 야생 먹거리를 잘 구분할 수 있도록 백성들을 지도할 것을 특별히 당부했다고 한다. 한편 이 소식을 접한 농민들은 "나랏님은 참 뭘 모르시지. 우리에게 필요한 것은 먹을 식량이지, 책이 아니란 말여!"라면서 조정의 실질적인 대책을 요구했다고 한다.

## 이번 호의 인물    최명길

### 현실과 명분속에 외줄 타는 정치가

조선의 사대부로서 최명길만큼 눈앞의 비난에 구애받지 않고 초지 일관 현실에 최선을 다한 정치가는 없을 것이다. 정묘 · 병자호란을 통해 시종일관 오랑캐에 대한 화의를 내세워 매국의 화신으로 매도 되었던 최명길. 그러나 현실은 조선 조정이 온통 그의 대청 화의 노력에 매달려 있는 형국이 아니었는가.

정묘년 후금의 침략으로 강화도마저 위태로운 상황 속에서 조선 조정이 존명(尊明)의 대의에 사로잡혀 척화만을 외칠 때 그는 과감 히 나서서 화의의 물꼬를 텄다. 이 때문에 그는 많은 지탄을 받았지 만 국력배양 없이 명분만을 내세워 흥기하는 청과 대결하는 것은 무 모하다는 생각을 굽히지 않았고, 이후에도 청과 관계가 악화될 때마 다 화의를 주장해왔다. 주화매국의 갖은 비난 속에 병자호란 수습 의 악역을 떠맡게 된 것은 그런 주장을 펴온 그에게 역사가 부여한 숙명인지도 모른다.

청에의 항복이 굴욕적이긴 했지만 종사는 보전할 수 있었고, 노구 를 이끌고 두 번씩이나 청나라에 드나들며 무리한 세폐를 줄이고 끌 려간 백성들을 데려왔으며 원병요구를 막아냈으니 그는 이제 국왕에 게 그 어느 척화대신보다 없어서는 안될 고마운 신하다. 그가 명과의 내통 혐의로 심양으로 압송되는 사태를 당하자, 조정의 척화파들도 그의 깊은 뜻에 고개를 숙였다고 한다. 그가 주화매국의 오명을 벗는 순간이었다.

서인의 가문에서 태어난 그는 이항복과 신흠을 스승으로 모셨고, 20대 초반에 문과에 합격하여 관직에 나갔으나 광해군 치하 대북 정 권이 들어서자 은거하여 학문도야에 침잠하였다. 이때 그는 장유 등 과 양명학을 공부하여 형식적 명분론에 구애되지 않는 행동철학에 심취한 것으로 알려졌다. 인조반정의 1등공신 가운데 한 사람으로 정 부요직을 두루 거쳤다.

본관은 전주. 1586년생. 호는 지천. 부는 영흥부사를 지낸 기남. 주 요 저서로 「지천집(遲川集)」, 「경서기의(經書記疑)」가 있다.

---

## 소현세자, 서양 서적과 기구 반입

### 국왕, "동궁 수색하여 모두 소각하라" 명령

**1645년 1월** 소현세자가 귀국할 때 아담 샬의 「천문역산서」라는 역 서와 여지구, 천주상 등 서양의 진 귀한 서책과 물건들을 가지고 들어 와 화제가 되고 있다.

소현세자는 심양에 있으면서부터 서양의 문물에 관심이 많았는데, 특 히 다이곤이 오삼계를 거느리고 북 경으로 진군할 때 동행하여 70여 일 간 북경에 머무르며 많은 사람들과 접촉하면서 서양의 문물에 대한 인 식을 높였다고 한다. 특히 이곳에서 서양 선교사이자 과학자인 아담 샬 과의 만남이 결정적인 계기가 된 것 으로 알려지고 있다. 소현세자가 아 담 샬에게 보낸 편지가 그점을 잘 말해주고 있다. "귀하가 주신 천주 상과 여지구와 과학에 관한 서책은 얼마나 반갑고 고마운지 모르겠습니 다. 즉시 그중 몇 권의 책을 읽어보 았는데 그 속에서 정신수양과 덕행 을 실천하는 데 적합한 교리를 발견 하였습니다. 천문학에 대한 책은 귀 국하면 곧 간행하여 학자들에게 널 리 알리고자 합니다. 그것들은 조선 인이 서구과학을 습득하는 데 큰 도 움이 될 것입니다. 서로 멀리 떨어 진 나라에서 태어난 우리들이 이국 땅에서 상봉하여 형제와 같이 서로 사랑해왔으니 하늘이 아마 우리를 이끌어준 것 같습니다." 그러나 세 자의 이런 행동에 불만을 가진 국왕 은 세자의 동궁을 수색하여 서양문 물을 모두 불태우라고 명하여 어영 대장에 의해 이것들이 전부 불태워 졌다고 한다.

## '뚝심의 장군' 임경업
### 형리의 뭇매로 사망

**1646년** 병자호란에서 큰 활약을 했던 임경업 장군이 반역의 죄로 뭇매 를 맞고 세상을 타계했다. 누구보다도 조국을 사랑했고 지키고자 했던 의 리의 장군 임경업이 이렇게 비참하게 죽게 된 것을 안타까워하는 이들이 많다. 그러나 최근의 국제정세를 올바로 파악하고 실리에 입각해 융통성 있게 대처하지 못한 그의 고집센 '친명반청'의 뚝심이 그를 죽게 하지 않 았나 하는 아쉬움도 남는다. 1618년 무과에 합격한 그는 이괄의 난이 발생 했을 때에는 출정을 자원했고, 정묘호란 후 백마산성을 수축하는 한편, 조 정으로부터 백금 천 냥과 비단 백 필을 받아 중국상인과 무역을 하여 이익 을 축적하는 동시에 유민을 모아 둔전을 개설해 민생에도 신경을 썼다. 병 자호란 후 귀환하는 청군을 압록강에서 무찔러 120명의 인질과 60여 필의 말을 빼앗는 전과를 올렸다고 한다.

동아시아 질서가 청의 건국으로 명이 약세에 몰리게 되는 형국이었으나 그는 여전히 친명반청의 노선을 굳게 지키려 하였다. 청에서 명을 치기 위 해 임경업 장군을 위시한 군사력을 요구하였을 때에도 이런저런 이유를 들 어 명과 직접적인 싸움을 피했다. 결국 이 때문에 그는 청으로 압송되었고 압송 도중 명으로 도망하여 망명했다. 그러나 명의 국운도 이미 그를 도울 수 있는 상태는 아니었다. 청에 의해 1643년 북경이 함락되자 그는 다시 우리나라로 압송되어와 제 나라를 버리고 다른 나라로 도망하였다는 죄로 형리의 뭇매에 숨지고 만 것이다.

---

## 화냥년으로 천시받는 환향녀들

최명길이 청과의 교섭으로 포 로로 끌려갔던 사람들 2만 5천여 명이 청에서 귀환하였다. 그러나 문제는 이들을 고국에서는 따뜻 하게 맞아주지 않았다는 것. "화 냥년들(환향녀를 이렇게 불렀다)! 절개를 버리고 몸을 더럽힌 아녀 자들이 어찌 살아서 돌아온단 말 인가?"라고 하며 자진을 강요하기 도 했다.

그래서 죄없는 그들은 목을 매 고 죽거나 강물에 몸을 던지기도 하였다. 이에 최명길의 주청으로 국왕이 다음과 같이 교지를 내렸 다. "도성과 경기도 일원은 한강, 강원도는 소양강, 경상도는 낙동 강, 충청도는 금강, 전라도는 영 산강, 황해도는 예성강, 평안도는 대동강을 각각 회절강(回節江)으 로 삼을 것이다. 환향녀들은 회절 하는 정성으로 몸과 마음을 깨끗 이 씻고 각각 집으로 돌아가도록 하라. 만일 회절한 환향녀를 받아 들이지 않는 사례가 있다면 국법 으로 다스릴 것이다."

### 시로 맞선 척화와 주화
### 김상헌과 최명길

주화파를 대표하는 **최명길** 대 감과 척화의 상징 김상헌 대감이 서로의 심정을 주고받은 시가 선 비들 사이에서 회자되면서 두 사 람의 인물됨과 철학을 비교하는 소재가 되는 등 화제가 되고 있 다.

**김상헌의 시**
성공과 실패는 천운에 달렸으니 / 모름지기 모든 것은 의로 돌아가 야 하느니 / 아침과 저녁은 바꿀 수 있을망정 / 웃옷과 아래옷을 거꾸로야 입을소냐 / 權은 어진 이도 그르칠 수 있으나 / 經은 사 람들이 어길 수 없으니 / 이치 밝 은 선비에게 말하노니 / 급한 때 라도 저울질은 삼가할진저.

**최명길의 화답시**
고요한 곳에서 뭇 움직임을 볼 수 있어야 / 진실로 원만한 귀결을 지울 수 있느니 / 끓은 물도 얼음 장도 다같은 물이요 / 털옷도 삼 베옷도 옷 아닌 것이 없느니 / 하 는 일이 어찌 正道에서 어긋나리 오 / 그대 만약 이 이치를 깨달아 알게 되면 / 말함도 다 각기 天機 로세.

---

## 해외 소식

## 영국 내란, 크롬웰의 의회파 승리

### 독단적인 왕권행사 제한되고 의회의 힘 커질 듯

**1642년** 최근 영국에서는 왕당 파와 의회파간의 갈등이 내란으 로 확산되고 있다고 한다. 이러한 상황은 최근 의회에서 자체의 권 한을 강화하면서 동시에 독단적 인 왕권행사를 제약하는 작업을 추진하는 것에 대해 찰스 1세가 격분한 것에서 비롯되었다고 한 다. 의회는 왕의 소집 없이도 최 소한 매년 개회할 수 있도록 규 정하는 법률안을 통과시키고, 왕 이 독단적으로 세금을 징수할 수 있도록 설치된 고급위원회를 폐 지하는가 하면, 왕의 오른팔이었 던 로드 대주교를 반역죄로 처형 하기도 했다. 뿐만 아니라 왕의 과오를 일일이 열거하고, 관료를 의회 책임하에 둘 것을 요구하는 내용을 인쇄하여 전국적으로 포 고하였던 것이다. 왕은 이러한 의 회의 행동에 격분해 친위군을 파 견하여 주모자 5명을 체포하고자 했으나 실패했다고 한다. 결국 왕 과 의회 사이의 대립이 내란으로 치닫게 된 것이다. 주로 중산층 청교도들로 구성되어 있는 하원 의원들은 단발파라고 불리는데, 그것은 상대 당파가 긴 가발을 쓴 데 비해 머리를 비교적 짧게 깎았기 때문이라고 한다. 왕을 지 지하는 사람들은 기사파라 불리 는데, 주로 청교도운동에 반대하 는 지주계급으로 구성되어 있다. 그들은 왕의 권리를 박탈하는 것 에 반대하고 카톨릭으로 복귀하 려는 찰스 1세의 종교정책을 지 지하고 있다.

처음에는 전쟁경험이 많은 왕

당군이 승리했지만 1년 후부터는 전세가 바뀌어 크롬웰의 탁월한 지휘하에 의회군은 많은 전투에 서 승리하였다. 크롬웰은 지방의 부농 출신인데 의회군을 재편성, 훈련하여 군기를 세우고 종교적 사명감을 고취시켜 내란을 의회 군의 승리로 이끌고 있다고 한다. 내란 종식 이후 그의 활동에 많 은 정치가들이 주목하고 있다.

## 명, 이자성 반란으로 멸망
## 청, 중원의 패자되다

**1644년** 명나라가 멸망했다. 명은 청 과의 오랜 대립에도 불구하고 내관들 이 자신들의 이해에만 몰두했고, 또 잦 은 반란과 폭동으로 안으로부터 붕괴 하고 있었다. 반란세력 중에서는 이자 성과 장헌충이 가장 큰 무리로, 이자성 은 스스로 대순왕이라 칭하고 연호를 영창이라 하여 백관까지 거느렸다. 그 는 반란을 일으킨 지 15년 되는 해인 1644년에 군사를 이끌고 산서를 횡단, 북경을 향해 진군했다. 이자성은 대명 의 도성을 유린했는데 환관들이 성문 을 열어주자, 다급해진 황제는 장검을 뽑아 황후를 비롯한 가솔들을 죽이고 자신의 목을 찔러 자진했다. 이에 산해 관의 명장 오삼계가 청에 원병을 청해 청의 다이곤이 대병을 이끌고 와 오삼 계의 항복을 받은 다음, 북경으로 가 오합지졸인 이자성의 군대를 도륙하고 북경성에 입성하였다. 이로써 명이 멸 망하고 청이 중원의 새 주인이 되었다.

# 역사신문

# 북벌정책, 본격 추진

## 반청 척화파 대거 등용, 군비증강 박차

국왕 효종은 조정에서 김자점 등 친청세력들을 몰아내고 김상헌, 김집, 송시열 등 반청 척화파 인물들을 대거 등용한 데 이어 대대적인 군비증강을 추진하고 있다. 효종은 "나라에 수치가 있는데도 그냥 세월만 보내는 것은 면목이 없는 일"이라며, 직접 세자와 신하들을 거느리고 노량진에서 대규모 군사 열병식을 갖는 등 군비증강에 적극적 자세를 보이고 있다.

북벌의 핵심사업인 군비증강은 지난 인조 때 이미 북벌을 목적으로 설치된 어영청을 근간으로 하여 전 군영에 걸쳐서 체계적으로 이루어지고 있다. 어영청은 현재 병사 수가 이전보다 3배가 넘는 2만 1천여 명으로 늘어, 수도 방위사령부인 훈련도감에 필적하는 중앙의 핵심 군영이 됐으며, 국왕의 친위병인 금군은 기병대로 개편되는 한편, 훈련도감과 남한산성 수비대인 수어청에 대해서도 병력과 군비증강의 방향으로 개혁이 추진되고 있다. 특히 유사시에 대비해 남한산성에 대포 3백 문을 설치하고 강화에 임시궁궐인 행궁(行宮)을 수축하였다.

아울러 북벌에 나서기 위해서는 상당량의 군량이 확보되어야 하기 때문에 이를 위한 특별조치가 연일 발표되고 있다. 그동안 극심한 흉년이 계속되자 임시변통으로 비축해둔 군량을 상당량 대출해주었는데, 수어청의 경우 이를 회수하기 위해서 2만 석에 달하는 이자곡을 받지 않고 원곡만을 징수하는 특별조치를 취해 군량미를 회수하기로 했다. 또 유사시에 대비해 남한산성에 군량미를 비축하는 등 군량확

보를 위해 총력을 기울이고 있다. 최근에 대동법 실시를 확대하고 있는 것도 군량미 확보 차원에서 이루어지고 있다는 분석이다.

이러한 일련의 북벌계획 추진은 지난 병자호란 때 체결된 강화조약을 사실상 무효화하는 것이어서 조·청 관계에 긴장이 조성될 개연성을 가지고 있다. 그러나 최근 조선에 대해 강경책을 펴던 청나라의 섭정왕 도르곤이 죽은 뒤, 청나라의 조선에 대한 태도가 크게 달라진 상태라 우리측이 먼저 도발하지 않는 한 당장 양국간에 분쟁이 발생할 가능성은 적다는 분석이 일반적이다. 오히려 일부에서는 정부의 북벌정책이 대민통제와 체제안정을 노리는 국내용이라는 의혹을 제기하는 듯하다.
**관련기사 2면**

# 김자점 내란음모 적발

## "친청파 연루 … 관련자 전원 처벌"

**1651년(효종 2) 12월** 정부는 인조반정 1등공신이자 전 영의정인 김자점이 군사를 동원해 현 국왕을 축출하고 승선군을 새 국왕으로 추대하려 했다는 역모사건이 사전에 발각됐다고 발표했다. 발표에 따르면 이 사건의 주모자는 김자점 외에 그의 아들 김익, 총융사 김응해, 충청병사 이파, 광주부윤 심지인, 경상병사 황익, 수원부사 변시기 등이며, 그밖에도 통역관 정봉수, 이형장 등 조정 내 다수의 친청파 관리들이 연루됐다. 김자점 부자는 군기시 앞에서 처형됐고 연루자들은 모두 중형이 선고됐다.

김자점은 인조 때에는 정권의 실세였으나 효종 즉위 후 효종의 비호 아래 사간원과 사헌부 요직에 발탁된 김집, 송시열, 송준길 등 사림세력에 의해 부정축재 혐의를 받고 파직됐다. 이에 그는 심복인 통역관 이형장을 시켜 청에 "새 국왕이 공신들을 몰아내고 신진 사림을 등용하여 북벌을 계획하고 있다. 군비를 증강하고 있는 것과 인조비 인열왕후의 능인 장릉(長陵)의 지문(誌文)에 청의 연호를 사용하지 않은 것이 그 증거"라고 밀고하는 등 권력복귀를 위해 청에 기대려는 자세를 보여왔다.

# 조선, 나선정벌

## 북벌운동 의미 무색

**1658년(효종 9)** 청의 요청에 의해 흑룡강지역으로 출병했던 우리 조총부대가 청군과 함께 러시아(나선)군을 격파한데 개선했다. **관련기사 2면**

이번 러시아 정벌은 지난 1654년에 이은 두 번째 출병으로 자원을 탐색 흑룡강을 따라 내려오는 러시아를 청이 저지하고자 했으나 번번이 패하자, 우리의 조총군 파견을 요청해옴으로써 이루어진 것이다. 이번 전투에서 조선군은 흑룡강 일대에서 활동하던 러시아군의 주력을 섬멸하는 혁혁한 전과를 올렸다. 한편 국내에서는 북벌정책을 외치면서 실제로는 청의 지원병 요구에 묵묵히 따르는 이런 정책은 이율배반이라는 지적이 일고 있다.

# 대동법, 실시 지역 확대
# 전라 해안지역 추가 결정

## 해당 지역 주민들 크게 환영, 미실시 지역에도 영향 미칠듯

**1658년(효종 9) 6월** 정부는 그동안 논란을 빚어왔던 대동법의 확대실시에 대한 논의를 일단락짓고, 오는 9월부터 전라도 해안지역 27개 고을에 우선 확대실시한다고 발표했다. 이번 조치에 대해 정읍지역의 농민 전 아무개씨는 "충청도에서 대동법이 실시되고 있다는 소리를 듣고 겁나게 부러웠어라. 진작에 실시됐어야 하는디 돼태 늦은 감이 있구만"이라며 무척 반가워했다.

대동법은 애초에는 경기도에서만 실시됐으나 충청지역에도 실시해본 결과 많은 성과를 거두자, 정부 일각에서 전라도와 경상도에도 확대실시할 것을 건의하면서부터 많은 논란을 빚어왔다. 전라·경상 양도는 전국 경작지의 과반을 차지하고 있어 여러 계층의 이해관계가 첨예하게 대립하고 있기 때문이다.

대동법 실시 반대론자들은 대동법의 실시로 공물 대신 쌀을 거둘 경우 운송에 어려운 점이 있어서 이의 시행이 불가능하다거나 남부지방 특산물을 서울에서 조달하기가 쉽지 않는 등의 이유를 들어 강력하게 반발했었다. 그러나 찬성론자들은 공납의 폐단 때문에 대규모 유민이 발생하고 이들이 도적화하는데다 그 결과 국가재정이 점차 궁핍해지고 있다는 이유를 들어 확대실시를 강력하게 주장해왔다.

이에 영의정 김육은 반대론자들을 집요하게 설득해 우선 전라도 53개 고을의 수령에게 대동법 시행의 찬반을 묻고, 그 결과에 따라 시행 여부를 결정하기로 합의를 보았다. 여론조사 결과 해안지역은 모두 찬성하였고, 산간지역은 절반이 반대하여 결국 해안지역 27개 고을에서만 우선적으로 실시하기로 결정을 보게 된 것이다.

이번 조치의 결과가 좋을 경우 이번 실시에서 제외된 산간지역과 경상도지역에도 영향을 미칠 것으로 예상된다.
**관련기사 4면, 참조기사 1호 1면**

# "광산 개발에 민간 참여 허용"

## 재정 부족 타개 위해 설점수세제 시행 발표

**1651년** 정부에서는 재정부족을 타개하고 침체된 광산개발을 지원하기 위해 설점수세제(設店收稅制)를 실시한다고 발표하였다.

이번에 발표한 설점수세제는 영세한 민간자본이 광산개발에 참여할 수 있게 하기 위해, 정부에서 광물 산지에 제련장과 부대시설을 마련해주고 광물 채취에 필요한 재목과 연료를 채벌할 수 있게 하며 노동자를 마음대로 고용할 수 있도록 하였다. 민간인이 광물을 채취하여 그 일부를 세로 바치게 하고, 이를 위해 세를 거두는 일을 맡을 관리도 파견할 계획이라고 밝혔다. 이제까지는 농민들을 동원해 광산을 개발

해왔으나 농민들이 더 이상 무거운 부담을 지지 않으려 할 뿐 아니라, 유민이 많아져 징발할 대상도 많지 않아 민간경영을 허용하게 된 것이다.

이번 조치는 광업에 대한 지금까지의 국가독점을 해제하고, 개인 광업을 최초로 법적으로 정식 승인해 광업발전의 중요한 전기를 마련한 것으로 평가받고 있다. 이번 조치로 전국 각지에서 개인들에 의한 광산개발이 크게 늘어날 것으로 전망된다. 한편 이번 조치는 조정의 북벌추진에 따른 무리한 군비확장 때문에 재정을 보충하기 위해 마련된 것이라는 해석도 나오고 있다.

# 역사신문

## 누구를 위한 북벌인가

### 지금 중요한 것은 전후복구와 민생의 안정

'지금 우리 백성 중에 병자년 삼전도의 치욕을 잊고 있는 사람이 있는가?' 라고 누가 물어본다면 우리 모두는 명확하게 '아니다' 라고 답할 것이다. 그러나 만약 '그렇다면 지금 현재 우리나라에서 가장 시급한 문제가 무엇인가?' 라고 다시 물어본다면 누구도 선뜻 '치욕을 씻는 것. 이를 위해 청과 전쟁을 벌여서 복수하는 것'이라고 답하지는 않을 것이다.

왜 그럴까? 그것은 그보다 더 시급한 문제들이 산적해 있기 때문일 것이다. 전란의 복구작업, 그리고 정처없이 떠도는 민심을 수습하고 민생을 시급히 안정시키는 것 등이 그것이다.

정부는 북벌을 추진하며 10만 병사를 양성한다고 한다. 실제로 구체적인 군비증강을 이미 시작하고 있는 것이다. 국왕도 "저 오랑캐는 반드시 망할 형세이다. 지금 하지 않음을 걱정해야지 그 이루기 어려운 것은 걱정할 것이 아니다"라고 강한 자신감을 피력하며 정열적으로 북벌을 추진하고 있다.

그렇다면 그 재정부담은 누가 하게 될 것인가? 결국 백성들이 하게 될 것이다. 이는 곧 굶주린 백성의 식량을 빼앗아 언제 쓰여지게 될 줄도 모르는 군대를 먹여살리는 꼴이 되고 마는 것이다. 무엇이 더 급한가? 군대인가? 아니면 지금 굶어 죽어가고 있는 우리의 백성인가? 지금 우리가 걱정하는 것은 국왕의 표현을 빌리자면 '지금 그 이루기 어려운 것을 걱정하는 것이 아니라, 정작 지금 중요한 것을 하지 않음을 걱정하는 것이다.'

지금 중요한 것은 다름 아닌 굶주린 백성을 구제하는 것이다. 그런 연후에야 북벌도 가능할 것이다.

이런 관점에서 우리는 정부가 피폐해진 민생문제에 대처하기 위해 대동법을 전라도지역에 확대실시키로 하기로 결정한 것에 대해 적극 환영하는 바이다. 과도한 공납의 부담에 허덕이고 있던 백성들로서는 희소식이 아닐 수 없다. 더군다나 지주들의 심한 반대를 무릅쓰고 이루어진 과감한 결단이어서 더욱 높이 평가하고 싶다.

그러나 대동법이 무리한 북벌을 추진하기 위한 재원 염출의 성격을 가지고 추진되고 있다는 의혹에 우리는 주목하지 않을 수 없다. 만약 그렇다고 한다면 '약 주고 병 주는' 꼴이 아니고 무엇이겠는가? 백성들에게는 실익이 별로 돌아가지 않을 것이기 때문이다.

모처럼 백성을 위한 정책이 북벌이라는 암초에 걸려 좌초하는 불행한 일이 있어서는 안되겠다. 다시금 강조하지만 피폐해질 대로 피폐해진 민생의 안정이 최우선이고 그 다음에 비로소 북벌도 거론할 수 있다.

### 그림마당
이은홍

또 길은 북벌로 ……!!

---

## 북벌정책, 대동법 시행의 배경과 전망

### 북벌과 대동법, 하나의 방패와 양날의 칼
### 궁극적 목표는 체제안정과 대민통제를 통한 정권안보

전국을 휩싸고 도는 북벌 회오리가 도달할 종점은 결국 북벌전쟁일까. 정가에서 이에 고개를 끄덕이는 사람은 별로 없다. 청은 이미 대륙을 지배하는 왕조의 지위가 확고해진데다 최근에는 우리 조선에 대해 상당히 유화적으로 나오고 있다. 반면 우리측 사정은 병자호란의 상처가 아직도 아물지 않은 상태다. 따라서 현재 정부가 거세게 몰아가고 있는 북벌 드라이브는 오히려 국내용이라는 해석이 가능하다.

이점과 관련해서 우리는 효종이 인조반정과 몇 번의 역모사건을 거치면서 왕권이 갈수록 그 권위를 상실해가고 있는 시점에서 즉위했다는 사실에 주목하지 않을 수 없다. 특히 인조 말년에는 반정공신들마저 국왕보다는 청에 더 기대는 친청세력으로 변모해갔다. 반면 반청 명분론의 여론을 주도하고 있는 서인측 재야 사림세력은 권력에서 소외된 채 기존 집권세력에 대해 불만을 공공연하게 표출하던 참이었다. 효종과 송시열을 대표로 하는 이들 사림은 이점에서 이해가 일치하였고 이 둘을 묶어줄 끈이 바로 북벌이었다. 북벌이라는 안보 이데올로기를 강력하게 밀고나갈 경우 정국은 아연 긴장될 것이고 그 긴장으로 조성되는 공간을 이용해 효종의 왕권강화와 재야 사림의 집권세력 부상은 자연스럽게 달성될 것으로 계산한 것이다.

그러나 군비증강에는 재정부담이 따른다. 이 부담이 고스란히 민생에 전가될 경우 목표로 삼은 서인 집권체제 강화 의도는 벽에 부딪칠 수 있다. 이 두 난제를 일거에 해결하는 양날의 칼이 바로 대동법이다. 대동법은 민의 세금부담을 획기적으로 줄일 수 있을 뿐만 아니라, 운영의 묘를 살릴 경우 재정확충에도 큰 도움이 된다. 다만 지주층의 양보가 선결조건이라 그들의 반발이 예상되지만 이에 대해선 북벌이라는 안보 이데올로기로 밀어붙이면 된다.

현재까지는 이러한 일련의 정책이 제대로 약효를 발휘하고 있는 것으로 보인다. 그러나 장기적으로 서인세력의 안정된 집권체제가 이룩될지는 여전히 미지수로 남는다.

---

### 긴급동의 북벌정책에 할 말 있다

**허목(사헌부 장령, 남인)**
북벌보다 도덕성 회복이 우선

**김육(영의정, 서인)**
경제가 살아야 나라가 산다

**송시열(이조판서, 서인)**
기강확립 위해 북벌론 필요

국왕의 북벌과 그에 따른 군비확장에 대해 강력하게 반대한다. 북벌을 위한 군비나 둔전의 확대가 농민층의 유리도산을 가중시키고 장차 큰 재앙을 몰고올 화근이 되기 때문이다. 감히 국왕에게 진언하건대 국왕께서는 군주로서의 덕을 닦고 통치의 도를 세워서 백성의 동요를 막는 민심수습책을 우선 마련하셔야 한다. 특히 군사력을 키우다보면 군사를 장악한 권신이 난을 일으킬 수도 있고, 또 청의 군사도발을 자극할 빌미가 될 수도 있다. 이런 점에서 보면 최근의 군비확장은 재앙의 조짐이라고까지도 볼 수 있다. 나라의 방비는 인화(人和)를 도모하는 것이 최선이다. 민생이 안정되면 나라가 편안해지고 나라가 안정되면 교화가 서고 법이 잘 지켜진다. 이렇게 될 때 민이 배반하는 일이 없을 것이고 하늘도 감응해서 도와줄 것이다.

지금 당장의 북벌이라면 반대한다. 북벌 자체야 누가 반대하겠는가. 하지만 시급한 민생문제와 국가재정문제를 해결하지 않고서는 북벌도 한낱 공염불에 지나지 않는다. 현재와 같은 과도한 군비확장 추세라면 재정을 아무리 확보한다 해도 따라갈 수 없는 형편이다. 이대로 간다면 결국에는 우리 경제가 파탄지경에 이르게 될 것이다. 아직도 전란으로 황폐화된 농토는 그대로이고 백성들은 가혹한 수탈에 못이겨 너도나도 도망가 어떤 고을은 거의 비어 있다시피할 정도다. 내가 대동법 실시를 강력하게 주장해온 것도 이러한 민생문제를 누구보다 뼈저리게 느끼고 있기 때문이다. 지금 청에는 화폐와 수레가 일반화돼 있는 등 경제가 우리와는 천양지차다. 청이 번영하고 있는 것은 괜한 것이 아니다. 경제가 살아야 나라가 산다는 게 내 신념이다.

청나라로부터 받은 치욕을 설욕하고 명에 대한 은혜를 갚는 것이 군자된 나라의 도리다. 북벌은 원칙적이고도 장기적인 과제라는 것이다. 그러나 나는 결코 무모한 북벌론자가 아니다. 솔직히 현재 형편으로는 즉각적인 북벌은 어렵다고 본다. 민생의 안정과 국력회복이 더 시급한 문제라고 생각한다. 우선 민생에 큰 부담이 되는 상비군을 줄이고, 연중 일정기간 복무하는 민병제를 확대해야 한다는 것이 내 생각이다. 이점에서는 국왕과 약간 의견을 달리 한다. 그럼에도 북벌정책은 계속 추진돼야 한다. 왜냐하면 이러한 강력한 이념이 지금 조선에는 필요하기 때문이다. 즉, 북벌 이데올로기는 국내정치에 있어서 부패와 부정을 억제하고, 기강확립과 행정의 효율을 가져오는 등 긍정적인 효과가 커 조선을 새롭게 일으키는 데 유용한 이념이다.

---

**취재 수첩**

### 러시아 정벌과 북벌

두 차례에 걸친 러시아 정벌에서 우리 군대가 혁혁한 전공을 세우고 돌아오자 정부관계자들은 희색이 만면한 것 같다. 실제로 러시아 정벌은 우리에게는 그동안 쌓아온 군사력을 시험해볼 수 있는 좋은 기회였다. 특히 지난 임진왜란 때 왜군의 조총 위력 앞에 속수무책이었던 쓰라린 경험이 있기에, 전후 정부는 조총부대의 양성에 혼신의 힘을 기울여왔다. 그리고 이번 두 차례의 러시아 정벌에서 우리 조총부대가 완벽한 승리를 거둠으로써 그동안의 전력증강이 실증된 것이다.

그럼에도 기자의 얼굴에는 희색이 전혀 돌지 않는다. 왜일까. 기자의 눈에는 이번 러시아 정벌이 역설적으로 우리 정부가 추진해온 북벌정책의 정체를 분명히 드러낸 것으로 보이기 때문이다.

사실 그동안에도 정부의 북벌정책은 실제로 북벌전쟁을 하기 위해서라기보다는 국내 정치용이라는 해석이 간간이 있어왔다. 북벌정책으로 전시에 준하는 비상체제의 분위기를 조성함으로써 붕당간의 당쟁을 일시에 잠재우고, 또 한편으로는 백성들의 불만도 어느 정도 눌러둘 수 있다는 것이다. 그러나 이것은 어디까지나 가정을 전제로 한 것이었다. 그러던 것이 이번에 북벌의 대상인 청의 지원병 요구에 순순히 응하고 청군과 함께 연합작전을 펴는 모습을 보여줌으로써 그 모든 가설들이 진실임을 입증하고 만 것이다.

처음 청의 원병 요청이 왔을 때 정부 내에서는 의견이 분분했으나 송시열이 나서서 청군의 현황 및 그쪽 지세를 살필 수 있다는 점과 청의 우리에 대한 의심을 없앨 수 있다는 점 등을 들어 국왕을 설득했다고 한다. 그러나 주화론자들이 바로 이런 식의 논거를 가지고 청과의 평화관계를 주장했을 때 송시열을 비롯한 사림들이 극렬히 반대했던 것을 생각해보면 이 얼마나 자가당착인가.

르뷰　북벌의 선봉부대, 어영청을 가다

## "명령만 내리소서 … 우리는 그 즉시 북방으로 출병하오리다 !"

국왕의 친필임을 한눈에 알아볼 수 있는 '어영청'이라는 편액이 걸려 있는 어영청 정문을 막 들어서자, 긴장감이 온몸에 느껴져왔다. 지나가는 병사들의 발걸음에서부터 군인다운 절도가 있어 '과연 군기가 센 부대구나' 하는 생각이 들었다. 이전에 듣던 바 군기가 빠져 어영부영하는 모습은 전혀 보이지 않았다. 이에 대해 교련관 박기강씨는 "어영부영하다'는 말이 어영비영(御營非營:어영은 군영이 아니다)이란 말에서 생겨났을 정도로 우리 어영청은 군영 중에서 군기가 빠진 곳으로 악명이 높았습니다. 어영군의 대우와 조건이 다른 군사들에 비해 좋은데다, 국왕 직속부대의 성격이 있어 군기해이에 대해 아무도 감히 뭐라 말할 수 없었기 때문입니다. 그러나 신임 어영대장이 부임한 후 군사를 엄격하게 선발하고 군기와 군율을 엄격히 적용해 그 말은 이미 옛말이 돼버렸습니다"라고 말했다. 또 이전에는 4~5년에 한

번 겨울에만 근무 차례가 돌아와 전투기능이 사실상 상실됐으나, 이제는 제도를 바꿔 1년에 2개월씩 6조로 나누어 한 차례에 1천 명씩 근무함으로써 한성에 1천 명의 상주병력을 상시적으로 확보할 수 있게 됐다고 한다.

갑자기 저쪽에서 '와' 하고 우렁찬 함성소리가 들려왔다. 그쪽으로 황급히 가보니 말로만 듣던 학익진(鶴翼陣)이라는 진법을 펼치고 있었다. 군사들이 정연하게 움직이기 시작하더니, 어느새 정말로 마치 학이 날개를 펼친 듯한 모습이 되었다. 맨 앞쪽에서는 어영대장 이완이 직접 진법을 지휘하고 있었다. 다시 그의 오른손이 번쩍 들어올려지는가 싶더니, 둥둥둥 북소리와 함께 병사들이 뱀의 형국으로 질서정연하게 늘어지는 것이 아닌가. 수백의 군사가 움직이는데 너무도 질서정연하게 움직여 마치 한 사람이 움직이는 것 같았다. 잠시 진법을 보면서 경탄하고 있는데 느닷없이 말발

굽소리가 들려왔다. 소리나는 쪽으로 가보니 이번에 창설된 별마대(別馬隊)라는 기병부대가 조련하고 있었다. 한 군관이 '병자호란 때 우리가 싸워보지도 못하고 패한 것은 그들은 기병 중심인데 우리는 보병 중심이어서 기동력에서 상대가 안됐기 때문입니다. 그래서 그러한 단점을 보완하기 위해 새로 부대를 창설했습니다'라고 설명해주었다. 그는 그밖에 대포만 전문으로 다루는 별파진(別破陣)이라는 특수부대도 있다고 덧붙였다.

휴식시간에 이완 어영대장을 만났는데 그는 "국왕의 명이 떨어지면 언제든지 북방으로 출병할 수 있는 모든 준비를 갖추기 위해 군사들이 열심히 훈련을 흘리고 있습니다"라고 의기에 찬 눈빛으로 힘주어 말했다. 해질녘 취재를 마치고 돌아오는 기자의 귓전에는 군사들의 함성소리와 별마대의 말굽소리 그리고 별파진의 포성소리가 한데 어우러져 북벌의 힘찬 고동으로 울리고 있었다.

## 북벌정책 군비증강 본격화
## 병사 증원, 군조직 완전 개편

**1652년** 정부는 북벌정책의 추진에 따라 본격적인 군비증강에 나서고 있다. 이에 따라 정부는 중앙 상비군인 금군을 1천, 훈련도감 군사를 1만으로 증원하고 농민들로 이루어진 어영군을 2만으로 확장하고 있으며 지방군인 속오군도 강화하고 있다. 이와 함께 정부는 이완을 비롯하여 유혁연, 박경지 등 무관을 중용하여 이들로 하여금 군사양성계획을 추진토록 하였다.

이번 군비증강계획의 핵심은 어영청의 확대개편. 국왕 효종은 1651년 어영청제도를 개편하여 정일품 영의정이 겸임하는 도제조와 정이품 병조판서가 겸임하는 제조를 한 사람씩 두고, 종이품 어영대장이 실질적으로 지휘하도록 하였다. 이로써 어영청은 훈련도감에 비견되는 군영으로 그 위상이 격상되었는데 이완을 어영대장에 임명하여 어영청 강화를 책임지도록 하였다. 또 병력 수도 7천 명에서 2만 1천 명으로 3배 증원시키고 이들을 천 명씩 21개 모둠으로 나누어 각각 3년 6개월만에 2개월씩 근무케 함으로써 한성에 항상 천 명의 어영병이 상주할 수 있게 되었다.

또 효종은 이시방을 수어사에 임명하고 남한산성을 지키는 수어청 강화에도 노력을 기울였다. 이에 따라 수어청 배치병력의 합리적 동원을 위해 남한산성과 가까운 광주·양주·죽산·원주 등의 병사를 이에 소속시켰으며, 이들 군사를 사수와 포수로 나누어 편성하여 풍우시 화포를 쓸 수 없게 되더라도 사수가 산성을 지킬 수 있도록 조치했다. 또 군량미 확보를 위해 청천강 이북 각 읍의 세미 5, 6천 석과 충주관곡을 남한산성에 이입시키기로 했다.

이와 함께 효종은 국왕의 친병인 금군의 전력을 강화하기 위해 이들 모두를 기병화했으며 그 정원도 6백 명에서 천 명으로 증원시켰다.

효종은 이밖에도 임란 이후 최강의 중앙상비군인 훈련도감을 강화하기 위해 어영청 강화를 추진해온 이완을 1653년 훈련대장에 임명하고 병사를 1만으로 증원시키기 위해 노력하고 있다. 그러나 훈련도감 병사는 모두가 급료병으로 그 증원에는 막대한 예산이 소요되므로 증원 자체는 순조롭지 못한 실정이다.

---

화제의 인물　어영대장 이완　　　　　　반청의식 투철한 야전사령관

이번에 파격적으로 어영대장에 등용된 무관. 그의 등용이 파격적인 것은 우선, 관례적으로 어영대장은 공신이나 왕실인척 중에서 임명돼왔는데 그는 한낱 한직 무관에 불과했던 인물이라는 점 때문. 게다가 그는 친명적 성향으로 인해 청으로부터 기피인물로 지목돼 있는 인물이기도 하다.

그는 병자호란에 참전했으며, 평안도·함경도·충청도 병마절도사와 경기도 수군절도사, 우포도대장 등을 역임한 야전형 무관이다. 주위에서는 친명 성향의 인물로 평가하고 있다. 실제 지난 1640년 황해병사 재직시 청의 강요에 의해 임경업 장군과 함께 명 공격전에 동원됐으나, 명과 미리 내통을 해서 양측이 하루종일 전쟁을 하는 시늉만 하고 양측 모두 사상자는 한 명도 내지 않은 일화는 유명하다. 이런 후 청으로부터 기피인물로 지목돼 관직 진출이 여의치 않았다. 인조 말년 이후 어영대장, 우포도대장, 한성우윤 등으로 중용됐으나 최근에 친청

과 관료들로부터 탄핵을 받아 한직으로 밀려나 있었다.

효종이 그를 등용한 것은 그의 이러한 친명반청적 성향과 풍부한 야전경험이 북벌정책을 추진하는 데 있어 긴요하게 활용될 수 있다는 판단을 했기 때문인 것으로 분석된다. 확인된 얘기는 아니지만, 이번 어영대장 임명에 앞서 그는 한밤중에 입궐하라는 어명을 받았다고 한다. 서둘러 궁궐 문을 들어섰는데 사방에서 화살이 날아왔다. 그러나 상처 하나 없이 무사했는데 이는 조복 속에 갑옷을 받쳐입고 갔기 때문. 국왕은 별다른 분부 없이 다만 붓하나만 하사했는데, 집에 돌아온 이완은 무관에게 칼을 내리지 않고 붓을 내린 것을 의아하게 여겨 붓을 쪼개봤더니 거기에 "어영대장으로 임명한다"는 교지가 들어 있었다고 한다. 효종이 북벌계획의 앞날이 얼마나 험난할 것인가를 암시하면서 치밀한 지략과 몸조심이 필요함을 일러주기 위한 것이었다는 얘기다.

---

말, 말, 말 … 국왕 효종의 북벌 관련 어록　　　　　　북벌계획의 그늘

# 점점 꺾여가는 북벌의지

"오랑캐의 정세는 내가 몸소 오랫동안 살펴보았다. 정예 포병 10만을 뽑아, 자식과 같이 사랑하며 양성한다면 모두 죽음을 두려워하지 않는 병사로 만들 수 있다. 그런 다음에 저들의 틈이 보이기를 기다려 곧장 쳐들어가면 중원의 의사와 호걸이 어찌 호응하지 않겠는가? 또한 오랑캐 땅에 우리 포로가 몇만 명인지 알 수는 없으나 그중에 어찌 돕는 자가 없겠는가?" 〈북벌정책 발표 당시〉

"나는 북벌에 10년을 기한으

로 삼았으니 하늘이 10년만 더 살게 해준다면 이거는 지든간에 한번 시도할 것이다. 만약 10년 내에 이루지 못하면 뜻과 기운이 점점 쇠약해져 다시는 가망이 없어질 것이다" 〈정책 발표 3년째〉

"지금 씻기 어려운 수치심이 있는데도 모든 신하들이 이를 생각하지 않고 매양 나에게 수신(修身)만을 권하고 있으니 이 치욕을 씻지 못하면 수신만 한들 무슨 소용이 있겠는가?" 〈정책 발표 5년째〉

"내가 이럴 줄 알고 일찍이 나와 이 일을 함께 맡을 자는 조상이 오랑캐에게 죽임을 당한 집안 자제이지 그 나머지는 어렵다고 생각했으나 … 여러 신하는 오직 목전의 부귀만을 도모하고 이런 일을 하다가 나라가 망하고 집안이 엎어질 것만 두려워하기 때문에 북벌 말만 꺼내도 벌벌 떤다. 나 혼자 개탄할 뿐이다. 저네들은 단지 자손 위하는 생각이나 할 뿐 나를 도우려 하지 아니한다" 〈정책 발표 9년째〉

## "백성들, 군비증강에 따른 불만 고조"

최근 전국을 덮친 가뭄으로 주름살이 깊어만 가는 백성들에게 북벌계획 추진에 따른 재정 부담마저 떠안김으로써 사회적 물의가 빚어지고 있다.

훈련도감 병력증강 문제가 그 대표적인 예다. 국왕은 어영청 강화가 순조롭게 마무리되자 이번에는 훈련도감 증강에 손을 대기 시작했는데, 어영청과는 달리 훈련도감은 급료병 체제라 가뜩이나 재정이 고갈된 정부로서는 병력증강에 따른 추가 재정부담을 감당할 수 없다는 호조측의 강력한 반대에 부딪친 것이다. 이렇게 되자 어영청 강화의 공을 인정받아 이번에 훈련대장으로 승진한 이완은 일반 병역의무 대상자 중에서 보인(保人) 7백 명을 뽑아 그들을 정군(正軍)으로 승격시킨 뒤, 한성의 훈련도감에서 근무하도록 하는 조치를 취했다. 정부의 재정부담 없이 군비증강을 이루겠다는 고육지책이었다. 그러나 식술까지 합쳐서 천 명이 넘는 인구가 일시에 한성에 모여들자, 그

렇지 않아도 흉년으로 어려움을 겪고 있는 도성의 물가가 더욱 치솟아 도성민들이 아우성치는 등 심각한 문제가 발생하고 있다. 한편 해당 정군들은 기존 훈련도감 병사들과 같이 급료병으로 대우해줄 것을 강력하게 요청하고 있어 혼란은 더욱 가중되고 있다.

이렇게 중앙에서 군비증강을 위해 재정지출을 과다하게 지출하는 가운데 지방에서는 유랑 걸식하는 백성들이 늘고 도적들이 창궐하고 있다는 소식이 부쩍 늘고 있다. 사태가 이렇게까지 발전하자 국왕의 정책을 이제까지 적극 지원하던 송시열조차도 최근 무리한 군비확장의 중지를 국왕에게 건의하였다는 후문이다. 한성 밖의 한 농민이 한 말은 우리의 이러한 현실을 잘 반영하고 있다. "언제 있게 될지도 모르고 그 실현 가능성도 희박한 북벌 때문에 많은 백성들이 고통받고 있는 현실은 뭔가 잘못됐다고 생각한다. 죽은 명나라가 산 우리 백성들을 죽이고 있다."

해설    대동법 확대실시의 의미와 그 영향력

# 민생해결과 국가재정 확충 위한 정책 … 상품경제 가속 붙을 듯
# 농촌문제 근본 해결과는 큰 거리 … '중하층 농민 몰락' 우려

농민들의 공납부담을 대폭 줄여주겠다는 목적으로 시행된 대동법이 우리의 경제에 어떤 파장을 가져올지 각계의 관심이 주목되고 있다.

대동법 시행논의는 훨씬 오래전부터 되어왔었지만 첨예한 이해대립 때문에 단시일 내에 시행되기는 어려웠었다. 그런만큼 이번에 전라도 일대에까지 이 법이 시행되자 이해당사자들의 관심이 집중되고 있다. 이번에 실시하게 된 대동법은 농촌경제가 파탄으로 치닫는 상황에 대한 정부의 대응책으로 해석되고 있다. 백성들이 과중한 공납의 부담으로 농토를 떠나 유랑 걸식하고, 심지어 도적으로 변하여 소란을 피우고 남아 있는 백성들도 민란을 일으키는 등 사회가 극도로 불안해지자, 국가의 입장으로서나 지주의 입장에서는 민생안정을 위한 대책을 세우지 않을 수 없었다. 또 민생문제의 해결이라는 차원뿐만 아니라 국가

재정 고갈의 위기를 타개하고 지역 향촌사회의 기반을 복구하기 위해서도 특별한 대책이 절실한 실정이었다. 결국 그동안 몇몇 지역에서 호응을 얻었던 대동법을 전라도 일부 지역까지 확대실시키로 합의를 본 것이 이다.

한편 대동법의 실시로 이제 우리 경제는 서서히 상품화폐경제의 단계로 들어설 것이라고 경제전문가들은 진단하고 있다. 현물로 납부하는 대신 쌀로 내게 되면 앞으로 언젠가는 단일한 화폐로 납부하게 되는 시대가 올 것이며, 조정에서 필요로 하는 물품을 납부하는 특정상인(공인)들이 등장해 상품유통을 주도할 것으로 보이기 때문이다.

그러나 대동법의 전국적 실시가 곧바로 농민경제에 밝은 전망을 약속하는 것은 아니다. 임진왜란 이후 계속되는 지주들의 토지겸병과 그로

인한 농민층 몰락현상이 이러한 조세정책의 개선으로 근본적으로 해결되지는 않을 것으로 보인다. 이번에 실시된 대동법도 명목상으로는 지주가 자신이 가진 토지 결수에 비례해 대동미를 부담하기로 되어 있으나 지주들이 대동미를 소작인에게 전가하려고 마음을 먹는다면 돈 없고 빽 없는 소작인들이 당해낼 수 있겠는가?

활발해질 것으로 예상되는 상업계도 결국은 지주들의 발빠른 참여로 그들이 주도해나갈 것이며, 농민층 중에도 이러한 변화에 적응해나갈 수 있는 조건을 갖춘 자는 성장하겠지만 그렇지 않은 대다수 중하층 농민들은 지금보다 더 빠르게 몰락해갈지도 모른다. 근시안적인 대책보다는 보다 근본적인 농촌안정책이 아울러 모색되어야 할 것이다.

## 대동법 주무부서, 선혜청
### 최고의 재정기관으로 자리 굳혀

1654년 충청도에 다시 대동법이 실시되면서 선혜청 산하에 호서 대동청이 설치되었다. 이를 계기로 강원도의 대동 업무를 맡고 있던 호조의 대동청도 선혜청으로 이속되어 경기·강원·충청 3도의 대동법이 모두 선혜청에 의해 관장, 집행되게 되었다. 원래 선혜청이란 이름은 대동법이 광해군 즉위년에 경기도에 시험적으로 실시될 때 이 제도를 선혜지법이라 이름한 데서 그 관장기구를 선혜청이라 명명하게 된 것이다.

이 기구에는 막중한 임무가 주어진만큼 그 인적 구성도 3정승이 도제조를 겸하고 호조판서를 비롯한 종2품 이상의 관원 3명이 제조를 겸하는 등 그 구성면에 있어서 최고의 재정기관의 면모를 보여주고 있다. 어쨌든 선혜청이 대동법을 유일하게 관장하게됨 일원화됨으로써 오히려 호조를 능가하는 조선 최고의 재정기관으로 그 위치가 확고해졌을 뿐 아니라 대동 업무의 효율성도 기할 수 있을 것으로 기대된다.

---

대동법 확대실시에 대한 각계 여론

### 소농 박모씨
### "공납 피해 줄어들 것 같아 기쁘다"

대동법의 확대실시를 정말로 환영합니다. 그동안 우리가 생산하지도 않는 품목을 공물로 바치라는 것 때문에 죽을 맛이었지요. 그 물건을 구하기 위해 방납인들에게 웃돈을 주고 대신 납부하게 하느라 등골이 빠질 지경이었지요. 우리 고을에서는 아다개(호랑이 가죽)가 공물로 책정되어 있는데, 근래에는 호랑이를 눈씻고 찾아봐도 잡을 수 없기 때문에 어쩔 수 없이 비싼 값을 치르고 방납인에게 부탁할 수밖에 없었습니다. 이제 대동법의 실시로 공납에 따른 우리 농민들의 피해가 줄어들 것으로 믿습니다.

### 방납인 나모씨
### "공물 대납으로 챙기던 이윤, 날아갔다"

지금까지 우리 방납인들은 공물을 대신 납부하고 거기에서 짭짤한 이윤을 남겼는데, 이제 좋은 시절은 다 갔습니다. 한때는 대신 납부하는 공물값에 10배까지 이윤을 남기기도 하였으니 말할 필요가 없지요. 이제 저는 국가의 물품을 공급하는 공인 자격을 얻어서 국가를 상대로 상업활동을 해볼 생각입니다. 중간이득이 이전보다 못하겠지만 그래도 상당한 이득이 있을 것으로 기대해봅니다.

### 소작농 김씨
### "땅 없는 사람에겐 참 좋은 제도"

무거운 세금과 흉년으로 땅을 다 날리고 남의 땅이나 부쳐먹는 신세가 됐지만, 저도 한때 농토를 조금 가지고 있던 소농이었습니다. 이웃 중에는 소작지마저 얻지 못해 고향을 떠나 유랑 걸식하는 사람도 있을 지경이니 저는 그래도 나은 편이지요. 이런 좋은 제도가 진작 나왔더라면 그런 불행한 상황은 만들어지지 않았을 것이라고 생각합니다. 어쨌든 저처럼 땅이 없는 사람은 그야말로 살맛나게 됐습니다.

### 지주 심모씨
### "대동법은 명백한 이중과세다"

대동법을 확대실시한다는 것은 우리 지주들을 죽이자는 것입니다. 나라의 기둥인 우리를 이렇게 대해도 되는 것입니까? 이번 대동법의 실시로 무조건 지주들은 토지 1결당 12두씩 대동세를 내야 합니다. 이전에는 지주나 농민 할 것 없이 공평하게 내던 공납세금을 지주들에게만 전적으로 떠넘기려는 것은 잘못된 것이라고 생각합니다. 더군다나 이미 지주들은 토지세로 전세를 내고 있는데 또다시 그것에 3배에 이르는 대동세를 토지에 물리는 것은 명백히 이중과세라고 생각합니다. 비록 정부에서는 대동세를 봄·가을에 나누어서 낼 수 있게 해준다고 하지만…

---

기자 방담    대동법이 전라도로 확대실시되기까지

## "구체적인 시행방법에는 아직도 많은 이견 있다"
## "잇달은 유민 발생 … 호패법보다는 대동법이 효과적"

**김기자** 최근 대동법의 확대실시안은 많은 산고를 겪으면서 낳은 옥동자라는 생각이 듭니다. 1569년 대동법에 대한 논의가 처음으로 나온 지 근 90년이 다 되어가는 지금 시점에서, 그동안 대동법과 관련해 논의되었던 중요한 현안들을 점검해보는 시간을 가졌으면 합니다.

**이기자** 사실 대동법은 민생파탄과 관련한 국가재정의 위기 극복이라는 차원에서 마련되었다고 생각합니다. 임란 후의 농촌경제가 취약했다는 점만이 아니라, 세를 수취할 때 특히 공납의 경우 수령이나 이서배들의 횡령이 극심했던 것으로 압니다.

**박기자** 근래 유랑하는 농민들이 급격히 늘어나고 있고 이들이 도적으로 변하는 등 사회불안의 커다란 요인이 되고 있습니다. 생산되지도 않는 공납책정 물품을 억지로 징수하거나 방납인들이 중간에 끼여 과중하게 물품가격을 요구하니 어느 농민이 견뎌낼 수 있겠습니까? 거기다가 도망간 이웃집이나 친척의 몫까지 내야 하는 지경에 이르면 농민들의 인내력도 한계에 이르겠지요.

**김기자** 이 유민들의 문제에 대해 조정에서는 인구파악이 제대로 되지 않아 백성들을 통제하지 못했기 때문이라고 분석하고 있는 것 같습니다.

며칠 전 발표된 호패법의 실시가 이런 조정의 분석에서 나오는 유민대책이 아닐까요?

**이기자** 그러나 한편에서는 호패제의 실시에 대해 그 실효성을 의심할 뿐 아니라, 농민유망의 원인을 제대로 파악하지 못하고 있는 정책이라는 비판도 만만치 않습니다. 백성의 유망을 억지로 막는 호패법은 미봉책에 불과하다는 것입니다.

**박기자** 그런 점에서 본다면 대동법은 호패법보다는 좀더 문제의 근본에 다가간 해결책이라고도 할 수 있겠지요.

**김기자** 이전에는 땅을 많이 가진 지주나 땅이 없는 소작농민이나 모두 호별로 공납이 책정되었기에 불균등한 과세라는 문제를 안고 있었지요. 또 고을별로 현물을 납부하게 되어 그 고장에서 생산되지 않은 공물의 경우 비싼 값을 치르고 사서 납부해야만 했습니다. 그런데 이번에 토지 결수에 따라 대동미를 납부하게 되어 이런 불균등이 해소되리라고 봅니다.

**이기자** 그러나 그점은 아직 믿을 만한 것이 못된다는 지적도 많습니다. 지주들이 결국 자신의 소작인들에게 대동미 납부를 떠넘기지 않을까 하는 우려도 간과할 것은 못된다고 생각합니다.

**김기자** 아직 대동법의 구체적인 시행방법 등에 대해서는 논란이 많은 듯합니다. 이번 시책에서 산간지방이 빠진 것은 산간지방이 해안지방과 토지 결수의 균형이 맞지 않기 때문이라고 하는데 시급히 조정되어야 한다고 봅니다. 그리고 쌀을 내기 어려운 산간지방이나 국경지역에 대한 별도의 고려가 있을 것으로 보입니다. 쌀 대신 무명이나 베로 납부케 할 예정이라고 하는데요.

**박기자** 운반상의 어려움이나 많은 토지를 가진 지주들의 대동미를 어떻게 수납 할 것인가에 대한 대책도 마련되어야 합니다. 이런 문제들을 들어 그동안 지주층에서 격심한 반대가 있었는데, 이런 문제들이 대동법 실시를 반대하는 근거로 작용하기에는 명분이 약한 것으로 보입니다. 시행착오를 겪으면서 고쳐나가야 할 것들이지요.

**이기자** 대동법 실시에 대해 단순히 세금을 줄이는 것으로 농촌경제가 안정되기는 어려울 것이라는 우려도 조금씩 제기되고 있습니다. 문제의 핵심인 토지겸병이나 지주층의 봉건적인 농민착취 현상이 해결되어야 한다는 것이지요. 이점도 우리가 눈여겨볼 만한 문제의식이 아닌가 합니다.

# 요즘 농촌 살 만 합니까?

요즈음 농민들 살림형편은 어떨까? 일 년 내내 자기 땅에서 농사지어 얼마를 수확할 수 있고 세금으로는 얼마를 내야 할까. 본사에서는 대동법의 확대실시를 계기로 농민들의 자기 땅에서의 1년 소득과 세금 액수 및 가용소득을 계층별로 조사했다.

충청도 회인현을 표본으로 조사한 결과에 따르면 전체 농가의 2/3 이상이 자기 땅에서 나오는 수확에서 세금을 내고나면 가족들의 생계도 꾸리기 어려운 지경이라는 것. 그만큼 토지소유의 불균등이 심각한 실정이다. 토지가 적을수록 세금부담도 무겁다. 이를 보충하기 위해 남의 땅을 부치거나 품팔이를 해야 하고 그것도 여의치 않을 경우 화전민이 되기도 하고 장삿길로 나서는 형편이다. 각처에 유망민이 늘어나는 것도 조사 결과를 보면 쉽게 수긍이 간다. 대동법 실시로 그나마 가난한 농민들이 부담을 크게 덜었다고 하니 농민들의 가난을 가히 짐작할 수 있다.

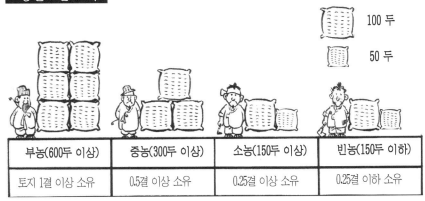

**농민의 1년 소득 및 계층별 분포 (충청도 회인현)**

**계층별 1년 소득**

| | 100 두 | | |
| --- | --- | --- | --- |
| | 50 두 | | |
| 부농(600두 이상) | 중농(300두 이상) | 소농(150두 이상) | 빈농(150두 이하) |
| 토지 1결 이상 소유 | 0.5결 이상 소유 | 0.25결 이상 소유 | 0.25결 이하 소유 |

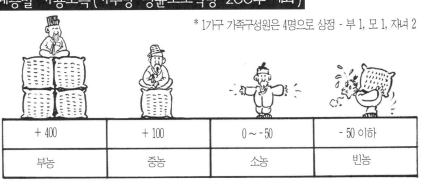

**계층별 가용소득(가구당 평균소모식량 200두 제외)**

\* 1가구 가족구성원은 4명으로 상정 - 부 1, 모 1, 자녀 2

| + 400 | + 100 | 0 ~ -50 | - 50 이하 |
| --- | --- | --- | --- |
| 부농 | 중농 | 소농 | 빈농 |

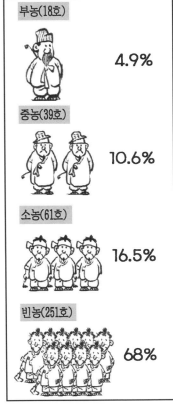

**소득에 따른 계층분포**

| 부농(18호) | 4.9% |
| --- | --- |
| 중농(39호) | 10.6% |
| 소농(61호) | 16.5% |
| 빈농(251호) | 68% |

---

# 관영수공업 몰락 가속화

## 민간 전문수공업지역 활기 … 직물, 유기, 자기 등으로 전문화
## 시장판매 성행 … 전업가구도 점차 늘어나

근래에 들어 관영수공업의 몰락이 가속화되고 있다. 이번에 기와를 굽는 와서(瓦署)에서는 소속 기와장이가 한 사람도 없어서, 어쩔 수 없이 민간인에게 임금을 주고 고용해서 필요한 기와를 만들었다고 한다. 와서에는 원래 소속 기와장이가 40명이나 있었다. 이러한 사태는 이제 관청수공업장이면 어느 곳이나 흔히 볼 수 있는 일로, 정부의 한 관리는 "이는 나라의 재정사정이 악화되어 방대한 관청수공업장을 유지하기 어려운 것도 한 이유지만, 그보다는 장인들이 징발되어 일해야 하는 역을 피해버리기 때문"이라고 진단했다. 그러면 지금 관청수공업장은 어떤 식으로 운영되고 있느냐는 질문에 "돈을 주고 수공업자를 고용해서 필요한 물품을 만들거나, 아예 공인을 통해

서 구입한다"고 하여 관영수공업의 변화를 실감케 했다.

한편 근래에 일종의 전문수공업지역이라고 할 수 있는 유기점, 철기점, 자기점, 와기점 등의 점촌이 크게 늘어나고 있다. 이러한 점촌은 민간 수공업이 발달해감에 따라 생산공정이 복잡한 분야에서 협업과 분업의 필요성이 커졌기 때문에 생겨나고 있다고 한다. 이들 점촌은 주로 원료가 풍부하면서 시장이 가까운 곳에 30~40호 정도의 마을을 이루고 있다.

한편 농촌에서 부업으로 하는 수공업이 발달하면서 시장판매도 활발해지고 있는 추세다. 주로 면직업, 견직업, 마직업 등 직물업이 주종을 이루는데 이중에는 전업으로 직물을 만드는 농가도 생겨나고 있다. 전업적으로 비단

을 만든다는 이건만씨는 "처음에는 마누라가 부업으로 하는 누에치기를 대수롭지 않게 생각했는데, 언제부턴가 마누라의 수입이 뼈빠지게 일한 우리 1년 농사보다 3배나 많은 수입을 올리지 않겠습니까? 그래서 아예 농사를 그만두고 땅까지 팔아서 누에를 더 늘렸습니다"라며 자랑스럽게 얘기했다.

이처럼 농촌부업으로 생산되는 직물 중에는 벌써 전국적으로 유명해진 것들도 있다. 가장 많이 생산되고 있는 면포는 진주에서 생산되는 '진목'이 질이나 생산에 있어서 유명하고, 명주는 평안도의 합사주, 전라도지방의 후주가 유명하며, 모시의 경우는 충청도 한산과 임천이 손에 꼽히는 등 벌써부터 특화되고 있는 형편이다.

### 삼남지방에 유민과 도적 급증

#### 대동법 확대 반대론자들 입지 좁아질 듯

근래 들어 과다한 공납의 부담을 견디다 못해 농토를 떠나는 이들이 늘고 있으며, 이들이 도적떼로 활동하고 있다는 소식이다. 아다개(호랑이 가죽 방석) 1장을 방납인이 대신 납부하면서 농민들로부터 받는 가격이 무려 백미 70여 석에 상당하는 무명 200필, 배 하나가 무명 1필로 치솟아오르는 가운데 이런 과중한 공납의 부담을 견디지 못하는 농민들은 날로 농토를 버리고 마을을 떠나고 있다. 보통 8, 90명에서 수백 명에 이르는 유민이 발생한 군현들

이 즐비할 정도인데, 남아 있는 주민들의 공납부담만 늘어가는 실정이다. 이렇게 되면 군현에서는 책정된 공납을 채우기 위해 도망간 농민의 친척에게 대신 물리고 그것으로도 안되면 이웃에게 물리는 형편이다. 이렇게 갈수록 눈덩이처럼 불어나는 공납을 견딜 수 없어 얼마 남지 않은 농민마저 고향을 떠나고 있는 것이다. 이들은 유랑 걸식하기도 하고 배고픔을 참지 못하면 도적으로 변해 마을을 습격하기도 한다.

---

**해설　　관영 수공업 왜 무너졌나?**

국가가 주도해왔던 관영수공업체제가 무너져가고 있다. 그동안 조선에서는 관청에 필요한 수공업품을 국가기관이 직접 생산해왔는데 이에 필요한 노동력은 일반백성과 노비들에게 역을 지워 충당해왔었다. 관리들이 국가의 일을 맡아보는 것으로 역을 부담하듯이 특정 백성이나 노비들도 노동력을 바쳐 수공업품을 생산하는 것으로 국가에 대한 역을 졌다. 이것이 봉건사회 관영수공업의 기본구조이다.

그러나 시대가 바뀌고 사회가 변하면서 이런 운영방식이 유지되기 어렵게 되었다. 우선 그동안 국가에 역을 져 수공업생산에 동원되었던 사람

들의 도망이 속출한 것이다. 관리들이 이들을 혹독하게 부릴 뿐만 아니라 제품에 대한 검열도 엄격했고, 국가재정의 궁핍으로 대우조차 열악해 이들이 도망하는 사례가 빈번해진 것이다. 대신 이들은 역을 피하면서 스스로 물건을 만들어 시장에 내다 팔아 상당한 재미를 보고 있는 실정이다. 세상이 그렇게 변하고 있는 것이며 그럴 수 있을 만큼 시장이 발달한 것이다. 이제 더 이상 이들을 역으로 동원하기는 어려운 형편이다. 그래서 요즘엔 국가에서 수공업자들을 임금을 주고 고용해서 필요한 물품을 만들고 있는 실정이다. 부역동원에 의한 수공업생산에서 임금 고용에 의

한 생산으로 바뀐 것이다.

한편 현물로 징수하던 공납을 쌀이나 옷감으로 일괄징수하는 대동법이 실시되면서 국가에서도 굳이 수공업장을 운영할 필요가 없어지게 되는 추세에 있다. 즉, 관청에서 필요한 물품을 공인 등의 상공업자로부터 돈을 주고 사서 쓰면 되기 때문이다.

여기서 주목되는 것은 이처럼 관영수공업이 축소되면서 역으로 민간수공업생산이 촉진되고 있다는 점이다. 더구나 전국적인 장시망이 발달하면서 농민들의 수공업품에 대한 수요도 크게 늘고 있는 실정이다. 바야흐로 자유로운 수공업 발전의 시대가 도래한 것이다.

### "도망간 노비 잡아들여 강화 경비시켜라"
#### 국왕 지시로 추쇄도감 설치

**1655년** 국왕은 오늘 노비추쇄도감을 설치하고 전국의 도망한 노비를 잡아들여 강화도를 방비토록 하라는 지시를 내렸다.

올해 노비안에 등록된 각 관청노비의 총수는 19만 명인데 그중 남아 있는 노비는 2만7천여 명에 불과한 것으로

나타나 노비의 도망은 심각한 상황에 이른 것으로 나타나 있다.

한편 이번 조치는 무리한 북벌정책에 따른 반발에도 불구하고 도망간 노비까지 활용해 북벌을 감행하려 한다는 비난을 면치 못할 것으로 보인다.

역사신문

## 농서의 종합본 「농가집성」 완성

### 「농사직설」,「금양잡록」,「사시찬요초」,「구황촬요」를 한 권으로 재구성
### 시대 변화에 따른 새 농법 소개 … 지주 중심 농서라는 비판 제기

**1655년** 이번에 완성된 「농가집성」은 「농사직설」,「금양잡록」,「사시찬요초」의 세 농서와 부록으로 「구황촬요」가 붙어 있는 합편이다. 신속은 "초기의 훌륭한 농서인 「농사직설」은 2백 년이란 긴 세월이 흘러 변화된 농법을 제대로 수용해내지 못하고 있습니다. 따라서 이번 농가집성에서는 시대의 변화에 따른 증보와 새로운 농서의 소개가 불가피했습니다"라고 「농가집성」 편찬 배경에 대해서 말했다.

농가집성의 특징은 부피는 적으면서도, 중국 농서의 인용도 우리나라의 풍토에 맞추어 적절히 교정되었고, 우리

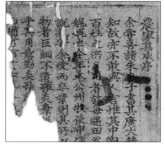

나라의 고유기술이 많이 언급되어 있다는 것이다. 이로써 농민과 권농관을 위한 소중한 농업지침서로 널리 활용되어 농업생산성 증대에 커다란 공헌을 할 것으로 보인다.

그러나 이 책은 최근 지주제의 모순이 격화되는 추세 속에서 지주제를 유지하되, 농법개량을 통한 생산성 증대로 지주제의 모순을 완화시키고 농촌사회를 안정시키려는 지주 중심의 농서라는 한계를 가지고 있다. 지주제를 옹호하는 주자의 권농문이 책 앞에 제시되어 있고, 또 이 책의 편찬에 상하 신분질서의 확립을 통해 농촌사회를 안정시킬 것을 줄곧 주장해왔던 보수적인 관료 송시열이 적극 참여한 것을 보아도 금방 알 수 있다.

참조기사 3권 4호 4면

---

인터뷰 「농가집성」을 쓴 신속

### "농서편찬은 시대적 요구, 체계성은 보완해야"

**최근 역대의 농서들을 함께 모아 한 권의 책으로 만들었다고 하는데 그 취지는.**

이전에 나와 있던 「농사직설」,「금양잡록」,「사시찬요초」 등을 모았습니다. 그래서 책 이름도 모아서 편찬했다는 「농가집성」입니다. 그러나 그대로 복사하여 묶은 것은 아니고, 우리 농촌경제가 임진왜란 이후 많은 변화상을 보인 것에 기초해 많은 사항을 증보했지요.

**특히 신경써서 증보한 부분이 있다면.**

「농사직설」에서 다루기는 했으나 별로 크게 다루지 않았던 이앙법, 즉 모내기 방식에 대해 이번 책에서는 다양하게 소개하고 있습니다. 우리 농촌에서 현재 이 방법으로 많은 노동력을 절감해 이익을 보고 있는 것으로 압니다.

**송시열씨가 쓴 서문에서 "권세에서 밀려났다가 다시 살아난 사람이 농서를 저술…"이라고 했는데.**

사실 좀 복잡합니다. 인조반정의 공신인 김자점 어른이 저의 외숙이었지요. 그런데 그후 권세를 휘둘러 왕실 일에 무례히 개입하여 파직당하자, 청에게 조선이 청을 침범하려 한다고 밀고했고 이것이 드러나 반역행위로 사형당하게 되었습니다. 저도 결국 지방의 목사로 전전할 수밖에 없었지요.

**그동안 마음고생이 심했을 것 같은데, 지금의 심경은.**

그동안 정치적 시련으로 힘들기는 했지만 이렇게 농서를 정리하고나니, 국가적으로 꼭 필요한 일을 해냈다는 생각이 듭니다. 지금처럼 전후 복구사업과 민생안정책이 시급한 때일수록 백성들의 생활기반인 농업에 대해 체계적으로 정리하는 것이 필요하다고 생각합니다.

**이 책에 대한 아쉬움이 있다면.**

여러 농서를 묶다보니 단행본으로서 가져야 할 체계성은 없는 것이 사실입니다. 가령 벼농사에 관한 부분도 「농사직설」,「금양잡록」 등에 혼재되어 있고, 각각의 작물들을 설명하는 데 내용의 많고 적음에도 차이가 있지요. 앞으로 더 나은 농서가 나오길 기대합니다.

---

## 대동법 이끌어 낸 대쪽 선비

김육은 자기의 신념과 어긋난 어떤 것과도 타협을 거부하는 꼿꼿한 선비이다. 대동법의 확대실시 문제를 놓고, 그는 김장생의 아들로 학계에 명성이 쟁쟁한 김집과 격론을 벌이면서까지 이를 관철시켰는데 세상 사람들은 이 때문에 그가 명을 재촉할 것이라고들 한다. 그러나 그의 고집은 한갓 선비의 외고집이 아니라, 백성들의 고통을 덜고자 하는 큰 뜻을 담고 있다. 그런 고집으로 그는 불철주야 대동법의 시행세칙을 마련하여 대동법이 바야흐로 전국적으로 확대실시될 수 있는 기틀을 마련한 것이다.

김육의 이런 성품은 이미 성균관 시절 약관의 나이에 드러난 바 있다. 광해군 때 그는 성균관 학생들과 함께 김굉필·정여창·조광조·이언적·이황을 문묘에 배향할 것을 청하는 소를 올렸다가 정인홍의 반대로 좌절되자, 정인홍을 유적에서 삭제해버려 정계와 학계에 커다란 파문을 일으켰던 적이 있다.

그만큼 그는 고집이 센 인물이지만 생각만큼은 누구보다 현실적이고 앞서가고 있다. 그래서 그는 민생안정을 내세워 효종의 북벌계획을 끝까지 반대했다. 오히려 그는 청나라에서 화폐와 수레의 이점을 배워 이를 사용함으로써 경제를 윤택하게 할 것을 역설하고 있다. 시헌력이 사용되게 된 것도 알고보면 그의 줄기찬 노력 덕분. 그는 단순한 유자(儒子)가 아니라, 지지(地誌)와 병략(兵略), 복서(卜筮)에도 밝은 경세가인 것이다. 그의 노력으로 대동법이 조속히 전국에 확대실시되기를 기대해본다.

기묘사화 때 개혁을 외치다 조광조와 함께 죽은 김식의 5대손. 1580년생. 본관은 청풍. 호는 잠곡(潛谷). 저서로 「잠곡집」과 「감개록」이 있다.

---

## 하멜 등 네덜란드인 36명 제주도에 표착

### 정부, "신무기 개량작업에 동원할 계획"

**1653년** 네덜란드인 36명이 배가 난파되어 중상을 입은 채 제주도 산방산 앞바다에 상륙하였다가 체포되어 서울로 호송되었다. 그들을 취조한 형조의 한 관리는 "그들은 네덜란드 동인도 회사의 총독 명령에 따라 스페로호크호로 네덜란드의 신임 총독 레세르를 임지인 대만에 데려다주고, 일본의 나가사키를 향해 출발하였으나, 풍랑을 만나 배가 난파되어 제주도에 표착하게

된 것이다"라고 발표하였다. 그들은 이미 1628년에 표류하여 지금은 조선 여자와 결혼하여 살고 있는 같은 네덜란드인인 벨테브레(조선 이름은 박연)를 만나는 등 바쁜 일정을 보냈다. 믿을 만한 고위관리는 "이들을 훈련도감에 수용하여 박연처럼 조총, 화포 등의 신무기를 개량·보수하는 데 이용할 계획"이라고 밝혔다.

---

## 내년부터 시헌력 사용한다

### 서양인 아담 샬이 정리한 청나라 역법

#### 북벌론으로 외면하던
#### 청의 선진문화 수용의 계기될 듯

**1653년** 내년부터 시헌력을 사용하기로 결정하였다. 시헌력은 1644년 청나라의 세조가 중국을 통일하자 명나라 말에 「숭정서」의 편찬에 참여하였던 서양인 신부 아담 샬에게 이를 정리, 개편할 것을 명하여 「신법서양역서」 103권을 편찬케 하여 그 다음해부터 시행하게 된 청나라의 역법이다.

우리나라에서도 이 역법에 많은 관심을 가지고 있었다. 이미 1646년에 관상감의 일관 이응림의 아들 이기영에게 학습케 하였고, 1649년에는 일관 송인룡으로 하여금 아담 샬을 직접 만나 이 역법을 구전받게 하였다. 이러한 과정에서 이 역법의 정확성과 우수성이 입증되었고, 그 결과 1653년부터 시헌력을 사용할 것을 결정하게 된 것이다.

이 역법의 시행으로 우리나라 역법의 과학화를 기대할 수 있게 되었다. 그런데 이는 오랑캐라고 치부해오던 청나라로부터 받아들인 공식적인 최초의 선진문물로서 이 조치의 영향이 자못 기대된다. 즉, 북벌의 분위기에서 간과될 수 있었던 청의 발달된 선진문물을 이제 적극적으로 수용하는 계기가 될 수 있을 것으로 기대되어, 발달된 문화와 문물에 목말라 있는 조선의 현실에서는 환영할 만한 것이 아닐 수 없다.

---

## 정성공, 명조 회복운동 전개

### 명나라 회복운동으로
### 북벌론자들의 입지 강화될 듯

**1650년** 명나라의 유신인 정성공은 푸젠성의 해안지대에 강력한 세력을 구축하고, 중국 남서부지역에 있던 명나라의 임시 황제인 계왕을 계속 받들면서 명나라 회복운동을 전개함으로써 청나라를 괴롭히고 있었다. 이번에는 청이 중국 남서부지역에서 상당한 세력을 유지하고 있던 명의 남은 세력을 소탕하기 위해 여념이 없는 틈을 타서, 10만 명의 군대를 이끌고 북상하여 양자강 유역으로 대규모 해상원정을 감행했다고 한다.

이 싸움 초기에는 혁혁한 전과를 거두어 양자강 하류 수비군을 연파하고 한때 난징의 관문에까지 이르렀다고 한다. 그러나 그곳에서 작전 실패로 참패해 본거지로 퇴각했다고 한다. 청나라가 비록 중국을 지배하기 시작하였으나, 아직은 청에 저항하는 명나라의 세력들이 많아 청나라의 안정적인 중국 지배에는 시간이 걸릴 것으로 예상된다. 이러한 중국의 상황은 우리나라에도 영향을 미쳐, 척화파들의 후예인 북벌론자들의 입지를 강화해 줄 것으로 보인다.

# 역사신문

## 농촌사회에 변화의 격랑

### 이앙법 전국 확산, "빈익빈 부익부" 농민층 양극화

최근 새로운 농법이 전국으로 확산되면서 이를 토대로 농촌사회에 변화의 바람이 몰아치고 있다. 논농사에는 이앙법, 밭농사에는 견종법이 도입되는 외에 비료와 농기구도 획기적으로 개선되고 관개공사도 활발하게 이루어지고 있다. 그 결과 한 농가가 이전에는 경작이 도저히 불가능했을 정도의 넓은 땅을 경작할 수 있게 됨에 따라 이를 바탕으로 새롭게 부농으로 성장하는 농민이 나오는가 하면, 담배나 인삼 같은 상품작물을 재배해서 큰 돈을 버는 농민들도 나오고 있다. 한편 다른 쪽에서는 소작농이나 심지어 날품팔이로 전락하는 농민들도 생겨나고, 일부에서는 농촌을 떠나는 층도 나타나고 있어 변화의 와중에서 명암이 뚜렷이 갈리는 현상을 보이고 있다.

신농법 중 대표적인 것이 이앙법이다. 이앙법은 가뭄에 취약하기 때문에 정부가 계속 법으로 금지하고 있음에도 불구하고 삼남지방을 중심으로 전국적으로 확산되고 있다. 이는 이앙법이 이전의 직파법과는 달리 단위 면적당 수확량이 높은 반면, 노동력은 훨씬 절감되기 때문이다. 밭농사에서는 견종법이 새로 개발돼 보리와 밀농사에 효과가 큰 것으로 알려지고 있다.

한편 관개시설이 전국적으로 신설 또는 보수되고 있다. 이는 이앙법 확산과 맞물린 것으로 이앙법은 특히 모내기 과정에서 반드시 물이 필요하기 때문에 이앙법 실시 지역을 중심으로 관개수리에 대한 요구가 높아지고 있다. 지난 1662년 전주지방 농민들은 인접한 삼례천 하류에 제방을 쌓음으로써 인근 1천3백 결의 논에 물을 댈 수 있게 했으며, 최근에는 산기슭 쪽으로 물길을 내 임피, 옥구 등 5, 60리에 이르는 지역 1만여 섬지기 땅을 적실 수 있는 관개공사도 추진하고 있다. 정부에서도 제언사를 두고 이러한 관개사업에 대해 적극 지원을 하고 있다.

이렇게 해서 농업생산성이 급격히 높아지자, 지주들이 적극적으로 토지를 늘려가고 있다. 황무지 개간과 매매를 통해서 토지를 넓혀가기도 하지만 불법 혹은 합법을 가장한 불법을 동원해 사실상 양민의 토지를 약탈하는 사례도 많은 것으로 알려지고 있다. 특히 조세징수 담당자들에 의한 토지약탈이 눈에 띄게 늘어 문제가 되고 있다. 이들은 농민들의 조세를 대신 납부하고 거기에 고리대 이자를 붙여 받고 있다. 그런데 그 이자가 너무 높아서 가난한 농민들은 결국 자기 땅을 저당잡히지 않을 수 없고 대개 빚을 갚지 못하기 때문에 그 땅은 조세징수 담당자에게 넘어간다. 이렇게 몰락한 농민들은 소작인이나 일용노동자로 전락하거나 새 삶을 찾아 고향을 뜨는 경우가 다반사다.    관련기사 4·5면

## 왕실 장례절차 둘러싸고 서인과 남인, 극한 대립

### 인조 비 자의대비 복상기간 놓고 두차례 격돌
### 남인 승리로 송시열 파면, 유배돼 … 정가 어수선

**1674년 12월** 선왕 효종의 비 인선왕후가 서거하자, 이에 대한 자의대비(인조비, 즉 인선왕후의 시어머니)의 복상기간을 두고 남인과 서인 사이에 또다시 뜨거운 논쟁이 벌어졌다. 이른바 "2차 예송"이라고 불리는 이번 논쟁은 자의대비의 복상기간을 남인측 주장대로 1년으로 하기로 결정함으로써 일단락됐다. 이어 국왕 숙종은 서인측 대표주자 송시열에 대해 '잘못된 예론의 책임을 물어 그를 관직 삭탈하고 문외 출송하라'는 추상 같은 지시를 내렸다.

송시열측 서인세력은 이번 2차 예송에서도, 지난 현종 즉위 직후에 선왕 효종에 대한 자의대비(효종의 어머니)의 복상기간 문제를 두고 벌어진 이른바 "1차 예송"에서와 마찬가지로, 일관되게 효종은 차남이라는 사실에 근거한 복상을 주장했다. 즉, 효종은 차남이므로 효종비의 장례에서 시어머니인 자의대비는 1년이 아닌 9개월 상을 지내야 한다는 주장을 굽히지 않았다. 이는 지난 1차 예송에서 효종이 둘째 아들이므로 자의대비가 3년이 아닌 1년상을 지내야 한다고 주장한 것과 일관된 것이었다.

반면 남인측 역시 일관되게 왕위는 장남이 계승하는 것이 〈국조오례의〉의 원칙이므로 설혹 장남이 아니더라도 일단 왕위에 오른 자는 장남에 준하는 지위에 있다는 주장을 해왔다. 따라서 이번 2차 예송에서는 자의대비의 1년상을, 1차 예송에서는 3년상을 고집했던 것이다. 남인측은 1차 예송 때는 서인에게 패해 윤선도가 유배형을 받는 등 권력에서 밀려났었으나, 이번에는 같은 서인이면서도 송시열세력의 권력 독점에 불만을 품은 현종의 장인 김우명 등을 포섭해내는 데 성공해 승기를 잡았다는 후문이다. 따라서 남인측의 허적, 윤휴 등을 중심으로 권력이 재편되는 것은 시간문제인 상태다.

한편 송시열이 파면·유배됐다는 소식이 전해지자, 송시열의 제자 104명, 4학의 유생 248명 등이 연명으로 상소하여 송시열을 풀어줄 것을 간청하는 등 서인측의 재반격 시도가 계속되고 있어 정가는 어수선하다. 이에 대해 국왕은 지난 1차 예송 때와 마찬가지로 '예론 논의 금지령'을 발령할 예정으로 알려져 있지만, 그 효과 역시 지난 1차 때와 마찬가지로 의문스럽다는 지적이 많다.    관련기사 2면

## 일부 지역 고지제 성행

### 지주층, 임금노동자 고용하여 경작

근래 일부 지역에서 지주들이 농민들에게 소작 주었던 땅을 회수한 다음 농촌의 값싼 임금노동자를 고용하여 경작하게 하는, 이른바 고지제가 도입되고 있다. 특히 이앙법을 이용하는 경우, 노동력이 집중적으로 투입돼야 하는 시기가 정해져 있어 이때에 한해 집중적으로 값싼 노동력을 고용하는 방식이 결과적으로 비용절감 효과가 있어 확대되고 있는 추세라고 한다. 공주의 한 지주는 "요즈음에는 소박하고 근면한 머슴을 얻기가 매우 어렵고, 소작을 주어도 흉년이라도 들면 소작료를 떼이는 경우도 있어, 차라리 일이 있을 때마다 품삯을 주고 고용하는 편이 비용도 절감되고 훨씬 낫다"며 고지제가 훨씬 이익이라고 주장했다. 이런 추세로 고지제가 확대될 경우 토지를 잃고 소작으로 생활하는 많은 농민들이 소작마저 빼앗기고 일용노동자로 전락될 전망이다.

## 유랑민 급증, 토지집중 현상 심화

### 정부, 대책 마련에 부심 … '유민단속사목' 발표

**1670년** 정부는 계속 늘어나는 유민들에 대한 대책으로 '유민단속마련사목'을 발표했다. 이 '사목'은 근래 들어 지주의 토지집중이 심화되자, 토지를 잃고 떠도는 농민들 중 적지 않은 사람이 산간지대에 흘러들어가 화전민이 되고 있고, 이 때문에 국가재정이 감소되는 등의 문제점이 발생해 이에 대처하기 위한 것으로 보인다. '사목'에 따르면 유민들을 모아 둔전에서 농사짓게 한다는 것이다. 그러나 유민이 발생하는 구조적인 문제에 대한 근본적인 대책을 세우지 않고 유민들에 대한 단속만 일삼는 것이 얼마나 실효성이 있을지 의문이 제기되고 있다.

## 역사신문

# 생산력 발전의 빛과 그림자

### 지주의 토지독점, 큰 문제

근래 이앙법을 포함한 농업생산력의 비약적인 발전으로 농촌은 엄청난 변화를 겪고 있다. 그 변화의 일단은 농민도 잘 살 수 있는 길이 열렸다는 것이다. 그러나 빛이 강하면 그림자도 그만큼 짙어진다. 이러한 농업생산력 발전은 농촌사회에 어두운 그림자를 드리우고 있다. 그 그림자는 농촌의 빈부격차 심화 현상이다. 이앙법을 대표로 하는 새로운 농업기술은 단위 면적당 노동력을 크게 감소시켜 한편으로는 많은 땅을 경작하는 광작 농민들과, 다른 한편으로는 이들 때문에 소작지마저 빼앗기는 농민들을 함께 만들어내고 있다. 전자는 많은 땅을 경작하면서 부를 축적할 수 있게 되었지만, 후자의 농민들은 날품팔이로 근근이 생계를 이어가거나, 아예 고향을 등지고 정처없이 떠돌아다니다가 광산에 들어가기도 하고 상인이 되기도 하며 심지어 도적떼로 전락하기까지 하고 있다.

그렇다면 이러한 모든 문제의 근본적인 원인은 무엇인가? 농업생산력 자체인가? 그렇지 않다. 문제는 이앙법 등 농업기술의 발전으로 만들어진 부를 어느 특정층만이 독점하는 데 있다. 일부 계층에 의한 토지의 독점, 바로 이것이 농촌사회의 불평등을 심화시켜 농촌경제를 파탄으로 몰아가고 있는 주범이다. 최근 토지생산성의 증대는 심지어 왕실과 관청까지 토지집적에 열을 올리도록 해 이 현상을 부채질하고 있다.

지금은 농업생산력의 발전이 우리에게 가져다준 국부의 증가라는 밝은 빛과 이 부의 불평등한 분배로 인한 빈부격차라는 어두운 그림자 중에서, 그림자 부분을 최소화하고 빛을 극대화시켜나가는 방법을 모색하기 위해서 모두가 지혜를 모아나가야 할 중요한 때이다. 우선 정책적으로 무엇보다 시급한 것은 갈수록 몰락하는 소농들을 보호하는 방안을 마련하는 것이다. 재야학자 유형원이 토지사유를 금지하고 토지를 공유화하는 내용의 균전제를 주장하는 것도 이와 관련된 것이다.

그러나 이처럼 농민들을 보호하는 정책은 필연적으로 지주들의 이해와 맞물려 있어 그들의 거센 반발에 직면할 것이라는 것은 불을 보듯 뻔하다. 바로 이점이 지금의 농촌문제 해결을 어렵게 만드는 핵심적인 부분이다. 하지만 몰락해가는 농민과 토지를 잃고 떠도는 이들에 대한 근본적인 대책이 없이는 결국 우리 사회가 안정될 수도 건강해질 수도 없기 때문에 이를 위한 개혁은 불가피한 시대적 과제라고 할 수 있다. 이에 우리는 정부가 이제 더 이상 뒷짐만 지고 있지 말고 이들에 대한 근본적인 대책을 수립하는 데 적극적으로 발벗고 나설 것을 촉구하는 바이다.

### 그림마당
이은홍

예론논쟁 왜 발생했나

## 신권 중시하는 서인과 왕권 중시하는 남인 사이의 권력투쟁

작금의 정가는 예(禮)의 전성시대를 방불케 한다. 가는 곳마다 예론을 둘러싼 갑론을박이 치열하다. 이는 임진·병자 양란 이후 사회기강이 전반적으로 해이해진 데 대한 양반 사대부층의 대응에서 나온 것이다. 예란 그 자체가 사회질서의 규범이자 행동의 표준적 절차이기 때문이다. 그리고 예론논쟁은 이러한 예의 틀에 각 정파의 정치적 이해가 실림으로써 일어난 정치 국면이다.

따라서 1, 2차에 걸쳐 치열하게 전개된 예론논쟁은 한낱 왕실의 장례절차 문제가 아닌 것이다. 인조 이래 권력을 독점해온 서인세력과 그에 대항해 권력교체를 추구해온 남인세력 사이의 정치투쟁이 예론이란 외투를 걸치고 나타난 것이다. 예론의 외투를 걸칠 수밖에 없었던 것은 이 양 세력 사이의 정치투쟁이 단순한 권력욕에서 비롯된 것이 아니라, 각자 국정운영에 대한 철학과 노선이 달라 필연적으로 논쟁적일 수밖에 없었던 데서 비롯된 것이다.

그 알맹이를 드러내본다면 서인세력의 신권(臣權)강화론과 남인세력의 왕권강화론 사이의 대립, 투쟁이다. 서인측이 도학의 경지를 이상적 정치로 상정하는 것은 뒤집어 말하자면, 도학의 권위자들인 사대부 계층이 정치를 담당해야 한다는 말이다. 따라서 1, 2차 예송에서 일관되게 국왕의 특수지위보다 〈주자가례〉의 규정을 상위에 두고자 한 것에는 국왕의 국정에 대한 전권행사를 사실상 부정하는 의미가 들어 있다. 반면에 남인측의 왕권강화론에는 항상 권력의 주변에만 머물고 집권세력으로 등장해보지 못한 소수 세력의 처지가 담겨 있다. 평소 구상해온 정책을 현실에 펴보기 위해서는 우선 집권을 해야 하는데, 세력판도의 열세를 뒤집는 방법은 강력한 왕권과의 결합뿐인 것이다. 1, 2차 예송에서 국왕의 절대적 권위를 일관되게 주장해온 것은 그러한 이유에서였다.

결국 예송에서 남인이 승리했지만 남인세력의 승리가 얼마나 확고한지는 두고봐야 할 것 같다.

예송의 직접 원인과 서·남인 주장의 차이점

이번 예송문제가 생기게 된 것은 그 연원이 인조 때로 거슬러 올라간다. 인조에게는 소현세자, 봉림대군, 인평대군이라는 세 아들이 있었고 소현세자에게는 세 아들, 봉림대군에게는 현종이 유일한 아들이었다. 소현세자가 청에서 귀국한 뒤 석 달만에 죽자 「국조오례의」에 따른다면 소현세자의 맏아들인 세손이 왕위를 이어야 했으나, 인조는 왕실의 관례를 무시하고 봉림대군인 효종을 세자로 삼아 그를 왕위에 등극하게 함으로써 문제를 잉태한 것이다. 이제 그 효종과 효종비가 잇달아 승하함에 따라 효종의 어머니인 대왕대비 조씨의 복상기간을 두고 서인과 남인 사이에서 쌓였던 문제가 곪아터져나온 것이다.

### 1, 2차 예송에서 나타난 서인과 남인의 차이점

| | 서인 | 남인 |
|---|---|---|
| 인조비의 효종 복상기간 | 1년 | 3년 |
| 인조비의 효종비 복상기간 | 9개월 | 1년 |
| 근거 자료 | 「주자가례」 | 「국조오례의」 |
| 주자학에 대한 태도 | 준수 | 융통성 |
| 국왕에 대한 태도 | 사대부와 동일시 | 특수성 인정 |
| 정치적 입장 | 신권(臣權)강화론 | 왕권 강화론 |
| 학맥 | 율곡 이이 | 퇴계 이황 |

예론논쟁 주역들의 좌담　대왕대비의 복제를 논한다

서인

송시열(우의정)
송준길(이조판서)

남인

허목(삼척부사)
윤선도(전 승지)

### 맏아들은 하나일 뿐, 가례에 따라야 … 국가 종통이 중요, 국왕 권위 세워야

**허목** 「의례」를 보면 "맏아들이 일찍 죽었을 경우 둘째 아들을 맏아들로 삼아 가계를 계승한다"는 규정이 있습니다. 효종은 소현세자가 죽은 뒤 맏아들 자격을 계승해 왕위에 올랐다 승하하셨으므로 당연히 그 부모는 3년상을 치려야 하는 것이고 이번 효종비 장례도 그에 준해 1년상을 지내야 하는 것은 당연한 이치입니다.

**송시열** 허목 선생이 말한 경우는 맏아들이 가계계승을 하기도 전 아주 어렸을 때 죽어 부모가 3년상을 치르지도 않은 경우를 가리키는 걸 겁니다. 소현세자는 이미 맏아들로서 왕위계승이 확정된 상태에서 죽었고 부모가 3년상도 치렀습니다. 그런데 또 3년상을 치르라니, 하늘 아래 맏아들이 둘 일 수 있습니까.

**허목** 저는 둘이 아니라 하나라고 주장하고 있는 것입니다. 효종은 분명히 선왕 인조의 왕위를 계승했습니다. 송시열 선생도 효종을 받들어 일하지 않았습니까. 나라의 중심은 국왕입니다. 지금 할 일이 산더미 같은데 이런 때일수록 국왕을 중심으로 힘을 결집시켜야 하지 않겠습니까.

**송준길** 허목 선생에 따르면 죽은 소현세자는 맏아들이 아니라는 결론에 도달하게 됩니다. 가계나 왕위는 끊어질 수 없는 것이기 때문에 맏아들이 죽었을 경우 둘째 아들이 대신 계승하는 것이지, 그렇다고 해서 죽은 맏아들의 지위가 변하는 것은 아닙니다. 국왕이라고 해서 예외를 두는 것은 있을 수 없습니다. 정치는 국왕 혼자서 하는 것이 아닙니다. 우리 사대부들이 건재하는 한 정치는 정상적으로 운영될 수 있습니다.

**윤선도** 그렇다면 맏아들이 죽고 둘째 아들이 가계를 계승할 경우 가계계승은 둘로 나누어지게 됩니다. 먼저 죽은 맏아들의 가계와 뒤에 맏아들 지위를 이어받은 둘째 아들의 가계가 모두 정통성을 갖고 있다는 모순에 빠지게 되는 것입니다.

**송시열** 지금 종통은 인조, 효종, 현종으로 이어지고 있지 않습니까. 어디 둘이 있습니까. 우리는 지금 효종과 효종비의 장례절차를 논하고 있습니다. 소현세자가 선왕 인조의 맏아들인 것은 아무도 부정할 수 없고 또 그에 따라 절차를 진행해왔습니다. 도대체 「주자가례」를 읽어보기나 했는지 의문이 갑니다.

**윤선도** 아닙니다. 이건 중대한 문제입니다. 당신들의 주장은 효종이 승하한 뒤 왕위가 효종의 아들인 현재의 현종이 아니라 소현세자의 아들에게 계승돼야 했다는 말로 연결될 수 있습니다. 이는 현 국왕의 왕위를 부정하는 데까지도 나갈 수 있는 위험한 발상입니다.

**송준길** 이런 상태에서는 도저히 토론을 할 수 없을 것 같습니다. 이만 끝내기로 하지요.

# 역동적 혼란의 우리 사회, 어디로 가야 하는가

**사회** 우선 우리 사회의 현주소에 대한 진단부터 해보도록 하지요.

**우암** 우리 사회는 지금 상하의 질서와 기강이 무너지고 있습니다. 요즈음 농촌사회는 돈벌이가 잘되는 사람들이 늘어나면서 너도 나도 욕심에 사로잡혀 하늘이 정해준 직분과 도리를 잃고 있습니다. 또 가난한 농민은 농민들대로 염치를 잃고 살길을 찾아 뿔뿔이 흩어지고 있습니다. 사회 전체적으로 강상(綱常)과 윤리가 해이해진 총체적 난국이라고 할 수 있겠지요.

**반계** 저는 이러한 난국의 원인이 어디에 있는가를 제대로 파악하는 것이 중요하다고 봅니다. 지금 우리 사회는 돈 많은 지주들이 어마어마하게 땅을 늘리는가 하면, 대다수 농민들은 송곳 꽂을 땅도 없어 먹고살기조차 어려운 지경입니다. 이런 부익부 빈익빈 현상이 가중되어 사회가 동요하면서 기강이 무너지고 있는 겁니다. 사회를 안정시키려면 무엇보다 먼저 민생을 안정시켜야 합니다.

**우암** 민생을 안정시키려면 우선 백성들의 무거운 세금부담을 덜어줘야 한다고 봅니다. 지금 백성들에게 가장 무거운 세금이 공납인데, 대동법은 백성들의 이러한 공납부담을 덜기 위한 것 아닙니까? 이런 정책이 정부의 방침으로 지속적으로 추진된다면 백성들의 생활도 어느 정도 안정되리라고 봅니다.

**반계** 우암 선생은 현실을 몰라도 한참 모르시는군요. 지금 백성들의 생활문제는 세금부담 좀 줄인다고 해결될 단계를 넘어버렸습니다. 땅이 없어 생계 자체가 막연한데 세금 줄이는 것으로 풀리겠습니까? 그래서 저는 균전제를 실시하여 토지를 모두 국유로 하되 실제로 농사짓는 농민들에게 1경씩 분여하여 생활의 안정을 기하자는 것입니다. 또 세금문제도 대동법 정도로는 안됩니다. 모든 세금을 통폐합해서 하나로 하고 액수도 토지수확량의

반계 유형원 관직을 멀리하고 전라도 부안에서 날로 피폐해지는 농촌사회 현실을 교과서삼아 사회개혁론의 정리에 몰두하고 있는 재야의 학자. 48세

---

## 세금경감 정도로는 민생문제 해결 불가능, 농민에게 토지를 균등 분배해야

## …

## 양반 중심의 현행 신분제도도 근본적으로 바뀌어야

1/20을 넘지 않아야 한다고 봅니다.

**우암** 반계 선생이야말로 세상을 모르시는 것 아닌가요? 지주전호제는 하늘이 정한 질서입니다. 이를 부정하고 어떻게 사회가 유지될 수 있단 말입니까? 균전법을 실시하자는 것은 토지개혁을 하자는 말씀인데, 주자께서도 말씀하셨듯이 큰 변란이 있지 않고는 토지제도를 바꾸는 문제는 실행 불가능한 일 아닙니까? 또 현실적으로 토지를 소유하고 있는 지주들이 버티고 있는 상황에서 토지개혁이 가능이나 하겠습니까? 백성들의 빈곤을 해결하기 위해서는 토지개혁이 필요한 것이 아니라, 나라에서 세금부담을 줄이고 지주와 농민이 합심해서 수확을 늘리는 것이

필요하다고 봅니다.

**반계** 아 글쎄, 지금 농사지어 수확이 늘어나면 그것이 누구의 손으로 들어가는지나 아시고 하시는 말씀인가요? 토지제도를 개혁하는 것은 현실을 모르는 이상론이 아니라, 그렇게 하지 않고는 민생이 근본적으로 안정되기 어렵기 때문에 제안한 겁니다.

**사회** 이 문제는 현실을 알고 모르고의 문제가 아니라 현실개혁 방향에 대한 입장의 차이인 것 같습니다. 농업문제뿐만 아니라 신분제도 근본적으로 흔들리기 시작한 것 같습니다. 이에 대해선 어떻게 생각하십니까?

**우암** 세상에서는 저를 보수적이라고 하는데, 군이 부인하지는 않겠지만 진정한 보수는 개혁을 하는 가운데 지켜지는 것입니다. 양반과 상민이 엄연히 구별되는 신분질서의 근간은 반드시 지켜져야 합니다. 그러나 이런 큰 테두리를 지키기 위해서 필요하다면 고칠 것은 고쳐야지요. 예컨대 지금처럼 노비가 양산되는 노비제도는 나라의 근간인 양인이 줄어들기 때문에 문제가 있다고 봅니다. 요즘은 노비 총각과 양인 처녀의 결혼이 급격히 늘어나는데 그 자식이 또 노비가 되어 노비가 양산되고 있습니다. 그래서 어머니가 노비일 경우에만 자식이 노비가 되는 노비종모법을 주장합니다. 또 노비도

우암 송시열 주자학의 대가로 일찍이 효종의 사부를 지냈고 이후 정부의 고위직을 두루 거치면서 여러 정책을 추진, 조야에 큰 영향력을 미치고 있다. 63세

---

## 현재는 강상윤리가 무너진 총체적 난국

## …

## 조세경감 조치로 민생안정 도모하고 국가기강 확립 위한 제도적 개혁, 시급

인간인데 부당하게 학대하거나 혹사하는 일은 없어져야 합니다.

**반계** 저는 지금과 같은 양반 중심의 신분질서는 근본적으로 바뀌어야 한다고 생각합니다. 타고난 핏줄로 신분이 정해지고 직업도 고정되어 세습되는 것은 인간성을 억압하는 제도입니다. 또 우암 선생께서 '노비도 인간'이라 하셨는데, 저도 그점에 전적으로 동감입니다. 그래서 궁극적으로 노비제는 폐지시켜야 합니다. 지금 노비들이 하는 일들은 품삯을 주고 일꾼을 고용해서 하면 되는 겁니다.

**사회** 신분질서에 대한 두 분의 견해가 확연히 다르군요. 반계 선생님의 생각대로라면 결국 봉건적인 신분사회

가 부정되고 새로운 사회질서가 세워져야 될 것 같군요. 신분제도와 관련해 지금 양인들의 군역부담이 무거워 사회적으로 큰 문제가 되고 있습니다.

**우암** 지금 양인들의 군역부담은 이미 한계에 부딪혔습니다. 이 문제를 해결하는 수순은 두 가지가 있다고 봅니다. 하나는 훈련도감처럼 막대한 예산이 필요한 급료병을 획기적으로 줄이는 겁니다. 다른 하나는 양인뿐만 아니라 양반들도 군포를 부담하도록 하자는 거지요. 양반들이 군포를 지게 되면 신분질서가 무너진다는 명분을 들어 이를 반대하는 사람들이 있는데, 사회적으로 강상윤리를 강화하면 그 문제는 걱정하지 않아도 된다고 봅니다.

**반계** 제가 보기에 지금 백성들이 군포를 감당하지 못하는 근본원인은 토지가 없어 생활안정이 안되어 있기 때문입니다. 내 주장대로 균전제를 시행하여 생활의 바탕을 마련해주고 그 농민들이 1년에 몇 개월씩 돌아가면서 병역을 지는 병농일치제를 시행하면 된다고 봅니다.

**사회** 문제마다 두 분의 견해가 크게 다른 것은 각자의 개혁론이 근본적으로 다르기 때문인 것 같습니다. 어떤 견해가 더 적실한 것인지는 독자들의 판단에 맡기도록 하고 끝으로 한마디씩 해주시지요.

**우암** 관직에 오래 몸담았던 사람으로서 오늘의 현실에 책임을 통감합니다. 앞으로 나라와 백성, 지주와 농민 모두가 각자 자기의 직분에 충실하면서 서로 협력해나가야 되겠지요. 또 사회질서가 주자의 말씀에서 한 치도 어긋남이 없도록 사대부를 중심으로 강상윤리를 강화하는 노력을 배가해야 할 것입니다.

**반계** 점점 모순이 첨예화되어가는 사회현실을 교과서삼아 사회문제를 개혁하기 위한 획기적인 결단을 내려야 한다고 봅니다. 사회질서는 그런 가운데 스스로 잡혀지겠지요.

---

## 왕권이냐, 신권이냐

지금 정가에서는 대왕대비의 상복문제를 놓고 서인과 남인이 치열한 논쟁을 벌이고 있다. 그런데 문제는 논쟁의 핵심이 단순히 상복문제에 있는 게 아니라는 점이다. 다툼의 핵심은 국가운영의 주체를 누구로 볼 것이냐에 대한 입장의 차이에 있다. 신권 중심의 정치운영을 추구하는 서인측과 국왕 중심의 국정운영을 주장하는 남인측의 주장이 맞선 것이다.

여기서 주목을 끄는 것은 국왕을 권력의 정점으로 하는 유교정치 질서 속에서 신권 중심의 정치운영론이 점차 확산되고 있다는 점이다. 조선사회를 이끌어가는 세력이 사대부이고 조선왕조가 이들을 기반으로 하여 성립된 점을 감안한다면, 국초 이래 조

선의 정치가 이들의 여론을 참작하는 가운데 이루어지는 것은 당연한 일이었다. 그러나 그것은 어디까지나 최고 권력으로서의 국왕권을 전제한 위에서 가능한 것이었다.

그런데 이제 그들이 정치의 중심이라고 나서고 있다. 그만큼 우리의 정치현실이 바뀐 것이다. 사실 중종 이래 사림세력이 점차 중앙정계로 진출하면서 이들은 서서히 권력을 장악하기 시작했고, 선조 이후부터는 정치의 주역으로 등장하면서 조선 정치는 이들에 의해 좌우되어왔다.

국왕권의 약화는 임진왜란을 겪으면서 한층 심화된 것 같다. 초반의 어이없는 패주로 지배층 모두가 백성들에 대해 권위를 상실하였지만, 특히 황망히 파천하는 선조의 모습 어디에서도 국왕의 권위와 힘을 찾아보기 힘들었다. 광해군에 대한 정통성 시비나 인조반정을 따지고보면 이처럼 왕권이 약화된 추세 속에서 사대부들이 왕도 갈아치울 수 있다는 생각을

갖게 된 것을 여실하게 보여준 사건이었다.

재미있는 것은 신권 중심 정치론의 핵심 주창자인 송시열이 효종의 세자 시절 스승이었다는 점이다. 이런 관계 속에서 그는 효종과 독대하여 자신의 정치이상을 국왕에 주지시키고 그대로 정치를 시행할 것을 요구해왔다. 국왕을 자기 생각의 대행자 정도로 생각했다. 송시열로서는 효종과 그 비의 승하에 대해 「주자가례」에 따라 복상해야 한다고 생각할 수 있는 것이다. 가히 신권 중심 정치론이 나올 만한 정치상황인 셈이다.

지금 세상은 격동하고 있다. 양난 이후 농촌사회가 급변하면서 우리 사회가 구조적으로 재편되어가고 있다. 그런 변동 속에서 국왕은 국왕대로 사대부들은 사대부들대로 자신의 권력과 기득권을 지키기 위해 안간힘을 쓰고 있다. 그러면 그럴수록 왕권론과 신권론의 대립은 점점 첨예해질 거라는 생각이다.

---

정계 미담 허목과 송시열

## 극한 대립 속에서도 버리지 않은 신뢰

최근 송시열이 중병을 얻어 고생하다 허목의 도움으로 완쾌돼 정가에 조용한 파문이 일고 있다. 송시열은 여러 약을 써봤으나 효험이 없어 식구들이 수심에 쌓여 있는데, 하루는 송시열이 아들을 불러 "허목에게 가서 병세를 말하고 약을 구해오너라"하고 말했다. 아들은 하필이면 예론으로 극렬하게 대립하고 있는 허목에게 부탁하는가 싶어 고개를 갸웃했다. 허목에게 가서 병세를 전하자 허목은 주저없이 극약인 비상 세 돈을 내주는 것이었다. 아들이 격분해서 항의하자 허목은 "가서 드리

게. 그러면 병이 나을걸세"라고 태연하게 말했다. 돌아온 아들에게서 이 말을 들은 송시열은 가족들의 만류에도 불구하고 조금도 주저 않고 비상을 삼켰다. 결국 송시열은 죽기는커녕 병이 씻은 듯이 나았다.

정치적으로 극한 대립하고 있는 상황에서도 인간에 대한 신뢰를 잃지 않은 두 사람의 삶의 깊이를 느끼게 하는 일화다. 붕당정치라 해도 이 정도의 수준에서만 진행된다면 나라의 장래는 결코 어둡지 않을 것이다.

---

지금 농촌사회에서는 임진·병자의 양난을 겪은 후 전후복구와 농업기술의 발달이 이루어지면서 농업생산력이 급격히 높아지는 한편, 지주들에 의한 토지집중이 심화되어 사회불안이 커지고 있다. 그런 가운데 정부에서는 나라 다시 만들기 차원에서 여러 가지 제도정비를 통해 사회체제를 안정시키고자 하고 있다. 지금 정부와 재야에서 사회를 안정시키기 위한 개혁론을 주장하고 있는 대표적인 석학 두 분을 모시고 현 사회의 위기를 진단하고 그 대처방안에 대한 견해를 듣는 자리를 마련했다.

# 농사법 크게 개선, "수확 2배로 늘어"

## 이앙법과 견종법 보급, 각종 시비법과 농기구들도 개량돼

최근 농업기술이 크게 발전하여 널리 보급되고 있다. 논농사에서 이앙법의 전국적인 보급과 밭농사에서 견종법의 시도가 대표적인 예. 이밖에도 시비법과 농기구들도 발전하고 있는데, 이러한 농업기술의 발달로 노동력이 많이 절감될 뿐만 아니라 수확도 2배 이상 늘어나고 있는 것으로 확인되고 있다.

농업생산력이 급격히 늘어나고, 이로 인해 빈부간의 계층격차가 커지고 있는 것도 이러한 농업기술의 발달이 크게 작용한 것으로 평가되고 있다.

| | 이앙 | 직파 | 농종법 | 견종법 |
|---|---|---|---|---|
| 제초회수 | 2, 3차 | 4, 5차 | 2~3 | 1 |
| 수확고 | 2 | 1 | 1 | 2~3 |
| 2모작 | 가능 | 불가능 | | |
| 곡종 | | 절약 | | |

이랑에다 작물을 심는 대신 고랑에 심는 견종법은 바람피해 등을 막음으로써 수확이 크게 늘고 있다.

논에다 직접 볍씨를 뿌리는 직파법 대신 모판에서 모를 길렀다 논에 옮겨 심는 모내기 장면.

장군

밭고무래

써레
용두레

---

## 상품작물 재배 농가 급증

### 곡류, 채소, 약재, 담배 등

최근 농촌에서는 상품작물을 재배해 시세에 맞게 판매하여 부를 축적한 농가가 늘고 있다. 특히 도시주변이나 장시주변의 농가에서 이러한 현상이 두드러지는데, 상품으로 판매하는 데 유리하기 때문인 듯하다. 이런 작물들은 대개 곡류이지만 그외에도 면포나 채소류, 약재, 담배 등이 있다고 한다. 경기도 이천이나 여주는 곡물생산으로 유명하며, 안동과 한산 등지에서는 모시나 목면이 주로 생산되고 있다. 담배의 경우 평양이나 전주, 인삼의 경우 개성이 주생산지로 유명하다. 이제 농민은 예전에 농촌에서 자급자족으로 생활하던 것에서 벗어나 이렇게 생산된 작물들을 대개 각 지방의 5일장에 내다팔게 된다고 한다. 직접 생산자가 파는 경우도 있고 난전의 상인들이나 공인층들이 물품을 받아다가 시장에서 팔기도 한다.

## 취재기자 방담  농업경영의 변화를 진단한다

**김기자** 이앙법의 보급으로 이전의 4분의 1만 노동력을 들여도 같은 땅을 농사지을 수 있게 됐습니다. 그래서 많은 땅을 농사짓는 광작경영이 급속히 확산되고 있습니다. 반면 소작의 경우, 농법의 발달로 노동력이 덜 들게 되어, 넷이 지었던 땅을 한 사람이 짓게 되니 다른 셋은 소작도 얻을 수 없게 된다는 계산이 됩니다.

**신기자** 이렇게 밀려난 사람들은 도시로 가 날품팔이생활을 하거나 광산이나 수공업장의 임노동자가 되고 있습니다. 반면 새로운 농법을 도입해 상품작물을 재배하기 시작한 지주나 경영형 부농들은 갈수록 성장하고 있어 주위의 부러움을 사고 있습니다. 또 그들은 경제력을 바탕으로 지방에서 상당한 실력자로 등장하고 있습니다.

**이기자** 이들은 많은 땅을 농사짓기 때문에 자신이 농사를 다 지을 수 없어 임금을 주고 품을 사서 경영하기도 합니다. 더군다나 이앙법 보급으로 모내기처럼 집중적인 노동력이 필요한 시기에

최대한의 노동력을 투입해야 합니다. 대표적인 것이 고지인데, 모내기나 김매기 등 어느 한 과정만 계약하는 단고지와 논갈이·모내기·김매기 등 여러 일을 한꺼번에 계약하는 장고지가 있습니다. 고지의 품값은 계절에 따라 다소 차이가 있지만 대개는 여름이 겨울보다 비싼 편입니다.

**신기자** 근래 상품가치가 높은 담배, 인삼 같은 상품작물을 재배하는 경우가 많아지고 있습니다. 서북의 담배, 한산의 모시, 전주의 생강, 황주의 지황 등 유명 재배지가 생겨나고 있을 정도입니다. 수입이 가장 좋은 논에서 나오는 수익의 10배에 이른다 하니 놀랍지 않습니까?

**김기자** 담배의 경우는 국내 수요가 급격히 늘어나는데, 청나라에 수출길도 열려 재배면적이 급속도로 늘어가고 있습니다. 경상도·전라도·평안도 지방에서 많이 재배되고 있는데 이들 지방에서는 양전옥답이 모두 담배밭이 된다고 할 정도입니다. 이렇게 급속히 재배면적이 늘어나고 있는 것

### "광작경영 일반화되면서 농민층 분해도 가속화"

은 다른 농사에 비해 이윤이 높기 때문이지요.

**이기자** 서울 근교와 각 지방의 대도시 주변에는 배추, 파, 마늘, 오이, 미나리 등 채소가 재배되고 있습니다. 이들은 두 마지기 땅에 미나리를 심으면 벼농사 몇 마지기보다 소득을 더 올리고, 채소 두 마지기만 심으면 보리농사 열 마지기에서 얻는 소득만큼 올린다고들 합니다.

**김기자** 약초재배도 빼놓을 수가 없지요. 인삼의 경우는 종래에는 산삼을 채취하였으나 근래에는 밭에서 재배하고 있습니다. 처음에는 상인들에 의해 대규모로 재배되다가 차츰 농가에서도 재배하여 중국에 수출하고 있습니다. 그밖에도 생강, 지황 등의 약재가 널리 재배되고 있습니다.

**신기자** 놀라운 것은 농업경영의 변화과정에 양반지주와 관료들이 개입하고 있는 것입니다. 이제는 스스로 경제활동에 참여하지 않으면 자신의 토대가 흔들릴 것이라 생각한 것이지요. 그만큼 우리 사회가 폭넓게 변화하고 있는 겁니다.

---

## 최근 농촌에 두레 성행

### 모내기철에 노동력 집중적으로 필요해짐에 따라

최근 이앙법이 전국으로 확산되어 모내기철 등에 노동력이 집중적으로 필요해짐에 따라 농민들의 공동노동조직인 두레가 확산되고 있다. 그동안 농촌에서는 지방에 따라 벼농사에는 황두군 조직을, 밭농사에는 품앗이를 통해 일꾼을 모았는데 이앙법 보급을 계기로 보다 더 결속력이 강한 두레조직이 생겨나고 있다.

지금 두레에는 지주층의 참여가 배제되고 있어 순수한 농민들의 단체로 부상하고 있는데, 이는 농민들 상호간의 공동노동을 행할 뿐만 아니라 농악과 농기를 갖추는 등 자체 결속력을 강

화시키고 있는 것으로 알려졌다.

그래서 어떤 마을에서는 양반지주들에 대해서도 종전과 같은 신분적 예속에서 벗어나 대등한 경제적 관계를 정립해나가고 있다고 한다. 전라도 고부 농민 김두칠(43세)씨 말에 의하면 이제 양반들도 모내기철에 한창 바쁠 때에는 마을 두레패의 행수에게 품삯을 미리 계산하고도 모내는 날짜를 제때에 맞추느라 사정해야 할 실정이라고 한다. 그래서 향후 두레조직은 농민들을 결속시켜가는 중요한 기반이 될 것이라는 게 농촌관계자들의 일치된 의견이다.

---

## 인터뷰  ○○○마을, 두레패 서협동씨를 만나다

근래 모내기법이 전국으로 확산되면서 농촌에서는 두레라는 자생적인 농민 협동노동조직이 생겨나고 있다. 본지에서는 ○○마을 두레패의 장인 서협동씨를 만나보았다.

### "모내기는 짧은 시간에 많은 노동력 필요 … 협동노동 불가피"

**두레조직은 왜 생겨났습니까?**

아마도 먼 옛날부터 같은 부락에 있는 사람들끼리 서로 돕기 위해 생긴 것으로 보이는데, 최근에는 이앙법이 보급되면서 농촌 일손이 이전에 비해 바빠지자 이 두레가 활성화된 것입니다. 모내기나 김매기는 짧은 시간 안에 많은 노동력이 필요한 작업입니다. 따라서 농민들의 협동노동이 아니고서는 불가능한 농법이지요.

**두레조직 구성과 그 형태는?**

성별에 따라 남자두레·여자두레로 나뉘고, 세대별로 청년두레·장년두레·노인두레가 있지요. 규모에 따라 6~10명 정도의 작은 두레와 그 이상의 큰 두레가 있습니다. 구성은 행수라고 불리는 지휘자, 행수 보좌관, 작업의 진행을 지휘하는 수총각, 두레꾼의 행동을 감시하는 조사총각, 기록과 회계를 맡은 유사서기, 가축으로부터 논밭을 보호하는 방목감 등이 각각 1명씩 있습니다.

**기존의 품앗이와는 어떻게 다른지요.**

품앗이는 기본적으로 개인의 의사에 따라 이루어지는 소규모의 노동력 상호교환 조직이지요. 여기에 비해 두레에는 한 마을의 성년남자 전원이 거의 의무적으로 참가해야 합니다. 가입의사가 있는 남자는 자기의 힘을 마을사람들에게 시험해보여서 찬성을 얻어야 합니다. 이 의식을 '바구리' 또는 '나다리'라 하는데 일종의 성년식이라 할 수도 있겠지요.

**농사일을 할 때 어느 집부터 먼저 한다거나 하는 순서는 어떻게 정해집니까?**

모내기 1주일 전에 행수가 '못날'을 정하는데 농지가 많고 겨리소가 있으며 쟁기질 등 힘든 일을 하는 집에 못날을 먼저 줍니다. 대개 새벽 4시에 일을 시작해 오후 4~5시경 일이 끝나죠. 수총각은 '농자천하지대본'이라 쓰인 농악기를 세운 뒤 나팔을 신호로 작업시작을 알립니다. 작업시간은 행수가 정하는데 구멍 뚫린 초롱에 물을 채워 그것이 다 없어지는 것을 기준으로 합니다. 절대 한눈

팔아서는 안되지요.

**각 집마다 경작 면적과 노동력이 다른데 이 문제는 어떻게 해결합니까?**

농민들이 그 마을의 경작지에 대해 공동작업을 하고 각 집의 경작면적과 노동력에 따라서 나중에 임금을 결산하여 주고받습니다. 그러니까 경작면적이 많고 노동력을 적게 낸 경우에는 많은 돈을 내놓아야 하고, 토지가 적고 노동력만 낸 집에서는 오히려 돈을 받는 것이지요. 이를 두고 '모간 조한다'라고 합니다.

**두레에서는 농사일 말고 또 어떤 일을 합니까?**

모내기부터 김매기가 끝날 때까지 공동작업을 합니다. 그밖에 두레 회원의 경조사를 다 맡아서 하지요. 뿐만 아니라 농사일이 끝나면 마을 차원에서 농악을 울리며 한판 구성지게 노는 것도 다 두레에서 주관하지요. 이제 두레조직은 농촌에서 없어서는 안될 농민들의 생산·문화조직이 되었습니다.

# 한성 주변에 행상 성행

## 송파, 퇴계원 등 … 정부 난전 규정 마련

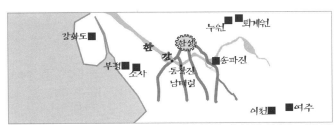

이앙법의 보급 등 농업생산의 발달로 농촌사회가 급변하는 가운데 한성 근교의 농민이나 수공업자들이 자신의 작물과 수공품을 직접 한성 주변에 들고 나와 파는 행상이 성행하고 있어 정부가 이를 난전으로 규정하고 대책 마련에 고심하고 있다.

정부관계자에 따르면 최근 한성 주변과 부평, 소사, 강화도나 여주, 이천 등지의 농민·어부들이 싱싱한 미나리·무·배추 등의 채소와 콩·보리·밀 등의 곡식 및 땔감, 생갈치나 조개 같은 어패류 등을 가져와 파는 경우가 급증하고 있어 시전 상인들과 충돌하는 일이 비일비재하다고 한다. 또 수공업자들도 옹기, 놋그릇, 갓 등 자신이 만든 물건을 지고 거리에서 행상하는 경우가 급속히 늘고 있어, 정부에서는 이를 모두 난전으로 규정하고 그 대책마련을 서두르고 있다는 것.

이런 난전현상은 최근 농촌사회가 분화되면서 땅에서 밀려난 빈농들이 한성으로 몰려들어 날품팔이가 되거나 행상을 하는 등 인구가 급증하는 한편, 농촌에서는 이들을 겨냥한 상품작물의 재배가 확산되어 하나의 유통권을 형성하면서 나타나게 된 것으로 분석된다. 본사의 현지조사에 의하면 이러한 유통망은 한강변의 마포, 노량진, 서강 등의 기존의 시장뿐만 아니라 광주의 송파, 양주의 누원, 퇴계원 등이 이런 상업활동과 관련하여 주요한 유통거점으로 급부상하는 것으로 밝혀졌다.

또 이런 상업활동은 주로 한성 근교의 소상인·농민·수공업자 등에 의해 이루어지고 있는데, 이것은 한성지역 시전 상인들이 지금까지 누려왔던 독점적인 상업이익을 침해하는 것이어서 그들로부터 세금을 걷는 정부가 이런 상업활동을 난전으로 규정하고 금압하고 있어 그 귀추가 주목된다.

이에 대해 부평에서 채소를 내다파는 김막팔씨는 "우리 같은 소상인들이 한두 사람이 아니고 앞으로 더욱 늘어날 텐데, 정부가 구태의연하게 시전 상인들의 이익만을 보호한다면 우리 같은 서민들은 어떻게 살아가란 말이냐"고 항의하고 있다. 또 이런 난전활동은 한성 주변뿐만 아니라 전국의 주요도시로 확산되고 있는 추세이며, 여기에는 빈한한 서민들뿐만 아니라 부유한 상인이나 양반관료들도 노복을 부려 참여하고 있어 이들에 의한 상업계의 재편 가능성을 예상하는 관측도 대두되고 있다.

## 대동법, 전라 산간지역까지

**1660년** 효종 때 대동법 확대를 강력하게 주장했던 당시 영의정 김육이 반대론자들을 설득, 결국 전라도 53개 고을의 수령에게 대동법 시행의 찬반을 묻게 되어 그 결과 찬성한 해안지역 27개 고을에서만 우선적으로 실시하고, 반대가 큰 산간지역에서는 실시되지 못하였다.

그러나 대동법의 성과가 드러남에 따라 반대론자들의 입지가 좁아져 이제 산간지역 확대실시를 결정, 전라도 전지역에 대동법이 확대되었다. 그러나 이러한 확대에도 불구하고 대동법의 전국적인 실시는 아직 먼 실정이다.

## 왕실 면세지 궁방전 사회문제화
### 국고 잠식하면서 사실상 지주제로 운영

**1663년(현종 4)** 정부는 왕실 친인척이 소유한 사실상의 면세지인 궁방전을 대폭 축소, 왕실 직계인 대군(大君)과 공주는 400결, 군과 옹주는 250결로 상한을 설정한다고 발표했다.

이번 조치는 왕비, 왕자, 공주, 옹주 등 왕실이 늘어나면서 그들에게 지급되는 궁방전도 무한정 늘어나고 있는데다 궁방전에는 토지뿐 아니라 어장과 염전까지 포함돼 있고 이들이 모두 면세특혜를 받고 있어 국가재정에 막대한 피해를 주고 있는 데 따라 취해진 것이다. 뿐만 아니라 궁방전은 일반 농민들의 토지까지 흡수, 대규모화하고 있다. 나아가 궁방전 경작농민인 이른바 전호(佃戶)에 대해 자의적으로 수조율을 책정하고 직접 관리, 감독에 나서는 등 궁방이 곧 지주로 전화되고 있다는 분석도 나오고 있는 실정이다.

이번에 비록 문제의 심각성을 깨닫고 규제조치를 내렸지만 그것이 실효성을 거두리라고 보는 이는 거의 없는 실정이다. 왕실이어서 법을 어겨도 제지하기 힘들 뿐 아니라 현재 설치된 궁방이 2백수십 개 소에 이르러 일일이 감독하기도 쉽지 않기 때문이다.

◆ 조선 만화경 1

## '흥부와 놀부' 이야기 큰 인기

### 농촌현실 풍자 … 판소리로도 불려져

요즘 흥부와 놀부 이야기가 입에서 입으로 전해지면서 큰 인기를 끌고 있다. 아직 확인되진 않았지만 전라도 어디에선가는 판소리로까지 불려지기도 한다는 소문이 있다.

왜 모두들 이 이야기를 그렇게 좋아할까? 어쩌면 이야기 줄거리는 뻔하다.

형 놀부는 부자로 양반행세까지 하지만 몹시 인색하고 마음씨가 고약한 반면, 동생 흥부는 마음씨는 순박하지만 저녁 끼니 안칠 것이 없는 형편. 그런 흥부가 형으로부터 갖은 박대를 당하다가 처마 밑에 떨어진 제비 다리를 치료해주고, 그 제비가 물어다준 박씨를 심었더니 박 속에서 온갖 금은보화가 쏟아져나와 잘살게 되고, 형 놀부는 그것이 부러워 더 큰 부자가 되려고 제비 다리를 분질렀다가 오히려 망하게 되었던 것.

이야기 결말이 마음씨 나쁜 놀부가 망하게 되고, 착한 흥부가 잘살게 되는 것으로 끝나 집집마다 부모들이 긴긴 겨울밤에 자식들한테 교훈삼아 해주기 딱 좋다. 권선징악의 교과서 같은 이야기다.

그러나 이 이야기가 주는 교훈이 어디에 있든, 그것을 좋아하는 진짜 이유는 이렇게 생각해볼 수 있지 않을까? 이야기 속의 놀부는 요즘 농사 잘짓고 한참 돈을 잘 벌고 있는 경영형 부농의 전형일 수 있다. 이들이 돈벌기 위해 인색한 거야 당연한 일. 돈이 많으니 남의 족보라도 사서 양반행세도 하는 판. 흥부는 소작 부칠 땅뙈기마저 얻지 못해 품팔이꾼으로 전락한 우리 주변에서 흔히 보는 영세농민의 모습 딱 그대로 아닌가. 요즘처럼 급변하는 세상에 약삭같이 못하고 형한테 가서 먹을 것이나 구걸하는 몰골이라면 흥부처럼 새끼들 배곯리기 안성마춤이다. 근래 농촌사회가 급변하면서 한 형제간이라도 경제적 처지가 이렇게 천양지차로 바뀐 것이다. 비단 살아가는 처지만 바뀐 것이 아니라 세상 인심도 바뀌었다. 예전과 다르게 이젠 돈이 상전노릇을 하는 세상이 된 것이다. 그러다보니 피를 나눈 형제간도 돈이 없으면 남남이나 마찬가지다. 그만큼 살기가 각박해진 것이다.

그러나 돈버는 사람이 하나면 가난뱅이는 열이 되는 게 세상이치. 가난한 사람이 훨씬 더 많은 세상이니 어찌 이런 몹쓸 세태를 곱게 볼 수 있겠는가. 이야기 속에서 제비 다리를 몇 번씩 분지르더라도 이 각박한 현실을 뒤집어야 속이라도 풀릴 것 아닌가. 그래서 가난하지만 무던한 흥부가 잘살게 되는 것으로 이야기를 끝맺을 못시는 대수 사람들의 구미에 맞춘 것 아닌가 싶다. 자고로 이야기 좋아하는 사람 가난하게 산다는 말이 있는데, 이 경우를 보면 그게 아니라 가난한 사람들이 흥부와 놀부 이야기를 좋아하는 것은 아닌지.

## '농부가' 유행

### 힘든 농사일, 피로 달래

근래 농촌에서 두레패의 농악소리와 농부들의 농요를 듣는 것은 흔한 일이 되었다. 이는 모내기와 같이 협동노동을 통해서 하는 농사일에 필수적인 요소가 되어가고 있다. 특히 모내기의 경우에는 못줄에 맞춰 동시적으로 진행되기 때문에 농악이나 농요의 박자에 맞추면서 서로간의 호흡을 일치시키는 것이 매우 중요하다. 이런 필요성 외에도 이전보다 훨씬 강화된 노동강도로 힘들어진 농사일에 흥을 돋우어 조금이라도 피로를 덜어주는 데는 농주(막걸리)와 농악과 농요가 최고라고 할 수 있다. 최근에 불리워지고 있는 농요 중에서 단연 으뜸은 농부가이다. 각 지방마다 제각기 다른 농부가를 가지고 있다.

다음에 소개하는 것은 진도지방의 농부가이다.

엉덩 밑의 김서방은 / 밥만 먹고 일 못하네 / 앞에 가는 박서방은 /
술 한 잔에 일 잘하네 / 어허 어허 어허 / 어이어로 상사뒤야
앞산은 멀어지고 / 뒷산은 가까워온다 / 이 배미 심고 저 배미 심어 /
장구 배미로 넘어가세 / 어허 어허 어허 / 어이어로 상사뒤야

## 개혁의 등불 밝혀 든 지사형 학자

전라도 부안을 지나는 과객이라면 간혹 그 고장에 살고 있는 특이한 선비 한 사람을 봤을 것이다. 아이들을 데리고 우반동 근처의 산과 들을 거닐거나 해변에 배를 띄워 어부들과 노닐기도 하고 농부들에게 새총 쏘는 법을 가르치기도 하는 그의 모습이 자주 눈에 띄기 때문이다. 이 사람이 누구인가. 32살 때부터 부안 우반동으로 이사하여 학문연구에 전념하고 있는 유형원이다. 수려한 미목과 형형한 눈매가 얼른 보아도 한가한 예사 선비가 아니다. 피폐해져가는 농촌사회와 농민들을 제도하려는 더운 열정과 높은 경륜을 지닌 지사형 학자라 해야 옳을 것 같다.

또 학자로서도 그의 면모는 특이하다. 그는 특정한 스승이 없는 독학한 자수형. 그에게서 구태여 스승을 찾는다면 피폐해져가는 농촌현실을 들 수 있을 것이다. 그는 6경과 한·당 이후의 고전까지를 방대하게 섭렵하고, 사회개혁에 대한 자신의 사색을 담아 독자적인 학문세계를 구축하고 있다. 이의 결정판이 바로 「반계수록」. 그래서 이 책에 담긴 그의 사상은 어느 유학자의 주장에서도 볼 수 없는 혁신적인 내용으로 꽉 차 있다.

그의 개혁사상은 사회 전반에 걸친 방대한 것인데 그 가운데서도 농민들에게 토지를 나누어줄 것을 주장하는 균전론이 핵심. 토지의 사유가 일반화되어 있는 지금의 실정에 비추어보면 가히 혁명적인 주장이다. 그래서 언뜻 보면 초야에 묻힌 선비의 망언으로 들릴지 모른다.

그렇다. 정녕 그는 한갓 초야의 선비일 뿐이다. 그래서 그의 생각은 실현 가능성 없는 이상론으로 가득차 있다. 그러나 당장 그의 개혁안을 실현할 수 있느냐의 문제는 그가 감당해야 할 몫이 아니다. 그는 사회개혁의 방향을 제시한 것으로 선비로서의 자기 직분을 다한 것이다. 그가 뿜어내는 개혁사상과 진지하고 독자적인 학문자세는 조선사회의 모순을 바로잡고자 하는 뭇 선비들에게 길이 선구의 빛이 되리라 믿어 의심치 않는다.

본관은 문화. 호는 반계. 예문관 검열을 지낸 유흠의 아들. 저서로 「반계수록」 외에 「이기총론」, 「동사강목조례」, 「정음지남」 등 다수가 있다.

## 강화사고, 마니산에서 정족산성으로 이전
## 수호사찰로는 전등사 지정

1660년 외사고로 4대 사고 중에 하나인 강화사고가 마니산에서 정족산성으로 옮겨졌다. 잇따른 전화의 피해로부터 사고를 보호하기 위해서 깊은 산속 같은 곳으로 옮겨 그 소실을 방지해야 된다는 논의가 있어 이번에 강화사고가 보다 안전한 정족산성으로 옮겨졌다. 또한 수호사찰로는 전등사가 지정되었으며 사고를 지키기 위한 승군 50명이 배치되었다. 이처럼 다른 사고의 20명에 비해 가장 많은 승군이 배치된 것은 임진왜란 때 다 소실되었으나 유일하게 남은 전주사고의 실록이 마지막으로 옮겨진 곳이고, 유일하게 바다 건너 있는 강화사고의 중요성 때문이라고 보여진다. 임진왜란 때 병화로 춘추관·충주·성주의 사고는 모두 불탔고 전주사고본 실록만 유생인 안의, 손홍록 등의 노력으로 병화를 면했었다. 이에 1606년 전주사고본 실록을 가지고 5질을 재인쇄하여 소장처가 논의되어 춘추관을 비롯 강화·적상산·태백산·오대산의 5사고가 마련되었다.

## 유형원, 「반계수록」 저술 … 사회개혁 전망 제시

### 균전제, 신분제 개혁 등 혁신적 주장 … 식자층에 큰 영향 줄 듯

1670년 지주·부농들의 토지집적이 확대되면서 토지를 잃은 농민들이 급격히 늘어나 농촌사회가 크게 동요하는 가운데, 이런 사회현실을 근본적으로 개혁할 수 있는 방안을 제시한 연구가 이루어져 학계에 큰 파문을 던지고 있다. 저자는 반계 유형원. 이 저술은 총 26권 13책 및 보유로 이루어진 방대한 양으로 국정 전반에 걸친 개혁안을 담고 있다. 그 구성은 토지제도를 논한 전제(田制), 교육을 논한 교선제(敎選制), 관리의 임용에 대해 논한 임관제(任官制), 관리제도를 비판한 직관제(職官制), 녹봉제도를 비판한 녹제(祿制), 국방을 논평한 병제(兵制)와 지방제도를 논한 보유의 군현제(郡縣制)로 되어 있다. 이 책은 분량이 방대할 뿐만 아니라 고금의 서적을 널리 인용하고 있어 저자의 박식함을 유감없이 보여준다. 그런만큼 1670년경 탈고되기까지 저자가 오랜 세월에 걸쳐 연구에 연구를 거듭한 끝에 나온 역작인 것을 한눈에 알 수 있다. 또 그 내용은 고답적인 학자의 이상론이 아니고 당시 사회모순을 개혁하고자 하는 강한 열망이 배어 있는 구세제민의 구체적 방안들이다.

이 책에서 저자는 중세사회체제 전반에 대한 개혁안을 제시하고 있지만 그 핵심은 토지제도의 개혁안이다. 먼저 토지제도를 개혁하여 농민들의 생활을 안정시킨 바탕 위에 국민의 세금과 국가의 재정을 생각해야 하고, 그 기초 위에 국방과 학제를 바로세워야 한다는 것이다. 그가 주장하는 토지제도 개혁방안은 균전제. 그는 사회가 불안하게 된 근본요인은 토지의 사유화에 있다고 보고, 중국 고대의 정전제(井田制)의 정신에 따라 모든 토지를 공유로 한 다음, 실제로 농사를 짓는 농민에게 한 사람당 1경씩을 분여할 것을 주장. 이로써 농민의 생활을 보장하고 그 토지로부터 1/20의 전세와 군역을 부담케 하여 국가재정을 운영하자는 것.

「반계수록」은 이밖에도 신분제의 개혁, 과거제도의 폐지, 화폐유통의 촉진 등의 개혁방안을 제시하여 궁극적으로 모든 사람이 평등하고 안정된 생활 속에 자신의 직분을 통해 삶의 가치를 실현할 수 있는 사회를 만들자는 청사진을 제시하고 있다. 그러나 이 개혁안이 그렇게 혁신적인 만큼 이의 실현은 쉬운 일이 아니라는 것이 일치된 의견이다. 우선 토지개혁만 하더라도 우리 사회의 기득권층인 대부분의 양반관료와 지주들이 이를 받아들이지 않는다는 것. 그야말로 혁명적인 사태가 와야 가능한 일이다. 하지만 이 저술은 그 이상의 실현 여부에 관계없이 농촌사회의 모순이 격화될수록 그 해결을 생각하는 식자들에게 큰 영향을 미칠 것이 분명하다.

## "강촌 온갖 곳이 먼 빛이 더욱 좋다" … 고산 윤선도 별세

1671년 서인 송시열 등과 격렬한 예송논쟁을 벌여 왕권의 확립을 강력히 주장한 정치인이자 자연 속에 파묻혀 산수를 노래한 시조시인으로 그 명성이 드높았던 윤선도가 세상을 떠났다. 향년 85세. 본관은 해남이며 호는 고산.

그는 남인 학통의 가문에서 태어났는데 어려서 「소학」을 읽고 감명을 받아 평생의 좌우명으로 삼았다. 광해군·인조·효종·현종의 네 임금을 섬기면서 불의나 비리에 대해서는 일체 타협하지 않았던 지조 높은 선비였다. 그래서 평생을 통해 20여 년의 유배생활과 19년의 은거생활을 하게 되었고, 그런 고난 속에서 자연스럽게 자연을 벗하면서 격조 높은 시조의 세계를 열었다.

30세 때인 1616년(광해군 8년) 성균관 유생으로서 이이첨, 유희분 등 당시 집권세력의 죄상을 격렬하게 규탄하여 유배되면서부터 그의 유배생활이 시작되었고 동시에 시조의 세계에 발을 들여놓았다. 인조반정 이후 한 때 송시열과 함께 봉림대군의 사부가 되기도 하였는데, 병자호란이 일어나 인조가 항복했다는 소식을 접하고 스스로 치욕으로 여겨 제주도로 가던 도중 서남해안의 보길도의 수려한 경치에 이끌려 정착하게 되었다. 이곳에서 그는 자연 속에 파묻혀 '산중신곡', '어부사시사' 등 우리 문학사에 영원히 기억될 주옥 같은 시조를 남겼다. 효종이 즉위한 이후 그의 부름을 받고 정계에 나섰으나 송시열 등의 서인세력과 갈등하다 사직하였고, 효종 사후 예론 문제로 서인과 맞서다 패배하여 삼수로 유배되었으며 말년에 유배가 풀려 보길도에서 살다가 세상을 떠났다.

앞개에 안개 걷고 뒷뫼에 해 비친다
　　　　　배 떠라 배 떠라
밤물은 거의 되고 낮물이 밀어온다
　　　지국총 지국총 어사와
강촌 온갖 곳이 먼 빛이 더욱 좋다

날이 덥도다 물우희 고기 떴다
　　　　　닻 들어라 닻 들어라
갈매기 둘씩 셋씩 오락가락 하나고야
　　　지국총 지국총 어사와
낚시대는 쥐여있다 탁주병 실었느냐

## 영국 농촌, 새 변화 바람

### 제2차 엔클로우저운동 한창

근래 영국 농촌의 모습이 크게 바뀌고 있다. 농촌의 곳곳에 곡물을 재배하던 농토가 양을 키우는 목초지로 바뀌고 있는 것이다. 이는 소위 엔클로우저운동(울타리치기운동)이 전국적으로 확산되면서 일어나고 있는 현상이다. 이는 해외에서 값싼 곡물이 수입됨으로써 곡물 가격은 떨어지고 있는 반면, 근래 모직물 공업이 크게 성장하고 있어 양모의 가격이 치솟고 있는 것이 그 원인인 것으로 분석되고 있다. 이러한 엔클로우저운동은 심각한 사회문제를 야기시키고 있다. 농민들이 생업을 잃고 농촌을 떠나는 현상이 일어나고 있으며 농가의 황폐화와 빈곤의 증대가 파생하고 있기 때문이다. 이에 정부에서도 몇 차례에 걸쳐서 금지령을 내리고는 있으나, 효과를 거두지 못하고 있는 형편이다. 엔클로우저운동에 의해서 중소농민들은 몰락의 길을 걸어 농업노동자가 되거나 혹은 농촌을 떠나 공업노동자가 되기도 하여, 점차 농촌은 지주, 농업자본가, 농업노동자의 세 계급의 이른바 삼분할체제로 재편되어질 것으로 전망되고 있다.

### 러시아, 대규모 농민반란 일어나
### 지도자는 스텐카라친으로 밝혀져

1667년 러시아 최대의 농민반란이 반란의 지도자인 스텐카라친이 정부군에 붙잡힘으로써 일단 진압되었다. 스텐카라친의 지휘 아래 카자흐 농민군들은 봉건체하 황제의 관리나 지주귀족의 압제에 반대하여 반란을 일으켰다. 이들은 볼가강 하류로부터 카스피해 연안지대를 휩쓸고, 중앙러시아의 주요 도시를 잇따라 점령하였다. 반란군 이외에 농민, 도시빈민, 이민족들이 이에 호응하여 가담하게 되자 한때 병사만도 3만 명에 이르렀다. 세력이 커져감에 따라 농민군들은 성 공격용 포까지 배에 싣고 볼가강을 거슬러올라가 모스크바로 쳐들어갈 태세를 취하자 모스크바 귀족들은 공포에 떨었다고 한다. 그러나 신비르스크 교외에서 정부군에 대패하여 기세가 꺾인데다가 이 전투에서 부상을 당한 스텐카라친마저도 체포되면서 반란은 일단 진압됐다. 한편 정부는 그를 모스크바의 붉은 광장에서 공개처형할 방침인 것으로 알려지고 있다.

# 역사신문

## 상평통보 전국 유통된다

### "경제활성화와 재정확보, 두 마리 토끼 다 잡겠다"

**1678년(숙종 4)** 정부는 금속으로 만든 명목화폐인 상평통보의 전국유통 결정을 발표했다. 이에 따라 현재 호조와 상평청은 물론 훈련도감 등 군영을 포함해 7개 관청에서 일제히 상평통보 주조에 들어간 것으로 알려졌다. 재료는 구리이며 교환비율은 상평통보 400문에 은 1냥 혹은 쌀 1가마이다. 계산 단위는 한 닢을 1문(文) 혹은 1푼으로 하고 10진법에 따라 전(錢), 냥(兩), 관(貫) 순으로 올라간다. **관련기사 2·3면**

이번 조치는 우리 경제가 이제 금속화폐의 전국적 유통을 필요로 하는 단계로까지 성장했음을 반영하는 것으로, 우리 경제사의 한획을 긋는 일대 사건으로 평가되고 있다. 호조의 한 관리는 "이번 결정에 앞서 중국의 사례와 우리나라 일부 지역 특히 개성지방에서의 선진적인 화폐유통 경험을 많이 참고했다"고 밝혔다. 그리고 향후 전망에 대해 "상평통보의 유통으로 현물 거래에서 생기는 불편이 덜어져 백성들의 생활이 편리해질 것이고 정부로서도 갈수록 악화되고 있는 재정궁핍을 어느 정도 해결할 수 있을 것"이라고 말해, 이번 조치가 국가재정의 확보와 백성생활의 편리라는 두 가지를 목표로 하고 있음을 시사했다.

한편 정부는 상평통보의 전국적 유통을 원활하게 하기 위해 조세의 일부를 돈으로 내게 할 예정인 것으로 알려지고 있다. 우선 노비들의 신공을 돈과 무명으로 절반씩 내도록 하고, 이어 선혜청에서도 대동미를 수납할 때 30 내지 50퍼센트를 돈으로 받도록 할 방침이라고 한다.

## 서인, 노·소론으로 분열 조짐

### 박세채, 탕평론 제기 … 정가 주목

**1684년(숙종 10)** 집권 서인세력이 남인에 대한 처벌 범위를 두고 노장파와 소장파 사이에 강·온 양파, 즉 노론과 소론으로 쪼개지고 있는 가운데, 소론쪽에 가까운 것으로 알려진 우참찬 박세채가 "붕당을 이대로 방치하면 반드시 나라가 패망할 것"이라며 황극탕평론을 제기해 정가에 작은 파문이 일고 있다. 그가 제기한 '황극탕평'이란 "편중되지 않은 중용의 길"인 황극의 경지에 서서 "치우침을 없애 고르게" 하는 '탕평책'을 펴야 한다는 것으로, 정가에 처음으로 등장한 신선한 구호이다.

이에 대해 이상 등 노론측은 군자와 소인을 절충하는 것은 옳은 방법이 아니며, 따라서 남인이 소인으로 밝혀진 이상 남인과의 권력분점은 불가능하다고 주장하고 있다.

국왕 숙종은 일단 박세채의 탕평론에 동감을 표시하며 조정 백관들에게 탕평책을 펼 것을 유시하고 나섰다. 그러나 노·소 분당이 분명해지고 대립이 점차 격화되고 있는 상황에서 국왕의 이러한 유시에는 힘이 실리지 못하고 있다.

## 남인 역모혐의로 실각

### 경신환국 … 서인들로 남인세력 대체

**1680년(숙종 6)** 그동안 정국 실세로 승승장구하던 남인세력이 일시에 권력에서 축출되는 대파란 즉, 환국(換局)이 발생했다. 그리고 후속 조치로 지난 1674년(현종 15) 예송에서 남인에게 패배, 송시열이 사약을 받는 등 고배를 들어온 서인세력이 남인세력을 완전히 대체, 정국은 일순간에 명암이 뒤바뀌게 됐다.

이번 경신 대출척(庚申大黜陟)의 발단은 지난 3월 숙종이 훈련대장, 총융사 등 군권 책임자들을 남인에서 서인으로 전격 교체하면서 시작됐다. 이에

뒤이어 의금부는 영의정 허적의 서자 허견과 인조의 손자이며 인평대군의 세 아들인 복창군, 복선군, 복평군 등이 연루된 대규모 반란음모를 적발했다고 발표했다. 발표에 따르면 "이들은 국왕이 자주 병을 앓는 것을 보고 왕위를 넘보던 중, 최근 전시사령부인 도체찰사부에 소속돼 있는 이천의 부대를 반란군으로 삼아 수차례에 걸쳐 도상훈련까지 했다"는 것이다. 이번 사건으로 허적, 허견과 3복을 포함해 10여 명이 사형당했으며 40여 명이 처벌됐다. 아울러 정부에서는 남인세력에 대한 추

가조사를 진행하고 있다고 밝혀, 남인은 정가에서 완전히 축출될 것으로 전망된다.

정가 소식통들은 이번 경신환국은 남인세력이 장기집권을 위해 정권의 물리적 기반인 군권을 자파 휘하에 장악하려는 과정에서 숙종의 위기의식을 자극한 결과로 보고 있다. 그러나 이전까지의 당쟁과는 달리 한 정파가 완전히 축출되고 상대파가 정국을 싹쓸이 하는 환국정치가 등장한 것에 대해 모두 놀라워하고 있다.

**관련기사 2면**

## 금위영 창설, 중앙 정규군 5군영체제로

### 궁궐수비 주임무 … 전체 병력 규모는 약 10만

**1682년(숙종 8)** 정부는 정초청과 훈련별대를 통합하여 금위영을 창설한다고 발표했다. 금위영의 규모는 정초청과 훈련별대를 통합한 정군 1만 4천명, 보인(保人) 7만 8천여 명으로 구성된다.

한 관계자는 "금위영 병력의 주력은 훈련별대이지만 그 임무와 지휘체계는 정초청의 것을 물려받아 병조판서의 지휘를 받으며 궁궐수비가 주임무가 된다"고 말했다. 이번 조치는 경신환국 이후 남인측이 장악하고 있던 군권의 회수에 주도적 역할을 해온 병조판서 김석주가 주도한 것으로 알려지고 있

다. 김석주는 서인 출신이지만 지난 현종 때의 예송논쟁에서는 오히려 남인측 입장을 대변해 왕권강화론을 역설한 적이 있는데다, 현 국왕 숙종과는 외척관계에 있어 이번 조치가 왕실의 권위를 세우려는 노력의 일환이라는 해석이 나오고 있다.

이번에 금위영이 창설됨으로써 국가의 정규 중앙군영체제는 기존의 훈련도감, 어영청, 수어청, 총융청의 4군영과 함께 5군영체제로 확립되었다.

| 군영 | 설치 | 병력 기반 | 설치 목적 |
|---|---|---|---|
| 훈련도감 | 1593년(선조 26) | 급료병 | 수도방위·왕실호위 |
| 어영청 | 1623년(인조 1) | 번상병 | 수도방위·왕실호위 |
| 총융청 | 1624년(인조 2) | 경기도내 정군·속오군 | 경기도 일대 방어 |
| 수어청 | 1626년(인조 4) | 경기도내 정군·속오군 | 남한산성 방어 |
| 금위영 | 1682년(숙종 8) | 번상병 | 수도방위·왕실호위 |

## 역사신문

# 거시적으로 경제원칙 세워야

### 재정확보보다는 경제활성화가 우선

드디어 명목화폐인 상평통보가 전국적인 유통을 보게 되었다. 실로 우리 경제사의 획을 긋는 일대 사건이 아닐 수 없다. 지금까지 불편하게 사용되어왔던 쌀과 포 대신에 화폐를 사용함으로써 경제 전반의 활성화와 우리 경제 질서의 선진화를 동시에 도모할 수 있게 되었기 때문이다.

그러나 아직은 화폐유통의 성공을 장담하고 속단하기에는 이르다. 화폐정책이 성공을 거두기 위해서는 정부와 백성들의 지속적인 노력이 필요하기 때문이다.

화폐의 유통은 백성들의 경제생활을 편리하게 하는 것과 경제를 활성화하는 것이 그 목적이다. 그러나 근래 관청에서 발행되어 종종 말썽이 되고 있는 함량 미달의 상평통보 유통을 보면 정부의 의도가 경제활성화보다는 동전의 명목가치와 원료가치의 차이를 통한 정부와 각 관청의 재정부족 해결의 목적이 주가 아닌가 의심스러워진다. 현재 동 1근을 주조한 돈으로 동 5근을 살수 있으므로 정부나 관청이 4배의 폭리를 취하고 있다고 볼 수 있다. 그런데 여기에다가 일부 관청에서 법에 정해진 구리 함량 2전 5푼에 훨씬 못 미치는 2전, 1전 7푼, 1전 2푼 등의 동전을 만들어내고 있어 법화로서의 상평통보의 가치와 신뢰도를 떨어뜨려 경제질서를 어지럽히고 있다.

정부가 계속해서 재정확보를 위해 불량화폐를 만들어낸다면 백성들의 화폐에 대한 불신감만 조장하여 화폐정책이 또다시 실패할 수도 있다. 이는 작은 것을 탐하다가 큰 것을 잃어버리는 어리석음을 저지르는 꼴이 아니고 무엇이겠는가? 우리는 다시금 정부의 화폐정책이 결코 재정확보의 일환으로서가 아니라, 성공적인 화폐유통의 정착과 경제의 활성화에 주안점을 두고 추진되어야 한다는 것을 강조하고 싶다.

지금은 오랫동안 시도되었으나 번번이 실패만 해왔던 금속화폐 유통을 시급히 정착시켜, 경제발전에 큰 도움이 될 수 있도록 우리 모두가 노력해야 할 때이다. 이를 위해서는 정부가 당장의 재정부족 해결과 같은 근시안적인 안목이 아닌 국가 경제 전체의 발전이라는 거시적인 안목에서 바라보아야 한다는 것을 강조하고 싶다. 그렇지 않으면 국가 경제 질서의 심각한 혼란만을 야기시키고 모처럼의 좋은 기회를 잃어버리게 될 것이기 때문이다.

또한 떨어진 상평통보의 신뢰도를 회복하기 위해서 무엇보다 우선적으로 정부가 해야 할 일은 주조발행 업무를 호조로 일원화시켜 전담하도록 하는 것이다. 현재는 여러 관청과 군영으로 나뉘어 동전이 발행되고 있어 그 감시가 어렵기 때문이다.

### 그림마당
이은홍

둥근 돈이 떴습니다 !!

---

## 상평통보의 등장 배경

# 민간경제 활성화 유도 통한 국가재정 확보정책
## 최근 상업발달로 교환경제 수요 급증 … 화폐유통 조건 성숙

명목화폐인 상평통보가 전국적인 유통을 보게 된 것은 잇달은 전란을 거치면서 정부의 수공업 및 상업에 대한 통제가 급격히 약화됐고, 그에 따라 민영 수공업과 지역상업이 일정 수준 이상으로 발전한 것이 직접적 배경으로 작용했다고 할 수 있다.

정부 차원에서는 이미 고려 때인 10세기 말엽부터 화폐유통을 줄기차게 시도해왔고 최근에도 인조 이후 꾸준히 화폐유통을 준비해왔다. 그러나 그동안은 단지 국가재정상의 문제점에 대한 정책적 대안으로서 위로부터 화폐유통을 강제했기 때문에, 여전히 자급자족적 농촌경제가 지배적이던 우리 사회에서 성공할 수 없었다.

최근 우리 경제의 발달양상은 수공업과 상업 영역에 그치지 않고 사회 전 영역으로 파급되고 있다. 농업 분야에서도 상업적 농업이 활발히 성장하고 있고, 그에 따라 교환경제의 수요는 전에 없이 커지고 있다. 이를테면 이전에는 생각하기 힘들었던 토지 그 자체의 상품화까지도 나타나고 있는 것이다. 이런 상태에서 그동안 통화기능을 수행하던 쌀, 포 등 현물이나 은은 이제 통화수단으로서 그 한계를 명확하게 드러내는 단계에 이르렀다.

한편 양 전란을 겪으면서 재정문제는 더욱 심각해졌고, 이에 대한 효과적인 재정확보책이 화폐발행이라는 것은 이미 알려진 사실이었다. 다만 정부는 이전의 실패를 반복하지 않고 화폐유통을 성공시키기 위해 민간경제의 활성화라는 충분조건이 성숙되기만을 기다렸다고 할 수 있다.

이번 조치에 앞서 정부에서 우리나라 최대의 상업도시 개성을 대상으로 면밀한 검토를 한 것도 유통가능성을 가늠하기 위해서였다. 또 우리 경제에서 무역이 차지하는 비중이 적지 않다는 점을 감안할 때, 최근 청이 명목화폐제도를 성공적으로 운영하고 있는 것도 이번 조치에 영향을 줬을 것이다.

---

**알아봅시다**  상평통보 발행으로 달라지는 것들

"각종 국가세금 중 일정 비율,
동전납부 의무화 …
보석금도 동전으로 징수"

아직 화폐에 익숙하지 않은 일반인들은 화폐사용을 꺼리고 있다. 여기에는 전반적인 정부정책이 일관성이 없어 화폐의 명목가치를 믿지 않는데도 원인이 있다는 것은 모두가 아는 사실. 정부도 이러한 점들을 인식하고 이번에 구체적 정책을 내놓았다. 앞으로 무엇이 어떻게 달라질 것인지 살펴본다.

▲ 종묘에서 기념제사 거행  전통적으로 국가의 중요정책 결정 때는 종묘에서 제례를 올려 정책의 공신력을 높여왔다. 동전사용에 대한 일반인의 불안감을 해소시켜주기 위한 방편으로 화폐사용을 단일 주제로 제례를 거행할 예정.

▲ 정부가 태환력 증명  조그만 동전 한 움큼이 쌀 한 말과 맞먹는다는 것을 일반인들이 도무지 믿으려 하지 않는 것은 어쩌면 당연한 일이다. 이에 정부가 동전을 가져오는 자에게 명목가치에 해당하는 현물을 바꾸어주는 시범을 보임으로써 신뢰를 높일 예정. 다만 정부의 쌀, 포의 현물재고가 형편없이 부족하다는 것이 문제.

▲ 시범 상점 설치  우선 경복궁 앞 거리에 정부 직영 주점과 음식점을 설치하여 대금을 반드시 동전만 받도록 한다. 이렇게 해서 동전사용이 점차 일반화될 경우, 모든 일반 상점에서 동전만 유통하도록 법으로 규제할 예정. 다만 대상 물품은 채소, 땔감 등 소액 생필품에서 시작하여 소, 말과 같은 고액 물건을 거쳐 전체 상품으로 단계적으로 확대해나갈 예정.

▲ 조세납부의 화폐화  대동세는 쌀로 납부해왔으나 이제부터 의무적으로 대략 30~40퍼센트를 동전으로 납부해야 한다. 그리고 각 지방 관청에서 걷는 군포(軍布)와 노비 신공(身貢)의 경우는 50퍼센트 내지 전부를 동전으로 납부한다. 동전납부 비율은 해당 관청에서 지역 사정에 따라 정할 예정이지만, 일부 지방의 경우 동전 공급량이 워낙 적어 동전 품귀현상이 일어날 것이 우려된다.

▲ 범죄자 보석금도 동전으로  형조, 사헌부, 한성부, 의금부 등은 지금까지 주로 포(布)로 받던 보석금을 앞으로는 동전으로만 받는다.

▲ 동전사용 독려관 파견  각 지방에 중앙관리를 파견하여 동전사용을 독려할 예정. 특히 일부 지방 관청의 경우, 관청 스스로 동전의 명목가치를 믿지 않아 납세자들에게 동전 대신 은으로 납부할 것을 강요하는 사례가 있어 집중단속하기로.

▲ 명목가치 유지책 마련  동전의 명목가치 체계가 무너지면 큰일. 가치가 폭락할 경우에는 동전으로 쓰기보다는 녹여서 놋그릇을 만드는 불상사가 발생할 수 있고, 반대로 폭등할 경우에는 민간에서 사제 위조동전이 출현할 위험성이 있다. 따라서 정부는 어떠한 경우에도 명목가치를 유지한다는 정책의지를 가지고 있다는 후문.

---

## 정국 해설  일당전제의 환국(換局)정치 등장

# 핵심 권력기반인 군권 놓고 양대 정파 충돌 … 향후 정권투쟁 노골화될 듯

이번 경신환국은 여러 가지 점에서 이전의 예송(禮訟)과 판이하게 다른 양상을 보이고 있다는 사실이 주목된다. 즉, 당쟁의 직접적 계기가 군권(軍權)이라는 정권의 물리적 기반이었고, 당쟁의 결과 서인 한 정파의 일당전제(一黨專制)가 이룩됐다는 점이 그것이다. 이는 당쟁이 이전보다 더욱 노골적인 권력투쟁으로 전화돼간다는 지표에 다름 아니다.

이번 환국이 외상상 허견의 역모사건으로 터져나왔지만 그것은 단지 구실에 불과하다는 것은 정가에서 이미 다 아는 일이다. 얼마 전 영의정 허적이 자신의 조부 잔치에 궁궐의 기름칠한 방수 천막을 무단으로 가져가 사용한 것에 대해 국왕이 진노했다는 것은 곪을 대로 곪은 상처가 마침내 터진 것에 불과하다. 오히려 그 당시 국왕이 분노하며 취한 조치가 훈련대장, 총융사, 수어사 등 군권 책임자들을 남인에서 서인으로 전격 교체했다는 사실에 주목해야 한다. 남인측이 전시사령부 격인 도체찰사부를 구성, 장악하고 이어 훈련도감, 어영청 등 중앙 핵심 군영을 그 도체찰사부의 휘하에 두려는 움직임을 보이자, 서인측은 물론 국왕까지도 위기의식을 느껴오던 참이었다. 서인측은 이러한 상황을 이용해 적절한 시점에 허견의 역모사건을 터뜨린 것이다.

그렇다고는 하나 이번 경신환국으로 남인이 정부에서 일소되고 일거에 서인이 모든 요직을 독점하게 된 것 역시 보통 일은 아니다. 건국 초기 정국이 개국공신들에 의해 전개되다가 중기에 접어들면서 사림의 공론에 의한 여론 정치로 전환된 이래, 정국은 대체로 여러 사림세력의 경쟁과 논쟁을 통해 진행돼온 것이 사실이다. 그러한 맥락에서 볼 때 이번 경신환국은 권력투쟁이 한 정파의 권력독점과 다른 정파의 철저한 배제라는 새로운 현상을 창출한 것이고, 이는 앞으로 정국이 순탄치 않을 것임을 예고하는 것이다.

# 난전, 도성 안팎으로 확산
# 정부, 대책 마련에 고심

요즈음 도성 안에까지 난전 상인들이 출현, 정부에서 대책 마련에 고심하고 있다. 그동안 송파·다락원 등 시전의 금난전권이 미치지 않는 곳을 중심으로 활동하던 난전 상인들이 이제 도성 안팎의 곳곳에 본격적으로 나타나기 시작한 것. 이들은 주로 한성 근교에서 도성으로 들어오는 길목인 칠패나 이현에서 장을 형성하여 곳곳에서 시전 상인들과 충돌하고 있다.

이들 난전상인들은 시골에서 농토를 잃고 서울로 올라와 생계를 위해 행상하는 사람들이 대부분이지만, 최근에는 개성상인 등 지방 상인의 뒷돈을 받아 튼튼한 자본력으로 새로운 물종의 시전을 창설하여 기존 시전 상인과 경쟁하는 경우도 생겨나고 있는 실정이다. 또 수공업자들도 자신이 만든 물품을 판매하기 위한 시전을 개설하려는 반면, 시전 상인들은 이들 새로운 상품

의 금난전권을 확보하려 함으로써 치열한 대립이 계속되고 있다.

이에 대해 정부의 한 관리는 "동전을 쓰게 되면서부터 난전의 폐단이 날로 심해지고 있다"고 지적하고 "현재로서는 금난전권을 강화하는 것밖에는 달리 방법이 없다"고 하여 정부정책이 국역을 부담하는 시전쪽에 서 있음을 드러냈다.

## 서울의 시전 현황

### 종루 주변 늘어선 시전 상가 '북적북적'
### 칠패와 이현 등 새 상권 형성

한성에는 국초에 동서를 가로지르는 대규모 시전이 건설되어 이를 중심으로 상업이 발달해 왔다.

종루를 중심으로 서쪽으로 육조 앞의 혜정교로부터 동쪽으로 창덕궁 입구를 지나 동대문까지, 남쪽으로 광통교를 지나 남대문 부근까지 총 1360여 칸의 시전을 길 양쪽으로 지어 상가로 발전해왔다.

이들 시전 상인들은 같은 상품을 판매하는 사람들끼리 동업조합을 이루어 자신들의 상권을 지켜왔다.

그 가운데서 대표적인 것이 육의전.

육의전은 무명·명주·비단·모시·종이·생선을 판매하는 가장 번창하는 여섯 시전으로, 이들은 주로 남대문을 지나 광통교로부터 종루에 이르는 노른자위 땅에 자리하고 있다.

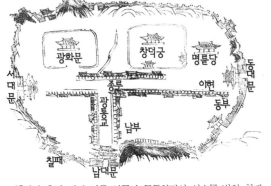

17세기 후반 이래 서울 인구가 급증하면서 서소문 밖의 칠패와 동대문 못 미쳐 이현에 난전이 생겨 새로운 시장으로 급성장하여 종루와 함께 한성의 3대 상권을 형성하고 있다. 칠패는 특히 어물전이 발달해 있어 채소가 많이 나오는 동부와 함께 '동부채 칠패어(東部菜 七牌魚)'라는 말이 생겨날 정도다.

## 왜관에서 대규모 밀무역 성행 '문제'

### 일본 상인의 외상값 100만 냥 넘어 … 일부 군영, 관청도 가담

근래 왜관에서의 밀무역이 성행하고 그 규모가 날로 커져감에 따라 여러 가지 문제점이 대두되고 있는 것으로 조사됐다. 원래 왜관에서 교역을 할 초기에는 왜관 건물 안에서만 그것도 왜관훈도, 별차, 호조수세원, 개시감독관 등과 대관왜인 등의 입회 아래서 엄격히 진행되었으나, 근래에 들어서는 이러한 원칙이 전혀 지켜지지 않고 있다. 공무역인 개시무역을 엄격히 수행해야 하는 왜관에서 상인과 결탁한 관리들에 의해 엄청난 양의 사무역인 후시무역이 별도로 이루어지고 있는 것이다. 한편 상평통보가 전국적으로 유통되면서 늘어난 구리수요를 국내의 열악한 구리 광산으로는 감당해 낼 수 없게 되자, 일본의 구리를 대

량으로 수입하고 있어 왜관무역이 더욱 확대된 것으로 보인다.

정부의 조사에 의하면 일본 상인들이 백사를 비롯한 청나라 상품을 우리 상인들로부터 외상으로 받아가고 아직 그 값을 치르지 못해 몇 해 동안 쌓인 빚이 무려 100만 냥을 넘어설 정도라고 한다. 이는 정부에서 엄격하게 밀무역을 금지하고 있음에도 불구하고 우리나라 상인들이 일본과 청을 연결하는 중계무역 형태의 밀무역을 통해서 막대한 이익을 남기고 있고 최근에는 그 규모가 엄청나게 커져 있음을 보여주는 것이어서 충격을 주고 있다. 한편 대일 중계무역에 의한 이익이 많다는 것을 알게 된 일부 관청들과 군대기관들까지 청나라에 가는 사

절들의 통역관들이나 상인들에게 무역자금으로 은화를 대주어 청에서 백사를 사들여 왜관시장에 내다팔아 막대한 이득을 얻고 있다고 한다.

---

르뽀　서울의 육의전을 가다

## 서울 장안의 시전 중 으뜸가는 6개 점포

육의전이 자리잡고 있는 곳은 옛 운종가로서 지금은 종루라고 불리는 지역이다. 현재의 지명이 나온 것은 세종 때 운종가 십자로 한가운데에 동서 다섯 칸, 남북 네 칸의 종루가 세워져서 붙여진 이름이라고 한다. 종루를 중심으로 동서남북으로 네거리가 나 있는데 이곳을 중심으로 육의전이 일방부터 칠방까지 늘어서 있었다. 각 방은 열 칸으로 이루어져 있어 70개의 점포를 구성하고 있었다. 서쪽 혜정교 네거리 쪽으로 걸음을 옮기는데 지전 여리꾼의 손님 끄시는 소리가 들려온다. "크고 두꺼운 장지, 넓고 긴 대호지, 눈같이 흰 강원도 평강의 설화지, 얇고 질긴 죽청지, 매의 날개같이 얇은 선익지, 편지용 화초지, 전라도 순창의 상화지, 두루마리 시쓰기용 시축지, 능화문을 찍는 능화지 … 없는 종이가 없습니다. 일단 와보시라니깐요. 싸게 팝니다." 목청이 좋은 이 여리꾼은 중치막을 걸치고 대장의 갓을 쓰고 소창옷에 한삼을 단 한복(汗服)을 입고 있었는데 이들을 속칭 '뗏다방'이라고 한다. 이들은 구변이 좋고, 흥정을 잘해 이들에게 잡히면 누구나 주머니끈을 풀지 않을 수 없다고 한다. 이런 여리꾼들이 각 전마다 나와서 줄지어 가게 앞에 늘어서 있었다.

여리꾼을 따라 가게 안으로 들어가서, 소매끝에 한삼을 늘어뜨린 두루마기를 입고 점포 안에 앉아 있는 42세의 주인 김용술씨를 만나보았다. 이들 주인을 "○○전 시정"이라고 불렀다. 어떻게 육의전이라고 부르게 되었는지 그 이유를 묻는 기자의 질문에 "육의전이라고도 하고 육주비전이라고도 부릅니다. 여기에서 '의'나 '주비'란 말은 으뜸, 우두머리란 뜻이니 서울 장안의 시전 중에 으뜸가는 6개의 전포란 뜻이 되지요."라고 답했다. 이렇게 부르게 된 것은 선조 이후의 일인데 시전 중에서 규모가 큰 상점을 골라 붙여준 것이라고 한다. 걸음을 옮겨 모시를 파는 저포전에 들러 임진술씨를 만나서 요즘에는 어느 모시가 인기냐고 물었더니 "한산의 모시가 최고의 물질을 인정받아 인기가 좋습니다. 없어서 못팔지요" 한다. 그들은 도중이라는 조합을 가지고 있고, 이 조합에서는 각 전에서 대행수라는 대표자를 뽑아서 난전을 감시하거나 다른 시전의 정해진 품목 이외의 물품판매에 대한 규제 등의 일을 하고 있다. 저포전에서는 임진술씨가 대행수 일을 맡아보고 있다고 한다. 그에게 요즘 도중에서 무엇이 문제인가 물었더니 "난전들이 나타나 육의전들이 경영에 어려움을 겪고 있습니다. 금난전권으로도 난전을 규제하는 데 한계를 느낍니다"라고 대답하였다. 그리고 "난전들은 같은 물품을 우리보다 훨씬 싼 가격에 팔고 있어요. 우리는 나라의 각종 의례, 즉 관례·혼례·장례에 드는 비용과 물자들, 궁전이나 관청들의 보수작업, 외국사신 접대비 등을 비롯한 많은 부담을 져야 하기 때문에 물품값이 비쌀 수밖에 없지요. 그런데 난전들은 그런 부담이 없으니 헐값에 팔아 넘길 수 있지요. 그러니 우리가 경쟁이 될 수가 없지요"라고 덧붙였다.

육의전 취재를 마치고 종루쪽으로 걸어 나오는데 마침 저쪽에서 시전 상인이 난전 상인을 붙잡고 옥신각신하는 모습이 보였다.

---

### 상평통보 전국유통의 계기가 된 개성의 화폐유통

## 국제무역 중심지로서 화폐사용 전통 깊어

상평통보의 전국유통정책은 단순히 경제관료들의 탁상공론에서 나온 것인가? 그렇지는 않다. 상품유통이 어느 지역보다 활발했던 개성에서 화폐유통이 성공적으로 이루어졌던 선례가 있었기 때문에 가능했던 것으로 평가되고 있다. 어떤 의미에서는 개성지역의 성공적인 화폐유통 사례를 전국적으로 확대시킨 것에 불과하다고 볼 수도 있다. 정부의 동전유통 노력이 번번이 실패로 돌아가 동전유통이 부진한 상태에 있었으나, 개성에서만은 그것이 계속 유지되었다. 개성에서는 토지매매와 주택매매 등에 돈을 사용하였을 뿐만 아니라 심지어 땔나무, 채소, 과실까지도 모두 돈으로 매매되고 있었다.

특히 개성 상인들은 주변의 광범한 농촌지역까지 자기들의 상업활동권 내에 흡수함으로써 화폐유통을 확대하였다. 나아가 개성에 인접해 있는 강화, 교동, 풍덕, 장단, 연안, 배천 같은 곳에까지 화폐를 널리 유통시켰다. 이렇게 개성이 화폐유통에 선진적일 수 있었던 것은 첫째, 개성이 고려의 서울이어서 고려 때부터 각종 화폐가 시범적으로 사용된 전통이 있다는 점. 둘째, 일찍이 개성 상인들의 활약으로 다른 지역보다 국내 상업발달의 중심지로서 두드러졌고 셋째, 중국 가는 길목에 있어 국제무역의 중심지 역할을 해왔다는 점 등으로 분석되고 있다. 아무튼 이러한 개성지역의 성공적인 화폐유통의 사례는 화폐유통의 정책 입안자에게 다른 지역에서도 가능할 것이라는 정책추진의 확신을 준 것으로 보인다.

---

### 우리나라 화폐의 역사

| | |
|---|---|
| 고려 성종 15년(996년) | 둥글고 가운데 네모난 구멍이 뚫린 철전 주조 |
| 고려 숙종 7년(1102년) | 주철관이란 관직 두고 해동통보와 은병(활구) 주조 |
| 고려 충혜왕 원년(1331년) | 소은병 주조, 소은병 하나가 5종포 15필에 해당함 |
| 조선 태종 원년(1401년) | 하륜 등, 닥나무 껍질로 만든 지폐 저화 발행 |
| 조선 세조 9년(1464년) | 버들잎 모양의 유엽전 주조, 화살촉으로도 사용 |

## 이번 호의 인물　　윤휴

### 주자의 권위에 도전한 송시열의 라이벌

학문과 사상은 기성의 학설을 비판하는 것을 생명으로 삼는다. 그러나 어느 시대나 기성의 권위에 도전하는 선구자는 탄압과 질시를 받게 마련이다. 지금 당대의 거유 송시열로부터 사문난적(斯文亂賊)으로 지탄받고 있는 윤휴가 바로 그런 사람이다. 윤휴는 주자의 말씀을 유일한 진리로 신봉하는 조선 학계에 주자의 말씀도 틀릴 수 있다는 과감한 주장을 하여 큰 파문을 던진 것이다.

봄바람처럼 단아한 풍모의 그에게서 어떻게 그런 당찬 생각이 나올 수 있었을까. 윤휴는 일찍 아버지를 여의고 거의 독학으로 자신의 학문세계를 이루었다. 조선의 유학자들이 유교경전에 대한 주자의 말씀에 매달리는 동안 그는 주자 이전의 한·당(漢·唐)유학의 주석을 널리 참고함으로써 주자의 속박으로부터 벗어나 그의 권위에 도전할 수 있는 사상의 경지를 터득한 것이다. 그럴 수 있을 만큼 그는 고금의 모든 유교경전을 두루 섭렵하였다. 그가 19살 때 10년 연상의 석학이었던 송시열이 3일간의 토론 끝에 "30년간의 나의 독서가 참으로 가소롭다"고 자탄할 정도였다.

그러나 송시열은 윤휴의 학문적 독창성을 주자의 설을 따르지 않는 이단으로 몰아 사문난적으로 공격하였다. 두 사람의 대립은 이에 그치지 않고 복제문제로 이어져 세상이 다 아는 예송논쟁을 일으킨 것이다. 학문과 정치를 통하여 그가 송시열이라는 거봉과 겨루게 된 것은 참으로 기연이다. 서로 자신이 옳다고 생각하는 바에서 한 치도 물러서지 않는 점에서 두 사람이 너무도 똑같다. 다만 그는 역사의 수레바퀴를 미는 쪽에 서 있고 송시열은 막는 쪽에 서 있는 것만 다를 뿐. 날로 격화되는 정쟁 속에서 두 사람의 앞날이 걱정이다.

1617년생. 본관은 경주. 호는 백호. 아버지 효전은 북인이었으나 그는 당색에 구애받지 않고 당대의 학자들과 두루 사귀었으며 정치적 행보는 남인과 같이했다. 짧은 관직생활에 대사헌·우찬성에 이르렀고 저서로 「독서기(讀書記)」가 있다.

## 농사실용서 「색경」 출간

박세당이 쓴
'농사에 관한 경서'
각종 상품작물 소개
월별 농사일지 수록

1676년 담배를 재배하거나 양잠을 해 농업경영에 혁신을 꾀하고자 하는 이들에게 도움이 될 만한 체계적인 농서가 나왔다. '농사에 관한 경서'라는 뜻의 이름이 붙여진 「색경」이 그것. 담배나 양잠 등 상품작물에 대한 소개 이외에도 각종 작물과 과일, 꽃, 가축, 포유류, 조류에 대한 설명을 담고 있어 농가살림에 보탬이 될 것으로 보인다.

이와 함께 12개월의 농사일을 기록한 전가월령(田家月令)，월별로 농사를 점치고 일기와 기후를 예보하는 방법, 술 담그는 법, 식초 담그는 법 등이 첨부되어 있다. 최근 각 농가에서는 여러 가지 상품작물을 재배해 시장에 내다 파는 것이 확산되어가고 있는데 이런 흐름에서 볼 때 농서 「색경」의 출간은 시의적절하다 하겠다. 저자는 박세당.

## "현종실록 다시 쓰겠다" … 서인 주도로 기관 설치

### 서인 "남인들의 편파적 기술 많은 졸속 실록" 주장에, 일부 지식인 "자의적 역사해석 위험"

경신년 남인의 역모사건을 계기로 집권한 서인은 판교 정감의 건의로 곧바로 실록개수청을 설치하고 현종실록의 개수작업에 착수하였다. 이 작업의 필요성을 제기한 판교 정감은 "현종실록은 숙종 1년(1675)부터 편찬이 시작되었으나 여의치 못하다가 숙종의 독촉을 받고 1677년 불과 서너 달만에 겨우 완성된 졸속의 실록이고, 그러다

보니 편찬에 급급해 착오와 생략된 부분이 많다. 그리고 남인 주도하에 편찬되어 서인에 대해서 편파적으로 기술한 부분이 적지 않다. 그러므로 현종실록은 다시 고쳐야 한다"고 실록 개수의 필요성을 제기하고 있다. 그러나 세월이 많이 흘러 사초가 유실되는 등 개수작업에 어려움이 많은 실정인데, 서인의 편견이 작용하여 또 다른 개악이 될

거라는 우려도 높다. 이러한 움직임에 남산골의 한 선비는 "실록을 정권이 바뀔 때마다 붕당의 이해에 따라 다시 쓰게 된다면 앞으로 수도 없이 개수해야 할 것이다. 이는 국력의 낭비일 뿐 아니라 실록의 가치를 하락시키는 것이고, 아전인수격으로 역사를 자파의 뜻에 따라 마음대로 해석할 소지가 있다"고 비판했다.

## 세태풍자 노래 2곡

남인의 거두들이 잇달아 사사되거나 유배되어 몰락하게 되자, 서울 장안에는 다음과 같은 세태풍자 노래가 아이들에 의해서 불려지고 있다고 한다. 이 노래는 권력의 무상함을 백성들이 희화화시킨 것으로 흥미를 끌고 있다.

허적은 散炙(산적)이 되고
허목은 面目(낯치)이 되었다네
오시수는 잡시수가 되고
민희는 悶凞(싫다는 뜻)가 되었다네

일본과의 무역이 개시무역보다는 후시무역에 의해 이루어지면서 그 교역량이 늘어나게 되자, 이를 풍자하는 시가 나와 화제가 되고 있다.

소는 지치고 수레는 하도 무거워 / 힘들고 지친 소들 / 열 발자욱 내디리려면 / 두 번이나 쉬어야 하누나
묻노니 저 수레에 / 그 무엇을 실어가는고 / 관청에서 돈 부으려 / 구리쇠를 실어간다네
이쇠 나는 고장은 / 남쪽의 섬 오랑캐 나라 / 동래고을 큰 장사치의 / 거간 알선으로 사온다네

## 유럽의 동인도 회사들, '아시아 무역권 쟁탈전'

### 영국의 동인도 회사는 중국과의 무역도 시작

네덜란드, 영국, 프랑스 등 유럽의 각 나라들은 앞다투어 각기 동인도 회사를 설립하고 무역독점권을 둘러싼 본격적인 경쟁체제에 돌입하였다. 이들 동인도 회사들은 각 나라의 본국으로부터 동양에 대한 독점무역권을 부여받아 동인도(동남 아시아를 말함)에 설립한 회사들인데, 이들은 동남아시아 지역의 특산품인 후추, 커피, 사탕, 쪽 등의 특산품 무역의 독점을 둘러싸고 경쟁, 대립하고 있는 상황이다. 이 동인

도 회사들은 이처럼 각국의 중상주의 정책의 첨병 역할을 하고 있다. 이들은 겉으로는 민간기업의 성격을 띠고 있지만 실제로는 이 지역을 군사적으로 정복하여 직접 지배하거나 이 지역의 토호를 통한 간접지배 방식 등으로 특산품의 강제 재배, 매입을 행하는 등 식민지 경영의 성격을 아울러 갖고 있다. 이 지역의 패권은 맨 먼저 이곳에 진출한 네덜란드가 선점하고 있었으나, 근래에는 뒤따라 이 지역에 뛰어든 프

랑스, 영국 등에 밀리고 있는 형편이다. 현재는 네덜란드가 영국과의 전쟁에서 계속 패배하고 상업전쟁에서조차 밀림으로써 급격히 쇠퇴하고 있는 형편이며, 대신에 강력한 해상력을 바탕으로 영국이 이 지역의 패권을 장악해가고 있는 형편이다. 더군다나 영국의 동인도 회사는 1680년부터 동양의 가장 큰 시장이라고 할 수 있는 중국과의 무역을 시작하여 거대한 중국에 대해서도 손길을 뻗치고 있는 형편이다.

## 뉴턴 중력이론 발표, 서구 과학계 '지각변동'
## "천체와 지구의 운동법칙은 동일하다"

1687년 영국의 과학자 뉴턴이 「자연철학의 수학적 원리」라는 저서를 통해 중력이론을 발표, 서구의 과학계를 흥분시키고 있다. 뉴턴이 제시한 중력이론은 태양계 내에 보편적으로 적용되는 단일한 힘을 설명한 것으로, 천체의 움직임과 지구의 운동원리가 근본적으로 동일함을 말하고 있다.

뉴턴의 중력이론은 아리스토텔레스 이후 서구 과학계를 지배해온 고전 물리학 이론을 완전히 대치할 것으로 전망된다. 아리스토텔레스는 반드시 접촉에 의해서만 물체에 운동이 전해진다는 대원칙을 갖고 있었는데, 이 고전 물리학 이론으로는 설명할 수 없었던 많은 신비로운 현상들이 중력이론에

의해 설명이 가능해졌다. 예를 들어 이제까지 많은 사람들은 왜 조수 간만의 차가 나는지에 대해 끝없는 의문을 갖고 있었는데, 뉴턴의 중력이론은 이것이 달의 중력에 의한 것이라는 사실을 완벽하게 설명했다.

모든 사물간에는 상호작용하는 힘이 존재하며 이 힘을 만유인력이라고 명명한 뉴턴의 중력이론은 태양계 행성의 궤도뿐만 아니라 지구와 목성 주변을 돌고 있는 위성들의 움직임까지도 엄밀한 계량적 방법으로 설명해내고 있다. 현지의 과학자들은 뉴턴의 이론이 케플러의 궤도법칙을 극복했다고 평가하며 중력이론의 기술적인 완벽함에 찬사를 보내고 있다.

뉴턴의 중력이론은 이제까지 천체와 지구의 운동법칙이 완전히 다른 것으로 믿어져왔던 많은 사람들의 이원론적인 세계관을 엄밀한 계산과 계측으로 뒤엎어버림으로써 향후의 과학적 세계관과 우주관의 기본 줄기를 이루어갈 것으로 예견된다. 현재 과학적 난제로 여겨졌던 많은 사실들이 뉴턴의 중력이론으로부터 유도되어 속속 설명되고 있어, 더 이상 신비의 영역이 존재하지 않는 과학적 사실의 시대가 도래하고 있음을 실감케 하고 있다고 현지의 소식통들은 전한다. 이러한 분위기는 단지 과학자 사회뿐만 아니라 기타 다른 사회과학의 영역으로도 폭넓게 확산되고 있다는 소식이다.

# 역사신문

## 국왕 진노 … 서인 완전 축출 뒤 남인 등용

### 장희빈 소생의 왕자, 세자책봉 문제가 발단

1689년(숙종 15) 2월 국왕은 영의정 김수흥과 좌의정 조사석을 파면, 해임시킨 데 이어, 서인측의 정신적 지주인 송시열을 제주도로 유배시키는 등 서인들에 대한 대대적 숙청을 단행했다.

이번 조치는 국왕 숙종이 후궁인 장희빈에게서 낳은 아들을 세자로 책봉하려 하자, 집권 서인측이 일제히 들고 일어나 반대한 것이 직접적 계기가 된 것이다. 이에 앞서 숙종은 9년 전 왕비 인경왕후와 사별하고 서인 민유중의 딸을 계비로 맞아들여 인현왕후로 삼았었다. 인현왕후의 현재 나이는 23세. 서인측이 장희빈 소생의 세자책봉을 반대한 논거는 바로 이 인현왕후의 꽃다운 나이였다. 서인측 지도자 송시열이 나서서 국왕에게 옛 송나라의 사례까지 예시하며 인현왕후에게서 적자가 태어나지 못할 것이 확인될 때까지는 세자책봉을 연기해야 한다는 상소를 올렸던 것이다. 이에 대해 국왕은 진노하며 "주위에 강국이 버티고 있어 나라의 형세가 외롭고 위태로운데 어찌 종사의 대계를 늦춘단 말인가" 하며 서인세력 전체를 일거에 권좌에서 몰아내버린 것이다.

한편 국왕은 지난 경신환국 당시 남인들을 대거 숙청할 때 영일에 유배된 바 있는 권대운을 영의정에 임명하여 집권세력을 서인에서 남인으로 교체하겠다는 의사를 분명히 했다. 이어 역시 남인의 중진이라고 할 수 있는 육래선과 김덕원을 좌의정과 우의정에 각각 임명하고 승정원과 삼사에도 남인을 대거 등용하였다.

정가 소식통에 의하면 남인측은 이미 장희빈의 오빠 장희재와 연결돼 이번 사태가 자파에 유리하게 진행되도록 주도면밀하게 공작을 폈다는 분석을 내놓고 있다. **관련기사 2면**

### 숙종, 인현왕후 민씨 폐하고 희빈 장씨를 왕비로

1689년(숙종 15) 6월 국왕 숙종은 지난 정월에 장희빈 소생의 왕자 균을 세자로 책봉한 데 이어, 정궁인 인현왕후 민씨를 폐하고 희빈 장씨를 새 왕비로 책봉하였다. 숙종은 인현왕후가 장희빈을 시기하는 등 덕이 없는 것이 폐비의 이유라고 밝혔으나, 별로 설득력을 얻고 있지 못한 상태이다. 이에 앞서 오두인, 박태보 등 서인 80여 명이 상소를 올려 왕비 교체에 강력한 반대 의견을 표시했으나 모두 중형으로 처벌됐다.

이번에 새 왕비가 된 희빈 장옥정은 그 가문이 역관(譯官) 집안으로 이른바 중인(中人) 출신이다. 지난 1680년 숙종의 첫 왕비 인경왕후가 병사할 즈음에 궁녀로 들어와서 국왕의 은혜를 받아 내명부로 승격된 바 있다. 그러나 숙종의 어머니인 명성왕후의 눈밖에 나서 궁궐 밖으로 쫓겨나 인조의 다섯째 아들인 숭선군 댁에 거처해오다 명성왕후가 사망한 뒤인 5년 전부터 다시 입궐해 있었다. 소식통에 의하면 장옥정은 이때 궁궐 밖에 거처하면서 남인측과 연결돼 복귀의 꿈을 키워왔다고 한다.

한편 지난 1681년 왕비로 간택된 이래 올해로 꽃다운 나이 23세를 맞은 인현왕후는 평민으로 돌아가 안국동 친정에 거처를 정했다. 그녀가 궁궐을 나설 때 돈화문 앞에 유생 수십 명이 꿇어엎드려 대성통곡했으며, 수많은 민중들이 안국동까지 그녀를 따르며 "장다리는 한철이요, 미나리는 사철이라"는 노래를 불렀다는 소식이다. **관련기사 2·4면**

---

### 송시열, 사약받아

#### 조선 유학의 큰별 떨어지다

1689년(숙종 15) 6월 지난 기사환국 때 국왕에게 장희빈이 낳은 왕자 균의 세자책봉에 반대하는 상소를 올려 숙종의 진노를 사 제주도로 유배됐던 조선 유학의 거두 우암 송시열이 정읍에서 사약을 받고 82세의 파란 많은 일생을 마감했다. **관련기사 4면**

이에 앞서 남인측 대신들은 송시열을 불러들여 심문하게 해줄 것을 계속 요구했으나, 국왕 숙종은 평소 그와 나눴던 정분을 생각해 유배로 충분하다며 이를 거절했었다. 급기야 남인측에서 삼사 대간들의 만장일치라며 강력하게 요구해오자, 국왕도 할 수 없이 금부도사 권처경을 시켜 데려오도록 지시했다. 권처경이 오자 송시열은 이미 죽을 순간이 왔음을 알고 동문 권상하에게 유서를 남기고는 육지로 건너왔다. 그가 정읍에 이르자 그의 예상대로 사약이 내려졌다. 그는 정읍으로 그를 보러 온 많은 후학들이 일일이 붙잡고 마지막 말을 전한 뒤, 전체를 향해 "천지만물이 생긴 까닭과 성인이 만사에 응하는 길은 오직 곧을 직(直)자 한 자뿐이다"라는 말을 남기고 사약을 마셨다.

그는 죽은 뒤에도 한이 맺혀서인지 눈을 감지 않아 권상하가 여러 차례 눈을 감겨주었으나 끝내 눈을 뜬 채 관속으로 들어갔다고 한다. 마을사람들이 전하는 바로는 전날 밤 흰 기운이 하늘에 뻗쳤다고도 하고, 죽은 날 밤에는 큰 별이 떨어져 붉은 기운이 그의 처소를 덮었다고도 한다. 조선 유학의 거봉이 사라진 데 대한 애통의 감정이 만들어낸 일화일 것이다.

## 서원 설립, 폭발적 증가

### 최근의 정국 흐름과 맞물려 … 각 정파마다 정치적 입지강화 위해 너도 나도

| 시 기 | 남인계 | 서인계 | 당색무관 | 사액총계 |
|---|---|---|---|---|
| 숙종 1~6년(남인 집권기) 2차 예송 후 | 13 | 1 | 3 | 17 |
| 6~15년(서인 집권기) 경신환국 후 | 0 | 19 | 4 | 23 |
| 15~20년(남인 집권기) 기사환국 후 | 13 | 1 | 1 | 15 |
| 합 계 | 26 | 21 | 8 | 55 |

**숙종연간의 정권변동과 사액 추세**

최근 서원건립이 폭발적으로 늘고 있다. 해마다 평균 4개 소씩 신설되고 있으며 한 인물이 10여 개소 이상에서 중복 제향되는가 하면, 학문적 업적이 없는 인물이 모이는 기현상도 벌어지고 있다. **관련기사 2면**

이렇게 서원이 남설되고 있는 것은 서·남인 사이의 권력투쟁으로 집권세력이 하루아침에 뒤바뀌는 사태가 빈발하는 정치환경과 무관하지 않다는 지적이다. 최근의 정국을 보면 정치투쟁에서 승리한 일당이 자파 중심으로 권력을 독점하는 양상을 보이고 있다. 이처럼 집권세력과 상대세력 사이에 명암이 선명하게 갈리게 되자, 각 정파는 자파의 정치 입지를 강화하기 위해 서원건립에 열을 올리고 있는 것이다. 서인 집권기에는 서인계열 서원이, 남인측 집권기에는 남인계열 서원이 급증하고 사액도 많이 받고 있는 통계가 이를 입증하고 있다.

서원이 현실 정치와 밀접한 관계를 맺음에 따라 향촌 사림들도 서원을 정계진출의 입문으로 삼아 서원으로 몰려들고 있다. 더구나 최근 사림들은 이전에 비해 동족의식, 가문의식이 강해지는 경향을 보이고 있다. 이는 서원이 그 본래의 목적인 학문진흥과 인재양성에서 일탈, 출세와 가문 높이기의 도구로 전략하는 것을 보여주는 것으로 뜻있는 이들의 우려를 사고 있다. 한편 지방 유력자들은 서원이라는 명칭을 피해 사우(祠宇) 건립으로 방향을 트는 경향마저 보이고 있다. 사우는 원래 충절이 높은 인물을 제향하여 지방민을 교화하기 위해 건립되는 것으로 서원보다는 등급이 한참 낮지만 최근에 건립 수요가 부쩍 늘면서 서원과 동급으로 취급되고 있다.

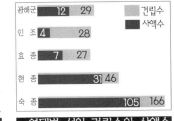

**연대별 서원 건립수와 사액수**

| | 건립수 | 사액수 |
|---|---|---|
| 광해군 | 12 | 29 |
| 인조 | 4 | 28 |
| 효종 | 7 | 27 |
| 현종 | 31 | 46 |
| 숙종 | 105 | 166 |

---

# 역사신문

## 정치만 있고 교육은 없다

### 서원은 본래의 기능을 되찾아야

엄청난 수의 서원이 난립하고 있다. 사액받은 서원만 131개이고, 현 국왕이 즉위하고 나서 세워진 서원이 국왕 즉위 전까지 설립된 서원 수보다 많다고 한다. 교육기능을 담당하고 있는 서원이 확대되는 것은 어떤 의미에서 교육기회의 확대라고 긍정적으로 생각할 수 있다.

그러나 그 실상은 그렇지 못하다. 지금 설립되고 있는 서원은 교육 기능이 거의 없어 선현에 대한 제사의 기능만을 담당하고 있는 사우와 똑같아지고 있을 뿐만 아니라, 기존의 교육기능을 가지고 있는 서원도 정쟁에 휩쓸려 교육적 기능이 크게 쇠퇴하고 있기 때문이다.

또한 더 큰 문제는 근래에 잦은 정권교체의 어수선한 분위기 속에서 정치의 논리에 교육이 실종되고 있는 현실이다. 각 당파에서는 당세 확장의 방법으로 지방별로 서원을 세워 그 지역 사림과 연결을 맺고 이를 자기 당파의 원군으로 확보하려 하고 있다. 반면에 향촌사림으로서는 서원을 매개로 하여 중앙관료와의 연결을 맺음으로써 입신출세의 발판으로 삼고자 하고 있다. 이러한 서로의 이해관계가 맞아떨어져 서원이 마구잡이로 설립되고 있는 것이다.

이런 속에서 배향의 인물도 뛰어난 유학자라야 한다는 본래의 원칙에서 벗어나 당쟁의 와중에서 희생된 인물이나 높은 관직을 지낸 관리, 선정을 베푼 수령, 심지어는 그 자손이 높이 되었다는 이유만으로 배향되는 경우까지도 나타나고 있다. 이는 본래 서원의 기능에서 벗어나 유학도장으로서의 순수한 교육기관의 의미를 상실하고 있다고 봐야 할 것이다.

요컨대 교육은 없고 정치만이 있을 뿐이다. 이러한 교육부재의 현실을 타개하기 위해서는 무엇보다 서원의 교육적 기능을 복원하는 것이 시급하다. 서원이 제사와 교육의 두 가지 기능이 있다고 하지만 사실은 교육의 기능을 중심으로 통합되어 있다고 볼 수 있다. 학식과 덕망을 갖춘 뛰어난 유학자를 배향하는 것은 후학들이 그의 학문과 덕을 사표로 삼아 학문을 더욱 갈고 닦을 수 있도록 하기 위한 것이라고 볼 수 있기 때문이다. 그런데 교육의 기능을 폐하고 제사의 기능만을 가진, 그것도 잘못된 인물을 배향하는 서원이 되는 것은 본말이 전도된 것이다.

따라서 이제 이러한 가치전도를 바로잡아야 한다. 이는 황폐화된 교육을 구하는 길일 뿐 아니라, 소아적인 단견 때문에 파국으로만 치닫고 있는 우리의 정치현실을 근본적으로 구해내는 길이기도 하다. 부실한 교육환경과 당파의 편견에서 성장한 학생들에게서 훗날 당파간 파쟁을 지양하는 희망의 정치를 기대할 수는 없기 때문이다.

### 그림마당
이은홍

목불인견(目不忍見)

인현왕후 / 장희빈 / 서인 / 남인

---

## 서인 실각의 배경

### 서인세력, 남인 득세 막으려다 역공당한 형국

이번 기사환국은 후궁 출신 장희빈 소생의 왕자를 세자로 책봉하는 문제를 둘러싸고 국왕과 서인세력 사이에서 불거진 불화가 원인이다. 즉, 왕위계승 절차에 관한 서인측의 원칙론적인 태도가 국왕 숙종에게는 왕권에 도전하는 것으로 비춰져 숙종의 분노를 산 것이다. 그러나 여기에는 보다 근원적인 배경, 즉 서인과 남인 사이의 권력투쟁이 개입돼 있다.

우선 국왕이 이미 이전부터 집권 서인들에게 불만과 혐오의 마음을 갖기 시작했다는 분석이 유력하게 제시되고 있다. 지난 경신환국 이후 서인세력은 남인을 가혹하게 숙청하고 일당 독주로 정국을 운영해온 것이 사실이다. 서인 일부에서 사건을 조작해서까지 남인 숙청에 나서자, 서인들 사이에서마저 비판이 제기돼 노·소론으로 분열된 것은 주지의 사실이다. 이 과정에서 숙종은 서인측의 이러한 독주가 왕권을 유명무실하게 무력화시킬 정도로 심화될 것을 우려했을 개연성은 충분히 있다. 얼마 전 숙종이 탕평책을 유시한 것이 이를 입증한다고 할 수 있다.

한편 남인측은 경신환국 이래 서인측의 숙청 공세에 절치부심하던 차에 이 상황을 반격의 기회로 삼았을 것이다. 즉, 숙종의 총애를 받는 장희빈에게 접근하여 이미 벌어진 서인과 국왕 사이를 파탄으로 유도하려 했을 가능성이 크다. 장희빈 자신도 아들을 국왕으로 만들기 위해서는 남인과 손잡지 않을 수 없었을 것이다. 남인측 남치훈, 윤빈, 권대운 등이 이번 세자책봉에서 노골적으로 국왕편을 들고나온 것이 이를 잘 말해준다.

또 서인측이 세자책봉 문제를 걸고 넘어간 것이 국왕존중보다 주자학적 예(禮) 질서를 중시하는 학풍 때문인 것은 부인할 수 없지만, 서인측도 이미 남인세력이 장희빈과 연결되고 있는 현실을 몰랐을 리 없다. 그래서 국왕이 이미 세자책봉을 결정, 실행했음에도 끝까지 반대를 굽히지 않고 국왕에게 대든 것이다. 이제 칼자루는 남인세력에게 넘어갔다. 그러나 최근의 정국이 보여주듯이 서인측은 다시 재반격에 나설 것으로 보이고 따라서 정국의 앞날은 불안하기만 하다.

---

## 눈총받는 정치·족벌 서원들

최근 전국에 서원이 남설되는 가운데 정치적 성향이 짙은 서원이 늘고 있어 눈길을 끌고 있다. 서인과 남인이 각 파의 유명 인물을 제향하여 서원을 세우는 것이 일반적 형태지만 지나치게 정치적 목적을 앞세우다보니 서원설립의 본래 목적인 인재양성 및 학문진흥과는 동떨어진 이상한(?) 서원들도 생겨나고 있다. 그중 정도가 심한 몇 곳을 소개한다.

### ▲ 미강서원(마전)·미천서원(나주)·회원서원(창원)

남인측이 현종 때 예론논쟁에서 서인과 맞선 남인의 거두 허목을 제향한 서원들. 허목은 송시열을 엄벌에 처해야 한다고 주장한 강경파였으므로 이들 서원이 그를 제향한 것은 정치색을 짙게 풍기는 것. 특히 서인세력 지역인 경기도 마전과 전라도 나주에 자파 서원을 세운 것은 서인세력을 약화시키기 위한 공세적 건립이라는 후문.

### ▲ 삼천서원(전라도 용담)

현감 홍석과 지방 유지들이 주자를 제향하여 세운 서원. 서원 제향 인물은 대개 해당 지방과 학연이 있는 국내 저명 유학자들이 돼왔으므로 주자를 내세운 것은 이례적이다. 이들이 제시한 논거는 이 지방에 주자천이라는 강이 있기 때문이라는 것. 지역에 근거한 정치세력 구축에 얼마나 급급했는지 알 만하다는 평.

### ▲ 북산서원(경상도 군위)

제향 인물은 아예 절강 장씨의 시조인 장해빈. 장씨 문중에 의해 설립, 운영되고 있음은 물론이고 장씨 문중의 집회장소로 사용되고 있다.

장씨 문중에게는 가문의 위세를 나타내주는 상징일지 모르나 서원이 가져야 할 인재양성과 학문진흥과는 전혀 무관한 곳이라는 게 지역민들의 지적.

---

## 신계층 '중인'은 어떤 집단인가

### 중앙에서 중간 정도로 사는 신계층 … 정치적 성향도 '중도'

최근 장희빈이 정가의 화제인물로 떠오르면서 그녀의 집안인 역관(譯官) 가문이 속한 계층을 통틀어 말하는 '중인'이라는 새로운 계층에 대한 관심이 집중되고 있다.

중인이란 글자 그대로 양반 사대부와 일반서민인 양인(良人) 사이의 중간에 위치하는 계층을 말한다. 재산도 중간, 학식과 인품도 중간 정도다. 또 주로 거주하는 곳이 한성의 중앙에 해당하는 광교 부근이라, 중인이란 명칭이 붙었다는 이들도 있다. 정가 일부에서는 이들이 붕당정국에서 어느 당파에도 가담하지 않는 성향을 보여 중립파의 의미로 중인이라 부르기도 한다.

직업별로 보면 역관(통역), 의관(의술), 산관(算官:회계), 율관(律官:법률), 음양관(천문·지리), 사자관(寫字官:문서필사), 회원(그림) 등 기술관들이지만 요즘에는 지방의 향리, 서리, 역리(驛吏) 등 지방행정 실무자들까지도 중인으로 부른다. 이들은 주로 잡과 과거를 통해 기술관의 길에 들어선 점에서 공통점을 가지고 있지만, 실상을 들여다보면 처지가 천양지차로 다르다. 이는 이들이 중인이 된 경로가 원래 양반 사대부였다가 가문이 몰락한 경우, 원래 천민이나 양인이었는데 기회를 잡아 계층상승한 경우 등 복잡하고 다양하기 때문이다.

이러한 중인 계층이 늘어나면서 최근에는 이들 사이에서 중인문화까지 나타나고 있다. 이들은 신분상으로는 양반 사대부를 넘볼 수 없지만 대개 재산만은 남부럽지 않게 갖고 있다. 더구나 최근에는 상공업이 급속하게 성장하고 교통이 빈번해짐에 따라 재산을 늘릴 기회가 점점 더 많아지고 있는 추세다. 따라서 자신들만의 문서양식을 쓰고, 자신들의 정서를 표현하는 시와 문장을 돌려 읽는 등 자신들만의 문화를 만들어내고 있다.

### 미니 해설　'역관' 중인 중 상류층

외교관계에서 없어서는 안될 중요한 존재인 통역관. 장희빈의 삼촌 장현이 바로 역관이다. 잡과 중 역과 시험을 거쳐 선발되는데 한어, 일본어, 몽고어, 여진어 등 각 과별로 따로 뽑는다. 선발된 뒤에는 조정의 사역원과 승문원에 소속돼 일하며 외국 사신이 왔을 때나 우리측에서 외국으로 사신이 갈 때 항상 수행한다.

역관은 중인 중에서도 노른자위 지위를 차지하고 있다. 외국을 왕래하며 밀무역을 부업으로 해서 많은 돈을 벌고 있기 때문. 경제력이 있고 외국 문물을 많이 접해 지식도 상당한 수준인만큼 사회적 차별대우에 대한 불만도 높다고 한다.

# "사사로이 동전을 만드는 자는 사형에 처한다"
## 조정, 상평통보 개인 주조에 강력히 대처하기로

**1693년 7월** 조정에서는 그동안 묵과해왔던 상평통보의 개인 주조에 대해 강력히 대처할 것임을 천명하였다. 사사로이 동전을 만드는 자는 사형에 처한다는 조치가 오늘 발표된 것이다.

호조의 관계자는 "지금까지는 사실 정부가 개인 주조를 방조해왔던 것이 사실이었다. 왜냐하면 화폐유통의 시도가 번번이 실패했던 이유 중의 하나가 필요한 화폐 수급량을 조달하지 못한

것이 그 한 이유였기 때문이다. 그래서 필요한 수급량을 편법으로 개인에 의존하고 있었다"고 하면서 정부의 지금까지의 방조를 공식적으로 시인하였다.

그는 계속해서 "그러나 주조화폐로서의 동전인 상평통보는 그 명목적 가치와 실제 원료의 가치가 현저하게 차이가 남으로써 화폐주조과정에서 막대한 이익이 보장되고 있었다. 그러자 민간에서 일본으로부터 구리를 들여오거

나 광산의 개발로 쉽게 구입하여 사사로이 개인 화폐주조 시설을 차리고 동전을 주조함으로써 막대한 이윤을 남기게 되었다. 이들에 의해서 구리 함량이 미달된 불량 동전이 대량 유통되는 등의 문제가 심각하게 대두되었다"고 개인 주조의 문제점을 지적하고 이에 강력히 대처할 것임을 밝혔다.

참조기사 6호 1면

# 가족제도, 남자-장남 중심으로 크게 변해

## 가부장 이데올로기 급속 확산
## '문중' … 주요한 사회집단으로 부각

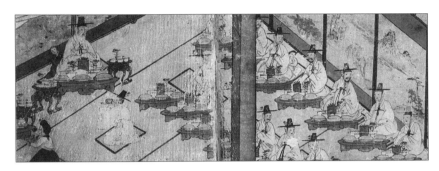

요즈음은 집집마다 딸 낳으면 서운해한다. 마을에서도 애 낳은 집 금줄에 고추가 없고 숯만 걸려 있으면 안됐다는 표정들이다. 그만큼 여자들 신세가 형편없어진 것이다. 그동안 가족 내에서 대등했던 부부관계도 남편 위주로 바뀌고 자식들간에도 장남이 중시되는 등 가족관계가 가부장적 가족질서로 크게 변하고 있다. 이와 함께 사회적으로도 같은 씨족의 결합체인 문중이 중요한 사회집단으로 떠올라 문중의식이 중시되고 있으며 가부장적 가족질서가 이를 뒷받침하고 있는데, 이에 따라 혈연적 씨족관계를 기록한 족보의 기재사항도 많이 바뀌고 있다고 한다.

17세기 이전까지는 가족 내에서 부부의 관계가 서로 대등하였으며, 처가도 친가와 마찬가지로 자기 집으로 생각하였고 그런만큼 장인 장모를 친부모처럼 섬겨왔었다. 또 고종사촌이나 이종사촌과의 사이도 친사촌간 못지않게 친밀하였다. 뿐만 아니라 재산이나 제사의 상속에서도 남녀 자녀간에 차등이 없었다. 재산은 똑같이 나누어 상속하는 것이 관례였으며, 조상 제사도 5대조 이상의 시제만 장손이 모시고 부모, 조부모 제사는 아들, 딸들이 돌아가면서 지내는 것이 관례였다. 또 집안에 아들이 없다고 해서 가계를 잇기 위해 양자를 들이는 경우도 드물었다.

그러나 이젠 이런 관습이 크게 바뀌고 있는 것이다. 변화는 우선 결혼 후의 생활방식에서부터 시작되고 있다. 그동안에는 남자가 처가에 가서 결혼식을 올리고 처가에서 살면서 자식을 낳아 이들이 장성하면 친가로 돌아오는 것이 관례였으나 이제 그런

관행이 사라지고 있다. 아직도 그런 유습이 남아 결혼 후 처가에서 6개월 내지 1년 정도를 살고 오지만 앞으로는 점차 이런 풍습도 없어질 전망이다. 신혼 때부터 친가를 중심으로 생활이 이루어지며 가족관계가 남자 중심의 가부장적 질서로 급속히 재편되고 있는 것이다. 이에 따라 재산과 제사의 상속이 아들을 중심으로 이루어지고 있으며 그 가운데서 큰아들을 가계의 계승자로 삼아 그를 정점으로 차등화되고 있다. 이런 변화를 반영하여 족보상에도 딸과 외손은 점차 기재하지 않는 추세라고 한다.

또 사회적으로는 효를 강조하여 가장에 대한 가족들의 절대적인 복종

을 요구하는 세태가 가속되고 있다. 이와 함께 여자들에게는 삼종지도와 정조관념이 중시되고 있다고 한다.

이처럼 가문이 중시되고 가족질서가 변화하는 데 대해 관계전문가들은 "이제 양반 사대부라 하더라도 가문이 좋지 않으면 도태될 만큼 양반층 내부의 분화와 경쟁이 심화되고 있는 현실을 반영한 것"이라며 가부장적 가족질서를 확립하여 씨족의 결합체인 가문을 결속시키려는 현상이라고 분석했다. 또 한 관계자는 사대부라 하더라도 17세기 들어서야 성리학의 윤리를 생활 속에서 체득하게 되어 가부장적 윤리의식을 확립하게 된 것이라고 진단했다.

### 해설

17세기 후반 들어 가문이 중요한 사회집단으로 자리잡고 가부장적 가족질서가 정립된 데에는 몇 가지 사회적·사상적 배경이 있는 것으로 지적되고 있다. 첫째는 이 무렵부터 산업생산이 급격히 늘어나면서 사회적으로 계층분화가 광범하게 이루어지고 있는데 양반 사대부들도 예외는 아니어서 양반층도 부나 관직진출의 정도에 따라 그 위세가 확연히 갈라지고 있다는 분석이다. 따라서 양반들간에도 경쟁이 격화됨에 따라 이전과 같은 공동유대의식은 점차 희박해지고 있는데, 양반사회에서 자신의 지위를 유지하기 위해 가문을 중심으로 결속을 강화하게 된 것이다. 양반사회 전체가 분화되는 가운데 가문이 사회적 지위를 지키는 기본단위가 된 셈이다.

둘째는 성리학에서 주장하는 실천윤리가 이제 본격적으로 조선사람들의 생활의식으로까지 자리잡기 시작했다는 것이다. 성리학에서는 사회질서를 군(君)과 신(臣), 부(夫)와 부(婦), 부(父)와 자(子)의 관계를 기본축으로 하는 상하관계로 설정하고 있다. 국가 질서는 군신의 상하관계를 축으로, 국가를 구성하는 개별 가족질서는 부부·부자의 상하관계를 통해 구조화시킨다는 것이다. 이러한 사회질서를 내면화시키는 성리학의 실천윤리가 17세기를 전후해서야 조선사회에 실질적으로 뿌리를 내리게 된 것이다. 향후 우리 사회는 경제적으로나 사회신분상으로 급격한 변화가 예상되는 바, 가문을 중심으로 한 가부장적 가족질서와 문벌의식은 상당히 오랫동안 우리들의 생활을 지배하게 되리라는 것이 관계전문가들의 공통된 전망이다.

# 정부, 기아민 구제 위해
## 공명첩 2만 부 각도에 분배 방침

### 전례 없는 대규모 … 신분질서 와해, 초읽기

**1690년** 올해 극심한 흉년이 들자 조정에서는 굶주린 백성들을 구제할 돈을 마련하기 위해, 공명첩 2만 장을 8도에 나누어 보내 팔게 할 방침이라고 밝혀 많은 논란을 빚고 있다.

흉년이 드는 해마다 기아민을 구제하기 위해 공명첩을 팔아오곤 했지만 이번처럼 대대적으로 공명첩을 정부에서 팔기로 방침을 정한 것은 처음이다. 그러나 근래 들어 공명첩의 남발로 신분질서가 문란해지고 있어 양반들의 반대가 극심해질 것으로 예상된다.

공명첩은 전쟁에 공이 있거나 나라에 곡식을 바친 자에게 주는 문서로, 공명고신첩(관직의 임명), 공명면천첩(천역의 면제), 공명면역첩(군역 등의 면제) 등이 있다. 공명첩이란 원래 담당 관리가 이 첩을 가지고 지방에 내려가 이름 쓰는 데가 비워두었다가 곡식을 바치는 자가 있으면 그 때마다 이름을 써주게 되어 붙여진 이름이다. 공명첩의 납속액은 적게는 쌀 5석에서 많게는 쌀 50석까지 다양하다고 한다.

### 해설　공명첩 남발의 문제점

근래 흉년이 거듭되고 국가재정이 궁핍해지면서 이를 해결하기 위해 정부가 공명첩을 남발하고 있다. 공명첩 발급은 물론 급한 대로 정부재정에 도움을 주기는 할 것이다. 그러나 곡식을 바치고 공명첩을 산 사람들은 그 대가로 명예직일망정 관직을 받아 양반행세를 하기도 하고, 군역이나 천역을 면제받게 된다. 그리하여 이들은 공명첩을 근거로 시간이 지나면서 자신들의 신분을 격상시키게 된다.

따라서 사회적으로 볼 때 돈 있는

사람들의 신분상승이 대거 이루어지면서 신분질서 자체가 흔들리는 결과를 낳은 것이다. 신분질서를 지켜야 할 국가가 오히려 이를 무너뜨리는 격이 된 것이다. 뿐만 아니라 당장 돈이 급해서 공명첩을 발급했지만 결국 국가에 역을 짐으로써 국가재정을 부담해야 할 양인이나 천민이 그만큼 줄어듦으로써 장기적으로 보면 재정기반을 스스로 파먹는 결과를 가져온 것이다. 언 발에 오줌 누는 격이라고나 할까.

# 호남 유생들, 유형원 서원건립

**1693년 8월** 반계 유형원이 세상을 떠난지 20년이 되는 올해 호남 유생들이 그의 학문과 덕행을 받들기 위해 서원을 세웠다. 이 서원은 전라도 부안군 상서면 동림마을에 위치하는데 마을 이름을 따 '동림서원'이라 명명되었다. 나라와 백성을 튼튼히 하기 위해 토지

제도를 개혁하여 농민에게 최소한의 경작지를 분배하여야 한다는 유형원의 개혁사상은 아직 우리 사회에서 광범위하게 인정받지 못하고 있다. 그러나 이번 서원건립은 그의 개혁사상이 호남 유생들에게 널리 전파될 수 있는 발판이 될 것으로 보인다.

# 성삼문 등 사육신에 시호 내려져
## 사육신, 난신 모욕 씻고 명예 회복

**1691년 12월** 단종의 복위를 도모하다 발각되어 죽은 6명의 신하에 대해 시호가 내려졌다. 이로써 난신으로 규정되어온 사육신에 대한 명예회복이 어느 정도 이루어진 것으로 보인다. 이들에 대한 평가문제는 중종반정 이후로 계속 조정에서 논의되어왔었다. 그리하여 난신(亂臣)이라는 죄명을 벗기

고 충신으로 평정하기를 건의하는 상소가 빗발치게 되었고, 1511년 3월에는 그동안 발간이 금지되어온 남효온의 『추강집』(세조를 비난하고 사육신에 대해 동정하는 글이 실려 있음)이 편찬되어 나왔다. 앞으로도 그들의 관직을 복관시키는 문제와 묘당을 세우는 것 등이 논의될 것으로 보인다.

# 이이와 성혼, 문묘에서 출향
## 허적 등은 관직 복관

### "정치상황에 따른 조변석개, 성현 욕되게 하는 처사" 일부 비판

경신년의 환국 때 서인들에 의해서 문묘배향이 이루어졌던 이이와 성혼이 문묘에서 출향되었다. 이이와 성혼은 서인들이 학통을 대고 있는 성현이다. 이처럼 정치적 상황에 따라 배향과 출향이 반복되고 있는 것에 대해 한 선비는 "당파를 떠나서 존중되어야 할 성현들을 이렇게 욕되게 하는 것은 이해할 수 없는 처사"라고 비난하였다. 한편 경신년에 서인이 집권하면서 대대적으로 숙청당해 목숨을 잃은 남인 허적, 윤휴와 관직이 삭탈된 허목 등에게 관작(官爵)을 회복시키는 조치가 이루어졌다.

## 이번 호의 인물　　송시열

### 주자의 권위와 정통지키는 거목

송시열만큼 애증이 분명한 사람이 또 있을까. 그는 자기와 생각이 다른 사람과는 누구와도 화해하지 못한다. 주자학에 반기를 든 윤휴와 견원지간이 된 것은 그렇다 치자. 그를 두둔한다 해서 동문이자 제자인 윤선거, 윤증 부자와 등을 돌리게 됐고 이를 기화로 정계가 노·소론으로 갈라서지 않았는가. 만년에는 사돈인 권시와도 틈이 생기고 평생의 동반자였던 송준길과도 결별하고 말았다. 왜 그럴까? 무엇보다 그의 독선적인 성품 탓이리라.

그러나 정치와 학문의 세계에서 그가 서 있는 위치 때문이기도 할 것이다. 송시열은 가히 조선 주자학의 주석(柱石)이자 노론의 영수다. 그는 주자 도통의 전수자이기를 자임하며 스스로 주자의 절대권위에 의탁하여 그 권위를 대행하려 하고 있다. 그 권위로 그는 산림을 호령하고 효종, 현종 이래 정국 조정을 좌우해왔다. 그런만큼 그는 주자의 학설이나 자신의 생각에 절대 추종하지 않는 그 누구도 용납하지 않는 것이다. 그 장대한 기골과 완강한 용모는 주자학과 노론에 도전하는 온갖 풍상을 온몸으로 막고 서 있는 거목 바로 그것이다. 정통과 권력은 그런 속에서 지켜지는 것이리라.

송시열이 주자의 화신이 된 것은 어린 그에게 '주자는 후공자(後孔子)'라고 했던 엄친의 말씀으로부터 비롯된 것이다. 그는 일찍이 김장생의 문하에 들어가 율곡 이래의 서인 학통의 맥을 잇게 되었다. 인조 11년 생원시에서 27살의 그가 제출한 논문을 시험관들이 채택하기를 꺼려 했으나 대제학 최명길이 "이 글은 명세대유(名世大儒)의 글이니 보통사람의 것과는 비할 수 없다"고 하여 장원으로 뽑을 때 이미 그의 학문적 위치는 우뚝하였다. 2년 뒤 봉림대군의 사부가 되었고 그런 연고로 효종 대부터 정치의 중심에 서게 되었다.

1607년생. 본관은 은진. 호는 우암. 저서로 「주자대전차의」, 「주자어류소분」 등이 있다.

## 해외 소식

### 영국, 권리장전 발표 … 명예혁명으로 국왕 교체

1689년 영국에서는 의회가 국왕 제임스 2세를 폐위하고, 대신 네덜란드 총독으로 있는 오렌지공 윌리엄(사진)과 그와 결혼한 제임스 2세의 큰딸 메리를 공동왕으로 추대하였다. 그리고 의회는 그들에게 권리선언을 제출하여 승인을 받았는데 이 선언을 토대로 '인민의 권리와 자유를 선언하고 왕위계승을 정하는 법률'이라는 다소 긴 이름의 국회제정법이 공포되었다. 이것을 영국인은 권리장전이라고 부른다고 한다. 주요내용은 제임스 2세의 불법 행위를 12개조로 열거하면서, 의회의 왕권에 대한 우위를 인정하는 내용을 담고 있다. 이 권리장전의 의의는 영국의 절대주의를 종식시키고, 이후 의회정치의 초석을 다졌다는 점에서 영국 헌정사상 큰 획을 긋는 사건으로 기록될 것으로 보인다. 한편 이번에 폐위된 제임스 2세는 크롬웰이 죽은 다음 왕정이 복고되면서 왕위에 오른 찰스 2세(청교도혁명 당시 처형되었던 찰스 1세의 아들)의 동생으로서 전제정치를 일삼고 가톨릭의 부활을 기도했던 것으로 알려지고 있다. 이에 의회의 토리당과 휘그당 양당 지도자는 오렌지공 윌리엄과 메리에게 군대를 이끌고 영국의 자유와 권리를 수호해줄 것을 요청하였다. 이에 그들 부부가 1만 5천 명의 군대를 이끌고 영국에 상륙하였고, 이에 귀족들이 대거 윌리엄·메리 부처 진영에 가담하였다. 사태가 이 지경에 이르자 제임스 2세는 국외로 탈출하게 되었고, 결국 이번 혁명은 피 한방울 흘리지 않고 명예롭게 이루어졌다. 그래서 영국인은 이번 혁명을 명예혁명이라고 부르고 있다고 한다.

1637년생. 호는 서포. 예학의 대가 김장생의 증손. 어머니 윤씨는 윤두수의 고손. 관직이 대사헌·대제학에 이름. 지금은 희빈 장씨의 일로 탄핵되어 남해에 위리안치되어 있다.

## 작가와의 만남　김만중

### "우리말로 작품활동 계속 … 우리말과 글의 아름다움을 표현하고 싶다"

유배지에서도 왕성한 창작의욕을 불태우며 「구운몽」, 「사씨남정기」 등을 잇달아 발표하고 있는 서포 김만중을 그의 유배지 남해에서 만나보았다. 그는 기사환국 때 남인이 집권하면서 삭탈관직되어 남해로 유배되었다.

**유배생활 중에도 꾸준히 작품을 발표하고 계신데 「구운몽」을 쓰게 된 동기가 있습니까? 어머니를 위해 하루아침에 지었다는 말이 있는데.**

꼭 어머님을 위해서 지은 것이라기보다는 저의 창작활동의 일부분입니다. 다만 홀로 계실 어머님을 위해 한글로 써서 어머님께 드린 것은 사실입니다.

**이 작품은 부귀공명이 일장춘몽이라는 주제를 가지고 있는데 이것은 혹시 자신의 운명을 빗대어 쓴 것은 아닌지요. 또 곳곳에 불교와 도교적 요소가 보이는데 유학자로서 외도라고 생각하지 않는지요.**

저의 입장을 의식하고 쓴 것은 아닙니다만, 작품이라는 것이 원래 작가의 내적 외적 상황들이 은연중에 반영되는 것 아니겠습니까? 그렇게 이해했다면 그것은 독자의 자유이지요. 그리고 작가가 소재를 선택하는 것은 자유 아닙니까? 굳이 유학자로서의 외도라고 생각하지는 않습니다.

「사씨남정기」에 대해서는 문학적인 성공을 거두고 있다는 평과 더불어 정치적 입장이 개진된 것은 아닌가 의심을 받고 있습니다. 유연수라는 주인공이 현모양처인 사씨를 아내로 맞아 단란하게 살았는데, 아기를 낳지 못하자 사씨가 지아비에게 후실을 보게 하여 교씨라는 여인을 맞지만, 그녀는 아들을 낳고 교만해져 사씨를 쫓아내게 되어 사씨는 남쪽지방을 전전하지요. 나중에 교씨의 간악함을 안 유연수에 의해 다시 교씨는 쫓겨나고 사씨가 돌아와 화목하게 산다는 줄거리인데, 지금의 폐비 민씨와 왕후 장씨의 상황과 그 상황설정이 비슷하기 때문이라고 생각합니다.

부인할 수는 없습니다.

**발표하신 소설이 모두 국문으로 창작되었는데 특별한 이유라도.**

제가 지금 쓰고 있는 「서포만필」에서도 얘기하고 있습니다만, 저는 송강의 「관동별곡」·「사미인곡」·「속미인곡」을 우리나라의 「이소」라고 말하는 데 주저하지 않습니다. 그러나 이것들을 만약 한문으로 옮겨놓는다면 어떨까요. 결코 아름답지 못할 것입니다. 사람의 마음을 입으로 말하면 말이고 말에 가락을 붙인 것이 시이고 문장입니다. 그러나 우리 시문은 우리말을 버리고 딴 나라 말을 쓰니, 아무리 같다고 할지라도 앵무새가 사람의 말을 흉내내는 것에 불과합니다. 진실로 초동목부가 흥얼거리는 것이 사대부의 시나 부보다 훨씬 나은 것입니다. 따라서 저는 우리말로 작품을 써서 우리말과 글의 아름다움을 드러내자는 겁니다.

### 장희빈을 왕비로 맞은 숙종의 선택

### 사랑의 불꽃 장희빈, 당쟁의 먹구름 몰고오다

숙종이 중전 인현왕후를 폐하여 민가로 내쫓고, 중인 출신의 일개 궁녀를 왕비로까지 맞이한 것은 충격을 넘어 경악할 만한 일임에 틀림없다. 그러면 숙종은 왜 이런 행동을 취했을까. 관심의 초점은 이제 정식 왕비에 오른 장옥정에게 맞춰질 수밖에 없다. 「주자가례」를 신주처럼 떠받드는 유학자들은 중전이 아들을 못낳은 반면, 장옥정은 대통을 이을 옥동자를 낳은 데서 원인을 분석해낼지 모른다. 세상 만사를 모두 정치로 해석하지 않으면 직성이 안풀리는 정치 평론가들은 이를 숙종이 서인세력의 독주에 질려 남인에게 다시 기운 결과로 분석할지도 모른다. 그러나 사태의 본질은 '아들 낳은' 장옥정이나 '남인' 장옥정이 아닌 '여인' 장옥정에서 찾아야 하지 않을까.

혈기왕성한 20대 중반을 이성에 대한 애타는 그리움으로 지새운 이들은 안다. 사랑하는 여인이 그 나이의 삶에서 어떤 비중을 차지하는가를. 장옥정은 6년 전, 인현왕후가 중전으로 간택되기 이전에 이미 숙종과 밤을 지샌 사이다. 첫 왕비 인경왕후가 정이 채 들기도 전에 병사한 직후에, 그리고 장옥정과 숙종은 6개월여의 짧은 사랑 끝에 생이별을 해야 했다. 새로 간택된 왕비 인현왕후를 숙종이 거들떠보지도 않음으로써 장옥정은 숙종의 어머니 명성왕후 김씨로부터 미움을 샀고, 더욱 결정적으로 장옥정의 숙부 장현이 남인으로 지난 경신환국 때 함경도로 유배된 사실이 밝혀져 서인측에서 일제히 들고일어났기 때문에 어쩔 수 없이 궁궐 밖으로 쫓겨난 것이다.

숙종은 이때 어머니 때문에 말은 차마 못했지만 서인들에 대해 악감정을 품게 됐을 것이다. 그리고 그 서인 출신으로 서인에 의해 왕비로 간택된 인현왕후에 대해 숙종이 어떻게 대했을 것인가는 짐작하기 어렵지 않다. 인현왕후가 자식을 못낳는다고 하지만 씨도 안뿌려진 밭에 싹이 날 리 있겠는가.

궁녀들 사이에서는 장옥정을 악녀로 평하는 듯하다. 그러나 이는 벼락출세한 동료에 대한 질투심에서 나온 것은 아닐지. 장옥정은 비록 중인 출신이지만 결코 천박한 여자는 아니다. 그녀가 숙부 장현의 집에서 자랄 때 장현 집안은 장안 제일의 갑부였다. 그녀는 숙부의 총애 아래 특별히 가정교사를 두고 공부했으며 남다른 총명함을 보였다. 거기에다 경국지색(傾國之色)이라 일컬을 만큼 뛰어난 미모까지 갖췄으니 숙종과의 첫 대면에서부터 사랑의 불꽃이 튄 것은 당연한 일. 대비 김씨가 죽고 이제 다시 만난 두 청춘이 6년 동안 참아온 연정을 불사르는 것이다. 그러나 이 사랑의 장소가 한가한 시골 방앗간이 아니라 권력투쟁의 한복판인 궁궐이라는 데 불행이 있다. 남인은 이 사랑의 불꽃에 더욱 부채질을 하는 반면, 서인들은 어떻게 해서라도 이 불을 끄기 위해 안간힘이다. 그러나 청춘시절을 아련한 추억으로 간직한 채 인생을 관조하는 나이에 들어선 장년이라면 안다. 청년 시절 애틋한 사랑의 향연은 때가 되면 저절로 사그러들 수밖에 없음을.

## 어부 안용복 일본 가서 "울릉도·독도는 우리 땅"

1693년 동래부 출신 어부 안용복이 일본에서 울릉도와 독도가 우리 땅임을 주장한 것으로 알려져 화제이다. 그는 동래어민 40여 명과 울릉도에서 고기잡이를 하던 중 이곳에 침입한 일본 어민을 힐책하다가 일행과 함께 일본으로 잡혀갔다. 그곳에서 호키주 태수와 에도막부에게 울릉도가 우리 땅임을 주장하고 대마도주가 조선과 일본 사이에서 쌀의 두량과 베의 척을 속이는 등 중간에 농락이 심한 것 등을 밝혔다. 결국 막부로부터 울릉도가 조선 영토임을 확인하는 문서를 가지고 오는 도중, 나가사키에서 이 문서를 빼앗기고 말았다고 한다. 한편 우리 조정에서는 비워둔 섬으로 인해 일본과의 관계가 나빠지는 것을 원하지 않는 것으로 보여 일단 별문제는 없을 것으로 보이지만, 조정으로서도 일본이 만일 울릉도 자체의 영유권을 주장할 경우에는 강력히 대처할 것으로 보여 귀추가 주목되고 있다.

## 보신탕 "대유행"

### 뇌물로 제공, 벼슬 얻기도

최근 여름철 보양식으로 개장국을 즐기는 사람들이 늘어나 삼복이면 개가 떼죽음을 당하는 일이 많다. 원래 식용으로는 돼지고기와 닭을 즐겨 먹었는데, 정월에 개를 잡아 문에 매다는 풍습이 생기면서부터 개고기도 식용으로 일반인들의 호응을 얻고 있다. 개고기를 좋아하는 관리에게 이를 뇌물로 써서 벼슬을 산 사람까지 생기고 있다.

# 역사신문

## '나라 다시 만들기' 100년, 국가제도 큰 변화

### 대동법 등 조세수취 기준, "신분에서 경제력으로"
### 정부, 일관되게 '조세제도 개혁 통한 사회안정' 추진,
### "근본적 개혁 없이 농촌 안정 없다" 비판여론 거세

임란 이후 100년, 전후복구와 함께 조선사회가 급격히 변동하면서 국가체제도 크게 바뀌고 있다. 이제까지 국가를 지탱해온 수취체제가 조(組)·용(庸)·조(調)의 원리 위에 신분에 따른 인신(人身)지배에 큰 비중을 둔 것이었던 반면, 대동법의 전국적인 실시, 양역변통 논의 등을 통해 나타나듯이 이제 토지소유 등의 경제적인 능력에 바탕을 둔 수취체제의 이러한 변화는 그동안의 사회발전을 반영한 것으로, 토지의 생산성이 급격히 올라가면서 토지소유에 대한 관심이 고조되고 지주제가 발달한 데 따른 것이다. 이는 토지를 매개로 한 사회관계가 조선사회의 실체를 형성하게 되었음을 말해주는 것이자, 지주 이하 땅 가진 사람이 실질적으로 이 사회를 지탱해나가는 기반임을 의미한다. 이에 따라 국가의 수

취도 점차 신분에 따른 인신지배로부터 토지에 대한 지배로 전환하는 추세에 있다.

대표적인 경우가 바로 대동법. 대동법은 일반백성이면 누구나 가가호호 부담해야 하는 공물을 없앤 대신 토지 가진 사람이 그 크기에 따라 대동미를 내도록 한 것. 1608년 광해군 즉위와 함께 경기도에 실시된 이래 100년만에 전국적인 실시를 봄으로써 이제 국가의 가장 큰 재정수입이던 공납이 토지에 대한 대동세로 완전히 전환되었다.

이와 함께 거론할 수 있는 것이 양역변통 논의. 임란 이후 모병제가 일반화되면서 군역은 점차 군포를 내는 군역세로 바뀌었는데, 이 과정에서 군역세는 일반 양인들만 부담하는 세금으로 고착되었다. 더구나 군포의 수취가 이중삼중으로 이루어지기도 하

또 수취과정에서 많은 폐단이 일어나 이를 개혁하자는 논의가 무성하다. 대표적인 경우가 신분에 관계없이 양반층도 군포를 내야 한다는 호포론과, 토지 가진 사람이 그 크기에 따라 군포를 부담하자는 결포론이 그것이다. 이런 논의도 그 맥락은 신분에 관계없이, 또 토지를 가진 사람이 군역세를 부담토록 하자는 점에서 수취체제의 변화를 주장하는 것이다. 1703년의 양역변통 논의에서는 결국 양인들이 일률적으로 군포 2필을 내는 것으로 결론이 났지만, 앞으로의 추세는 결국 신분에 관계없이 경제력에 따라 군역세를 부담하는 방향으로 전개될 전망이다.

수취체제의 이런 변화는 전후 농업생산이 빠른 속도로 발전하면서 지주제가 급속히 확대되고 소농민층이 몰락하는 등 농촌사회의 모순이 첨예화

제도개혁

되는 상황에서 정부가 일관되게 취해온 정책이어서 주목된다. 정부는 수취체제의 개혁을 통해 토지 등 실질적 경제력이 있는 층이 세금을 부담토록 함으로써 국가재정의 안정도 기하고 소농민들의 부담도 줄여주자는 입장. 그러나 이에 대해서는 토지제도 개혁 등 보다 근본적인 개혁정책이 취해지지 않는 한 농촌사회를 안정시키기는 어려울 것이라는 여론도 만만치 않다. 어쨌든 이러한 사회적 변동과 국가체제

의 개편에 대해 학자들은 이구동성으로 "이제 조선이 신분적·인신적 지배에 바탕을 둔 기존 중세국가의 틀을 벗어나 경제관계에 기초한 새로운 국가체제로 변화하는 조짐을 보이는 것"이라고 진단하고 있다. 또 대동법의 실시 등은 공인자본의 상업활동이 활발해지는 등 중세사회의 틀을 해체시켜나가는 방향으로 사회 전반의 변화를 추동할 것이라고 그들은 지적하고 있다.

관련기사 3면

## 서인, 정권 재탈환

### 갑술환국, 장희빈 내쫓고 남인 축출
### 막대한 자금 동원한 금력의 승리

1694년(숙종 20) 4월 국왕 숙종은 돌연 왕비 장씨를 희빈으로 강등하고 이어 남인계 집권세력 우의정 민암과 이의징에게 사약, 영의정 권대운, 좌의정 목내선, 왕후 장씨의 동생 장희재 등은 유배조치했다. 반면 영의정에 남구만, 좌의정에 박세채, 우의정에 윤지완 등 서인 중 특히 소론계 중심으로 새로이 조각을 단행하고 지난 기사환국 때 처벌받은 서인들을 대거 복위시켰다. 이에는 서인의 거두로 지난 1689년에 사망한 송시열도 포함될 것으로 알려졌다. 아울러 지난 1689년 기사환국 때 평민으로 강등된 폐비 민씨를 왕비로 복위시킨다고 발표했다. 이번 갑술환국으로 정국 주도권은 다시 남인에게서 서인에게로 옮겨가게 됐다.

한편 이번 사건은 서인 노론계의 김춘택, 소론계의 한중혁 등이 폐비 민씨를 복위시키려는 음모를 꾸몄다는 혐의로 체포돼 조사를 받고 있던 긴박한 순간에 일어난 것이어서 그 배경에 대한 의혹이 분분하다. 김춘택과 한중혁

을 문초한 한 조사관에 의하면 서인측의 역모음모는 어느 정도 사실이었으며 그 전모가 드러나게 되자 서인측이 서둘러 공작을 추진, 한발 앞서 숙종을 설득하는 데 성공한 것이라고 말했다.

이 조사관에 의하면 서인측은 두 갈래로 역모를 진행시켜왔는데, 하나는 장희빈의 아우이자 총융사로서 정가의 실세인 장희재를 매수하여 서인과 남인이 공존하는 타협안을 이끌어내는 것이었으며, 또 하나는 최근 숙종의 총애를 받고 있는 후궁 숙빈 최씨에게 접근해 그녀를 통해 숙종이 남인에게서 멀어지도록 공작을 펴는 것이었다고 한다. 이 두 과정 모두에서 엄청난 자금이 동원된 사실이 밝혀졌으며 자금원은 서인측과 연결된 중인과 상인인 것으로 추정된다고 했다.

정가의 한 소식통은 이를 두고 앞으로 정치가 자금력에 의해 좌우될 것을 예고하는 것으로, 이전과는 판이한 현상을 주목해야 할 것이라고 말하고 있다.

관련기사 2면

### "장희빈 극형"
#### 국왕, 직접 사약 내려
#### 인현왕후 저주행위 문제

1701년(숙종 27) 갑술환국으로 다시 희빈으로 강등된 장씨에게 사약이 내려졌다. 장희빈은 자신이 기거하고 있는 취선당 서쪽에다 신당을 설치하고 민비가 죽기를 기도해온 사실이 드러나 조사를 받았다. 국왕은 사약 전교에서 "희빈 장씨는 중전을 미워하고 원망하여 남몰래 모해할 것을 도모하였으며 신당을 짓고 무당을 불러들여 밤낮으로 방술하고 저주하여왔다. 이를 지금 처단하지 않으면 뒷날에 세력을 얻게 되었을 때는 국가의 걱정이 실로 형용하기 어려울 것이다. 이제 내가 종묘사직과 세자를 위해 부득이 이런 조치를 내리는 것"이라고 말했다. 남구만을 비롯한 소론 대신들을 중심으로 세자를 위해서 사약만은 안된다고 만류했으나 국왕은 막무가내로 취선당 앞뜰에서 비극적인 사약 하사를 직접 집행했다.

## 밀무역 '책문후시' 양성화
### 세금 내면 합법적으로 무역 가능

1707년(숙종 33) 정부는 압록강 건너 청나라의 봉황성 책문에서 공공연하게 이루어져오던 밀무역을 양성화하기로 했다. 이에 앞서 의주부윤은 "책문에서 후시(後市:밀무역)가 극성을 부려 이들을 일일이 조사, 처벌하는 것이 어렵다. 차라리 이들로부터 세금을 받아 운향고(군량미 창고) 자금에 보내는 것이 더 낫다고 판단된다"고 보고한 바 있다. 이번 조치로 상인들은 앞으로 의주부에 세금만 내면 합법적으로 청나라 상인과 무역을 할 수 있게 됐다.

최근 민간 상인들의 책문 밀무역은

거래 품목수가 수천 가지에 이르고 거래량은 10만 냥에 이를 정도다. 그러나 공식적으로는 청을 왕래하는 사절을 통한 관무역인 사행(使行)무역과 정부의 엄격한 통제 아래 연중 한두 차례 열리는 개시(開市)무역만이 허용되고 있다. 이러한 관무역체제에서는 사절을 수행하는 통역관인 역관들이 주로 무역업무를 담당해왔다. 그리고 의주나 개성의 민간 상인들은 이들 사행무역에 빌붙어서 단속의 눈을 피하는 이른바 여마제(餘馬制)나 연복제(延卜制)를 이용해왔다.

관련기사 2·5면

## 노·소론 대립 속 "신임사화"
### 경종, 소론측 '역모' 주장에 노론 대숙청

1721년(경종 1) 숙종이 승하하자 뒤이어 즉위한 경종은 노·소론의 극렬한 대립 속에 결국 노론을 대거 축출하고 소론에게 정권을 맡기는 신임사화(辛壬士禍)를 일으켰다. 경종은 선왕 숙종의 대리청정 시절부터 몸이 허약하고 성격이 우유부단해 노·소론 양측의 대립을 제대로 제어하지 못해왔다. 그러나 즉위한 후 노론측에서 경종의 배다른 동생인 연잉군을 세자로 책봉하고 나아가 대리청정까지 시키려

하자, '왕권 교체를 기도한 역모'라는 소론측 공격을 받아들여 김창집·이건명 등 170여 명의 노론세력을 숙청했다.

노론과 소론이 각기 송시열과 윤증을 영수로 받들며 사사건건 대립해온 것은 주지의 사실이다. 이번 신임사화 역시 이를 두고 누가 충(忠)이고 누가 역(逆)이냐 하는 논쟁거리가 될 전망이다.

관련기사 3면

# 역사신문

## 새는 좌우의 날개로 난다

### '붕당정치의 틀' 깨지 마라

지금까지는 각 정치세력이 붕당을 중심으로 결집되어 상대방의 존재와 비판을 인정하고 건전한 정책대결을 벌이는 붕당정치에 의해 정국이 비교적 안정되어왔다. 붕당정치는 현실사회의 모순에 본질적으로 대처하지 못한 한계가 있지만 이전에 비하여 정치에 참여하는 세력의 폭이 커졌다는 점에서, 또한 당파간의 견제와 균형을 통해서 정치의 활성화를 가져왔다는 점에서 진일보한 정치형태로 평가받고 있다.

그러나 오늘날의 정치현실은 당파간의 극렬한 대립 속에서 이러한 붕당정치의 기본적인 틀이 깨져나가고 있음을 확인할 수 있다. 지난번 경신년의 환국에 서인이 정권을 잡았을 때는 윤휴, 허적 등 남인의 거두들이 죽임을 당하였고 기사년의 환국에는 송시열 등 서인세력들이 죽임을 당하였다. 그리고 또다시 갑술환국으로 정권을 잡은 서인은 남인을 재기불능의 상태로 만드는 더 큰 보복과 살륙을 자행하였다. 이제 정치권의 평화는 깨어지고, 혼란과 무질서가 계속되고 있다.

이러한 정치행태는 붕당정치의 기본틀에서 크게 벗어난 것이고, 붕당정치의 기본정신을 무시하고 말살하는 것이어서 뜻있는 사람들의 깊은 우려를 자아내게 하고 있다. 그들은 스스로의 당이 유일한 군자당이라고 주장하면서 다른 당을 소인당으로 몰아 그 존재 자체마저도 인정하려들지 않고 있다.

그러나 군자당과 소인당의 구분을 자의적으로 설정하는 것은 자기모순이다. 군자당과 소인당이 구분되는 것은 건전한 정책대결과 경쟁 속에서 자연스럽게 판명될 수 있는 것이지 아전인수격으로 판단할 문제는 아니기 때문이다.

결국 붕당정치가 붕괴되고 나타난 이러한 일당독재적 정국운영으로 정치는 건전한 비판이라는 견제장치가 제거됨으로써 한쪽 날개를 잃은 새처럼 균형감각을 상실한 채 끝없이 추락해가고 있다. 극심한 정쟁 속에서 민생문제는 도외시되고 백성들은 도탄에 빠져드는 등 나라가 총체적 위기에 빠져들고 있는 것이다.

이를 타개할 방법은 과연 없는 것인가? 방법은 있다. 국왕이 개입하여 붕당간의 화해를 중재하거나, 아니면 완전히 붕당을 깨뜨리고 백성들과 나라를 위한 혁신적인 개혁정치를 과감하게 추진하는 것이다. 이 모두가 강력한 왕권을 전제로 한 것이다. 그러나 이를 위해서는 기득권층과 보수세력의 반발 등 넘어야 할 산이 너무 높고 힘난하기만 하다. 그렇지만 나라의 장래를 생각하고 백성을 위한 정치를 펴나가기 위해서는 피해갈 수 없는 신입에는 틀림없다.

## 그림 마당
### 이은홍

## 반복되는 환국 정치의 배경

## 오직 승패만 있는 서·남인 사이의 정치투쟁 "그 끝이 안보인다"

세 차례에 걸친 이른바 환국(換局) 사태는 서·남인간의 권력투쟁이 극한으로 치달아 일당이 정권을 독점하는 붕당정치의 극단화 그 자체였다. 붕당정치의 연원을 살펴보면 멀리는 성종 때 훈구세력과 사림 사이의 당쟁을 들 수 있고, 가까이로는 당시 정치의 주도세력으로 확고한 위치를 차지한 사림이 선조 때 동·서로 분당된 것을 들 수 있다. 그러나 숙종 대에 들어와 전개된 환국정치는 그 이전과는 확연하게 다른 모습을 보여줬다. '죽기 아니면 살기'의 극한 투쟁으로 한번 환국이 일어날 때마다 상대파는 철저히 보복당해 정가에서 전멸당했던 것이다.

정치가 왜 이토록 극한으로 치달게 된 것일까? 지난 현종 때의 이른바 예송(禮訟)에서 서인과 남인이 대립한 것은 서인의 신권(臣權)강화 입장과 남인의 왕권강화 입장의 차이에서 비롯됐다는 것은 이미 지적한 바 있다. 이후 두 정파간의 대립은 사회모순의 해결에 대한 입장의 차이가 내재되어 있는 가운데, 정치권력의 장악을 둘러싼 극단적인 대결의 양상을 띠고 전개되고 있다. 그래서 지금은 서로가 모든 방법을 동원해 승리를 확고히 하고 영구화하려는 관성만이 작용하고 있다. 그리고 이 관성은 일정 시점에 이르면 왕권에의 위협 요소로 전화되어 오히려 국왕이 등을 돌려 상대파에게 기울도록 강제하는 것이다.

첫번째 환국인 경신환국에서 병권(兵權)이 핵심쟁점이 된 것이 바로 이를 잘 보여준다. 남인은 권력의 물리적 기반인 병권을 장악함으로써 항구적인 승리를 쟁취하고자 했으나, 이는 역으로 국왕으로 하여금 더 이상 남인의 독주를 방치할 수 없다는 자각을 하도록 자극했던 것이다. 두 번째 기사환국 역시 서인측의 장희빈 견제는 사실상 그녀와 결탁하고 있던 남인을 겨냥한 것이었지만 이는 동시에 왕권에 대한 지나친 간섭이기도 해서 국왕으로부터 철퇴를 맞은 것이다. 이번 갑술환국도 똑같은 패러다임의 반복이다. 남인측이 서인세력의 움직임을 사전에 철저히 차단하려고 하자 국왕은 오히려 남인으로부터 등을 돌린 것이다.

이렇게 환국정치는 기본적으로 서·남인세력 사이의 권력투쟁이지만 이는 국왕이라는 매개를 통해서만 진행될 수 있었다. 그리고 이제 국왕의 위상은 집권 초에 비해 점점 더 커지고 있다. 아울러 서인이나 남인 모두 내부로부터 이런 식의 환국정치는 결국 모두를 공멸하게 할 것이라는 위기의식이 입지를 넓혀가고 있다.

## 책문후시 왜 양성화했나

## 더 이상 막을 수 없는 이윤동기
### 급성장한 민간무역에 대한 정부의 통제포기선언

이번의 책문후시 양성화조치는 정부규제의 틀을 훨씬 넘어 성장해버린 민간무역에 대해 정부가 사실상 통제 포기선언을 한 것이라고 볼 수 있다. 이는 무역을 엄격한 국가관리 아래에 두어왔던 전통적 정책의 변화를 예고하는 것으로 앞으로 경제계에 미칠 여파가 클 전망이다.

기존의 주된 무역 방식은 중국과의 사대(事大)관계를 매개로 이루어지는 이른바 사행(使行)무역이었다. 1년에 서너 차례 중국에 사절을 파견해 조공(朝貢)의 명목으로 우리측 물품을 전달하고 하사의 명목으로 답례품을 받아왔던 것이다. 이때의 거래물품은 대개 왕실 수요품이었기 때문에 민간 수요에 대한 공급은 사절단을 수행하는 역관들에 의해 부수적으로 이루어져왔다. 그러나 이것으로는 늘어나는 민간수요를 충족시킬 수 없었다. 그래서 생겨난 것이 이른바 개시(開市)였다. 정부관리의 입회하에 품목과 수량을 엄격히 제한해서 이루어진 민간무역이었다. 지난 1600년대 중반부터 시작된 두만강변의 회령개시, 경원개시 그리고 압록강 상의 섬에서 이루어진 중강개시가 그것이다.

그러나 이러한 개시장으로 쇄도한 민간무역의 열풍은 이곳에 대한 정부의 규제를 무력화시켜 개시는 사실상 무법천지가 돼버렸다. 중강개시는 1648년 처음 열자마자 우리측 상인 2백수십 명이 참가했으며, 교역량은 한번에 소 2백 마리, 다시마 1만 6천 근, 해삼 2천2백 근, 면포 4백 필, 백지 8천4백 권, 소금 3백 섬이나 되는 대규모였다. 중국측 상인도 증가하여 최근 회령과 경원의 경우 600여 명의 중국 상인들이 1천 마리가 넘는 말, 소, 낙타 등을 몰고 와서 80일 이상 머무는 대규모 교역장이 되었다. 지난 1700년 정부가 중강개시를 폐지한 것은 이렇게 대규모화되면서 정부규제가 사실상 불가능해졌기 때문이었다.

정부가 아무리 벽을 두른다 해도 상인들은 이익이 있는 한 구멍을 뚫게 마련이다. 면포 1필 값이 국내에서는 쌀 1말인데 중국과의 무역에서는 20여 말이고 은, 구리, 주철 등도 국내에서보다 10배의 이익이 있다면 상인들을 막을 방법은 없다. 최근 책문에서 이른바 후시(後市)가 번성한 것은 바로 이런 이유 때문이다.

이러한 맥락에서 볼 때 이번 정부 조치가 민간무역에 활기를 불어넣을 것은 틀림없다. 그러나 역관층은 이번 조치로 기득권을 잃게 됐기 때문에 불만이 많은데다 이들은 정부 고위층과 연결돼 있어 이번 조치가 영구적일 것이라는 예측은 할 수 없는 실정이다.

## 시사 칼럼　조선 하늘을 뒤덮고 있는 소중화 망령

서인이 재집권하면서 다시금 숭명(崇明)의리론이 강화되고 있다. 대보단을 설치하고 명의 황제를 위해서 제사를 지냈다. 숭명의리론자인 송시열의 유지를 잇는 것이라고 한다. 물론 서인 노론의 영수인 송시열이 부인에게 평상시 명 의복을 입도록 할 정도로 철저한 숭명의리론자라는 점은 다 아는 사실이다.

그러나 역사 속에서 우리가 명과 맺어온 관계는 이것과는 차원이 달랐다. 우리가 한족이 세운 명나라와 사대관계를 맺어온 것은 분명한 사실이다. 강대한 이웃 국가를 옆에 두고 있는 우리로서는 자기보존책으로 사대주의를 표방하는 것도 하나의 고등 외교정책이었다. 그런 의미에서 이를 주체적 사대주의라고 부를 수도 있을 것이다.

그렇다면 지금 중국을 새롭게 장악한 여진족이 세운 청에 대해서 우리는 어떻게 대해야 하나? 논리적으로 보자면 명이나 청이나 중원을 장악한 강대국이므로 동일한 외교정책을 펴야 맞을 것이다. 그러나 현실은 그렇지 않다. 명은 중화이고 청은 오랑캐이기 때문에 오랑캐에게는 사대를 할 수 없다는 것이다. 얼핏보면 이러한 숭명의리론은 자주적이고 주체적인 것같이 보이지만 실은 과거에 집착해 현실을 못보는 퇴행적 사대주의에 불과한 것은 아닌가. 이들은 중화와 오랑캐라는 것은 지리적인 구분이 아니라 문화적인 구분이고, 우리는 중국의 중화문화를 일찍이 수용하여 오랑캐의 상태에서 벗어났기 때문에 한족의 나라 명이 멸망한 지금 중화문화의 적자는 바로 조선이라는 논리를 펴고 있다. 바로 '소중화론'이다. 명이 멸망한 이후에도 명에 대한 짝사랑은 꺼지지 않고 소중화의 망령으로 살아남아 조선을 뒤덮고 있는 것이다.

그러나 비록 청이 오랑캐가 세운 나라지만 중국의 선진문물을 흡수해 빠른 속도로 성장하고 있는 지금, 그들을 오랑캐라고만 하며 계속 멸시의 눈으로 바라보는 것이 온당한 일일까. 이러다 또다시 삼전도의 굴욕이 되풀이돼 국왕이 그들 앞에 무릎꿇고 백성들이 줄줄이 붙잡혀 갈 경우, 그들 숭명의리론자들이 한점 화살이라도 돼 적진으로 날아가거나 할복자결이라도 하는 모습이 상상이 안되는 것은 왜일까.

## 나라 다시 만들기 100년을 돌아본다　　각 부문별 결산과 정책과제

### '조세제도 개편 통한 사회 안정 도모'가 그간의 정책기조
### 토지, 조세제도의 근본적 개혁 주장 거세 … 신분제도 변동 조짐

임진란 이후 지난 100여 년 동안 조선사회는 사회 각 분야의 비약적인 성장 속에 크게 변동하고 있으며, 이에 따라 사회적·정치적 갈등 또한 증폭되고 있다. 이러한 사회적 갈등을 어떻게 해결할 것인가를 둘러싸고 당파와 이해관계에 따라 여러 의견이 대립하고 있다. 이런 동향 속에 정부정책은 일관되게 조세제도의 개편을 통해 사회안정을 기하려는 쪽으로 방향을 잡아가고 있다. 각 부문별로 문제의 성격과 다양한 개혁주장, 정부정책의 방향 등에 대해 점검해본다.

**농업정책** 두 차례의 전쟁으로 인한 농촌경제의 파괴와 이에 따른 국가재정의 위기를 타개하기 위해 농업생산을 증대시키는 것이 정부의 최대의 정책과제였다. 정부는 각 궁실과 관청이 궁방전·관둔전을 설치하여 지주제로 운영하여, 농업부흥을 위해 재정난을 덜게 하고, 재력 있는 지주들에게 그동안 묵힌 땅이나 황무지를 개간하여 농업생산을 늘리도록 하였다. 또 농서를 보급하여 이런 노력을 측면에서 지원하였다. 그러나 그 결과 지주제가 급속히 확대되면서 광범한 소농민층이 토지를 잃고 유랑하는 등 사회불안의 근본요인이 되고 있다. 이는 광범한 소농들을 기반으로 삼아 존립하고 있는 조선 봉건사회를 근본적으로 뒤흔들고 있기 때문이다. 이런 사회적 모순에 대해 유형원 등 남인계열의 일부 진보적인 학자들은 균전제 실시 등 토지개혁을 통해 국가체제를 근본적으로 바꿀 것을 주장하지만, 이는 노론 지배세력 등 양반지주층이 지배하는 사회구조를 근본적으로 바꾸는 것이라서 정책으로 수용되지 못하는 실정이다.

**조세정책** 조세제도는 봉건국가의 재정을 지탱하는 근간. 국가운영은 이의 운영에 따라 그 성패가 좌우된다.

지주제 확대로 소농경제가 피폐해져 농민층이 더 이상 공물과 군역을 감당하기 어려워지고 농민들이 유리도산하게 되면서 국가운영에 위기가 발생한 것. 이는 사회안정과 국가재정 문제를 해결하기 위해서 정부가 어떻게든 대책을 강구해야 할 핵심사항이다.

그래서 가가호호 농민들이 납부하던 공물을 폐지하고 그 부담액을 토지소유자에게 소유면적의 다과에 따라 부담하도록 하는 대동법을 실시했다. 이런 이유로 대동법의 실시는 당연히 지주층의 강한 반발을 샀다. 그러나 사회모순의 근간을 이루고 있는 토지제도를 개혁할 수 없는 봉건정부로서는 조세제도라도 개혁하는 선에서 사회안정을 추구해야 했고, 그런 이유로 대동법은 지속적인 노력으로 전국적 실시를 보게 되었다.

군역의 부담은 모병제가 일반화되면서 일반백성들이 군대 가는 대신 군포를 납부하게 되었는데, 이를 징수하는 과정에서의 여러 가지 폐단으로 백성들에게 아주 큰 부담이 된 것. 정부 일각에서는 이의 개혁을 둘러싸고 신분에 관계없이 집집마다 군포를 내는 호포제가 제기되었다. 그러나 이 개혁안도 신분제의 문란을 우려한 양반층의 강력한 반발에 부딪혀 결국 16~60세의 양인들만 군포 2필을 내는 것으로 낙착. 그러나 이 부담도 너무 커 이를 감하기라도 하자는 움직임이 있어 곧

그렇게 개편될 것으로 예상되며, 장차는 조선사람 누구나 군포를 내는 방향으로 바뀔 전망이다.

조세제도의 문제에 대해서도 보수적인 인사들은 제도의 개혁보다 운영의 묘를 기할 것을 주장하는 반면, 개혁적인 인사들은 보다 근본적인 제도의 개혁을 강조하고 있는데 정부정책은 이를 절충하는 방향에서 이루어지고 있다. 어쨌든 조세제도의 이러한 변화는 결국 봉건국가의 기반이 신분제에 따른 인신적 지배로부터 점차 경제관계에 의한 지배로 전환하고 있음을 보여주는 것이다.

**상공업정책** 임란 이후 농업생산이 비약적으로 증가하면서 유통경제 또한 날로 발전하고 있다. 이에 대해 정부는 화폐를 유통시킴으로써 상업을 활성화시키고 국가재정도 보충하자는 입장이다. 이는 유통에서 발생하는 이익은 국가가 장악한다는 전통적인 상업정책을 답습하는 가운데 사회적으로 경제의 총량이 늘어난만큼 이의 원활한 유통을 촉진하겠다는 정책인 것이다.

**광업정책도** 설점수세제의 도입에서 나타나듯이 국가가 자본을 투자하여 광산개발을 촉진하고 이를 통해 국가재정을 보충하려는 정책을 추진하고 있다. 상공업정책의 이러한 변화는 경제발전에 따라 일정하게 상공업을 활성화시키되 그 이익을 봉건정부가 장악한다는 기본정책을 견지하는 것이다.

> **각 정파의 입장** 국가체제의 개혁에 대해 개별 정치가들의 견해는 사안에 따라 다양하다. 그러나 각 당파와 학통에 따라 대체로 서인 노론세력들이 보수적인 편이며 남인세력이 진보적인 입장을 취하는 경우가 많다. 남인들의 경우 조세제도의 개혁과 상공업 진흥을 주장할 뿐만 아니라 토지제도까지도 개혁하여 농민경제를 안정시킬 것을 주장하는 경향이 많다. 반면에 서인 노론측은 지주제는 유지하는 바탕 위에서 조세제도의 개혁을 통해 농민경제를 안정시키자는 것이다. 이러한 정책적 입장의 차이가 결국 정치권에서 대립의 배경으로 작용한다는 것이 학계의 공통된 지적이다.

## 노·소론 분당의 기원과 정치적 맥락

### 주자 정통론 시비로 분당 … 논쟁의 근저에는 정치논리 깔려 있어

서인이 두 파로 선명하게 갈리고 있다. 이는 스승 송시열과 제자 윤증 사이의 감정싸움으로 보이기도 하고, 좀 더 점잖게 본다면 주자 정통론을 둘러싸고 벌인 논쟁의 연장선으로 보인다.

송시열은 지난 1680년 경신환국 때 남인측 윤휴를 사문난적(斯文亂賊)이라 하여 격렬하게 공박한 바 있다. 주자 정통주의에서 일탈하여 스스로 "주자를 뛰어넘었다"고 주장하는 윤휴는 거짓 학문으로 세상을 어지럽히는 자로 도적과 다름없다는 것이다. 이후 송시열은 스스로 주자 정통주의의 사도가 돼 모든 학자들의 사상 검열을 자처하고 나섰다. 자신이 바로 주자의 계승자이기 때문에 자신에 이의를 제기하는 자는 곧 주자에 반대하는 비정통으로 몰아붙였다.

얄궂게도 가장 크게 걸려든 사람이 바로 그의 애제자 윤증이다. 송시열과 윤증 사이에, 그리고 그 각자의 제자들이 일렬로 줄서기를 하며 이른바 회니시비(懷尼是非:송시열과 윤증의 본거지가 각기 충청도 회덕과 이성이어서 그 첫자를 따온 것)가 일어난 것이다. 윤증의 부친 윤선거가 병자호란 때 강화 함락 당시 죽지 않고 살아남은 것에 대한 시비. 송시열이 윤증으로부터 부친 윤선거의 비문 써달라는 부탁을 받고 박정위 글로 답한 것에 대한 시비. 최근 간행한 『주자대전』이라는 책을 윤선거가 집필했느냐 안했느냐는 시비. 이 모든 시비들은 표면적인 것일 뿐이다.

진짜 핵심은 다른 데 있었다. 역시 핵심은 권력장악의 문제였다. 송시열측 노론은 주자 정통론에서 강경한 자세를 견지하는만큼 남인 등 비정통으로 낙인 찍은 정파의 정국 참여에 완강하게 반대한다. 주자의 가르침대로 붕당에는 군자당과 소인당이 있는데 소인당과 함께 국정을 논한다는 것은 있을 수 없는 일이니까. 한편 소론은 글자그대로 소장파이고 따라서 정치현실을 있는 그대로 보고 환국과 같은 악순환을 막아보자는 생각을 한 것은 소론다운 일이다. 경신환국 당시 남인에 대한 씨말리기 숙청에 우려를 표명한 것. 갑술환국 때 차기 국왕의 모친일 수밖에 없는 장희빈이기에 극형에 처하는 것은 곤란하다고 한 것. 이 모든 주장이 현실정치에서는 있을 수 있는 주장이고 나름으로는 국정에 대한 충정에서 나온 것이다. 그러나 노론의 잣대로 보면 이는 국왕을 싸고돌며 주자 정통을 멋대로 훼손한 남인들의 짓거리와 다를 바 없는 행동이다. 더욱 중요한 것은 이러한 주장이 먹혀들 경우 노론의 정치적 입지는 타격을 받게 된다. 회니시비가 언뜻 보기에 사소한 일을 가지고 지루하게 진행된 듯 보이지만 그 근저에 이와 같은 냉철한 정치적 계산이 깔려 있었기 때문이다.

**◆조선 만화경 2**

지금 우리는…

이 바구

공물 내! / 냅세 없어요! / 펑! 파~박! / 진짜로 없네! / 걷을게 겨우 요게냐? / 겨우… 요건가? / 조세수입이 겨우 요거드뇨? / 부농은 점점 면역 대상인 양반층으로 편입해가고… / 빈농·소농은 아예 파산해버리니, 역불급 입니다. / 개혁의 속도를 당겨야겠다! / 나, 양반 됐어 / 세금~!? / 세금… 엥, 빈집이네!! / 공명첩 / 건국후 300여년, 임란후 100여년이 지난 오늘날 이대로는 안된다. / 다함께 잘 살자는 대동의 의미를 살린 대동법을 전국적으로 실시하라! / 땅 많이 가진자 세금도 많이 내 지어다!! / 양인의 군역무 일괄 2 필라!! / 이제는 신분이 아닌 경제력에 따라 세금을 걷겠다. / 백성으로서 소감 한마디! / 시대가 변한 만큼 당연한 결과죠! / ~겨우 / 문제는 부익부 빈익빈인데, 이러한 불균형을 해소할 만한 자율기구가 있었음 합니다. / 예를 들면? / 의적패나 활빈당 같은 시민단체죠! / 실례지만 성함이… / 나?! 장길산 이요!!

### 국왕, 대보단 짓고 명 신종·의종에 제사
#### "우리의 정신적 지주는 사대와 의리"

**1704년(숙종 30)** 명이 멸망한 지 환갑년이 되는 해를 기념해 창덕궁 후원에 명의 신종과 의종을 위해 대보단(大報壇)을 짓고 국왕이 제사를 올렸다. 신종은 임진왜란 때 우리에게 원군을 파병해주었고 의종은 명 멸망 때 자결한 마지막 황제다.

석 달에 걸친 공사 끝에 완공된 제단은 가로 150척(45m), 세로 25척(7.5m), 높이 5척(1.5m)으로 바닥에서 단까지 4개의 계단을 두고 있다. 명칭은 신종의 은혜에 보답한다는 의미에서 대보단으로 했고, 제사는 매년 2월 상순에 지내기로 했다. 위패는 '대명신종황제'로 해 명의 국호를 명시했으며, 제례는 임금이 친제함을 원칙으로 하되 부득이한 경우 중신들이 대신하게 했고, 제물은 황우를 쓰도록 결정했다. 제사 방법은 단을 세

우고 천자가 하늘에 제사지내는 방식으로 의식을 거행하기로 했다. 이렇게 천자를 대신하여 제사지내는 것은 조선이 중화의 진정한 계승자임을 자처한 소중화(小中華) 의식에서 나온 것이다.

정가에서는 이번 대보단 설치가 숭명의리론을 끊임없이 주장해온 서인 노론이 정권을 장악한 후 자신들의 승리를 재확인하고 자신들의 이념적 정당성을 국왕에게 강요하려는 의도에서 비롯된 것으로 본다. 특히 지난 기사환국 때 죽임을 당한 송시열의 정치적 복권과도 무관하지 않은 것으로 보고 있다. 송시열은 생전에 비밀리에 이 두 황제에 대한 제사를 지내왔고 그가 기사환국으로 죽자, 제자 권상하가 그의 유지를 받들어 그곳에 만동묘를 짓고 제사를 지내왔다.

## 사람과 사람

### 희빈 장씨와 인현왕후

지난 1701년 8월 인현왕후가 다시 복위된 기쁨을 누릴 사이도 없이 병마와 싸우다 죽고, 연이어 10월 그녀와 악연을 맺어온 장희빈이 사약을 받아 죽었다. 생전에 그토록 악연으로 맞서 온 두 여인이 저승길에는 동행하게 됐으니 인생이란 참으로 묘한 것이다. 두 여인의 기구한 삶을 되돌아본다.

▲ 희빈 장씨 : 장안 제일의 갑부라는 역관 장현의 조카. 역시 역관인 아버지 장형과 어머니 윤씨 사이에 태어났고 본명은 장옥정. 아버지는 일찍 여의었다. 숙부 장현은 조카딸 장옥정의 미모와 총명함을 아껴 극진한 도움을 주었다. 장현은 인조, 효종 양대에 걸친 역관으로 병자호란이 끝나고 봉

림대군의 수행원으로 심양으로 가 청나라와의 외교에 많은 공을 세웠다. 그후 청나라를 드나들면서 사무역을 통해 엄청난 재산을 축적하여 한양 최고의 갑부라는 명성을 쌓았다. 그는 평소에 남인과 교분을 가지고 있었고 이러한 배경을 통해서 장옥정을 궁녀로 입궐시켰다.

궁녀로 들어간 장옥정은 숙종의 총애를 한몸에 받아 1686년에는 숙원, 1688년에는 소의가 되었고, 마침내 왕자 균을 낳았다. 마침 인현왕후에게는 후사가 없어 국왕은 1689년 정월 균을 세자로 책봉하고 장옥정을 희빈으로 승격시켰다. 이어 세자책봉에 서인이 반대하고 나서자, 전격적인 기사환국

을 단행함으로써 남인이 집권하게 된다. 그리고나서 민씨를 폐위시키고 이어 희빈 장씨를 왕후에 봉하니 장씨의 전성시대. 중인 신분의 궁녀 장옥정이 국모가 된 것이다. 그러나 이번 갑술년환국으로 남인이 몰락하고 서인이 집권함으로써 장씨의 불행은 예고되고 있었다. 민씨는 왕후로 복위되고 장씨는 왕후에서 희빈으로 강등되는 대역전극이 펼쳐진 것. 장희빈은 재기를 위해 안간힘을 썼지만 무위로 끝나고 결국 사약으로 한많은 인생을 마감했다.

▲ 인현왕후 민씨 : 병조판서 민유중의 딸이자 송시열과 동문수학한 송준길의 외손녀. 당연히 서인의 절대적

인 지지를 받았다. 숙종의 첫 왕비 인경왕후가 자식을 낳지 못한 채 병으로 일찍 죽자 새 왕비 간택이 정가의 당면문제로 떠올랐다. 원래 왕비는 간택령을 내리고 복잡한 절차를 거쳐 선발하게 돼 있다. 그러나 외조부 송준길이 영의정에 있었으므로 예외적으로 경쟁없이 왕비로 간택. 게다가 그녀는 용모가 비할 데 없이 아름답고 사람됨이 총명하여 마치 한송이 백합 같았다는 평. 그러한 그녀에게 자식이 잉태되지 않으면서 불행의 그림자가 드리우기 시작했다. 왕실의 대를 이을 자식이 없다는 것은 국가적 문제였다. 그리고 이때 궁녀 장옥정이 등장한 것이다. 숙종의 총애가 장옥정에게 집중

되자, 인현왕후는 오히려 숙종에게 다른 궁녀를 간택할 것을 진언하는 이른바 이이제이(以夷制夷)의 전법을 구사. 그러나 숙종은 이렇게 해서 새로 들인 귀인 김씨마저 폐출하고 더욱 장희빈에게 기울었다. 그녀는 끝내 폐서인이라는 왕후로서 사형에 가까운 처벌을 받고 친정으로 돌아오는 치욕을 맛봐야 했다. 그러한 그녀에게 재기의 기회가 온 것은 두 여인의 운명이 어차피 서인과 남인의 권력투쟁에 연계돼 있기 때문이었다. 갑술환국으로 운명은 바뀌어 역사에 없는 왕후 복위와 함께 다시 숙종의 사랑을 받았다. 그러나 행복도 잠시뿐 병으로 몸져누워 다시 일어나지 못했다.

# 도적 장길산 일당, 도성 침입계획 적발

## 전현직 관리, 승려, 부호 등 다수 연루 … 대규모 조직 거사 모의
## 남인 관료, 서인세력 관련설 … 일부 정계 실세 관련 혐의 '내사중'

1697년 (숙종 23) 정월 10일 승려 운부가 8도의 승려들과 연결하고 장길산의 무리와 결탁하여 정씨를 세워 왕으로 세우고, 중국을 공격하여 최씨를 황제로 삼을 계획이라는 고발이 들어와 조정이 발칵 뒤집혔다. 의금부는 바로 다음날부터 사건관련자들에 대한 수사에 착수, 사건 전모가 드러나고 있다.

이번 사건에는 운부를 위시하여 옥여, 묘정, 도운, 원정, 도강, 월강 등 40여 명의 승려와 강계부사 신건, 전 군수 임동정 등의 전현직 관리, 지대호 엄준길 등의 부호와 그밖에 술사, 역사 등 50여 명이 연루된 것으로 밝혀져 그 규모가 크고 조직적인 것에 조정은 크게 놀라고 있다. 더구나 이번 사건에는 그동안 황해·평안·함경도 등지에서

종횡무진으로 활동하며 치안당국을 괴롭혀온 도적 장길산일당이 연루되어 있어 당국을 더욱 긴장시키고 있다.

수사당국의 조사에 의하면 이들은 평안도에서 거병하여 감사와 병사를 죽이고 양철평에서 모인 다음, 한 부대를 강화도에 보내어 유수를 죽이고 마니산에 대첩기를 세우면 한성이 물끓 듯할 테니 그 틈에 양철평의 대병을 몰아 한성으로 쳐들어갈 계획이었다. 또 이때 장길산부대 등은 함경·강원도 쪽에서 입경하고 한 부대를 호남·영남지방에 보내 이를 평정한다는 것이다.

이들은 전국 사찰의 승려들 가운데 사회개변을 꿈꾸는 승려들을 규합하고 장길산일당과도 연결을 꾀했을 뿐만 아니라, 사회현실에 불만이 많은 한성

의 서류층도 포섭할 생각이었던 것으로 알려졌다. 또 윤두서, 윤창서, 심세필 등의 남인 관료와 서인세력 등과도 친분관계가 있었던 것으로 드러나, 환국정치가 거듭되는 가운데 정계의 실세들과도 연결을 꾀하지 않았나 하는 혐의가 깊어지고 있다.

## 장길산 사건의 발생 배경

### 심각한 민생불안 지속돼 민심 흉흉 … '왕조 갈아엎고 중원 정벌'

전국의 승려와 장길산일당이 결탁 거병하여 한성을 침입하려 한 사건은 비록 고발에 의해 계획단계에 그친 것이지만 그 충격과 파장은 대단히 크다.

이번 사건은 농촌사회가 급변하면서 다수의 농민들이 땅을 잃고 쫓겨나 민생이 불안한데다, 잦은 흉년과 기근으로 민심이 흉흉해진 현실을 배경으로 하고 있다는 것이 공통된 지적이다.

그러나 이 사건은 그 규모가 이전의 여느 변란사건과 비교할 수 없을 만큼 크고 조직적인데다, 현실에 불만을 가진 전현직 관리와 한양의 서얼들까지 가담했다는 점에서 그 성격의 차이를 엿볼 수 있다. 더구나 주모자들은 정진인과 최진인을 내세워 왕조를 뒤엎고 중원까지 정벌하겠다는 뚜렷한 정치적

목표를 내세우고 있어 그 실현성 여부는 차치하더라도 변란의식이 분명했던 것으로 보인다.

특히 이들은 몰락양반 출신으로 변란을 생각하는 인사들이 승려가 된 경우가 많은 점을 생각하면, 그럴 법한 일이다. 환국정치 속에서 현실정치세력과의 연결도 도모했다는 점에서 정치 감각이 상당했던 것으로 알려졌다.

이렇게 볼 때 17세기 들어서 사회가 격동하고 모순이 쌓여가면서 우리 사회에는 왕조체제 자체를 뒤엎어 이를 넘어서겠다는 변란세력이 도처에서 커가고 있다는 점을 유의해야 한다는 것이 정치평론가들의 일치된 지적이다. 따라서 지금처럼 세상이 급변하면서도 사회적 모순이 정치권에서 원만하게

해결되지 못해 정치가 계속 불안하다면 이런 류의 변란사건은 빈발하리라는 것이 공통된 예측이다.

그러나 이번 사건의 주모자들이 현실사회의 모순에 불만을 가져 변란을 계획했으면서도 그 모순을 생활 속에서 짊어진 농민들의 힘을 규합하거나 농민들의 현실적인 요구를 수렴하여 사회개혁의 청사진을 마련하지 못한 점 등을 볼 때 그들의 지향이 봉건사회의 구조적 개혁과는 거리가 먼 것으로 평가되고 있다.

따라서 이런 류의 움직임은 현실적인 힘을 갖고 사회를 발전시켜가기는 어려울 것이라는 게 일반적인 전망이다.

### 장길산은 어떤 인물?

### 광대 출신, 조선 3대 도둑 중 한 명
### 국왕, 수차례 체포명령

이번 변란사건으로 전설적인 도적 장길산이 다시 한번 세상 사람들의 관심의 표적이 되고 있다. 장길산은 원래 광대 출신으로 곤두박질을 잘하고 용맹하여 일찍이 그 무리를 이끌고 유랑하다 도둑이 되었다.

소문에 의하면 승려 운부의 가르침으로 변란에 대한 생각을 키웠다고 한다. 그의 활동이 조정에 알려진 것은 1687년경. 황해·평안·강원·함경도 등지에서 관아를 습격하는 등 종횡무진 활동하면서부터. 처음 근거지는 구월산이었으나 관군의 추격으로 1692년에는 양덕 땅으로 숨어들었다. 조정에서는 그의 체포문제로 국왕이 수차례나 어전회의를 열었을 정도이다. 치안당국이 조선 제일의 칼잡이라는 포도청 장교 최형기를 보내 잡으려 하였으나 결국 실패. 그뒤로 함경도 서수라로 가서 그곳을 근거지로 활동하는 것으로 알려지고 있다.

그의 일당은 말장사꾼을 가장한 기병과 보병이 무려 수천 명에 이른다고 하며 인삼장사 등도 하여 활동자금을 충당한다고 한다. 세상 사람들은 그를 홍길동, 임꺽정과 함께 조선의 3대 도둑으로 치고 있다.

# 백두산 정계비 세워지다

## 조선-청 국경 분명히

1712년 백두산 2200m에 이곳이 청나라와 우리나라의 경계임을 나타내는 정계비가 세워졌다. 지금까지 조선과 청나라 두 나라 사이에는 자주 분쟁사건이 일어나곤 했었다. 즉, 거의 빈 땅이었던 백두산 부근에 인삼을 캐는 사람, 사냥하는 사람들이 자주 내왕하며 청나라 관리들과 충돌을 빚어 말썽이 되어 왔던 곳이다.

청나라에서는 올해 2월에 목극등을 보내 변경을 확인하려 하니 협조해달라는 공문을 우리 정부에 보냈으며, 4월에는 목극등 일행이 압록강을 거슬러올라와 후주에 도착하였다. 이에 우리 조정에서는 접반사 박권과 함경감사 이선부로 하여금 그들과 함께 답사하도록 하였다. 혜산진에서부터 산간 험지를 10일간이나 강행군하여 5월15일 백두산 천지에 이르게 되었으며 일행은 거기서 내려와 동남쪽으로 4km지점에 정계비를 세웠다. 이 비에는 대청이라는 두 글자를 머리에 크게 쓰고 그 아래에 "오라총관 목극등이 성지를 받들어 변경을 답사하여 이곳에 와서 살펴보니 서쪽은 압록이 되고 동쪽은 토문이 되므로 분수령 위의 돌에 새겨 기록한다"라고 새겼다. 이로써 조선과 청나라의 국경이 비로소 그어진 것이다.

# 삼남지방 양전사업 완료

## 면세전 크게 늘어 실제 토지결수 큰 차이

1720년 8월 삼남지방에 균전사를 파견하여 시작한 양전사업이 2년만에 마무리되었다. 그 결과 삼남지방의 총 경지면적은 66만여 결로, 전국의 경지면적을 합산하면 139만여 결로 나타났다. 이중 면세전을 뺀 실결수는 83만여 결로 집계됐다. 이처럼 대규모로 양전이 실시된 것은 인조 12년(1634년)에 실시된 양전 이후 85년만에 처음이다. 이전의 방식과는 달리 면세전을 제외한 실결전이라는 것을 감안하면, 임란전의 토지결수인 151만여 결에도 못미치는 수준이다.

한편 이번 양전의 실시 결과 토지대장에 올라간 토지결수에서 면세전을 뺀 실결수는 831,607결로 563,726결(전체 결수의 약 40%)이나 차이가 나는 것으로 드러나 심각한 문제가 되고 있다.

이같이 면세전이 많이 늘어나게 된 것은 면세전 자체의 증가에도 기인하지만, 양전과정에서 관리의 협잡이 개입되어 면세전이 아닌데도 면세전으로 책정되었기 때문이다. 더구나 아예 토지대장에도 오르지 않는 은결도 상당수 있어 더욱 문제가 되고 있다.

---

책문후시 양성화 조치를 계기로 살펴보는
## 밀무역의 이모저모

### 개시와 후시의 무역규모

#### 책문후시, 한 번에 말 1천 마리분, 10만 냥 규모 거래

국내에서는 면포 1필 값이 벼 1말에 지나지 않은 것에 비해, 중국과의 무역에서는 면포 1필에 20여 말을 바꿀 정도이다. 뿐만 아니라 은, 구리, 주철 등은 국내에서보다 10배의 이익이 있다.

이러한 사정으로 중국과의 무역규모는 날로 커져갔다. 1648년 중강개시의 경우 서울 상인 79명, 개성 상인 51명, 황해도 상인 21명, 평안도 상인 72명 등 총 223명이 참가하였으며, 교역품은 한번에 소 2백 마리, 다시마 1만 5천7백95근, 해삼 2천2백 근, 면포 3백73필, 포 1백75필, 백지 8천4백 권, 소금 3백10섬, 사기 3백30죽의 규모였다. 한편 개시무역에 참가하는 중국측 상인도 증가하여 북관개시의 경우 처음 열린 경우에는 15명 정도의 상인이 다녀갔으나, 몇 해 지나자 600여 명의 상인들이 1천 마리가 넘는 말과 소, 낙타 등을 몰고와서 80일 이상 머무는 대규모 교역장이 되었다.

그러나 가장 대규모의 교역이 이루어지는 곳은 책문후시이다. 사신 왕래에 따라 4~5차례 열리는 책문후시는 한 번에 대개 말 1천 마리분의 상품, 10만 냥 값어치의 상품이 교환된다.

### 사행무역 어떻게 이루어지나

#### 은이나 인삼 가지고 가서 물건으로 교환

원래 우리나라에서는 건국 초기부터 중국에 가는 상인들에게 은을 줘서 그것을 여비로도 사용하고 필요한 물건을 사오는 자금으로도 쓰게 하여 오다가, 15세기 중엽부터 중국이 조선의 홍삼을 더 선호하여 은 대신 인삼을 주어 보냈으며 17세기 초에는 매 사람당 인삼 80근씩을 가지고 가게 하였는데 이를 8포라고 불렀다(포는 꾸러미란 뜻이고, 10근을 묶어서 1꾸러미를 만들었으므로 8포라 함). 그후 다시 인삼 한 근을 25냥으로 환산하여 은 2천 냥을 가지고 가게 하였는데 이렇게 보내는 인삼과 은을 각각 포삼, 포은이라 한다.

정부에서 인정하는 공식적인 무역이 8포무역뿐이었다. 그리고 이외의 사무역을 엄격하게 규제하였다. 그러나 사상들은 이러한 사행을 사무역의 호기로 삼아 사무역을 행해왔다.

### 사상들의 밀무역 백태

#### 사신 먼저 보내거나 남은 말 이용해 상품 교역

원래 사행에 수행되는 인원은 엄격하게 통제되어 있었다. 중국에서도 인원을 파악하여 청 정부에 보고했을 뿐만 아니라 돌아오는 길인 의주에서도 엄격한 검사가 이루어지고 있었다.

그렇기 때문에 밀무역을 꾀하는 사상들은 노자, 마부, 역관과 결탁하지 않을 수 없다. 역관이 행차에 필요한 인원인 마부나 짐꾼, 세폐의 운반부들을 사상과 바꾸어버리는 것이 그것이다. 또한 사절들은 의주에 도착하면 의주에서 봉황성에 이르는 기간에 혹시 말들이 상하면 짐운반에 지장이 있으므로 빈 말을 미리 준비하여 가지고 가는데 이러한 말들을 여마라고 한다.

사상들은 이러한 여마를 이용해 많은 상품을 교역했다. 또한 상인들의 밀무역 때문에 사신 행차의 일정이 일부러 늦춰지는가 하면, 심지어는 아예 사신 일행을 먼저 보내고 상인들만 남아서 교역을 벌이기까지 한다.

정부는 이러한 밀무역을 단속하기 위해서 단련사를 파견하였으나, 이들이 오히려 상인들과 결탁하여 밀무역에 종사해 '단련사후시'라는 말이 생겨날 정도이다.

여기에 참가하고 있는 사상들은 개성상인(송상), 서울상인(경상), 의주상인(만상), 평양상인(유상), 안주상인 등인 것으로 알려지고 있다.

---

# "전국 1천여 곳에서 장시 성행"
# 정부, 장시 대응책 마련에 고심

농업생산이 급격히 발달하고 농촌사회의 분업이 촉진되면서 전국적으로 장시가 급증하는 가운데 정부에서는 이에 대한 대책 마련에 고심하고 있다.

정부의 최근 조사에 의하면 각 지방의 장시가 근래에 급격히 늘어나 경기 102곳, 충청 157곳, 경상 276곳, 전라 214곳, 강원 68곳, 평안 134곳, 함경 28곳 등 전국적으로 1,061곳에서 장이 열리는 것으로 알려졌다. 지방의 장시들은 각 고을에서 30~40리 간격을 두고 5일 간격으로 열리고 있는데, 보통 한 고을에 5~6곳에 장시가 있기 때문에 결과적으로 한 고을로 보면 한 달 내내 장시가 서는 셈이라고 한다.

정부의 한 당국자는 "황해도 곡산과 같은 산간고을에까지 장시가 서고, 말이 5일장이지 실제로는 한 달 내내 장이 서는 곳도 있는 실정이다. 장사로 재미보는 사람이 늘어나면서 농업을 소홀히 하게 되어 걱정"이라며 대책 마련이 시급함을 강조하였다. 그러나 정부에서도 현실적으로 장시의 폐지가 힘들다는 것을 인정하고 상인들의 판매상품의 종류를 통제하거나, 한 고을에서는 한 날 장시가 열리도록 하여 장시의 영향력을 최소화하기 위한 조치를 강구중인 것으로 알려졌다.

---

르포　　지방의 장시를 가다

# 사고 팔고, 흥정 붙이고 '시끌벅쩍'
# 고부군, 5일장이 다섯 곳에서 열려

마침 오늘이 13일이라 고부에서 장시가 열리는 곳은 두지장 한 곳이었다. 두지장에 나가보니 각종 곡식과 물고기·소금·종이·천·농기구 등 없는 것 없이 많은 물건이 있었다. 물건을 파는 사람들, 물건을 사는 사람들, 흥정을 붙이는 사람들로 요란했다. 물건을 사러 나온 60세의 김두칠씨를 만나보았다. 무엇을 사러 나왔느냐는 기자의 질문에 "잎담배하고 담뱃대를 사러 나왔지요. 농한기라 일도 별로 없고 해서 심심해 이것저것 구경차 나온 것이지요"라고 답했다. 고부군에는 장이 어떻게 서느냐는 질문에 "고부군에는 장이 다섯 군데가 있고 이것이 각기 5일장으로 서는데 장마다 날짜가 달라 거의 한 달 내내 장이 서는 셈이지요"라고 답했다.

잎담배와 썬 담배를 좌판에서 파는 이병식씨를 만나보았다. 여기에서는 장사가 어떤지 물어보았다. "저는 11일 고부 읍장에서 장사를 마치고 하루 쉰 다음 오늘 두지장에 나왔습니다. 읍장에서는 마수걸이(첫날 첫 거래)가 나빠서 장사를 망쳤습니다. 아, 글쎄, 아줌마가 담배를 사갔는데 동전 2냥을 깎는 거예요. 그러더니 역시 장사를 망쳤습니다. 오늘은 임산부가 물건을 샀으니 아마 잘 팔릴 것입니다. 우리 장사하는 사람은 마수걸이로 그날 운을 점치는 버릇이 있지요. 오늘 잘 팔고 내일 또 장문장으로 나가볼까 합니다"

그 옆에서 생선을 파는 김갑분씨에게 장세에 대해 물어보았다. 그는 "읍장과 공장에 따라 틀립니다. 읍장에서는 관청에서 직접 임명한 시장 감고나 시장 감세 같은 하급관리들에게 장세를 냅니다. 벌여놓은 물건이 차지한 면적에 따라 장세를 다르게 받습니다. 그런데 소량의 물건을 가지고 나온 우리 같은 아낙네들에게 장세가 너무 무겁습니다. 게다가 시장 감고나 감세가 농간을 부리는 경우가 있어 장세 외에 뜯기는 것이 많습니다. 두지장처럼 공장에서는 상인들이 선출한 도감고가 있어서 일정한 장세를 거둬 일부는 세금으로 관청에 내고 나머지는 시장관리에 씁니다."

---

### 장시가 만들어낸 유행어들

#### 생활의 일부가 된 장시, 언어생활까지 영향 끼쳐

최근 장시가 번성하면서 장시와 관련된 말과 속담들이 많이 생겨나고 있다. 언어생활에까지 장시는 이미 우리 생활 깊숙이 들어와버린 것이다. 요사이 세간에서 널리 쓰이는 장시와 관련된 말들을 살펴본다.

'남이 장에 간다고 거름지고 나선다' '남이 장에 간다고 하니 무릎에 망건 씌운다' '남이 장에 간다고 하니 씨오쟁이 짊어지고 따라간다'는 말들은 부화뇌동한다는 의미로 부정적인 의미를 담고 있는 말들이다. 그러나 이 말들 속에서 장시가 일반인들에게 얼마나 매혹적인 공간으로 느껴졌는지를 짐작할 수 있다. 장시는 누구에게나 기회만 생긴다면 가보고 싶은 곳이다. '양반 못된 것이 장에 가 호령한다' '중놈 장에 가서 성내기' '읍에서 매맞고 장거리에서 눈 흘긴다'는 말은 장시가 많은 사람이 일시에 모였다가 흩어지는 곳으로 익명성이 보장되는 공간임을 반영한다. 장시는 일반 사람들에게는 스트레스 해소의 공간이 되기도 한다.

이밖에도 '가던 날이 장날이라'는 말은 우연의 일치를, '늦은 밥 먹고 파장간다'와 '망건 쓰자 파장된다'는 준비하다 때를 놓치는 경우를, '볼 장 다 봤다'는 체념을, '파장에 수수엿이야'와 '파장에 엿가락 내듯'은 일을 대충 하는 경우를 빗대어 하는 말들이다.

## 이번 호의 인물 박세당

### 반주자의 기치 든 소론의 논객

살아생전에 다 키운 자식을 둘씩이나 앞세워 보낸 아비의 심정은 어떨까. 그것도 자신이 벌여놓은 정쟁의 소용돌이에 휘말려 맥없이 희생당한 경우라면 말이다. 소론의 논객 박세당은 가슴에 그런 한을 품고 정치를 뒤로 한 채 석천동에 은거하여 농사지으며 학문연구와 제자양성에 몰두해왔다. 그런 박세당이 74세가 된 지금 자신이 존경하던 남인 출신 이경석의 비문을 써주면서 송시열을 낮게 평가한 것이 꼬투리가 되어 노론세력으로부터 사문난적으로 몰려 있다. 문제가 된 것은 10여년 전에 그가 저술한 「사변록」에서 사서(四書)와 시경(詩經), 서경(書經)을 주자와 달리 해석했다는 것. 노론과 주자학만이 무성한 조선은 새로움과 변화를 추구하는 선비들에겐 참으로 척박한 땅인가 보다.

박세당의 사상은 확실히 주자학의 테두리를 훌쩍 넘어서 있다. 그는 유학자로서는 특이하게도 일찍부터 노장사상에 깊은 관심을 가졌고, 유학을 공부하면서도 주자의 말씀에 구애되지 않고 바로 공자와 맹자의 생각을 탐구하여, 그로부터 자신의 독창적인 사상을 확립했다. 그가 이처럼 반주자학적 생각을 갖게 된 것은 우주만물의 질서를 상·하·대소·수직의 차별적인 것으로 상정하여 반상과 빈부의 격차가 엄연한 봉건질서를 합리화하는 주자학 가지고는 피폐해진 백성들의 생활을 안정시킬 수 없다고 생각했기 때문.

또 그는 인간의 감각적 욕구를 배타시하는 주자의 견해에 반대하고 감각적 욕구를 중시하였으며 그런 생각에서 백성들의 생활문제에 깊은 관심을 가졌다. 그가 얼마나 백성들의 살림살이에 큰 관심을 가졌는가는 자신이 직접 농사를 지으며 이를 바탕으로 온갖 작물재배법과 가축·양잠 등에 대해 세세히 기록한 농서 「색경」을 보면 금방 느낄 수 있다. 아무쪼록 그가 얼마 남지 않은 여생을 편안하게 보낼 수 있게 되길 빈다.

본관은 반남. 1629년생. 호는 서계(西溪). 저서로 「사변록」과 「색경」이 있다.

### "복잡한 세금 계산 방정식으로 해결한다"

#### 수학자 홍정하, 「구일집」에서 해법제시

현물로 받던 세금을 쌀이나 돈으로 내게 하는 대동법이 시행되면서 각종 물품들을 어떻게 쌀이나 돈으로 환산할 것인가로 고민하는 사람들이 늘고 있다.

이에 수학자 홍정하는 「구일집」을 저술, 여러 가지 현물을 돈으로 계산하는, 복잡한 문제를 방정식으로 풀어내는 방법을 제시하고 있다. 이에 따르면 대동법 실시로 발생한 어려운 환산문제를 쉽게 해결할 수 있다는 것. 환산을 할 때에는 산가지(아래 사진)라는 나뭇가지를 이용하는데, 가지를 세로로 하나 늘어놓으면 1, 가로와 세로를 합치면 6, 가로로 놓으면 10을 나타낸다고 한다.

| I | II | III | T | TT | 一 | 丄 | 丄丄 |  |  |  |
|---|---|---|---|---|---|---|---|---|---|---|
| 1 | 2 | 5 | 6 | 9 10 | 20 | 60 | 100 | 200 | 1000 | |

산통과 산가지

### 시대를 앞서가는 자의 회한과 외로움

#### 윤두서의 그림세계

사람들은 눈빛 하나로 자신의 인생을 드러낸다. 눈빛이야말로 글이나 말로는 대변하지 못하는 인간내면의 세계를 절실히 나타내주기 때문이다. 여기 한 사람의 초상화가 그 사람이 살아온 인생역정을 일필로 보여주고 있다. 윤선도의 증손이기도 한 공재 윤두서의 초상화가 그 화제작이다.

기존의 초상화와는 달리 상투 위와 수염 아래쪽은 모두 생략하고 얼굴만 부상시키는 구도 자체가 파격적이다. 범상치 한 얼굴이 화면 전체를 가득 채워 마치 실물을 마주대하는 듯한 긴장감과 생동감을 준다. 비애와 분노가 담긴 강렬한 눈빛에 시선이 이르면 숨도 죽이지 않는 이가 없을 정도로 압도당하게 된다. 가느다란 붓으로 섬세하게 묘사한 턱주위의 수염이 같은 방향으로 있지 않고, 타오르는 연기처럼 사방으로 향하고 있음도 강한 인상에 한몫한다. 윤두서라는 인물은 과연 어떤 사람이었길래 이런 초상화를 남겼을까?

그의 집안은 윤선도라는 인물에서 알 수 있듯이 대대로 남인계열이었기에 계속되는 당쟁사 속에서 정치적 좌절을 맛볼 수밖에 없었다. 이 때문에 일찍이 과거를 포기하고 학문에만 전념하려 한 그에게 25세 이후 계속되는 친척과 동기들의 죽음으로 삶에의 피곤과 회한은 깊어만 갔다.

결국 가세가 기울어 온 집안이 해남으로 낙향하게 된다. 그곳에서 평소 관심 있던 실학과 그림에 온 열정을 쏟게 된다. 그는 실학사상에 많은 관심을 보였는데 성호 이익이 '윤두서의 칭찬을 듣고서야 나의 생각에 자신을 가지게 된다'라고 할 정도라고 한다.

그림의 경우에도 "실제를 얻어야 한다"는 實得정신이 강하게 표현되어 새로운 화법을 제시하기도 했다. 기존에는 중국에서 들어온 목판본 화보를 모방하여 그리는 것이 화단의 주류였는데, 그에 이르러 실물 그대로를 정확하게 묘사하려는 시도가 이루어진 것이다. 그는 말을 그릴 때는 마굿간 앞에 서서 종일토록 주목하여 보기를 몇번이나 계속한 다음 말의 모양을 마음의 눈으로 꿰뚫어 볼 수 있고 털끝만큼도 의심이 없는 연후에야 붓을 들어 그렸다고 한다. 이런 정신을 바탕으로 그려진 '밭가는 풍경'이나 '나물개기' '짚신삼기' 등은 이전에는 다루지 못했던 일반백성들의 생활상을 생생히 보여주려 했다는 점에서 주목할 만하다.

그러나 기존 문인들의 산수화 배경이 그대로 드러나 있어 인물들의 동적인 생동감이 감해지는 아쉬움은 남는다. 이런 아쉬움의 해소를 그가 개척한 새로운 화풍을 이어받은 후배 화가에게 기대해본다.

### 「전우치전」 크게 유행 …

#### 전설적 실제인물 형상화

**1646년** 근래 「전우치전」이라는 소설이 크게 유행하고 있다. 이 소설은 전우치라는 중종 때의 실제인물을 소설로 형상화하고 있다. 그는 도술을 익히고 시를 잘 지었으나 나라에 반역을 꾀하다가 잡혀 죽은 전설적인 인물이다. 소설의 줄거리는 왜적의 노략질과 흉년으로 백성들은 참혹한 지경에 있으나 위정자들은 권력싸움에만 골몰하는데 통분, 전우치가 양반관리들을 골탕먹이는 것으로 되어 있다.

이 소설에서 특히 주목되는 대목은 왕조의 권위를 부정하고 자유롭게 비판한다는 점이다. 여기저기에서 변란세력이 일어나는 사회현상을 반영한 것이라는게 전문가들의 지적이다.

### 농서 겸 가정생활서 「산림경제」 출간

#### 홍만선의 역작 … 건강, 취미, 노후대책까지 다뤄

**1710년** 당론이 격심한 요즘, 시대에 공정한 판단을 내리기로 유명한 홍만선이 농서 겸 생활서인 「산림경제」를 저술했다. 이 저서는 농림·축잠업을 망라하였을 뿐 아니라 농촌생활에 실질적으로 관련되는 주택, 건강, 의료, 취미, 흉년대비 등에 이르기까지 소상하게 소개하고 있어 명실공히 종합적인 농가경제서로 평가받고 있다. 내용은 복거(주택 선정과 건축), 섭생(건강), 치농(곡식, 목화, 기타 특용작물의 경작법), 치포(채소류와 화초류, 담배의 재배법)·종수(과수와 묘목의 육성)·양잠, 목양(가축, 물고기의 양식)·치선(식품저장. 조리가공법)·벽온(전염병을 물리치는 법)·벽충법(해충, 쥐, 뱀을 물리치는 처방)·치약(약의 조제)·선택(길흉일과 방향의 선택)·잡방(그림과 글씨, 도자기, 장검 등의 손질법) 등 16개 항목에 걸쳐 있다.

### "짐이 곧 국가"

#### 현재 유럽에서는 왕권강화 바람

최근 에스파냐, 영국, 네덜란드, 프랑스 등 유럽 전역은 영주와 기사를 위시한 봉건세력이 몰락하고 새로운 신흥상공인계층이 대두하는 전환기를 맞이하고 있는데, 이런 전환기를 틈타 그동안 봉건세력에 눌려왔던 국왕이 신흥세력과 손잡고 왕권을 강화시키려 안간힘을 다하고 있다. 신흥상공인층은 경제력만 가지고 봉건귀족들에 대항하기에는 역부족이기에 동반자가 필요했던 것이고, 국왕은 왕권강화를 위해서는 무엇보다도 재정확보가 절실해 신흥상공인들을 그 동반자로 선택한 것이다. 에스파냐의 펠리페 2세, 영국의 엘리자베스 1세, 프랑스의 루이 14세(사진) 등이 이런 조류의 선두주자 역할을 하고 있는데, '짐이 곧 국가'라는 말이 유행할 정도이다.

가장 중점적으로 진행되고 있는 정책은 왕권을 보좌할 수 있는 관료와 군대를 충원하는 것과 재정확보를 위한 중상주의정책이다. 프랑스의 콜베르 재상은 왕의 오른팔 역할을 해내 현재 유명세를 타고 있다.

그러나 이러한 흐름 속에서 국왕과 신흥상공인층은 같은 배에 탔지만 서로 다른 꿈을 꾸고 있다는 점에서 장차 서로 충돌할 전망이다. 왕권강화라는 복고주의적인 입장과 신흥상공인층의 새로운 사회에 대한 개혁적인 입장이 언제 어떻게 부딪쳐 어느 쪽으로 기울어질지 세계의 시선이 모아지고 있다.

# 역사신문

# "이 나라가 노론이나 소론들만의 것인가"

## 영조, 각파 공존의 탕평책 실시 천명
## 당쟁의 본거지 서원, 사우 정리 방침

### 노·소론 온건파 등용, '집권 세력 구축' …이조전랑 통청권 폐지

즉위 후 소론과 노론 사이에서 어느 쪽에도 기울지 않는 줄다리기를 해온 영조는 탕평책을 천명하며 각파의 인재를 고루 등용할 것을 천명해 그 귀추가 주목되고 있다. 탕평책의 핵심은 '붕당 타파' 로서 인재등용을 기존과 같이 당파 위주로 하지 않고 개인의 능력 위주로 하겠다는 것으로 알려졌다.

영조가 즉위하면서 지난 경종 때 자신을 비호하던 노론을 역적으로 몰아 처형한 대사건이 이른바 신임옥사의 주모자인 소론 강경파 김일경과, 모호룡을 처단하면서도 이광좌와 같은 소론 인물을 등용한 것이 이러한 배경에서 나온 조치다. 또 신임옥사로 역적으로 규정됐던 노론 대신들을 복권시키면서도 노론측이 소론에 대한 강경 처벌을 집요하게 주장하자 지난 1727년 노론들을 대거 숙청한 것도 이러한 맥락에서 이루어진 것이다.

이렇게 영조는 기존 집권세력인 소론은 물론 자신을 비호해왔던 노론 중에서도 강경파들은 모두 실각시키고, 소론 중에서 지난 경종 때의 신임옥사에 직접 관련되지 않은 온건파 인물들과, 노론 중에서도 소론에 대한 강경 입장을 가진 자를 제외한 온건파들로 집권세력을 구축하고 있다. 소론의 이태좌, 송인명, 서종옥과 노론의 홍치중, 김재로, 신만 등이 그들로 정가에서는 이들을 탕평파로 부르고 있다.

이들을 앞세워 추구하는 탕평책의 제1 목표는 우선 당파 형성의 온상으로 지목돼온 서원과 사우(祠宇)의 정리인 것으로 드러났다. 이러한 탕평책에 의해 정리된 서원이 현재까지 무려 173개소에 달하고 있고, 서원 설립 비리와 관련돼 처벌받은 지방관도 100여 명에 이르고 있다. 아울러 앞으로 서원을 개인적으로 건립하는 것을 금하고 이를 어길시 엄벌에 처할 것이라고 밝히고 있다. 그동안 당쟁에 편승한 마구잡이 건립으로 인해 서원과 사우의 숫자는 700여 개소에 달해 있었고 상당수가 서원 본래의 목적인 인재양성과 학문진흥에는 아랑곳하지 않고 정치투쟁의 본거지로만 활용돼왔었다.

아울러 관직 인사를 담당하는 이조전랑이 관례적으로 갖고 있던 이른바 통청권을 혁파했다. 통청권은 원래 제도상으로는 없었다가 사림정치의 이념이 표방되면서 나타나기 시작한 것으로, 관리가 그 자리를 떠날 때 관례적으로 후임을 천거하게 하는 제도다. 결국 한 정파의 요직 독점 현상을 유발해 문제점이 누차 지적돼왔었다.

한편 영조의 이러한 의욕적인 탕평책에도 불구하고 노론과 소론 강경파 사이에서는 여전히 반목과 갈등이 계속되고 있다. 더구나 영조는 어차피 노론의 도움으로 즉위한 약점을 가지고 있어 탕평책의 앞날이 그리 밝지만은 않은 편이다.
**관련기사 2·3면**

## 소론 이인좌, 남인과 공모하여 난 일으켜
### 영조 즉위 후 노론 복권, 정치 기반 상실한 소론 강경파 '극한 대응'

**1728년(영조 4) 3월** 소론의 원로 이인좌가 정희량, 이유익, 심유현 및 정계에서 물러난 남인들과 공모, 무력으로 정권을 탈취하고자 청주에서 난을 일으키는 충격적 사건이 발생했다. 이들은 경종이 현 국왕 영조와 노론에 의해 살해됐으며, 영조가 숙종의 친아들이 아니라고 주장, 영조를 몰아내고 소현세자의 증손 밀풍군을 왕으로 추대하자는 명분을 내걸어 당인들을 규합해온 것으로 알려졌다.

이들은 지난 3월 15일 상여로 가장해 무기를 싣고 청주에 진입, 충청병사 이봉상 등을 살해하고 청주성을 점령했다. 이어서 각처에 격문을 돌려 병마를 모집하고 관곡을 나누어주는 한편 서울을 향하여 북상해 목천, 천안, 진천을 거쳐 현재 안성, 죽산에 이른 상태다. 난이 일어나자 호남지방과 영남지방에서 이에 호응을 하는 부류가 있어 난은 삽시간에 삼남지방 전역으로 확대되고 있다. 이들 반군들은 깃발에 '경종을 위해 복수한다' 는 문구를 새기고 있으며 진중에 경종의 위패를 설치하여 아침, 저녁으로 제례를 지내기까지 한다고 전해지고 있다.

현재 정부는 이들 반란군을 진압하기 위해 오명항을 도순무사로 하여 진압군을 편성, 안성 방면으로 출동시키는 한편 비상사태를 선포하고 전국에 경계령을 내린 상태다.

정가에서는 이번 사건은 현 국왕 영조 즉위 이후 지난 경종 때 신임옥사의 주도자인 소론측 김일경과 목호룡이 숙청되고, 당시 처형당한 노론 대신들이 복권됨으로써 정계에서 소외돼가고 있던 소론 세력이 자신들이 벼랑 끝에 몰린 것으로 판단, 극한적 방법을 동원하게 된 것으로 풀이하고 있다. 지난 경종 때 노론은 당시 연잉군이던 영조를 세제(世弟)로 책봉시키고, 나아가 병약한 경종을 대신해 대리청정을 맡는 데까지 추진하다가 소론으로부터 역적으로 몰려 60여 명이 처형당하고 170여 명이 유배당하는 참사를 당한 바 있다. 따라서 영조가 즉위하자 충역의리론은 일순 역전, 소론이 오히려 경종 때 영조를 해치려고 한 역적으로 규정됐었다.

## 전국의 포구 급성장 … 상업도시 면모 갖춰

선박을 통한 상품유통이 활발해지면서 각 지방마다 큰 강을 끼고 있는 포구들이 급성장하고 있다. 낙동강 하구의 칠성포, 영산강 하구의 법성포, 사진포, 금강의 강경포 등과, 주위에 큰 강은 없지만 관북지방에서 생산되는 해산물을 유통하기에 지리적으로 유리한 함경도의 원산포가 상업의 중심지로 주목받고 있는 것이다. 원래 이들 지역은 각지에서 서울로 올라오는 지대와 공물을 운반하는 조운선들이 배를 대는 곳으로 역할했던 곳이었다. 그런데 최근 지대 이외의 생산품을 시장에 내다파는 지주나 새로운 경영법을 도입해 전문적으로 상품작물을 생산하는 농민들이 생기면서, 이들 포구는 각지에서 생산되는 상품을 다른 지역으로 운반하는 선박들의 교역집산지로 각광받고 있다. **관련기사 4면**

뿐만 아니라 선박에 의해 운송되는 많은 상품을 빠른 시일 내에 판매할 수 있는 상설시장도 이들 포구 주변의 지역에 개설되고 있어 상업도시의 면모를 갖추어가고 있다.

한편 이들 포구에서 활동하는 선박들에 대해 상세(商稅)가 부과되고 있는데 선박의 규모와는 상관없이 그 선박이 싣고 있는 상품의 다소에 따라 부과된다고 한다. 이 상세는 국가가 거두는 것이 아니라, 이 지역의 시장권을 장악하고 있는 포구 주인이나 객주라는 사람에게 상품유통을 보조해주는 대가로 상인들이 납부하는 것이라 한다. 이런 관계 때문에 상인들과 포구 주인은 서로 밀접해질 수밖에 없으며 경우에 따라 포구 주인들이 세를 관행보다 많이 거두어도 상인들은 어쩔 수 없이 내야 할 때가 많다고 한다.

# 역사신문

## 정치의 정상화를 소망한다

### 소극적 탕평 아닌 적극적 탕평으로

영조가 "이 나라가 노론이나 소론들만의 것인가"라며 탕평정치를 제창하고 나선 것은 지난 숙종 시기의 숱한 환국사태를 경험한 바 있는 우리에게 한여름의 소나기와도 같이 시원한 소식이다.

돌이켜보면 지난 시기의 붕당정치가 명목상으로는 '붕당간의 정책에 대한 건전한 비판과 선의의 경쟁'을 내걸어 자못 이상적이었으나 실질적으로는 날이 갈수록 피비린내나는 당쟁으로 치달아왔다. 특히 지난 숙종 때는 잦은 환국으로 불안감이 높아진 정파들이 안전판 확보를 위해 왕위계승에까지 깊숙이 개입하는 움직임이 있었다. 즉, 자기 당에 유리한 국왕을 옹립하기 위해 피비린내나는 싸움을 전개한 것이다. 그 결과 왕권은 약화돼 국왕을 마치 자기 당의 영수인 양 착각하는 듯한 양상까지 나타낸 것이 사실이었다.

이제 이러한 파행적 정치를 종식시키고 정치의 정상화를 가져오기 위해 영조가 탕평책을 들고 나온 것으로 보인다. 이는 지금까지의 당쟁과는 전혀 다른 새 정치로 전환하겠다는 것이고, 그점에서 일단 기대가 크다.

그러나 이 탕평정치가 단순히 지난 시기의 당쟁을 미봉으로 틀어막는 데 그쳐서는 뜻있는 많은 이들의 기대를 충족시켜주지 못할 것이다. 만약 붕당들간의 당쟁을 잠재우는 대신 국왕을 중심으로 하는 일부 세력에게 권력을 집중시키는 데 그친다면 민들의 시각으로 볼 때 이전과 본질적으로 달라져 보이지 않을 것이다. 정치란 것이 민의 삶을 보살피는 데 있는 것이라면 탕평정치 역시 민생에 중심을 두어야 한다.

현재 민들은 살기 힘들어 죽겠다고 야단이다. 농민들은 세금이 너무 많다고 아우성이고 소상인들은 그들 나름대로 대상인들의 등쌀에 힘들다고 한다. 노비들은 사회변동의 혼란을 틈타 도망하는 일이 빈번하다. 노비문서를 조작해 불법적으로 양인으로 만들어주는 전문 브로커까지 등장했다는 충격적인 보도도 있었다.

탕평정치는 바로 이러한 민들의 삶의 현장에 밀착하는 정치여야 할 것이다. 민들의 애로점을 청취하고 그것을 해결하기 위한 법과 제도를 마련해줘야 한다는 것이다. 그리고 이점과 관련한 정부 내 각 정파의 토론은 사실 금지할 바가 아니다. 나라의 정책은 많은 토론과 비판을 거칠수록 정교하게 만들어질 수 있기 때문이다.

이를 위해 노론과 소론 각 정파는 영조의 탕평정치를 계기로 지난날을 반성하고 새출발하기를 간곡히 권유한다. 앞으로도 지난날과 같이 실리와 관계가 적은 명분만 가지고 정치투쟁을 벌이게 되면 민들은 정치로부터 아예 등을 돌리게 될 것이고, 이로 인한 파국의 책임은 바로 그 자신들에게 돌아갈 것임을 명심해야 할 것이다.

### 그림마당
이은홍

## 탕평책의 배경과 전망

### 국가적 위기 의식한 영조의 결단
### 노·소론에서 유일 붕당주의 고수할 경우에는 '적신호'

탕평이란 말 자체는 당쟁이 시작된 이래 가끔씩 제기돼왔지만 이번 영조의 탕평정책은 이전과는 달리 그 실현성에 대한 기대가 높다. 왜일까. 국면 자체가 탕평책을 필요로 하는 시점에 도달했기 때문이다.

서·남인, 노·소론 당쟁은 그 근저에 비록 정치권력 획득이라는 속셈이 깔려 있을지라도 표면상으로는 예송(禮訟)논쟁, 사문난적론(斯文亂賊論) 등과 같이 성리학에 대한 태도, 즉 명분을 항상 전면에 내걸어왔다. 그러나 최근 숙종 말기에 와서는 왕위계승이라는 보다 적나라한 이해관계를 전면에 내걸고 양파가 격돌하기 시작했다. 사실 경종이 병약한 상태에서 유일한 형제인 연잉군이 세제로 책봉되고 대리청정하는 것은 있을 수 있는 일인데다가 누구보다도 경종이 이를 원했었다. 그런데도 노론과 소론은 자파의 집권을 위해 이러한 당연한 처사를 자파에 유리하게 의도적으로 악용함으로써 정국이 꼬였던 것이다.

이렇게 꼬인 정국 속에서 연잉군, 즉 영조는 신중하고도 지혜롭게 처신을 해서 목숨을 건지고 살아남았다. 물론 영조는 노론의 지원을 받았다. 그럼에도 영조가 즉위했을 때 대다수의 기대와는 달리 노론의 득세와 소론의 실각은 일어나지 않았다. 오히려 영조는 탕평책을 들고 나왔다. 이는 영조가 더 이상 이런 식으로 당쟁이 계속되다가는 나라 자체가 위험에 빠질 것이라는 위기의식을 느꼈기 때문이다. 노·소론 양파 내부에도 이런 영조의 의식에 공감하는 세력이 있어, 영조는 이들을 탕평파로 새로이 조직해내면서 탕평정책을 과감하게 추진했던 것이다. 따라서 탕평책은 필연적으로 붕당을 제어하는 왕권의 강화로 귀결될 것으로 보인다.

그러나 영조가 추진하는 이 탕평정책에는 많은 난관이 놓여 있는 것이 사실이다. 우선 최근 소론 대신들의 실각이 탕평책에 적신호를 보여주고 있다. 영조를 지원하고 있는 노론측에서 자파만이 정통이고 여타 정파는 모두 소인배라고 치부하는 유일 붕당주의를 고수하는 한, 탕평책의 앞날은 어두운 게 사실이다.

### 노·소론 권력투쟁의 이념적 배경

### '주자정통'이냐 '주자정통으로부터의 자유'냐

논쟁과 투쟁으로 점철되어온 노·소론 갈등은 도대체 어떤 배경을 가지고 있는 것일까. 노·소론 당쟁은 물론 권력투쟁이다. 승자는 권력을 차지하고 패자는 실각한다. 그러나 한 세대가 경과할 정도의 시간인 30여 년을 양파가 엎치락뒤치락 싸워온 것을 단지 권력욕으로만 설명할 수는 없다. 양측의 당쟁을 이끌어온 동력은 바로 국가운영의 원칙과 방향에 대한 이념적 차이다.

그리고 이 이념적 차이의 실체는 노론의 양보할 수 없는 '정통 주자학 고수' 대 소론의 '주자로부터의 자유 추구'이다. 물론 양파가 서인에서 분리돼 나온 것은 1694년(숙종 20) 갑술환국

이후 남인에 대한 처벌을 두고 강·온파로 나뉘면서부터였다. 그러나 이후의 정세에서 노·소론이 사사건건 부딪치게 되는 계기는 모두 이 '정통론'을 둘러싼 논쟁이었다. 노론은 효종 대의 북

벌 이데올로기와 현종 대의 예송에서의 '주자가례' 원론만을 이어받아 소론을 비판할 때마다 이 정통 주자학을 주력무기로 삼아왔다.

반면 소론측은 윤선거, 윤증, 박세당으로 이어지는 학맥을 토대로 주자를 뛰어넘어 유학의 범주를 넓히려는 것이 기본 입장이다. 이들에게는 「맹자」나 「대학」의 구절을 주자의 글과 대비시켜 그중 옳은 것을 취사선택하는 것이 문제될 게 없었다. 이들의 이러한 개방적인 학풍은 필연적으로 현실을 직시하게 했다. 윤증의 글에 "실(實)"자가 유독 많이 사용된 것은 우연이 아니었다.

### 영조 즉위에 이르기까지

## 살얼음판 위를 걸어 왕좌에 오르다

지난 1724년 경종이 즉위한 지 불과 4년만에 승하함으로써 당시 숙종의 유일한 혈육인 연잉군이 영조로 즉위하게 됐다. 만약 경종이 더 살아 아들을 낳았다면 연잉군의 운명은 어떻게 됐을까. 아마도 십중팔구는 살아남지 못했을 것이라는 게 정가의 중론이다.

경종과 영조는 숙종의 배다른 형제. 영조의 어머니 숙빈 최씨는 궁녀들에게 세숫물을 떠다바치는 무수리 출신으로, 말하자면 천인 출신이다. 경종은 즉위해서도 항상 병약한 상태였다. 이는 자신의 어머니 장희빈이 사약 받고 죽는 것을 눈앞에서 목격해 정신적 충격이 컸기 때문이라는 후문. 더구나 장희빈이 마지막 순간에 앙심을 품고 경종의 사타구니 사이를 쥐어뜯어 남성을 상실했다는 소문도 파다하다.

영조를 후원하는 노론측은 이러한 상황에서 영조를 차기 국왕으로 확정시켜놓기 위해 경종이 즉위한 지 1년도 안돼서 이른바 세제(世弟)책봉 문제를 들고 나왔던 것. 경종도 평소 영조와 우의가 두터웠던지라 흔쾌히 승낙했다. 노론은 한발 더 나가 병약한 경종을 대신해 영조가 국정을 처리하게 하자는 대리청정론을 들고 나왔다. 이는 경종을 옹위하고 있던 소론도 더 이상 참을 수 없는 일. 분위기가 안좋자 영조는 네 번에 걸쳐 거듭 대리청정을 거두어줄 것을 요청했다. 물론 경종은 예의상 계속 반려. 노론도 뒤따라 거두어줄 것을 요청했으나 그 횟수는 두 번뿐. 관례상 세 번을 간청하는 것인데 두 번만 하고는 경종의 반려를 공식화해 대리청정 절차를 밟아나갔다. 이렇게 되자 경종이 격노, 소론을 불러들여 노론을 칠 것을 지시. 노론 60여 명이 처형되고 170여 명이 유배되는 일대 정변이 발생했다. 임인옥사(壬寅獄事)가 그것이다.

이때 소론측은 영조마저 제거해 노론 집권을 봉쇄하려고 했다. 위기일발의 순간에 영조는 숙종의 계비 김대비를 찾아가 "왕이 될 생각이 추호도 없다"며 세제책봉마저 철회해달라고 눈물로 호소. 김대비의 비호 아래 겨우 목숨을 건졌으나 경종에게 문안드리는 것조차 금지되고 사사건건 감시받는 처지가 됐다. 바로 이 순간 경종이 급작스레 승하했고 왕좌는 영조의 것이 됐다.

# 정통 주자학에 기반한 노론의 국정운영에 현실론 앞세운 소론
# 탕평 운영 원리에서부터 농업정책까지 첨예한 대립

**▲ 삼전도 비문 논쟁** 소론계로 분류되는 이경석이 1639년에 청이 요구해온 송덕비의 비문을 쓴 것을 두고 1700년대 초 노론측이 문제를 제기했다.

**노론** : 사대부라면 지조를 지켜야 한다. 청이 요구한다고 하여 그에 아첨하는 비문을 쓰고, 그도 모자라 청에 가서 갖은 아부를 한 것은 어떤 명분으로도 합리화될 수 없는 것이다. 청의 요구라 거절할 수 없었다고 할지라도 자랑할 일은 못되는 것이다. 그런 이경석을 큰 인물인 양 추앙하는 것은 있을 수 없는 일이다.

**소론** : 삼전도 비문은 인조의 직접 지시에 의해 쓰여진 것이다. 당시 청의 요구를 거절했다면 우리나라 자체가 지금 없어졌을지도 모를 일이다. 이경석은 병자호란을 당하여 국가의 존망이 위태로운 때에 지혜를 발휘하여 종묘와 사직을 지킨 큰 인물이다. 당시 송시열을 비롯한 노론계 인물들조차 그의 배려에 의해 중책에 임명된 것을 잊었는지 모르겠다.

**▲ 태조의 위화도회군 시비** 지난 1692년 건국 300주년을 기념하여 송시열이 태조의 위화도회군을 명에 대한 의리를 지킨 거사로 평가하며 태조에게 '소의정륜(昭義正倫)' 시호를 올리라고 한 데서 논쟁이 격발됐다.

**노론** : 조선은 실로 위화도회군으로부터 시작됐다.

태조의 위화도회군은 명을 칠 수 없다는 대의를 밝히고, 우리 백성이 어육(魚肉)의 밥이 되는 데서 구한 영웅적 거사였던 것이다. 이에 대해 다른 말을 하는 것은 국가의 시조를 깎아내리는 처사다.

**소론** : 위화도회군은 조선건국을 위해 불가피하게 취한 정치적 포석에 지나지 않는 것이다. 더구나 조선이 건국되기도 전의 일을 가지고 시호를 내린다는 것은 다른 뜻이 있는 것이 아닌가 의심이 간다.

**▲ 붕당·탕평 논쟁** 주자가 군자의 당이 붕당이라고 규정한 것이 논쟁의 핵심 화두였다.

**노론** : 사람들이 유유상종하는 한 붕당은 있게 마련이다. 그러나 사물에 음양이 있고, 옳고 그름이 갈리듯이 군자의 당과 소인의 당은 구별되어야 한다. 탕평이라는 것도 이렇게 군자와 소인을 구별하는 것이지 군자와 소인을 절충하는 것이어서는 안된다.

**소론** : 붕당이 당쟁으로 이어져 수많은 폐해를 낳고 있는 것이 오늘의 현실이다. 이러한 현실을 개선할 방법은 왕권강화밖에 없다. 국왕을 중심으로 하여 모든 당파 중에서 양심적인 인사들이 집결하는 것이 시급하다. 이것이 바로 탕평인 것이다.

**▲ 농업론** 농업생산량이 급속하게 성장하는 가운데 사회적으로 지주와 전호로 양극화되는 현상을 보이고 있는 것이 현실이다. 이에 대한 처방에서도 양파는 현격한 차이를 보인다.

**노론** : 양반과 상민 사이에 신분질서가 존재하듯이 지주와 전호 역시 이미 형성돼 있는 질서다. 최근 전호 농민들의 경제적 궁핍이 문제가 되고 있는데 이는 지주층에서 세금을 좀더 부담하는 방식으로 양보하면 해결될 수 있다. 반면 전호들은 어떤 경우에도 땅을 떠나지 말고 농사에 힘써 나라를 봉양해야 한다.

**소론** : 농민이 자기 토지가 없다는 것이 현 농업문제의 핵심이다. 따라서 해결책은 농민들이 먹고 살 수 있을 만큼의 토지를 갖게 하는 방향이어야 한다. 현재 대토지 소유자들이 늘어나고 있고 그들은 자기 노동만으로는 부족해 일군들을 고용하고 있는 실정이다. 이는 불합리한 일이다. 더구나 땅이 없어 날품팔이밖에 할 수 없는 소농민들에게 땅을 지키며 농사지으라는 얘기는 모순이다.

## 정치평론가에게 듣는다

### 빈부 양극화, 신분질서 동요가 정치격동의 배경

노론과 소론 사이의 정치투쟁을 어떻게 볼 것인가. 일찍이 율곡이 했던 것처럼 양시·양비론으로 재단한다면 간단한 일이다. 양쪽 모두 잘한 일도 있고 잘못한 일도 있다. 그러나 이는 계곡과 봉우리로 굴곡져 있는 현실을 마치 대패로 밀어 밋밋하게 하는 것과 같아 양식 있는 자라면 할 일이 아니다.

정치가 격동한다는 것은 곧 사회의 저변에서 모종의 변화가 일고 있음을 반영하는 것이다. 경제와 사회가 변화하는 와중에서는 숱한 문제들이 태동하게 마련이다. 이 문제들이 정상적 정치과정을 통해 자연스럽게 해결되지 않을 경우 통치권을 비롯해 사회구조 전체가 동요되고 그를 반영해 정치가 격동하게 되는 것이다. 현재 우리나라는 농업 및 상업 부문에서의 엄청난 성장을 보이고 있고, 한편으로 빈부의 양극화 심화 현상이 뚜렷이 대비되고 있다. 양반과 상민과 노비 사이의 신분이동이 급증해 신분질서가 심하게 동요하고 있다. 바로 이러한 우리 현실이 노·소론 정치투쟁의 밑바탕에 깔려 있는 것이다.

이렇게 볼 때 변화의 흐름을 상대적으로 정확하게 깨닫고 있는 측은 소론이라고 할 수 있다. 소론이 정통 주자학의 틀을 벗어나 숭명의리론보다는 현실개혁론에 관심을 기울이는 것은, 모두 우리가 처한 현실을 직시하고 해결책을 찾으려는 데서 나온 것이다. 이에 반해 노론측은 변화를 수용하기보다는 기존 질서를 유지시켜야 한다는 기득권에 지나치게 집착하고 있다.

따라서 현 시국은 주자학 이외의 새로운 사상을 모색하고 사회체제도 바꾸자는 소론과 현 체제의 기본틀과 주자학을 굳게 지키면서 사회모순을 부분적으로 개량해보는 노론이 정치권력의 장악을 둘러싸고 극한적으로 대립하는 형국이다. 그러나 노론과 소론 모두가 지배층이라는 것만은 분명하다. 사회모순이 지배층 사이의 논의를 통해 해소되지 못하고 쌓인다면, 장차 그 모순을 짊어지고 살아가고 있는 백성들이 스스로 해결하고자 일어날 수밖에 없을 것이다.

---

## 인터뷰 　탕평정책의 핵심인물, 조현명

### "탕평책만이 현재 정치상황의 위기를 타개할 수 있는 유일한 돌파구다"

현재 국왕의 탕평책 추진에서 핵심적 역할을 담당하면서 사실상 탕평 정국을 주도하고 있는 조현명을 그의 집무실에서 직접 만나보았다.

**현재 탕평책을 정력적으로 추진하고 계시는데, 이 탕평책에 대해서 생각해보게 된 것은 언제부터입니까.**

1703년 진사가 되고 1709년 제 나이 29세 때 증광시 문과에 급제하여 이듬해 검열이란 벼슬에 임명되면서 제 자신의 정치관을 굳히게 되었습니다. 이때 저의 정치관을 세우는 데 가장 큰 영향을 끼쳤던 것은 박세채 선생의 저작에 나오는 '파붕당설'이었습니다. 주지하다시피 박세채 선생의 이 글은 최초로 탕평정치의 이념을 체계화한 것이었습니다. 이때 이글을 제가 읽고 느꼈던 점은, 붕당을 파하지 않고서는 결코 나라가 유지될 수 없다는 것이었습니다. 그래서 당시 중책을 맡고 있던 사촌형 조문명에게 '파붕당'의 상소를 올리도록 권유하기까지 했습니다.

**알려지기로는 대감께서는 소론 명문가 출신이신데 어떻게 탕평책을 추진하게 되었는지요.**

물론 저는 소론 가문 출신입니다. 그래서 탕평을 추진하면서도 소론 색채를 띠고 있다는 비난을 많이 받습니다. 그러나 저의 외가쪽은 노론이 많습니다. 특히 노론 4대신 중 하나로 경종 때 사형당한 이건명은 저의 이모부입니다. 사촌형 조문명의 경우는 노론의 영수였으며, 죽임을 당한 김창집의 친동생인 김창업의 사위입니다. 따라서 저는 개인적으로 여느 소론과는 다른 정치적 성향을 띨 수 있었지요. 피를 부르는 붕당정치의 폐해를 직접 봐왔기 때문에 탕평이 저의 정치적 소신으로 자리잡을 수 있었다고 생각합니다.

**국왕이 탕평책을 추진할 수 있는 핵심적 인물로 대감을 발탁한 것은 신임이 무척 두터웠기 때문일 텐데 국왕과 특별한 인연이라도 있습니까?**

국왕이 경종의 왕세제로 책봉됐을 때 세제의 교육을 담당하는 겸설서로 재직했던 것이 첫 인연입니다. 현재 탕평파가 대부분 그런 사람들입니다. 저의 형 조문명과 송인명 대감도 다 저와 함께 왕세제의 측근으로 일했습니다. 가까이에서 지낸 경험이 있어 국왕의 의중을 가장 잘 읽을 수 있었지요. 비록 우리가 소론이었지만 소론 강경파들의 공격으로부터 끝까지 왕세제를 보호했던 것, 그리고 당시부터 줄기차고 일관되게 탕평을 주장했던 점들이 국왕의 신임을 더욱 두텁게 한 것으로 여겨집니다. 그러나 노론 강경파의 줄기찬 인신공격에도 불구하고 저희를 끝까지 보호하며 아껴주신 국왕의 성은에는 미치지 못할 것입니다.

**탕평책의 이론적 근거로서 '파붕당설'을 주장하셨는데 그 논리는 무엇입니까?**

박세채 선생도 일찍이 얘기했지만, 구양수와 주자가 말한 붕당론은 이른바 소인이라는 것이 몇 안되는 소수의 무리인 상황을 전제로 한 것이지만, 오늘날 우리나라의 붕당은 사정이 다릅니다. 100여 년의 역사를 가지면서 그 뿌리가 깊어져, 사람수로 말할 것 같으면 전국 사대부의 절반 이상이 관련돼 있습니다. 이런 상황에서 한 당을 전부 쓰고 다른 당은 전부 버린다는 것은 인심을 불안하게 하고 국가를 무너뜨릴 것이니 그 폐단이 어찌 크지 않겠습니까? 따라서 사악한 편(소인당)에서 바른 사람(군자)을 뽑아내고 바른편(군자당)에서도 그 악한 사람(소인)을 몰아내면, 그 각 당이 존속하면서 모두 군자당이 되어 서로 협력하면서 국가발전에 이바지할 수 있을 것입니다. 그런데도 노론과 소론의 강경파들은 변화된 상황을 제대로 인식하지 못하고, 구양수와 주자의 주장만을 되풀이하면서 서로 군자당이라고 주장하며 상대방을 소인당으로 몰아세우는 시비를 계속하니 답답할 뿐입니다.

---

취재 수첩

### 탕평과 대동

탕평의 의미는 글자 그대로 '쓸어 없앨 탕, 평평할 평'이니 치우친 것을 바로잡아 고르게 한다는 것이다. 「서경」의 '홍범 9주' 제5조 '황극설'에 "편중됨이 없어 당을 만들지 않으면 왕도가 탕탕하고, 당을 만들지 않아 편중되지 않으면 왕도가 평평하다(無偏無黨 王道蕩蕩 無黨無偏 王道平平)"라는 구절에서 따온 말이다.

이렇게 탕평은 원래 중국 고대 하·은·주 3대의 이상사회를 현실에서 구현하기 위한 이론적 모색의 고민을 담고 있다. 그리고 그것은 '왕도'를 강조하고 있는 데서도 알 수 있듯이 군주권의 강화를 핵심적 전제로 하고 있다. 군주를 중심으로 정치, 경제, 사회, 문화 등 전사회가 이상적인 질서 아래 운영되는 대동사회를 이루자는 것이다. 붕당간의 당쟁이 치열한 우리 정치판에서 국왕이 이 탕평론에 매력을 느끼는 것은 당연한 일인 것이다.

이미 숙종 대에 박세채가 이 탕평 개념을 사용했고, 숙종도 이에 귀기울여 여러 차례 탕평 유시를 내리며 탕평책을 시도했지만 거듭되는 환국정치의 격랑 속에서 빛을 보지 못했다. 이번에 다시 영조가 탕평을 내세운 것도 같은 맥락으로 보인다. 영조의 집권 초기를 볼 때, 숙종 대의 환국정치와 유사하게 노론과 소론이 엎치락뒤치락하는 구도가 재연되고 있다. 그렇다면 영조의 탕평책도 실패하고 말 것인가. 최근의 정국은 그렇지 않을 것이라는 희망의 조짐을 보여주고 있다. 노론의 홍치중, 김재로, 원경하 그리고 소론의 조문명, 조현명, 송인명 등 양파의 온건론자들을 중심으로 정국이 짜여지는 새로운 현상이 나타나고 있는 것이다. 이른바 탕평파들이다.

그러나 여전히 양파 수장이 강경론을 고수하고 있음을 감안할 때 이들 탕평파의 입지가 얼마나 넓혀질 수 있을지 귀추가 주목된다.

# 서울, 거대 상업도시로 발돋움

## 송파와 누원, 위성도시들 급성장
## 한강변 교역 포구들 한성에 편입

근래 들어 한성이 거대 상업도시로 급성장하고 있다. 1726년 현재 한성의 상주 인구가 188,597명으로 집계돼 70여년 전 8만여 명에 불과하던 것에 비하면 놀랄 만한 성장이다. 한성부의 한 관리는 "현종 대에 도성 밖의 각 면이 한성의 5부로 편입되면서 인구가 늘어난 것"이라고 설명하고 있다. 한성부의 확장은 농촌인구의 급격한 도시이동과 한성 주변의 상업발달을 반영한 것이어서 주목된다.

특히 최근 한강을 중심으로 한 상업발달로 급성장하고 있는 두모포·한강·용산·서강 등이 방(坊)으로 편성되어 한성에 편입됨으로써 한성은 거대 상업도시로서의 면모를 갖추게 되었다. 이들 지역은 한강변에 자리한 포구로, 전통적으로 전국의 세곡과 지주들의 소작미 집산지였으나 상품교역이 활발해지면서 전국적인 상품교역장으로 발전한 것이다. 용산은 군자창과 풍저창이 있어 이전부터 각지의 세곡이 모여들고 있으며 전국의 목재와 땔나무가 이곳에 집하되었다가 도성 안으로 실려간다. 용산의 큰 상인들 가운데는 조선업을 하는 사람도 나오고 있다.

마포는 관료의 녹봉을 지급하는 광흥창이 있어 세곡이 모여들기도 하지만 상품유통의 중심지로 자리잡아가고 있다. 마포는 특히 한강 하구나 충청도에서 잡힌 새우젓이나 절인 생선 등 해산물의 집산지로 유명하다.

서강은 마포와 함께, 절인 생선을 취급하는 곳으로 염어선을 가진 어민들이 주로 활동하고 있다. 이에 비해 망원·합정지역은 주로 빙어선을 가진 어민들이 활동하고 있다.

두모포는 고추·마늘·생강 등 한강 상류에서 내려온 물산이 모이고 있으며 부근의 뚝섬에는 상류지역에서 벌채한 땔나무가 산더미처럼 쌓이고 있다. 용산이나 서강, 마포, 서빙고, 두모포 등에서는 미곡이나 소금·생선·젓갈 등이 대량 거래되고 있다. 장기 보관이 필요하지 않은 땔감이나 숯 등은 뚝섬에서 많이 거래되는데, 이 지역이 다른 곳보다 지리적 여건상 홍수피해의 우려가 많기 때문이라고 한다.

한편 송파와 누원도 서울의 위성도시로 손꼽히고 있다. 한 상인은 "이곳은 각 지방의 생산품이 한성으로 반입되는 길목일 뿐 아니라, 시전의 금난전권이 적용되는 범위에서 벗어나 있다는 점 등이 우리에게는 좋은 조건이지요"라고 말한다. 송파의 경우 경상도나 충청도로 빠지는 길목이며, 누원은 함경도나 황해도에서 한성으로 들어오려면 꼭 거칠 수밖에 없는 곳이다. 이 외에도 말죽거리나 과천도 금난전권이 행사되는 곳이 아니기에 적지 않은 상인들이 활동하고 있다.

한성의 동남방인 송파와 동북방인 누원이 모두 커가는 위성도시가 된 반면, 서북방인 한성-개성간에 위성도시가 생기지 않는 것은 아마도 의주의 만상이나 평양의 유상, 개성의 송상 등이 독점적으로 이 지역의 상품교역을 장악하고 있기 때문인 것으로 보인다.

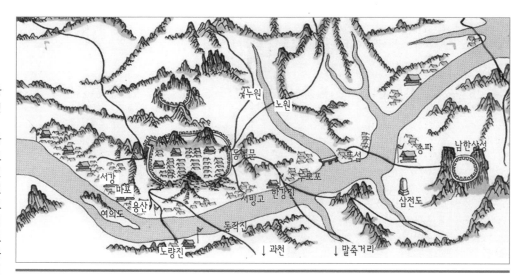

## 한성 복구사업 마무리 단계
### 인구도 크게 늘어

한성의 자태가 날로 새로워지고 있다. 전쟁으로 불타버린 궁궐과 관아, 민가들의 복구는 진작 끝났고 각종 관아와 공공시설이 신축되어 한성이 도시의 모습을 제대로 갖추어가고 있다.

양란으로 인해 불타버린 경복궁·창덕궁·창경궁 등의 궁궐과 장예원, 형조 등의 관아, 종로통 이북 민가들의 복구사업은 광해군 대 이후로 계속 추진되어 이미 마무리 단계에 들어선 것으로 보인다. 관아나 민간건물이 새롭게 들어서는 모습을 보면서 한 관리는 "마치 큰 고기 작은 고기들이 잔잔한 파도를 누비는 것 같다"고 말했다. 한편 숙종 대 이후로 여러 방면에서 토목공사가 이루어져 금위영 건물이 신축되고 도성이 수축되었으며 북한산성이 만들어졌다.

이렇게 한성이 도시로서의 면모를 갖추게 되면서 한편으로는 인구도 급격히 증가하고 있는 추세이다. 임진왜란 이전에 10만이었던 인구가 전쟁 이후 4만도 못되는 39,931명으로 줄었으며 뒤이은 호란으로 더욱 감소했던 것이 최근 18만에서 19만을 육박하는 수준으로 증가하고 있다. 인구 증가의 원인에 대해 한 관리는 "한성의 구역이 확장되어 인위적으로 한성인구로 편입하게 된 측면도 있지만 그보다 더 크게는 상품경제가 발달하면서 자연히 한성이 상업도시로 성장하게 되고, 농촌을 떠나온 많은 농민들이 새로운 생업을 찾아 한성으로 모여들기 때문"이라고 설명한다. 한성은 이제 많은 시설이 복구되어 도시로서의 면모가 갖추어지고 농촌으로부터의 인구 유입으로 소비수요가 늘어남으로써, 명실공히 우리나라 최대의 상업도시이자 소비도시로 성장할 수 있는 기반을 갖추어가고 있는 것으로 보인다.

### 인구 증가표

| 연도 | 왕 | 인구 |
|---|---|---|
| 1648 | 인조 | 95,569 |
| 1657 | 효종 | 80,572 |
| 1669 | 현종 | 194,030 |
| 1717 | 숙종 | 185,872 |
| 1723 | 경종 | 199,018 |
| 1726 | 영조 | 188,597 |

---

**르뽀　객주와 여각을 가다**

## 전문 상인, 중개인들의 활동공간 … 숙박, 창고보관, 신용거래 등 업무도 다양 … 국내 상업발달의 현장

역사신문에서는 최근의 활기찬 상업활동에 중심적 역할을 담당하고 있는 객주와 여각을 취재했다.

요즘 상업의 발달로 전국의 상품이 모여드는 마포나루에 다다랐다. 충청도 강경포에서 출발했다는 배가 도착했다. 그중에 종이를 싣고 서울에 올라온 상인 김판돌씨가 있어 그를 따라 움직이기로 했다. 수하에 하인 다섯을 거느린 그는 풍채가 당당했다. 그는 마포나루에서 짐을 부린 후 수레에 옮겨 싣고 곧장 움직였는데 이윽고 도착한 곳은 객주집이었다. 벌써 객주집에서는 날이 저물어서인지 많은 사람들로 북적대고 있었다. 그는 하인들에게 술을 너무 많이 마시지 말라는 당부 몇 마디를 남기고는 나갔다. 그 하인에게 어디로 가느냐고 물었더니 "주인은 잠을 자기 위해 보행객주로 간다"고 했다.

하인들의 말에 따르면 객주에는 여러 종류가 있는데 물상객주는 가장 일반적인 객주로 지금 이 객주처럼 각처에서 몰려드는 객상들에게 거처할 곳을 제공하고 물건을 보관하는 일, 매매를 성립시키는 일 등을 주로 하고, 부수적으로 창고보관 업무와 위탁판매도 하는 등 종합적인 객주이다. 그밖에도 중국상품을 주로 위탁판매하는 만상객주 또는 청선객주라고 부르는 객주가 있고, 보부상을 주로 상대하는 보상객주가 있고, 조리·솔·바가지 등 아무 때나 쓰이는 일용품을 다루는, 말 그대로 무시로 객주가 있고, 고급 객실을 갖춘 전문 숙박업소로 보행객주가 있다고 한다. 그러나 "값이 비싸서 주인은 거기서 자지만, 우리 같은 하인들은 여기 물건 틈바구니에서 새우잠을 자야 한다"고 말했다.

### 주 이용자층에 따라 객주 형태 다양

다음날 아침부터 객주집은 시끌벅적했다. 거간꾼들이 살 사람을 연결시키기 위해 각지에서 올라온 객상들을 상대로 떠들기 때문이었다. 이 객주집에서만 10년째 거간을 해왔다는 박흥정씨는 "거간에도 여러 종류가 있는데 저처럼 객주에 매인 거간을 내거간이라 하고 그렇지 않은 거간을 외거간이라고 부른다"고 설명해주면서, 거간은 주로 다루는 물품에 따라 부동산 거간, 당화 거간 등으로 이름을 붙이는데 미곡 거간을 특히 '감고'라고 부른다고 부연 설명했다. 거간꾼들은 수수료로 구전(口錢)이라는 것을 받고 있었다.

### 거간꾼들은 수수료로 구전받아

말 그대로 입으로 벌어먹고 사는 사람이라 그들이 받는 수수료도 그렇게 붙여진 것이라고 생각하니 웃음이 나왔다. 구전은 대개 매매가격의 1푼을 받는데 구전도 종류가 여러 가지여서 팔 사람들로부터 받는 내구, 살 사람으로부터 받는 외구, 객주가 거래를 잘 성사시키고 받는 구전인 원구와, 설사 거래가 안되어도 객주의 과실이 아닌 경우에 받는 과구가 있었다. 통상 금곡과 농산물은 내구로, 은·동·철·짐승 가죽은 내구와 외구로 쌍방에 다 받고 나머지 물품은 주로 외구로 살 사람에게 받는다고 한다.

인삼을 팔러왔다는 개성사람 이채삼씨는 거래가 잘 안되었던지 물건을 객주 주인에게 맡기고 임치표(임치장이라고도 함)라는 일종의 보관증을 받고는 "값을 후하게 받아주십시오"라는 당부만을 남긴 채 갈길을 재촉했다. 이채삼씨는 "이 객주는 신용이 좋아 개성에서도 이 객주 임치표로도 돈을 빌릴 수 있다"고 귀띔해주었다. 객주 주인 백만금씨는 "객주에서는 이밖에 돈을 빌려주고 받는 일도 하고 있습니다. 물품판매를 위탁받을 때 물품에 대한 금액을 미리 지불하는 가도금, 위탁판매를 조건으로 받는 전도금, 토지를 담보로 돈을 빌려주는 대부금 등이 그것입니다. 또한 물품 금액을 물주가 당장 가져가지 않고 맡길 경우에는 그 기간 동안 예금한 데 대한 이자도 원금에 가산해서 줍니다. 또 지정한 날짜에 대금 갚을 것을 약속하는 증서인 어음도 발행하는데, 수결이나 도장을 찍고 한가운데를 잘라서 이름 쓴 쪽은 채권자에게 주고, 한 쪽은 객주가 가집니다. 신용이 높으면 현금 대용으로 넘길 수도 있는 것"이라며 객주가 하는 금융 업무에 대해서 상세하게 설명해주었다.

백만금씨에 따르면 여각은 많은 자본을 가진 객주를 일컫는 것이라고 한다. 여각은 주로 뚝섬, 한남동, 서빙고, 마포, 용산, 서강 등에 위치하고 있는데 여기서는 주로 어물, 나무, 곡물이 유통된다고 한다. 동대문에서 종로에 이르는 지역 일대의 여각을 동창 여각이라고 하는데 여기서는 사과, 배, 호두 등 과일을 주로 다룬다고 한다.

### 임치표, 어음 이용한 신용거래 활발

이들은 곡상들의 곡물을 보관해주고 곡물 대금의 3푼을, 중개료로는 2푼을 받는다고 한다. 또 이 여각들은 왕가, 양반, 부호들에게 일용품을 고정적으로 대는 단골 관계에 있기 때문에 세도가와 연줄을 대려는 사람들로 항상 붐벼 '벼슬도 거간한다'는 말을 들을 정도라고 한다. 어쨌든 이번 취재 중에 느낀 기자의 소감은 우리나라도 상업이 급속도로 발전하고 있다는 점이다.

# 노비종모법(奴婢從母法) 시행된다

## 양인층 확대에 실제적인 효과 있을 듯

1731년 조정에서는 노비규정을 바꿔 어머니의 신분에 따라 양인 또는 노비로 하는 '노비종모법'을 확정 조치하였다. 기존에는 부모 중 어느 한쪽이라도 노비이면 그 자녀는 모두 노비가 되었던 '종모종부법' 규정이 바뀐 것이다. 종모법은 이미 1669년 처음 실시되었으나, 노비 소유자층의 이해관계와 격심했던 당쟁의 여파로 순탄하게 진행되지 못하고 60년 동안 그 철폐가 계속 번복되는 부침이 계속되어왔다. 한편 이번에 정부에서 발표한 종모법은 노비의 신분해방이라는 측면보다는 날로 급격하게 줄어드는 양인층을 증가시키기 위한 고육책으로 나온 것으로 알려

지고 있다. 경제력을 가진 양인층들이 갖가지 방법으로 신분을 상승시켜 양반으로 되면서 국역을 담당할 대상이 줄어들자, 국가로서는 난감한 형편이었던 것이다. 결국 노비로 규정되어 있던 층을 다소 풀어주어 국역을 담당할 양인층을 확보하겠다는 조정의 의지가 현실화된 것이다. 현재 외거노비의 경우, 농업경영의 혁신과 상공업의 발달로 경제적 지위가 향상되어 의외로 양인 여자와 결합하는 경우가 많아 노비종모법의 실시는 양인을 늘리는 데 실제적인 효과가 있을 것으로 보인다.

이 법의 실시에 대해 한 사회평론가는 '조정의 법시행 목적이 어디에 있든

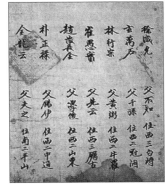

노비문서

간에 결과적으로 노비해방의 법제적인 길을 열 것'이라 평가하고 있다.

# 백골징포, 족징 등 군역 문란 심각

과중한 군역 부담 때문에 아예 고향을 떠나 도망가버리는 남자들이 늘고 있는 가운데, 도망간 이들의 군포를 대신 친척들에게 강제로 징수하여 문제가 되고 있다. 이밖에도 이미 죽은 사람에게 군포를 물리는가 하면, 16세가 안된 어린아이들을 대상으로 군포를 징수하고 있다.

규정에도 없을 뿐 아니라 상식에도 어긋나는 이런 징수방법에 대해 많은 사람들이 불만을 나타내고 있어 앞으로 사회문제로 비화될 것으로 보인다. 한편 당국에서는 이런 문제에 대처하는 혁신적인 방안을 모색하고 있는 중이기는 하나, 국가재정 수입의 문제가 걸려 있어 실질적인 시행까지는 시간이 필요한 것으로 보인다.

# 노비면천 브로커 전국에 수배

## 부유한 노비들에게 가짜 신분해방문서 판매

1731년 6월 16일 평안도 관찰사 이종성은 노비면천 브로커인 양천석을 전국에 수배하였다고 국왕에게 보고하였다. 양천석은 거주지를 수시로 바꾸면서 도내의 부유한 노비들에게 가짜 신분해방문서를 팔아왔다는 것이다. 여기에는 노비대장을 관리하는 관청인 장예원의 서리들이 한패로 가담하였다고 한다. 노비들이 이런 불법적인 방법

으로 자신들의 신분을 벗어나는 일은 전국적인 현상인데 특히 평안도가 그 빈도가 높아 최근 2년 동안 관노비에서 빠져나간 자가 800명이나 된다고 한다. 이는 평안도가 양반이 많이 살지 않아 그만큼 사회분위기가 자유롭다는 점과 상업의 중심지인 평양, 안주, 강계 등에서 부를 축적한 노비들이 많기 때문인 것으로 보인다.

### 화제

## 죽은 노비를 위해 제문을 쓴 이익과 노비제 폐지를 주장하는 유형원

관료들의 종모법 주장이 주로 양인의 확보와 군역 부담 인구의 증가를 목적으로 하고 있는 것과는 대조적으로 재야 학자들 중에는 노비들에 대한 인간적인 동정을 바탕으로 종모법의 실시를 주장하고 있어 눈길을 끈다.

더군다나 이들이 우리 사회가 안고 있는 문제에 대한 해결책을 미봉적인 개량에서 찾지 않고 근본적인 변혁을 통해서 찾고 있는 인물들이어서, 노비제도에 대해서 보다 진보적인 입장을 가질 수 있었던 것으로 보인다.

「반계수록」의 저자이기도 한 유형원은 그의 저서에서 노비제도는 궁극적으로 폐지되어야 한다고 전제하고 그 하나의 단계로서의 종모법 실시를 이미 주장한 바 있다. 그리고 죽은 노비를 위해 '제노문(祭奴文)'을 지은 이익은 노비제도를 당장 폐지할 수 없다면 그들을 사고파는 일만이라도 금지해야 한다고 주장한 바 있다. 남인계열인 이두 학자의 노비문제에 대한 독특한 견해가 언제 현실화될 수 있을지.

# 세금, 이제 화폐로 납부

## "중간 세금 포탈 줄어들 것" 백성들 환영

이제까지 곡물이나 직접 짠 포목을 세금으로 바치거나 몸으로 직접 때우던 시대는 지났다. 각 지역에서 화폐로 간편하게 세금을 납부하는 것이 허용되어 생활경제의 새로운 변화를 주도해가고 있다. 이미 17세기 이후 화폐로 납부하는 추세가 지역에 따라 조금씩 실시되었는데 최근에 이르러서는 여러 지역으로 확산되었다. 1816년 현재 전라도 산간지역의 대동목(대동미 대신 나무로 바침) 2/3가 화폐로 납부되고 있을 정도이다. 대동세나 군포를 화폐로 내는 것뿐 아니라 전세까지도 점점 화폐로 납부해가는 경향이다.

화폐 세금납부 방식은 처음에는 세금 운송이 어려운 지역이나 생산이 적합하지 않은 지역을 중심으로 화폐로 대신하여 허용하는 것에서 출발했다. 그런데 대동법 실시로 공인들에게 공가(貢價)(조정에 필요한 물품을 구입할 경비)를 지불하게 되자 이런 경향은 가속화되었다. 왜냐하면 공인들도 쌀이나 포목으로 공가를 수령받는 것보다는 화폐로 수령하는 것이 편했기 때문이다.

한편 조세부담자인 일반백성들 입장에서도 중간계층의 부정수탈 소지가 없기 때문에 화폐로 부담하는 방식을 선호하고 있다고 한다.

# 전국 물산교역지에서 탈놀이 유행

## 탈바가지 쓰고 춤과 소리와 재담 공연 … 송파, 양주, 봉산, 고성 등

최근 각 지방에서 탈놀이가 크게 유행하고 있다. 전국의 물산이 다 모이는 한성 부근의 송파와 양주에서는 산대(山臺)놀이가, 북방 교역로상에 위치한 황해도에서는 봉산과 강령탈춤이, 영남의 물산 집산지인 동래·고성·통영 등에서는 오광대놀이가 백성들 사이에 인기를 독차지하고 있다.

탈놀이는 연기자들이 중이나 양반 등을 나타내는 탈을 쓰고 나와, 춤과 소리로 관객의 흥을 돋우는 일종의 연희(演戱)다. 특히 춤과 소리 사이에 간간이 재치에 찬 사설(辭說)로 지배층 양반들을 조롱하는 대목이 백미다.

무대(산대) 위에서 탈을 쓰고 여러 기예를 공연하는 나례(儺禮)와 산대도감 놀이는 고려시대부터 있어왔으나, 지난 1634년(인조 12)에 그동안 관 주도의 행사로 치러오던 이들 공연이 공식적으로 폐지된 바 있다. 이후 백성들의 유희 본능이 탈출구를 찾던 중 자연스레 형성된 것이 탈놀이라는 분석이 많다. 오히려 관 주도

라는 껍질을 벗어버림으로써 백성들의 삶의 애환이 더욱 진솔하게 표현될 수 있는 점이 인기의 비결인 듯.

현재 탈놀이는 주로 정월 대보름, 사월 초파일, 오월 단오, 팔월 추석 등 명절에 마을의 넓은 마당이나 장터 한가운데서 열리고 있다. 날이 저

물면 장작불과 횃불을 밝히고 공연을 시작하는데, 보통 새벽녘까지 계속되고 흥이 돋으면 밤새 지속되는 경우도 있다. 특히 연기자들은 오로지 탈놀이에만 전념하는 전문 연기자들이기 때문에 놀이의 짜임새나 기교가 대단한 수준인 것으로 평가되고 있다.

### 송파산대놀이 취재기

강바람이 선선하게 불어오는 단오날 저녁, 송파 장터 한가운데. 수백명은 족히 돼보이는 구경꾼들이 모여들었다. 마당 한 켠에 장작불이 타오르고 곳곳에 솜방망이 기름불이 둘러졌다. 탈 고사가 끝나자, 두 상좌가 흰 장삼에 각기 붉은 색과 푸른 색 고깔을 쓰고 나와 화장무, 곱사위춤을 타령 장단에 맞춰 건드러지게 춘다. 봉산탈춤마냥 두손 벌려들고 외다리로 힘차게 도약하며 관객에게 흩뿌리는 듯이 내리치는 강한 자세는 아니지만 관객의 어깨춤을 유도하는 감칠맛나는 춤사위다. 춤이 끝나자, 회색 장삼에 검은색에 흰 점이 드문드문 박힌 탈을 쓴 옴중과 검은색 장삼에 붉은색 탈을 쓴 먹중이 등장해 댓거리를 나눈다. 이어 연잎, 눈끔적기, 노장중이 나와 논다.

그런데 중들 노는 꼴이 가관이다. 한 먹중은 "우리가 겉은 중이지만 속은 중일 리가 있느냐. 염불인지 뭔지

그까짓 것 그만두고 우리 가사나 한번 불러보자" 하는가 하면, 나이든 고승이어야 할 노장중은 술에 취해 갈지자로 비틀거리며 소무(小巫)와 입을 맞추는가 하면, 젖도 만져보고 허리띠를 풀러 소무 허리와 자기 허리를 하나로 동여매기도 한다. 애정녀의 옷차림은 아예 배꼽부터 위로 다 드러내고 깡똥한 저고리로 윗가슴만 살짝 가렸다. 이 웬 타락한 중들의 난장판인가. 이 중들은 사실 중이 아니라 오늘 우리 현실 속의 양반들이 아닐까. 백성들 위에 군림하며 거드름이나 피우는 양반님네들을 실컷 조롱하고 싶은데 그랬다가는 치도곤이 날 테니 지난 시절의 지배층 중을 빌려 맘껏 놀려먹고 있는 것이 아닐까.

생각이 이쯤 미쳤을 때 탈판은 신장사와 원숭이 놀음을 지나 취발이 대목으로 넘어간다. 글자 가르쳐달라는 아들에게 "기역 니은 지읒연, 기역 자로 집을 짓고 지긋지긋이 사잤더니

### "걸쭉한 재담, 신명나는 춤사위"

가이 없는 이 내 몸이 거지꼴이 되었구나" 하며 좀더 직접적으로 신세를 한탄한다. 그러다 다시 샌님과 포도부장이 나와 소무 하나를 두고 서로 차지하려고 싸운다. 양반도 관리님네도 여자 꼬시는 데는 별다른 재주 있으랴는 풍자가 시원하다.

놀이판이 끝나는 지점은 어디일까. 죽음이다. 신할미의 죽음과 함께 출연자가 모두 나와 빙빙 돌려 당학으로 춤을 춰며 퇴장하고 굿거리 장단만이 여운을 울리며 판은 마감된다.

송파 산대놀이는 탈꾼패 놀이로 탈꾼 10여 명이 출연, 각기 별개의 내용을 지닌 일곱 과장(혹은 마당)으로 구성된다. 원형은 양주 별산대놀이, 양주 별산대놀이는 애오개(아현)의 본산대놀이를 본뜬 것. 송파는 돈이 많이 도는 곳, 공연이 흥행에 성공할 경우 며칠씩 공연하는 경우도 심심치 않다.

## 이번 호의 인물　　정선

### 새 시대의 태동 알리는 신필(神筆)

우리나라 방방곡곡을 정선만큼 샅샅이 돌아다녀본 사람도 드물 것이다. 또 변화무쌍한 우리나라의 사시사철을 그만큼 눈여겨본 사람도 아마 없을 것이다. 그의 산수화 어느 것을 봐도 느껴지는 손끝에 잡힐 듯한 생생함은 이렇듯 모두 그의 발품에서 나온 것이라 해도 과언이 아니다. 그가 평생에 걸쳐 신어 없앤 신발이 2천 켤레가 넘는다고 하지 않은가.

그러나 그의 그림이 뛰어난 것은 중국 산수화의 모방을 일삼던 관행을 깨고 우리 산수를 그렸다는 데에 있는 것만은 아니다. 그는 눈앞에 펼쳐진 우리 자연을 자신의 눈으로 재구성하여 독특한 조선의 아름다움으로 형상화해낸 것이다.

그러나 그런 그도 서른 전후까지는 중국식 그림을 그렸다. 그의 화풍이 획기적으로 변하게 된 것은 여행 덕분. 그는 전국을 돌아다니면서 자연을 관조하고 사생(寫生)하며 자신만의 독특한 화풍을 이뤄낸 것이다. 이런 그의 화풍은 「금강전도」나 「인왕제색도」에서 절정을 이루고 있다. 대상에 대한 대담한 왜곡과 생략, 기하학적 재구성과 흑백의 강한 대조는 먹의 조화 속에 사물의 본질을 전혀 새로운 미감으로 드러내주고 있다. 그래서 그의 그림을 보고 있노라면, 문득 그가 그림으로 우리에게 새로운 시대의 태동을 일깨우는 것은 아닌가 하는 생각이 든다.

원래 양반출신이었지만 가난했던 그는 어려서부터 그림 재주가 뛰어나 집안간에 친교가 있었던 노론 대신 김창집의 도움으로 도화서에 들어가 그림을 그렸다. 이후로도 이들 안동 김씨가 후원자가 되어 지방관 등 여러 관직을 거치면서 비교적 어려움 없이 그림에 몰두하고 있다. 앞으로 조선의 아름다움을 그리고자 하는 화가라면 그 누구도 정선이라는 거목의 그림자를 쉽게 벗어나기 어려울 것이다.

본관은 광주. 1676년생. 호는 겸재. 「인왕제색도」, 「금강전도」가 대표작이다.

### '금강산 찾아가자 일만이천봉'

#### 부유층 위주로 여행 붐 일어

최근 한성 등 대도시의 부유층 한량들을 중심으로 여행붐이 크게 일고 있다. 이런 현상은 서울의 사대부가를 중심으로 일고 있는데, 주로 전국의 명산 대찰을 순례하며 그 여흥을 시문으로 읊기도 하고 붓으로 그려내기도 한다는 것.

이들이 꼭 가보기를 소원하는 제일 명승지로는 단연 금강산이 손꼽히고 있다. 금강산 입구의 객주집 여주인의 말에 따르면, 요즈음 금강산을 찾는 사람들이 부쩍 늘어 한 해에 줄잡아 수천 명의 관광객이 붐빈다고 한다. 또 이들 관광객 가운데는 대갓집의 마나님들과 규수들도 적지 않아 금강산 여행붐이 어느 정도인가를 짐작하게 하고 있다.

그래서 금강산에 갔다온 사람들은 마치 신선세상에나 갔다온 듯이 입에 침이 마르도록 자랑삼고 있으며, 못가본 사람들은 사람축에 못끼는 듯 기가 죽어 지낸다고 한다. 또 이런 세태를 반영하여 사람들은 금강산 한 번 구경가는 것을 평생 소원으로 삼고 너도 나도 금강산 구경가자며 계를 결성하는 경우도 적지 않다고 전해진다.

한 관계학자는 "이런 현상은 근래 들어 사회적으로 부가 급격히 늘어나면서 일부 부유층 인사들이 여기를 즐기기 위해 명산대찰을 찾아나서는 것"이라고 지적하고 "이런 여행붐이 시조나 기행문, 그림 등 문화적 발달을 가져오기는 하겠지만, 다른 한편으로 계층적 위화감 또한 적지 않을 것"이라고 진단했다.

### 유수원, 「우서」에서 사민평등론과 상인 역할론 주장

1737년 소론 출신 학자 유수원의 저서 「우서」가 화제다. 특히 이책은 국왕도 읽고 "우리나라 글하는 사람들은 대체로 역학자의 말을 따르고 모으면서 기교만 구하는데, 이 사람은 모두 자기 마음속에서 우러나는 생각을 기술하였으니 참으로 귀중하다"고 찬탄할 정도로 뛰어난 저술로 평가되고 있다. 이 책은 문답식으로 기술되어 있지만 그 체제는 하나의 정연한 논문형식을 이룰 정도로 정연하다.

그의 저서에서 주목을 끌고 있는 것은 4민(양반, 농민, 수공업자, 상인) 평등에 관한 사상이다. 그는 "양반만이 아니라 모든 백성들이 소학을 거쳐 대학, 국학, 태학으로까지 나아갈 수 있다. 학문에 능력이 없으면 그의 재질과 근력에 알맞게 농사꾼이나 장사꾼이 되게 해야 한다"면서 현재의 신분제도에 대안을 제시하고 있다. 아버지가 선비라도 아들은 상인이 될 수 있고 또 자손 가운데 글을 잘 아는 자가 있으면 조상이 무엇을 했건 상관없이 선비가 될 수 있게 해야 한다고 주장한다. 또한, 그는 사·농·공·상의 4민 가운데 상인의 역할을 강조하고 있다. 상인이 있으면 자연히 공인이 있게 되고, 육지와 바다의 물산이 서로 통하게 될 것이며, 성을 쌓고 다리를 놓고 도로를 내며 학교를 짓고 가난을 구제하는 등 온갖 일들이 저절로 해결될 것이라고 보는 것이다. 게다가 상인들에게서 받은 세금으로 국가경비를 넉넉히 마련할 수 있다는 것이다.

이 책은 나오자마자 새로운 경세론에 목말라 있던 우리 지식인 사회에 일대 반향을 불러 일으키고 있다. 그러나 그가 제시한 부유한 나라로 만드는 탁월한 주장들이 정부의 정책에 얼마나 반영될지는 미지수이다. 다만 국왕으로부터 긍정적인 평가를 받은 것은 일단 고무적인 것으로 지적되고 있다.

### 우리의 산과 강을 화폭에

#### '진경산수 화법' 제시한 정선

우리나라의 산과 들녘을 돌아다녀본 사람들이라면 우리 산세의 아담하면서도 장중한 맛을 화폭에 담으면 어떨까라는 생각을 해보았을 것이다. 그러나 이제껏 우리의 산수는 누구에게도 화폭의 소재로 사용되지 못해왔다. 최근까지 우리나라 화가들의 그림은 으레 중국의 유명한 화첩 「고씨화보」나 「당시화보」의 그림을 모방해왔다. 중국의 산세나 풍경이 가장 으뜸이라는 '중화사상'이 화단에도 뿌리깊게 자리잡아왔기 때문이다.

그런데 정선이라는 화가가 중국의 산수가 아닌 우리나라의 산수를 새로운 화법으로 그려낸 진경산수화가 화단에 일대파장을 일으키고 있다. 관아재 조영석은 정선의 그림에 대해 "조선 삼백 년 역사 속에 이와 같은 것은 볼 수 없었다. 새로운 화법을 창출하여 우리 산수화가들이 한결같은 방식으로 그리는 병폐와 누습을 씻어 버리니 조선적인 새 화법이 탄생됐다"고 평할 정도이다.

그의 그림은 주로 금강산이나 인왕산과 서울 주변의 산수를 소재로 삼고 있다. 더욱 중요한 것은 새로운 화법의 시도라고 미술계 평론가들은 강조한다. 단순히 우리 산수를 그대로 그린다는 사경(寫景)의 수준을 뛰어넘어 독특한 화법으로 발전한 새로운 미감의 창조라는 점을 주시해야 한다는 것이다.

「인왕제색도」에서 보이는 중묵의 사용과 흑백의 대조기법, 「금강전도」에서는 거센 붓으로 중첩한 무수한 봉우리를 죽죽 그려내는 필법이 가장 대표적. 인왕산이 바위산과 바위벽으로 둘러싸인 것을 표현하기 위해 묵직한 묵을 이용해 양감을 살리고 이와 대비해 산아래 구름은 흰색으로 남겨 강한 대비를 보여주는가 하면, 첩첩산과 첩첩계곡으로 이루어진 금강산을 마치 하늘 위에서 한눈에 내려다보는 것처럼 화면 중앙으로 몰아 장중하게 표현하기도 한다.

그가 노론계열인 김창집과 연분이 있다고 하여 그를 비판하는 측도 없지 않지만 그의 그림이 보여주는 참신함과 선구성은 냉정하게 인정해야 할 것이다.

### 옛노래 정리한 시집 「청구영언」 출간됐다

1728년 아름다운 노래들이 후세에까지 기억되지 못하고 세월에 묻히는 것을 아쉬워한 김천택이라는 문인이 옛 노래들을 묶어 시가집을 편찬했다. '우리나라(청구)의 옛노래(영언)'라는 뜻의 제목을 가진 「청구영언」이 그것. 이 시가집에는 삼국시대의 노래부터 고려의 것, 그리고 지금 우리 시대의 것까지 모두 5백 80수가 수록되어 있는데 그 작자층도 다양하다. 왕이 만든 노래로부터 기생이 부른 노래, 이름도 성도 알려지지 않은 '무명씨'가 부른 노래 등 신분의 고하를 뛰어넘어 알려져 있는 노래면 모두 수록되어 있다. 특히 무명씨 작자의 노래를 104수나 기록하고 있음은 그만큼 일반백성들 사이에서 인기였던 노래를 아끼고자 하는 작가의 배려인 듯하다.

### 민중시집 「소대풍요」 문단에 큰 화제

양반 중심의 오랜 문단 관례를 깨고 지금까지 문단활동에서 소외돼왔던 중인, 서얼, 서리, 일반 상인들이 참여한 시집이 나와 화제다. 이 공동시집은 162명의 시 685수를 詩體(오언절구, 육언절구, 오언율시, 오언고시, 칠언고시)를 기준으로 분류하여 싣고 있는 「소대풍요」다. 편찬자 고시언은 시집의 서두에서 "「소대풍요」의 발간은 사대부의 시문집인 「동문선」과 표리를 이룬다"고 서민시집으로서는 독자적임을 천명하면서 "신분이 귀천으로 갈린 것은 인위적인 것이지만 소리(시를 말함)는 같다"며 시를 통한 양반과의 동격의식을 표현, 문단의 주목을 받고 있다. 또 이 시집의 서문을 쓴 오광운도 "이들이 나라의 잘못된 제도에 묶여 과거를 통한 입신양명의 길은 막혔지만, 시사를 결성하고 화려한 시문화를 이룩하여 시집의 편찬에 이른 것은 높이 평가할 만하다"고 했다. 이번 시집의 발간으로 서민들의 문학활동은 더욱 촉진될 것으로 보인다.

해외 소식

### 영국, 의회체제 정착단계

#### "왕은 군림하나 통치하지 않는다"

최근 영국에서는 내각수상의 목청이 높아지고 있다. 공공연하게 '왕은 군림하나 통치하지 않는다'는 말이 나돌 정도이다. 이는 권리장전과 독일 출신의 하노버가(家) 왕들의 정치적 무관심에 힘입은 바 크다. 권리장전은 왕위계승의 순위에 대해 "모든 것은 의회에 소집된 귀족 및 서민의 승인과 조언에 의해 선언되고 제정되며 확정된다"고 부기했다. 여기에서 영국 정치는 의회가 제정한 법이 지배한다는 의회주의의 방향으로 확립된 것이다. 더군다나 하노버가 왕들의 정치적 무관심은 왕에 비해서 의회가 우위에 서도록 함으로써 의회 중심의 통치체제가 확립되도록 하는 데 일조했다. 하노버가의 조지 1세는 1714년 영국에 온 지 9일만에 각의를 주재했는데 왕은 영어로 진행되는 토의를 이해할 수 없었고, 그래서 대신들은 그들만이 토의를 한 뒤 그 결정사항을 그다지 유창하지도 않은 독일어로 왕에게 전했던 것이다. 조지 1세의 뒤를 이은 조지 2세도 영어를 사용할 줄은 알았지만 특별한 경우를 제외하고는 부친의 예에 따라 각의에 참석하지 않았다. 이것이 관례화돼 수상의 지위가 높아지고 있는 것이다.

# 역사신문

# 균역법 반포, 양인 군역부담 반감

## 양반 지주층도 일정액 부담, 조세제도의 일대개혁

1751년(영조 27) 9월 정부는 그동안 꾸준히 검토해오던 균역법을 마침내 공포, 시행에 들어갔다. 이번 발표에 따라 이미 작년에 예고한 대로, 양인은 군포를 반으로 삭감하여 포목 한 필을 납부하고, 그로 인해 발생하는 결손을 메우기 위해 지주는 토지 1결당 쌀 두 말 혹은 5전의 결미나 결전을 추가로 납부하게 된다.

정부에서 균역법을 시행하게 된 배경은 그동안 양인의 군역부담이 커서 사회문제로까지 확대되고 있는 데 따른 것이다. 지금까지 양인들은 군역(軍役) 대신 내는 군포의 부담이 지나치게 무거워 불만이 한계점에 도달한 상황이었다. 포목짓기에 시달리던 시어머니와 며느리가 동반 자살하는 사태가 벌어지는가 하면, 군역을 처음 지게 된 아들이 죽으면 부모는 오히려 다행으로 여긴다는 소문도 있다. 심지어 최근 평양에서는 족징(본인이 능력이 없을 때 친척에게 물리는 것)을 면하고자 일가족이 공모하여 가난한 친척 일가족을 살해하는 사태까지 일어났다. 이러한 비극은, 힘있고 돈있는 자는 수단과 방법을 가리지 않고 군역을 피하고 가난한 백성에게 그들의 몫이 전가되고 있기 때문이다. 통계에 의하면 전국에서 군역을 져야 할 62만호 중에서 실제로 군역을 지는 호는 10여만 호에 불과하다. 10여만 호가 50만 호가 져야 할 부담까지 추가로 지고 있는 셈인 것이다.

작년에 정부가 1년에 2필 내던 군포를 1필로 줄이겠다고 발표한 것은 이러한 상황을 개선하기 위한 것이었다. 국왕 영조도 "국가 재정이 모이면 백성이 흩어지고 국가 재정이 흩어지면 백성이 모이니, 나라 재정이 다 없어지더라도 오히려 백성이 가난한 것보다는 낫다"며 개혁의지를 표시했다.

그러나 작년 발표에서 군포 삭감으로 발생하는 약 1백만냥 정도의 세입 결손액을 절반은 정부의 재정 절감으로 상쇄하고 나머지 절반은 각 고을에 배당하여 징수하겠다고 했는데, 바로 이 각 고을에 할당하는 분정(分定)액이 문제가 돼왔다. 이 부담은 다시 양인들에게 전가될 것이 뻔해 정부 내에서조차 이는 균역법의 취지를 정면으로 거스르는 것이라는 비판이 비등하자, 이번에 토지 1결당 일정액을 거두는 결미, 결전으로 결정을 본 것이다.

한편 이번 조치를 강행할 수 있었던 것은 전국의 양인과 호에 대한 통계조사가 기록된 「양역실총(良役實總)」이 완성됨에 따라 정확한 예산 예측이 가능했기 때문이라는 후문이다. 또 영조가 애초에 의도한 것이 양반도 양인과 동일하게 군역을 지는 호포제였다는 것을 아는 이들은 이번 조치가 그로부터 대폭 후퇴된 것이라는 아쉬움을 표시하고 있다. 관련기사 2·3면

## 속대전 반포
### "새 시대의 새 법"

1746년 「경국대전」을 이은 제2의 법전 「속대전(續大典)」이 나왔다. 「경국대전」이 시행된 뒤 시대가 바뀜에 따라 법령이 개정되거나 새로 제정된 경우가 많았는데, 중복되거나 법령과 법령간에 서로 모순되는 것이 적지 않아 법 적용에 혼란이 많았다. 이런 사정을 감안하여 영조는 즉위하면서 「속대전」 편찬을 결심. 1740년(영조16)부터 영조의 관여하에 편찬을 시작, 1744년에 완성하여 영조 자신이 직접 서문을 썼고 세세한 교정작업을 거친 후 반포했다. 「경국대전」이 시행된 지 2백60여 년만이다.

경기 감영도

# 영조, 탕평 천명하며 '노론 지지'

## 당쟁 견해 밝힌 어제대훈(御製大訓) 배포
## 소론측에 대한 정치적 압력 강화될 듯, '정가 파문'

1741년(영조 17) 국왕 영조가 노·소론 당쟁에 관한 자신의 견해와 정치 전반에 대한 지침을 모아 「어제대훈」으로 엮어 종묘에 고하고 전국에 배포하도록 지시해 정가에 작은 파문이 일고 있다.

「대훈」이 당쟁의 폐해를 열거하며 탕평책의 당위성을 역설하고 있는 내용으로 짜여져 있는 것은 이상할 게 없다. 그러나 자세히 살펴보면 그 가운데서도 명백히 노론쪽에 손을 들어주는 대목이 있어 눈길을 끈다.

문제가 되는 대목은 "경종이 영조를 세제(世弟)로 책봉하고 대리청정하게 한 것은 선왕 숙종의 유지를 준수하고 의리를 밝힌 옳은 일"이라고 명백히 한 부분이다. 이는 즉위 초에 "(경종 때 자신을 박해한 소론에 대해) 분통한 마음이 어찌 없으랴만 이제 다 밝혀졌으니 복수는 안된다"고 한 것과는 사뭇 다른 것이다. 소론을 명백히 지탄하고 있는 것이다. 이에 따라 소론측 인사들은 자신들의 주장이 잘못됐다는 자술서를 제출하라는 압력을 받고 있는 것으로 알려졌다.

이는 영조가 자신의 즉위에 이르는 과정을 옹호하려는 당연한 처사인 측면도 있지만 새삼스레 이 문제를 들고 나온 것은 노론측의 일당전제를 사실상 추인하는 효과를 내기 위한 것이라는 지적이 많다.

# 나주에서 소론 윤지 역모사건 적발

## 관련자 전원, 처형, 유배 조치
## 사도세자 미온 대처 … 국왕 분노, 직접 취조 나서

1755년(영조 31) 정부는 지난 1724년 영조 즉위 후 소론세력 축출 때 옥사한 윤취상의 아들 윤지가 주동이 된 반역사건을 전라도 나주에서 적발, 윤지 등 주모자 5명을 처형하고 그밖의 관련자들은 유배조치했다고 발표했다.

이번 사건은 나주 객사에 현 국왕 영조의 등극을 부정하는 괘서가 나붙어 수사를 하던 중 주모자가 윤지라는 것이 드러났으며 뒤이어 그의 아들 윤광철과 나주목사 이하징이 동조한 것으로 밝혀졌다.

더구나 박찬신, 김윤, 조동정, 조동화 등 한성의 서인측 사람들이 윤지와 연락하며 유사시 내응하기로 한 것으로 밝혀져 충격을 안겨주고 있다.

한편 이번 역모사건은 그 중대성에 비춰 대리청정을 하고 있던 세자가 직접 취조에 나섰는데 아버지 영조와 관련된 사항을 듣고 무슨 이유인지 결단을 내리지 못하고 소극적으로 대처해 국왕의 분노를 산 것으로 알려졌다.

결국 국왕이 직접 취조에 나서는 등 약간의 파문 속에 해결됐으나 세자의 이런 태도는 노론측에게 세자가 노론을 적대시한다는 의혹을 불러 일으키고 있다.

# 소론, 잇단 반정부 행위로 처벌돼
## 노론, "소론 최후의 발작적 증세"

1755년(영조 31) 지난 윤지 역모사건 처리를 기념하기 위해 국왕의 명령에 의해 실시된 임시과거인 토역정시(討逆庭試)에서 "지난 나주 괘서 사건은 소론을 모함하기 위한 사기극"이라는 답안이 제출돼 정부가 발칵 뒤집혔다. 답안 작성자는 심정연이란 자로 밝혀졌는데 지난 이인좌의 난 때 처형된 심성연·익연 형제의 동생이다. 따라서 이번 행동은 소론 세력의 재기를 위한 것으로 파악됐다.

심정연을 취조하는 과정에서 춘천지역에 그와 연계된 일당이 반란음모를 꾸미고 있었음이 밝혀져 더욱 충격을 주고 있다. 윤혜, 신치운, 김인제 등으로 모두 심정연과 연락하며 유사시 무력을 동원, 봉기하기로 했다고 한다. 심정연과 이들 모두는 처형당했다.

이들 일련의 사건에 대해 노론 일각에서는 "세력 만회 가망이 없어진 소론 잔당이 마지막 발악을 하는 것"이라고 냉소를 보냈다.

## 역사신문

# 균역의 '균'자가 부끄럽다

## 보다 근본적인 군역개혁이 필요

근래 들어 소문만 요란하고 백성들의 기대만 한껏 부풀게 했던 군역개혁을 둘러싼 여러 가지 논의와 논쟁은 결국 많은 아쉬움을 남긴 채 균역법으로 결정되었다. 이로써 지금까지 군역의 개혁방향을 놓고 일어났던 그 뜨거운 논쟁과 계층간의 대립은 일단락된 것으로 보인다. 그러나 당초 거론되어 기대를 모았던 호포제와 결포제 등의 내용은 전혀 언급되지 않고 감필론(2필을 1필로 줄이는 것)으로 결론이 나, 군역개혁의 획기적인 조치라는 정부 발표와는 거리가 멀어 기대했던 농민들에게는 실망감을 안겨주고 있다. 실제로 김포의 한 농민은 "군포를 1필로 줄인 것은 어디에서 메꾸어지겠습니까? 결국 우리같이 힘없는 농민들에게서 나오는 것 아니겠습니까? 더군다나 조금이라도 여유가 있는 사람은 신분상승 등 여러 가지 방법으로 군역에서 제외되어 그들의 부담까지 우리가 떠안아야 할 형편입니다"라고 이번 새로운 군역제도에 강한 불만을 표시하였다. 실제 국방예산이 부족할 경우는 추가로 더 거두어들일 수 있도록 이번 시행법에 명시되어 있어 이 농민의 걱정은 결국 현실화될 가능성이 높다.

군역개혁 논의가 한참일 때 국왕은 홍화문에 나아가 호포제에 대한 백성들의 견해를 직접 들었고, 그 자리에서 호포제가 실시되면 왕족들도 예외없이 납부할 것임을 천명하는 등 호포제 실시의 의지를 강력히 내비쳤다. 그러나 논의의 전개과정에서 보수파의 입김이 강하게 작용해 이번 군역제개혁은 용두사미가 되고 말았다. 이를 통해서 우리는 현재의 권력에 두 가지 세력이 대립하고 있음을 알 수 있었다. 하나는 민의 불만이 누적돼 체제의 위기로까지 치닫는 것을 막기 위해서는 지배계층의 일정한 양보가 필요하다는 합리적인 세력과, 다른 하나는 현재의 위기를 직시하지 못하고 그들의 기득권을 꽉 움켜쥐고 있는 골수 보수세력이다. 전자는 국왕을 비롯한 호포, 결포론을 주장하는 일부 관료들이고, 후자는 이들을 저지시킨 지주들과 보수관료들이다. 이번의 결정은 후자의 전자에 대한 승리로 보여진다.

그러나 균역법의 함량미달에 낙담만 하고 있을 때가 아닌 것 같다. 이 균역법마저도 시행과정에서 파행적으로 운영될 조짐이 벌써부터 나타나고 있기 때문이다. 균역법 실시에 반대해온 지주들이 균역법상 자신들의 부담인 결작을 소작농민에게 전가시키려 하고 있는 것이 그것이다. 만약에 이러한 방식으로 균역법의 내용이 왜곡되고 굴절된다면, 균역법은 그야말로 허울뿐인 빈 껍데기가 되고 말 것이다. 정부는 균역법이라도 제대로 시행될 수 있도록 모든 조치를 강구해야 할 것이다.

## 그림 마당
이은홍

## 균역법의 허와 실

# 양반도 경제력에 따라 세 부담, 조세제도 개편의 큰 획
# 애초의 계획에서 후퇴 … 용 그리려다 뱀 되고만 아쉬움 남아

군포 2필을 1필로 무려 반을 인하한 이번 균역법은 획기적인 조치임에 틀림없다. 이에 따라 그동안 불만이 극에 달했던 농민들을 어느 정도 달랠 수 있을 것으로 보인다.

그동안 군포 납세의 불공정과 부패상은 수없이 지적돼왔다. 1년에 포 2필이면 쌀 12말에 해당되는 큰 액수이다. 더구나 최근에는 관에서 군포를 내고 군복무를 하지 말라는 식으로 강요하는 것이 일반화돼 있다. 군포가 부정부패의 수단이 된 것이다. 이는 지방관리들이 부유한 양인들로부터 뇌물을 받고 아예 군적에서 빼주고는 지역에 할당돼 있는 군역가를 채우기 위해 힘없는 소농민들에게 무리하게 부담을 전가시키는 데도 원인이 있지만, 보다 구조적인 문제가 있다. 즉 최근 양반이 급속하게 늘고 있다는 사실이다. 고

을 단위로 군역총액이 정해져 있는 상태에서 부유해진 양인들이 납속책이나 공명첩을 사서 양반으로 승격되니 그들이 지던 군역은 고스란히 하층 양인들에게 전가되는 것이다.

정부는 이 문제를 국가의 전반적 조세수납체계의 문제로 보고 그동안 해결책 마련에 고심해왔다. 지난 17세기 중반에 대동법을 실시해 공납의 폐단을 개혁한 것, 상평통보 발행으로 조세를 돈으로 내게 한 것 등이 모두 조세수납체계의 개혁 선상에서 이루어진 일이다. 그리고 이번 균역법 또한 그러한 조치들의 연장선상에 있다.

이번 균역법 시행의 의미는 물론 양인 군역 부담의 대폭 경감에 있지만, 보다 주목해야 할 것은 이제 양반 지주층도 어느 정도 납세의 부담을 져야 한다는 사실에 있다. 특히

이전과 같이 사람이나 가호(家戶)에 부과하는 것이 아니라, 소유 토지의 규모에 따라 세액을 부담하도록 한 이번 결세(結稅)제도는 진일보한 것으로 평가할 수 있다.

그러나 영조가 애초에는 양반들도 양인과 똑같이 군역을 부담하는 호포제를 고려했으나 기득권층인 양반 지주들의 저항에 부딪혀 대폭 후퇴한 것은 아쉬움으로 남는다. 또한 구조적 문제는 여전히 남게 됐다. 지금과 같이 양반으로의 신분전환이 급속하게 이뤄지는 상태라면 양인 부담 경감의 효과는 얼마 지나지 않아 상쇄돼버리고 말 것이다. 더구나 지방관들의 기강이 바로잡혀지지 않는 한 지금까지와 같은 부정부패는 여전할 것이어서 균역법은 실제 효과를 거두기 힘들 것이다.

## 군역개혁 논의들

균역법이 발표되기까지 정부 내에서는 여러 안이 검토된 것으로 알려지고 있다. 애초 국왕이 고려했던 호포론이 가장 많이 논의됐고, 좀더 근본적인 해결책으로 재산 정도에 따라 내는 결포론도 거론됐다. 한편 재야 소장 학자들 사이에서는 정전제(井田制)에 기초한 혁명적인 방안까지 논의되고 있다. 최종적으로 낙착된 균역법은 양반 지주층의 격렬한 반대로 그 어느 것에도 못미치는 개량의 수준에 그쳤지만 이왕 제기된 여러 논의를 지면을 통해 소개한다.

**호포론**
박문수(예조판서·소론)

문제의 핵심은 양인 농민들만이 군역의 부담을 지고 있다는 점이다. 위로는 왕족에서 밑으로는 필부에 이르기까지 똑같이 군포를 내야 지금의 군역 폐단이 해결될 수 있다. 농민의 부담을 줄여주기 위해서 국방예산을 줄이는 것은 한계가 있을 수밖에 없는 것이다. 그런데 한편에서는 관품과 관직이 있는 자가 일반 백성의 집과 함께 묶여 호별로 군포를 바친다면 군자와 소인의 구별이 없어지지 않을까 걱정하는 말이 있다. 그러나 호별로 포를 거두는 방식은 신분에 관계없이 내는 전세와 다를 바 없다.

**결포론**
홍계희(병조판서·노론)

지금의 군역폐단을 해결하기 위해서는 기본적으로 농민들을 생산기반에 안착시켜야 한다는 주장에는 동감한다. 그러나 지금 상황에서 모든 농민들에게 토지를 일정하게 나누어 주는 것은 불가능하다. 그렇다고 해서 지주와 소작농이 똑같이 군포를 부담하도록 해야 한다는 방안도 불합리하다. 결국 토지결수를 기준으로 삼아야 한다. 경제적 능력에 따라 토지를 많이 가진 자가 군포를 더 많이 내고, 적게 가진 자가 상대적으로 적게 내게 되는 것이다. 이것이 지금 흩어진 민심을 모으는 유일한 길이다.

**병농일치제**
홍대용(소장학자·북학파)

내가 주장하는 병농일치적 군제개혁은 지주들에게 토지가 집중되고 농민들의 대부분은 토지를 잃은 채 유랑을 하거나 소작농이 되고 있는 현재의 실정을 그대로 두고 하자는 것이 절대 아니다. 농민들에게 토지를 나누어주어 자영농을 육성하고 그 토지를 단위로 군사를 차출하자는 것이다. 모든 성년 남자들에게 토지를 나누어 그들 모두가 군역을 지게 하는 것이다. 이렇게 되면 지금과 같은 군역의 폐단은 원천적으로 해결될 것이다. 물론 이것은 토지제도 전반을 혁명적으로 개혁할 것을 전제로 한다.

취재 수첩

## 홍화문에 나타난 영조

군역제의 폐단과 그 개선방안을 놓고 정부 대신들이 골머리를 앓으며 묘안을 짜내던 중, 홍화문(동소문) 부근에 돌연 국왕이 나타나 사람들을 놀라게 했다. 국왕은 친히 백성들을 붙잡고 군역의 폐단에 대해 물었고, 백성들이 생각하는 해결책을 경청했다. 사람들은 얼떨떨한 가운데도 모처럼 찾아온 기회를 놓칠세라 국왕에게 군포

납부의 고충을 아뢰었다.

이러한 모습은 이전에는 좀처럼 볼 수 없었던 일이다. 물론 이전에도 국왕이 민정을 시찰하기 위해 평민복을 입고 밤에 몰래 민가를 돌아보는 일은 있었다. 그러나 이렇게 대낮에 국왕이 길거리에 나와서 특정 사안에 대한 여론을 듣는 일은 처음 있는 일이다.

이는 국왕이 그동안 가혹한 형벌제도를 폐지하고, 양반 사대부의 양인 및 천인에 대한 사형(私刑)을 금지하는 등 '민을 위한' 정치를 펴온 연장선상에 있는 것으로 보인다. 그러나 이번과 같은 여론 수집은 '민에 의한' 정치까지도 생각게 할 수 있는 것으로 한 단

계 진보한 것임에 틀림없다.

물론 일부에서는 국왕의 이러한 행동을 단지 군역폐단의 척결에 걸림돌이 되고 있는 양반 사대부층을 제어해두려는 속셈으로 치부할지도 모른다. 이것이 사실이라고 해도 이는 결코 사소하게 보아 넘길 일이 아닐 듯하다. 양반 사대부층을 제압하기 위해 일반 양인층을 동원한다는 것 자체가 지금까지의 당쟁의 틀을 깨는 조치일 수 있기 때문이다. 또 민들도 이런 일이 일단 있은 연후에는 다음에도 다시 이런 여론 수렴을 요구하고 나올 것이다. 그것이 역사의 수레바퀴가 약간이나마 진전되는 길이 아닐까.

## 균역법 실시를 계기로 본 군역의 변화

① **병농일치제** 국초에는 모든 양인 농민들이 농사를 지으면서 일정기간 군복무를 하거나 군복무자의 가사를 도왔다.

② **대립제** 15세기 무렵부터 다른 사람을 대신 세워 군복무를 하게 하고 일정한 대가를 지불했다.

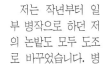

③ **방군수포제** 임란 이후 양인들은 현역 복무를 하지 않고 국가에 군역세를 내면, 국가가 군사를 모집해 이들이 국방의 의무를 지도록 했다.

### 용어 해설

**양역(良役)** 16세에서 60세까지의 남자 양인이면 국가를 위해 의무적으로 복무해야 하는 부역.

**번상(番上)** 복무 기한이 없고 일년 중 일정기간을 정해 농고 60세가 될 때까지 매년 근무한다.

**군포제** 번상병들이 포목으로 사람을 사서 대신 복무케 하는 관행이 널리 퍼지자, 중종 때부터 이를 제도화하여 포목 2필을 내면 현지 복무를 면제해주었다.

**호포제** 양반·양인 구별없이 호마다 일정한 군포를 납부하자는 제도. 호별로 냄으로써 양인의 부담이 줄지만 양반도 부담하게 되므로 결국 총 징수액은 변함이 없게 된다.

**백골징포(白骨徵布)** 지방관들이 사망한 자를 군적에서 지우지 않고 가족에게 계속 군포를 징수해가는 횡포를 일컫음.

**황구첨정(黃口簽丁)** 황구는 어린이를 가리킴. 아직 장정 나이인 16세가 안된 아이를 군적에 장정으로 올려 군포를 징수하는 횡포.

**족징(族徵)·인징(隣徵)** 본인이 부담 능력이 없을 때 친족에게 부담시키는 것을 족징, 이웃 주민들에게 부담시키는 것을 인징이라고 한다.

## 지대 거두는 방식이 바뀌고 있다
### 반타작 규정 깨져

근래 농촌에서는 지대를 거두는 방식이 그해 수확의 반을 거두는 병작제에서 정해진 액수를 거두는 도조법으로 급격하게 바뀌어가고 있다. 특히 이러한 도조는 대지주와 부재지주의 농지에서 급속히 확산되고 있는 추세라고 한다. 강화도의 한 농민은 "강화도의 전답은 대부분 서울의 양반층과 부자들의 땅이어서 강화도민의 십중팔구는 그들의 땅을 병작하고 있었는데, 근래에는 대부분 도지로 바뀌었습니다"라고 현재의 추세를 설명했다. 병작제 아래서는 아무리 농사를 잘 지어도 고정적으로 수확의 반을 지주에게 납부해야 하므로 전호농민들이 농사에 열심이지 않은 경우가 많았다. 그러나 도조법에서는 수확이 크게 늘어나도 지주에게 일정액의 지대만 내면 되므로, 부지런한 농민들은 도조법을 택해 보다 큰 이득을 보고자 한다. 그러나 가뭄이 드는 등 자연재해가 심할 경우 전호농민들은 큰 타격을 받는 것이다. 원래 도조는 가뭄 피해를 덜 받아 수확량이 비교적 일정한 밭농사에서 적용되고, 가뭄 피해를 받기 쉬워 수확량에 변화가 많은 논농사에는 병작법이 더 많이 적용되어 왔다. 그러나 근래에는 수리시설의 발달로 가뭄피해가 덜하게 되자 논농사도 점차 도조법으로 바뀌어 가고 있는 것이다. 이런 현상에 대해 한 경제 전문가는 "농업경영에서 지주의 간섭으로부터 벗어나 농업 경영의 자유를 확보함으로써 농민들의 생산의욕을 증진시킬 수 있을 것"이라고 전망하였다. 한편, 이런 추세에 따라 전국 곳곳에서는 의욕을 가지고 적극적으로 농업경영을 하고자 하는 농민들이 지주들에게 지대 납부방식을 도조로 전환해 줄 것을 강력하게 요구하고 있어 그 귀추가 주목되고 있다.

### 도조 확대에 대한 지주와 농민의 반응

**대지주 김모씨**

저는 작년부터 일부 병작으로 하던 저의 논밭도 모두 도조로 바꾸었습니다. 병작의 불편함은 이루 말할 수 없습니다. 원칙적으로 종자벼와 지세, 대동미, 삼수미, 결작 등의 토지세 및 토지부가세를 모두 지주가 부담하여 실소득이 별로 많지 않습니다. 그러나 도조로 바꾸면서 이러한 전세와 기타 부가세를 작인의 부담으로 돌려 홀가분합니다. 그런데다가 해마다의 작황에 따라 수입이 좌우되므로 벼베기와 벼훑기를 일일이 감시해야 하는 등 농업경영에 대한 관여와 감독에 많은 신경을 써야 했는데 풍년, 흉년 신경쓰지 않게 되어 얼마나 좋은지 모릅니다. 더군다나 저같이 제가 소유하고 있는 토지가 각 도에 널려 있는 경우는 얼마나 편한지 모릅니다.

**중소지주 이모씨**

저는 요즈음 작인들로부터 도조로 바꾸어 달라는 요구에 시달리고 있습니다. 그러나, 저처럼 토지를 많이 소유하고 있지 못하고 전적으로 여기에서 나온 수입으로 생활을 해나가야 하는 경우에는 이러한 요구를 들어줄 수 없습니다. 비록 작인들을 감시하고 이것 저것 신경 쓸 것도 많지만 그래도 풍년이 들면 제 괜찮은 수입을 올릴 수 있습니다. 제가 듣기로는 도조로 하는 경우도 흉년이 들 경우는 작인들이 소작료 인하를 요구하기 일쑤라고 합니다. 그러니 도조는 작인들에게만 유리한 것이지 지주에게는 불리한 것 아니겠습니까? 십분 양보해도 도조는 대지주나 부재지주의 경우에 해당되는 것이지 저희 같은 중소지주에게는 해당되지 않는 것이라고 생각합니다.

**농민 송모씨**

이전 병작제로 할 때에는 소득을 높이기 위해 특수작물을 재배해보려고 해도 지주의 반대 때문에 번번이 실패하곤 했습니다. 그러나 도조로 하고 나서부터는 영농과정 전체와 작물의 선택까지도 우리 마음대로 할 수 있어 좋습니다. 저는 꼭 벼와 보리를 고집하지 않고 인삼이나 담배 같은 경제성이 높은 작물재배로 짭짤한 수입을 올리고 있어 다른 농민들의 부러움을 사고 있습니다. 더군다나 계약된 지대액 이상의 수입은 전적으로 저의 것이 되기 때문에 병작으로 할 때보다 훨씬 더 열심히 일하고 있습니다. 열심히만 하면 얼마든지 큰 수입을 올릴 수 있게 된 것이지요.

**빈농 박모씨**
요즈음에는 지주와 작인이 도조로 계약하는 경우가 허다합니다. 그런데 그럴 경우 지주들은 저희 같은 빈농들에게는 좀처럼 소작을 주지 않고 있는 형편입니다. 이런 현상은 병작으로 할 때도 있었던 것이지만 도조로 인해 더 심해지고 있습니다. 지주들로서는 흉년이 들어도 정해진 지대를 충분히 감당할 수 있어, 안정적으로 지대를 받을 수 있는 부유한 작인들을 선호하기 때문이지요. 이래 저래 저희 같은 빈농들은 살기가 더욱 어려워졌습니다.

### 문답풀이
### 균역법

소작으로 먹고 사는 농민이다. 그전에는 아버지와 나 그리고 자식 3명 해서 5명이 군포 2필씩 10필을 냈다. 앞으로는 얼마를 내야 하는가.

정 당 1필씩 5필을 내면 된다.

토지 10결을 가지고 있는 양반이다. 우리도 군포를 내야 하는가.

1결당 쌀 2말씩 20말의 결작미, 혹은 1결당 5전씩 50전의 결전만 내면 된다. 양반도 양인과 같이 군포를 내되 정(丁)별이 아닌 호별로 내는 이른바 호포제는 검토된 바는 있지만 이번에 채택되지는 않았다.

양인이지만 향교에 등록되어 있는 학생이다. 군포를 내야 하는가.

이전까지는 면제돼왔지만 이제부터는 선무군관으로 편성돼 1년에 한 번 경전시험을 치뤄 불합격자에 한해 군포 1필을 납부해야 한다. 이는 양인 중 부유한 자가 군역을 면하기 위해 향교나 서원에 이름만 올려두는 폐단을 막기 위해서다.

어부다. 우리는 궁방에 세금을 내왔다. 균역법이 우리와도 관련이 있는가.

없다. 어장은 왕실 기관인 궁방에 소속돼 있었는데 이번에 이를 균역청으로 이전해 군포 삭감으로 인한 재정결손에 충당하게 된다. 따라서 궁방에 내던 세금을 균역청에 내는 것만 바뀌게 된다.

## 양역 대상자
## 30만에서 50만으로 크게 증가

양역 변통이 논의될 때 전국의 납포 대상자가 약 30만 명으로 집계되었으나, 균역법이 실시되고 나서 50만 명으로 증가하여 관심이 집중되고 있다. 이처럼 짧은 기간에 20만 명이나 증가한 것은 정부가 양역 이정청을 설치하고(1742) 많은 피역 농민들을 적발하였기 때문이라는 분석과, 무리하게 대상 인원수를 늘려 두 사람 몫의 부담을 지는 농민이 그만큼 많아졌기 때문이라는 주장이 서로 엇갈리고 있다. 전자든 후자든 향후 농민들의 피역저항이 거세어져 균역법이 실효를 거둘지 의문이라는 비관적인 전망이 현재 나오고 있다.

## 가혹 형벌 개선
### 형조, 난장 형 금지키로

**1770년** 형조에서 오늘 난장의 형을 금한다고 발표함으로써 우리나라의 가혹한 형벌제도의 개선은 일단락되었다. 국왕은 지난 1729년에 사형수가 세 번 항소할 수 있도록 함으로써 억울하게 누명을 쓰고 죽임을 당하는 일이 줄어들도록 해 사법제도 개선의 전기를 마련하였다. 그리고 1725년에는 야만적인 형벌의 하나였던 무릎이 빠개지는 고통을 겪어야 했던 압슬형이 폐지되었고, 또한 사형을 받지 않고 죽은 자에게는 추가로 형을 주지 않기로 하는 등 형벌제도의 개선에도 박차를 가하였다. 현 국왕 즉위 후에 계속되는 이러한 사법제도와 형벌제도의 개선은 최근의 균역법을 비롯한 일련의 애민정책과 무관하지 않은 것들이다.

## 세상의 개혁을 꿈 꾼 실학의 큰 호수

강호의 뜻있는 학자라면 누구나 한번쯤 경기도 안산의 궁벽한 시골에서 책 속에 파묻혀지내는 성호 이익을 찾아가 가르침 받는 것을 자랑으로 여긴다. 내로라하는 인사들이 이 가난한 선비를 찾아오게 만드는 힘은 어디에서 나오는 것일까? 영민한 눈매에 형형한 안광에서 풍겨지는 대학자의 풍모 때문만은 아닐 것이다.

성호(星湖) 이익은 그의 아호 그대로 실학에 있어서 별들의 호수다. 유형원에서 시작된 실학의 물줄기는 이익에 의해 큰 호수가 되어 그의 문하에서 별처럼 빛나는 쟁쟁한 실학자들이 배출되고 있다. 이들 경학·역사학·지리학·경제론 등에서 실학의 학풍을 일구어 주자학 일변도의 조선학계에 한줄기 청신한 바람을 일으키고 있다. 바로 이 청신한 바람이 많은 학자들의 발걸음을 안산으로 향하게 하고 있는 것이다.

그는 열여섯 살 때 둘째 형 잠이 장희빈을 두둔하는 소를 올렸다가 노론세력으로부터 역적으로 몰려 장살당했다. 총명하고 다정다감하던 소년 이익에게는 큰 충격이었다. 남인의 명문가에서 태어난 그는 이 사건 이후 벼슬을 단념하고 학문에 전념하기로 결심하였다는 것. 그의 학문이 국가와 사회의 개혁을 추구하게 된 데에는 남인계열의 학문적 전통이 그렇기도 했지만 그가 겪은 뼈아픈 정치·사회적 현실을 고쳐야 한다는 강한 결심과 무관하지 않다는 게 주변의 평.

그의 사상의 핵심은 피폐해져가는 소농들의 생활을 안정시키고 봉건적인 신분제의 족쇄를 없애야 한다는 것. 말하자면 세상을 개혁하자는 것인데, 그의 사상은 이런 선진성 때문에 앞으로 조선의 학술계에 오래오래 큰 영향을 미칠 것으로 보인다.

본관은 여주. 호는 성호. 1681년생. 주요저서로 「성호사설」과 「곽우록」 등이 있다.

# 성호 이익, 학계에 새로운 학풍 형성
## 토지 및 신분제도의 과감한 개혁 주장

경기도 안산 첨성리에 은거하고 있는 성호(星湖) 이익의 문하에 젊은 학자들이 모여들어 조선사회의 획기적인 개혁방안을 모색하는 등 새로운 학풍을 형성, 학계에 새바람을 일으키고 있다. 남인계열의 선비들이 대부분인 이들은 주자학 일변도의 조선 학계에서 주자학의 틀을 벗어나 사회개혁의 이념을 추구하는 실학의 학풍을 형성하고 있어 주목된다. 이들 성호학파의 학자들로는 성호의 종손 이중환,이가환을 비롯하여 안정복, 권철신 등 젊은 재사들인데 이들은 모두 정치적으로 남인 가문의 자제들로서 경기지방에 살고 있는 것이 특징.

이들 학자들의 공통된 관심사는 17세기 이래 격화되고 있는 농촌사회의 모순을 해결하여 나라를 안정되게 다시 만드는 것. 따라서 이들의 사회개혁론의 핵심은 토지개혁론에 있다. 대표적인 것이 이익의 한전법으로 그는 일정 규모의 토지를 영업전(永業田)으로 정해 집집마다 이 토지는 매매하지 못하도록 함으로써 농민들의 토지를 보호하는 한편 장기적으로는 토지소유의 균등화를 기하자고 주장하고 있다.

또 신분제는 과감히 개혁하여 노비들을 해방시키고 양반, 상놈의 차별을 없앨 것을 주장하고 있다. 또 양반들도 농업이나 상업 등 생업에 종사해야 하고 관리도 생업을 가진 사람 가운데서 선발해야 한다고 주장하고 있다. 이와 함께 이익은 서양학문의 탐구에도 관심을 보여 서양의 천문학을 수용하고 있으며, 서양종교인 천주교를 상제(上帝)사상의 일환으로 이해하고 있다고 한다.

이런 학문경향에 대해 학계의 한 인사는 "이것은 조선사회를 떠받치고 있는 두 기둥인 토지제도와 신분제도를 근본적으로 개혁하고자 한다는 점에서 혁신적인 것"이라고 평가하고 있다. 앞으로 조선사회의 모순이 격화될수록 이 학풍의 영향을 받은 학자들이 점차 늘어나 다양한 사회개혁방안이 제기되리라는 것이 학계의 공통된 관측이다.

참조기사 11호 4면·12호 4면

---

### 서양의 학문과 종교가 흘러들어온다

우리나라를 둘러싼 중국, 일본에 국한되어있던 학계의 관심이 좀더 먼 곳 서양으로 돌려지고 있다. 서양의 학문과 과학, 종교에 대해 소개하는 책들이 중국에서 들어오는가 하면, 이에 대해 몇몇 학자들이 나름의 견해를 피력해 학계에 새로운 반향을 일으키고 있다. 이러한 최근의 경향은 청나라에 갔다가 돌아온 우리나라 사신들이 중국에 이미 들어와 있는 서양의 문물과 서적을 가지고 귀국하면서 싹트기 시작한 것으로 알려지고 있다. 1631년 정두원이 신부 로드리게스를 만나 과학기구인 천리경과 자명종 그리고 서양학문을 소개한 서적을 얻어가지고 귀국하였으며, 1766년에는 홍대용이 신부 할레르슈타인과 서양의 학문과 종교에 관하여 필담을 나누었다고 한다. 또한 중국의 선교사들이 한문으로 저술한 이른바 「한역서학서」는 이미 선조 말부터 우리나라에 도입되었는데, 이를 읽지 않는 사람이 없을 정도이며 다른 서적과 함께 서재에 갖추고 있는 학자들이 많다고 한다. 특히 남인학자들 사이에서 관심있게 연구되었는데, 마테오리치의 「천주실의」는 이수광의 「지봉유설」에서 소개되고 있으며, 유몽인은 「어우야담」에서 서학의 천주와 유교의 상제(上帝)를 동격으로 보아 「천주실의」는 유학의 이론을 보충해준다고 논평했다. 이익 또한 「천주실의」 발문에서 이와 비슷한 논평을 하고 있다. 그러나 현재까지는 학문적인 호기심 차원에서 그들의 세계관과 과학에 대해 관심을 보이고 있는 수준이며 종교로서의 천주교 자체를 전폭적으로 수용하고 있지 않고 있는 것으로 보인다.

최근의 이러한 현상에 대한 전망들도 다양하다. 어떤 논객은 "이제까지의 우리 사회가 가지고 있는 봉건성과 비합리성을 탈각하는 데 도움이 될 수도 있을 것"이라고 하는 반면, 다른 논객은 "우리 고유의 전통사회가 무너질 수 있으며, 또한 서양 세력이 우리 동아시아 사회에 침투해 들어오기 위한 술책일 수도 있기에 경계해야 할 것"이라고 평하고 있다. 앞으로 우리 사회에서 서학이나 천주교가 전통사회의 학문전통이나 윤리와 어떻게 부딪혀나갈지 귀추가 주목되는 시점이다.

---

## 여인들의 사치극심
### 가체에 짧은 저고리 유행

해마다 가뭄이 들고 흉년이 계속되어 백성들이 죽도록 끼니를 못 잇는 경우와는 대조적으로, 여인네들의 겉치장은 갈수록 사치스러워져 빈축을 사고 있다. 사대부가의 아녀자들이 한 자 높이의 가체를 머리에 장식하는가 하면, 화려하게 금박입힌 13~14폭 치마에 저고리 길이는 갈수록 짧아져 가슴이 내비칠 정도이다. 이에 1756년에는 "사족의 부녀자가 가체를 쓰는 것을 금하고 족두리로 대체하게 하라"는 가체 금지령을 내렸다. 이런 조치가 내려지자 이번에는 족두리를 화려하게 장식해 머리에 얹는 유행이 생겨 가체금지령을 무색케 하고 있다.

## "때 못만난 사대부들, 산골로 피하라"

### 이중환, 최초의 일반인용 인문지리서 「택리지」 출간

**1751년** "무릇 살 만한 곳이란 지리가 좋아야 하고, 생리(生利:물산)가 좋아야 하며, 인심이 좋아야 하고, 마지막으로 아름다운 산수가 있어야 한다" 정치판이 혼란스럽고 살기 팍팍한 이때 누구나 한번쯤 생각해봄직한 이 화두에 답해주는 책이 나왔다. 저자는 남인 출신으로 당쟁에 휘말려 수차례 옥살이와 유배 끝에 폐인이 되다시피 해 전국을 떠돌아다녔던 청담 이중환.

이책은 전국 8도의 인문지리를 개괄한 '8도총론'과 그중에서 사대부가 살 만한 곳을 찾아 추천한 '복거총론'으로 구성돼 있다. 독자들은 우선 '복거총론'부터 들춰볼 것이다. 워낙 전란을 많이 겪은 우리네들이니 난을 피할 수 있는 곳부터 보자. 태백산, 오대산, 소백산이 으뜸. 산세가 웅장하면서도 살기가 없고, 임진란 때도 전혀 전화를 입지 않았다. 지리산도 많이 얘기되나 산이 깊고 범죄자가 득실거리는 등 깨끗한 곳이 아니란다.

저자는 크게 번성할 곳으로 구월산 밑의 기름진 땅과, 물이 많은 평양을 꼽고 있다. 또 속세를 피해 머리를 식히고 싶은 사대부라면 원주 치악산 기슭이나 충청도 해안 해미, 전라도 해안 변산, 황해도의 남포를 추천한다. "사대부가 때를 못 만나면 갈 곳은 산골이다. 그러나 동서남북 어디에도 갈 수 없다". 이게 웬 말? 사생결단으로 싸우는 당쟁의 와중에서 그를 피할 수 있는 자는 없다는 저자의 일침이다.

## 유럽, 계몽사상 대유행
### 진보적 역사인식 총서인 「백과전서」 출간

**1751년 6월** 편찬자 디드로(사진)가 무신론을 주장했다는 이유로 체포되고 투옥되는 역경을 겪으면서도 마침내 1천 쪽에 가까운 「백과전서」 제1권이 간행되었다. 이 책은 새로운 진보사상의 총체로 평가되고 있다. 이 책의 총 집필자는 1백80여 명에 이른 것으로 추산되는데 이중에는 몽테스키외, 볼테르, 루소, 콩도르세, 케네, 튀르고 등 이름만 들어도 알 만한 사상가들이 즐비하게 포진돼 있다. 이들은 사상이나 입장에서 반드시 일치하는 것은 아니지만, 한결같이 이성의 힘을 믿고 진보와 과학적 진리의 편에 서서 전체주의와 광신을 비판하고자 하는 점에서는 같은 입장이다. 프랑스 정부는 「백과전서」에 정부를 비난하는 불온사상이 들어 있다고 판단해 발매 금지조치를 내릴 예정이라 한다. 「백과전서」의 목적은 학문과 사상에 관하여 체계적, 종합적 지식을 제공하는 데 있지만, 주목해야 할 것은 자연과학·산업·기술·경제 관계의 항목으로 이것들은 현재의 새로운 생산자층의 요구에 부응한 것이기도 하다. 또 백과전서파는 자연권 가운데 재산권을 가장 중시하고 있는데 이는 사유재산을 보호하고 증대시키는 것이 곧 국부·민부의 증가와 일치한다고 하는 부르주아들의 사고를 반영한 것으로 보인다. 이러한 입장에서 그들은 자유로운 경제활동을 요구하고 생산과 유통을 방해하는 여러 조건의 폐지를 바라고 있다.

# 역사신문

# 어떻게 이런 비극이 …

## 세자, 뒤주에 갇힌 지 8일만에 아사

### 정부, 충격에 휩싸인 가운데 함구령 … 영조, '사도' 시호 내려

1762년(영조 38) 5월 21일 새벽, 왕세자가 뒤주 속에 갇힌 지 여드레째에 마침내 숨을 거두는, 건국 이래 처음 있는 비극적 사건이 발생했다. 국왕 영조는 지난 13일 별감 나경언이 친히 국왕에게 보고한 세자의 비행을 접하고 분노가 극에 달해, 세자를 평민으로 강등시킨 뒤 뒤주 속에 가두고 못질을 한 채 방치해왔다.

애초 나경언은 세자가 역모를 꾸미고 있다는 고발을 해왔는데 영조가 설마하고 직접 취조한 결과, 나경언은 "역모설은 국왕을 직접 뵙기 위해 꾸민 것이다. 사실은 세자의 비행이 시중에도 알려질 정도로 심한데도 국왕께서 모르는 것 같아 이를 직고하기 위한 것"이라며 그 자리에서 세자의 비행을 적은 문서를 제출했다. 그 내용은 현재 영조의 엄명에 의해 일체 비밀로 돼 함구령이 내려져 있으며, 나경언이 바로 처형돼 자세히 알 수 없다. 그러나 여러 소식통을 통해 수집한 정보를 종합하면, 그 내용은 "세자가 세자빈을 칼로 치고자 했다. 세자가 여승을 끌어들여 궁중의 질서를 어지럽혔다. 이십여 일간 동궁을 비우고 평양에 갔다. 북성(안암동)을 마음대로 나가 돌아다녔다…" 등인 것으로 알려지고 있다. 특히 작년에 20여 일 동안 영조 모르게 평양으로 미행을 다녀온 것이 국왕을 더욱 분노케 한 것으로 알려졌다.

영조는 이미 10여년 전 세자가 대리청정을 한 이래 세자와 사사건건 마찰을 빚어온데다가 이번 사건을 접하고는 세자가 차기 국왕의 자격이 없다고 판단, 눈물을 머금고 단호한 처형을 집행한 것으로 전해지고 있다. 이로써 지난 1749년(영조 25) 영조의 명을 받아 14년 동안 대리청정을 해온 세자는 28세의 한창 나이에 운명을 달리하게 됐다. 현재 조정 대신들은 함부로 입을 열고 있지는 않지만, 세자에 대한 평가는 극과 극을 달리하고 있다. 영조의 행동이 불가피할 만큼 국왕 자질이 부족한 인물이라는 평에서부터 평소 노론을 곱게 보지 않아온 세자를 노론측에서 영조의 마음을 움직여 제거한 것이라는 평까지 나오는 상태다.

한편 영조는 세자의 죽음을 확인하고는 곧바로 세자의 지위를 복권시키고 애도의 뜻으로 '사도(思悼)'라는 시호를 내렸다. 이어 치러진 장례식에서 "내가 너를 죽인 것은 오로지 종묘사직을 위한 것이었으나 그날 애타게 아버지라 부르던 모습이 눈에 선하구나. 이 모든 일이 다 내 탓이로다"며 대성통곡해 대신들을 숙연케 했다. 관련기사 2면

### 왕세자 죽음까지의 30일

| | |
|---|---|
| 5월 23일 | 나경언의 세자 비행 폭로 상소 |
| 5월 24일 | 나경언 처형 |
| 5월 25일 | 세자에게 피해본 시전 상인들에게 보상 |
| 윤5월 4일 | 세자 비행에 가담한 박치성, 김인서 처형 |
| 윤5월 | 영의정 홍봉한을 신만으로 교체 |
| 윤5월 | 신만, 세자를 폐할 것을 간언 |
| | 소론 조재호, 폐서인 조치에 반대하다 투옥 |
| 윤5월 13일 | 영조, 세자 폐하고 뒤주에 가둠 |
| 윤5월 14일 | 뒤주를 창경궁으로 옮긴 뒤 군사들이 경비 |
| 윤5월 20일 | 남인 채제공, 폐세자 부당하다며 궐문 앞 복합상소 |
| 윤5월 21일 | 뒤주 개봉, 세자 사망 확인 |
| 윤5월 22일 | 영조 세자 복권, 사도 시호 내림 |

## 양반인구 급증추세

### 노비, 상민은 감소 … 신분구조 변화 조짐

| ⊙ 대구 인구 통계 | 양반 | 상민 | 노비 | 총수 |
|---|---|---|---|---|
| 1690 | 222 (8.3) | 1,360 (51.1) | 1,081 (40.6) | 2,663 |
| 1732 | 439 (15.3) | 1,609 (56.3) | 812 (28.4) | 2,860 |
| 1783 | 875 (34.7) | 1,508 (59.9) | 135 (5.4) | 2,518 |

최근 각 지역에서 실시된 호구조사 결과 양반인구의 비율이 급격하게 팽창하고 있는 반면, 노비 비율은 그에 반비례해 줄고 있으며 상민 비율은 그대로이거나 역시 줄고 있다. 이렇게 양반이 늘고 있는 것은 양반 자체의 수적 증가에 의한 것이라기보다는, 양인이나 노비층이 각종 방법을 동원해 신분상승을 통해 양반으로 편입된 데 따른 것으로 분석되고 있다. 이는 향촌의 신분질서가 극심하게 동요하고 있다는 것을 보여주는 지표로서 일부 분석가들은 신분제의 전면적 해체기에 접어든 것 아니냐는 다소 섣부른 해석까지 내놓을 정도로 흥분하고 있다.

대구부 8개 면의 경우를 보면, 지난 80여 년 동안 양반은 2백2십여 호에서 9백여 호로 4배 이상 늘어난 반면, 노비는 1천여 호에서 1백수십여 호로 거의 10분의 1로 줄었다. 상민은 1천4백여 호에서 1천5백여 호로 조금 느는 데 그치고 있다. 이러한 추세는 경상도 상주·울산·언양 등 다른 지방에서도 마찬가지로 나타나고 있어 전국적인 추세라고 봐도 무리가 없을 것으로 보인다. 그 결과 현재 각 지방 인구 구성비율은 과거와는 달리 양반이 다수를 차지하는 양상을 보이고 있다.

이렇게 양반인구가 급증하는 추세는 지난 임진·병자의 양란 와중에 정부가 납속책과 공명첩을 통해 전공을 세우거나 재산을 국고에 헌납한 양인들을 양반으로 승격시켜주고, 노비들을 면천시켜준 데서부터 시작됐다. 그러나 최근에는 정부정책과 관계없이 경제성장에 따라 상인과 일부 노비층에서 신흥 부유층이 생겨나고, 이들이 양반으로 편입하는 사례가 많은 것으로 알려지고 있다. 이에 따라 양반의 권위는 그 수적 증가와 반비례해 하락하고 있는 실정이다. 관련기사 3면

## "신문고 다시 세워졌다"

### 최근 민원 급증에 따른 정부대책

1771년 최근 민원이 급증하는 것에 대해 효과적인 대응책 마련에 고심해온 조정에서는 이번에 신문고를 다시 설치하기로 했다. 창덕궁의 진선문과 건명문에 신문고를 설치하라는 국왕의 교서가 내려지고, 모든 민원사무는 이를 통해 호소하도록 한 것이다.

건국 초기에 설치된 신문고는 백성이 직접 국왕에게 억울한 일을 상소할 수 있도록 한 것이었으나 특정 신분, 특정 지역에 한정되고 절차도 복잡해 그 기능을 제대로 수행하지 못했다.

이렇게 되자, 백성들은 새로운 호소방법을 찾을 수밖에 없었고 이에 상언(上言)이나 격쟁(擊錚)이 남발하게 되었던 것이다.

이런 현상은 임란 이후 일반백성들의 경제력이 향상되면서 그만큼 그들의 권리요구에 대한 사회의식도 성장했기에 가능했던 것으로 분석되고 있다. 새롭게 복구된 신문고가 다시 제 역할을 찾을지 궁금하다.

# 역사신문

## 신분제 과감하게 개혁해야

### 시대의 대세를 거스를 수 없다

경제적으로 성장한 상민·천민이 갓을 쓰고 도포를 입고 다니며 양반행세를 하는 것, 몰락한 양반끼리 소작지를 서로 차지하려고 다투는 모습, 양반이 상민에게 상민이 양반에게 청혼하는 모습, 심지어 상민이 양반을 능멸하고 구타하는 모습 등 이전에는 상상도 못할 이러한 모습들이 현재 우리 사회의 자화상들이다. 10년이면 강산도 변한다고 하는데, 우리 사회의 변화 속도에 비추어본다면 이말도 변해야 하지 않을까 싶다. 강산은 설령 10년마다 변할 몰라도 지금 우리 사회는 매일매일 급박하게 변하고 있으니 말이다. 우리는 그야말로 변화의 시대에 살고 있는 것이다.

이러한 변화의 시대에 우리는 어떻게 적응해야 하는가? 선택은 두 가지밖에 없다. 변화를 거부하는 것과 변화를 적극적으로 수용하는 것이 그것이다. 전자의 입장에 서는 사람들에게, 앞에서 언급한 변화는 용납할 수 없는 것으로 받아들여지고 있다. 이들은 실제로 이러한 변화를 엄청난 두려움을 가지고 바라보고 있으며, 신분제가 무너지는 것을 세상이 무너지는 것으로 여겨 어떻게 해서든 과거로 다시 돌려놓으려고 기도하고 있다. 그들은 누구인가? 지금까지 철저하게 차별적인 신분질서 속에서 기득권을 누리고 있는 자들이다. 그러나 이러한 소수의 기득권층의 편안함과 안락을 위해 다수의 백성들이 고통을 겪어야만 하는 것은 모순이다. 고개를 돌려 서양을 보더라도 신분제의 폐습이 무너지는 것은 역사의 대세임을 알 수 있다. 역사라는 도도한 변화의 물결은 이러한 신분적 차별을 없애고 능력에 따라 대가를 지불받는 사회로 이미 나아가고 있는 것이다. 이 물결은 누구도 결코 거스를 수 없다.

우리 사회에서도 변화하는 현실에 적극적으로 대처해야 한다고 주장하는 진보적인 학자들이 속속 나오고 있어 고무적인 일이 아닐 수 없다. 성호 이익이 노비해방과 양반, 상놈의 차별을 없앨 것을 주장한 것이랄지, 유수원이 양반, 농민, 상인, 수공업자의 사민평등론을 주장한 것은 이러한 역사의 흐름을 올바르게 읽고 이에 대한 대책을 제시한 것으로서 주목할 만하다. 절반 가까이 육박해가는 양반인구 등 껍데기만 앙상하게 남아 사회를 질곡시키고 있는 신분제의 낡은 틀을 과감하게 벗어던지고 새로운 변화를 적극적으로 수용해나가는 분위기가 무르익고 있는 것이다. 그러나 문제는 변화하는 현실을 따라잡으려는 정부의 정책의지 부족이다. 정부의 전향적인 자세를 촉구한다.

## 그림마당

이은홍

아이고~ 아이고 왕세자님!! 이게 어인 일이오이까아~ 엉엉엉……♪

노론대신들

## 세자와 노론 갈등 증폭이 원인, 노론의 정치공작 의혹 짙어

사도세자는 정말 패륜아이고 정신병자일까. 당사자들이 함구하고 있고 정부기록도 일체 공개되고 있지 않기 때문에 이에 대해 누구도 자신있게 말할 수는 없다. 그러나 이번 사건을 단지 부자간의 갈등이나 세자의 자질문제로만 볼 수 없다는 것만은 확실하다. 이번 사건은 그동안의 피를 부르는 당쟁 격랑을 거쳐, 이제 막 노론측이 일당 독주체제를 확립한 시점에서 발생했다. 이러한 정치상황과 세자의 죽음 사이에는 수많은 인과의 사슬이 얽혀 있는 것이다.

노론은 영조의 즉위와 함께 끈질기게 일당독주체제를 추구해왔고 그 무기는 충역(忠逆)의리론이었다. 선왕 경종 때 온갖 박해에도 불구하고 당시 세자였던 영조의 왕위계승 정통성을 옹호, 보위해온 노론측이기에 현 시점에서 의리세력은 곧 노론일 수밖에 없다는 것이다. 영조가 즉위 초부터 당쟁의 폐해를 교정하고자 탕평책을 들고나왔음에도, 결국 노론의 손아귀에서 벗어나지 못하고 있는 것은 바로 이러한 충역의 리론에 대해 영조로서도 달리 할 말이 없는 처지이기 때문이다. 그동안 숙종과 경종 대에 서·남인, 노·소론 사이에 정권이 엎치락뒤치락 교체돼온 것은 결정적 분기점 때마다 국왕이 어느 편에 손을 들어주느냐가 항상 관건이었다. 그렇다면 차기 국왕 아래에서도 노론의 일당체제가 보장되려면 세자가 확실히 노론편에 서 있어야 했다.

이점에서 그동안 세자가 보여온 행동은 노론을 불안하게 하기에 충분했다. 이미 어릴 때 당쟁에 대한 해결책으로 "모든 당을 동등하게 보고 같이 등용하면 문제될 게 없다"고 했다. 얼마 전에는 과거 합격자 중에 소론측 인척이 들어 있는 것이 발견돼 불합격 처리해야 한다는 상소가 올라오자, 이를 각하한 일도 있었다. 더구나 최근에 세자는 노론측과 갈등이 표면화되자 소론계 박문수·조재호, 남인계 채제공 등에 기우는 경향마저 보여왔다. 이 모두가 노론 독주에 대한 정면부정으로 비칠 수 있는 것이었다.

이렇게 본다면 이번에 세자 사망의 원인이 된 것으로 알려지고 있는 세자의 방탕한 생활과 정신병적 난폭함 등은 실제보다 부풀려져서 영조에게 전달됐을 가능성이 높다. 세자가 15세에 대리청정을 맡게 된 것은 그가 어릴 때부터 남다른 총명함을 보여왔기 때문이고, 이후의 정사 처리에 있어서도 법도를 잃었다는 증거는 좀처럼 찾기 힘들다. 세자가 국왕 영조와 갈등을 일으키고 그 강도가 심해지는 과정이 세자가 노론과 갈등을 일으키는 과정과 정확히 일치한다는 것은 결코 우연이 아닌 것이다.

차기 국왕은 사도세자의 아들로 정해질 것이 확실하다. 그렇다면 노론은 세손을 어떤 식으로 자파에 잡아둘 것인가. 세손은 아버지를 죽인 할아버지와 당쟁의 와중에서 비명에 간 아버지 사이에서 어느 쪽을 택할 것인가. 정국의 앞날은 짙게 낀 안개뿐이다.

## 세자의 죽음, 긴박했던 30일

## 당쟁의 칼날 위에서 맞서온 국왕 부자의 갈등 … 죽음으로 결말

**5월 23일**, 나경언이란 자가 형조에 세자 고발장을 제출해 정가는 아연 긴장됐다. 내용은 세자가 주위 환관들과 공모하여 역모를 꾸미고 있다는 것. 사안의 중대성에 비춰 국왕에게 보고됐고, 영조는 보고를 받고 미심쩍어하면서 나경언이란 자를 불러 친히 국문했다.

나경언이란 자는 국왕의 친국에 임해서 돌연 고발장은 사실이 아니며 진짜 알리고 싶었던 내용은 따로 있다며, 소매에서 별도의 문건을 꺼내 국왕에게 제출했다. 지금 이 문서의 내용은 일체 비밀에 붙여져 있어 자세히 알 수는 없으나, 대체로 그동안 세자가 저질러온 비행사실을 기록한 것으로 알려졌다. 세자가 궁녀를 살해하고 궁중에 여승을 들여 풍기문란한 행위를 하는가 하면, 국왕의 허락없이 평양에 장기간 미행하였다는 것이다. 영조는 충격을 받은듯 "세자가 이런 일을 저지르고 있었는데도 대신들은 왜 나에게 보고하지 않았느냐. 모두 죄인들이로다" 하며 격노했다.

나경언은 왜 이런 상소를 올린 것일까. 그는 형조판서의 일개 청지기로서 정치적으로 중요한 위치에 있는 자는 아니다. 이번 일로 출세를 노린 것일까. 그러나 우국충정의 명

> 나경언, 세자 고발 상소
> …
> 영조, 세자를 뒤주 속에
> 가두고 직접 못질
> …
> 8일 뒤, 세자 사망

문장도 아닌 이런 식의 고자질 문서가 유교적 의리론이 기세를 올리고 있는 요즘 정국에서 크게 대접받을 형편은 아니다. 결국 누군가의 사주를 받은 것으로 해석할 수밖에 없는 듯하다.

세자도 이점을 알아차리고 누구의 사주를 받았는가를 조사하라고 지시했으나 성과는 없었다.

**바로 다음날인 5월 24일**, 나경언은 전격적으로 처형됐기 때문이다. 대신들이 그의 말이 진짜건 아니건 간에 애초에 세자를 무고한 것만은 사실이기에 그를 처벌해야 한다고 건의했기 때문.

영조는 세자 비행 은폐의 책임을 물어 세자의 측근들을 처형하고 영의정 홍봉한을 파면했다. 신임 영의정 신만은 한술 더 떠 세자를 폐하고 평민으로 강등할 것을 건의했다. 소론측 조재호가 이에 반대 의견을 피력하였으나 투옥당하는 등 역부족.

**급기야 윤 5월 13일**, 영조는 세자에게 사태의 책임을 물어 자결할 것을 지시하는 극한 상황을 연출했다. 어린 세손의 "할아버지, 아버지를 살려주세요"라는 애타는 절규마저도 뿌리치고 결국 뒤주 속에 가두고 직접 못을 박고 동아줄로 묶는 광적인 행태로 치달았다.

이후 세자가 갇힌 뒤주는 창경궁으로 옮겨졌고 **8일 뒤 윤 5월 21일**, 시신이 돼 나왔다. 그동안 조정 안에서 세자의 목숨을 살리기 위해 나선 대신들은 볼 수 없었다는 후문. 오히려 세자보다도 어린 나이로 최근 영조의 총애를 받는 후궁이 된 소의 문씨가 부자간의 불화를 더욱 부채질했다.

그러나 막상 세자의 시신을 접한 영조는 만감이 교차하는 듯 애통한 마음을 감추지 못했다. 즉각 세자의 명칭을 회복시키고 애도의 마음을 실어 사도(思悼) 시호를 내렸다. 장례를 성대하게 치를 것을 지시하는 한편 묘비문도 손수 지었다. 그러면서도 이번 일은 "나라를 위해 의로써 결단을 내린 것"이라며 정당성을 못박아두는 것만은 잊지 않았다.

# 노비 숫자, 급격 감소
## 노비비총법 확대 실시 결정, 효과는 의문

1764년 노비 숫자가 급격하게 줄어들면서 이들로부터 받는 신공(身貢;관청에 소속된 노비들이 그 관청에 져야 하는 역 대신 내는 세금)을 걷지 못해 중앙관청의 재정이 어려워지는 곤란을 겪고 있다. 성균관 대사성 홍낙인은 "요즈음 성균관의 재정이 날로 고갈되어 실로 걱정이다. 특히 도망노비를 잡아들이는 관리인 추쇄관이 없어진 뒤로, 각 고을에 살고 있는 성균관 소속 노비 관리를 소홀히하여 해마다 도망자는 늘어가고 새로 출생하는 자는 없어 큰 일이다. 노비가 급격히 줄어 성균관의 재정에도 타격이 너무 크다"며 걱정했다.

정부에서는 이런 재정난을 타개하기 위해 노비의 신공을 군현 단위로 일정액씩 할당하여 각 군현에서 책임지고 거두도록 하는 비총법을 전국적으로 확대실시키로 했다. 그러나 양인 수준으로 노비의 신공을 줄여 주었음에도 도망 노비가 늘어가고 있는 상황에서 비총법이 효과를 거둘수 있을지 의문이다.

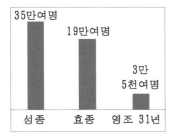

남공노비 감소 추이 (성종 35만여명, 효종 19만여명, 영조 31년 3만 5천여명)

### 〈노비 신공액의 변화〉

| 시기 | 노비부담 | 양인부담 |
| --- | --- | --- |
| 임진왜란 전 | 노(2필) 비(1필 반) | 군포 2필, 여자 없음 |
| 현종 9년 | 노(1필 반) 비(1필) | 군포 2필, 여자 없음 |
| 영조 31년 | 노(1필) 비(반 필) | 군포 1필 (균역법 실시) |
| 영조 50년 | 노(1필) 비(없음) | 군포 1필 (균역법 실시) |

## 노비관련 부처 장예원 폐지

1775년 11월 건국 이래 노비를 관장해왔던 장예원(掌隸院)이 보민사(保民社)로 개칭되면서 폐지된다. 최근 노비종모법이 채택되고 공노비 추쇄도 폐지되었으며, 1764년에는 비총제가 실시되어 장예원의 업무가 줄었고, 노비사송도 장예원 관리들의 수탈을 피해 한성부나 형조에 주로 청원하게 되자, 장예원은 유명무실해진 것이다. 이런 상황에서 장예원은 그 임무를 형조에 이관시키고 폐지된 것이다. 고려 말 설치된 노비변정도감의 후신인 장예원은 그동안 8만여 명의 공노비를 관장하면서 노비쟁탈전, 도망노비의 추쇄, 양민의 노비화 등의 문제를 담당해왔다. 임진왜란 때에는 장예원에 보관된 문서들이 불타버려 한동안 노비관리에 애로를 겪기도 했었다.

## 노비에 대한 상전의 私刑 금지

1761년 8월 조정에서는 사노비들에 대한 소유주의 횡포를 줄이기 위해 상전이 사사로이 노비를 죽이는 일을 금지한다고 발표했다. 조정의 관계자는 "농민이나 노비 중에서도 부유한 자가 나오고, 이들이 자신의 신분을 상승시키기 위해 온갖 방법을 동원하고 있다. 부패한 관리와 연계해 호적을 고치거나 몰락한 양반의 족보를 돈으로 사기도 한다. 이렇게 노비들이 그들의 위치에서 이탈하기 시작하면 사회 전체가 흔들릴 것이라는 우려가 많다. 이번 조처는 노비들의 처우를 개선해 그들을 달래보려는 의도가 강하다"고 말했다. 그러나 노비도 부자가 될 수 있고, 관직을 가질 수 있는 상황에서 이번 조처가 노비들이 가진 그동안의 불만을 무마시키기에는 어려울 것으로 보인다.

### 기자 방담 '신분제 동요 실태' 어디까지 왔나

## "양반이 상민 밑에서 소작 부쳐 먹기도"

김기자 그동안은 갓이나 도포 같은 옷차림만으로 신분을 알 수 있었다. 그런데 요즘은 상민과 천민들까지도 갓 쓰고 도포 입고 다닌다. 외양만으로는 관리나 선비와 구별이 안된다.

송기자 그러다보니 중인들인 지방관아의 아전들이 길에서 양반을 보고도 절하는 법이 없다. 아전의 자식들은 더 버릇이 없어 양반과 "너, 나"하며 지내는 실정이다.

최기자 양반과 상민이 결혼하는 사례도 흔하다. 가난한 양반 집안과 돈 많은 상민 집안이 맺어지는 경우가 많다. 양반은 풍족한 생활을, 상민은 양반 신분을 얻게 되는 것이다.

송기자 최근 관아에는 양반들이 상민에게 모욕당하거나 심지어 매를 맞고 진정하는 사례가 급증하고 있다. 매맞는 현장에서 양반의 권위가 통하지 않기 때문인 것이다.

김기자 요즘은 양반이 상민 밑에서 소작을 부쳐먹고 사는 경우도 많다. 심지어 남의 집 머슴이 되거나 날품팔이, 나무꾼이 되는 양반도 있다고 들었다.

송기자 얼마 전 주막에서 상민들끼리 싸우는 모습을 봤는데 말끝마다 서로 '이 양반아'를 연발했다. 양반이라는 명칭이 더 이상 양반을 호칭하는 것이 아니었다.

최기자 그러니 시중에서 "돈만 있으면 개도 멍첨지"라는 말이 나도는 것이다.

# 신분상승, 어떻게 이루어지나

양인이나 노비가 양반으로 신분상승하는 데에는 여러 경로가 있다. 이중에는 합법적인 것도 있으나 최근에는 불법적 방법이 늘고 있는 추세다. 그 대표적인 것들을 알아본다.

▲ 군공(軍功) 전란 때 공을 세워 관직을 받으면 양반이 된다. 특히 노비의 경우 적의 목을 하나 베면 면천이 되고, 둘 이상을 베면 무관직을 얻는다. 10명 이상 베면 문관직에도 나갈 수 있다. 이렇게 해서 관직을 얻으면 사대부와 동열 대우.

▲ 공명첩 일정 금액을 국가에 헌납하면 실직은 아니지만 명예 관직을 준다. 향촌에서는 명예 관직이라도 어쨌든 관직을 얻었으므로 양반 반열에 오르는 것이다.

▲ 납속책 헌납하는 액수에 따라, 부역면제에서 관직수여에 이르기까지 다양한 보상을 해주는 제도. 역시 국가재정의 충당을 위해 마련한 것.

▲ 호적 위조 지방관아의 아전에 뇌물을 주고 호적에 신분을 유생(사대부로서 아직 벼슬이 없는 자)으로 고친다. 이렇게 되면 일단 군역이 면제된다. 이후 다른 고을로 옮겨 감쪽같이 양반행세를 한다.

▲ 족보 매매 및 위조 유력한 가문의 족보를 사서 거기에 자신의 이름을 위조하여 써넣는 방법. 최근에는 아예 장삿속으로 위조, 족보를 대량으로 찍어파는 전문 브로커도 등장했다는 소문.

▲ 홍패 위조 과거합격증인 홍패를 위조하여 갖고 다니며 양반행세를 하는 방법. 홍패를 위조하기 위해서는 국왕의 도장인 옥새를 위조해야 하므로 고도의 기술 필요.

### [취재 수첩]
## 국가기강 흔드는 신분제 동요

최근 들어 양반 수가 급증, 해당 지역에서 양반 인구비율이 거의 절반에 육박하고 있는 현실은, 우리 사회의 신분구조가 그 뿌리부터 흔들리고 있는 것을 보여주는 지표라고 할 수 있다. 지배와 피지배의 위계구조는 소수의 지배계급과 다수의 피지배계급을 필수적으로 요청한다고 할 때 이러한 수적 역전은 신분제 자체의 붕괴를 의미하기 때문이다.

신분제는 수천 년 동안 우리 사회를 떠받쳐온 기둥이다. 국왕과 신하, 양반과 상민의 구별과 분수가 없다면 우리 사회는 그날로 무너져버리고 말 것이다. 이는 우리 조선이 건국 이래 통치이념으로 삼아온 성리학의 근본정신이기도 하다. 만물에 양과 음, 이(理)와 기(氣), 정(正)과 사(邪)가 있듯이 사회에는 사(士)·농·공·상의 구별이 엄연한 것이었다.

그러나 우리 사회가 지난 임진·병자 양란 이후 급격한 변화를 겪어오는 가운데 가장 두드러지는 것이 바로 이 신분제의 동요였다. 그리고 그것을 주동한 것은 경제성장과 그에 따른 계층분화라고 할 수 있다. 농업기술의 혁신과 농업생산력 증대, 상공업의 눈부신 발달 등의 와중에서 어느 사이엔가 경제적 부가 가치판단의 척도가 됐고, 상하 구분 없이 너도나도 경제적 부의 축적에 나서고 있다.

그 결과 상민이 양반을 돈으로 사는가 하면 양반이 농민과 같이 거름지게를 지고 농사짓는 일도 일반화되고 있다. 결국 양반계층의 성역은 허물어졌고 누구나 돈 있으면 양반행세를 할 수 있게 된 것이다.

이러한 엄청난 변화를 정부가 용인하고 감당할 수 있을까. 예론(禮論)으로 무장한 노론 정권에게 이러한 신분제의 동요는 국가의 기강이 흔들리는 일이다. 최근 정부가 신분제의 동요를 막기 위해 각종 정책을 잇달아 내놓고 있는 것은 이러한 동요를 막기 위한 안간힘이라고 볼 수 있다. 이러한 정책과 더불어 적어도 법제상으로는 신분의 구별이 엄존한다. 따라서 현실과 법제간의 괴리는 점점 깊어만 가는 실정이다.

# 각도에 鄕戰 성행

## 향촌 지배권 놓고 신·구세력 충돌

최근 각도에서는 기존에 향촌을 지배하던 재지사족(구향)과 새롭게 양반층으로 부상하는 세력(신향)들이 향촌의 지배권을 놓고 싸움을 벌이는, 소위 '향전'이 극성을 부리고 있다. 한 관리는 "지금은 인심이 경박해져 예같지가 않고 토호들간의 향전이 고질적인 폐가 되었으며 책을 읽고 학문하는 자가 없어진 지 오래이다"라고 한탄할 정도이다. 이러한 현상은 특히 삼남지방, 그중에서도 기호지방이 심하다고 한다. 담양이나 순천·면천·영덕과 같은 지역에서 발생한 향전은 재지사족들이 수령의 향촌운영에 대해 노골적으로 반발하는 경우여서 중앙조정에서도 촉각을 곤두세우고 있다고 한다. 경제적 부를 축적함으로써 새롭게 향촌의 실력자로 등장한 신향들은 그들의 경제적 부를 이용해서 향안에 이름을 올리고 좌수나 별감 등의 향임을 얻는 등, 기존의 향촌을 지배해온 구향들을 위협하여 이들간의 충돌이 끊임없이 일어나고 있는 실정이다. 이에 국왕은 이미 각 도에 향전을 금지하는 조치를 내렸다. 그러나 각 도에서는 이러한 국왕의 조치에도 불구하고 향전이 수그러들 기미를 보이지 않는다고 한다. 이에 정부의 한 관계자는 "지방고을의 향전은 양쪽의 주동자를 형률로 다스려 진정시킬 것이고, 향임을 임명할 때는 한쪽에만 치우치지 않게 하는 등 향전무마에 주력하는 것이다. 그리고 향전을 하는 자는 피차를 막론하고 모두 장 1백 대에 유 3천 리에 처하는 등 엄중하게 다스릴 예정"이라고 그 대책을 밝혔다.

해설　향전, 발생 원인과 전망

## 사족들의 지위하락, 분열이 향촌사회 지배구조의 변화 야기
## '조정 – 수령'의 일원화된 지방통치구조 정착할 듯

최근 지방사회에서 심치 않게 발생하는 향전에 대해 조정에서는 '향전률'이라는 별도의 조치를 취할 정도로 큰 관심을 보이고 있다. 조정은 향전에 대해 '관련된 자 모두 피차를 막론하고 엄중하게 다스린다'라고 하는데, 과연 중립적인 입장을 고수할 수 있을지 의문이다. 최근의 향전은 단순히 향촌사회 내부의 권력다툼으로 그치는 것이 아니라, 중앙정부가 지방세력을 중앙집권적인 일원적 통치구조 속에 편입시키려는 정책과 밀접한 관련이 있기 때문이다.

조선사회는 국왕이 전국 각 고을에 직접 수령을 보내 다스려나가는 중앙집권적인 통치체제를 갖추고 있다. 그러나 각 고을에는 유력사족들이 오랜 세월 동안 그 지역에서 강한 영향력을 행사해오고 있고, 수령들조차도 이들의 일정한 지배권을 인정하고 이들과 협력하여 고을을 통치해나간다. 또 각 지방 사족들은 수령을 정점으로 하면서 '향안'을 만들어 자신들의 결속을 다지면서 향촌사회를 지배해 왔다.

그런데 최근 사회경제적 변동으로 향촌사회 내에서 계층분화가 활발하게 일어나면서 사족들 가운데 몰락하는 층이 생기는가 하면 평·천민들 가운데서도 부를 쌓아 위세를 떨치는 층이 나타나고 있다. 이에 따라 사족 내부에 균열이 생기고 그동안 사족들의 지배 아래 있던 향리·서얼·부농들이 사족들의 지배질서에 도전하기 시작한 것이다. 최근의 향전은 바로 이런 충돌에서 발생한 것이다.

그런데 중앙정부는 이 대립과정에서 중앙집권력을 강화하고자 하고 있다. 이를 위해 수령들은 향전의 와중에서 사족들보다 향리들의 손을 들어주는 경우가 많아지고 있다. 따라서 향후 지방통치는 이제까지의 중앙정부-수령-지방사족의 구조에서 중앙정부-수령의 구조로 일원화되는 경향을 띠어가고 있다.

그러나 이런 통치구조의 문제점도 만만치 않을 것으로 예상된다. 즉, 지방수령의 권한이 강화되는 만큼 이들에 대한 통제가 풀릴 경우, 향리들과 결탁한 이들의 수탈이 기하급수적으로 늘어날 수 있는 것이다. 이들에 대한 정부 나름의 견제장치가 강구되어야 할 시점이다.

---

# "새로운 동력과 기계들이 세상을 바꿀 것이다"

## 공장제와 도시의 확산 … 전통 농업사회 완전 해체 초읽기

### 산업혁명의 총아
### '부르주아지'

영국의 면방직 및 광업 분야에서 새로운 기계가 잇달아 발명되고 있어 세계의 이목을 집중시키고 있다.

목화꽃에서 실을 뽑아 옷감을 짜는 면방직은 예로부터 농촌에서 수공업 형태로 존재해 왔다. 그런데 지난 1733년 케이가 옷감을 짜는 직조기계를 발명해 10명의 방적공이 뽑아낸 실을 단 한 사람의 직조공이 처리하는 놀라운 일이 벌어졌다. 이것이 자극이 돼 방적기계도 개발이 됐고, 최근에는 미국인 휘트니가 목화꽃을 따는 일을 하는 조면기를 발명해, 바야흐로 면방직 전체 공정이 기계로 진행되는 진풍경이 벌어지고 있다.

한편 영국의 광산지대에서 굉음을 내는 동력기계가 발명돼 역시 세계를 놀라게 하고 있다. 광산에서는 갱내에 차는 물을 퍼내는 일이 고되면서도 중요한 작업이었는데, 석탄을 연료로 증기를 발생시켜 그 힘으로 작동하는 자동 펌프가 이 작업을 대신하게 된 것이다. 이 증기기관은 최근에는 면방직기계 및 제철기계에도 응용되고 있고, 앞으로 다른 분야에서도 동력기계로 광범위하게 사용될 전망이다. 특히 제철업에 증기기관이 활용되면서 영국의 철생산량이 최근 40년 동안 4배 이상 늘어나 각 분야에서 철 사용량이 대폭 늘어나고 있다. 한 소식통에 의하면 증기기관을 장착한 철마와 철선도 곧 선보이게 될 것이라고 한다.

이러한 기계 발명 붐의 결과, 제조업의 효율성을 높이기 위해 일정한 장소에 자원과 동력과 인력을 집결해 놓고 쉬지 않고 작업을 진행하는 이른바 공장제가 확산되고 있다. 이곳에서는 각 공정을 잘게 나누어 분담하는 분업화 방식을 채택해 제품생산 속도가 엄청나게 빠르다. 따라서 내다팔 시장만 있다면 공장의 수익성은 엄청날 것으로 보인다.

학자들은 이러한 공장제와 도시의 확산이 곧 전통적 농업과 농촌을 해체시킬 것이고 새로이 노동자와 자본가라는 두 계급을 등장시킬 것으로 내다보고 있다.

현지 취재기

**자동생산의 광명과 '퇴보한 인류'들의 암울한 현실**

산업혁명의 시발점은 글래스고의 악기 수공업자 제임스 왓트가 만든 증기기관이다. 이전에는 대개 수력과 축력을 동력으로 이용했다. 왓트는 그 동력원을 증기로 바꾸는 '혁명'을 일으켰다. 현재 영국 곳곳의 광산, 양조장에서 증기기관 펌프를 사용하고 있다. 왓트의 증기기관은 펌프뿐 아니라 섬유용 기계는 물론 제철소의 송풍기에도 활용될 수 있었다. 더구나 최근 프랑스의 니콜라 퀴뇨라는 자는 마차에 증기기관을 장치하여 말(馬) 없이 운행했다가 사람들을 놀라게 해 체포된 사건마저 있었다.

이제 사람의 힘이란 하찮은 것이 됐다. 증기기관에 의해 대량 제조된 물건들을 증기기관으로 움직이는 운송수단을 통해 나르는 세상. 이는 분명 인류가 꿈꾸어오던 유토피아이다. 이제 인간은 고된 노동으로부터 해방될 것으로 보인다. 최근 스코틀랜드의 알렉산더 듀어는 「제조의 철학」이란 책에서 "모든 기계 발전의 목표와 의도는 인간의 노동을 대체하거나 그 비용을 감소시키는 것"이라고 하며 이것은 머지 않아 달성될 것으로 확신했다. 창고에 쌓여가는 물건을 보노라면 듀어의 말이 거짓이 아님을 실감할 수 있다. 그러나 공장문을 열고 들어서는 순간 이 모든 꿈에서 활짝 깨어나게 된다.

마을에는 새벽도 되기 전에 깡마르고 창백한 얼굴의 아이들이 침대에서 끌려나오듯 어른과 추운 거리로 나와 까맣게 그을은 벽돌건물이 늘어선 공장지대로 향한다. 공장 안은 면화 먼지와 사람들의 체취로 숨이 막힐 듯하다. 기계소리가 너무 시끄러워 옆사람과의 얘기도 입 모양을 보고 알아들을 수 있을 정도. 누군가 이들 노동자들을 두고 '퇴보한 인류'라고 했다던가. 거리에는 공장 기계에 의해 팔이나 발이 잘려나간 불구자들이 점점 늘고 있다.

공장지대의 음울한 현실은 뜻있는 이들의 분노를 자아내고 있다. 퇴보한 생활환경은 엄청나게 쌓인 제품더미와 선명한 대조를 이룬다. 일부는 노동자 권익을 보호하는 방향으로, 일부는 기계를 파괴하고 옛날로 돌아가자는 방향으로 움직임을 구체화하고 있다.

### 불온한 자유를 꿈꾸는 혁명세력

산업혁명은 새로운 계층 부르주아지(burgeoisie)를 탄생시켰다. 프랑스에서 예로부터 도시주민을 가리켜 사용해온 말이지만, 요즘 사용하는 정확한 의미는 대량생산의 주역인 공장을 경영하는 '자본가'를 말한다.

지금껏 1천여 년 동안 유럽사회는 장원을 기본단위로 하는 농업사회였다. 영주가 지배하는 장원을 기초로 국왕 및 귀족과 성직자가 군림하는 봉건체제에 금이 가기 시작한 것은, 십자군 전쟁 이래 동방과의 교역이 활발해지고, 지리상의 발견으로 아메리카 및 아시아로의 교역로가 뚫리면서부터. 이러한 상업발달은 자연히 도시의 성장을 가져왔고 도시의 주인은 교역을 통해 부를 축적한 상인과 수공업자들이었다.

그러나 부르주아지가 상인과 수공업자들에게서 나온 것은 아니다. 영주나 귀족 중에서도 시류에 동참하는 이들도 있었다. 부르주아지는 상인, 수공업자, 일부 영주 및 귀족으로부터 나온 신흥계층이다.

최근 주목받는 정치세력인 이들이 내거는 정치 슬로건은 한마디로 '자유'다. 세금으로부터의 자유, 신분차별로부터의 자유, 농노들의 거주 이전과 직업선택의 자유 그리고 자신들이 정권에 참여할 수 있는 자유다. 학자들은 부르주아지들의 이러한 자유는 봉건적 기득권세력들을 분노하게 하는 불온한 자유이기 때문에 투쟁이나 혁명 없이는 결코 획득될 수 없다고 한다.

**역사신문**

# 서얼, 신분상승 강력 요구
## 관직임용 제한 철폐, 상속권 보장 등 주장

근래 들어 양반으로서 떳떳하게 대우받지 못하고 있던 첩의 소생인 서얼들이 앞다투어 상소 등을 통해 강력하게 신분상승을 요구하고 나서고 있다. 한성에 사는 명문가의 서얼인 한 아무개는 "신하가 되어서도 임금을 가까이 모실 수 없으니 군신의 의리가 멀어지고, 자식이 되어서도 감히 아버지를 아버지라 부르지 못하니 부자의 인륜이 어그러진다"며 현재의 서얼차별 현실은 유교윤리에도 어긋난다는 점을 들어 강하게 비판했다.

이러한 사태에 대해서 양반들 특히 노론측 인사들은 곱지 않은 눈으로 보고 있다. 안암동의 한 양반은 "신분제도가 해이해진 틈을 타서 우리 사회의 기본질서를 무너뜨리고자 하는 말도 안되는 집단행동을 하는, 이들은 엄벌에 처해야 한다"며 강하게 비난하고 나섰다. 그러나 이에 대해 역시 서얼인 김소통씨는 "이제

는 시골 천인들의 자손도 능력만 있으면 벼슬길에 오르는 판인데, 양반의 자손인 우리들은 왜 벼슬길에 제한을 받아야 하는가"라며 울분을 토로했다.

이러한 사태에 대해 국왕과 측근들은 서얼에게도 상속권을 인정하는 방안 등 어떤 식으로든 이들의 요구를 수렴해야 한다는 입장이지만, 노론측 강경파들의 완고한 자세가 정책결정에 걸림돌이 되고 있는 것으로 알려지고 있다.

### 서얼들의 신분보장 요구 일지

**1724년(영조 즉위)** 정운교 등 서얼 260명, 서얼 허통 청원 시위

**1772년(영조 48)** 경상도 서얼 유생 김성천 등 3천여 명, 향안·향교에서 서얼차별 철폐 호소하는 상소

**1773년(영조 49)** 경상도 업유 황경헌 등 서얼들 서얼차별 철폐 상소

# '향임(鄕任)' 직책 매매 성행
## 각 고을 수령, 매향 통해 엄청난 돈 챙겨

근래에 들어 몇몇 지방에서 향임을 사고 파는 사례가 급증하고 있어 심각한 사회문제로 대두되고 있다.

매향에는 몇 가지 방법이 있는데 돈을 주고 향임이나 군임, 면임에 임명받는가 하면, 사례비를 주고 향안이나 교안(향교의 교생 명단)에 이름을 올린다. 이때 내는 액수는 많게는 백 냥을 넘고 적어도 수십 냥을 내려가지는 않는데, 수령은 이렇게 해서 엄청난 돈을 모은다고 한다. 이러한 현상은 특히 해서와 서북지역이 그 폐가 가장 심하다고 한다. 해서에서는 향안에 올라야 양반 행세를 할 수 있고, 서북의 경우는 본래 사족이 드물기 때문에 향임이

제일가는 요직이라서 뇌물을 주고라도 얻으려 하기 때문이라고 한다.

뿐만 아니라 이들은 이러한 매향을 통해서 군역과 요역에서 벗어나기 때문에 일반백성들의 폐가 심하다고 한다. 이 문제의 심각성에 대해 서강의 절충 정태환은 "각 고을의 유향소 인원이 큰 고을에는 천 명이요, 작게는 7~8백 명이나 됩니다. 이들의 가세로 말하면 일반백성과 다를 바 없고 한 번도 과거 보러 서울 땅을 밟아보지도 않았으면서 자칭 양반이라고 일컬으니, 국가에 아무런 보탬이 없고 백성을 해침이 심합니다"라고 말하면서 이들에게도 포를 거둘 것을 건의하였다.

## 동색 금혼패 집집마다 내걸게

**1772년** 이번에 정부는 사대부의 집집마다 같은 당파끼리는 결혼할 수 없음을 알리는 문패를 만들어 대문에 내걸도록 전국에 지시하였다. 이는 국왕의 탕평정책에 대한 집착에서 나온 것으로 해석된다. 그러나 한편에서는 말도 안되는 전시행정이라고 비난하고 있어서 그 실효성에 의문을 표시하였다. 더군다나 노론 주도의 탕평책으로 그 성격이 변질된 현재 그 내용보다는 형식에 집착하는 겉치레라고 비난하는 여론도 만만치 않다.

## 조엄, 고구마 들여와

**1763년** 통신사 조엄이 일본에서 고구마라는 새로운 작물을 가져와 화제다. 겉은 붉고 속은 희며 크기는 어른 주먹만하고 쪄먹으면 단 맛이 난다. 조엄과 함께 일본에 다녀온 김인겸은 고구마를 「일동장유가」에서 「모양은 하수오요 그 맛은 극히 좋다./산마처럼 무른데 달기는 더 낫도다/이 씨앗 받아다가 우리나라에 심어두고/가난한 백성들 흉년에 먹게 하거든…」이라고 소개하고 있다. 고구마는 생육이 좋고 생산량도 많아 기후가 맞는 남부지방에서 구황작물로 크게 인기를 끌 것으로 예상된다.

◆조선 만화경 3

**초보 양반전** '이 바구

# 되돌아본 사도세자의 삶
## 부인 혜경궁 홍씨의 '성격 이상설'과
## '독자적 정치노선으로 노론측의 모함받았다'는 아들 정조의 주장 … '서로 엇갈려'

사도세자가 28세의 나이로 뒤주 속에 갇혀 요절한 지도 어느덧 10년이 흘렀다. 영조는 이제 80에 가까웠고, 당시 코흘리개이던 그의 아들은 약관의 청년이 되어 영조의 뒤를 이을 준비에 여념없다. 그러나 사도세자에 대한 평가는 세월이 흐를수록 양극단으로 나뉘고 있다. 더구나 그 양극단의 각 끝을 사도세자의 아내 혜경궁 홍씨와 아들 정조가 틀어쥐고 있으니 모자간에 이 무슨 기구한 운명인지 전생의 인연을 탓하지 않을 수 없다.

혜경궁 홍씨는 사도세자는 성장과정에서부터 성격적으로 문제가 있었다고 주장한다. 100일이 지나면서 어머니 품에서 떨어져 상궁들의 손에 자랐기 때문에 부모에 대한 원망의 마음을 가지게 됐고, 여인들 사이에서 자라서인지 품성이 소심하고

결단력이 없었다고 한다. 이런데다 15세 어린 나이에 영조가 우격다짐으로 대리청정을 시키자, 사도세자의 성격은 더욱 비뚤어져 놀이와 잡기에만 열중하고 심지어 술과 여자를 탐닉하게 됐다는 것이다. 영조는 원래 사람에 대한 애증을 극단적으로 표현하는 사람이라 세자가 일단 빗나가기 시작하자 사사건건 세자를 책망했고, 세자는 우물에 빠져 죽으려고 하는 등 정신병 증세를 나타내기 시작했다. 이 당시 세자의 영조에 대한 두려움은 극에 달해 항상 무엇엔가 쫓기는 심리상태였으며, 심지어 의대증(衣帶症) 증세까지 나타냈다. 의대증이란 옷을 스스로 입고 벗지 못하는 특이한 정신병으로 세자는 한번 옷을 갈아 입으려면 열 벌 이상을 찢어버린 후에야 입고, 이러다보니 한번 옷을 입으면 더럽

고 냄새나도록 갈아입으려고 하지 않았다고 한다. 죽기 직전에는 울화병이 극도에 달해 스스로 "울화가 나면 짐승이든 사람이든 죽여야 속이 풀린다"고 할 정도였다. 사도세자의 죽음은 국가의 종통을 보존하려는 영조로서는 불가피한 선택이었다는 것이다.

반면에 정조는 이와는 정반대의 주장을 하고 있는 것으로 알려졌다. 사도세자가 세 살 때 「효경」을 외우고 일곱 살 때 「동몽선습」을 독파해 영조의 귀여움을 독차지한 것은 다 아는 사실 아니냐고 주장한다. 그리고 이미 열 살 때 영조가 당쟁의 폐해를 막을 방법을 묻자 "당에 관계없이 인재를 등용하면 됩니다"라고 답하여 영조를 기쁘게 한 일이 있다고 한다. 따라서 세자와 영조 사이가 악화된 것은 세자가 대리청정을

한 지 7년여가 지난 뒤의 일이라고 한다. 즉, 이때 세자는 각 지방관청에서 환곡(還穀)과 관련해 민을 수탈하는 일이 없도록 조치했고, 성균관 유생들이 부정을 저지르자 벌로써 성균관 식당을 일시폐쇄하는 조치를 취했다. 특히 소론세력의 역모 사건 조사에 있어 미온적으로 대처해 노론세력의 심기를 거스른 적도 있다. 요컨대 세자가 대리청정을 하면서 기존 집권세력인 노론의 입맛에 따라 행동하기를 거부하고 독자적인 정치력을 발휘하려고 하자 노론측과 갈등을 일으키게 됐고, 이에 노론측이 세자와 국왕 사이를 집요하게 이간질해 결국 세자가 억울한 죽음을 당하도록 했다는 것이다.

두 주장이 이렇게 극단적으로 대비돼 현재로서는 판단을 하기가 당

혹스럽다. 그러나 분명한 사실은 두 주장 자체가 현재의 정치정세와 관련돼 있다는 것이다. 혜경궁 홍씨는 친정 집안이 사도세자가 죽을 당시 집권세력이었으므로 영조 이후 언젠가는 사도세자의 죽음에 대한 책임을 추궁당할지도 모른다는 두려움에서 위와 같은 주장을 펴는 것일 수 있다. 또 정조는 차기 국왕으로서 선왕 영조에 대한 종통계승의 의리와 함께 생부 사도세자에 대한 효의 의리 또한 부담으로 지고 있는 형편이다. 혜경궁 홍씨와 정조 그리고 죽은 사도세자 모두가 정치적으로밖에 존재할 수 없는 기구한 인물들인 것이다. 애꿎은 사도세자의 영혼만 아직도 구천을 떠돌며 안식을 취하지 못하고 있을 것 같아 애처로울 뿐이다.
**관련기사 1·2면**

## 이번 호의 인물　　영조

### 노론의 준봉을 넘어 탕평의 길을 가다

　참으로 기구한 운명이다. 어찌 자식을 죽일 수 있을까. 영조인들 부정(父情)이 없으리오만 권력은 정말 비정한 것인가 보다. 사도세자가 죽고난 다음, 그가 세손에게 쏟아붓는 애틋한 사랑은 죽은 세자에 대한 속죄인 것 같아 더욱 안타깝다. 사도세자의 죽음이 세자와 노론간의 정치적 갈등에 뿌리를 두고 있다고 하지만, 국왕의 자리에 오르기까지 살얼음 밟듯한 세월을 살아오면서 굳어진 영조의 조급하고 편벽된 성품이 크게 작용했으니 자신의 그런 성격을 너무나 잘 아는 그로서 어찌 회한이 없겠는가.

　영조는 어머니가 천한 무수리였다. 이런 연유로 총명하고 뛰어난 자질을 타고났지만 어려서 주위로부터 보이지 않는 무시를 당했다. 장성하고 나서는 이복형 경종이 병약한 탓으로 권력계승을 둘러싸고 자신을 지지하는 노론과 경종쪽의 소론의 틈바구니에 끼어 목숨이 위태로운 아슬아슬한 순간을 숨죽이며 살아왔다. 그래서 그는 한편으로 더욱 영민한 군주가 됐는지도 모른다.

　그가 즉위해서 취한 일련의 혁신적인 정책은 이러한 그의 역정을 알면 금방 이해가 간다. 탕평책은 노·소론의 틈바구니에서 더 이상 왕실과 국왕의 권위가 내둘러져서는 안되겠다는 의지의 천명이다. 또 그는 출생이 그래서인지 천한 백성의 처지와 노고에 대해 어떤 군왕보다 깊은 관심을 보이고 있다. 균역법을 제정하고 신문고를 부활하여 백성들의 고충을 직접 듣고자 하고 있으며 죄수들의 인권보호에도 깊은 관심을 보이고 있다.

　그러나 그가 군왕으로서 넘어야 할 산은 높기만 하다. 태생적으로 노론의 지지로 등극한 그가 과연 노론의 준봉을 넘어 왕권과 백성의 삶을 안정시킬 수 있을지 앞길이 가파르기만 하다.

　이름은 금(昑). 1694년생. 호는 양성헌(養性軒). 학문을 좋아하여 많은 서적을 편찬하게 하였고 자신도 「어제 자성편」, 「어제 경세문답」, 「어제 소학지남」 등을 지었다.

## 동국여지도 완성

### 우리나라 지리학 수준을 한단계 끌어올린 수작

　**1770년** 우리나라의 실정에 맞게 더 세밀하게 만든 지도가 완성되어 관심이 집중되고 있다. 화제의 지도는 〈동국여지도〉인데, 이는 정상기가 만든 〈8도도〉를 수정해 신경준이 교정하면서 일부 내용들을 수정 또는 보충한 것이다. 정상기는 "지형을 그 자연대로 바로잡는다"는 입장에서 산의 높이와 길의 거리를 측정하고 그 결과를 우리나라에서 처음으로 100리를 단위로 하는 축척에 따라 지도에 정확히 표시였다. 그는 특히 각 도를 붉은색, 노란색, 푸른색 등으로 구분해 그렸고, 산은 풀색, 물은 푸른색, 길은 붉은색, 성곽의 둘레는 흰선으로 구분해서 표시하는 등 이전의 지도와 차원을 달리하는 높은 수준을 보여주고 있다.

　직접 답사하고 측정한 자료들에 기초한 〈동국여지도〉는 지금까지 나온 지도 중에서 가장 정확하고 세밀하다는 평가를 받고 있다. 또한 축척과 일러두기를 비롯한 새롭고 근대적인 지도 표시방법과 체제를 갖춘 지도는 우리나라에서는 일찍이 없었기 때문에 〈동국여지도〉의 제작은 우리나라 지도 발전에 새로운 전기를 마련한 것이고, 따라서 우리나라 지리학 수준을 한단계 끌어올린 쾌거라는 것이 중론이다.

### 노론내 일부 소장학자들의 진보적 북학론 모색

　최근 노론가문의 일부 젊은 학자들이 모여 정치·경제·사회·외교 등의 현실문제에 대해 과감한 개혁방안을 논의하는 등 새로운 학풍을 일으켜 주목을 끌고 있다. 노론계열의 학문경향이 봉건체제의 유지를 목표로 주자의 학설을 절대화하는 가운데 심성론과 예론연구에 치우쳐 있는 점을 감안할 때, 이들의 이러한 노력이 노론 내부에서 일어나고 있어 더욱 비상한 관심을 끌고 있다. 이런 움직임은 박지원, 박제가, 홍대용, 유득공, 이덕무 등이 이끌고 있는 것으로 알려지고 있다. 이들은 심성론과 예론연구에 치중했던 기존의 주자학풍을 거부하고, 경제와 이용후생에 관심을 두어 조선사회가 처한 모순을 어떻게 고쳐나갈 것인가를 모색하고 있다. 이들은 주자학 이외에 상수학을 연구하기도 하고 유형원의 「반계수록」과 이익의 「성호사설」 등 남인학자들의 저술을 탐독하고 토론하는 것으로 알려졌다. 또 이들은 명분의리에 집착하여 청의 현실적 존재를 인정하지 않으려고 하는 노론계열의 기존입장을 배격하고, 청의 우수한 문물을 적극 수용할 것을 주장하는 등 북학을 제창하고 있다고 한다. 학계에서는 노론 내부에서의 이러한 개혁 움직임의 대두에 대해 "현실사회가 변화하고 사회모순이 첨예화되는 데 따른 필연적 현상으로, 장차 이들의 활동과 저술에 주목할 필요가 있을 것"이라고 평하고 있다.

참조기사 10호 4면

## 중인 김수장, 시조집 「해동가요」 편찬

### 서민들의 시, 자유로운 형식과 내용 추구

　"아름답게 핀 꽃잎이 바람에 떨어져 날리고 새나 짐승들의 즐거운 소리가 귀를 스쳐지나는 것처럼, 우리 시가들도 한때 입으로 불리워지다가 절로 잦아들어 훗날 세상에 전해지지 못하고 없어져버리니…" 서리 출신의 시조작가 김수장이 「해동가요」라는 시조집을 펴내면서 머리말로 실은 글이다.

　작가 100여 명의 작품 900수에 달하는 방대한 양의 시조가 수록되어 있는 이 시집의 체제는 작가의 배열을 중심으로 하여 유명씨와 무명씨로 나누어 작품을 싣고 있고, 이를 다시 시대순으로 나열하여 작가마다 해설을 덧붙이고 있다.

　특히 주목되는 것은 이러한 방대한 시조 정리작업이 중인신분인 서리 출신 편찬자에 의해 집대성되었다는 점과 서민작가들의 작품이 주종을 이루고 있다는 점이다. 그래서 가장 많이 수록된 작가는 역시 청구영언을 편찬한 포교 출신 김천택(57수)과 이번 시조집의 편찬자인 김수장(117수) 자신이고 또한 대부분 서민작가들이다. 그리고 서민들이 창작한 시조에는 사설시조라는 자유로운 형식과 내용을 담은 새로운 형식의 시조가 상당수 포함되어 관심을 끌고 있다. 이는 양반 중심으로 창작된 기존의 평시조를 형식과 내용면에서 파괴하고 있는 것이어서 문단의 주목을 받고 있다.

> 서방님 병들여 두고 쓸 것 없어 종루 저재 달래 팔아 / 배 사고 감 사고 유자 사고 석류 샀다 / 아차아차 잊어고나 오화당을 잊어버려고나 / 수박에 술 꽂아 놓고 한숨겨워 하노라.
> 「해동가요」에 실린 김수장의 작품

### 작가 탐구　「청구영언」의 김천택과 「해동가요」의 김수장

### 사대부의 의식세계 지향하는 김천택과 달리, 김수장은 서민의 감정 솔직히 표현

　**1727년** 「청구영언」을 편찬한 김천택과 이번에 「해동가요」를 편찬한 김수장은 우리 문단에서 쌍벽을 이루는 중요한 인물로서 문단의 관심과 주목을 한몸에 받고 있다. 두 사람은 모두 중인 출신의 작가라는 점에서 공통점이 있다. 김천택은 포교 출신이고 김수장은 서리 출신이다. 또 두 사람 모두 가단(歌團)(시인들의 모임)의 지도자로서 시창작의 발전과 후진양성을 위해 힘썼다. 그리고 둘다 시조집을 내어서 우리 시문학을 정리함으로써 국문학의 발전에 지대한 공헌을 했다. 그러나 이러한 공통점이 있는 반면, 두 사람간에는 차이점도 있다. 김천택은 양반 사대부들의 작품경향을 답습하면서 양반 사대부들의 의식세계를 그대로 지향하고 있다는 평가를 받고 있다.

　그의 작품들이 낡은 주제로 忠과 信을 주제로 해 마음을 경계하고 분을 지키는 교훈적인 내용과, 강호산수를 읊거나 체념적이고 세상을 탄식하는 내용을 주로 하기 때문이다. 그래서 그의 시조는 형식에 있어서도 양반 사대부의 단시조를 그대로 답습하고 있다. 반면 김수장은 비록 김천택과 같이 양반 사대부의 작품경향을 답습하려는 경향도 일부 보이기는 하지만, 감정의 솔직한 노출로 서민의식과 결부된 서민들의 생활감정을 적나라하게 나타내고 있는 작품이 많다. 이것이 김천택과는 달리 많은 사설시조를 남기게 된 배경이 되고 있다. 주목할 것은 대부분의 사설시조가 작가들이 그 이름을 밝히기 꺼려하여 무명씨작으로 되어 있는데, 그는 그의 이름을 밝히는 당당함을 보여주고 있다는 점이다.

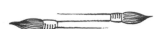

## 미국, 보스턴 차 사건 발생

### 영국의 가혹한 세금징수에 미국인들 "대표 없는 곳에 과세 없다"며 맞서

　지금까지 '건전한 방임'이라고까지 불리워졌던 영국의 식민지정책이 중상주의정책을 강화하는 방향으로 바뀌면서 미국 식민지와의 대립이 격화되고 있다. 지난 1774년에는 인디안으로 변장한 식민지인들이 본국에서 들여온 인도산 홍차 상자를 바다에 던져버림으로써 이러한 본국 정부의 정책에 항의표시를 하는 사건이 발생하였다. 이에 대해 본국 정부는 즉각 보스턴항을 봉쇄하고 메사추세츠 식민지의 자치권 정지 등 강력한 보복조치를 감행함으로써 영국과 아메리카 식민지간의 대립은 격화일로로 치닫고 있다. 프랑스와의 식민지 쟁탈전인 7년 전쟁이 1763년 영국의 승리로 끝나고 아메리카 대륙에서 프랑스 식민지가 소멸한 것을 계기로, 영국은 캐나다를 포함한 미국 식민지 전체에 대한 통제정책과 중상주의 정책을 강화하여 나갔다. 밀무역 단속과 관세징수가 강화되었고, 마침내 1764년의 설탕조례, 1765년의 인지조례의 제정으로 세금징수를 가혹하게 하였다. 이에 미국의 모든 계층이 "대표 없는 곳에 과세 없다"는 슬로건을 내걸고 강력히 반대해 68년 인지조례는 철폐됐으나, 타운젠드법이 이를 대신하자 식민지에서는 본국의 모든 과세에 반대하는 기운이 높아만 갔다. 이런 상황에서 보스턴 차사건이 터진 것이다. 이후 영국정부의 보복과 그에 대한 식민지인의 거센 저항이 계속될 것으로 보인다.

# 역사신문

# 정조, "현 시국은 '위기', 개혁만이 살 길"
# 국왕 중심으로 국정 운영

## 노·소론 제압하고 홍국영 일파 제거
## 『대고』에서 개혁의 기본 방향 밝혀

### 국정개혁 4대 기본방향

민의 경제력을 높인다

인재를 기른다

군제를 정리한다

국가재정을 늘린다

**1778년(정조 2) 6월** 정조는 『대고(大誥)』를 발표하여 새정부 개혁정책의 기본방향을 제시했다. 4항목으로 제시된 그것은 ① 민의 경제력을 높인다 ② 인재를 기른다 ③ 군제를 정리한다 ④ 국가재정을 늘린다 등이다. 정조는 즉위하면서 현 시국을 "큰 병에 걸려 원기를 잃어버린 상태"로 규정하면서 개혁만이 살 길임을 강조한 바 있다. 따라서 『대고』는 국정 전반에 걸쳐 대수술을 가하겠다는 의지 표시인 것으로 해석되고 있다.

아울러 이러한 개혁정책을 추진하기 위한 토대로 왕권강화책을 강력하게 추진해오고 있다. 지난 영조 대의 탕평책이 노론과 척족의 입김이 완전히 거세되지 못한 상태에서의 미지근한 온건 탕평이었다면, 이번 정조의 탕평책은 국왕 자신이 충역(忠逆)과 정사(正邪)를 분명하게 밝히면서 각 파가 자의적으로 충과 정을 해석하지 못하게 하는 강경 탕평이 될 것이라는 얘기다.

1780년(정조 4) 2월에 국왕의 비서실장격인 도승지 홍국영이 강릉으로 유배 조치된 것도 이러한 왕권강화책의 맥락에서 이루어진 일로 보인다. 홍국영은 정조를 세손시절부터 측근에서 보필해온 최측근으로서 현재 정국의 제 2인자였다는 점에서 이번 조치는 가히 충격적이다. 그러나 정조가 즉위하면서부터 단계적으로 추진해온 왕권강화책의 속성상 자신의 외척으로서 한 정파를 이룰 만큼 강력해진 홍국영의 제거는 필연이었다는 지적이 많다.

이미 즉위 초, 선왕 영조 말년에 영조의 노환을 계기로 급부상하게 된 홍봉한(사도세자의 장인) 세력과 영조의 후궁인 김대비 쪽 김귀주 세력 등 외척 세력을 모두 제거했었다.

다음으로 정조로서는 아주 민감한 문제인 사도세자 문제의 해결에 나서, 할아버지인 선왕 영조의 의리론 계승을 천명하면서 동시에 자신은 사도세자의 아들임을 명확히 해 효(孝)를 둘러싼 논쟁을 사전에 차단하고, 노·소론 그 누구도 이를 재론하지 말 것을 엄중 지시했다.

이렇게 각 붕당을 제어하고 난 뒤 최종적으로 남은 측근 홍국영마저 제거함으로써 왕권강화책은 일단 마무리된 것으로 보인다. 따라서 앞으로 본격적으로 실시될 개혁정책에 시선이 집중되고 있다.　　　**관련기사 2면**

## 규장각 이전, "새 단장"
### 정조, 초계문신제 시행 발표

#### 규장각, 정조 개혁정치의 선봉역 맡을 듯

**1781년(정조 5)** 창덕궁 인정전 후원 부근에 새로 단장된 청사에서 규장각 이전 개소식이 국왕을 비롯한 각 대신들이 참석한 가운데 성대하게 열렸다. 규장각은 지난 1776년 국왕이 즉위한 직후 "승정원이나 홍문관의 타성을 개선할 수 없으니 개혁정치의 중추로서 새 기구를 설립할 것"을 천명하면서 설립됐으나, 그 방대한 업무에 비해 공간이 좁아 이번에 궐내 청사 중 가장 넓다는 옛 도총부 장소로 자리를 옮겨 세상에 모습을 드러낸 것이다.

규장각은 외형상 도서관의 형태를 하고 있고 특히 선왕들의 친필을 수집, 정리하는 업무를 맡고 있지만 실제로는 국왕 비서실격인 승정원 이상으로 정치적 위상이 높다. 규장각 각신들은 승정원 승지들보다 높은 대우를 받고 있으며, 국왕의 일거수 일투족에 수행하면서 정책조언을 하고 있다. 정조도 어느 정파에도 치우침이 없이 강력한 왕권을 행사하기 위해, 주요 정책 토의는 주로 규장각 각신들과 하고 있는 실정이다.

한편 국왕은 규장각 개소식이 끝나고 그 자리에서 곧바로 「근사록(近思錄)」과 「심경(心經)」을 가지고 신하들에게 친강을 베풀면서 "요즘 대신들은 당쟁에만 신경 쓰느라 그런지 공부를 통 안한다. 조정의 문신 중 37세 이하인 자들을 선발하여 일정 기간 규장각에서 공부를 하도록 할 것이며 정기적으로 시험을 치르도록 하겠다"며 이른바 초계문신제(抄啓文臣制)를 발표했다.

아울러 국왕 자신의 공부 커리큘럼으로 홍문관이 담당하던 경연은 중지하고 국왕도 규장각에서 각신들과 경전 및 정책에 관해 논의할 것으로 알려졌다. 이에 따라 규장각의 위상은 더욱 높아질 것으로 보인다.

이는 국왕 정조가 지금까지의 붕당정치를 청산하고 강력한 왕권을 바탕으로 새로운 개혁 정치를 펴나가겠다는 강력한 의지를 표명한 것으로 해석된다. 이에 따라 규장각은 정조 개혁정치의 선봉대 양성소가 될 것이라는 해석이 유력하다.　　**관련기사 2면**

## 여론정치 새모습
### 정조, 직접 민의수렴 나서

새 국왕 정조가 직접 민의수렴에 나서는 등 이전 국왕들과는 다른 면모를 보여 관심을 끌고 있다.

정조는 현재 궁궐 밖으로 행차할 때마다 길가에 내려 일반 민들로부터 애로사항을 청취하고 있는데, 국왕 행차의 주된 목적이 이러한 여론수렴에 있다고 왕실관계자들은 말하고 있다. 또 정조는 그동안 궁궐 내에서만 허용되던 격쟁(擊錚: 징을 울리고 앞에 나와 호소하는 것)을 국왕이 행차하는 길가에서도 할 수 있도록 허락했으며 상언(上言: 문서로 애로사항을 호소하는 것)의 자격과 내용 제한을 철폐하도록 지시했다.

한편 즉위 초 자신의 즉위과정을 밝힌 「명의록」 한글본 배포에서 보이듯이, 나라의 중요 정책을 결정할 때 내리던 윤음(담화문)도 요즘에는 기존의 한문관과 별도로 한글관을 동시에 발표하고 있다.

이러한 일련의 조치들은 여론정치의 대상을 기존의 사대부층에서 일반 민으로 확대하려는 것으로 새 시대의 정치운영 방식으로 굳어질 전망이다.

## 국왕 친위부대 장용위 창설
### 잇단 역모사건 … 왕실 호위 중요성 커져

**1785년(정조 9)** 정부는 국왕 호위를 전담하는 새로운 부대인 장용위를 창설한다고 발표했다. 정부 관계자는 "현 국왕은 세손시절부터 빈번히 목숨을 노리는 무리들에 의해 괴롭힘을 당해 왔다. 최근에도 숙청당한 홍국영 일파가 국왕을 살해하려는 역모를 꾸미다 발각되는 등 왕실 호위의 중요성이 날로 커지고 있다"며 장용위 설치의 목적을 분명히 밝혔다.

장용위의 구성도 이러한 설치 목적에 따라 친위부대의 성격을 강하게 띨 것으로 보이는데, 2년 전 현 국왕의 아버지인 고 사도세자를 장헌세자로 승격시킨 조치를 기념하여 실시한 과거에서 선발된 무사들이 일단 장용위 부대의 주축이 될 것으로 알려졌다. 아울러 조정은 훈련도감 등 기존 군영에서도 최정예 병사들을 차출하여 장용위에 배속할 방침이다.

애초 정조는 총융청을 혁파, 수어청과 하나로 통합하여 친위대로 재편하려 했으나 대신들의 반대에 부딪혀 좌절된 적이 있다. 당시 국왕은 당색의 뿌리가 깊은 기존의 군영으로 친위부대를 삼을 수 없다는 것을 깨닫고, 새로운 군영을 창설하겠다는 결심을 했던 것으로 알려지고 있다.

## "도망 노비, 잡지 않는다"
### 노비추쇄 사업 유명무실해져 폐지키로

**1778년** 도망 노비가 급증하고 기존의 노비 중에도 자신의 신분을 상승시켜 노비대장에서 빠져나가는 이들이 늘자, 더이상 이들을 추쇄하는 사업이 유명무실해져 폐지키로 했다. 한성의 한 노비는 '이제야 조정에서 시대적 추세를 인정하는 것 같다. 사실 도망간 노비를 일일이 조사해 다시 노비로 잡아와봐야 이들의 마음은 이미 콩밭에 가 있는 것이나 다름없다'고 했다. 이번 조치는 건국 초의 신분구조가 서서히 붕괴되는 현실에서, 이제 노비들도 이름만 '노비'지 실제 일반 양인과 다름없게 된 것을 조정에서 인정한 것이라는 중론이다. 한편 조만간 노비제 자체를 폐지한다는 예측도 나오고 있다.

역사신문

# 새로운 개혁정치를 기대한다

## 현실모순에 정면으로 대응하라

정가에 태풍이 몰아치고 있다. 정조의 준론(峻論)탕평 태풍이다. 이제 와서 보면 선왕 영조가 펼친 탕평책은 아주 온건한 것이었음이 너무나도 선명하게 대비될 정도다. 그리고 이 정조의 탕평책에 대한 여론은 대체로 긍정적인 것 같고, 개혁에 의해 숙청당한 노론들도 아직은 숨죽이고 눈치만 보고 있다.

정조의 탕평책에 대한 여론이 좋은 것은 그 내용이 이제까지 보지 못하던 개혁적인 것들이기 때문일 것이다. 우선 그동안 지긋지긋하게 보아오던 정치권의 당쟁이 일소됐다. 그리고 국왕이 직접 백성들과 만나 민의 소리를 듣는 일이 부쩍 잦아졌다. 정조가 일전에 "아, 나라는 백성에 의존하는 것이며 백성은 나라에 의존하는 것이다. 백성이 있은 연후에 바야흐로 나라가 있는 것이다"라고 한 것은 그가 추진하는 개혁의 방향을 충분히 가늠케 하는 것이다.

그러나 우리는 지금 이 순간 박수만 치고 앉아 있을 수는 없다. 왜냐하면 지금 우리에게 불어오는 태풍은 강력한 국왕 정조가 몰고 오는 태풍일 뿐 아니라 저 밑바닥 민들로부터 휘몰아쳐오는 거대한 태풍이기도 하기 때문이다. 사실 정조의 개혁도 이러한 시대의 커다란 흐름에 부응하는 것이기에 여론의 지지를 얻고 있는 것이다. 이를테면 최근 국왕에게 직접 상소하는 상언과 격쟁이 폭증하고 있다는 보도가 있었는데 이는 정조가 그것을 허용했기 때문인 것인 동시에 이미 민들에게 그만큼 할 말이 많이 쌓여 있었다는 의미이기도 한 것이다.

따라서 정조 개혁정치의 방향타는 이미 정해져 있다고 봐야 한다. 민의 소리에 귀 기울이고 민의 요구에 부응하는 것, 바로 민의 새시대를 여는 것이다.

이 점에서 정조의 개혁 정치가 가야 할 길은 아직 멀다. 정조가 정부 내의 당쟁 세력들을 일소하고 규장각에서 왕권에 복무할 새 인재를 길러내는 것, 장용영을 통해 왕권의 무력 기반을 마련하는 것 등은 개혁을 위한 전제조건이지 개혁 그 자체는 아니기 때문이다. 또 상언과 격쟁을 대폭 허용하는 것도 제도적이고 체계적인 민생개혁과는 일정한 거리가 있다. 오히려 도망 노비를 쫓지 말라는 지시나 지방관청의 민에 대한 고리대 관행을 금지하라는 지시 같은 것이 제대로 된 민생개혁의 시발점일 수 있을 것이다.

정조의 개혁에 대한 의지가 얼마나 강한지는 정치와 무관한 장소인 침실을 '탕탕평평실'로 부르는 데서도 잘 드러난다. 정조 아직도 권좌에의 복귀를 호시탐탐 노리는 노론 기득권 세력들의 방해를 물리치고 개혁 의지를 계속 밀고나가 민의 소리에 화답하는 진짜 개혁을 펴기를 기대해본다.

## 그림마당
이은홍

## 정조 탕평책의 성격과 전망

# 충역 의리의 기준 제시 … 노·소론간 당쟁 잠재워
## 일련의 강경책으로 왕권 강화 성공, 민생정치에 적극 나설 듯

건국 이래 정조만큼 처지가 미묘한 국왕은 없었을 것이다. 할아버지인 선왕 영조에 의해 세손으로 책봉되고 대리청정을 거쳐 왕위에 올랐다. 그러나 그 영조는 아버지 사도세자를 죽인 사람이기도 하다. 왕위에 오른 정조는 종통 계승의 의리(義理)와 부모에 대한 효(孝) 사이에서 참으로 난처한 처지에 서게 됐다. 그런데 바로 이 시점에서 정조는 위기를 기회로 전화시키는 결단을 내렸고, 그것이 성공함으로써 여세를 몰아 오늘날 각 당파를 평정하는 데까지 내쳐 달려올 수 있었다.

만약 정조가 그 미묘한 처지에서 뭉기적거리며 우물쭈물 했다면 어떻게 됐을까. 아마도 노·소론 사이 혹은 노론 내에서 지난 시기와 똑같은 충역(忠逆) 시비가 재연됐을 것이고 그 경우 탕평을 내세워도 영조 대와 같이 미적지근한 온건 탕평에 그칠 수밖에 없었을 것이다. 그러나 정조는 선수를 치고 나와 의리의 기준을 명확히 제시했다. 그리고 잇단 강경책을 휘둘러 이에 대한 논쟁을 사전에 틀어막았다. 이른바 강경 탕평이다.

영조 대에 강력한 세력으로 성장한 외척세력, 사도세자 사망을 정략적으로 이용하려는 소론세력, 기득권 유지에 안간힘을 쓰는 노론세력 모두를 숙청하는 것이 강경 탕평의 전제이자 토대였다. 정조는 이 작업을 위해 측근 세력인 홍국영 일파를 일선에 배치했다. 그리고 숙청작업이 마무리되자, 마지막으로 홍국영 일파를 제거함으로써 파

벌 없는 정치판을 드디어 완성했다.

일련의 강경책이 성공을 거둔 지금, 정조 앞에 놓인 과제는 명실상부한 국왕권의 강화다. 규장각을 통해 당색 없는 왕권파를 길러내고, 장용위를 설치해 왕권의 무력기반을 갖추는 것이 모두 그러한 맥락 위에 있다. 아울러 격동하는 생활현장에서 불만이 잔뜩 고조되고 있는 백성들을 보살피기 위한 실질적인 정책들을 내놓을 것으로 보인다. 그러나 정조의 앞길이 탄탄대로인 것만은 아니다. 노론세력은 일시적으로 정조의 탕평책에 눌려 숨을 죽이고 있지만 기회가 오면 언제든지 재기할 기반을 갖추고 있는 상태다. 정조가 이 난관을 헤치고 정책을 밀고나갈 수 있을 것인지 주목된다.

## 규장각의 실체와 정치적 위상

# 삼사보다 막강 … 개혁과 운명같이 할 국왕 측근의 개혁 선봉대

규장각의 규장(奎章)은 군주가 지은 글을 뜻하는 말이다. 따라서 규장각은 모든 서적을 보관하는 도서관이지만, 그중에서도 가장 중요한 업무는 역대 국왕들이 쓴 글과 서적을 분류·정리·보관하는 것이다. 이것이 지니는 정치적 의미는 결코 만만한 것이 아니다. 기존 정책을 평가함에 있어서나 새 정책을 입안함에 있어서 그 핵심이 되는 부서가 바로 규장각이 된다는 의미인 것이다. 그리고 이는 현재 정국에서 정조의 정책노선인 왕권강화와 탕평책을 입안하고 추진하는 중추기관이라는 의미이다.

근 1백여 년 이상 지속돼온 당쟁 속에서 조정 대신들은 이미 입각할 때부터 당색이 정해져 있는 것이 현실이다.

국왕이 정파에 기울지 않는 탕평책을 펴기 위해 어느 정파에도 소속되지 않은 인재를 고르려 해도 국왕 주위에 그런 인재는 거의 찾아보기 힘든 실정이다.

정조가 "심지어 자리 하나 추천하는 데도 이쪽과 저쪽을 섞어 조정하는 것을 상책이라고 한다"며 개탄한 것은 바로 이러한 정황을 말한 것이다. 정조가 즉위하면서 가장 고통스러워 한 것이 바로 이점이었을 것이다. 그리고 바로 이 점에 규장각 설치의 당위가 있다.

따라서 규장각 각신으로 임명될 자들부터 당파를 초월해서 선발되고 있다. 우선은 노·소론 양파에서 당색이 엷은 자들, 그리고 그동안 정가에서 거의 소외되다시피 한 남인들에서도 임

용되고 있다. 나아가 서얼 출신 중에서도 재능이 있는 자는 임용이 되는 파격적 조치도 잇따르고 있다.

그러면 규장각은 계속 승승장구할 것인가. 그럴 리 없다. 기존 노론세력은 공공연하게 불만을 드러내고 있다. 특히 그들 중에도 강경파인 이른바 벽파(僻派)측은 공식 비서실인 승정원을 무시하고 규장각이 승정원 일을 자의적으로 처리하는 데 대해 도대체 국왕이 사사로이 설치한 일개 기관이 행정체계를 문란하게 하고 있다며 공식적으로 문제를 제기하고 나선 상태다.

결국 규장각의 생명은 정조의 개혁정책과 운명을 같이 할 수밖에 없다. 자, 정조 개혁정책의 일기예보는 맑음일까, 흐림일까.

## 규장각 검서관(檢書官) 4인방, 그들은 누구인가

# 새 바람 몰고오는 무서운 신세대

최근 청에 다녀와서 그곳의 서민생활에서 정치제도까지 낱낱이 기록한 책 「북학의」를 펴내 감히 오랑캐(?) 나라를 따라배우자고 주장하는 간 큰 남자 박제가. 발해를 우리 역사 속에 편입해야 한다고 주장한 「발해고」를 출간, 역사학계에 충격을 준 유득공. 청의 수도 연경에 유학하고 돌아와 고증학이라는 최신 학문을 소개해 주목받고 있는 이덕무. 일개 유생

에서 일약 정조의 특명으로 규장각 검서관에 특채된 서이수.

규장각 말단 직원 검서관의 면면들이다. 모두 30대인데다 서얼 출신이라는 공통점을 갖고 있다. 정조가 재능이 있음에도 단지 서얼이라는 이유로 차별받는 이들을 구제하기 위해 의도적으로 특채했기 때문.

규장각은 위로부터 제학 2인, 직제학 2인, 직각 1인, 대교 1인, 검서관 4

인 등 총 10인이 핵심을 이루고 있다. 이중에서도 실무자들인 검서관의 활동이 단연 주목받고 있다. 규장각에 쌓여 있는 엄청난 장서를 자유롭게 볼 수 있는데다 국왕 정조의 정책 결정에 밑바탕이 되는 자료들을 직접 작성하기 때문이다. 이들은 서얼 출신으로 차별받아온 분들이라도 하듯 정력적으로 활동해 주위에서 혀를 내두를 정도다.

# 상인들, 광산경영에도 나서

## 설점수세에서 물주 직접 경영으로 변화

광산의 운영방식이 점차 바뀌어가고 있다. 설점수세 방식으로 운영되던 광산이 점차 돈 많은 상인이 물주로서 직접 경영하는 사례가 늘고 있다. 지금까지 광산에서 금, 은, 동, 철, 연을 캐는 것은 설점수세의 방법을 통해서 이루어졌다.　**참조기사 4호 1면**

즉, 자본을 가진 상인이 광산에 필요한 물품을 대면, 관청에서 파견된 감관이나 별장이 10~30명의 광군(점군)들을 데리고 광석을 채취하고, 감관과 별장은 점군들로부터 머릿수에 따라 세금을 징수, 상인은 생산과정에는 일체 상관하지 않고 돈을 대준 대가로 생산물의 일부를 받는 것이 그것이다. 그러나 최근에는 관 몰래하는 잠채가 성행하면서부터 단순히 돈을 대던 상인들이 광산의 경영자로서 등장하는 예가 늘어가고 있다. 그들이 점군들을 고용한 다음, 임금을 뺀 나머지를 전부 자신이 가져가는 직접 경영으로 막대한 이윤을 남기고 있다.

이렇게 되자, 점차 관에서도 물주들에게 일정한 세금을 받는 방식을 도입하고 있다. 그러나 최근에는 중간관리들이 잠채가 불법임을 약점으로 설점수세하는, 광산보다 더 많은 세금을 걷어가는 경우가 있어 문제가 되고 있다.

### 함경감사, 호조의 안변 영풍동점에 대한 설점수세 반대

호조의 영풍동점에 대한 설점수세 방침에 대해 함경감사가 물주가 없음을 이유로 반대한 것이 문제가 되고 있다. 안변 영풍동점에는 수공업자와 토지를 잃은 농민들이 모여서 수공업적 방법으로 동을 캐고 있었는데, 호조에서는 이 소식을 듣고 동맥이 좋으니 동점을 설치하고 수세하자고 제안했다.

이에 함경감사는 "물주가 없으니 본도에서 수세하려고 하여도 도리가 없다. 다만 점군들이 캐낸 동을 가지고 가끔 중앙관청으로 가서 그때 그때 판다"라고 보고했다고 한다.

이는 함경감사의 태만함 때문이 아니라, 그만큼 물주없이는 광산 경영이나 수세가 불가능해져가는 상황이 되고 있음을 보여주는 것이라고 할 수 있다.

### 국왕 일기 「일성록」, 공식기록으로 정리

**1783년** 정조는 자신이 기록해온 일기를 국가의 공적기록으로 정리하여 기록, 편찬토록 했다. 이 일기는 1752년부터 기록해온 것인데, 이번 조치로 국왕 개인의 일기에서 발전해 실질적인 정부의 공식기록으로 활용될 것으로 보인다. 기존의 역사서로는 실록이 있지만, 당대의 실록은 후대에 편찬되며 사초는 국왕도 볼 수 없다. 따라서 국정운영에 필요한 당대의 자료는 따로 정리할 필요가 절실했는데 규장각에서 편찬하는 「일성록」이 그 역할을 해낼 것으로 기대된다.

르뽀　　수안 금점을 가다

## 관청의 고리대 운영 금지된다

**1770년** 조정에서는 각 관청이 백성들에게 빚을 주는 것을 일체 금하도록 지시하였다. 지금까지 여러 관청들은 자기의 경비원천을 고리대를 이용하여 얻어내는 것을 관행처럼 활용해왔다. 일례로 개성부의 세입원천의 대부분은 상인들에게 꾸어준 돈의 이자들이라고 할 정도이나. 지금 그 액수가 무려 30만 냥에 달하고 있고, 평안감사는 30여만 냥, 대구감영의 경우는 23만 2천 냥, 경상도 남창의 경우는 21만 냥이나 된다. 원래 고리대의 이자는 법적으로 연 2할이었으나 어떤 고을은 3할 내지 5할까지 되어 많은 문제가 되고 있다. 이런 문제로 백성의 생활을 도와야 할 관이 오히려 수탈을 가중하고 있다는 비난을 면하기 어려운 실정이다. 특히 수령과 손을 잡은 향리들이 앞장서서 고리대를 하고 있다. 그러나 이번 관청의 고리대업 금지조치로 이같은 관행이 얼마나 사라질지 의문이라고, 많은 지역의 피해 백성들은 입을 모으고 있다.

## 물주제에 의해 운영
## 분업에 기초한 협업노동에 의해 생산

최근 갈수록 확대되고 있는 상인들의 물주제 경영에 대한 취재를 위해서 본지에서는 우리나라 최대 금광인 황해도 수안의 활동 광산을 직접 가서 취재하고 돌아왔다. 취재한 내용을 본보에 싣는다.

수안 금점에 도착하니 금 채굴지구 다섯 군데 중 두 군데는 금맥이 거의 끊어져 가고 있었고, 세 군데는 올해 여름에 새로 판 금혈이 39개, 장마로 중지한 것이 99개였다. 그리고 현재 남아 있는 연군(노동자)들은 550여 명이었다. 여기서 충청도에서 왔다는 연군 김막장씨를 만나 보았다. 김막장씨는 "원래는 자영농이었는데 점점 고리대에 뜯겨 남의 집 소작을 붙이다가 그것마저 여의치 않아 날품팔이로 전전, 결국 여기까지 흘러왔소. 이곳 연군들은 다 저와 비슷한 처지입니다. 8도에서 모인 막장 인생들이쥬"라고 체념하듯 이야기하였다. 이곳의 규모는 얼마나 되느냐는 질문에 "막사만 7백여 개이고 인구는 1500명이 넘습니다. 많이 캘 경우는 한번에 수천 냥이 될 정도입니다"라고 답하였다.

언뜻 보아도 관리자의 막임을 알 수 있는 막에서 차인 김성칠씨를 만나볼 수 있었다. 차인은 어떤 직함이냐는 질문에 "이곳의 실제적인 책임자입니다. 저는 화성부에서 파견되어 근무하고 있습니다"라고 답하였다. 그러나 실제로는 상인으로 이곳의 물주라고 사람들이 이야기하였다. 워낙 큰 광산이라 형식적으로 관청에서 관리를 그에게 맡기고 있지만 실제로는 물주로서 이곳의 자금을 대고 있다고 했다. 이곳의 세금은 어떻게 납부되느냐는 기자의 질문에 김성칠씨는 "한번에 대개 2천냥 이상의 세금을 받습니다. 그 가운데서 700냥은 화성부에 납부하고 50여 냥은 연군들의 임금으로 지불합니다. 나머지 1천수백 냥이 제몫이지요"라고 답하였다. 그 중에서 자기가 투자한 자본금 300냥을 빼면 나머지가 순이익이 되니까, 그가 그야말로 어마어마한 거부라는 생각이 들었다.

수안 금점은 사금을 캐는 것이 아니고 석금을 캐는 곳이라 광석을 캐어 깨고 갈아서 물에 일어 금을 골라내는 방식을 통하여 생산하고 있었다. 이곳에서는 550여 명의 연군이 39개의 금혈에서 일하고 있으니까 한 혈(작업장)에 평균 14명의 노동력이 투입된다는 계산이 나온다. 그런데 어떻게 금이 나오는지 궁금해서 채금하는 전공정을 살펴보았다. 대체적으로 10여 명이 한 조를 이루고 그 내부에서 일정한 분업에 기초한 협업이 이루어지고 있었다. 생산공정은 채굴·운반·건조·분쇄·선별·도금 등으로 공정이 나뉘어져 있고 각 공정마다 몇사람씩 배치되어 분업으로 빠르게 금을 만들어내고 있었다.

---

# 이승훈, 미사 집전
# 천주교 교회 등장

## 이승훈, 이벽, 정약전 등 신앙공동체 구성

**1784년** 서학을 사학(邪學)으로 몰아 배척하는 층과 학문적인 관심을 넘어 이를 신앙으로 수용하려는 측으로 양분되는 추세 속에 교회가 설립되어 각계의 관심을 고조시키고 있다. 이승훈이 북경에서 영세를 받고 돌아와 이벽, 정약전 등과 함께 신앙공동체를 구성해 교회를 세운 것이라 한다. 이벽은 이승훈이 동지사 편에 북경으로 가게 되었다는 소식을 듣고 그를 찾아가, 북경에 가면 선교사를 찾아가 교리를 배워 영세를 청하고, 또한 많은 천주교 서적을 얻어가지고 돌아오도록 간곡히 권하였다고 한다.

이승훈은 그의 말대로 북경에 들어가 신부 그라몽에게 교리를 배워 세례를 받고 올 봄에 많은 성서와 성물을 가지고 돌아왔다.

이승훈은 돌아오자, 곧 이벽과 더불어 교리를 연구하고 9월부터는 입교를 원하는 사람들에게 성세성사를 집전하기 시작해, 중인인 김범우의 집에서 처음으로 미사를 집전함으로써 교회가 창설된 것이다.

## 천주교, 놀라운 파급의 원인은?

### "그리스도 안에 평등" 선교에 일부 지식인, 백성 현혹

최근 사회적 관심을 가장 크게 끌고 있는 일은 아마도 몇몇 학자들이 천주교를 수용해 교회까지 세웠다는 사건일 것이다. 서양의 학문이나 과학기술이 학문적인 관심에서 소개되고 수용된 것은 이미 오래 전이다. 그러나 서양의 종교가 소개차원이 아니라, 적극적으로 수용되는 단계까지 이르게 된 것은 우리 고유의 정신세계를 부정한다는 것을 의미하기에 사회각계에서 놀라움을 표시하고 있다.

천주교가 중국이나 일본에 비할 수 없을 정도로 빠른 속도로 퍼져가고 있는 상황에 대해 무엇으로 설명할 수 있을까? 천주교리는 신앙이 초강력의 흡인력을 가졌다고 보아야 할 것인가, 아니면 우리 백성들이 심지가 없어 천주교라는 우물에 단박에 빠져들어간 것일까? 각계의 사람들에게 천주교에 대해 물어보았다.

우선, 천주신앙을 이단으로 보는 노론계의 한 관리는 "천주교는 상하의 구분이 없이 일단 그 당에 들어가면 노비나 천인이라도 형제처럼 보며 그 신분 차이를 인정하지 아니 하니, 이것이 어리석은 백성들을 유혹하는 술수인 것"이라 말하고 있다.

다음으로 천주교 전파에 큰 역할을 했던 이벽은 "현재 우리 사회의 부조리는 제도를 개선하고 산업을 진흥시키는 정도의 것으로는 완전히 뿌리뽑히기 어렵다고 봅니다. 지금과 같이 불평등한 신분제 아래에서는 끊임없이 인간에 의한 착취와 박해가 계속될 뿐이지요. 그리스도 안에 모두가 평등한 천주사상이야말로 우리를 구원해줄 수 있는 유일한 길"이라고 말한다. 교회당에서 만난 신도들은 "천주교 신앙은 크게 평등한 것으로서 여기에는 대인도 소인도, 양반도 상놈도 없다"고 말한다.

이를 종합해보면, 천주교에서 내세우고 있는 '그리스도 안에 평등'이라는 논리가 새로운 사회를 염원하고 있는 지식인이나 백성들의 입맛에 맞아떨어진 것으로 보인다.

한편 선교사들이 현지인들의 생활정서나 정치이념에 거슬리지 않는 수준에서 천주교와 전통사상을 적절히 조화시키는 전략을 구사했음이 부차적인 요인으로 작용한 것으로 보인다. 선교사들은 스스로를 승려나 유학자로 자처해 이름을 고치고, 동양의 국왕명칭인 '천황'을 모방하여 '천주'라는 명칭도 만들었으며, 전제적인 군주관에서 중요시되었던 역학이나 천문학분야의 최신 서양문물부터 소개하였던 것이다.

뿐만 아니라 유학의 이념과 천주교의 이념이 상반되는 것이 아니라, 유학에서 부족한 부분을 보충해주고 있다는 논리를 내세워왔다. 한글로 된 성경을 보급한 것도 백성들에게 천주교를 전파하는 데 도움이 된 것으로 보인다.

결국 서양인들의 선교사업은 '문화적응주의' 전략을 채택했고, 이것이 우리 현실에 적절히 부합했던 것이다.

# 풍속화 … "시대의 취향을 붓끝에 담아"

둥글넓적얼굴에 둥글둥글한 눈매를 지닌 소탈한 모습의 자리 짜는 아저씨, 지붕 위에서 웃통을 벗어던진 채 던져진 기왓장을 들어 다시한번 빙그르 돌려 잡아내는 미소년의 몸짓, 서당에서 매맞는 동기를 고소하다는 듯 곁눈으로 바라보는 아이의 눈빛, 단오날 멱감는 반라의 여인들을 바위 뒤에서 숨죽여 보는 까까머리 초동의 진지한 얼굴에 입가가 벌어지지 않는 이는 없을 것이다.

최근에 많이 그려지고 있는 풍속화류의 그림들은 우리네 일상사를 해학과 풍자를 동원해 묘사하고 있어 그림에 대한 일가견이 없더라도 충분히 공감할 수 있고 애착을 가지게 하는 구수하고 정겨운 맛이 있다.

이전까지 이른바 산수화는 중국에서 전해져 오는 화보, 예컨대 「고씨화보」나 「당시화보」에 크게 의존해 왔었다. 중화사상에 젖어 있던 시대분위기에서 그림 또한 중국의 것을 모방해야 진짜 그림으로 인정받을 수 있었다. 화법뿐 아니라 그림의 소재도 몽땅 중국의 것이어서 우리다운 맛을 찾을 수 없다. 그러던 것이 겸재 정선에 이르러 우리의 강산을 화폭에 담는 수준으로 발전한다. 우리의 땅 우리의 산하를 멋드러지게 그릴 수 있게 된 것이다.

이런 변화 발전과정이 바로 풍속화가 뿌리내릴 수 있는 초석이 되었다. 이제까지 제한된 주제와 화풍에 형식적으로 매몰되어왔던 미술계가 이제 그 틀을 과감히 벗어나고 있다. 조정의 각종행사에서 일반서민의 평범한 일상사에 이르기까지 각 계층의 다양한 생활상을 다루고 있음은 사회사적인 관점에서도 시사하는바가 크다. 이에 대해 '최근의 풍속화의 발전흐름은 단순히 미술계의 현상으로 국한된 것이 아니라 우리 사회분위기가 폐쇄된 경직성에서 이제는 신분관, 직업관, 세계관 모두가 열리는 개방성으로 나아가고 있음을 보여주는 것'이라고 한 사회평론가는 지적하고 있다. 풍속화가 우리 사회에서 큰 흐름을 형성할 수 있었던 것은 경제가 성장하면서 그림을 감상하는 층이 일반백성들로 확산되었고, 서민의식이 발달하면서 소재도 현실적이며 대중적인 것들로 확대되었기 때문인 것으로 보인다. 또한 근래 여유있는 생활 속에 풍류를 즐기는 이들이 늘어난 것도 한 몫했다. 시대의 취향을 붓 끝에 담아서 종이에 힘껏 뿌린 것이 바로 풍속화라고 해도 좋을 것이다.

## 풍속화의 어제와 오늘

### 초기 풍속화는 교훈과 기록이 목적 … 김홍도, 김득신, 신윤복에 이르러 '백성들의 품에'

그야말로 일상사의 '풍속'을 그려내는 풍속화는 수렵도, 전투도, 곡예도, 부엌, 푸줏간 등의 정경들을 다룬 삼국시대 고구려 벽화에서부터 시작되었었다.

그러나 7세기가 지나면서부터 도교와 신선사상 등이 유행하자 사신도 계열의 그림이 유행하게 되고 이에 풍속화풍은 사라지게 된다. 고려 후기에 이르러서야 〈마륵하생경변상도〉와 같은 불교회화의 하단부분에 소를 몰아 밭을 갈고 벼를 베고 타작하는 농경장면이 묘사되면서 풍속화의 조류가 다시 부활한다.

이는 조선에 이르면 그림소재면에서 변화를 보이게 된다. 궁중과 조정의 각종 행사 현장을 그대로 묘사한 '의궤도'나 사대부들의 야외모임을 그린 '계회도'와 같이 교훈적이고 기록성이 강한 풍속화들이 그려진다. 궁중의 일반행사나 사대부들의 생활을 직접 접할 수 없었던 일반백성들에게 그들의 격조높은 세계를 그림으로 보여주려는 것이었다. 그러나 무지랭이 백성들로서야 도통 관심이 끌리지 않을 수밖에.

백성들의 눈길을 끌 수 있었던 그림은 18세기 초엽에 이르러 나타나게 된다. 교훈적인 목적만이 아니라 일상사의 모습을 그대로 보여주기 위해 사실성과 개성을 살린 그림들이 나온다.

이러한 흐름은 몇년전의 윤두서, 조영석, 심사정, 이인상, 강희언 등의 문인화가들에 의해 개척되었는데 특히 윤두서의 '채애도'와 조영석의 '새참' '바느질'은 풍속화의 새로운 장을 연 작품으로 인정받고 있다.

그러나 이들의 그림은 여전히 중국 화첩의 산수화속에 등장하는 배경을 그대로 사용하면서 인물소재만 현실적인 모습으로 그리고 있다.

대표적으로 윤두서의 채애도를 보면 호미를 쥔 여인이 그림속에 주인공으로 등장하지만 여전히 뒷 배경은 산수화의 그것이고, 여인의 모습 또한 너무나 정적이어서 과연 그 호미를 밭가는 데에 쓸 것인지 궁금해 질 정도이다. 그림 속의 현실일 뿐, 현실을 그린 그림은 되지 못하는 아쉬움을 남기고 있다. 그리고 이인상의 '송하수업'에서 보이듯이 아직까지는 일반백성의 모습이 보이지 않고 위엄과 기백을 갖춘 사대부들의 일상사를 그리는 소재의 제한이 있었다.

그러나 최근에 두각을 나타내고 있는 김홍도, 김득신, 신윤복 등에 이르르면 풍속화는 그야말로 절정기에 도달한다. 이제 시장거리나 시냇가, 마을입구에서 언제나 마주 대하는 동네사람들의 정겨운 모습이 화폭에 나타나게 된다.

근엄한 사대부의 글읽는 장면이 아니라 질펀하게 논두렁에 앉아 막걸리를 들이키는 농부나, 바쁜 농사일 중에 짬을 내 어린아이에게 젖을 물리고 있는 아낙의 모습을 만나게 된 것이다.

# 한판 소리마당, '판소리' 크게 유행

소리꾼들이 재담을 풀어내 청중들의 눈물과 웃음을 자아내는 일은 이제 전국의 시장통이나, 마을입구에서 흔히 볼 수 있는 광경이다. '사람들이 많이 모인 곳(판)에서 공연되는 노래(소리)'라는 뜻의 판소리는 탈춤이 무용과 문학을 중심으로 하는 것에 비해 음악과 문학을 중심으로 하는 예술형태라 할 수 있다.

숙종대 이후부터 불려지기 시작한 판소리가 언제 누구에 의해 노래가 만들어졌는지는 불분명하다. 소리를 담당하는 '명창'과 옆에서 북을 치며 장단을 맞추어 주는 '고수'가 진행하는 판소리는 '창, 아니리, 발림, 추임새'로 이야기 사설이 풀려 나간다. 창은 이야기를 노래로 부르는 것을, 아니리는 노래대신 말로 이야기를 풀어나가는 것을, 발림은 노래나 말에 따르는 몸짓을, 추임새는 고수나 청중이 흥이 날 때 명창의 소리 중간중간에 '얼쑤, 좋다' 등의 가락을 넣는 것을 말한다.

최근 유행되는 판소리는 춘향가·흥부가·수궁가·심청가·적벽가·변강쇠 등. 한 평론가는 "춘향이가 어사의 정실부인이 된다거나 심청이 황후가 되는 것은 신분구조가 무너지는 요즘의 세태를 반영하는 것"이라며 사대부를 무능한 인간들로 신랄하게 풍자하는 대목이 자주 등장하는 것도 같은 맥락이라고 평했다.

## '사람들이 많이 모인 곳(판)에서 공연되는 노래(소리)' 동편, 서편 등 가락도 지방마다 독특

'열다섯에 얻은 서방, 첫날밤 잠자리에 급상하여 죽고, 열여섯에 얻은 서방, 염병에 튀고, 이삼 년씩 걸려가며, 서방을 잃을지라도 소문이 흉악할 터인데, 한 해에 하나씩 제사치르니, 삼십 리 안팎에 상투올린 사나이는 고사하고 열다섯 넘은 총각도 없어, 마을사람들 의논하되 '이년을 두었다가는, 우리 두 도내에, 좆 단놈 다시 없고, 여인국이 될 터이니, 좆을 수박이 없다', 이년 쫓기어 나올적에, 행똥행똥 나오면서, 혼자 악을 쓰는구나 '어허 인심 흉악하다. 황·평 양도 아니면은, 살 데가 없겠느냐. 삼남(전라·충청·경상)의 좆은 더 좋다더라'

이 소리는 '변강쇠가'의 한 대목. 청중들 사이에서 '조—오타!' '어얼—쑤' 추임새가 터져나오고, '일고수 이명창'이라는 말이 나올 법하게 장단을 넣고 추임새를 넣는 고수의 손놀림과 몸짓이 구성지다. 판소리 가락도 지방마다 독특하다. 전라도 동북지역에서는 '동편제'라하여 '목으로 우기는' 소리가, 경기·충청도지역에는 '중고제'라하여 '동편도 서편도 아닌 중간'의 소리가 유행이다. '대마디 장단'으로 불려지는 동편제를 고집하는 사람들은 서편제를 이단으로 여기는가 하면 서편제는 동편제를 '장작 패듯 한다'고 빈정대기도 한다. 한 판소리 전문가는 "정통 창법으로부터의 해방이라는 요구에 부응한 소리가 바로 서편제"라며 "잔가락이 많이 끼여들면서 발림도 풍부해져 연기면에서도 발달하고 있다. 동편제가 소리를 '대충대충 거뜬거뜬'한다면 서편제는 '곰상곰상 차근차근' 한다"고 평한다. 소리를 잘하기 위해서는 득음의 경지에 올라 목이 약간 쉰 듯한 소리를 내어야 소리의 제맛을 살릴 수 있다고 한다.

앞 쪽의 큰 그림은 조영석의 새참. 왼쪽의 그림은 계회도.
위의 그림은 이인상의 송하수업. 밑의 그림은 윤두서의 채애도.

---

## 풍속화의 대가 김홍도, 여색에 심취한 신윤복

**평론가 강세황, "김홍도의 그림은 조선 4백년의 파천황적 경지"**
**김홍도, 민들의 생업 현장을 '과감한 생략과 짜임새 있는 구도'로 다뤄**
**신윤복, '감각적이면서도 선정적' 남녀간의 애정문제를 주된 소재로**

풍속화의 절정기를 이끈 화가로는 단연코 김홍도를 꼽아야 할 것이다. 현재 최고의 미술평론가로 꼽히고 있는 강세황은 김홍도의 그림에 대해 "우리나라 400년 동안에 파천황적(破天荒的) 솜씨라 하여도 좋을 것이다. 풍속화를 그리는데 능하여 인간이 일상생활하는 모든 것과 길거리, 나루터, 점포, 놀이마당 같은 것도 한번 붓이 떨어지기만 하면 손뼉을 치며 신기하다고 부르짖지 않은 사람이 없다"고 높이 평가하고 있을 정도이다.

김홍도가 즐겨 다루는 그림의 소재는 「서당」, 「주막」, 「씨름」, 「빨래터」, 「담배썰기」, 「집짓기」 등과 같은 일반 백성들이 생업에 종사하는 모습이다. 그의 그림은 대부분 주변의 배경설명을 과감하게 생략하고 원형구도나 X자형구도 등을 이용해 인물중심으로 짜임새있게 구성하고 있다.

초기단계에 활동했던 화가들이 인물의 동감을 절제한채 정적인 그림을 그렸다면 이제는 그야말로 살아움직이는 인간의 모습을 보여주고 있다. 실례로 똑같이 '새참' 장면을 그리더라도 조영석은 직선구도로 그리고, 김홍도는 사선구도로 그려 동감을 훨씬 살리고 있는 점을 보아도 알 수 있다.

이런 화풍은 김득신과 신윤복을 비롯한 화가들에게 영향을 미쳤는데, 김득신의 경우 「파적도」, 「귀시도(歸市圖)」, 「추묘도」 등에서 해학적인 분위기 포착과 정감어린 표현으로 보는 이의 눈을 즐겁게 하고 있다.

단원의 그림이 숭늉처럼 구수한 맛이 있다면 그의 그림은 눈길이 닿는 즉시 웃음을 자아내게 하는 맛이라고나 할까?

한편, 신윤복은 김홍도의 영향을 받았으면서도 소재의 선정이나 구성방법, 표현방법에서 현저한 차이를 보여준다. 감각적이면서도 선정적이라는 평이 일반적일 만큼 한량과 기녀들의 연정과 같은 남녀간의 애정문제를 주된 소재로 삼고 있다. 대부분 남자들은 그림의 주변인물로만 처리되고 여성들이 중심 인물로 배치되는 것도 이채롭다.

배경을 중시하고 가늘고 유연한 필체로 아름다운 색채의 효과를 최대한 살리고 있는 점도 단원류의 그림과는 다른 특징이다.

위의 왼쪽부터 시계방향으로 김홍도의 '아이들'과 '새참', 신윤복의 '밀월', '빨래터'
70쪽 아래 왼쪽부터 신윤복의 '그네타기', 김홍도의 '씨름도'

---

## 자유로운 예술혼 지닌 호걸남아

김홍도는 호걸남아다. 외모만 호걸풍인 것이 아니라 가슴 속의 호연지기가 도저하다. 하루는 팔려나온 매화 화분을 보고 갖고 싶어했으나 돈은 커녕 양식거리조차 없는 형편이었다. 그런데 마침 자기 그림을 백 냥에 팔게 되었다. 그는 70냥으로 매화를 사고 20냥으로 술 몇 말을 사서 친구들과 매화 술자리를 마련했고, 남은 돈으로 양식을 사니 겨우 이틀 먹을 식량이 었다고 한다.

우리가 그의 그림에서 느낄 수 있는 격조는 바로 이처럼 탈속(脫俗)한 그의 품격에서 나온 것이다. 또 그런 성품에서 말미암은 그의 자유로운 예술혼은 약동하는 시대 분위기를 누구보다 예민하게 포착하여 서민들의 삶의 정서를 해학과 익살로 형상화시킴으로써, 조선의 화단에 신선한 충격을 던지고 있다. 남종화의 담담한 색채와 북종화의 여운이 상쾌하게 어우러지면서 조선의 문기(文氣)와 풍토정취가 듬뿍 넘치는 그의 독창적인 그림세계는 중국 그림의 모방이나 일삼는 화가들이 도저히 흉내낼 수 없는 새로운 화풍을 일으키고 있다.

그런 김홍도의 그림 재주는 필시 하늘이 내린 것임에 틀림없다. 그는 스무 살도 못되어 당대의 문인화가 강세황의 극찬 속에 도화서 화원으로 활동하여 이미 이름을 크게 떨친 바 있다. 20대에 영조의 어진을 그렸고, 정조 때에는 한종유·신한평 같은 국중의 쟁쟁한 선배화가들을 제치고 정조의 어진을 그렸다. 한 때 충청도 연풍현감을 지내기도 했지만 오래 있지 않았고, 그의 타고난 성품대로 속사(俗事)를 잊고 호방하게 살다보니 곤궁한 생활을 면치 못하고 있다. 조선의 자연과 생활풍정은 김홍도의 붓끝을 통해 이제야 그다운 자태를 온전하게 드러낼 수 있게 되었으니, 조선 사람으로 그런 화가를 갖게 된 것은 우리 세대만이 아니라 후손에게도 길이 큰 복이라 하지 않을 수 없다. 그의 건강과 건필을 빌어본다.

본관은 김해. 1745년생. 호는 단원. 주요작품으로 「신선도」, 「선인기려도」, 「금강사군첩」, 「단원풍속화첩」 등이 있다.

---

## 국왕, 종합무예서 편찬 지시

## 「무예 도보통지 간행」

### 24가지 전투기술을 중심으로 한 실전훈련서

**1790년** 국왕의 명령에 따라 편찬된 종합무예서가 나왔다. 기존 무예서들이 전략과 전술 등 이론을 위주로 한 것들인 데 비해, 이 책은 24가지의 전투기술을 중심으로 한 실전훈련서라고 편찬 책임자인 이덕무, 박제가 등은 강조하고 있다. 또한 무기를 설명하는 과정에

서는 각각 중국식과 우리나라식을 비교해서 설명하고, 도식(圖式), 설(說), 보(譜) 등으로 나누어 일일이 알기 쉽게 그림과 함께 설명하고 있다. 서문에서 정조는 "임진왜란 이후 우리 병기는 날로 발전하고 있어 이를 모아 책으로 간행하게 된 것"이라고 밝혔다.

---

# "북학만이 구국의 길", 청나라 바로읽기

## 박제가 「북학의」, 박지원 「열하일기」 출간 화제

### "사회문제 해결 위한 개혁서냐, 맹목적 신 사대주의의 발로이냐"

북학파가 사상계의 새로운 움직임으로 대두하면서 이들의 사상과 이념을 대변해주는 책들이 나와 화제다. 단순히 청나라의 생활과 문화를 소개하는 데 그치지 않고, 이를 우리나라에서 어떻게 수용할 것인가를 개혁적인 입장에서 서술한 박제가의 「북학의」(1778)와 박지원의 「열하일기」(1780)가 그것.

청나라를 선진문명국으로 인정하고 겸손하게 배우자는 '북학' 사상은 아직까지 청을 멸시하는 사회분위기가 만연한 현재로서는 매우 과감한 주장으로, 이 두 책에 대한 반응 또한 양극단으로 나뉘고 있다. 보수 지식인과 관료들은 '한낱 오랑캐에 불과한 청에서 무엇을 배울 것이며 이 두 책의 문장도 난잡하기 그지없다'며 비판하는가 하면, 개혁지향적인 지식인들은 '우리사회의 문제를 해결할 수 있는 적절한 대안을 이 두 저서에서 발견할 수 있다'면서 극찬을 아끼지 않고 있다.

이 두 저서는 공통적으로 청국의 여러 문물과 제도를 우리나라에 도입해보자고 주장하며 수레나 배·성·궁실·도로·벽돌 등 일상생활에 필요한 기구와 시설에 관해 소개하고 있다. 박제가의 경우 청나라에서는 유생이나 재상들도 시장에 나가 직접 물건을 사는 풍경을 소개하면서 허위의식만 가득찬 우리나라의 사대부를 혹독하게 비판하고 있다. 박제가의 경우에는 청의 캉이 우리의 온돌보다 우수한 난방법임을 논하면서 "우리나라 아이들이 유월에도 코 끝에 수정구슬을 달고 지내니, 이것을 도입하여 삼동을 나는 고통을 면케 되기를" 주문하고 있다. 그리고 상공업 진흥에도 공동의 관심을 보이고 있는데, 박제가는 "우리나라에서는 너무 검소하다가 온갖 공예가 다 없어져버렸다"며 수요억제·절약이 경제안정에 필요하다는 통론을 부정하고 소비생활을 권장해야 생산경제가 활발해질 것이라는 과감한 주장을 하고 있다. 박지원도 중국과 적극적으로 통상하면 문명수준의 향상과 국제정세의 파악에 도움이 될 것이라 주장하고 있다.

책의 분량은 「북학의」는 2권 1책인 데 비해 2년 뒤에 나온 「열하일기」는 26권 10책이라는 방대한 분량으로 차이가 있다. 그리고 「북학의」의 문체가 단조롭고 소략한데 비해, 「열하일기」는 또 비유법과 우화를 이용한 풍자조의 문장이 많으며, 간혹 소설구성도 눈에 띄어 문학계에서는 새로운 신사조로 주목하고 있다. 또 「열하일기」는 중국 학자들과 지동설에 관하여 토론한 내용, 의술에 관한 이야기, 세계정세, 천주교 등 내용이 다방면에 걸쳐 있다.

그러나 아무리 "북학만이 구국의 길"이라지만 박제가와 같이 "청을 배우기 위해 우리 모두 청의 언어도 배워야 한다"며 과도하게 청의 문물을 칭송하고 맹목적으로 이를 수용하자고 주장하는 것은 무리인 듯하다. 상업자본의 발달을 무조건 격찬하여 이것이 초래할 수 있는 역기능에 대해서는 거의 고려하고 있지 않기 때문이다. 그럼에도 이 두 저서가 앞으로 우리 사회를 새롭게 만들어가는 데 일조하게 될 것만은 틀림없을 것 같다.

---

## 주체성 상실한 무조건 청 따라 배우기에 반대한다

최근 이른바 '북학'이라는 새 학풍이 등장, 일부에서는 나라의 개혁에 도움이 될만한 참신한 대안으로 주목하는 듯하다. 그러나 그들 북학파들이 주장하는 바 실상은 그렇지 않다.

우선 나는 청을 오랑캐로 보고 무조건 배척해야 한다고 주장하는 보수적 명분론자가 아님을 분명히 밝혀둔다. 우리 나라는 지금 위기에 처해 있고 개혁이 절실하게 요청되고 있음은 이미 사회적 동의를 얻고 있다고 생각한다. 그 점에서 북학파들이 양반 계층의 고루한 사고방식을 질타하고, 청의 실질적인 물질 문명을 극찬하는 것에는 기본적으로 동의한다. 그런데 그러면서

그들이 지적하고 있는 것은 무엇인가. 이를테면 수레를 개발해 물품 유통을 촉진시켜야 한다든가 아니면 벽돌을 만들어 각종 건축공사에 사용해야 한다는 것 등이다. 이것은 기대했던 것에 비추어 너무나도 실망스러운 것이다.

수레는 우리 나라에도 예로부터 있어 왔다. 다만 우리 지형에는 배를 이용하는 것이 훨씬 편리하기 때문에 수레 보다는 배가 발달한 것이다. 벽돌도 이미 오래 전부터 활용해왔다. 이것도 우리나라에는 화강석이 풍부하기 때문에 벽돌 보급의 여부는 단지 경제성에 달려 있는 것이다.

이렇게 볼 때 북학파들은 오히려 우

리 실정을 모르는 것 같다. 우리 실정은 보지 않고 청의 발달된 문물에 현혹돼서 청의 것이면 무조건 따라 배우자고 하는 것은 아닌가. 최근에 박제가씨는 우리 말마저 버리고 청의 언어를 공용어로 채택해야 한다고 했다 하니 아예 민족말살을 의도하고 있는 것인가.

우리는 예로부터 중화의 선진 문화를 받아들이되 철저히 우리 것으로 소화해서 받아들였다. 외국의 사상과 문물이 아무리 발달된 것이라고 하더라도 우리 현실을 정확히 알고 그 현실에 수용이 될 수 있도록 변용해서 받아들이는 것이 올바른 자세임을 북학파들은 명심하기 바란다. **성내골 김판돌**

---

# "미국, 독립 만세 !"

## 영국과의 독립전쟁에서 승리

### 기득권 세력 없고 민주주의 경험 … 미국의 행보 세계가 주목

**1783년** 지난 1775년 보스턴 서쪽 교외에서 영국군과 충돌하여 시작된 미국의 독립 전쟁이 미국의 승리로 끝났다. 미국이 세계최강대국인 식민지 모국 영국을 상대로 한 힘겨운 싸움에서 승리하고 독립을 쟁취하게 된 것에 대해 세계는 깜짝 놀라고 있다.

독립전쟁 발발 후 대륙회의가 소집되고 각주의 대표들이 죠지 워싱턴을 군사령관으로 임명하였을 때까지만 해도 아무도 미국의 승리를 예견하지 못했다. 식민지군은 해군이 전혀 없었고, 대부분의 병사는 훈련을 받지 못한 형편이었다. 게다가 혁명전쟁 당시 식민지인의 3분의 1은 본국지지파였다.

이러한 어려운 상황에서 '76년 7월 4

일 토마스 제퍼슨이 기초한 독립선언이 제2차 대륙회의에서 채택됨으로써 상황은 급변하였다. 이 결과 식민지인의 독립에 대한 결의는 더욱 굳어졌고, 외국의 경제적 군사적 원조도 가능하였다. 특히 프랑스는 영국과의 식민지 쟁탈전에서 인도와 아메리카를 모두 빼앗긴 상황이어서 세력만회를 노리고 있었으므로 기꺼이 미국을 원조했다. 이외에도 스페인, 네덜란드 등지로부터 전쟁비용을 빌어올 수 있었다.

아울러 유럽의 여러 나라들도 무장 중립동맹을 맺어 영국을 견제함으로써 전쟁은 식민지측으로 기울어갔다. 결국 영국측에서 먼저 강화를 요청, 강화조약이 체결되고 독립을 승인받게 된 것

이다. 신생 독립국이 된 미국은 유럽 국가들과는 달리 귀족계급이 존재하지 않으며 독립혁명과정에서 공화제에 기초한 민주주의의 경험을 쌓아 역사상 가장 자유롭고 평등한 사회로 발전할 가능성이 높다고 전문가들은 전망하고 있다.

---

# 역사신문

# 정조, 남인 채제공 우의정에 임명

## 전격 발탁, 정가 충격 … 노론계, 격렬한 반대 상소

1788(정조 12) 국왕은 정계에 노론이 다수인 상황에서 남인 채제공(사진)을 전격적으로 우의정에 임명, 정가를 충격으로 몰아넣었다. 국왕은 채제공을 임명하면서 "내가 즉위 초에 밝힌 '의리의 탕평'이라는 것은 당색에 구애됨이 없이 인재를 등용하고 부국강병을 꾀하자는 취지였다. 경은 지금이 이러한 개혁을 미룰 수 없는 역사적 대전환기임을 명심하고 진심으로 개혁에 주력해주길 바란다"라며, 채제공 발탁이 탕평책의 연장선상에 있는 것임을 명확히 했다. 이에 채제공은 국왕에게

① 황극(皇極)을 세울 것 ② 당론을 없앨 것 ③ 의리를 밝힐 것 ④ 탐관오리를 징벌할 것 ⑤ 백성의 어려움을 근심할 것 ⑥ 권력기강을 바로잡을 것 등 6가지 조목을 국정의 방향으로 삼을 것을 진언했다. 특히 황극을 세우고, 당론을 없애고, 의리를 밝히려는 것은 왕권을 강화하는 한편 노론 축출을 겨냥한 것이다.

따라서 갑작스런 채제공의 등장에 노론 벽파들은 경악을 금치 못하고 있는 것으로 알려졌다. 노론 벽파 일각에서는 이를 '환국(換局)'으로 인식, 이 소식을 재확인하는 등 촌

극을 빚기도 했다. 그러나 환국조치가 아님이 알려지자, 안도의 숨을 내쉬고 곧바로 격렬한 반대 상소를 올릴 준비를 하고 있다는 후문이다.

채제공은 일찍이 영조와 사도세자 사이가 극도로 나빠졌을 때 이를 화해시키기 위해 노력한 일로 널리 알려졌으며, 정조 대에 들어와서는 형조판서를 맡아 공노비의 혁파안을 마련하는 등 개혁에 앞장서온 인물이다. 그러나 남인 출신이라 노론으로부터 사사건건 탄핵을 받아 최근 8년 동안은 한성 근교 명덕산에서 은거해왔다. **관련기사 2면**

## 시전 상인 특권 박탈 "금난전권 폐지"
## 채제공, '신해통공' 시행 전격 발표

### 노론계, 정치자금원 봉쇄 … 상업발전의 계기 마련

1791년(정조 15) 정부는 육의전을 제외한 시전의 금난전권을 혁파한다고 전격적으로 발표하였다. 그리고 이례적으로 그 내용을 각기 한문과 한글로 적은 방을 4대문과 번화가에 내걸었다. 이로써 상업발전의 커다란 걸림돌로 백성들의 원성의 근원이 되었던 시전 상인들의 특권이 사라짐으로써 자유로운 상업발전의 전기가 마련될 것으로 보인다.

그동안 시전 상인들이 가지고 있는 금난전권의 폐해는 누차 지적돼왔다. 작년에는 한성판윤 이문원이 직접 금난전권 완화를 요청하는 건의를 한 바 있다. 그는 "근래 들어 시전 상인들이 금난전권을 빙자하여 민간 상인들을 침해하는 것이 지나쳐 한줌의 채소, 누룩을 파는 것까지 난전이라며 매매하지 못하게 한다.

이런 하찮은 물건을 팔다 잡혀 벌금을 무니 이 때문에 물가가 폭등하고 있다"며 금난전권의 폐해가 물가에까지 미치고 있음을 지적했다. 급기야 작년 가을에는 추석이 되어도 도성 안에서 쌀이고 과일이고 도무지 물건을 찾아볼 수 없는 사태가 발생했었다.

이에 좌의정 채제공은 이문원의 건의를 적극 받아들여 시전 상인이 가지고 있는 금난전권을 전면적으로 폐지, 자유상업을 보장하는 방향으로 정책을 추진해왔다. 그러나 호조판서 김문순 등 노론세력은 "시전이 설치된 것이 수백 년이 되어 그 뿌리가 견고하고 또 국역의 부담을 지고 있는데 금난전권을 폐지하면 시전은 모두 문을 닫게 될 것"이라며 정면으로 반박하고 나와 한때 금난

전권 폐지안은 폐기될 운명에 처했다. 이러한 노론측의 반대는 시전 대상인들이 사실상 노론과 결탁, 노론의 정치자금을 제공해주고 있으며 노론은 그 대가로 금난전권을 보호해주고 있는 데 따른 것이었다.

그러나 국왕이 채제공의 의견을 받아들이되 육의전만은 제외하는 것으로 수정하도록 해 이번에 전격적으로 금난전권 폐지안이 발표된 것이다. 이는 결국 국왕과 채제공이 노론의 정치자금원을 봉쇄, 개혁정책에 사사건건 제동을 걸고 있는 노론의 기세를 꺾으려는 의지가 반영된 것이다.

이 조치가 발표되자 한성과 근교의 백성들이 삼삼오오 방이 붙어 있는 곳에 모여들어 이번 조치를 환영하는 분위기다. **관련기사 2면**

## 천주교 신도 윤지충, 권상연 처형

### 진산사건 … 신주 불사르고 위패 땅에 묻어

1791년(정조 15) 전라도 진산의 천주교 신도 윤지충과 그의 외사촌 권상연이 윤지충의 모친상 때 신주를 불사르고 위패를 땅 속에 묻는 등 반사회적 행동을 한 뒤 천주교식으로 장례를 치른 일이 밝혀져, 전주 풍남문 밖 형장에서 처형당했다. 윤지충과 권상연은 진술조서에서 "위패는 한낱 나무에 불과하다. 나의 생명과는 아무 관계도 없다… 부모님께 아무리 효성이 있는 자라도 주무실 때 음식을 드리지 않는 것과 마찬가지로 죽음의 긴 잠에 들어 있는 이에게 음식을 드리는 것은 헛된 일이자 거짓된 관습"이라며 천주교 교리의 정당성을 강변해 심문관들을 아연케 했다.

한편 이번 사건의 처리를 두고 각 정파마다 미묘한 시각차를 드러냈던 것으로 알려졌다. 남인 출신 좌의정 채제공은 "서학도 학문인 이상 선비들의 학문탐구 열의를 위축시키는 것은 바람직하지 않다. 따라서 처벌은 윤지충과 권상연에게만 한정하는 것이 옳다"며 천주교를 서학이라는 하나의 신학문으로 보는 시각을 드러냈다.

반면 노론 벽파의 심환지는 "죄를 짓게 한 원흉은 그냥 두고 죄를 지은 자만 논죄할 수는 없다. 이승훈, 이가환, 정약전, 정약용 등이 서학을 전파한 주범들이니 이들을 반드시 잡아들여 처벌해야 한다"며 천주교의 발본색원을 주장했다.

## 농민, 시민 총궐기 '프랑스 대혁명' 제헌의회서 "봉건제 폐지" 결의

### 폭동으로 '무정부 상태', 전 세계 왕가 '경악'

1789년(정조 13) 8월 오랜 역사를 가진 유럽 선진국 프랑스에서 시민과 농민들이 전국적으로 봉기, 무정부 상태가 조성되는 충격적 사태가 발생한 가운데 제헌의회에서 '봉건제 폐지' 선언과 '인간과 시민의 권리 선언'을 잇달아 발표해 유럽 전체를 경악으로 몰아넣었다.

이러한 제헌의회의 충격적 결의는 지난 7월, 파리 시민의 봉기와 바스티유 감옥 습격을 필두로 전국 농민들이 영주들을 공격하는 봉기를 일으킨 데 뒤이어 나온 것이다. 파리 시민들이 봉기한 것은 지난 5월 소집된 신분별 대표회의인 삼부회를 국왕 루이 16세 및 귀족세력이 무력으로 해산하려는 데서 촉발됐다. 삼부회가 소집된 것은 극심한 재정난에 허덕이던 정부가

최근 부유층으로 부상하고 있는 '제3신분'에게 세금부담을 전가시키기 위한 것이었다.

그러나 법률가, 의사, 교사, 문인, 상인, 수공업자, 농민 등으로 구성된 제3신분 세력은 삼부회에서 그들의 의석을 배로 늘리고 투표방식을 신분별에서 머릿수별로 바꿀 것을 주장해 관철시킨 데 이어, 특권계급인 성직자와 귀족들에게도 공평한 과세를 할 것, 헌법을 제정할 것 등의 주장을 내걸고 베르사이유 궁전 테니스코트에서 무기한 농성에 들어갔다.

이에 귀족 및 성직자들과 국왕측은 이들을 강제해산하기로 결의, 군대를 이동시키던 도중 이를 지켜본 파리 시민들이 분노의 함성으로 궐기한 것이다.

1608 광해군 즉위
1727 탕평책 실시
1751 균역법 실시
신해통공
1801 공노비 혁파
1811 홍경래난
1876 국교확대

73

# 역사신문

## 자유상업 발전의 새 장 열다

### '신해통공', 의지와 추진력이 문제

금난전권이 폐지되었다. 비록 육의전을 제외한 시전이라는 단서가 붙긴 하였지만, 과감한 경제개혁임에 틀림없다. 이제 그토록 끈질기게 지속되어왔던 특권적 시전상업체계는 종말을 고하고, 새롭고 자유로운 상업발전의 새 장이 열리게 되었다. 또한 이와 더불어 관영수공업에 종사하는 장인들의 명부인 공장안도 폐지되게 되어, 이제 수공업 부문에서도 자유로운 발전의 길이 열리는 역사적인 전기가 마련되었다. 이러한 두 가지 경제개혁 조치는 우리 경제가 그만큼 역동적으로 변화하고 건강하게 성장했기 때문에 가능했다고 볼 때, 우리 경제가 이룩해낸 쾌거라고 아니할 수 없다. 어쨌든 이번 조치들은 지금까지 특권상인과 관영수공업에 의해 그 발전이 억제되어왔고, 고통받고 있던 소상인과 소상품생산자들에게 커다란 희망이 되고 있다. 이는 더 이상 상업과 수공업을 말업으로 천시하며 통제함으로써 이들의 발전을 가로막는 장애물은 더 이상 존재하지 않게 되었다는 것을 의미하며, 또한 지금까지 누리던 일부 소수 특권층이 누리던 경제발전의 성과들을 이제 다수가 누리게 됨을 의미하는 것이다.

한편 이러한 과감한 경제개혁 조치는 현실의 변화에 적극적으로 대처하고자 하는 개혁정치의 성과물이라고 할 수 있다. 또한 이러한 경제개혁은 국왕이 추진하고 있는 전체적인 개혁의 방향과 윤곽을 보여주는 것이라고 할 수 있다. 그것은 소수 특권자들이 독점적으로 향유하고 있던 자유와 권리를 모든 백성들로 확대하는 것이다. 따라서 이러한 개혁정치는 필연적으로 소수 특권층 즉 기득권을 누리고 있는 보수세력의 거센 반발에 부딪힐 것임을 쉽게 짐작할 수 있다. 따라서 앞으로 개혁의 성패는 어떻게 이러한 반개혁세력들을 극복해나갈 것인가에 달려 있다고 해도 과언이 아니다. 더군다나 그들 기득권세력들은 정치적으로도 물리적으로도 결코 무시할 수 없는 힘을 가지고 있기 때문에 더욱 그렇다.

그러나 구더기가 무섭다고 장을 담그지 않을 수는 없다. 국왕을 비롯한 개혁주체들에게 당부한다. 지금은 이러한 사소한 반발에 흔들림 없이 과감하게 개혁을 추진해나갈 수 있는 개혁주체들의 강력한 의지와 추진력이 그 어느 때보다 필요한 때이다. 지금의 개혁은 시대가 요청하는 역사적 과제이기 때문이다. 또한 개혁정치에 반기를 들고 있는 보수세력들에게 엄중 경고한다. 시대착오적인 저들의 특권은 결국 역사의 도도한 흐름 앞에서 분쇄되어 어질 것이며, 그것을 유지하기 위한 어떠한 반역사적인 책동도 필연적으로 백성들의 커다란 반발에 직면하게 될 것이라는 것.

---

## 그림마당
이은홍

---

### 신해통공 조치의 배경과 전망

## 이미 변화된 상업계 현실에 대한 추인
## 노론 세력 기반 와해의 정치적 의도 엿보여

시전의 특권인 금난전권을 혁파함으로써 자유상업을 보장한 이번 신해통공(辛亥通共)은 크게 보면, 우리의 상업발달 단계가 이미 과거와 같은 정부 통제를 유명무실하게 할 정도로 성장했다는 현실을 반영하는 것이다. 그러나 좀더 좁게 본다면 시전의 대상인들과 결탁해 있는 노론 정치세력과 그를 견제하려는 국왕 및 남인세력 사이의 대결구도가 비특권 상인들을 동원한 후자측의 승리로 귀결됐다는 것을 의미한다.

건국 이래 신분에 따른 직업질서로 사·농·공·상을 내세우고 상업과 수공업을 말업(末業)으로 치부해 온 것은 유교적 사회질서를 유지하기 위한 명분이었다. 즉, 실질적 부는 토지에서만 나오는 것이기 때문에 거래에 의해 발생하는 이윤은 인성을 타락시킬 우려가 농후한 것이고, 따라서 타락의 우려가 없는 국가가 상업이윤을 회수, 관리한다는 것이다. 정부가 시전과 민간인의 상업활동을 억제하는 정책으로 일관한 것은 이러한 배경에서였다.

그러나 오늘날 문제가 되고 있는 난전은 17세기에 들어오면서 더 이상 막을 수 없는 사회현상으로 자리잡아왔다. 농업 부문의 생산력은 비약적인 성장을 거듭했고 그 잉여생산물의 활발한 교환은 자연히 상업성장의 길을 닦아주었던 것이다.

사실 정부도 이 길에 동참해왔다. 화폐유통을 적극 장려한 것, 대동법 실시로 공인(貢人)이라는 상인층을 의도적으로 육성한 것, 무역을 일정하게 자유화시킨 것 등은 비록 국가재정상 필요에 의한 것이었지만 결과적으로 상업발달을 자극하는 것이었다. 그리고 정치세력들도 치열한 권력투쟁의 와중에서 물적 기반으로서 자금이 필요해졌고 필연적으로 정경유착에 기대게 됐다.

지난 시기 수많은 환국(換局) 사태에서 구속된 자들의 진술조서에 거의 예외 없이 특권상인들과 결탁한 부정부패가 등장하는 것이 이를 반증한다.

이번 신해통공 직전의 상업계를 솔직히 말한다면 금난전권은 애초의 목적인 상업의 국가적 통제라는 의미는 사실상 사라진 상태였고, 금난전권은 단지 특권 그 자체로서 부의 축적수단으로 전화된 상태였다. 도성 밖 한강변의 각 포구와 북부의 누원, 퇴계원 등은 이미 난전에 의해 장악됐고 도성 안에서도 난전은 더 이상 막을 수 없는 상태였다. 최근 이들 난전 중 일부가 기존 시전에 일정한 세를 내고 분점의 형태로 합법적 영업을 하고 있는 것도 이러한 사정을 말해주는 것에 다름 아니다.

그러나 이번 조치로 모든 상인이 평등하게 상행위를 할 수 있는 여건이 마련됐다고 보는 것은 너무 순진한 생각인 것 같다. 이미 형성된 거대자본을 중심으로 새로이 독점권이 형성될 것이라는 지적이 많다.

---

### 인물 소개    번암 채제공

## 둘째 가라면 서러워할 애국·애왕의 일편단심

1720년(숙종 46) 충청도 홍주 출생. 세살 때 실수로 어머니의 젖을 깨물어 상처를 낸 뒤 사흘 동안 슬피 울며 젖을 먹지 않은 일화가 전할 만큼 의리에 밝고 강직한 인물로 정평.

모친상을 당한 중에도 영조가 사도세자를 폐하려 한다는 말을 듣고는 상경하여 열흘 동안 궐문 앞에 부복, 세자 폐위의 부당성을 간언해 영조는 내심으로 그의 충성심에 감탄했다는 후문이 전한다. 정조 즉위 후 이러한 의리와 강직함을 인정받아 형·병조 판서, 창경궁 수궁대장, 규장각 제학 등 요직을 거치며 정조의 왕권강화책에 기여한 뒤 최근 우의정에 올랐다.

최근 천주교문제가 정가의 뜨거운 사안으로 떠오르자, 학문의 관점에서 천주교를 용인하려는 태도를 보이고 있다.

그러나 노론측에서는 그가 옳고 그름을 따지기보다는 일관되게 남인측의 견해만 대변하고 있다고 보고, 천주교문제도 그가 내심으로는 천주교에 반대하면서도 남인측 학자들이 연관돼 있다는 이유로 두둔하고 있다고 비난하고 있다.

---

### 취재 수첩

## 정조의 '채제공 카드'

정조가 우의정에 남인계 채제공을 발탁한 것은 정국 전체에, 특히 노론측에 충격적인 일로 받아들여지고 있다. 정조가 즉위 초부터 탕평책을 강력하게 추진해왔다고는 하지만, 주로 노론 내에서 정조의 정책에 찬동하는 세력들을 기반으로 하는 것이었기에 그에 대해 노론측도 드러내놓고 저항할 수는 없었다. 즉, 노론은 정조의 탕평책에 맞서 그에 영합하는 시파(時派)와 기존 당론을 고수하는 벽파(僻派)로 분립해왔지만 그들은 어차피 노론이라는 측면에서 어느 정도 동질성을 유지하고 있었던 것이다.

주지하다시피 남인세력의 정치노선은 왕권강화론이고 채제공 역시 이 노선에 충실해온 사람이다. 영조 대에 영조와 사도세자 사이가 파탄으로 치닫자, 온몸을 던져 이를 막아보려고 노력한 일은 당시 오히려 국왕 부자 사이의 불화를 조장하려는 듯한 태도를 보이던 노론측과 대비돼 선명한 인상을 남긴 바 있다. 그러한 채제공이기에 이번에 정조가 그를 발탁한 것은 탕평책의 연장선상에서 각파의 인재를 동원한다는 측면보다는 채제공의 왕권강화론을 적극 활용하여 정국에 반영하겠다는 의지가 담긴 것으로 보인다. 정조가 일전에 송나라의 신법개혁을 주도한 재상 왕안석을 언급하며, 우리 현실에도 그러한 재상이 필요하다고 자주 언급해온 점을 생각한다면 이번 채제공의 우의정 임명을 이해할 수 있는 것이다.

이번 조치가 비록 이전까지 있어왔던 환국(換局)과 같은 급격한 정변은 아니지만 노론측의 반발은 집요하고도 강력할 것으로 예상된다. 신해통공 발표 직전, 한성 시전에 물품이 동이 나 가격폭등이 일어난 것도 사실상 노론측의 채제공에 대한 공격으로 해석하는 이들이 많다. 또 일부 남인세력들 사이에 천주교가 전파되고 있고 또 채제공의 이에 대한 입장이 모호해 노론측에서 이를 물고늘어질 것이라는 전망도 나오고 있다.

정조는 이러한 상황에 맞서 신해통공으로 노론세력의 경제적 기반에 타격을 가하는 등 일단 강공책을 쓰고 있다. 결국 향후 정국은 정조가 남인세력을 체제에 흡수하여 노론을 포위공격하는 형세로 진행될 것으로 보인다. 그러나 노론세력이 이에 쉽게 굴복당할 것인지는 두고보아야 할 것 같다.

# 사도세자의 묘, 수원으로 옮겨

## 현륭원으로 명명 … 세간에 천도설 나돌아

**1789년** 국왕은 생부인 사도세자의 묘를 수원으로 옮기고 '현륭원'이라고 명명하였다. 이전에 금성위 박명원이 그의 상소에서 "사도세자가 묻힌 양주 배봉산은 길지가 아니어서 왕실 내외의 근심이 모두 그로부터 비롯된 일이니(세자를 얻지 못한 일을 이름) 이제라도 길지를 찾아 이장하는 것이 충이요, 효입니다"라고 말함으로써 공식적으로 이장이 논의되기 시작했다. 그후 이장 장소가 논의되어 오던 중 이번에 수원으로 결정된 것이다.

수원이 지목된 것은 표면상으로 '풍수지리상 최고의 명당'이라는 점이 거론되고 있는데, 실제로는 수도로서도 손색이 없을 만큼 적합한 지역이고 군사적으로도 중요한 요충지인 것이 고려된 것으로 보인다.

이를 두고 항간에는 "도읍을 옮길 뜻을 가지고 의도적으로 추진하고 있다"는 소문이 나돌고 있다. 한편 18만 냥쯤으로 예상되는 공사비용은 노론 벽파가 장악하고 있는 금위영과 어영청의 양 군영 경비에서 충당할 것으로 알려졌다.

## 사도세자 생전 기록 '현륭원행장' 반포

### 국왕 직접 지시 … 정가의 관심 집중

**1789년** 사도세자의 묘를 수원으로 이전함과 동시에 사도세자의 생전의 기록인 「현륭원행장」이 반포되어 정계의 관심이 집중되고 있다.

국왕이 직접 편찬한 「현륭원행장」은 그 반포 여부를 놓고 조정이 찬반 두 갈래로 나누어져 치열한 공방전이 이루어졌다. 남인인 채제공은 적극적인 찬성을 보이며 마땅히 반포할 때가 되었다고 주장한 반면, 노론 벽파인 김익은 신중하자는 핑계로 그 반포를 반대하였다.

이런 공방 속에서 국왕은 대신들에게 "「현륭원행장」을 지금 편찬하고자 하는데 차마 말할 수 없고 글로 쓸 수 없는 일(사도세자 폐사사건)이기 때문에 슬픔과 통분한 마음을 참으며 피눈물을 흘리며 편찬하니 한 자를 쓸 때마다 눈물을 흘리게 된다"며 비장한 결의 속에 행장의 반포를 강행하였다.

## 노론 벽파 견제하려는 왕권강화 의지

사도세자의 죽음은 그가 정치적으로 남인과 소론에 동조하여 이에 위협을 느낀 노론 벽파들의 음모에 의한 것이라고 모두들 생각하고 있지만 공식적으로는 그것을 아무도 입 밖에 내지 못할 형편이었다.

그런데 이번에 국왕이 부친의 묘를 옮기면서 그의 죽음에 관련된 기록을 펴내자, 정가에서는 이것이 단순히 부친에 대한 복권에서 더 나아가 국왕의 정치적 계산에서 나온 것으로 해석하고 있다. 국왕은 최근 일련의 개혁정국 속에서 노론측의 정치적 전횡을 견제하고자, 과거에 노론에 의해 정치적으로 희생된 사도세자를 문제삼고 있는 것으로 보인다.

이에 대해 남인 채제공의 우의정 기용으로 잔뜩 움츠러져 있는 노론측은 이번 조치가 그들의 위상을 더욱 위축시킬 것이라는 위기감으로 사태를 신중하게 주시하고 있다고 한다. 노론측에 대한 국왕의 견제는 사도세자능 공사비용을 노론 벽파들이 장악하고 있는 군문에서 조달한다는 조치에서도 단적으로 드러나고 있다. 이 조치는 몇해 전 장용위가 설치되면서 다른 군영들이 축소된 상황에서 더욱더 강도 높게 노론 벽파세력을 약화시키려는 의도가 아니겠느냐는 중론이다.

노론 벽파측의 한 관리는 "최근의 조치들은 지난번 사도세자의 존호를 '장헌'으로 가상한 것, 영빈 묘를 승격시키려고 한 것과 맥을 같이하는 것으로 사도세자 생전의 정치적 입장을 새롭게 조명하고 부각시켜 국왕의 정치적 입지를 강화하기 위한 것이라고 보여진다"며 그들 사이에 팽배한 위기의식의 일단을 토로하고 있다.

# 공장안 폐지

## 관영수공업 붕괴

### 관의 일률감독 한계 자유수공업자 증가

**1785년** 올해 조정에서는 서울의 관영수공업장에 소속된 장인(匠人)들의 실태를 기록한 장부를 폐지키로 결정했다. 이 장부는 공장들을 거주지별·등록지별로 구분하여 기록한 후, 공조와 그 소속관아 및 도·읍에 보관되어왔다. 이번의 '공장안' 폐지 결정은 관영수공업체계가 붕괴되어 더 이상 공장들을 관에서 일률적으로 파악할 수 없다는 상황판단에서 나온 것으로 보인다. 실제 공장의 역부담이 너무 과중해 역에서 빠진 사람들이 많이 늘고 있으며, 이들이 자유수공업자가 되어 관아의 공사에 임금을 받고 종사하는 일이 많다고 한다. 앞으로 지방의 관영수공업장에 소속된 외공장(外工匠)들의 장부도 폐지될 것이라고 한 관리가 귀띔한다.

---

**동행취재기**　**국왕의 능행**

# 국왕과 백성의 자유로운 만남의 장

## 밀려드는 백성들의 상언에 어가 발묶여 … 모두들 성군이라 칭송

정조는 어떤 임금도 잘 행하지 않던 능행을 수십 차례에 걸쳐서 실시하고 있다. 이전의 왕들은 왕실의 장례가 있을 때, 군사훈련을 목적으로 한 사냥, 특별히 선왕의 능을 참배할 경우 등을 제외하고는 궁성 밖을 나오는 경우가 드물었다. 이런 관례를 깨고 민정을 살피고 민의를 듣기 위해 궁 밖으로 나오기 시작한 것은 영조 때부터. 균역법을 검토하던 중 대신들과 의견이 맞지 않아 홍화문 밖에서 백성들을 만나 의견을 듣고 다시 들어가서 자신의 주장을 펼친 것은 유명한 일화이다 (본지 9호 참조). 하지만 그때에도 서울 도성안의 백성들만을 만난 것이었다. 하지만 현 국왕은 아예 도성 밖으로 나와 더 많은 백성들을 만나고 있다. 명목은 선왕들의 능을 참배한다는 것. 본지에서는 국왕의 현륭원 참배에 동행해서 능행의 과정과 목적들을 밀착 심층 취재하였다.

### "지나친 호위 하지 마라"

국왕을 호위하는 장용위 병사들이 위풍당당한 모습으로 궁궐을 나서기 시작했다. 장용위의 병사들 앞에는 국왕의 행차를 알리는 나팔소리가 요란하게 들려왔다. 국왕의 행렬이 남대문을 나서자, 백성들이 행렬의 좌우에 늘어서 있었다. 옛날처럼 주눅이 든 표정들이 아니다. 고개를 쳐들고 임금을 빤히 쳐다보는 이들도 많았다. 행렬 저만큼 안쪽에는 엿장수며 등짐장수, 봇짐장수들이 장사속을 채우고 있었다. 심지어 소리소리 질러 물건을 사라고 외치는 소리도 들려왔다. 40대 농부 김칠득씨는 "이렇게 자유롭게 임금의 행차를 볼 수 있게 된 것은 다 국왕 덕이지요. 국왕께서는 호위병들의 지나친 호위를 마다하고 또 고개를 땅에 처박지 않도록 백성들에게 지시했으니 말입니다. 국왕의 능행은 백성들에게 큰 구경거리"라고 말했다. 국왕은 백성들의 생기 넘치는 모습에 흡족해하는 표정을 지었다.

용산에 다다르니 거대한 주교(배로 만든 다리)가 한강을 가로지르고 있었다. 능행행렬이 주교를 건너니 깃발이 형형색색으로 현란했다. 강 이쪽과 저쪽은 이를 구경하는 사람들로 인산인해를 이루고 있었다. 마을 어귀에 사는 최말뚝씨는 다음의 이야기를 들려준다. "언젠가는 밤사이에 비바람이 많이 불어 주교가 온전하지 않자, 신하들은 모두 돌아갈 것을 청했는데, 국왕께서는 어가가 이미 출발한 것을 알고 기다리고 있는 사람들을 실망시킬 수 없다며 선창 수리를 지시했구먼. 그때 병사들뿐만 아니라 구경 나온 사람들까지 앞다투어 일을 해 강을 바로 건널 수 있었지. 이를 국왕께서 고마워하면서 그 보답으로 그 주변 두 고을에 환곡의 모곡을 면제하는 특별조치를 내렸다니까"

### 장관이룬 주교, 구경꾼 인산인해

이윽고 능행행렬은 한강을 다 건너가 노량진에 닿았다. 거기서 잠시 어가가 쉬었다. 그러자 백성들이 여기저기서 저마다 국왕에게 억울함을 읍소하였다. 심지어 전라도·경상도에서까지 올라도 토지를 빼앗긴 억울함을 호소하거나 시전 상인의 횡포를 고발했다. 국왕은 이들의 억울함을 한 건도 빠짐없이 처리하라고 지시했다. 한참을 지난 후에야 어가가 움직일 수 있었다.

과천고을을 지날 무렵, 국왕은 어가에서 내려 목이 마르다며 아낙들이 물긷는 샘으로 가 물을 마시며 백성의 고충을 직접 물었다. 물을 마신 다음 그 물맛을 칭찬하고 우물에 벼슬을 내렸다. 어가가 다시 움직이기 시작하는데 징소리가 울리면서 한 총각이 억울하게도 군역을 과중하게 진 경위를 아뢰었다. 이른바 격쟁이었다. 한참을 가다가 무덤을 화려하게 치장한 사대부의 가묘를 보고는 누구의 묘냐고 물어보곤 얼굴을 찌푸렸다. 마침내 현륭원에 도착해 장헌세자의 묘에 참배했다. 그리고는 수원 시내를 그윽한 눈길로 내려다보았다. 그런 다음 여기서 하룻밤 묵을 것을 명했다.

# 파리 민중 항쟁의 날, 7월 14일
# '파리 점령'
## "자유, 평등, 박애"
## 시민군 지도부 명령에
## 바스티유 감옥 습격

"인간은 자유롭고 평등하게 태어났으며 … 모든 주권의 근원은 본질적으로 인민에게 있고 … 모든 시민은 직접 또는 대표를 통하여 입법에 참여할 권리를 가진다"

파리 시내 바스티유 감옥 정문 앞 광장. 바스티유는 지금은 감옥, 그중에도 정치범을 수용하는 감옥으로 유명하지만 원래는 오랜 전통을 가진 위풍당당한 요새였다. 이곳에 족히 수천 명은 넘어 보이는 시민들이 이미 무장한 채 집결했다. 며칠 전, 국왕 루이 16세는 그나마 개혁적이던 재상 네케르를 쫓아냈고, 삼부회 농성을 해산하기 위해 시 외곽에서는 군대가 이동 중이라는 소문이 전 시내에 쫙 깔렸다. 제3신분의 희망 삼부회가 백척간두에 서게 된 것이다. 더 이상 망설일 게 무언가. 시민들은 상이군인회관과 무기상을 습격, 무기를 탈취했던 것이다.

동원된 시민들 중에는 음침한 뒷골목을 어슬렁거리던 부랑아들과 노동으로 하루하루 생계를 이어가는, 광대뼈가 튀어나오고 어깨는 축 처진 장년층들, 그리고 선술집에서 한잔 걸치다 나와 얼굴이 붉콰해진 놈팽이들이 다수였다. 얼굴만 봐서는 남잔지 여잔지 구별이 안되는 중년 여성들도 끼여 있었다. 깨끗한 옷차림의 상인들과 지식인들도 듬성듬성 끼여 있었으나 이들은 극소수.

그러나 시민군은 자연발생적으로 모여든 것이 아니다. 이미 봉기 지도부가 구성돼 있었고 그곳의 지령에 따라 대중들은 움직였다. 봉기 지도부는 주로 시내의 재력 있는 자들과 지식인들로 구성되었다. 어제는 지도부에서 병사들에게 돈을 뿌려 시민군으로 끌어들이려는 공작을 폈다는 소문이 파다했다. 지도부가 바스티유 감옥을 지목한 것은 이곳이 주로 정치범을 가두는 곳으로 절대왕정의 상징이었기 때문이다.

이윽고 시민군 대표는 백기를 들고 감옥에 접근, 사령관에게 무기를 시민군에게 양도하고 요새의 탑에서 대포를 제거할 것을 요구했다. 그러나 돌아온 대답은 총탄세례. 시민군을 향해 무차별 사격이 개시됐고 시민군들은 개미떼 흩어지듯 몸을 숨겼다. 여기저기 시체가 붉은 피로 땅을 적시며 나뒹구는 가운데 시민군은 지휘부의 지도에 따라 바스티유를 포위하고 대치했다. 이후 한동안 양측에서 치열한 총격전이 벌어졌으나 시민군측에서 1백여 명의 사상자를 낼 즈음 또다른 시민군들이 시 외곽 부대에서 대포를 탈취하여 가져와 성문을 포격, 박살냈다. 시민군들은 감옥으로 진격, 수비병들을 살해하고 감옥문을 열어젖혔다. 그러나 안타깝게도 그곳에 있던 건 잡범 7명뿐. 그래도 시민군들은 아랑곳하지 않고 절대왕정의 상징인 바스티유를 함락한 것에 광분하며 포로로 잡은 사령관 드 로네를 이끌고 시가로 행진해나갔다. 시청 앞 광장에 이른 군중들은 드 로네와 시민군을 속인 파리시장 플레셀을 공개처형하고 그들의 머리를 창 끝에 꿰어 내걸었다. 시민군을 이끌어온 바뵈프라는 자는 군중을 향해 "그동안 우리는 온갖 끔찍한 형벌을 다 당해왔다. 우리는 이제 그것을 그대로 위정자들에게 되돌려줄 것이다"라고 외쳤고 군중들은 광장이 떠나갈 듯 환호.

시청 게양대에 걸려 있던 흰바탕에 백합이 그려진 부르봉 왕가의 휘장은 내려지고, 파리의 상징색으로서 자유와 평등을 상징하는 청색과 적색 그리고 국왕의 색인 흰색이 나란히 배열된 삼색기가 게양됐다. 자유·평등·박애가 프랑스혁명의 이념으로 확정되는 순간이었다.

---

## 프랑스 대혁명, 어디로부터 왔으며 어디로 갈 것인가

파리 폭동, 지방으로 확산 농민 봉기로 연결돼
부르주아지들에게 권력 이전되었으나
전망은 '불투명'

민중이 봉기해서 파리를 접수했다는 사실은 무엇인가를 명백히 말해주고 있다. 이미 구체제는 그 수명을 다했다는 것이다.

실제로 프랑스의 봉건제는 이제 어디에서도 찾아보기 힘들다. 장원 단위에서 영주가 행정과 사법과 군사권을 행사하던 것은 이미 옛말이 됐다. 농노들은 도시로 탈출해버리고 영주들은 날로 어려워지는 생계를 위해 땅을 내다팔고 있다.

반면 근 1백여 년을 고속성장해 온 상공업은 현재 영국에 이어 세계 2위를 차지하고 있고 이 덕분에 공장주, 선박주, 은행가 같은 신종 부유층이 각광을 받고 있다. 기업이 거대화됨에 따라 개인 자본만으로는 운영이 버겁게 되자, 최근에는 여러 자본이 연합하는 새로운 방식도 출현하고 있다. 이른바 주식회사인데 파리 수도회사, 몽스니의 금속공장 등이 주식회사 방식으로 설립, 운영되고 있다. 이렇게 해서 부를 축적한 이들 부르주아지들은 누구보다 좋은 옷을 입고 맛있는 음식을 먹는다. 요즘에는 어여쁜 딸들을 위해 집에 피아노를 들여놓는 것이 유행이다.

그러나 이들의 사치도 국왕과 귀족들의 것에 비하면 검소한 편이다. 두 계급의 결정적 차이는 부르주아지들은 수입이 있어 사치하는 데 비해, 이들 국왕과 귀족들은 국고를 탕진하면서 소비한다는 데 있다. 특히 최근에는 미국 독립전쟁에 참전하면서 재정상태가 최악으로 치달았다. 루이 16세가 170년 동안 한번도 소집 안된 명목뿐인 삼부회를 소집한 것도 바로 이러한 재정고갈 상태를 신흥 부르주아지들로부터의 조세로 충당하기 위해서였다.

그러나 일단 삼부회에 소집된 부르주아지들은 그렇게 만만한 상대가 아니었다. 적반하장으로 그동안 면세특권을 누려온 귀족과 성직자 계급도 똑같이 조세부담을 지라는 것이었다. 그뿐 아니라 삼부회가 각 신분별로 3백 명 정원인 것은 인구비례에 비춰 부당하다며 제3신분 정원을 600명으로 할 것을 주장하는가 하면, 시민의 권리를 성문법으로 명시할 것을 요구했다. 우유부단한 루이 16세로서는 역으로 함정에 빠진 셈이 되자 결국 군대를 동원해 테니스

코트에서 농성하는 제3신분 대표들을 해산하려고 하였다.

최근 프랑스는 2년 동안 극심한 흉작이었고 이에 따라 곡가와 빵값이 폭등해 농민은 물론 도시 노동자들의 불만은 폭발 직전이었다. 더구나 제3신분 대표들은 파리 시내에 있어서만큼은 하층민들을 조직화해낼 능력을 가지고 있었다. 봉기의 조건은 이미 충족돼 있었던 것이다.

그런데 이 파리봉기가 지방으로 확산, 농민봉기로 연결된 것은 부르주아지들의 의도가 아니었을 뿐 아니라 그들마저 공포로 몰아넣고 있다. 파리의 하층민들도 언제까지 부르주아지들편이라고 장담할 수 없다. 권력은 부르주아지들에게 이전돼가고 있지만 그들이 전국적 봉기상황을 적절히 장악할 가능성은 적어 보인다. 더욱 불안한 것은 주변국들이 프랑스 혁명의 여파가 자국으로 확대될 것을 극도로 두려워하고 있다는 사실이다. 결국 부르주아지들은 이 모든 상황을 타개하기 위해 자신들이 그토록 증오했던 절대왕정의 전제적 통치방식에 점점 더 매력을 느껴가고 있다.

## 조선사회의 변화와 프랑스혁명

### 프랑스, 권력구조 신분질서 혁명적으로 바꿔
### 조선, 경제구조 신분질서 점진적으로 변해

프랑스혁명은 봉건사회가 일거에 무너져내린 충격적인 사건이다. 그러나 조선 사회도 도처에서 봉건사회가 해체되는 조짐이 보이고 있어 프랑스혁명이 결코 강건너 불만은 아니다. 프랑스혁명과 조선사회의 변화양상은 어떤 점에서 같고 어떤 점에서 다른지 각 분야별로 변화상을 비교해본다.

#### 권력구조

**프랑스** 혁명 전 프랑스는 절대왕정체제였다. 국왕이 방대한 관료조직을 통해 입법·사법·행정의 모든 권한을 장악하고 각 지방까지 직접 통치하였다. 그러나 혁명으로 절대왕정은 일거에 무너졌다. 혁명 초기에 입헌군주제가 채택되었으나 혁명이 진전됨에 따라 군주제가 폐기되고 공화정이 선포되었다. 그러나 권력형태는 아직 유동적이어서 향후 혁명의 진전 여하에 따라 결론이 날 전망이다.

**조선** 조선도 국왕을 정점으로 한 중앙집권국가다. 양반사대부들의 여론을 수렴하여 국왕이 통치하는 형식을 취하고 있지만 실질적인 권력은 사대부세력, 그 가운데서도 노론세력이 장악해가고 있다. 따라서 왕권과 신권이 권력을 확대하기 위해 서로 갈등하고 있다. 장차 사회모순이 격화되면 상·천민 가운데서도 권력장악을 위한 움직임이 예상되나, 조선사회에서 왕권 자체를 부정하는 일은 쉽지 않을 것이다.

#### 경제구조

**프랑스** 혁명 전 농민들은 영주에게 봉건지대를 부담하고 있었으나 혁명을 통해 이런 봉건적 제부담을 일거에 철폐하여 자유로운 독립자영농으로 성장하였다. 한편 혁명 전부터 농민층은 빈부로 나뉘어져 부유한 농민들은 자본가로 성장하여 공업발전을 이끌고 혁명을 선도함으로써 혁명 후 시민사회의 주체로 발전하고 있다. 반면 토지가 전혀 없는 가난한 농민들은 도시로 나가 노동자가 되었으며 소토지 소유농민은 혁명으로 자영농이 되었으나 소농경영을 계속하고 있다. 이들도 봉건제 철폐에는 동참했으나 혁명 이후 이들과 자본가는 이해관계가 달라 서로 대립할 전망이다.

**조선** 17세기 이래 농업생산이 늘어나면서 지주제가 발달, 지주들의 토지소유가 확대되는 반면 영세소농들이 점차 몰락하는 과정에 있으며, 대다수 소작농민들은 고율의 봉건지대를 부담하고 있다. 농민층 가운데 경영형부농층이 성장은 하고 있으나 고율의 봉건지대로 인해 성장에 큰 제약을 받고 있다. 이들이 봉건지대를 철폐하는 등의 사회변혁에 나서기에는 그 세가 아직 미약한 실정이다. 농업발전과 함께 민간상업이 발달하고 있으며 부유한 상인들이 수공업에 투자하여 분업과 협업체계를 갖춘 수공업이 발달하는 단계에 있다.

#### 신분질서

**프랑스** 성직자(제1신분)와 귀족(제2신분)들이 특권층을 형성, 온갖 봉건적 특권을 누리는 반면 세금은 면제되었으며 지주로서 농민들로부터 봉건지대를 수취하였다. 제 3신분에는 도시부르주아, 노동자, 농민이 속했는데 이들은 신분적 차별을 받았을 뿐만 아니라 국가에 대해 각종 직간접의 세금을 부담하였다. 그러나 프랑스는 혁명과 같은 비상한 사태를 통해 이러한 봉건적 신분질서와 특권을 일거에 폐지하였다.

**조선** 양반은 국가의 고위 관직을 독점하고 실질적으로 면역의 특권을 누린 반면, 상민은 농·공·상업에 종사하며 국가에 대해 각종 역을 지고, 노비들은 국가기관이나 개인에 소유되어 천역을 지고 있다. 그러나 조선에서는 부를 축적한 상·천민들이 양반으로 신분상승을 하여 인구의 절반 이상이 양반이다. 이런 추세는 더욱 확대될 전망인데, 조선의 신분제도는 이처럼 전반적인 신분의 상승화·동질화·등질화를 통해 유명무실화 되어가고 있다.

#### 변혁사상

**프랑스** 중세봉건사회의 모든 압제와 불평등, 종교적 속박을 철폐하고 모든 인간이 하늘로부터 타고난 천부의 자연권을 회복해야 한다는 것이 프랑스혁명의 이념이다. 이 자연권에 근거하여 모든 사람이 자유롭고 평등한 사회를 건설하는 것이 혁명의 목표였다. 그런 사회를 만들기 위해 인민들 상호간에 계약을 맺어 자신의 자유를 양도함으로써 사회 전체가 그에 의해 규율되는 일반의지에 복종할 것을 제안하고 있다. 이를 기반으로 주권재민과 대의정치가 주장되고 있다.

**조선** 조선사회를 지배하고 있는 사상은 주자학이다. 그러나 실학자들은 주자학에서 탈피하여 유교경전을 새롭게 연구함으로써, 수직적인 봉건사회를 수평적인 사회로 개혁하고자 노력하고 있다. 이들은 토지개혁을 통해 경제적 평등을 이룩할 것과 신분차별이 없는 수평적인 사회로 개혁할 것을 주장하고 있다.

---

◆조선 만화경 4

## 한 여름 낮의 꿈

이 바구

---

### 영국 명예혁명, 미국 독립선언, 프랑스 대혁명

## 한 시대의 종말 알리는 3대 혁명

### 부르주아지의 고난에 찬 투쟁과 승리

"국왕은 법의 집행을 정지시키지 못하며… 의회의 동의 없는 과세는 있을 수 없다"(1689년 영국 〈권리장전〉). "모든 인간은 평등하게 창조됐고, 생명·자유·행복추구라는 양보할 수 없는 권리를 부여받았으며… 정부 권한의 근원은 피치자의 동의이다"(1776년 미국 〈독립선언〉). "인간은 자유롭고 평등하게 태어났으며… 모든 주권의 근원은 본질적으로 인민에게 있고… 모든 시민은 직접 또는 대표를 통하여 입법에 참여할 권리를 가진다"(1789년 프랑스 〈인간과 시민의 권리선언〉).

이 세 문건에서 우리는 일관되게 흐르는 정신을 간파할 수 있다. 인간의 기본권 주장과 국왕권의 제한이 그것이다. 즉 신분제를 폐지하고 정치권력의 주체를 국왕에서 일반 인민으로 확장하는 것이다.

영국과 미국과 프랑스에서 순차적으로 이러한 봉건제 타파운동의 횃불이 타오른 배경은 무엇일까? 나라마다 차이가 있기는 하지만 공통되는 것은 산업의 혁명적 변화와 그를 주도하는 부르주아지라는 신흥계급의 성장으로 요약된다. 영국의 경우 이미 자급자족적 장원경제는 해체될대로 해체된 상태에서 공업과 상업 부문이 경제는 물론 정치를 좌우하기에 이르렀다. 미국의 경우도 상황은 마찬가지였다. 미국의 신흥 부르주아지들에게 있어 식민지 모국 영국의 조세 강요는 무엇보다도 경제적으로 참을 수 없는 것이었다. 프랑스 부르주아지들에게 루이 16세는 조세 강탈자 이상의 의미를 지니지 못했다. 결국 봉건적 제반 관계와 제도는 이들 부르주아지들의 보다 자유로운 경제활동에 심각한 걸림돌이 되었고 갈등은 필연적이었다.

한편 부르주아지들의 이해를 대변하는 새로운 사상 사조가 일찍부터 유럽의 지면 밑에서 꿈틀대왔다는 것을 잊어서는 안된다. 16세기 초 토마스 모어가 「유토피아」를 쓴 것은 역설적으로 기존 사회가 그에게 지옥이었기 때문이다. 최근 루소가 "자연으로 돌아가자"고 외쳤을 때 그것은 국왕과 신민 사이의 주종관계를 청산하자는 말이었다. 또 그는 왜 「인간 불평등 기원론」을 썼는가? 평등한 사회를 꿈꾸었기 때문이다.

그러나 진짜 자연 상태의 만인 평등 세상이 올 것이냐고 묻는다면 우리는 "천만의 말씀"이라고 말할 수밖에 없다. 검은 연기로 뒤덮인 리버풀 공장지대의 햇빛 한줌 안 드는 침침한 공장 안에서 열네 살짜리 소년들은 여전히 강제노동에 시달릴 것이다. 미국에서는 오히려 역사가 거꾸로 가려는지 노예제도가 각광을 받고 있다. 오늘 바스티유에서 피흘려 투쟁하던 프랑스 노동자들과 빈민들은 내일도 여전히 냄새나는 뒷골목에서 어슬렁거려야 할 것이다. 물론 선거권 같은 것은 꿈도 꿀 수 없다. 요컨대 부르주아지의 자유와 부르주아지의 평등인 것이다.

## 양반 허식 질타한 북학론자

세상에 이런 선비도 있다. 며칠씩 세수도 안하고 망건도 쓰지 않는다. 손님이 와도 아무 말 없이 대좌만 하는가 하면, 술이 있으면 취하여 졸다가 책보고 책보다가는 졸고, 그러다가 내처 진종일 자기도 한다. 때때로 밖에 나가 길가는 장사치를 붙들고 세상사를 토론하는가 하면, 한가하게 다리 부러진 어린 까치에게 밥알을 던져주면서 친구처럼 사귀어 서로 장난도 한다. 엄연한 양반 사대부의 모습이라고는 좀처럼 상상하기 힘든 이 천의무봉한 모습, 어느 여름철 박지원의 서울생활이다.

박지원은 이처럼 형식에 얽매이지 않고 자유롭고 분방하게 살면서 양반들의 허례와 고루함을 기탄없이 질타하고 있다. 그는 손끝에 물 한방울 묻히지 않고 허송세월하면서도 땀흘려 일하는 자를 멸시하는 양반들의 허식을 통렬하게 풍자함으로써, 과연 우리 시대가 지향해야 할 인간상은 어떤 것인가를 깊이 생각케 한다. 이런 비판정신으로 그는 현실을 풍요롭게 하고자 하는 데로 눈을 돌리고 있다.

그래서 주장하는 것이 북학론이다. 우리가 정말로 부강하고자 한다면 청나라가 오랑캐라는 고루한 생각에만 매달리지 말고 그들의 우수한 문물을 인정하고 과감히 도입하자는 것. 요컨대 조선의 자아와 주체성을 확립하는 데 눈뜨자는 것이 그의 주장의 골자다. 중국 천지를 돌아보고 와서 쓴 「열하일기」는 그의 이런 생각을 그답게 자유분방한 형식과 문체로 꾹꾹 눌러담은 것이어서 조선 지성계에 큰 반향을 일으키고 있다. 또 그는 다른 실학자들과 마찬가지로 백성들의 생활을 안정시키기 위해 토지제도의 개혁이 필요함도 역설하고 있다.

노론 출신의 그였지만 노론 대신 홍국영에게 반대당으로 지목돼 한때 황해도 금천의 연암협에 은거하며 곤궁하게 지냈다. 그러나 홍대용·박제가·이서구·유득공·이덕무 같은 당대의 재사들과 흉금을 털어놓을 수 있는 그의 마음은 누구보다 부자다.

본관은 반남. 1737년생. 50이 넘어 벼슬길에 나가 안의현감을 지냄. 저서로 「열하일기」, 「연암집」이 있다.

## "천주교 서적 수입 마라"

### 학문 발전 막는 조치 … 실효성에는 의문
### 안정복, 「천학문답」에서 천주교 이단성 밝혀

**1791년** 최근 학자층뿐 아니라 일반백성들 사이에서까지 천주교에 대한 관심이 높아지면서 그와 관련된 서적들이 국내에 나돌자 조정에서는 이를 엄단할 방침이다.

그동안 국내에 들어온 천주교 관련 책자로는 「천주실의」를 비롯하여 「기인십편(畸人十篇)」, 「성교실록(聖敎實錄)」, 「변학유독(辯學遺牘)」 등 다수이다. 그러나 이미 이 서적들은 많은 학자들이 서가에 꽂아놓고 탐독할 정도여서 이번 조치가 얼마나 효력이 있을지 의문이다. 천주교 서적에 관심을 가지고 있는 한 학자는 「제가 이런 서적을 읽는다 해서 천주교 자체를 인정하고 수용하는 것은 아닙니다. 다만 서양의 학문과 과학이 어떤 정신세계에서 나왔는가를 보려고 하는 것이지요. 물론 이런 서적을 읽고서 천주교를 신봉해 세례도 받고 미사에도 참석하는 이들이 있는 것은 사실이지만, 반면에 책을 읽은 후 천주교를 비판하는 글을 썼던 사람도 있지요. 서적 수입을 금하는 조치는 학계의 발전을 막는 것이라 생각됩니다」라고 말하기도 한다.

실제 안정복 같은 이는 많은 천주교 관계 서적을 읽은 후 「천학문답」이라는 책을 펴내 31개 항목에 걸쳐 조목조목 따져가며 천주학이 이단임을 밝혀놓기도 했다.

## 학문연구, 서적출판 활기 … 문예부흥기 도래

### 우리문화에 대한 자부심 충만, 금속활자 등 발달된 인쇄술도 한몫

규장각이 궁중도서관 겸 학술연구기관으로 그 기능이 강화된 이후 학문연구와 서적출판이 활기를 띠고 있어 자못 조선의 문예부흥을 실감케 하고 있다. 지금 규장각에서는 조선문화를 정리하는 각종 서적이 쏟아져 나오고 있는데, 이는 정조의 정치철학에서부터 경학·역사·군사·지리·음악에 이르기까지 다방면에 걸친 것이다.

이밖에 그림에서도 지금까지 중국 산수화를 모방하여 그리던 풍에서 벗어나 우리 자연과 풍속을 담아내는 화풍이 크게 일고 있고, 글씨도

중국식의 글씨체를 탈피하여 독자적인 글씨체를 확립하고 있다. 이처럼 학술적으로 조선문화 전반에 걸친 정리작업이 활발하게 이루어지고, 그림과 글씨에서까지 조선의 독자적인 화풍이 일어나는 것은 우리 문화에 대한 자부심이 그만큼 커진 것을 반영한 것이라는 게 관계자들의 일치된 지적이다.

또 이처럼 다양한 서적이 출판되면서 금속활자 등 인쇄기술 또한 크게 발달하고 있다. 금속활자는 짧은 시간 내에 많은 책을 인쇄하는 데 이용되고 있으며 목판활자는 후세에

길이 전하여야 할 귀중본을 인쇄하는 데 긴요하게 쓰이고 있다.

| 정조 대 출판된 분야별 대표 서적 | |
|---|---|
| 정조의 문집 통치관련 | 「홍재전서」, 「일성록」, 「명의록」과 그 언해본, 각종 윤음 |
| 유교경전 정리 | 「삼경사서정문」, 「오경백선」, 「사기영선」 |
| 사회체제정비 | 「오륜행실도」, 「국조보감」 |
| 조선문헌정리 | 「증보문헌비고」 |
| 토목·건축 | 「화성성역의궤」 |

### 미술평론의 거두 강세황 타계

문인화풍 정착과
진경산수
발전에 기여

**1791년** 문인 서화가이자 동시에 미술평론가였던 표암 강세황이 79세의 나이로 유명을 달리했다.

시·서·화 모두에 능해 삼절(三絶)로 불리워졌다. 남달리 높은 식견과 안목을 갖춘 사대부 화가로서 스스로 그림제작과 평론활동을 통해 당시 미술계에서는 '예원의 총수'로 중추적인 구실을 해왔다. 특히 한국적인 남종문인화풍의 정착에 크게

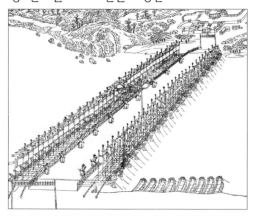

기여하였으며 진경산수의 발전과 풍속화·인물화의 발전, 새로운 서양 화법의 수용에도 많은 업적을 남겼다. 김홍도도 그의 수하에서 그림을 배웠다. 특히 김홍도라는 인물이 풍속화로 성장할 수 있기 까지는 그의 조력이 컸다고 한다. 8세에 시를 짓고 13, 14세에 그가 쓴 글씨를 얻어다 병풍을 만든 사람이 있을 정도로 일찍부터 뛰어난 재능을 보였으나,

가난 때문에 안산에 내려가 학문과 그림에 전념하며 살았다고 한다. 뒤늦게 영조의 배려로 60세에 처음으로 벼슬길에 올라 66세에 문신정시에 수석합격하는 노익장을 과시하기도 했다.

72세 때에는 사신단 일행으로 북경을 다녀왔고 76세 때에는 금강산을 유람한 후 기행문과 그림을 남기기도 했다.

## 한강에 주교 가설

많은 사람들 한꺼번에 강 건널 수 있게
강 전체를 배로 연결 '장관 이뤄'

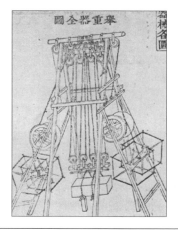

**1790년** 국왕이 사도세자의 무덤을 양주에서 수원으로 이장한 후, 이를 방문하는 데 사용하기 위해 배를 이어 만든 다리(주교)를 가설하도록 지시했다.

처음에는 한강 양쪽에 선창을 만들어 배 3~4척을 묶어 이를 타고 강을 건너기도 했지만 많은 일행이 한꺼번에 움직이는 데는 큰 불편이 있었다. 그래서 강 전체를 배로 연결해 건널 수 있도록 주교를 가설한 것이다.

강 중앙에 큰 배를, 강 양변에는 작은 배를 띄워 서로를 단단히 묶고 그 위에 판목을 깔아 다리를 놓는다. 강 중앙에 큰 배를 놓는 것은 다리가 강 한가운데에서 무게를 가장 많이 받기 때문이다. 주교의 규모는 대체로 길이가 1천8백척(尺) 내외이고 높이는 다리의 중앙부분이 12척(尺) 가량, 길의 너비는 대체로 24척(尺)이다.

주교는 보통 춘행(春幸)과 추행(秋幸)에 따라 음력 1, 2월과 8월에 가설된다. 대개는 춘행이 많아 주교 가설에 동원되는 주교선들은 한강에서 겨울을 지내고 주교의 역을 1, 2월에 마친 다음에 각 조운에 종사하게 된다. 주교는 이미 고려 때부터 만들어져왔다.

## 정약용, 거중기 발명 "큰 공사에 유용하게 쓰일 듯"

**1792년** 역학적인 원리를 이용하여 무거운 물체를 쉽게 들어올리는 데 사용하는 기계를 정약용이 발명하였다. 그는 「기중도설」에 그림과 함께 이 기계에 대해 설명하고 있는데 기본원리는 도르래를 이용하여 물체를 들어올리는 것이라 한다. 이미 삼국시대부터 절에서 당간에 깃발을 달 때 사용했던 활차나 녹로의 원리를 이용해 거기에 자신의 창의적인 설계를 보태 이 기계를 만들었다고 한다.

그 구조는 먼저 들어올리려는 물체를 상하 각각 4개씩 8개의 이동활차에 걸고, 그것을 다시 8개의 고정 활차에 연결한다. 그러고나서 그것을 좌우 양쪽의 큰 활차에 걸어서 녹로의 틀에 감기게 하는 것이라 한다. 물체를 들어올릴 때에는 사람이 좌우에서 녹로의 틀을 같은 속도로 돌리면 되는 것이다. 들어올릴 수 있는 물체의 한계 무게는 대략 1만 2천 근까지인데 좌우에서 장정 15명이 녹로를 돌린다고 한다.

이 기계는 앞으로 큰 공사를 할 때 유용하게 쓰일 것으로 예상된다.

# 역사신문

## "민의 목소리 커졌다"

### 상언(上言)·격쟁(擊錚) 급증
### 정부의 대민접촉정책이 물꼬 터

최근 일반 백성이 국왕에게 직접 호소하는 제도인 상언(문서를 통한 호소)과 격쟁(왕 행차 때 징을 울리고 직접 나가 호소)을 통한 민원해결 요구가 폭발적으로 증가하고 있는 것으로 발표됐다. 상언은 주로 양반층에서, 격쟁은 상대적으로 평민층에서 애용하는 방법으로 드러났으며, 호소하는 내용은 조상의 학행이나 공덕에 대한 포상을 요구하는 것이 가장 많다. 그 다음이 토지 및 조세 관계 민원과 억울한 처벌에 대한 호소, 그리고 묘지와 관련된 송사와, 후사가 없어 양자를 들이는 것과 관련된 호소도 상당수에 이르고 있다. 더구나 백성들의 의식 수준이 향상돼 예전과는 달리 앞에 나서서 자기 주장을 당당히 펴는 신시대적 경향성을 보이고 있는 것으로 분석되고 있다.

이러한 현상이 나타난 것은 백성들의 고충 사항이 많아진 데 근본원인이 있지만 정부의 적극적인 대민접촉정책이 그 물꼬를 텄다는 분석이다. 정조가 정치권에 대해서는 정쟁의 잡음을 없애기 위한 강경 탕평책을 쓰는 한편, 그동안 사림에 국한돼 있던 여론수렴 범위를 일반 백성으로 확대하는 과감한 결단을 내린 것이 상언·격쟁 폭주를 조장했다는 것이다.

그러나 최근에 들어 상언·격쟁 통계수치가 감소하는 경향을 보이고 있어 눈길을 끈다. 이는 백성들의 민원이 줄어서가 아니라 날이 갈수록 백성들의 민원이 저항적 성격을 더해가자, 정부 관리들이 음으로 양으로 상언·격쟁을 억제하고 있다는 후문이다. 일단 열린 백성들의 입을 막을 때 어떤 사태가 벌어질지 우려하는 이들이 많다.

관련기사 3면

## "노론 벽파 완전 축출"

### 채제공, 영의정 취임 일성, '정국 파란'

#### 사도세자 죽음의 원인 밝힌 선왕 영조의 금등 공개

**1793년(정조 17)** 지난번 금난전권의 폐지, 즉 소위 신해통공 조치를 전격적으로 실시해 노론 벽파의 경제적 기반에 타격을 안긴 바 있는 채제공이, 이번에 영의정에 임명되면서 노론 벽파의 완전 축출을 주장함으로써 정국에 파란이 일고 있다.

채제공은 신해통공 조치 이후 노론 벽파들의 노골적인 비난과 탄핵을 받았고, 그들을 피해 국왕의 배려로 수원 행궁 축성의 임무를 띠고 화성(수원) 유수에 임명돼 수원에 내려가 있었다.

그러나 노론 벽파는 이 동안에도 서학을 빌미로 채제공에 대한 지속적인 정치적 공격을 가해왔었다.

이에 채제공은 이번에 국왕의 영의정 임명 교지를 받은 것을 계기로 수원성에서 사도세자에 대한 추모제를 올린 뒤 선왕 영조의 금등 공개를 거론하며, 사도세자의 원수들을 남김없이 축출할 것을 주장하는 상소를 올려 노론에 대한 정면 공세의 자세를 취했다.

금등은 국왕의 비밀문서를 보관하는 함으로 그 안의 문서는 선왕 영조가 1764년 채제공을 독대하고 사도세자를 죽인 것은 노론 벽파들에 의한 모함에서 비롯됐다고 말한 것을 기록한 내용이라는 것이다.

이 문서가 진짜인가에 관한 논의는 별도로 하더라도 이것의 공개를 주장한 채제공의 의도는 줄곧 국왕의 개혁정치에 대해 반감을 표시하고 반대를 계속해온 노론 벽파들을 궁지에 몰아넣기 위한 것이라고 보여진다.

관련기사 2면

## 정조, 문체반정 … "고문체로 돌아가라"

### 패관소품체 문체 사용 금지 지시 … 학계에 충격
### 서학으로 수세에 몰린 국왕의 정국 반전 노력인 듯

**1792년(정조 16)** 국왕 정조는 청으로부터의 패관잡서 수입을 일체 금지할 것을 지시하는 한편 성균관의 시험 답안지를 검사, 이른바 패관소품체로 쓴 답안은 철저히 가려내 과거응시자격을 박탈하라는 지시를 내려 파문이 일고 있다. 이번 조치는 수년 전부터 정조가 요즘 유행하는 문체에 대해 문제를 지적해온 연장선상에 있는 것이기는 하지만 그 조치가 워낙 과격해 정가에서는 이를 문체반정(文體反正:문체의 잘못을 바로잡는 조치)이라고 부르고 있다.

이에 따라 성균관 유생 이옥과 규장각 위탁교육생 남공철이 시범 케이스로 걸려 처벌받았다. 아울러 김조순, 이상황, 심상규 등 문신들도 심사에 적발돼 순수 고문체로 반성문을 써 올리라는 견책 처분을 받는 등 문체반정의 칼날이 정가를 얼어붙게 하고 있다. 곧이어 요즘 독서가를 휘어잡고 있는 「열하일기」를 쓴 박지원에 대해서도 문체반정의 칼날이 미치리라는 전망이 유력하다.

정조는 이들 문체가 선비들을 타락시키고 문풍을 경박하게 만들고 있다고 보고 이러한 문체를 쓰지 못하게 하는 대신, 시경·서경·주역 등 유교경전의 고문체로 돌아가야 한다는 입장이다.

아울러 "서학이 학문적으로 잘못된 것이라면 패관소품체는 문학적으로 잘못된 것으로서 결국 이 양자는 같은 것"이라며, 패관소품체를 서학과 동일시하는 시각을 드러내고 있다. 따라서 이번 문체반정은 노론을 공격하기 위한 정치공세의 성격을 띠고 있다는 지적을 받고 있다.

관련기사 2면

## 수원성, 2년여만에 완공

### 신공법 총동원 … 정조의 치적으로 남을 대공사

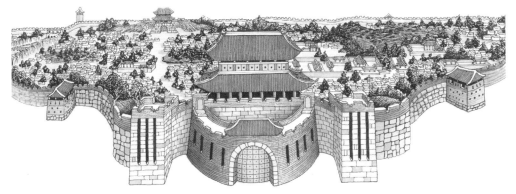

**1796년(정조 20) 8월** 수원에서 국왕을 비롯한 대소 대신들이 대거 참석한 가운데 수원성 준공식이 성대하게 열렸다.

1794년 2월 채제공의 지휘 아래 성을 쌓기 시작, 실로 2년 6개월이라는 사상 유례 없는 짧은 공사기간으로 이처럼 엄청난 규모의 성을 쌓은 것은 기적이라고 받아들여지고 있다.

한편 공사 책임자인 채제공은 공사기간을 대폭 단축할 수 있었던 이유에 대해 "이번 공사가 돌과 벽돌을 섞어 사용한 과감한 공법과 녹로, 거중기 등의 과학기기가 총동원되는 등 새로운 성곽 공법이 동원됐기 때문"이라고 밝혔다.

이번에 완공된 수원 성곽은 지금까지의 성곽처럼 피난처로서의 산성과 거주를 위한 읍성이 분리돼 있는 것이 아니라, 산성은 쌓지 않고 일반 주민들이 거주하는 읍성에 대대적인 방어시설과 건물을 설치했다는 것이 특징이다. 이에 대해 남인측 일부에서는 수원성은 단순한 성곽이 아니라 수도 천도를 위한 것이라는 전망을 내놓고 있기도 하다.

그러나 정가의 대체적인 여론은 정조가 아버지 사도세자 능이 있는 곳을 개발함으로써, 의리 논쟁에 종지부를 찍겠다는 일정한 정치적 의도와 그동안 구축해온 국왕권 강화의 과시라는 측면이 어우러져 이루어진 작품이라는 평이 일반적이다.

관련기사 4면

# 역사신문

## 서학을 정쟁에 이용하지 말라

### 개혁 위해 허심탄회한 토론 필요

천주교도들이 우리의 전통적 생활관습인 제사를 완전 무시, 거부하는 행태를 보여 전국이 술렁이고 있다. 아마도 많은 이들이 충격을 받고 천주교에 대한 반감을 가지게 됐을 것으로 보인다. 조상에 제사를 지낸다고 시간이나 비용이 많이 들어 사회문제가 된 바도 없을뿐더러 우리의 정신생활에 무슨 해악을 끼치고 있다는 얘기도 들어본 바 없기 때문이다. 천주교도들이 제사를 반대하는 것은 단지 "주 하나님 이외에 다른 신을 섬기지 말라"는 그들 교리에 어긋나기 때문이다. 따라서 정부관리나 유학자들이 이러한 천주교가 사회 저변에 전파되는 것에 대해 우려를 표하고 단속하는 것은 충분히 이해할 수 있는 일이다.

문제는 노론 벽파세력이 이러한 천주교를 빌미로 탄압의 촉수를 남인세력에게까지 뻗치는 데 있다. 이는 실로 우려할 만한 사태다. 물론 남인세력 중 일부에서 천주교에 귀의한 자들이 있음은 주지의 사실이다.

그러나 사태의 핵심이 천주교에 있다면 탄압대상도 천주교도에 그치는 것이 순리다. 이를 확대해서 남인세력 전체에 대한 정치투쟁으로 비화시키는 것은 그 목적이 딴 데 있다는 의혹을 불러일으키기에 충분하다. 노론 벽파들은 자신들이 정조의 개혁정치 아래서 소외된 데 대한 분풀이나 권좌에의 재기를 위한 발판으로 천주교를 악용하지 말아야 할 것이다.

한편 천주교에 귀의한 남인 일부에게도 또다른 각도에서 책임을 묻지 않을 수 없다. 우리는 그들이 천주교 자체보다는 선교사들이 말하는 '인간 평등' 사상이나 그들의 뛰어난 과학기술에 대해 관심이 있다는 것을 잘 알고 있다. 그러나 그들은 이러한 서양의 문물과 천주교를 구분하지 못하는 오류를 범하고 있다. 바로 얼마 전까지만 해도 서양에서는 그러한 것들이 천주교와 상극을 이루고 있었고, 수많은 사상가와 과학자들이 천주교의 이단재판에 회부돼 목숨을 잃은 것을 그들은 아는지 모르겠다. 그리고 지금 이 순간에도 서양에서 천주교는 진보보다는 보수의 편에 서 있다.

현재 우리 사회는 내외적으로 숱한 진통을 겪고 있고 각계에서 개혁의 대안을 만들어내기 위해 다양한 시도를 하고 있다. 그중에 하나로서 서양 문물의 수입이 거론될 수 있다는 것이 우리의 생각이다. 그렇다면 노론을 중심으로 한 기득권세력은 이에 대해 개방적인 생각을 가져 일단 토론의 의제로 받아들여야 한다. 그리고 남인을 중심으로 한 자칭 개혁세력은 서양 것이면 물불 안가리고 무조건 받아들이는 자세를 버리고 그 알맹이만을 가려 취하는 혜안을 가져야 할 것이다.

## 그림마당
이은홍

## 인터뷰  정조, '재위 24년을 돌아본다'

### 왕권강화로 국풍 일으키며 세기말 장식 …개혁정치 지속여부가 숙제

**재위 20년을 맞으신 소감은.**

여러 대신들의 충심어린 보필 덕분에 큰 잘못 없이 지내왔습니다. 무엇보다도 당쟁의 불길을 잡은 탕평책의 성과에 대해 자랑스럽게 생각하고, 백성들의 어려움을 덜어주기 위해 상업활동의 자유를 허용해준 신해통공, 관직 임용에 서얼들이 차별받지 않도록 한 서얼통청, 억울한 일을 국왕에게 직접 상소할 수 있게 한 상언과 격쟁 허용 등도 어느 정도 성과를 거두었습니다.

**문화 분야에서도 좋은 평가가 있는 것으로 알고 있습니다만.**

문물정비 차원에서 문헌 간행이 많았고요. 우리 문화에 대한 자신감이 생기다보니 그림에서 진경산수의 국화풍, 글씨에서 동국진체의 국서풍 등 국풍이 진작되고 있습니다.

**사실 즉위하실 당시는 처지가 미묘했었는데 …**

분명히 말하지만 제 부친 사도세자는 억울하게 돌아가셨습니다. 저는 사악한 마음을 먹은 대신들이 영조의 눈과 마음을 흐리게 하여 그릇된 판단을 하도록 유도했다고 생각합니다. 제가 즉위하자마자 강력하게 탕평책을 편 것도 이러한 어처구니없는 잘못이 더 이상 되풀이된다면 나라가 진정으로 위태로워질 거라는 생각에서였습니다.

**탕평책이 성공할 수 있었던 비결은 무엇입니까.**

우선 저 자신이 어느 당파로부터도 자유로울 수 있는 처지였습니다. 그동안 당쟁적 사고를 가진 자들은 일체 배제하고 관직 임용 기준은 당파가 아니라 개혁적 성향에 두어왔습니다.

**그러나 남인계로 치우치셨다는 말도 있는데 …**

채제공을 중용한 것을 두고 하는 말인 것 같군요. 그러나 제가 특채한 규장각 검서관 4인방 박제가, 유득공 등이 모두 노론측 자제들입니다. 또 내가 일부 남인들의 영향을 받아 천주교에 대해 관용적이라고 말이 많은 것으로 알고 있습니다만 서학이 정학(正學)이 아니라면 자연히 도태될 것인즉, 두려워할 것이 없다는 게 제 생각입니다.

**국왕 재위기간 동안 왕권은 강화된 반면, 신권(臣權) 즉 사림의 여론을 국정에 반영해온 전통은 약해졌다는 평이 있습니다.**

사림의 여론이라고 말하지만 사실 지난 백여 년간 사림은 권력다툼밖에 더 했습니까. 우리가 바라는 사회는 대다수 백성이 넉넉하고 편안하게 사는 세상입니다. 저는 오히려 민가로 직접 나가서 백성들의 여론을 많이 들었습니다. 그리고 나에게 직접 호소하는 상언과 격쟁도 대폭 허용했구요.

**지난 20년 동안 백성들의 삶이 많이 좋아졌다고 보십니까.**

최소한 방향은 잡아냈다고 생각합니다. 사대부들은 내가 말하는 옛 주나라 때와 같은 태평성대는 불가능하다고 자꾸 말하는데, 물론 그 시대로 돌아갈 수 없겠지요. 하지만 이상을 향해 꾸준히 다가가려고 노력하는 자세가 중요하다고 봅니다.

**정책결정이 국왕 한 분께 집중되다보니 정책의 장기적 연속성을 불안해하는 측도 있습니다.**

다음 국왕이 내 정책을 뒤집어버릴 수도 있다는 말이지요? 만약 그렇게 된다면 나라의 불행이지요. 그런 일이 없도록 우리 모두 노력해야겠습니다.

## 때아닌 반성문 바람 몰고온 '문체반정'

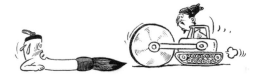

## 노론 벽파의 서학비판에 맞대응 … 탕평에 희생된 학문자유

국왕의 이번 문체반정 조치는 언뜻 보면 타락한 명 · 청대의 문체를 일소하고 순수한 6경 고문들의 문체로 되돌아가자는 것이다. 이는 최근 서학을 필두로 청을 통해 급속하게 밀려들어오는 새로운 사조들에 대해 정조가 우리 문화의 정체성 수호 차원에서 문제의식을 느끼고 다소 보수적인 대응책을 내놓은 것이라고 볼 수 있다. 그러나 현재의 긴박한 정치적 상황은 이러한 순진한 해석을 용납하지 않는다.

우선 문체반정의 대상이 주로 노론 벽파에 집중되고 있음을 주목해야 한다. 노론은 지난 숙종 대 이래 뿌리 깊은 기득권 세력이고, 이른바 신권(臣權) 강화론을 정치노선으로 삼아 국왕권과 마찰을 빚어온 세력이다. 정조가 즉위와 함께 강경한 탕평책을 들고나온 것도 바로 이들을 견제하기 위해서였다. 따라서 최근 노론 벽파가 정조가 탕평 차원에서 등용한 남인계 인사들의 천주교 신앙 전력을 문제로 들고 나온 것은 사실상 이러한 노론 견제의 탕평을 펴는 정조에 대한 반격이었던 것이다.

이렇게 천주교, 즉 서학 문제가 파장을 일으키는 것을 방치할 수 없다고 본 정조가 노론에 대한 재반격 카드로 빼낸 것이 바로 노론 명문가 자제들 사이에서 유행하고 있는 패관소품체였던 것이다. 서학을 물고늘어진다면 패관소품 문제를 같이 걸고넘어지겠다는 얘기다.

그러나 정조의 정치적 의도에 관계없이 문체반정이 학문 전반에 가져올 여파는 심각할 수 있다. 노론 벽파 이서구가 "계절이 바뀌면 사물(事物)이 변하듯 시대가 바뀌면 문체가 바뀌는 것이 상식"이라며 반발한 것은 정파를 떠나 정조의 약점을 찌른 것이다. 그리고 이서구의 말에서 '문체'를 '학문'으로 바꾼다면 이 말은 서학을 물고늘어지는 노론 벽파 자신들에게도 아픈 지적이다. 다만 아무도 아파하지 않는다는 것이 문제다.

### 패관소품체란?

패관체와 소품체 문장을 함께 일컫는 말. 패관이란 원래 옛 한나라에서 민간 풍속을 수집하는 임시직 사관(史官)을 가리킨다. 소품은 소설의 뜻. 민간풍속을 담은 전설이나 신화는 묘사가 생생하고 재미는 있어도 유학자들의 품격 높은 문장과는 거리가 멀어 패관체란 곧 품격이 떨어지는 천박스런 산문을 뜻해왔다. 근래 청에서 유행하는 「수호전」, 「삼국지연의」 같은 소품(소설)들이 모두 정통 유학 문체와는 거리가 먼 패관체 작품들이다. 우리의 경우 박지원의 「열하일기」가 이에 해당되는 대표적 작품.

### 취재 수첩

## 영조의 금등

영의정으로 복귀한 채제공이 노론 벽파를 반역집단으로 몰아 완전 축출을 주장하고 나서며, 노론 벽파에 대한 결정적이고도 효과적인 무기로 이른바 영조의 금등을 선택해 관심을 모으고 있다. 그의 예상대로 현재 노론측은 안색이 파랗게 질려 전전긍긍하고 있다는 소식이다.

사도세자 사망 당시 집권세력이 노론이었고 사도세자와 노론 사이의 관계가 좋지 않았으므로 사도세자의 아들인 정조가 즉위하면서부터 사도세자는 노론의 아킬레스건이었다. 노론은 지금까지 이를 단순히 세자의 정신병에서 비롯된 것으로 강변해왔다. 그런데 사도세자를 죽인 당시자인 영조가 그것은 노론의 모함 때문이었다는 것을 실토한 기록, 즉 금등을 공개하겠다고 나선 것이다. 이는 바꾸어 말하면 사도세자 사망 당시 노론의 행동은 곧 '반역'이 된다는 말이다.

채제공은 정조의 개혁에 사사건건 제동을 걸고 있는 이들 노론 벽파를 이 금등을 무기로 삼아 일거에 날려버리겠다는 것이다. 실제로 이 소식이 알려지자, 남인과 소론 시파들은 적극적인 지지를 표명하고 나선 반면 노론 벽파쪽에서는 채제공의 목을 벨 것을 주장하는 등 강력하게 반발하고 나섰다.

결국 국왕 정조의 태도에 눈길이 모아지고 있다. 정조는 이번 사태가 파국으로 치닫는 것을 원치 않아 양측 사이에서 적절한 타협점을 찾는 선으로 결말을 짓지 않겠느냐는 것이 한 왕실관계자의 조심스런 전망이다.

# 암행어사 파견 크게 늘어

## 권한 강화 … 정조, "민원파악, 보고할 것"

백성들의 빗발치는 상언·격쟁에 접한 국왕 정조는 지방사회가 상당한 동요를 보이고 있다는 결론을 내리고, 지방사회의 안정을 도모하기 위한 방편으로 암행어사 파견을 강화하고 있어 주목된다. 특히 이전에는 암행어사 파견이 지방관의 부정부패 척결을 주 목표로 했으나 최근 파견되는 암행어사는 민원의 소재를 파악, 보고하는 임무까지 추가되고 있는 것으로 알려졌다.

이에 따라 암행어사의 권한도 예전에 비해 부쩍 강화되고 있다. 이전에는 파견지역이 정해지면 그 이외의 지역에 대해서는 전혀 감사 권한이 없었지만, 최근에는 파견지역에 있는 인근 마을에 대해서도 포괄적으로 감사 기능을 갖게 됐다. 그리고 민원의 소재를 파악하면 그 내용을 별도 문건인 별단(別單)에 자세히 기록해 국왕에게 제출하도록 하는 보고 의무가 강화됐다. 이들 암행어사에는 주로 규장각에서 파견 교육받고 있는 젊은 문관들이 임명되고 있어 명실상부한 국왕권의 수족이라는 평이 자자하다.

### 암행어사란?

국왕의 특명으로 지방에 파견돼 수령의 업무를 감사하고 백성들의 고충을 탐문하는 특명사신. 국초부터 있었으나 암행어사라는 명칭이 확정된 것은 중종 때다.

국왕이 3의정으로부터 후보자를 추천받아 직접 임명하며 임명시 출도 지방을 적은 봉인 서류 한 통과 어사활동 관련법규인 「팔도어사재거사목」 한 권, 역마 무료 사용 표시인 마패 한두 개를 지급한다. 봉서는 받자마자 동대문이나 남대문 밖에 나가 뜯어보도록 돼 있다.

해당 지방에 가서는 변장을 한 채 탐문하다가 관아에 '출도'한다. 역졸과 하인이 관아 문을 두드리며 '출도'를 외치면 어사는 관속들의 영접을 받으며 동헌 대청에 좌정한다. 행정 전반을 감사해 부정이 적발되면 문서는 압수하고 창고는 마패 도장을 찍은 백지를 붙여 폐쇄한다.

감사가 끝나면 암행어사는 그 결과를 서계(書啓)와 별단(別單)이라는 문서로 작성해 국왕에게 보고한다.

---

# 농촌 떠난 농민들, "도시로 가자"

## 일부는 광산으로, 대책 마련 시급

근래 농민들이 일자리를 찾아서 농촌을 떠나 도시로 몰려드는 바람에 도시인구가 급증하고 있다. 특히 한성의 경우 15세기 세종 대에는 1만8천여 호였으나 현재는 두 배 이상 늘어 4만 호나 되고 있다.

이들 가운데는 주인으로부터 도망쳐 나온 노비, 과중한 세금이나 굶주림 때문에 고향을 떠난 농민들이 상당수를 차지하고 있다. 이에 대해 국왕은 "문제는 있지만 한성에 와서 이미 품팔이꾼이 되어 정착한 자들을 강제로 내보내기도 어려운 일"이라며 어쩔 수 없는 상황으로 받아들이고 있는 형편이다.

이에 따라 물가문제, 치안문제, 주거문제 그리고 유입인구에 대한 생활대책 문제 등 도시인구의 증가에 대한 대책이 시급히 마련되어야 할 것으로 보인다.

한편 광산지역에도 농민들이 대거 유입되고 있는 것으로 밝혀졌다. 이에 따라 광산 소유주들은 이들을 값싸게 고용해 많은 이익을 올리고 있어 금광, 은광 등이 호황을 누리고 있다.

이런 현상에 대해 정부의 한 관리는 "정부의 전통적인 농민통제 수단이었던 호패법이나 오가작통법이 힘을 잃어가고 있기 때문"이라고 진단하면서 정부로서도 이제는 더 이상 이들을 농촌에 묶어둘 수도 다시 되돌려 보낼 수도 없는 것이 현실이라고 설명하고 있다.

---

# 청 신부 주문모, 검거망 피해 도주

## 정약용, 사건 책임지고 사직 … 황해 곡산부사로 좌천

**1795년** 천주교도들이 급속하게 증가하고 있는 가운데 정부에서는 청나라에서 밀입국한 신부 주문모를 체포하기 위해 포도대장 조규진을 보냈으나 검거에 실패하고 주문모는 도망했다. 그러나 천주교도들의 집회 장소를 비밀리에 덮쳐 천주교도 최인길, 윤유일, 지황 등을 잡아들여 문초하던 중 3명 모두 가혹한 고문을 이기지 못해 죽는 사건이 발생했다. 도망간 청나라 신부 주문모는 국내 천주교도들의 요청으로 우리나라에 들어

와 포교활동을 해온 것으로 밝혀졌다.

한편 이 사건을 두고 노론 벽파들은 "자신들과의 관계를 폭로할 것을 두려워한 이승훈, 이가환, 정약용 등이 이들을 죽인 것"이라고 주장하고 있다. 문제가 시끄러워지자 병조참의 정약용은 사건에 책임을 지고 사직해 황해도 곡산부사로 좌천됐다. 그러나 이는 정약용을 특별히 아끼는 정조가 궁지에 몰린 그를 일시 피신시키기 위해 취한 조치라는 해석이 나돌고 있다. **관련기사 6면**

---

# 경전·역사서 수입 금지된다

## "우리 서책으로도 충분"

**1792년** 국왕은 잡서에 이어 경전과 역사서도 중국에서 수입하는 것을 금하라는 지시를 내렸다.

국왕은 "경전과 역사서는 잡서와는 달라 수입을 금하는 것은 지나친 것 같지만, 우리나라에 다 있는 것들이니 이들을 읽으면 될 것이다. 더구나 우리나라 서책은 종이가 질겨 오래 볼 수 있고 글자가 커서 눈에 편한데, 조잡한 중국 것을 굳이 볼 필요가 있는가? 중국 서적은 누워서 볼만한 것밖에 되지 않는다"며 강한 문화적 자신감을 피력했다.

이에 대해 한 문화평론가는 "중국의 서적들을 대대적으로 정리, 간행, 반포하여 이제는 수입에 의존할 필요가 없을 정도의 수준에 오른 것을 자신하는 것으로 규장각을 중심으로 펴온 문화정치의 결실이라고 볼 수 있다"고 평하고 있다.

---

# 전국에 농서 제출 지시

## 누구나 합리적인 농업경영을 할 수 있도록

**1798년** 정조는 전국에 농촌현실의 여러 문제점을 해결하는 데 보탬이 될 만한 농서를 제출하라는 지시를 내렸다.

이는 부농뿐 아니라 소농민들도 자신들의 농업경영을 합리적으로 할 수 있는 방법을 마련하기 위한 작업의 일환이다.

최근 들어 농업생산성은 높아졌지만 이로 인한 부의 편재가 심해 부농으로 성장한 이가 있는가 하면, 빈농이나 임금노동자로 전락하는 자들도 그에 못지않게 급증해 사회문제가 돼왔다.

특히 빈농으로 전락하는 이들이 늘고 있다는 것은 곧 국가의 담세층이 줄어드는 것을 뜻하기 때문에 정조의 이에 대한 관심은 상당히 높다고 한다. **관련기사 6면**

---

## 상언·격쟁 물꼬 튼 정조의 특명

### "궐외 격쟁 허용, 상언 내용 자유롭게"

최근 상언·격쟁이 활발히 일어나고 있는 것은 사회적 요인 때문이기도 하지만, 정조의 민의수렴에 대한 적극적 의지도 중요한 역할을 했다.

상언·격쟁은 국초부터 있어왔으나 내용과 형식 면에서 엄격한 제한이 있었다. 우선 내용에 있어서는 16세기 중엽에 이르러 ① 자신의 형벌에 관한 일 ② 부자관계를 밝히는 일 ③ 처·첩을 가리는 일 ④ 양인·천인을 가리는 일로 국한시켰다. 요컨대 자기 자신에 관련된 일로 국한했으며 사회경제적 문제는 언급할 수 없었다. 그러던 것이 18세기 초 숙종 대에 와서 백성들의 여론을 보다 넓게 청취하기 위해 이 '4건사(件事)' 제한을 완화해 ① 자손이 부모, 조상을 위하는 일 ② 부인이 남편을 위하는 일 ③ 동생이 형을 위하는 일 ④ 노비가 상전을 위하는 일로 민원을 제기하는 주체를 어느 정도 확대했다.

이 정도의 완화로도 상언·격쟁은 급증했다. 영조가 신문고를 재설치한 것은 바로 이러한 과도한 상언·격쟁을 체제 내로 흡수, 통제할 목적에서였던 것이다. 그러나 이러한 영조의 의도는 성공적이지 못했고 '신4건사'의 제한을 넘는 상언·격쟁은 날로 격증했다.

정조는 이러한 상황에서 이전 국왕들과는 달리 태도를 전향적으로 바꿔 상언·격쟁의 내용을 사회경제 문제로까지 사실상 무제한 허용하는 조치를 취했다. 아울러 격쟁은 원래 궁궐 안으로 들어와 징이나 꽹과리를 쳐서 억울함을 호소하는 것이었으나, 정조는 궐외 격쟁을 허용해 국왕이 행차하는 곳 어디에서나 격쟁을 할 수 있도록 조치했다. 그리고 수원의 사도세자 능으로 자주 행차하는 등 궐밖 나들이를 늘려 민들이 격쟁할 수 있는 기회를 많이 만들어주려고 노력하고 있다. 최근의 상언·격쟁 급증에는 이러한 정조의 각별한 노력이 배경이 돼 있었던 것이다.

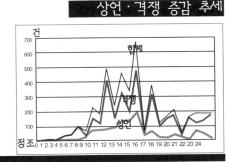

상언·격쟁 증감 추세

---

### 최근의 상언·격쟁 '무슨 내용 담고 있나'

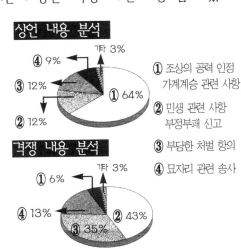

**상언 내용 분석**
④ 9%
③ 12%
② 12%
① 64%
기타 3%

**격쟁 내용 분석**
① 6%
④ 13%
③ 35%
② 43%
기타 3%

① 조상의 공력 인정 가계계승 관련 사항
② 민생 관련 사항 부정부패 신고
③ 부당한 처벌 항의
④ 묘자리 관련 송사

### 상언은 양반층, 격쟁은 천인층이 애용

상언의 경우, 단연 많은 것은 ①로 64%를 차지하고 있으나 격쟁의 경우에는 6%에 불과해 극명한 대조를 이룬다. 반면 격쟁에서는 ②와 ③을 합해서 무려 78%에 이르고 있다. 이는 상언이 문서를 사용하는 것이기 때문에 주로 양반층에서 이용하고 격쟁은 말로 직접 호소할 수 있어 양인이나 천인이 이용하는 방법이라는 차이점에 기인하는 것이다.

특히 ②와 ③의 비중은 점차 높아지고 있는 것으로 드러나 사회·경제 문제에 대한 민들의 불만이 높아지고 있는 것으로 해석된다. 특히 ②의 경우 구체적 내용을 살펴보면 조세수탈, 상공업 이윤수탈, 토지침탈, 양인의 강제적 노비화, 과중한 세금부과, 형벌권 남용 등이다. 이는 우리 사회의 급속한 성장 이면에 있는 어두운 그림자를 드러내 보인다는 점에서 주목할 가치가 있다.

# 개혁의 웅지 크게 펼쳐갈 수원성을 보라

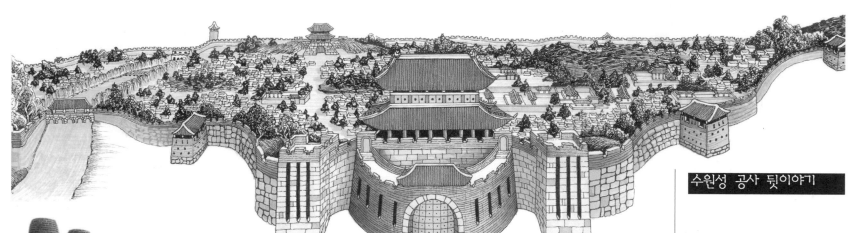

**수원성 공사 뒷이야기**

**봉돈** 봉돈은 행궁을 지키고 성을 파수하며 주변을 정찰하여 인근에 사태를 알리는 역할을 하는 시설. 다섯 개의 커다란 연기구멍을 두어 신호를 보낼 수 있도록 한 것이다.

**성벽** 성벽의 가운데 부분은 볼록하게 들어가고 위와 밑은 그보다 나오게 쌓음으로써 성의 허리를 견고하게 만들었다. 적이 성을 쉽게 타고 넘어올 수 없다는 것도 장점.

**공심돈** 공심돈은 상당한 높이를 가진 원형 축조물로서 아래단에서 위단으로 이르면서 좁아진 비례가 합리적으로 설정되어 외형상으로도 아름다운 곡선미를 이루고 있다. 건물 제일 아래쪽에는 온돌방이 설치되어 군사들이 숙직하도록 되어 있다.

**각루** 비교적 높은 위치에 세운 누각 모양의 건물. 주변을 감시하거나 휴식을 즐길 수 있도록 한 것이다.

**4대문 (창룡문·화서문·팔달문·장안문)** 성문을 방어하기 위한 옹성 상부에 오성지라는 구멍이 다섯 개 뚫린 일종의 물탱크를 설치, 적이 성문에 불을 질러 파괴하려고 할 때를 대비. 적대를 세워 활 쏘는 노수가 머무르게 한다.

**장대** 성의 안팎이 한눈에 들어오는 곳에 있으며 뒤편에는 노대가 있어 활을 쏘는 무사가 머무른다.

**포루** 성벽의 일부를 밖으로 돌출시켜 치성과 유사하게 하면서 내부를 공심돈과 같이 비워 그 안에 화포를 감추어두었다가 적을 공격하도록 만든 것이다.

**암문** 성곽에는 깊숙하고 후미진 곳에 사람이나 가축이 통과하고 양식 등을 나르도록 암문이 설치되어 있다. 바깥과 통하는 일종의 비밀통로로서 5개가 설치되어 있다.

**공사비** 석수·목수·미장이를 비롯한 기술자가 총 1만 1820명. 그리고 근처 산에서 크고 작은 돌덩이가 18만 7천6백 개가 채취 운반되었으며, 벽돌은 69만 5천 개가 구워졌고, 목재 2만 6천2백주, 철물 55만 9천 근, 숯 6만 9천, 기와류 53만 장이 소요되는 등 총경비가 87만 3520냥에 달한 것으로 집계되고 있다. 금위영과 어영청의 재정 10년치와 전라도·경상도·평안도 감영의 예비비를 보조재원으로 활용.

**벽돌사용** 이전에는 주로 돌을 사용하여 축성하여 기간과 노동력이 많이 들던 것을 이번에는 박제가 등 북경을 다녀온 실학자들의 의견을 대폭 수용하여 돌뿐만 아니라 중국의 성곽 축성의 주요재료로 사용된 벽돌을 과감하게 많이 사용함으로써 공기단축은 물론이고 노동력 절감의 효과와 성곽의 견고함과 미를 아울러 도모하였다.

**노동력 확보** 이번 수원성의 축조는 전국에서 모여든 빈농들에게 돈을 주고 고용하는 이른바 給價募軍의 방법에 의해 대공사가 진행되었다. 공사에 동원된 역부에게는 매일 2錢 5分씩의 雇價가 지급되었다고 한다. 성역의 진행 도중 재정상의 문제로 역부를 추가로 고용하지 못하게 되자 한때 일반 백성을 징발하자는 건의도 있었으나, 국왕은 민폐를 이유로 강제성을 띤 백성징발을 끝내 실행하지 않았다.

**공사결과 보고서** 수원성 공사과정을 낱낱이 적은 보고서 「화성성역의궤」라는 책자가 전체 640여 장에 달하는 방대한 분량으로 편찬준비 중이다. 단일공사에 대한 보고서로서는 최초의 일이어서 각계의 관심이 주목되고 있다. 공사일정과 공사감독관의 명단, 건물 각 부분을 그림으로 설명한 도설에서부터 공사진행 중 오간 각종 공문서와 회의기록, 지급 노임규정, 각종 자재의 명칭과 수량, 공사에 소요된 비용의 출납내역이 자세히 기록될 예정.

**수원 키우기 작전** 수원성의 완공과 함께 독자적인 도시로 키우기 위한 여러 대책들이 강구되고 있다. 이곳에 와서 장사할 상인을 모집하는가 하면 만석보를 비롯한 여러 저수지를 건설하고 둔전 등의 농토를 마련하는 등의 일이 그것. 한편, 조정에서는 상인들에게 이익만 빼앗기고 상인자본이 자기 세력을 형성해 독자적으로 활동할 것을 우려해 '반드시 성내에 집을 짓고 살아야할 뿐 아니라 자손대대로 뿌리 박고 살도록 한다'는 몇 가지 제한조치도 덧붙이고 있어 눈길을 끈다.

## 새로운 성쌓기 공법이 동원된 수원성 설계

## 현단계 신기술의 총합 … 정약용 등 크게 기여

**수원성 설계 구상** 정약용과 화가 엄치욱을 비롯한 많은 사람들의 대담한 구상과 기술적인 창의성이 돋보인다. 정약용을 비롯 이익, 홍대용, 박제가 등이 성쌓는 방법에 대한 견해들을 종합적으로 연구하고 다른 나라들의 경험도 참작한 것으로 알려지고 있다.

**수원성 설계도면 제작** 중요한 구조물들을 도면으로 표시하기 위해 앞면비추기법을 사용하였다. 대상건축물에 대한 설계구상이 한눈에 뚜렷이 드러나 매우 정밀하게 설계할 수 있었다.

**실제공사** 성의 기초를 쌓는 데, 깊이가 4자 5치, 너비가 20자가 되게 파고 바닥을 다진 다음에 물을 조금씩 뿌려가면서 모래와 잔자갈을 5~6치 두께로 깔고 그 위에 보드라운 흙을 3치 두께로 덮고 두들겨 다지는 방법을 되풀이하여 지표면까지 쌓아올리는 공법을 동원하였다. 그 결과 기초가 튼튼해졌다.

**기자재와 노동력의 정밀한 타산** 성벽을 쌓는 대선단석이라는 돌은 계획했던 것과 오직 한 개의 차이밖에 없었고 누각을 세우는 데 쓴 나무기둥은 2개의 차이만이 생길 정도로 기자재 계산이 치밀했다. 설계작업에서부터 구조역학적인 계산을 세밀하게 하여 건설시공에 필요한 기자재와 노동력을 정밀하게 계산해내고 합리적으로 운용하였다는 평.

▲ 거중기

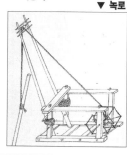
▼ 녹로

**유형차** 정약용이 창안한 수레. 몸체가 바퀴보다 높아 짐을 싣고 경사지를 올라가기 쉽다. 달구지를 쓸 경우보다 노동력 절감 효과가 탁월. 이번 공사에는 11대가 사용됐다.

**거중기와 녹로** 역시 정약용이 창안. 건설기자재를 위로 올리는 작업의 능률을 4~5배로 높일 수 있다. 거중기는 밧줄을 여러 개의 활차에 걸고 양쪽 끝에 있는 큰 활차를 거쳐서 소차(물레차)의 굴대에 감기도록 한 것인데 이때 사람들이 좌우에서 물레차를 똑같은 속도로 돌리면 무거운 짐이 함께 올라가게 되어 있다. 반면 녹로는 움직도르래를 사용하는 거중기와 달리 고정도르래를 사용하여 물건을 들어올리는데 사용되었다.

개국 400년 기념 특별 시국좌담　　조선 사회 어디로 가야 하나

# "수평적 사회로의 시대변화, 과감히 수용해야"

참석자　**심환지** 규장각 제학, 노론계 정치인, **정약용** 홍문관 수찬, 남인계 학자, **박지원** 한성부 판관, 북학론자

올해로 조선이 개국한 지 꼭 400년이 지났고 임진왜란이 일어난지는 200년이 됐다. 중국대륙에서는 조선보다 조금 앞서 개국한 명나라가 이미 망했고 청나라가 들어선 지도 170여 년이 지났다. 일본에서는 임진왜란을 도발했던 토요토미 정권이 몰락하고 도구가와막부가 들어섰다. 멀리 서양에서는 여러 나라에 정변이 일어나 인민이 나라의 주인으로 등장하는 새로운 시대가 열리고 있다. 조선사회 또한, 왕조체제는 개국 이후 400년간 유지되는 끈질김을 보이고 있지만, 내적으로 봉건사회체제가 붕괴되어가고 있다. 새로운 시대를 향한 진통이 계속되고 있는 것이다. 당대의 논객들을 모시고 조선사회가 어디로 가야 하는가를 진단하는 좌담을 마련했다.

심환지

사회 기강 무너져
백성들 무조건 반발
통제 강화 필요

정약용

백성들의 이해와 요구
국정에 반영,
과감한 개혁 진행돼야

박지원

농민 이탈현상 심각
토지개혁만이
근본적 해결책

사회적 혼란을
새 시대로
나아가는
진통으로 파악,
해결을 위한
진지한 모색이
정치권에서
이루어져야 …
그렇지 못할 때
백성들의 봉기
막을 수 없을 것

**사회**　지금 우리 사회는 각 분야가 급격히 변화하고 있어 시대적 전환기라는 느낌이다. 이런 현실을 어떻게 봐야 하는지부터 진단하기로 하자.

**심환지**　우리 사회는 지금 사회기강이 총체적으로 무너져내리고 있다. 신분질서가 이완되어 양반 상놈의 윤리가 사라진 지 오래고, 서양 오랑캐의 천주교가 들어와 백성들의 마음을 더욱 흔들고 있다. 이젠 상민들도 그들의 사회적 불만을 밖으로 터트리고 나오는 세상이 됐다. 특히 최근 들어 상언과 격쟁이 허용되면서 관의 처사가 부당하다 생각하면 무조건 반발하는 습성이 생겨나고 있다. 이대로 가다간 국가의 질서를 유지하기 어렵게 될 것이다. 나라에서 심기일전하여 백성들의 기강을 잡도록 해야 한다.

### 과거의 신분질서, 더이상 지속 불가

**박지원**　지금의 사회변화를 기강의 문란으로 보는 것은 손바닥으로 하늘을 가리겠다는 발상이다. 조선사회는 이미 몇 백년 전에 세운 신분질서로는 도저히 더 이상 지탱될 수 없을 만큼 변한 것이다. 따라서 이런 시대적 변화를 과감하게 수용하여 잘못된 제도를 고쳐나가는 것이 위정자의 할 일 아닌가. 생산을 통해 사회발전에 공헌한 사람들이 대접받는 사회질서가 확립되어야 하는데 지금 우리 사회는 남이 땀흘려 일한 것을 빨아먹고 사는 양반들이 군림하고 있는 실정이다. 이런 망국적인 반상의 차별은 시급히 철폐되어야 한다.

**정약용**　조선사회는 신분질서뿐만 아니라 사회 전반이 급변하고 있다. 농촌사회를 가보면 이젠 양반이라도 남이 농사지은 소작료나 받아서는 가세를 유지하기 어렵게 되어 있다. 남의 땅이지만 농법도 개량하고 상품작물도 심어 열심히 농사짓는 사람이 평민이라고 재산도 모으고 신망도 얻으며 농촌사회를 이끌어가고 있다. 신분질서의 이완은 결국 이런 사회현실을 반영한 것이다. 또 신분질서만 바뀐 것이 아니라 사람들의 생각도 크게 깨이고 있다. 상언·격쟁은 이렇게 깨어서 일어나는 백성들의 소리를 들어 국정에 반영하자는 국왕의 애민의식에서 나온 것이다. 이젠 기존의 주자학의 잣대로는 도저히 어떻게 해볼 수 없을 만큼 세상이 바뀌고 있는 것이다. 이런 변화를 수용한 국정의 대개혁이 시급하다.

**사회**　이야기가 자연스럽게 사회개혁의 문제로 옮겨가고 있다. 지금 농촌에서는 부익부 빈익빈이 심화되면서 농민들이 살길을 찾아 도시나 광산으로 흘러들어가고 사회적 불안이 커지고 있다. 어떤 대책을 세워야 하는가?

**심환지**　백성들의 생활난과 유랑의 문제는 우선 그들이 지고 있는 세금부담을 줄이고, 또 세금을 걷는 과정에서의 부정이나 착취가 없도록 기강을 확립하면 해결될 수 있다고 본다. 그와 함께 백성들이 마음대로 유랑하지 못하도록 오가작통과 같은 법을 강화해야 할 것이다.

**박지원**　지금 백성들이 각처로 유리도산하는 농업문제의 본질은 그들이 생업의 터전인 땅을 점차 잃어가는 데 있다. 물론 세금부담을 덜어주는 일도 필요하지만 문제의 근본적인 해결책이 되기는 어렵다고 본다. 문제해결의 핵심은 날로 커져가는 거대지주들의 토지확대를 규제하고 송곳 꽂을 땅조차 없는 농민들이 땅을 갖게 하는 토지제도의 개혁에 있다.

**심환지**　지금 토지제도를 개혁하자는 것은 쇠뿔을 고치려다 소를 죽이는 것과 같은 꼴이 될 것이다. 지주제는 우주만물의 질서와도 부합하고 현재 조선사회의 생산력 수준에도 맞는 생산체제다. 토지개혁은 옛성현들이 이상으로 제시한 것이지 어떻게 그것을 실현할 수 있겠는가. 그래서 주자께서도 정전제(井田制) 같은 토지제도의 시행은 대전란과 같은 사회적 격변을 거친 다음에나 가능한 일이라고 하지 않았는가. 송시열 선생도 일찍이 이점을 확인했다. 토지제도를 개혁하기보다는 지주와 농민이 힘을 합쳐 생산을 늘림으로써 생활안정을 찾아야 할 것이다.

### 농민자립, 제도적으로 뒷받침해야

**정약용**　농업생산이 늘어나면 그 몫이 지주와 소작인간에 공평하게 분배되는 것이 아니라 지주가 대부분을 갖게 된다. 그러면 자연히 지주들에 의한 토지겸병은 더욱 늘어나 더 많은 농민들이 당장 땅에서 쫓겨나는 것이 우리 현실이다. 따라서 토지제도를 근본적으로 개혁하여 농민들이 독립 자영농민으로 성장할 수 있도록 하는 제도적 장치를 마련해야 한다. 그래서 나는 정전제를 실시하되, 옛날 주나라처럼 전국의 모든 토지를 정(井)자형으로 구획짓는 것이 아니라, 그 원칙과 취지만을 수용하여 직접 농사를 짓는 농민들이 땅을 갖도록 하자는 것이다.

**심환지**　그렇게 되면 관직도 없는 태반의 양반지주들은 어떻게 살아간단 말인가?

**박지원**　그래서 양반들도 생산에 종사해야 한다는 것이다. 상업이나 수공업을 할 수도 있고 스스로 농사에 힘쓸 수도 있다. 현재도 땅이 없는 양반들은 그렇게 살아가고 있다.

**정약용**　그것이 가능하려면 사회적으로도 반상의 고정관념이 타파되고 실제로 땀흘려 일하는 사람이 존경받는 기풍이 조성되어야 한다. 국가에서도 농사를 잘 짓는 사람, 상업을 잘하는 사람, 수공업 기술에 뛰어난 사람들 가운데 학식이 있고 덕망 있는 인사들을 뽑아 관리로 임명해나간다면 사회분위기가 크게 바뀔 것이다. 그야말로 새로운 시대, 새로운 세상이 열릴 것이다. 이제 신분의 차별을 철폐하여 평등하고 자유로운 관계 속에서 각자가 자신의 직업을 통해 열심히 일하는 사람이 대우받는 그런 사회를 만들어야 할 때라고 생각한다.

**사회**　뜻있는 선비들로서 귀 기울일 좋은 제안들이다. 그러나 문제는 그것을 어떻게 실현할 수 있느냐 하는 거다. 예컨대 토지제도의 개혁만 하더라도 지주들이 자신의 재산을 내놓고 순순히 응할 것이냐 하는 생각이 든다.

**정약용**　내가 생각하는 것은 국왕의 결단을 통해서 하는 것이다. 물론 지주들의 반발이 심할 것이다. 따라서 토지제도의 개혁은 현실적으로 하루아침에 이루어지기 어렵고 오랜 기간을 두고 점차적으로 실행해야 한다. 그러나 최고권력자인 국왕의 확고한 결심하에 지속적으로 추진하지 않으면 실현 불가능하다. 그래서 나는 정치운영에 있어서 두 가지 점을 중시하는데, 하나는 국왕이 지공(至公)의 마음으로 백성들의 고통을 자기 고통처럼 아파하는 성군이 되어야 한다는 것이고, 다른 하나는 국가의 모든 권력은 반드시 국왕의 것이어야 한다는 것이다. 이 둘은 결코 둘이 아니고 하나여야 한다는 것이 내 지론이다.

**심환지**　정치운영이 어찌 국왕 한 사람에 의해 좌우될 수 있단 말인가. 이 나라는 사대부의 나라가 아닌가. 따라서 정치도 우리 사대부들의 공론을 수렴하여 그를 바탕으로 운영되어야 마땅한 것이다. 물론 국왕이 국가의 정점에 서 있는 것이긴 하지만, 그것은 사대부들의 여망이 그에게 수렴된다는 것이지 국왕이 독단적으로 권력을 좌우해서는 안될 것이다. 사대부들이 나라를 다스리기 위해 끊임없이 자신을 닦듯이 국왕도 끊임 없이 자신을 수양해야 한다.

### 군주가 민의 뜻을 받들어야

**정약용**　그동안 조선사회에서는 양반지주들의 힘이 강해지면서 나라의 정치와 정책이 그들의 이해에 따라 좌우되어왔다. 이제 이들의 힘을 억제하고 국왕을 정점으로 백성들의 이해와 요구를 나라 정치에 반영하는 새로운 정치가 되어야 한다. 앞으로 언젠가는 권력의 성격도 바뀌어야 한다고 본다. 원리적으로 생각하자면 권력이란 원래 민이 군주에게 위탁한 것 아니겠는가. 이 원리가 충실하게 실현되려면 무엇보다 군주가 민의 뜻을 받들어 정치를 해야 한다는 생각이다. 다시 한번 강조하지만 지금은 시대적 전환기다. 앞으로의 시대는 지금까지와 같은 수직적인 사회가 아니고 수평적인 사회가 될 것이다. 고정관념을 버리고 이러한 시대적 변화를 과감히 수용하여 봉건사회와는 근본적으로 다른 새로운 사회를 건설해야 한다.

**사회**　지금의 사회적 혼란을 새로운 시대로 나아가는 진통으로 파악하고 사회제도 전반에 대한 과감한 개혁을 해야 한다는 주장과, 사회질서의 문란으로 보고 철저한 규제책을 강구해야 한다는 주장이 크게 엇갈리고 있다. 이러한 견해 차이가 정치권에서 어떤 절충점을 찾아 수렴되지 못한다면 그 결과는 곧 백성들의 봉기로 이어질 가능성이 커보인다. 정치권의 각성을 촉구하면서 좌담을 마치기로 하자.

## 이번 호의 인물　정조

### 백성 사랑하는 마음 지극한 성군

정조는 참으로 효성이 지극한 임금이다. 억울하게 비명에 간 아비 사도세자를 추념하는 그의 마음은 옆에서 지켜보기에도 애절하다. 아비의 명복을 빌기 위해 묘를 수원으로 옮기고, 해마다 그 앞에 꿇어엎드려 통곡하며 일어날 줄을 모른다. 눈물 젖은 그의 얼굴을 누구도 차마 쳐다보지 못한다. 자기가 탄 가마가 수원이 아득하게 보이는 지경에 이르면 정조는 가마를 멈추고 묘소를 하염없이 바라보며 눈시울을 적신다.

그러나 서울로 돌아가는 그의 발걸음은 아비를 죽게 한 노론세력에 대한 응징의 각오로 결연하다. 정조는 이처럼 운명적으로 노론세력과 사투해야 하는 자리에 서 있다. 노론을 등에 업고 정치를 끌어가야 했던 할아비 영조의 탕평과, 노론을 꺾어야 자신이 살 수 있는 정조의 탕평은 그래서 다른 것이다.

정조는 백성을 사랑하는 마음이 지극한 임금이다. 조선의 임금들 가운데 그만큼 궐 밖에 자주 나가 백성들의 억울한 사정에 직접 귀 기울인 임금은 없다. 백성들도 사람답게 살 수 있어야 한다는 신념에서 그는 늘 백성들의 억울함을 듣고자 귀를 세우는데, 그의 이런 노력이 지금 조선사회에 청신한 바람을 일으키고 있다. 특히 노비를 해방시키고 서얼차별을 없애 그들의 억울함을 풀어주어야 한다는 결심은 각별하다.

정조는 학문연마와 자기수양에 지극한 임금이다. 그는 세손시절부터 성군이 되기 위한 공부에 전력하였고, 즉위하자 바로 초계문신제도를 두어 신료들에게도 공부에 힘쓰도록 재촉하고 있다. 밤늦도록 공부하고 날마다 스스로를 반성하는 그의 모습은 그대로 조정의 기풍이 되고 있다. 큰 체격에 무술에도 능하여 활쏘기가 명궁의 경지에 이른 그는 가히 문무 겸전의 성군으로 손색이 없다. 조선의 앞날을 위해서도 정조 임금의 만수무강을 빌어 마지않는다. 이름은 산. 1752년생. 호는 홍재.

## "나라의 큰 원수는 임금이요, 가정의 큰 원수는 가장이라"

**조선에 오게 된 경위는.**
제가 파견되기 전에 조선에서 윤유일이란 교우가 북경 천주당에 신부를 파견해 달라는 편지를 보내왔습니다. "천주교도들에 대한 박해가 날로 가중되어 교우들의 신심이 흔들리고 있습니다. 신부를 보내주시어 조선 교우에게 용기와 힘을 주십시오"라는 내용이었습니다. 그래서 조선인과 외모가 흡사한 제가 조선에 파견됐습니다.

**어떻게 국경을 넘었나.**
조선 상인으로 가장해 압록강과 의주를 거쳐 서울에 들어왔습니다.

**선교는 어떤 방법으로 했나.**
오랜 구습에 물들어 있는 조선인에게 무조건 천주교를 설교한다고 해서 그들이 설득되는 것은 아니지요. 조선에 뿌리내려 있는 불교나 유교의 사상과 적절히 조화시키면서, 동시에 대다수 백성들이 가장 불만스러워하는 부분에 대한 해결책을 제시하려 했습니다. 지식인들에게는 학문적인 차원에서 접근해 서양의 뛰어난 과학기술과 문명을 소개하는 속에 서서히 천주교에 친근감을 가지도록 했습니다.

**이번에 발각된 계기는?**
신원이 불투명한 한영익이란 자가 간절히 보고 싶다고 하기에 절차를 무시하고 만나주었는데 그가 밀고한 것 같습니다. 그러나 포졸들이 들이닥치기 전 한 교우가 저의 복장을 하고 대신 잡혀 저는 무사할 수 있었습니다. 그 일로 최인길, 윤유일, 지황 교우님이 잡혀들어가 모진 고문 끝에 죽었습니다.

**4년 전 1791년 제사를 거부한 신도들이 처형된 사건이 있었습니다. 어떻게 생각하는지.**
"나라에 큰 원수가 있으니 임금이요, 집에도 큰 원수가 있으니 가장이다(國有大仇 君也, 家有大仇 父也)"라는 말을 들어보셨지요. 저희들이 이런 주장을 하게 된 것은 지금 동양세계에서 임금과 가장의 권위가 너무 강해 많은 사람들이 핍박받고 있다는 것을 깨우치려 했던 것입니다. 하늘 아래 모든 인간이 평등한데 왜 임금과 가장이 위에서 군림하려 합니까? 이런 논리가 몇몇 교우들에 의해 과장되게 받아들여져 그같은 사태가 발생했다고 봅니다. 제사문제는 좀더 유연하게 대처해나가야 한다고 봅니다.

**그 사건 이후에도 천주교가 급속하게 전파되고 있는 이유는.**
조선은 제가 오기 전에 아무 도움도 없이 자생적으로 이미 신도들이 4천 명을 넘어서고 있었습니다. 이런 경우는 세계에서 전무후무한 일입니다. 제가 생각하기에 조선사회의 현실이 천주교의 급속한 전파를 가능케 했다고 봅니다. 기존의 신분질서가 서서히 무너져가면서 동시에 일반백성들의 사회의식도 성장해 평등한 인간으로 인정받으려는 열망이 컸던 것이지요. 천주 아래 모든 사람이 평등하다는 교리내용이 조선백성들의 가려운 곳을 긁어줄 수 있었던 겁니다.

## 박지원, 「과농소초」 정부에 제출

### 개혁적 토지제도 '한전론' 제안
### 완벽한 체제의 농서, 수용 여부 관심

**1799년** 작년 국왕이 전국에 농서를 제출하라는 지시를 내린 데 대해 면천군수 박지원이 「과농소초」라는 농서를 정부에 제출했다.

이 책은 우리나라 농서로서는 처음으로 토지제도를 개혁하자는 주장을 담고 있어 주목된다. 그 골자는 한전론(限田論)으로서 토지소유에 한도를 정함으로써 한 지주가 많은 토지를 점유하는 것을 막아 농촌경제를 안정시키자는 것이다. 이는 정전제와 같은 균등한 토지분배 주장이 실현 불가능한 환상이라는 반박에 대한 현실적 대안인 것으로 보인다. 그밖에도 씨뿌리는 방법이나 제초하는 방식을 소개하고 있으며, 농기구를 개량하면 노동력을 줄일 수 있다는 점을 강조하고 있다. 특히 수리법을 개선해 물을 적절히 공급할 수 있도록 하자고 제안하고 있다.

저자는 이미 편찬돼 있던 농서인 신속의 「농가집성」과 유중림의 「증보산림경제」를 바탕으로 하고 중국 농서인 서광계의 「농정전서」를 참고하고, 우리 농서의 결함부분을 보충해 농서로서는 거의 완벽한 체계를 갖추고 있다는 평을 받고 있다.

## 이긍익, 「연려실기술」 편찬

**1797년** 과거의 역사는 항상 새롭게 쓰여질 수 있다. 이런 특징을 고려해 새로 가입하고 보충할 수 있도록 책에 여백을 둔 야사서 「연려실기술」이 1797년에 편찬됐다. 기전체 형식으로 쓰여진 이 책은 조선 태조부터 현종까지 각 왕대의 중요한 사건을 엮은 원집, 저자가 생존했던 숙종시기의 사실을 엮은 속집, 역대 관직을 비롯해 각종 문물, 천문, 지리 등의 연혁을 묶은 별집으로 구성됐다. 400여 종의 도서가 인용돼 있는데 정사보다는 「동각잡기」, 「기재잡기」, 「해동잡록」과 같은 야사류를 주종으로 삼아 야사를 체계적으로 정리한 점도 눈에 띈다. 저자 이긍익이 소론가문의 후손으로 양명학의 분위기에서 성장한 것이 이 책 저술에 영향을 준 것으로 보인다.

# 프랑스, 보다 철저한 혁명으로

### 자코뱅당 정권장악, 루이 16세 단두대 처형

대혁명 후 프랑스 정국이 숨가쁘게 바뀌어가고 있는 가운데, 로베스피에르가 지도하는 자코뱅당이 다수파인 우파 지롱드당을 제치고 정권을 장악했다. 자코뱅당은 정권을 장악하자, 1793년 1월 21일 국왕 루이 16세를 단두대로 보내 처형하고 보다 완벽한 혁명을 향한 각종 조치를 잇달아 발표하고 있다.

우선 아직까지 남아 있는 영주권을 무상으로 폐지해 농노를 해방시켰다. 아울러 남자 보통선거제를 포함한 민주헌법 제정을 추진하는 한편, 민법 편찬, 국민교육계획 수립, 도량형기의 통일 등도 추진하고 있다.

이에 앞서 대혁명으로 소집된 제헌의회가 제 역할을 못하자, "인권선언에는 만인은 평등하다고 적혀 있지만, 의회는 재산을 가진 사람들에게만 선거권을 주려 하고 있다. 파리시민이 빵을 원하는 시위를 벌이자 의회는 이를 짓밟고 있다"는 비판이 급등했다.

자코뱅당은 이러한 비판을 등에 업고 집권해 앞으로 혁명 정책은 더욱 급진적인 방향으로 나갈 것으로 전망된다.

그러나 자코뱅당의 혁명사업은 반대파의 세력이 아직 위협적인 가운데 진행되고 있어 과연 성공할 수 있을지 세계의 이목이 집중되고 있다.

### 너도 나도 쌍퀼로트

요즘 프랑스 정가에서는 혁명세력이 앞다퉈 자신을 쌍퀼로트라고 자처하는 진풍경이 벌어지고 있다. 글자 그대로의 뜻은 귀족 의복의 상징인 반바지(퀼로트)를 입지 않은 사람을 가리키는 말. 긴 판탈롱에 짧은 코트, 자유를 상징하는 빨간 모자와 나막신이 쌍퀼로트의 전형적 복장. 대혁명 중에 파리 하층민들을 이끈 지도자들이 주로 입던 복장이었으나 혁명의 바람이 불고 있는 요즘엔 너도 나도 이런 복장을 하고 자신이 급진 민주세력임을 자처하고 있다.

# 역사신문

## 정조대왕 급서

### 갑작스런 부고에 백성들 큰 충격 …

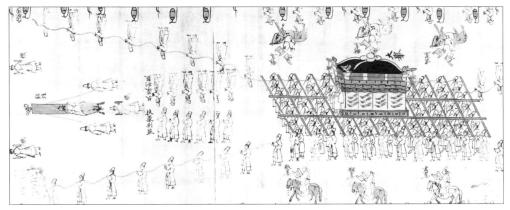

## 개혁정책 전면 후퇴 조짐

### 순조 나이 어려 정순왕후 수렴청정
### 노론 벽파, 정부 핵심요직에 '재등장'

#### 채제공 관직추탈 … 규장각·장용영 '공중 분해'

1800년(정조 24) 6월 정조가 향년 49세의 나이로 급작스레 서거하였다. 평소 무예를 즐겨 건강한 몸을 유지해왔고, 이렇다할 병세를 보이지 않았기에 측근 대신들은 충격에 휩싸였다. 이런 가운데 세자가 왕위를 계승했으나 11세로 나이가 너무 어려 영조의 계비인 대왕대비 정순왕후가 수렴청정을 맡게 됐다.

수렴청정에 나선 정순왕후는 일단 내각을 전격 개편하여 노론 벽파의 영수인 심환지를 영의정에, 이시수를 좌의정에, 서용보를 우의정에 제수하는 한편, 김재찬를 이조판서로, 이서구를 형조판서로, 김조순을 병조판서로 삼는 등 정부를 노론 벽파들로 교체했다. 그리고 정조 때 개혁정책을 추진했던 채제공은 이미 죽었음에도 불구하고 그의 관직을 추탈했다.

아울러 정조 개혁정책의 상징인 규장각과 장용영에 대한 손질에 나서고 있다. 규장각에 대해서는 기존에 규장각 각신직에 부여되었던 특별한 기능과 권한들을 모두 회수하고, 단순히 역대 왕들의 글과 도서를 관리하는 기구로만 격하시켰다. 그리고 정조 개혁정책의 무력 기반으로 인식돼왔던 장용영은 완전히 해체됐다. 이는 정순왕후가 사실상 정조의 정책에 대한 불계승의 입장을 분명히 밝힌 것으로 해석된다.

정순왕후의 집권에 대해 한 정치평론가는 "정순왕후 김씨는 철저한 노론 벽파일 뿐만 아니라, 과거에 사도세자의 죽음을 부추긴 전력이 있어 정조 대에 여러 혈육이 숙청 대상이 된 피해 당사자다. 그녀의 등장은 곧 노론의 재기를 뜻한다고 봐도 무리가 없을 것"이라고 평했다. 한편 규장각의 한 검서관은 "정조가 어렵게 일구어낸 개혁정치의 성과들이 물거품이 되지 않을까 걱정된다"며 향후 정국에 대해 우려를 표명했다.
관련기사 2면

## "노론이 정조를 독살했다"

### 경상도 인동서 장시경 반란 … "영남 남인의 반발"

1800년 8월 15일 경상도 인동에서 선비 장시경 등은 정조대왕이 노론측에 의해 독살됐다며 난을 일으켰다.

주동자 장씨는 "평소 건강하시던 정조대왕이 돌아가신 것은 이상하다. 노론측에서 임명한 의사 심인에게 독살의 혐의가 있다"며 촌민들을 선동해 자신들의 사노비와 촌민들 60여 명을 규합, 인동부 관아를 습격했다. 이들은 이곳에서 군량과 무기를 탈취한 뒤 차례로 이웃 고을의 호응을 얻어 궁극적으로 한성을 공격한다는 엄청난 계획을 세운 것으로 알려졌다. 그러나 촌민들의 이탈로 목적을 달성하지 못하고 오히려 쫓기는 몸이 되어 일부는 자살하고 일부는 붙잡혀 처형당했다.

정가에서는 이번 사건을 정순왕후의 등장으로 노론 벽파가 득세하고 남인세력이 제거된 데 대한 영남 남인 사림의 반발로 해석하고 있다.
관련기사 2면

## 천주교도 검거, 처형 선풍

### 노론 벽파, 신유사옥으로 개혁세력 숙청

1801년(순조 1) 위험을 무릅쓰고 천주교 포교활동을 전개해온 청나라 신부 주문모가 처형되고 천주교 포교 혐의로 체포된 이승훈, 정약종 등이 참수형에 처해지는 등 천주교에 대한 대대적인 검거, 처형 선풍이 불고 있다. 주문모 신부는 "나의 행방을 찾는 와중에 조선 교우들이 너무 큰 희생을 치를 것을 생각해" 자수했으나 용산나루 부근 새남터에서 공개리에 처형됐고, 이가환은 사교 전파 수괴로 지목돼 사형이 확정됐으나 옥에 갇혀 7일 동안 굶어 목숨을 잃었다. 다만 정약전과 정약용 형제는 가까스로 사형에서 감형되어 유배형에 처해졌다.

이번 조치는 작년, 정순왕후가 수렴청정에 나선 직후 "오늘날 이른바 서학은 아비도 없고 인군도 없으며 인륜을 파괴하고 있다. 각읍 수령은 각기 그 경내에서 5가작통법을 엄수하여 통장의 책임 아래 서학의 무리들을 적발, 징치토록 하라. 그러고도 그치지 않게 되면 코를 베는 형벌로 그 씨를 없애도록 하리라"는 강경한 천주교 금지 교서를 발표하면서부터 예견돼오던 것이었다. 이에 따라 채제공의 사후, 남인의 거두로서 개혁세력의 상징적 존재였던 이가환이 천주교 전파의 죄목으로 체포됐고, 이승훈 역시 수차례의 배교선언에도 불구하고 천주교 전파 죄목으로 체포됐다. 정약용 형제는 초창기 천주학을 신봉한 전력이 있다는 죄로 체포됐다. 이밖에도 전국에서 검거 선풍이 불고 있다.

이는 선왕 정조가 "정학이 바로 서면 사학이 자리잡지 못하리라"고 하면서 천주교에 대해 개방적인 태도를 보인 것과는 정반대되는 정책으로, 정순왕후의 등장과 함께 개막된 노론 벽파 정권의 의도를 명확히 드러내 보여주는 것으로 분석된다. 즉 주자 정통론의 재확인을 통한 사상통제 강화와 아울러, 이를 지렛대로 삼아 정조의 비호를 받아 성장해온 남인세력을 공격하는 이중적 효과를 노리고 있는 것이다.

## 공노비 전면 혁파

### '노비제 완전 폐지' 정조 원안보다 후퇴

1801년 공노비가 마침내 혁파됐다. 정부는 내수사, 각 궁방, 각 사(司) 노비안을 모아 돈화문 밖에서 불태워 이들을 공식 해방시켰다. 이에 따라 내수사와 각 궁방에 속하는 각 도 노비 36,974구와 종친부, 의정부, 6조, 성균관 등 34개 관청에 속하는 각 도 노비 29,093구, 도합 66,067구가 양인신분을 갖게 되었다. 이번 조치는 정조 재임시 이미 마련된 노비혁파안을 토대로 이루어진 것이나, 노비제의 전면 혁파를 계획했던 정조 때의 원안에서 크게 후퇴하여 사노비를 제외하고 있다. 한편 정부는 이들 노비의 혁파에 따른 재정적 결손을 장용영 혁파에 따른 재원으로 충당키로 한다고 발표했다.

## "조선을 청나라 속국으로"
## "서양 군사 5만 파병 요청"

### 천주교도 황사영 백서, 정부 조사 착수

1801년 9월 26일 북경으로 가는 정기사절단 동지사 일행에 끼어 북경의 천주교 주교에게 보내는 밀서를 유출하려던 황심, 옥천희 일당이 체포됐는데, 이들에게서 압수된 밀서의 내용이 반국가적인 내용으로 가득차 있어 정부는 물론 일반인들도 경악을 금치 못하고 있다. 밀서의 작성자는 주문모 신부의 측근 황사영이란 자로, 그 내용은 조선에서 천주교 신앙의 자유를 획득하기 위해 로마 교황과 청 황제가 우리 정부에 압력을 넣어달라는 것이다.

백서는 조선 천주교 박해의 실상을 자세히 설명하면서 교황이 청 황제에게 서신을 보내 조선에 포교의 자유를 보장하도록 압력을 넣을 것을 제안하고 있다. 그것이 여의치 않을 경우 아예 조선을 청의 한 성(省)으로 편입시키든지, 아니면 서양측에서 배 수백 척에 군사 5, 6만을 파견해 조선을 무력으로 굴복시켜 포교의 자유를 보장하도록 해달라는 충격적 주장을 담고 있다.

정부는 집필자인 주범 황사영을 잡기 위해 그가 숨어 있다는 충청도 제천에 있는 배론 마을로 체포조를 급파한 상태다.
관련기사 2면

## 역사신문

# 보수 반동을 우려한다

### 세도정권은 역사를 거스르지 말라

개혁세력과 보수세력의 밀고 당기는 치열한 접전 중에, 개혁세력을 옹호하며 개혁정치의 한 복판에 서있던 국왕 정조가 갑자기 서거하였다. 선왕 정조의 죽음은 백성들의 애도의 차원을 넘어서 우리 역사의 불행이 아닐 수 없다. 정조는 끊임없이 보수세력인 노론 벽파들과 갈등하면서도 백성들을 위한 과감한 개혁정책을 추진한, 우리 역사상 보기 드문 개혁의 군주였기 때문이다. 더군다나 아직 개혁세력이 확실한 정치적 우위를 점하지 못하고 있는 상황에서 이루어진 선왕의 갑작스런 죽음은 우리 정치의 앞날에 짙은 암운을 드리우게 하고 있다. 벌써부터 보수반동의 칼바람이 매섭게 정국을 강타하고 있는 것은 그 증거이다.

선왕 때 개혁의 쌍두마차인 규장각과 장용영은 철저하게 해체되고 있으며, 개혁세력들에 대한 대대적인 탄압과 검거 선풍이 휘몰아치고 있다.

지금의 정국은 보수 반동세력이 그간 억눌려왔던 상황을 반전시키기 위해 안간힘을 쓰고 있는 데 반해, 개혁세력은 별다른 대응을 하지 못한 채 급속히 허물어지고 있는 상황이다. 개혁정책이 구체적인 열매를 맺어가고 있는 시점에서 개혁의 성과들이 계승되지 못하고 어떻게 이처럼 급격하게 파괴될 수 있는 것인지 의아해질 지경이다.

그러나 노론 벽파를 축으로 한 강력한 보수세력 대 미약한 개혁세력의 구도였던 정조 즉위 초의 정치적 지형을 생각한다면 이해가 가능하다. 사실 개혁세력은 국왕의 강력한 후원에 힘입어 겨우 보수세력과의 균형을 유지해왔다. 그만큼 보수세력은 의외로 강하였고, 그들의 기득권을 유지하기 위해 강고한 결집을 해왔던 것이다. 결국 이러한 상황에서 정조의 죽음은 미약했던 개혁세력에게는 회복할 수 없는 타격이 되었고, 이후 저울추는 급격하게 보수세력으로 기울어졌다.

그러나 이들 보수세력에게 우리 시대의 개혁은 시대적 과제임을 상기시키고 싶다. 세계는 지금 이미 민의 성장을 바탕으로 하여 그들이 주인되는 세상으로 변화하고 있다. 이것이 역사의 큰 흐름이다. 그 누구도 역사의 이 도도한 흐름을 거꾸로 할 수는 없다. 그리고 정조의 개혁정치는 우리 사회의 현실 모순 해결이라는 시대적 과제를 수행해나가기 위한 첫걸음에 불과했다는 것을 올바로 인식해야 한다. 때문에 이 의미있는 역사적 첫걸음을 무시하고 다시 모순의 나락으로 빠져들어가고자 하는 보수세력들의 어리석은 기도는 즉각 중단되어야만 한다. 그렇지 않으면 백성들의 거센 저항에 부딪힐 것이다.

### 그림마당
이은홍

정순왕후

주상전하! 청소는 이 할미에게 맡겨주사이다!

순조

---

정조 급서 후 정국, 어떻게 될까

## 정순왕후 수렴청정, '노론 벽파 재기의 신호탄'
## 정조의 개혁기반 취약 … 정국, 반동 수구로 치달을 듯

수렴청정을 하고 있는 정순왕후는 정조의 의리론을 계승하고 있음을 부쩍 강조하고 있다. 그러나 이는 오히려 정조의 정책 기조로부터 이탈하고 있고, 그 이탈이 정치노선의 차원보다는 권력욕의 차원에서 이루어지고 있음을 자백하고 있는 것으로 보인다. 정조 사후 곧바로 그의 정책에 대한 반동이 급속하게 이루어지는 것은, 정조가 이룩해놓은 정치체제가 비구조적으로 아주 취약한 것이었음을 증명하는 것이다.

정순왕후의 수렴청정이 정조 대에 기죽어 있던 노론 벽파의 재기를 노리고 있음은 명백하다. 정순왕후 자신이 영조의 계비면서 영조의 아들 사도세자보다 10년 연하로 사도세자 생전에 그와 심한 불화관계에 있었다는 것은 주지의 사실이다. 정조대에는 정조가 사도세자의 아들인 바람에 기가 죽었지만, 그간 사도세자를 옹호하는 노론 시파와 남인에 맞서 노론 벽파를 옹호해왔다.

정순왕후가 정조의 국상이 끝나자마자 "사도세자 처분은 부득이한 것이었으며 여기에 중립의 여지는 없다"며 강경 입장을 피력한 것은 바로 노론 벽파의 입장을 천명한 것이다. 그리고 연이어 장용영을 혁파하고 규장각을 축소한 것은 노론 시파 및 남인세력의 권력기반 와해 작업이다. 그 다음 천주교 문제를 들고나와 남인세력 등 반대파에 대한 구체적 숙청작업에 나선 것이다.

이러한 일련의 조치들은 노론 벽파의 정치적 성향으로 볼 때 정조의 탕평책이나 백성을 위한 개혁정책에 반하는 반동적인 성격을 띤 것이 분명하다. 그러면 정조의 개혁정책은 왜 이렇게 하루 아침에 무너지는 것일까. 좁게 본다면 정조의 개혁정책이 국왕 한사람에 의존하는, 구조적으로 취약한 것이었다는 평가를 할 수 있을 것이다. 그러나 근본적으로는 우리 사회의 지배층이 자신들의 지배 기득권을 유지함에 있어 17세기 붕당정치 시기의 정치세력적 개방성, 18세기 탕평정치 시기의 사상적 개방성 그 어느 것도 포용하지 못할 정도로 위기에 몰리고 있다는 점에 주목하지 않을 수 없다.

---

정조 독살설 왜 나오나

## 평소 건강했던 정조의 급작스런 죽음, "의문많다"
## 정조 말년의 급박했던 정국 '노론과 일대격전설'도 독살설의 배경

정조가 승하하자마자 경상도 인동에서 장시경 등이 '정조 독살설'을 내걸고 난을 일으켜 세간의 관심을 집중시킨 바 있다. 그리고 주로 남인들 사이에서 이 설은 꽤 설득력 있게 유포되고 있다는 소식이다.

이렇게 정조 독살설이 유포되는 데는 그만한 정황증거가 있기 때문이다. 우선 정조가 얼마전부터 몸에 종기가 나 고생해왔으나 그것이 죽을 병인지 의심스럽다는 것이다. 게다가 정조는 원래 건강체질이고 평소 규칙적인 운동을 해 한창 일할 49세 나이에 갑자기 죽었다는 것은 뭔가 석연치 않은 점이 있다.

정치적 정황도 제시되고 있다. 정조 말년의 정국을 보면 무언가 급박하게 돌아가고 있었다는 것을 감지할 수 있다. 1793년, 남인 측 채제공이 등장해서 노론 벽파를 반역의 무리로 몰아 토벌할 것을 주장했다. 벽파의 영수 김종수가 이에 저항해 봤으나 유배되고 만다. 이어 1796년에는 수원성을 완공하고 여기에 군부대인 장용영 외영을 설치한다.

정조는 노론 벽파와의 일대 결전을 준비하는 것이 아니었을까? 그리고 이에 위기감을 느낀 벽파측에서 선수를 쳐 정조를 죽여버린 것이라는 게 정조 독살설의 대체적인 내용이다.

그러나 이는 어디까지나 심증에 불과한 것이고 물증은 하나도 없다. 또 그 심증이란 것도 반박하려고 마음만 먹으면 얼마든지 뒤집혀질 수 있는 것들이다. 따라서 아무래도 정조 독살설은 정치적 맥락에서 보아야 할 듯하다. 주로 남인들 사이에서 이 설이 유포되고 있는 데서 더욱 그렇다.

남인은 지난 현종 때의 예송과 숙종 때의 일련의 환국정치 속에서 서인 및 그에서 분파된 노론과 서로 죽고 죽이는 정치투쟁을 벌여왔다. 결국 당쟁은 노론의 승리로 귀결되고 남인은 거의 괴멸 상태에 처해 있었으나 지난 정조 시기에 정조의 특별한 배려에 의해 정계에 복귀할 수 있었다. 그리고 정조가 죽은 지금 다시 남인은 천주교 포교를 빌미로 가혹한 탄압을 받고 있다. 이런 정치적 상황이 정조독살에 힘을 실어주고 있다.

---

잇달은 천주교도 사건들, 배경과 전망

## 정부, "천주교 교리는 패륜" … 남인 관련자 많아 처벌 가혹
## 세계에 유래 없는 자발적 성장 … 포교활동 계속될 듯

1801년 한 해에 처형당한 천주교 신도수는 3백명이 넘는다. 이중에는 청나라에서 파견돼온 신부 주문모와 이승훈, 정약종, 홍낙민 등 당대의 대학자들도 포함돼 있다. 주문모 신부는 효수형을 당했는데, 정부에서는 청과의 외교관계 약화를 고려해 제주도 사람으로 오인했다고 변명하기로 하고 효수형을 집행했다는 후문이다. 그만큼 정부의 천주교 탄압 의지는 강하다고 볼 수 있다.

현 집권세력인 노론 벽파가 천주교에 대해 극도의 반감을 가지는 이유는 대체로 두 가지다. 하나는 정통 주자학을 고수하는 그들로서 천주교는 이단이기 때문이다. 부모도 군주도 인정치 않는다는 것이고 지난 1791년의 진산사건에서 보듯 제사도 지내지 않는 등 패륜의 종교라는 것이다. 또 하나는 노론 벽파가 그렇지 않아도 숙청하지 못해 안달하는 남인들이 천주교에 많이 관련돼 있다는 사실 때문이다.

현재 우리나라의 천주교 신도 수는 1만여 명에 달한다고 알려져 있다. 서양 선교사가 파견되지도 않은 상태에서 자발적으로 이렇게 많은 신도가 생긴 것은 세계 역사상 전례가 없는 일이라며 천주교 신도 자신들도 놀라고 있다. 그러나 이번 신유년의 대탄압으로 천주교의 교세 신장 속도는 일단 주춤할 것으로 보인다. 왜냐하면 천주교 포교의 주역들은 대개 학자들인데 이들은 천주교를 종교라기보다는 서학(西學)이라는 일종의 서양 학문으로 받아들인 측면이 강하기 때문이다. 이번 박해의 와중에서 정약용 등 천주교 신자임을 부정하는 배교선언을 한 자들이 많은 것도 이 때문이다.

그러나 천주교측에서는 이번에 박해를 피해 각지방 깊숙한 곳으로 숨어들어간 자들에 의해 오히려 일반 서민들에 대한 포교가 활성화될 것으로 예측하고 있다. 이번 신유박해는 상층 학자 중심의 포교에서 하층 서민 중심의 포교로 바뀌는 전환점이 될 것이라는 얘기다.

## 인터뷰 유배 10년, 정약용을 만나다

### "신유사옥은 명백한 노론 벽파의 쿠데타 나라가 바로 서면 사학(邪學)은 설 땅 없다"

지난 1801년 신유사옥에 연루되어 강진으로 유배, 10년째 유배생활을 하고 있는 정약용을 찾아보았다.

**선생께서는 천주교 신도라는 혐의를 받아 형제분이 모두 신유사옥에 연루되었다가 겨우 목숨을 부지하여 유배 중인 것으로 아는데, 어떠신지요?**

그 점은 정조께서 살아계실 때 이미 밝혀진대로입니다. 내가 한때 종교로서 신앙한 것은 사실이었지만 이미 이를 버렸고, 그 이후 서학의 일환으로 연구해온 것에 지나지 않습니다. 이 점은 신유사옥 때 처형당한 모두가 마찬가지입니다. 신유사옥은 명백히 정조 임금 휘하 개혁세력에 대한 노론 벽파의 정치적 쿠데타입니다. 그 점은 현 정권이 정조 때의 개혁정책을 하나하나 뒤엎고 있는 것만 봐도 알 수 있는 것 아닙니까?

또 천주교 신앙만 하더라도 법으로 금한다고 잡힐 일이 아닙니다. 조선처럼 신분차별이 심한 곳에서 상·천민이나 뜻있는 선비치고 '하느님 앞에 만인이 평등하다'는 천주교 교리에 빠지지 않을 사람이 얼마나 되겠습니까?

천주교 신도를 처형하기에 앞서 먼저 우리 사회의 신분차별을 없애려는 생각들을 왜 못합니까. 정조의 말씀대로 나라가 바로 서면 사학(邪學)은 설 땅이 없습니다.

**앞으로의 정국을 어떻게 보시는지요?**

정조 임금의 죽음을 고비로 시국이 새로운 국면에 접어들었다고 봅니다. 정조 때까지 각계각층의 백성들 불만이 국왕과 개혁세력의 적극적인 노력으로 상당히 해소되고 문제점도 개선되어가는 상황이어서, 개혁정치가 조금만 더 계속되었다면 체제의 개편과 안정이 어느 정도 가능할 수 있었습니다. 그러나 앞으로 노론세력이 권력과 부를 거의 무제한으로 독점하면서 세도를 부릴 것은 불을 보듯 뻔한 일입니다. 자연히 비판세력이 설 땅이 없는 거고 그렇다면 백성들이 들고 일어나는 사태밖에 더 있겠습니까? 지금의 시국 분위기로는 백성들이 일어나는 것은 이미 활시위를 떠났거나 마찬가지입니다.

**이곳에 와보니 제자들도 있고 장서도 많아 유배지라는 느낌보다 대학자의 연구실 같은 분위기입니다. 어떻게 지내시는지요?**

마침 이웃 고을의 해남 윤씨가가 저의 외가여서 여러 가지 지원을 받고 있고, 외증조이신 윤두서 어른께서 소장하셨던 책을 갖다볼 수 있어 다행입니다. 이곳에 와 가르친 제자들과 매일 학문을 토론하기도 하고 관직생활로 바빠서 읽지 못했던 경서도 폭넓게 섭렵할 기회를 가졌습니다.

여기 살면서 우리 사회 저변의 모순이 얼마나 심각한가를 더욱 절실하게 느끼게 되는데, 지금은 사회 전반을 근본적으로 뜯어고칠 개혁구상을 정리 중에 있습니다.

---

### 신유사옥으로 처형된 남인 학자들

**이가환** 성호 이익의 종손으로 총명하여 고금의 서적을 섭렵하지 않은 것이 없고, 특히 수학에 능통하였다. 채제공이 정조에게 자신의 후계자로 천거한 인물. 정식으로 신자되는 것을 꺼림. 1791년 신해박해 때는 광주 부윤으로 천주교도를 처벌하는 위치에 서기도 했다. 그후 배교를 뉘우치고 신유사옥 때 끝내 죽음을 선택.

**이승훈** 남인계열의 학자. 이가환의 조카이자 정약용 형제와는 처남 매부 사이. 조선 천주교회 창설자의 한 사람으로 조선 최초로 세례를 받음. 천주교 전파에 헌신하여 많은 고초를 겪었으나 정조 때는 채제공의 비호로 중벌을 면함. 신유사옥 때 처형됨.

**정약종** 정약용의 형. 서학을 접한 뒤 교리연구에 몰두하여 교리지식이 가장 뛰어났으며 신해박해 때 끝까지 신앙을 지켰다. 천주교 교리를 우리말로 쉽게 풀어쓴 「주교요지」를 짓기도 했다. 신유사옥으로 처형됨.

**권철신** 이익의 제자로 1777년(정조1)부터 정약전 형제, 이벽, 이윤하 등 남인계 학자들과 서학을 연구하게 되면서 천주교를 신앙. 신해박해 때 동생 일신이 순교. 포교에 나서지 않고 학문과 교리를 통한 신앙생활을 하였지만 신유사옥 때 장살당함.

---

## 황해도 곡산에서 대규모 농민봉기

### 상인층도 가담 … 조직과 자금 갖춰 '새로운 양상'

### 함경도 단천·북청에서도 연이어 봉기

**1801년** 황해도 곡산에서 대규모 농민봉기가 일어났다. 한곡일, 심락화, 박대성, 송진국의 지휘로 일어난 이 봉기에는 상인들과 곡산부의 아전들도 다수 참여한 것으로 알려지고 있는데, 직접적인 계기는 곡산부사 박종신의 가혹한 환곡 착취 때문이라고 한다.

흉년일 때 빌려주었다가 이듬해 봄에 갚기로 되어 있는 환곡제도를 이용해 억지로 환곡을 떠맡기는가 하면, 환곡 이자도 규정보다 배로 받는 등 수탈이 극심했던 것이다. 이런 행위에 평소 불만을 가져왔던 곡산 백성들은 부사를 죽이자는 통문에 이름을 적지 않는 자가 없을 정도였다고 한다.

봉기군들은 부사 박종신을 체포하여 부사의 직인과 장부를 빼앗고 그의 죄상을 낱낱이 밝힌 다음, 그를 빈 가마니에 넣어 읍에서 삼십 리 떨어진 곳에 내다버렸다. 이에 조정에서는 사태를 수습하기 위해 안핵사 이면승을 파견하였다. 그는 진압에 성공하여 농민군을 체포하고 그 중 이대성, 한곡일 등 40여 명의 목을 베고 나머지 130여 명을 유배형에 처했다.

한편 이번 곡산 농민봉기는 이전 농민들의 자연 발생적인 난과 질적으로 다른 몇 가지 측면이 드러나 관심을 끌고 있다. 먼저, 이웃 면과 이웃 리 등에 반란 사실을 알리고 이에 호응할 것을 호소했다는 점이다. 이는 고립적인 항쟁의 한계를 벗어날 수 있는 시도라는 측면에서 주목받고 있다. 둘째, 상인들이 대거 참여하고 있다. 이들은 반란이 성공하면 공로자들을 표창하려고 〈수전기〉라는 장부책을 만들어 40여 명의 상인들로부터 거두어들인 금액을 기록하는 등 반란에 필요한 자금까지 확보하는 조직력과 계획성을 보여주고 있다.

한편 1808년에는 단천과 북청에서 연달아 농민들이 봉기하여 관가를 점령하고 관리들을 쫓아내는 사태가 일어나 정부당국을 놀라게 하고 있다. 그런데 이곳 봉기에서도 그 고을 아전들이 적극 참여하고 있어 당국자들은 더욱 놀라고 있다.

### 민란의 발생 주범 '조세 수탈'

### 수령과 향리 협잡, 온갖 방법으로 수탈 … '총액제'도 문제 …

조세를 거두는 방식이 수령과 향리들의 농간으로 파행으로 치달아 백성들의 원성이 각지에서 드높다. 군현 단위로 조세총액이 할당되면 이를 수령과 향리가 가구별로 나누어 부담시키는데 이 과정에서 수탈이 자행된다.

최근 수령 중심의 지방통치권이 강화되면서 수령과 향리들이 협잡해 이득을 챙기는 것이 일상화되고 있는 것이다. 실례로 도망간 이웃집이나 친척의 몫뿐 아니라 지주나 양반들의 몫까지 가난한 농민들이 책임져야 하고, 원하지도 않는 사람에게 억지로 환곡을 떠넘겨 이자를 몇 배로 받는 등 수탈이 심각하다.

게다가 군현 단위로 거둔 조세를 한성으로 보내는 과정에서도 수령들의 착복이 심각하다. 정해진 시일을 일부러 늦춰가면서 쌀값의 차이를 이용해 이득을 보는가 하면, 아예 돈을 가지고 한성에 가 쌀을 사서 정부에 납부하는데 이 과정에서 횡령을 일삼는다.

전라도의 한 농민은 "예전에는 군역을 부담하는 것이 우리네 농민에게 가장 큰 부담이자 고역이었는데 이제는 원치도 않는 환곡을 떠맡아 이자 내느라 정신없습니다. 그뿐인가요? 말만 모두 함께 부담하는 총액제이지, 결국 양반지주들의 몫까지 우리들이 내야 하니 죽을 지경이지요"라며 불만을 토로했다.

---

## 쌀값, 폭등세

### 경강 상인들 독점판매, '가격조작'

한성 주변에서 활동하고 있는 상인들(경강 상인)이 각지에서 올라오는 쌀을 독점적으로 매입해 판매하면서 쌀값을 마음대로 조장하고 있어 사회 문제가 되고 있다. 서울 양곡의 주공급원인 쌀을 매점하여 쌀값이 오른 뒤 비싼 값에 파는가 하면, 지방에 흉년이 들어 품귀가 되면 미리 비축해두었던 쌀을 지방으로 가져가 막대한 이익을 취하고 있다. 이런 매매행위는 많은 미곡을 장기간 매점할 수 있는 자금의 여유가 있고, 각 지방의 미가 차이를 신속하게 알 수 있는 정보력을 갖춘 거대상인들이 주도하고 있다. 한성뿐 아니라 지방 곳곳에 흉년이 계속되고 있는데, 식량인 쌀을 매점매석하는 것은 사회적으로 지탄받아 마땅한 일이라는 비난이 크게 일고 있다. 서울 왕십리에 산다는 한 백성은 "쌀을 몇 석씩 쌓아놓고 사는 갑부라면 몰라도 저같이 그날 벌어 그날 먹는 영세민은 상인들의 농간에 견딜 수가 없다"고 한숨을 지었다.

---

## 잇달은 괘서·투서 …

### 정부 비방·체제 전복 선동 내용

**1801년** 경상도 하동과 의령, 인동 등에서 유언비어가 퍼지고 괘서가 곳곳에 나붙는 일이 공공연히 벌어지고 있다. 대개 장시나 포구를 중심으로 민심을 부추기는 말들이 퍼지는가 하면, 마을 입구의 장승 근처 등 사람들의 왕래가 많은 곳에 정부를 비난하거나 봉기를 선동하는 글들이 나붙는다고 한다. 또한 일정한 장소에 괘서를 붙이는 방법에서 더 나아가 중앙 정부나 지방 관아에 투서를 보내는 일도 많아졌다고 한다.

이런 상황은 정조의 급작스러운 죽음과 어린 군주의 즉위, 뒤이은 정순왕후의 수렴청정 등으로 권력이 급작스럽게 교체되는 가운데 발생하고 있어 정부에 적지 않은 충격을 주고 있다. 의령에서 괘서를 써붙였던 훈장 출신 이호춘이라는 자는 "세상이 혼란해야 나같은 무리가 몸을 일으킬 수 있는 기회가 생긴다"며 공공연한 도전의지를 표명하고 있다. 괘서나 투서를 일삼는 사람들은 대개 중앙 정치에 불만을 품은 몰락 양반이나 몰락 지식인이라고 하며 황해도를 포함한 서북지역 출신들이 많다고 한다.

특집　'전환시대의 논리' 신사상 실학

# 사회개혁론으로 무장, 성역없는 연구활동 전개

## "철두철미한 개혁만이 죽어가는 조선사회를 소생시킬 수 있다"

정국이 소연하다. 개혁의 기치를 내걸고 민생 안정과 민의 수렴에 앞장섰던 정조 임금이 급서하자 보수적인 반동의 물결이 밀려오고 있다. 역사는 일진일퇴를 거듭하면서 발전한다는 것을 실감케 하는데, 이는 바로 지금이 시대적 전환기라는 사실을 웅변으로 말해주는 것이다.

세상이 바뀌면 사람의 생각도 바뀌는 것은 당연한 이치. 그래서 주자학에만 매몰되어 있는 양반관료나 지주들과는 생각을 달리하는 사람이 여기저기서 자꾸 생겨나고 있다. 말하자면 조선사회의 모순을 개혁하여 새로운 사회를 만들자는 것인데, 모순이 격화될수록, 또 정조 때처럼 개혁적인 분위기가 무르익을수록 그런 생각이 자꾸 커지면서 학문으로서 체계적인 연구가 이루어지고 있다. 바로 실학이 그것이다. 여기서는 실학의 형성과정과 내용을 간단히 정리하기로 한다.

편집자 주

**사회모순 격화될수록 실학의 내용 '풍성'**
**시대의 문제에 답하는 '지식인 운동'**
**향후 새 사회 열어갈 정신적 지향점 제시**

이 생각한 개혁론의 핵심은 토지개혁론에 있다. 지주-전호의 토지제도를 고수하는 가운데 부세제도의 개편으로 사회안정을 추구하려는 지배층의 견해에 대해, 이들은 토지제도의 개혁으로 농민생활을 근본적으로 안정시켜야 한다는 생각이었다.

토지개혁은 불가능하다는 주자의 말씀이 풍미하는 조선 학계에서 한백겸은 토지개혁을 주장하진 않았지만, 평양에 기자정전이 실재했음을 밝혀냄으로써 고대 정전제(井田制)의 이념에 입각한 토지개혁이 가능할 수 있다는 실증적 근거를 마련했다.

유형원은 주자학 일변도의 학계 풍토에서 이를 멀리하고 직접 유교 경전을 재해석하면서 봉건사회 개혁론의 근거를 마련했다. 그는 균전제(均田制)를 주장, 국가의 모든 토지를 공유로 한 다음 농사짓는 농민들에게 1경씩 분여할 것을 제안했다. 또 반상차별의 신분제도도 개혁할 것을 주장했다. 그러나 이 시기만 하더라도 소수 몇몇 지식인들만 이런 주장을 펴고 있었다.

### 18세기, 하나의 학파로 자리잡아

실학은 18세기에 이르면서 학문적으로 체제가 잡히고 하나의 학파로 발전하게 된다. 이 시기에는 17세기 이래의 농촌사회 모순이 더욱 첨예화 되는 한편 민간의 상업과 수공업이 본격적으로 발전하면서 빈부간의 사회적 갈등이 더욱 증폭되었다. 게다가 경제변동에 수반하여 신분질서도 무너지고 있었다.

그러나 정치적으로는 서인이 노·소론으로 분열하는 가운데 노론이 점차 정권을 장악해 가는데, 이들의 사회문제 해결책은 기존의 봉건체제를 고수하는 가운데 부분적인 개량을 통해 사회안정을 기하려는 것이었다.

이에 반해 권력에서 멀리 있던 남인계통이나 소론계열의 학자들은 봉건체제를 대수술하여 사회모순을 근본적으로 해결할 것을 주장했는데, 그 가운데 대표적인 학자가 바로 이익이다. 그는 한전론을 통해 장기적으로 토지소유의 균등화를 기하자고 주장하고 신분제도를 과감하게 개혁하여 노비제를 없애고 반상의 차별을 철폐할 것을 제안했다. 또 이익의 문하에 많은 남인 학자들이 모여듦으로써 실학은 바야흐로 하나의 학파와 학풍을 이루게 되었다.

이중환, 이가환, 안정복, 신후담, 권철신, 윤동규, 이병휴 등이 그들인데, 이들은 사회개혁론뿐만 아니라 지리학, 역사학, 국어학, 경학 등 우리문화의 제 분야를 실증적으로 연구하고 정리해 나갔다.

18세기 후반에 이르면 상품화폐경제의 발달이 본격화하여 농촌경제가 이에 편입되면서 부의 집중이 더욱 심화되었고 신분질서는 해체단계에 접어들었다. 사회적 모순이 그만큼 첨예화된 것이다. 이를 반영하여 노론 계열 가운데 일부 젊은 학자들도 사회개혁을 주장하고 나섰다.

홍대용, 박지원, 박제가 등이 그들인데 이들은 봉건사회의 차별적인 신분제를 철폐할 것과 토지소유의 균등화를 주장하였다. 또 청의 발달된 문물을 도입하여 과학기술과 상업을 발전시킬 것도 제안하였다. 이 시기에 이르러 실학은 가히 융성기에 접어들었다고 할 수 있다.

### 19세기, 정치적 탄압 속에 내적인 성숙

19세기 들어 노론 집권세력의 보수반동체제가 시작되면서 봉건체제의 모순은 더욱 격화되고 있다. 그러나 현상적으로는 극렬한 탄압으로 학문과 사상의 발달이 크게 위축되는 경향을 보이고 있다. 그런 분위기 속에서 실학도 양적으로는 위축되는 양상을 보이고 있으나, 내용상으로는 지금까지의 개혁론이 집대성되고 심화되고 있다.

대표적인 학자로 노론정권에 의해 강진에 유배되어 있는 정약용을 꼽을 수 있다. 그는 선배학자들의 지금까지 개혁론을 총괄하면서도, 이를 그가 살고 있는 19세기 현실을 타개할 수 있는 개혁론으로 한 차원 높게 발전시키고 있는 중이다. 그는 신분제도의 혁파를 주장함은 물론 토지제도에서도 여전제(閭田制)를 시행할 것을 제안하고 있는데, 이는 토지를 농민들이 마을단위로 공동경작하여 그 수확을 노동량에 따라 분배토록 하자는 것이다. 또 관리도 그 가운데서 농사 잘짓고 학식있는 사람을 발탁해야 한다는 주장이다. 지주들에 의한 토지겸병이 극에 달해 빈부간의 대립이 격심한 농촌사회 현실을 감안할 때 이는 토지개혁의 차원을 넘어 산업생산과 사회운영이 어떤 원리에 의해 이루어져야 하는가를 제시한 획기적인 생각이다. 부익부 빈익빈과 약육강식이 전면화되는 19세기 사회현실에 대해 실학사상이 제시한 개혁론의 결론인 셈이다.

이처럼 실학은 임란 이후 격화되는 사회모순을 개혁하여 사회체제를 안정시키기 위한 사상적 노력에 의해 발전해왔다. 시대가 내려오면서 사회모순이 격화됨에 따라 실학적인 개혁론을 주장하는 학자층도 남인계통의 학자들에서 소론이나 노론학자들로 확대되었다. 이와 함께 학문적 관심도 경학, 역사학, 지리학, 국어학, 자연과학 등으로 확산되었다.

그러나 실학은 노론 집권세력의 사상과는 반대되는 입장에 있어 정책으로 채택되거나 시행되진 못하고 있다. 그렇지만 이는 조선 사상계의 한 저류를 형성하여 전환기에 처한 조선사회가 새로운 사회를 열어 나가는 데 아주 중요한 정신적 자양이 될 것으로 보인다.

---

## 실학의 형성과정

### 17세기, 임진왜란 이후 사회적 위기에 대한 대처방안 모색에서 출발

실학은 임진왜란 이후 점점 높아가는 사회적 위기에 대한 대처방안을 모색하는 과정에서 형성되었다. 조선사회는 임란 이후 시급히 경제를 복구하고 무너져내린 사회질서와 국가체제를 정비해야 했다. 그런 가운데 17세기 들어 본격적인 전후 복구사업이 이루어지면서 농업생산도 급속히 회복되었다. 또 17세기 후반 이래 이앙법 등의 새로운 농법이 보급되면서 농업생산력은 오히려 놀랄 정도로 발달하였다.

그런데 이런 농업발전은 사실 지주층이 중심이 되어 끌고갔던 것으로, 그 결과는 당연히 지주제의 발전과 지주들의 토지확대로 귀결되었다. 다른 한편 영세소농들은 토지를 잃고 몰락해갔고, 이로 인해 사회적 갈등과 불안이 고조되었다. 따라서 이런 갈등을 해소하기 위한 방안을 모색하는 식자라면 누구나 이런 사회 현실을 어떻게 타개할 것인가를 진지하게 모색하지 않을 수 없었다.

실학은 이런 과제를 해결하기 위해 이 시기의 진보적 지식인들이 제안한 사회체제 개편방안이다. 이 시기의 대표적인 실학자로는 한백겸, 유형원 등을 꼽을 수 있는데, 이들

---

## 실학사상 계보

| | 소론 | 남인계 | 노론북학파 |
|---|---|---|---|
| 17C | | 허 목 | |
| 18C 전반 | 박세당 | 유형원 | |
| 18C 후반 | 유수원 서명응 | 이 익 이가환·이중환·안정복 | |
| 19C | 서유구 | 정약용 | 홍대용· 박제가·박지원 |

---

## 각 분야의 대표서적

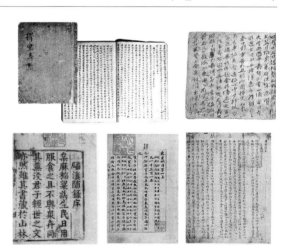

| 농업 | 홍만선「산림경제」, 박세당「색경」, 박지원「과농소초」 서유구「임원경제지」 |
|---|---|
| 과학 | 홍대용「담헌서」·「주해수용」, 정약용「마과회통」 정약전「자산어보」 |
| 지리 어문 역사 | 이중환「택리지」, 정상기「팔도도」, 정약용「아방강역고」 신경준「훈민정음운해」, 유희「언문지」 안정복「동사강목」, 이긍익「연려실기술」, 유득공「발해고」 정약용「아방강역고」, 한치윤「해동역사」 |
| 백과, 사상 | 이수광「지봉유설」, 유형원「반계수록」, 이익「성호사설」 유수원「우서」, 박제가「북학의」 정약용「목민심서」·「경세유표」·「흠흠신서」 |
| 기행 | 박지원「열하일기」, 홍대용「담헌연기」 |

## 실학사상의 구조

### '봉건 사회 개혁론'이 핵심

# "과감한 토지개혁, 신분차별 철폐"

실학자들이 활동하던 17,8세기와 19세기 초엽은 조선사회 전반이 동요하는 전환기였다. 경제적으로 상품화폐경제가 발달하는 가운데 지주들의 토지겸병이 확대되어 농촌사회의 모순이 가중되고 있었고, 사회적으로는 봉건적인 신분질서가 무너져갔다. 이처럼 사회 전반이 격변하는 현실을 겪으면서 실학자들은 이를 수술하기 위해 국가체제 전반에 대한 개혁론을 구상하고 있었다. 그 골격을 분야별로 살펴보기로 한다.

### 정치운영론
#### 국왕 중심의 정치운영 주장

정치의 운영 주체를 누구로 볼 것인가를 놓고 남인 계열의 개혁적인 학자들과 노론계열의 집권세력이 견해를 달리 하고 있다. 노론계열의 정치운영론은 '신권중심론(臣權中心論)'으로 집약된다. 이들은 정치는 왕의 뜻을 받들어 신료인 사대부들이 담당해야 한다는 논리를 펴는데, 이것은 바로 집권 노론세력의 정권 장악을 이론적으로 뒷받침하는 것이다.

이에 반해 실학자들은 대체로 국왕중심의 정치운영을 주장하고 있다. 이들은 양반사대부의 권한이 커지면 커진 만큼 위로는 국왕의 힘이 약화되고 아래로 백성들에 대한 수탈이 가중된다고 보고, 군주권의 강화를 통해 이들 세력을 견제함으로써, 농민층의 생활을 안정시킬 수 있다는 주장이다. 그런 생각에서 실학자들은 자신들이 구상하는 사회경제 개혁방안도 강력하고 어진 군왕의 결단에 의해 실현될 수 있다고 보고 있다.

이들이 강력한 군주권을 내세우는 것이 봉건적인 왕조체제를 강화하자는 것은 아니다. 그들은 조선과 같은 체제하에서는 국왕의 강력한 권력과 결단이 있어야 개혁이 가능하다고 생각한 때문이다. 군주권 강화를 주장하는 정약용이 권력은 백성들이 위임한 것이라는 생각도 함께 갖고 있는 것을 보면, 이런 생각은 더 발전하여 장차 새로운 시대를 열어가는 정치사상으로 비약할 수도 있을 것으로 전망된다.

### 경제개혁
#### 토지는 국가의 것, 농민에게 나눠줘라

실학자들은 대부분 기본적으로 토지는 나라의 것으로, 직접 농사를 짓는 농민들에게 나눠줘야 한다는 생각을 갖고 있다. 이런 생각을

---

### 주자학으로부터 벗어나 각 학문 분야 심도있는 연구 '새로운 국학'으로 자리매김

---

가장 대표적으로 담고 있는 것이 유형원의 균전론이다. 그러나 이런 원칙에 입각한 토지개혁은 현실적으로 대토지소유자인 양반사대부들의 반대로 실현되기 어렵다는 점을 감안하여, 토지사유는 인정하되 지나친 대토지 겸병을 억제하기 위해 토지소유 상한선을 정하고, 또 농민들이 갖고 있는 최소한의 토지는 나라의 승인 없이는 팔지 못하게 하자고 주장했다. 이익의 한전론이 대표적이다. 이후 여러 학자들도 이런 취지에 공감하고 이를 실행하기 위한 여러가지 방안을 제안했다. 19세기에 이르러 정약용은 한걸음 더 나아가 여전제를 통해 생산에 있어서도 공동경작과 공동분배를 제안하는 획기적인 방안을 마련하였다.

또 상품화폐경제가 날로 발달하는 가운데 실학자들은 기본적으로 유무상통에 입각한 유통경제의 발달을 주장해왔다. 그러나 이것은 어디까지나 농민경제의 안정과 발전이라는 기본목표를 달성하는 방향으로 이루어져야 한다는 주장이다.

### 신분제도 개혁
#### 신분차별 완전 철폐 주장

신분제는 봉건사회를 지탱하는 중요한 기둥이다. 날 때부터 타고난 신분에 의해 양반들의 특권이 보장된 봉건사회는 18세기 이래 급격히 붕괴되고 있다.

이런 현실 속에 보수적인 양반관료 일반이 신분질서의 재확립을 강조하는데 반해, 실학자들은 모두 신분제도의 점진적인 개혁을 주장하고 있다. 이들은 무엇보다 양반들의 특권을 없앨 것과 양반도 무위도식하지 말고 생업에 종사할 것을 주장하고 있다.

또 노비제도에 대해서도 기본적으로 노비제도의 폐지를 상정하고 단계적으로 우선 세습과 매매라도 없앨 것을 제안하고 있다. 실학자

---

들의 이처럼 신분제도에 대해 진보적인 생각을 갖는 것은 인간의 존엄과 평등에 대한 자각에서 말미암은 것이다. 이들은 누구나 신분에 관계없이 교육을 받을 수 있고 자유롭게 자신의 능력을 발휘하고 관직에도 나갈 수 있는 그런 사회로의 개혁을 추구하고 있다.

이런 그들의 구상은 18세기 조선 사회의 현실을 반영하는 것으로 실제의 역사적 추세는 그런 방향으로 전개되고 있다.

### 주자학에 대한 비판
#### 수직적 가치질서 부정

주자학은 조선사회의 국가적 이념이다. 조선의 정치는 물론 사회생활 전반이 주자학에 의해 규율되고 있다. 주자학은 우주자연의 이치를 상,하, 대,소, 장,단의 차별적이고 수직적인 것으로 파악하고 인간사회의 질서도 이처럼 수직적이고 차별적인 관계로 설정하였다.

그러나 실학자들은 이러한 수직적인 질서를 부정하고 수평적인 질서를 추구하고 있다. 이들은 주자나 그를 추종하는 주자학자들과는 달리 유교경전 가운데 평등적인 요소를 끌어내 봉건사회를 개혁할 수 있는 이념을 정립코자 하고 있다.

또 실학자들 가운데 소론계통의 학자들은 유교 경전 외에도 양명학이나 노장사상, 나아가 불교사상까지 섭렵하여 이로부터 반주자학적인 사상을 발전시켜가고 있다.

### 중화의식의 극복
#### "조선을 새로 보자"
#### 각 분야에 걸쳐 연구 활발

주자학자들의 세계질서관은 중국 중심의 화이론적(華夷論的) 세계관이었다. 세계는 화와 이로 갈라지는데 화는 문화이고 이는 야만이며 화는 중국이고 이는 변방의 종족들이라는 것이다.

그 가운데서 조선은 중화의 모조판이자 축소판인 소화(小華)라고 생각해왔다. 이 화이론은 각 나라를 중국을 중심으로 수직적, 서열적으로 위치시켜 그에 따라 가치를 차등화시키고 있다.

그러나 실학자들은 이러한 세계관을 극복하여 각 나라의 독자성과 독립성을 인식하고, 각 나라의 관계를 수평적·병렬적인 것으로 파악하고 있다. 이러한 의식이 확립되면서 조선을 알아야 한다는 생각을 갖게 되었고, 따라서 조선의 역사·언어·지리·자연 등 각 분야에 대한 연구가 활발히 이뤄지고 있다.

---

#### "농촌현실 체험, 사회개혁론 연구" 유형원(1622-1673)

서울에서 출생. 일찍 아버지를 여의고 외삼촌과 고모부 밑에서 글을 배움. 32세의 젊은 나이에 전라도 부안으로 내려와 피폐해져 가는 농촌현실을 체험하면서 사회개혁론 연구에 몰두. 그가 살았던 부안은 평야가 발달한 농촌지역인데다 이웃 줄포를 통해 물산의 교역이 활발히 이뤄지고 있어서 농촌사회 내부의 부익부 빈익빈이 심화되고 있었다. 그는 특정한 스승 없이 이런 농촌사회 현실을 고뇌하면서 스스로 독학하여 자신의 학문체계를 세웠다. 그는 일찍부터 유교경전을 주자와는 다른 각도에서 해석하면서 자신의 사상을 다듬어나갔는데 그 과정에서 남인 학자 허목과 의견을 교환하기도 했다. 상당한 재산과 토지를 가진 것으로 알려졌으나 검소한 생활을 하였고, 여행을 자주 하면서 민생을 두루 살폈다. 그가 죽은 후 그의 저술이 영조에게 알려져 그의 개혁사상에 공감한 영조의 지시로 「반계수록」이 간행되었다.

#### "많은 후학 배출, 실학 학풍 일으켜" 이익(1681-1724)

남인계열인 부친은 허목과 함께 당쟁에 휘말려 평안도로 유배되었다. 그는 이 비운의 유배지에서 태어났는데 돌이 채 되기도 전에 아버지를 잃었다. 둘째형은 장희빈을 옹호하다가 노론세력의 모함으로 죽었다. 본래 벼슬에 뜻이 없던 이익은 이런 사건이 있은 후로 고향 안산에 돌아가 일생동안 학문연구와 제자 양성에 전념하였다. 그가 살았던 곳은 인천, 수원과 접경 지역으로 상업이 발달한 곳이어서 상품화폐경제의 발달로 상업자본에 의해 농촌경제가 파괴되는 것을 보았다. 그래서 그는 상품화폐경제의 발달을 경계하고 유통구조를 농민층이 유리하게 개혁할 것을 주장하였다. 그는 안산에서 개혁사상 연구에 몰두하는 한편 기호지방의 많은 남인학자들 가르쳐 실학의 학풍을 크게 일으키고 있다.

#### "중국에 다녀온 뒤 열하일기 저술" 박지원(1737-1805)

이름난 노론 명문가에서 태어난 그는 어려서 부모를 여의고 할아버지 슬하에서 자랐는데, 집안형편은 양반의 체면을 유지하기도 어려울 정도로 가난했다. 그는 어릴 때부터 집에 드나드는 늙은 종들한테 세상돌아가는 이야기를 듣거나 할아버지 사랑방에서 양반관료들의 추악한 이야기를 들으면서 이웃의 미천한 사람들과 함께 자랐다. 15세까지 글을 쓸 줄 몰랐는데 결혼하면서 글공부를 시작해 20대에 해박한 문장으로 장안에 이름을 떨쳤다. 30대 초반 홍대용, 이덕무, 유득공 등과 실생활에 필요한 학문에 힘쓸 것을 토론하는 등 개혁적인 생각을 가졌다. 그러나 그는 날카로운 비판의식 때문에 당대 권신이었던 홍국영의 박해를 받아 황해도 금천 연암에 은거하면서 곤궁하게 살았다. 그곳에서 농촌현실을 체험하면서 토지제도의 개혁의 필요성을 절감하였다. 홍국영이 실각한 뒤 관직에 올라 고을 수령을 지냈고 중국에 다녀온 뒤 쓴 「열하일기」가 유명하다.

#### "한반도 상업에 종사해야 한다고 주장" 박제가(1750-1801)

서울에서 승지 박평의 서자로 태어나 일찍 아버지를 여의고 편모 슬하에서 가난과 멸시 속에 자랐다. 어머니가 북촌의 대갓집 삯바느질로 생계를 연명했다. 어려서부터 시, 서, 화에 능해 문명을 떨쳤으며 19살 때 박지원을 만나 개혁적인 생각을 갖게 되었다. 이 때 이서구, 유득공, 홍대용, 이덕무 등과 청나라의 우수한 문물을 배워야 한다는 토론을 많이 했다. 30살에 정조의 특별한 배려로 이덕무, 유득공 등과 함께 규장각 검서관에 임명되었다. 그는 서자라는 신분적 차별 속에 자라 양반들의 위선과 허식을 누구보다 통렬하게 비판하고 양반들도 상업에 종사해야 한다는 양반상인론을 주장하였다. 또 청나라를 다녀와 제반 문물이 우수함을 보고 이를 적극 도입하여 상공업을 발전시킬 것을 제안한 [북학의]를 썼다. 1801년 역모사건에 연루된 혐의로 종성에 유배되어 있다.

#### "조선사회 근본 개혁 위한 개혁 방안 연구" 정약용(1762-1836)

아버지는 남인 계열로 일찍 벼슬에 나가 지방수령을 지냈는데 사도세자가 참사되는 것을 보고 벼슬을 사직했으며, 어머니는 남인 출신으로서 화가로도 유명했던 윤두서의 손녀이다. 이런 분위기 속에서 자란 그는 15살에 서울로 올라와 공부하였다. 이익의 제자인 이승훈이 매부여서 그로부터 이익의 학문과 사상을 접하고서 생각의 기틀을 잡게 되었다. 총명하고 개혁적이어서 정조로부터 총애를 받았다. 36살 때에는 민란이 자주 일어나던 황해도 곡산부사로 부임했는데 난을 일으켰던 이계심이란 자가 민폐 10여 조목을 적어들고 찾아오자 그를 징벌하는 대신 "관이 모르는 것을 알려주었으니 오히려 천금으로 사들여야 마땅하다"고 하면서 방면했던 일화가 유명하다. 한 때 천주교를 믿었으나 정치적으로 문제가 되어, 신앙을 부정하고 학문적인 차원에서 깊이 연구했다. 그러나 이것이 빌미가 되어 신유사옥으로 형제가 처형, 유배되는 비운을 겪었다. 지금은 강진 유배지에서 날로 피폐해져 가는 농촌현실을 목도하면서 조선사회를 근본적으로 뜯어고칠 수 있는 개혁방안의 연구에 몰두하고 있다.

## 이번 호의 인물　　정약용

### 평등한 세상을 꿈 꾼 개혁 사상가

누군들 일생에 굴곡과 풍파가 없으리오만 정약용의 경우는 너무 안타깝다. 9대째 계속 홍문관에 오른 명문대가, 그래서 정조가 "옥당(홍문관의 별칭)은 정씨 집안의 상속물"이라고 찬양했던 정약용 집안의 4형제가 정조의 죽음과 함께 풍비박산이 난 것이다. 4형제가 모두 학문이 뛰어나고 생각이 고루하지 않아 새로운 문물의 수용에 적극적이었고 새사상을 모색하는 가운데 천주교를 믿게 되었다. 정조 때는 그의 비호로 무사할 수 있었지만 그가 죽자, 남인세력의 떠오르는 별이었던 이들 4형제를 노론측이 그냥 둘리 만무한 일. 신유 사옥으로 약종은 처형되었고, 약전과 그는 겨우 목숨을 구해 흑산도와 강진에 유배되어 낙백의 시절을 보내고 있다.

그러나 그의 위대함은 그런 고난에도 굴하지 않고, 우리 모두가 어렴풋이 꿈꾸고 있으나 그 누구도 명확하게 그려내지 못한 새세상의 모습을 선명하게 그려낸 데 있다. 그는 봉건사회의 울타리를 훌쩍 뛰어넘어 누구나 신분차별 없이 평등하고 자유롭게 능력을 발휘하며 살 수 있는 그런 세상을 우리에게 열어보이고 있는 것이다. 또 이런 그의 생각은 그만의 독창이 아니라 유형원 이래의 수많은 선배 학자들의 생각을 한데 묶어 이를 한차원 끌어올렸다는 데서 더욱 빛이 난다. 스스로 "나의 큰 꿈은 성호 이익을 사숙함으로써 깨달은 것"이라고 밝혔듯이 이가환, 이승훈 등을 통해 이익의 학문을 배움으로써 그의 개혁사상은 영글 수 있었다.

그는 지금 강진 유배지에서 고금의 경서를 섭렵하고 날로 피폐해져가는 백성들의 현실을 고뇌하면서 새세상의 모습을 완성하는 데 몰두하고 있다. 그러나 어찌 그인들 회한이 없겠는가. 신유사옥 때 먼저 간 사람들에 대한 죄책감이 마음을 옥죌 것이고, 멀리 흑산도에 유배 중인 약전 형과 고향의 혈육들도 눈앞에 가물거릴 것이다. 새로운 시대를 열어가는 위대한 사상은 고통 속에 잉태되는 법. 우리 시대가 낳은 불세출의 대학자 정약용이 하루빨리 자유의 몸이 되길 빌어본다.

본관은 나주. 1762년생. 호는 다산. 주요저서로 「목민심서」, 「경세유표」, 「흠흠신서」가 있다.

### "백과사전 나왔다"

### 대학자 이덕무의 손자 이규경,
### 60권 60책 분량 「오주연문장전산고」 완성
### 천문에서·곤충까지 천4백 항목 포괄

1810년 우리나라는 물론 중국 및 다른 나라에 관한 모든 사항을 망라해 60권 60책이라는 방대한 분량으로 정리한 백과사전이 나왔다.

내용은 천문, 역법·수리로부터 경제·문학·문자·초목·어충 등 1400여항에 달한다. 이 책은 수시로 생각나는 것을 기록해뒀다가 모아 정리한 것으로 체계적으로 정리되지 않았다는 문제점은 있다. 그러나 이와 같은 흠에도 불구하고 실로 그 방대함은 높이 살만하다.

이런 방대한 저술이 나올 수 있기까지는 집안의 학문 풍토가 큰 영향을 끼친 것으로 알려지고 있다. 그의 할아버지인 이덕무는 규장각 4검서 중의 한 사람이었고 북학파인 유득공, 박제가 등과 친해 새로운 사상에 심취해 있었던 것이다.

## 미술 대중화 바람

### 붓 가는 대로 자유롭게 일상의 사물 그려
### 그림 수요 일반에 확산 … 부적으로도 사용

최근 이름 없는 아마추어 화가들이 그린 민화가 선풍적 인기를 끌고 있다. 우리 일상생활과 밀접한 것들을 소재로 하는데다 화법이 자유분방해 집안에 걸어놓고 보면 볼수록 애착이 간다. 더구나 나쁜 귀신을 몰아내고 경사스런 일을 불러들이는 일종의 부적과도 같이 활용돼 수요는 더욱 늘어날 전망이다.

민화는 기존의 문인화와 비교해볼 때 대단히 파격적인 화법을 구사한다. 굳이 원근을 고려해 그리지 않으며 심지어 가까이 있는 것을 작게, 멀리 있는 것을 크게 그리는 역설적 화법도 동원한다. 입체감도 무시하고 평면적으로 그리는 것도 특징.

동물들을 소재로 할 경우 민간 설화나 우화를 우스꽝스럽게 표현한 것이 많다. 그림도 보고 얘기도 감상하는 이중의 즐거움을 맛보는 것이다. 불교나 도교 계통의 설화를 모티프로 해 단순한 감상을 넘어 액을 물리치고 복을 가져오도록 비는 역할도 한다. 또 충·효·예와 같은 글자를 가지고 이리저리 장난을 쳐 글자가 원래 지니고 있는 무거운 느낌을 한결 가볍게 해준다.

이런 민화가 유행하는 것은 그림에 대한 수요가 양반층에서 일반 백성으로 확산되고 있음을 보여주는 것이다. 문화 향수의 폭이 넓어지고 있다는 얘기다. 일반 백성들로서는 사대부들이 즐기는 문인화를 소장하기에는 무리가 따르니 주위에서 손쉽게 구할 수 있는 이런 민화가 제격이다. 뿐만 아니라 민화는 그 안에 담긴 이야기를 통해 거드름 피는 양반님네들을 통쾌하게 풍자하는 경우도 간혹 있어 민중들의 민화 사랑은 갈수록 더해질 전망이다.

### 「동국세시기」에 나타난 우리의 세시풍속

### 2월 초하루는 노비의 날, 삼짓날 흰나비는 흉조
### 칠석날밤 별 보면 재수없다
### 섣달 그믐에는 오줌에 담근 달걀 삶아먹어야
### 향토음식과 토속주도 다양

홍석모가 각 지방의 연중 풍속을 월별로 정리하여 화제가 되고 있다. 「동국세시기」가 그것인데 상스럽게 보이는 풍속도 빠짐없이 수록해 민속자료로 가치가 높을 것으로 보인다. 그중 재미있는 풍속을 소개한다.

**정월** 세배는 보통 설날 아랫사람이 윗사람에게 하는 것인데, 한성에서는 동년배이고 막역한 사이인 경우 "우리 세배합시다"라며 맞절로 세배를 교환하는 풍습이 있음을 수록했다. 정월에는 액땜과 관련된 풍속이 많은데 밤에 남의 신발 감추기, 체 내걸기, 쥐불놀이 등을 자세히 소개하고 있다.

**2월** 초하루가 노비의 날. 송편을 손바닥만하게 크게 만들어 집안 일꾼들에게 나이 수대로 먹인다.

**3월** 삼짓날 무렵 나비가 꽃을 찾아 날아들기 시작하는데, 노랑나비나 호랑나비를 맨 먼저 보게 되면 소원이 이루어질 길조이고 흰나비를 먼저 보면 부모상을 당할 흉조.

**5월** 단옷날 일찍 상추를 뜯다가 잎사귀에 맺힌 이슬로 아이들 얼굴을 닦아주면 더위를 먹지 않는다.

**7월** 칠석날 밤 별을 보면 근심이 생긴다. 견우와 직녀의 슬픈 이야기가 어려 있는 하늘이기 때문. 꼭 별을 보고 싶으면 그릇에 물을 담아 물에 비치는 별을 보면 된다.

**섣달** 그믐날에는 달걀을 오줌에 담갔다가 꺼내어 삶아먹는다. 질병과 부스럼을 예방하고 특히 염병에 특효가 있다는 것.

월별 풍속 외에도 진달래 화전, 탕평채 등 향토음식은 물론 두견주, 도화주, 송순주 등 술을 소개해 우리 민족의 멋과 풍류를 한껏 펼쳐 놓고 있다.

## 프랑스 민중들,
## 혁명 10년만에 황제 내세워

### 나폴레옹 황제에 등극

1804년 프랑스의 나폴레옹이 황제에 즉위했다. 지난 1799년 온건파인 지롱드 당이 집권력을 잃고 허약해진 틈을 타 이른바 '브뤼메르 18일'로 이름 붙여진 쿠데타를 일으켜 수석 통령의 지위에 오른 그가 이번에 국민투표를 거쳐 당당하게 황제 자리에 오른 것이다.

루이 16세를 단두대로 보내 처형하고 공화정을 수립했던 혁명 15년만에 프랑스에서 황제가 추대된 것에 유럽 각국들은 놀라고 있다. 이는 혁명 뒤 프랑스에 국내외적으로 극도로 어수선한 상태가 지속, 민중들이 강한 지도력을 가진 지도자를 원하게 된 결과로 분석되고 있다.

나폴레옹은 프랑스 대혁명에 대한 유럽 각국의 반혁명전쟁에 참전, 1793년 영국과의 전투를 승리로 이끌어 국민적 영웅으로 떠올랐었다. 따라서 그는 혁명과는 어울리지 않는 황제 자리를 바로 혁명 수호 전쟁을 통해 얻은 셈이어서 유럽 정치의 아이러니를 보여주고 있다.

# 역사신문

# 홍경래반란, 평안도 휩쓸어

## "정권 타도, 한성 진격", 정부 '초긴장' … 현재 청주성에서 대치

정부군이 정주성에서 농민군과 대치하고 있는 광경. 농민군의 공격에 대비하여 부대별로 목책 안에 들어가 있다. (순무영진도)

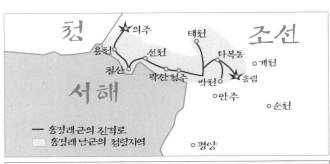

1811년(순조 11) 평안도지역에서 홍경래 등이 주동한 대대적인 농민반란이 일어나 평안도 일원을 장악하는, 건국 이래 최악의 사태가 발생했다. 반란군들은 평안도 다복동에 집결하여 봉기한 것으로 알려지고 있으며 평서대원수 홍경래, 총참모 우군칙, 참모 김창시, 선봉장 홍총각, 이제초, 후봉장 유후험, 도총 이희저, 부원수 김사용 등 관군에 버금가는 진용을 갖춘 것으로 확인됐다. 이들은 12월 18일 봉기에 앞서 발표한 격문에서 "나이 어린 임금 아래에서 권세 있는 간신배들이 국권을 농단하니 백성의 삶이 거의 죽음에 임박하였다"며 자신들의 봉기가 정치적인 성격을 띠고 있음을 분명히 밝혔다.

농민군은 남진군과 북진군의 두 부대로 나눠 봉기 이후 10여 일만에 한때 청천강에서 의주에 이르는 지역 대부분을 접수하는 위력을 보였다. 농민군은 여세를 몰아 평양을 접수할 계획이며 최종적으로 한성으로 진격, 정부를 타도하겠다는 혁명의 의지를 피력했다. 그러나 12월 29일 평안병사 이해우가 이끄는 관군에게 송림리 전투에서 패한 뒤 전세가 일단 꺾여 현재는 정주성으로 들어가 농성하고 있는 상태다.

한편 정부는 봉기 정보를 나흘이 지난 다음에야 보고를 받는 등 충격을 받고 우왕좌왕했으나, 현재는 총력적인 반란진압에 나서고 있다. 그러나 반란군이 지역민들로부터 상당한 호응과 지원을 받고 있는 것으로 밝혀져 관군의 진압작전은 여의치 않을 전망이다. **관련기사 2면**

평서대원수가 급히 격문을 띄우노라. 무릇 관서 지방은 단군 조선의 터전으로 예부터 문물이 빛났고 임진·병자의 두 병란을 극복하는데 큰 공을 세운 인물이 난 자랑스런 곳이다. 그런데도 조정에서는 이 땅을 천시하니 어찌 억울하고 원통하지 않겠는가? 현재 국왕이 나이가 어려 김조순, 박종경 등 권신의 무리가 국권을 농단하여 정치는 어지럽고 인민은 도탄에 빠져서 헤어날 길을 모르고 있다. 그러나 다행히 제세의 성인이 나타났으니 그 분은 철기 10만으로 부정부패를 척결할 뜻을 가지셨다. 그러나 이 관서지역은 성인께서 나신 고향이므로 차마 밟아 무찌를 수가 없어 관서의 호걸들로 하여금 기병하여 백성들을 구하도록 하였으니 각 군현의 수령들은 동요하지 말고 성문을 활짝 열어 우리 군대를 맞으라. 만약 어리석게도 항거하는 자가 있으면 철기 5천으로 밟아 무찔러 남기지 않으리라.

평서대원수 홍경래

거병일인 12월 18일 저녁, 다복동에서 하늘에 제사지내며 낭독한 격문. 작성자는 반란군 지도부 참모 김창시로 알려졌다. 평서대원수란 홍경래의 직함이며, 내용 중 신령스런 성인은 『정감록』에 나오는 이른바 정진인(鄭眞人)을 가리키는 것으로 보인다.

## 순조, "조속한 반란진압" 당부

### 안주성과 평양을 저지선으로 … 총력 방어 태세

평안도지방 반란 소식을 접한 정부는 12월 22일 조만석을 관서위무사로 파견하여 난의 조속한 진압에 나섰다. 그러나 난이 사전에 치밀하게 조직된 것으로 밝혀져 지방 차원에서 단기간에 진압하기 어려울 것으로 판단, 24일에 중앙 차원의 반란진압 사령부인 양서순무영을 설치하여 거국적 대처에 나섰다.

양서순무영 순무사에는 이요헌이 임명됐는데 국왕 순조가 직접 검을 하사하며 난의 조속한 진압을 당부했다.

한편 지난 12월 18일, 농민군 봉기 직전 안주에서는 이미 낌새가 심상치 않음을 눈치채고 장교와 군졸을 풀어 염탐에 나서게 했다.

이에 따라 18일 저녁 반란군이 봉기를 개시하자, 이튿날인 19일 안주 목사 조종영은 안주성을 반란군의 남진을 막기 위한 거점으로 정하고 방비태세에 들어갔다.

중앙 조정에서는 난 주모자들이 10여 년을 준비해왔다는 보고에 대해 난을 사전에 막지 못한 책임을 물어 정주 목사 및 가산 군수를 해직하고 국왕이 직접 특별 담화를 발표해 난을 수습하도록 지시 했다.

농민군의 주장이 정부 전복을 명시하고 있다는 것이 밝혀지자 정부는 더욱 긴장, 현재 1차 저지선을 안주성, 2차 저지선을 평양으로 삼아 총력 방어태세에 돌입한 상태다.

## 전국 민심 동요 … "통제 불능"

홍경래의 농민군이 평안도 지역을 휩쓰는 대란이 일어난 가운데, 인근 황해도는 물론 전국 각지에서 민심이 극심하게 동요하는 사회심리적 공황현상이 발생하고 있다.

황해도에서는 황주에서 노인담, 김여철 등이 궐기했고, 애진포에서는 김덕춘 등 어민들이 폭동을 일으켜 마장리, 용암리 등 12개 포구를 휩쓸면서 악질 토호들과 선주, 관리들을 처단하고 3백여 호를 불질러버렸다. 재령 지역에서도 백성들이 들고 일어 났다는 소식이다.

한편 수도 한성에서는 평안도 농민군이 한성으로 쳐들어온다는 소식에 사대부들이 동요, 사대문이 피난 수레와 가마로 분주한 상태다. 심지어 현직 관료들조차 처자 등 가족들을 시골에 보내는 등 그야말로 상하를 막론하고 어수선한 분위기이다.

이때를 틈타 강도들이 부잣집을 터는 등 치안부재 현상마저 일고 있어 민심의 동요를 더욱 부채질하고 있다. 이러한 상황은 전국적인 현상이어서 정부의 통치능력에 대한 의구심까지 일게 하고 있다.

## 홍경래 반란 전투 일지

**12월 18일 밤** 1천여 농민군은 남진군과 북진군 두 부대로 나누어 전투를 개시. 주력은 남진군으로 홍경래가 도원수. 남진군은 가산 고을을 습격, 동헌을 점령하고 군수 정시를 처형했으며 뒤이어 김사용이 이끄는 북진군은 곽산을 무혈 접수. 농민군은 각 군의 향임층을 임시 군수격인 유진장에 임명하고 동헌 창고를 열어 곡식과 돈을 백성들에게 나눠줬으며 옥문을 부수고 죄수들을 풀어줌. 그리고 군기고를 탈취, 그 무기로 농민군의 무장을 강화.

**북진군은 다음날 19일,** 정주성을 향해 진격. 정주성에서는 농민군과 미리 내통해 있던 서리 최이윤, 정진교 등이 정주 옥문을 습격, 죄수들을 석방시키며 봉기. 이때 정주 목사는 도망치고 말아 정주성은 농민군의 해방구가 됨. 한편 남진군은 평안도 제일의 장인 진두장을 무혈 접수하고 그곳에 주둔.

**20일,** 남진군은 박천에 무혈 입성했으나 이후 공격 목표를 영변으로 하느냐 안주로 하느냐를 두고 내부 분열. 이때 영변으로 결정이 나자 안주 공격을 주장하던 김대린과 이인배가 앙심을 품고 홍경래를 살해하려다 실패, 처형당했고 홍경래는 이마에 부상을 입어 일단 진격을 멈추고 다복동으로 회군. 북진군도 할 수 없이 정주에서 4일 동안 기다림.

**24일,** 북진군은 다시 진격을 계속, 선천을 점령.

**이어 28일까지** 전투 없이 철산과 용천을 차례로 접수. 농민군은 수천 명으로 불어났으며 점령지의 유진장에는 그 지방의 유력자인 향임층을 임명, 지방민이 농민군에 협력하도록 만드는 방법을 계속 활용.

---

# 대규모 농민군, 청주성 집결 … "결천을 준비한다"

**반란 초반 '파죽지세'**
**계속되는 무혈입성과 농민들의 호응**
**정주성은 '농민 해방구'**
**송림리 전투에서 관군에 첫 패배**

**26일,** 남진군은 다시 박천으로 집결한 다음 안주 공략을 위해 출발. 28일에는 천천강을 두고 안주성과 마주보고 있는 송림리에 진을 침.

**29일, 송림리에서 홍총각이 이끄는 남진군은** 평안병사 이해우가 이끄는 관군과 치열한 전투를 벌임. 농민군이 최초로 크게 패함. 남진군은 일단 진격장으로 후퇴, 전열을 정비.

**1월 3일, 북진군은** 정주 이북 지방을 완전히 석권한 다음에 남진군과 합세하기로 하고 용천을 공격, 점령.

**1월 6일,** 북방의 마지막 목표인 의주를 향해 진격. 그러나 의주 관군 허항 부대의 저항은 의외로 거세 농민군은 의주 점령에 실패. 이후 진격로를 뒤로 돌아 계속 패퇴. 유진장의 상당수가 농민군을 배반해 농민군의 패배를 더욱 가속화시킴.

**1월 8일,** 남하하던 북진군의 이제초가 관군에 패퇴하여 체포, 처형당함.

**이후 17일까지** 계속 후퇴하여 결국 정주성 안으로 쫓겨들어감. 이미 남진군은 송림리 패배 이후 정주성으로 들어와 있었으므로 결국 농민군은 정주성으로 총집결한 셈.

**현재 정주성에는** 애초의 농민군 이외에도 관군의 초토화 토벌작전에 밀려들어온 일반 농민들도 상당수에 이르며 이들의 사기는 죽음을 불사할 정도로 높다는 소식. 정주성 주변의 농민들도 낮에는 관군의 동정을 농민군에게 알려주고 밤에는 군량을 날라다 주는 등 적극적으로 농민군을 후원. 따라서 정주성 전투는 하루 이틀에 결판나지 않을 형세라는 것이 일반적 예상.

---

**반란군 지도자　현지 잠입 긴급 인터뷰　홍경래를 만나다**

# "미천한 신분으로 태어났지만 실력있다 … 우리가 권력을 잡아선 안될 이유 있는가"

본지는 1812년(순조 12) 1월 16일 봉기군이 농성하고 있는 정주성으로 잠입, 평서대원수 홍경래와의 인터뷰에 성공했다. 홍경래는 서장대(西將臺)에 머무르면서 농성을 총지휘하고 있었다. 나이가 40대 초반으로 보였으며 키는 아주 작았는데 얼굴이 희고 윤택이 있었다. 또 수염이 길고 오른쪽 눈 위에 조그만 사마귀가 있었다.

**의외로 성안으로 들어오기가 쉬웠습니다.**

관군이 아무리 포위를 한다 해도 물샐틈없이 막을 수는 없습니다. 주위의 농민들도 낮에는 관군의 동정을 알려오고 밤에는 군량을 날라다 주는 형편입니다. 또 우리 농민군들도 도망가려면 얼마든지 성에서 빠져나갈 수 있지만 보시다시피 모두 자리를 굳게 지키고 있습니다.

**농민군과 주민들의 생활은 어떻게 유지되고 있는지요. 또 사기는 어떻습니까.**

농민군만 2천여 명이니 총인원은 대략 5천 명은 될 겁니다. 여기에 들어온 사람들은 관군의 약탈과 살해 때문에 쫓겨 들어오기도 하였지만, 함께 들어가자는 우리의 말을 믿고 따라온 사람들입니다. 더 이상 빼앗길 것도 없을 정도로 수탈당하며 살아온지라 이곳 생활이 그렇게 어렵지는 않습니다. 비록 포위돼 있어도 사기는 높습니다. 어제는 관군이 동서남북 사방으로 진격해 들어와 성문을 불태우려 했지만 우리는 반격을 가하여 21명을 죽이고 53명을 부상시키는 전과를 올렸습니다.

**봉기한 동기는 무엇입니까.**

흉년과 관리들의 수탈에 백성들의 고통은 극에 달해 있습니다. 이런 세상은 고쳐야 합니다. 마침 선천에서 태어나 중국으로 건너갔던 정진인(鄭眞人)께서 막강한 군사를 이끌고 이 나라를 구하러 오시기로 돼 있습니다. 나는 그 분이 오시기 전에 먼저 평안도지역을 평정할 임무를 띠고 있습니다.

**그렇게 말씀하시지만 결국 권력을 잡아보려는 의도에서 행동한 것 아닙니까.**

꼭 내가 잡아야 한다고는 생각하지 않습니다. 그러나 우리가 권력을 잡아서 안 될 이유가 무엇입니까. 우리는 미천한 신분으로 태어났지만 전과는 달리 열심히 공부하여 지식을 쌓고 무예를 닦았습니다. 그러나 우리 같은 사람들이 진출할 길이 있습니까? 평안도에서는 신분차별을 크게 하지 않고 능력을 보아 사람을 평가합니다. 신분에 관계없이 자식들에 대한 교육도 활발히 하고 있습니다. 하지만 평안도 출신은 큰 차별을 받고 있습니다. 우리들은 이제 수적으로도 큰 세력을 형성하고 있으니 한 번 권력을 잡고 새세상을 만들어보겠습니다.

**그러기 위해선 정진인이 세상을 구하러 올 것이라는 등 신비로운 이야기만 할 것이 아니라 토지 개혁, 세금제도 개혁과 같은 전망을 보여야 하지 않겠습니까.**

그런 구체적인 것을 생각해본 적은 없습니다. 우선 정부에서 수탈하여 쌓아둔 곡식들을 굶주린 백성들에게 고루 나누어주고 원한이 맺힌 백성들의 기를 펴게 해주는 것이 중요합니다. 농민들에게는 눈에 보이는 나보다 훨씬 위대한 분이 새세상을 만들어오실 것이라는 말이 큰 희망을 줄 수 있다고 생각합니다.

**봉기에 가담한 자들은 주로 어떤 사람들입니까.**

저처럼 지식과 무예를 쌓은 사람들이 중심을 이루고 기존 질서의 벽에 막혀 소외당한 사람들이 각처에서 자발적으로 참여하고 있습니다. 이들은 대개 평민 출신이며 여기에 뜻을 펴지 못한 선비들, 중앙에서 차별받는 상인들과 지방의 지배층들도 우리에게 협조하고 있습니다.

**앞으로 계획은 어떻게 됩니까.**

끝까지 싸울 것입니다. 압록강 근처에 오랑캐 병사들이 모여 있는데 나와 절친한 관계에 있습니다. 그들이 우리를 구하러 올 것입니다. 또 곳곳으로 공작대를 파견, 선전활동을 하면 다른 곳의 백성들도 듣고 일어날 것입니다. 그렇게 되면 우리가 다시 승세를 잡을 수 있겠지요.

**구원병이 온다는 말을 믿을 수 있습니까.**

희망을 잃지 말자는 것입니다.

**무척 불편한 점이 많을 텐데 어떻게 지내십니까.**

성을 지키는 장수들은 모두 기생들이 시중을 들고 있습니다. 나도 밤에는 동헌에서 자는데 가산 기생 강임이 돌보아주기 때문에 불편한 점은 없습니다. 우리가 연일 잔치를 베풀고 음악을 연주하는 통에 관군들이 오히려 견디기 힘들 것입니다.

**그러나 계속 그러지는 못할 것 아닙니까.**

식량은 적어도 3월 초까지는 아무런 문제가 없습니다. 그 이상 시간이 걸린다면 배급량을 줄이고 누룩도 먹고 소, 돼지, 닭, 개를 잡아먹고 정 안되면 말이라도 모두 잡아먹을 것입니다. 절대 굴복하지 않습니다. 나뿐만 아니라 이곳에 있는 모두의 마음이 같습니다.

---

**홍경래는 누구인가**

**주도면밀한 성격의 카리스마 갖춘 지도자**

나이 미상. 출생지 평안도 용강. 현재 40세 초반으로만 알려져 있는 미궁의 인물. 일부에서는 그가 몰락한 양반이라고 하나 가난한 농부의 자식이라는 편이 더 정확할 듯. 어릴 때 외삼촌 밑에서 교육을 받았다고 하는데 그를 겪어본 자들에 의하면, 유교 교양이 있으며 한때 평안도에서 진사시에 응시했으나 실패한 전력이 있다고 한다. 이번 반란은 10여 년의 준비를 거쳤다는 말이 있을 정도로 오랫동안 주도면밀하게 계획을 수립해온 것으로 보인다. 이전에는 지사(地師)를 칭하고 전국 각지를 떠돌며 묘자리를 봐주면서 생계를 이었다고 하니 풍수에도 일가견이 있는 듯하다. 때로는 지방의 서당에 유숙하면서 아이들에게 글을 가르치는 것으로 생계를 잇기도 했다고 한다.

그의 이러한 전력은 봉기를 결심하고부터는 그것이 곧바로 동지를 규합하는 일로 바뀌게 됐다. 즉 각지를 돌아다니며 반란군에 가담할 자와 후원자를 물색해왔다. 우선 그와 비슷한 처지의 지사(地師)로서 그와 시국인식이 일치하는 우군칙을 만났고, 뒤이어 무예를 갖춘 장사(壯士) 홍총각, 이제초, 김사용 등을 포섭했다. 그리고 재정 후원자로 가산의 부호 이희저, 정주성의 거부 이침, 김석하, 안주의 상인 나대곤, 개성 상인 박광유, 홍용서 등을 확보했다. 이들 모두가 그가 직접 돌아다니며 규합한 반란 동지들. 이후 그는 좀더 본격적으로 봉기를 준비하기 위해 다복동 부근 대정강의 추도에 근거지를 마련하고 운산에서 광산을 운영해 거사자금을 모아나갔다. 또 인삼행상을 가장해 지식층을 중심으로 동조자 물색에 나서기도 했다.

그가 드디어 난을 일으킨 현재, 체포된 자들이 한결같이 그를 대원수로 받들며 절대적인 존경심을 표하고 있을 정도로 홍경래는 카리스마적 지도력을 발휘하고 있다.

# 역사신문

## 정부군, 정주성 점령 … 홍경래난 진압

### 농민군 전원 학살 "생존자 없어" … 향후 민심동요 계속될 듯

1812년(순조 12) 4월 19일 홍경래 농민군의 최후 저항처였던 정주성이 함락됐다. 이로써 지난해 12월 18일부터 4개월에 걸쳐 평안도 일대에서 전개된 처절한 농민항쟁이 막을 내렸다.

파죽지세로 한때 청천강 이북지역을 완전히 장악했던 농민군은 남진군이 안주성 점령을 앞두고 송림리 전투에서 관군에게 패하고, 북진군이 의주 점령에 실패하면서 각기 퇴각, 결국 정주성에 합류하여 장기 농성에 들어갔다. 1월 16일 최후의 항전지인 정주성에 들어간 2천여 농민군은 성문을 굳게 닫고 정부군의 끊임없는 공격에 맞서 항전을 벌여왔다. 항전이 장기화되자 초조해진 정부군은 급기야 땅굴을 파서 성 밑까지 도달, 화약 1천8백 근을 폭파시켜 성벽을 무너뜨리는 데 성공했다. 성벽이 무너지자 8천여 정부군이 일시에 성안으로 공격해 들어가 수적으로 열세에 놓여 있던 농민군을 제압했다.

이 마지막 전투에서 난의 주모자인 홍경래는 총탄에 맞아 전사하였고 선봉장 홍총각 등이 붙잡혔으며 우군칙은 학살된 것으로 알려졌다. 전투가 끝난 다음 정주성에 살아남은 사람은 2983명이었는데, 정부군은 여자 842명과 10세 이하 어린이 224명만 석방하고 나머지 1917명은 전원 즉결 처형했다. 이중에는 10대와 노인들도 끼어 있었다.

정주성은 수복됐으나 이번 난이 지금까지의 민란과는 달리 체계적으로 치밀하게 준비돼왔다는 점에서 이후 정치적, 사회적 여파와 후유증은 쉽사리 가라앉지 않을 것으로 전망되고 있다. 관련기사 2·3면

### "평안도 차별 없앤다"
#### 정부, 민심 수습책 마련에 부심

**특별과거 실시, 각종 세금 경감**
**현지 주민들, "미봉책에 불과"**

정부는 홍경래난이 진압된 이후 평안도 지방에 대한 다각적인 민심 수습책 마련에 고심하고 있는 것으로 알려졌다. 수습 방향은 일단 전란에 가까운 피해를 입어 어수선해진 민심을 회유하는 데 있지만, 정부는 난의 동기가 평안도민에 대한 지역적 차별에 있다고 판단하여 수습책의 궁극적 목표를 평안도민에 대한 차별을 없애는 방향으로 잡고 있다.

이에 따라 1812년, 농민들이 춘궁기에 관으로부터 대여받은 환곡에 대해, 토지를 잃고 쫓겨난 농민의 경우는 전액 탕감해주는 조치를 취했다. 이어 1815년에는 중앙의 외교 담당 부서인 승문원과 국방담당 부서인 선전청에 평안도민이 채용되도록 조치했고, 평안도에서만 문무과라는 특별과거를 실시하여 몰락 양반이나 항임층에게 과거 응시의 기회를 부여하였다.

난 진압 직후 인구통계를 보면 1809년과 1812년 사이에 가구수는 30만 3천여 호에서 19만 3천여 호로, 남자 인구수는 66만 5천여 명에서 40만 3천여 명으로 급감하고 있다. 이는 관군의 초토화 토벌작전으로 죽은 자가 많기 때문이기도 하지만 전란을 피해 이주한 수도 적지 않기 때문이다.

이에 따라 균역법에 의해 각 군에 할당돼 있는 군포 부담액이 농민들에게 상당한 부담이 되고 있어 1814년, 군별 군포 부담액을 최고 2분의 1에서 10분의 1까지 경감하는 조치를 취했다. 아울러 함경도 지역으로 이주한 자들이 함경도민들로부터 상당한 핍박을 받고 있는 것으로 보고되자 이들 이주민들이 안정적으로 거주할 수 있도록 여러 지원책을 내놓고 있다.

이러한 민심 수습책에 대한 지역민들의 반응은 "구조적 문제에는 전혀 손대지 않은 일시적 미봉책"이라며 시큰둥한 상태라고 한다.

### "나도 홍경래"
#### 각지에서 반란 잇달아

홍경래를 자처하는 무리들이 각지에서 난을 일으키고 있다. 1816년 10월 평안도 청천에서는 중 학상이 많은 농민들을 규합하여 봉기를 준비하다가 발각됐고, 1817년에는 전라도에서 채수영이 백성들을 규합하여 무장부대를 이끌고 서울로 진격하려고 하다가 적발되는 사건이 잇달았다. 이러한 사건들은 한결같이 "홍경래가 살아 있다"거나 주모자 자신이 홍경래를 자처하는 양상을 띠고 있다. 관련기사 3면

#### 제주도 양제해 봉기
#### 정부와 협상, '자진해산'

1813년 12월 16일 제주농민들이 양제해의 지휘 아래 봉기를 일으켰다. 봉기군들의 요구는 제주도는 도민 스스로 통치해야 한다는 것이었다. 반란 초기 관군이 모두 제주 사람이어서 실제적인 진압에 나서지 않자 위기를 느낀 제주목사는 학정을 시정할 것이며 자진해산하면 반란의 죄는 묻지 않겠다는 협상을 제의했고, 봉기군들이 이 협상에 응해 모두 무기를 버리고 집으로 돌아감으로써 봉기는 끝났다. 정부에서도 더 이상 문제삼지 않을 방침이다.

### 세도정치 개막
#### 순조 장인 김조순 국정 최고실력자로 부상
#### 국왕 외척이라는 위세로 안동 김씨 득세

1813년(순조 13) 대왕대비 정순왕후의 수렴청정이 종료된 뒤 순조의 친정이 개시됐으나 정국의 실권은 순조의 장인 김조순에게로 집중되는 유례 없는 현상이 나타나고 있다. 김조순은 계보로 보면 노론 시파에 속하지만 그의 정치 스타일은 노론이나 소론, 벽파와 시파와 같은 기존의 세력으로 평가되지 않으며 오히려 그가 국왕의 외척이며 안동 김씨라는 명문가 출신이라는 점이 그에 대한 평가기준이 되고 있다.

순조는 통치력이 없는 나약한 국왕이라는 일부 여론과는 달리 대왕대비의 수렴청정이 끝나자 자신의 권위 아래 국정을 주도하려고 많은 노력을 해온 것으로 알려져 있다. 특히 1815년 정순왕후가 사망하자 기존 집권 세력인 벽파 세력을 축출하고 시파들을 대거 등용하면서 국정을 직접 챙기고, 각 도에 암행어사를 파견하는 등 국왕의 국정 주도권 확립을 위해 애쓴 것은 널리 알려진 일이다.

그러나 김조순은 선왕 정조가 국왕권 강화를 위해 만들어 놓았던 규장각과 장용영을 재견, 자신의 세력 기반으로 전환시켜나갔고 결국 순조의 노력도 그의 정치력 앞에서는 허물어지고 있는 형세다. 현재 그의 아들 김유근, 동생 김좌근이 육조와 비변사의 요직에 포진해 있고, 그 밖에도 그의 가문 일원들인 김이교, 김이익, 김이양, 김이도, 김희순 등 안동 김씨 일가가 정국 실세로 떠오르고 있다.

정가에서는 안동 김씨 가문의 이러한 부상을 세도(世道) 정치라 부르고 있다. 한편 일부에서는 이전의 조광조와 같이 뚜렷한 이념과 정책을 내걸고 국정을 주도하는 세도정치와 그러한 것 없이 단지 권력 그 자체만을 독점하는 김조순의 정치를 동일시할 수는 없으므로 이를 구별해 세도(勢道) 정치라고 불러야 한다고 주장하고 있다.

# 역사신문

## 선왕의 개혁, 적자는 누구?

### 이제 시대의 개혁은 백성들의 손에

국왕은 홍경래난이 진압되고 나서 당시의 상황을 "잠도 평안히 잘 수 없고 음식 맛도 잃었다"고 회고하였다고 한다. 이번 난이 정부와 국왕에게는 대단한 충격이었음을 단적으로 표현한 말이라고 할 수 있겠다. 그만큼 이번의 평안도지역의 농민반란은 이전의 민란과는 질적으로 전혀 다른 새로운 양상을 띠고 전개되었다.

첫째, 정부군 약 2천 명의 사상자를 내고 5만 6천여 섬의 쌀과 근 6천 섬의 피곡, 수만 냥에 달하는 군비와 막대한 군수물자의 피해를 기록한 내전으로 기록할 만한 전대미문의 대규모 난이라는 점이다. 둘째, 갑자기 돌출적으로 발생한 것이 아니고 10년이란 장구한 세월을 치밀하게 준비하여 정권 탈취를 위해 목적의식적으로 일으킨 난이라는 점이다. 셋째, 이번 난에 농민, 임노동자, 대상인, 부호, 광산 경영주, 몰락 지식층 등 광범위한 계층이 참여하고 있다는 점이다.

그러면 질적으로 전혀 새로운 이러한 난이 왜 일어났을까? 그것은 백성들의 기대를 모았던 선왕의 개혁정치가 그의 죽음과 함께 일시에 무너지고, 다시 보수 회귀의 세도정치가 시작된 것에서 그 이유를 찾을 수 있을 것이다. 역사를 거스르는 세도정치는 우리의 현실을 탈출구가 없는 막다른 골목으로 몰아갔고 결국 궁지에 몰린 백성들이 세도정권에 정면으로 저항하고 나선 것이다.

선왕의 개혁정치는 민중세력의 성장에 조응해서 우리의 정치와 제도를 개혁하려 한 진보적 정치세력의 제도정치권 내에서의 마지막 시도였다. 그렇기 때문에 이러한 개혁이 무너진 정치현실에 백성들은 실망하지 않을 수 없었다. 그러나 가만히 주저앉아 있지는 않았다. 홍경래난으로 다시 일어선 것이다. 이제 우리 사회를 개혁할 수 있는 마지막 남은 유일한 길은 제도정치권 밖에서 민중들이 직접적으로 개혁을 수행하는 길밖에는 없기 때문이다. 그리고 이 길은 위로부터의 제도권 내에서의 개혁이 가질 수 있는 보수적 한계까지도 극복하는 보다 철저한 개혁으로 발전할 가능성을 아울러 가지고 있다.

이제 그 힘찬 역사적인 발걸음이 시작되었다. 홍경래난은 비록 실패하였지만 제2, 제3의 홍경래난이 계속 일어나 우리 시대의 과제인 백성들이 주인되는 세상을 위한 '개혁'을 결국에는 완수하게 될 것임을 확신한다. 그런 의미에서 홍경래난과 이후 터져나올 민란은 선왕의 개혁정치의 진정한 적자임과 동시에 그 계승 발전자라고 할 수 있을 것이다.

### 그림마당
이은홍

---

### 홍경래 난의 원인과 결과

## 국가운영의 총체적 난맥상이 근본 원인
## 기존 체제 동요 가장 극심하던 평안도에서 모순 폭발

그동안 지배층 내에서의 정변은 숱하게 있어왔지만, 이번 홍경래난처럼 밑으로부터 정부를 전복하겠다고 공언하면서 반란이 일어난 것은 초유의 사태다. 그것도 장기간에 걸쳐 치밀하게 준비해서 용병까지 고용하며 반란군을 조직한 것은 충격을 넘어 이 왕조가 갈 데까지 간 것 아니냐는 우려까지 자아내고 있다.

이러한 대대적인 농민전쟁이 일어나게 된 근본원인은 한마디로 지난 2백여 년 동안 진행돼온 이 나라의 정치 운영 그 자체라고 할 수 있다. 숱한 당쟁과 환국, 탕평정치 그리고 최근의 세도정치에 이르기까지의 과정은 곧 정치 담당층이 점차 축소돼온 과정이었고, 그에 반비례해 정치로부터 소외되는 층은 넓어져왔다. 정치가 광범위한 사림의 공론에 의해 뒷받침되는 상황에서는 정부 전복 기도는 감히 생각할 수 없는 일이었지만, 이제 한 가문이 정권을 독점하는 세도정치 국면에서는 그것이 가능한 사회심리적 여건이 조성됐다는 얘기다. 그리고 이러한 과정을 강제한 것은 기존 가치체계의 전반적 동요다.

유교사상, 신분제 등 기존 가치체계의 동요가 가장 극심한 지역이 바로 평안도였다. 흔히 얘기되듯이 평안도는 중앙 정치권으로부터 지역적으로 차별을 받아왔다. 사대부가 존재하지 않는 불모의 땅이기 때문이라는 것이다. 그러나 실제로 평안도는 경제적, 사회적으로 불모의 땅이 아니다. 평야가 적어 농업부문은 상대적으로 규모가 작지만 청나라와의 육상 및 해상 교역로 상에 위치하고 있어 상업 부문에 있어서만은 눈부신 발전을 해왔고, 따라서 먹고 살기에는 괜찮고 인심도 후한 지역이다. 경제 형편이 좋으니 중앙 정계에 진출하기 위해 과거에도 많이 응시했고 실제로 다른 어느 도보다도 많은 합격자를 내왔다. 이런 상황에서 중앙 정계로의 진출이 봉쇄될 때 적체돼 있는 많은 지식인들이 반란과 혁명의 유혹에 빠져드는 것은 쉬운 일이다. 바로 평안도는 이나라 정치체제의 약한 고리였던 것이다.

그러나 주목되는 점은 처음부터 끝까지 가장 용감하고 철저하게 투쟁한 층은 농민이었다는 사실이다. 봉기 초기에 가담했던 몰락양반과 상인들은 정주성에 들어가기 전에 대부분 투쟁대열에서 이탈했다. 이는 평안도라는 지역을 떠나 우리 사회에서 가장 억압받고 따라서 가장 변혁적일 수 있는 층이 누구인가를 보여주는 지표다. 끝까지 남은 홍경래, 우군칙, 김사용 봉기 지도부가 이러한 농민들의 절실한 현실문제들을 전면적 구호로 내세우지 않은 것을 안타까워하는 이들이 많다.

---

### 봉기 가담자 분석

## 최후의 순간까지 죽창 놓지 않은 자는 농민뿐

정부는 이번 홍경래난이 지역 차별 때문에 일어난 것으로 보고 이에 대한 대책을 세우고 있는 것으로 알려졌다. 지역 차별 때문인지에 대해서는 논란이 있겠지만, 초기에 거의 모든 층의 도민들이 가담한 것은 그 자체만으로 보면 지역성을 빼고는 설명이 불가능한 것이 사실이기도 하다. 각 계층이 봉기에 어떤 식으로 가담했는지 살펴본다.

**▲ 지식인·무인·상인·부농** 초기에 난을 계획하고 주도한 층이다. 홍경래, 우군칙, 김사용, 김창시 등이 지식인 그룹에 속하고 이제초와 홍총각은 무인층에 속한다. 이들은 무과 급제를 목표로 무예를 키워온 자들로 평안도 특유의 계층을 이루고 있다. 지식인들이 문과 급제를 해도 중앙 진출이 안되는 것과 마찬가지로 이들 역시 무과 급제를 해도 전망은 불투명하다. 이 점이 난에 가담하도록 작용했을 것이다.

상인들이 없었으면 아마도 봉기는 일어나지 못했을 것이다. 다복동의 군사기지는 이희저가 제공한 것이고 초반에 광산 노동자들을 용병으로 고용할 때 막대한 돈을 댄 것도 상인들이다. 그러나 이중에 이희저를 빼면 정주성까지 들어가 싸운 이는 극소수이며, 오히려 전세가 불리해지자 등을 돌려 진압군에 가담한 상인도 상당수 있다.

한편 새로운 농법이나 상품작물 생산으로 부를 축적한 부농층도 참여했다. 이들은 그동안 수령이나 아전들의 조세수탈로 불만이 고조되어 있었다. 이번 봉기에서 곡물이나 자금을 지원했는데 직접 관군과 싸운 사람은 많지 않다.

**▲ 향리·이서** 농민군이 청천강 이북 지역 일대를 장악한 뒤 각 고을의 임시정부 수령에 임명한 자들이다. 이들은 경제적으로 중간 이상이고 비록 말단이긴 하나 국가 관직체계에 속해 있는 층이라 이들의 봉기 참가는 정부를 놀라게 했다. 그러나 그만큼 기회주의적인 모습을 보였다. 농민군의 위세가 당당할 때는 농민군에 협력했다가 관군이 밀려들어오면 순식간에 관군의 농민토벌 의병으로 활약했다. 물론 정주성에 들어간 사람은 극소수다.

**▲ 농민** 정부는 봉기 초기에 이번 사태를 광산 노동자들의 난이라고 판단했으나 이는 오보로 판명됐다. 정부가 잘못 알았거나, 아니면 고의적으로 사태를 축소 보도하여 농민들의 동요를 막기 위해서였을 것이다. 이번 항쟁은 초기부터 정주성이 함락되는 날까지 농민군이 주력군이었다.

다만 초기에는 지도부가 자금을 뿌리고 점령한 고을 동헌의 창고를 헐어 나누어 주는 등 농민들을 유도하여 무의식적으로 가담하였으나, 정주성 전투에서부터는 자발적으로 봉기에 참가하여 엄청난 전투력을 발휘했다. 이는 정부 토벌군의 초토화 작전으로 농지가 훼손되고 주민들을 마구잡이로 처형하자 어쩔 수 없이 농민군에 가담한 측면도 있다. 그러나 정주성에서의 처절한 항쟁은 관의 조세수탈, 농촌 지역의 빈익빈 부익부 현상 속에서 자연스럽게 싹터온 저항의식의 산물로 설명할 수밖에 없을 듯하다.

---

**미니 해설** 　세도정치란?　　　　　"世道냐 勢道냐"

현 정국의 실세로 떠오른 안동 김씨 김조순 가문의 정치행태를 세도정치라고 부른다. 도대체 세도란 무슨 뜻인가.

유학에 통달한 한 선비에게 물어보니 "세상을 다스리는 큰 도를 말하는 것이며, 아울러 그 책임 혹은 책임자를 가리키기도 한다"고 한다. 덧붙여서 "중종 때의 조광조, 광해군 때의 정인홍, 효종 때의 송시열과 같은 이들이 펼친 정치가 바로 세도정치"라고 한다. 그러면 요즘의 김조순도 그 축에 드느냐고 물었더니 고개를 절레절레 흔든다.

요즘의 세도는 世자가 勢자로 바뀌었다는 것이다. 이 勢道는 왕실 외척 중 유력 인물을 중심으로 그 가문이 사돈의 팔촌에 이르기까지 권력 주변에 모여 관직과 이권을 나누어 갖는 정치행태다. 그리고 이는 국왕이 어려서 부득이 외가쪽 왕실 어른이 수렴청정을 하면서 비롯됐다.

世道와 勢道는 겉모양은 비슷하지만 속내용은 전혀 반대인 것이다.

## 종군기자 현장 기록

# 정주성의 석달, 그 뜨거웠던 함성

### 관군의 초토화 작전에 농민들 속속 정주성으로 집결, '결사 항전'
### 성 밑까지 땅굴 파 약 2천근의 화약 폭발시켜 진압 작전 개시

장장 4개월간 북녘 산하를 휩쓴 농민봉기의 열풍이 정주성을 피로 물들이며 종막을 고했다. 그동안 지배층에 대한 분노의 함성으로 타오르던 농민군의 육신들은 이제 정주성 밖 처형장에 시신으로 나뒹굴고 있다. 비록 관군의 총칼 아래 정주성의 함성은 잦아들었으나 정주성에서 울려퍼진 우렁찬 저항의 함성은 전국의 농민들 가슴 속에 오랫동안 여운으로 울릴 것이다.

1월 15일 매서운 북풍과 함께 눈발이 세차게 휘날리는 가운데 안주 공략에 실패한 홍경래의 남진군과 의주 공략에 실패하고 남하해온 북진군이 속속 정주성으로 집결했다. 애초 지난해 12월 18일 봉기 당시의 농민군은 1천 명이 못 됐으나 정주성으로 집결한 농민군은 2천이 훨씬 넘었다. 관군의 토벌작전이 초토화 작전으로 나오자 농민들은 어느 한쪽을 선택할 수밖에 없었고 대부분 농민군에 가담한 것이다. 정주성은 제법 큰 성으로 방비가 잘 돼 있고 양식도 풍부했다. 농민군의 사기는 높았고 홍경래를 중심으로 지휘체계도 조직적으로 짜였다.

1월 19일 관군의 대공격이 개시됐다. 농민군은 관군이 성벽에 근접해 오자 일제히 공격했다. 관군은 사다리를 성벽에 걸치기도 전에 사상자가 속출, 후퇴할 수밖에 없었다. 성벽 위에 몸을 숨기고 방어에 주력하는 농민군과 허허벌판에서 맨몸으로 성을 향해 돌진하는 관군 중 농민군이 유리한 것은 당연한 일이었다.

2월 3일 아침 일찍부터 관군의 대공세가 개시됐다. 이번에는 남문을 집중 표적으로 삼아 대완구를 쏘아대며 돌진해왔다. 그러나 관군은 날이 저물도록 공세를 펴고도 사상자만 속출할 뿐이었다. 관군 총사령관 박기풍은 한성 조정으로부터 조속히 난을 진압하라는 독촉에 시달리고 있어 무리하게 공격을 퍼부었으나 결국 후퇴할 수밖에 없었다.

2월 19일 농민군은 식량 배급량을 하루 50가마에서 30가마로 줄였다. 성안의 곡식이 점차 바닥을 드러내는데다 성 주위를 관군이 완전 포위하고 있어 식량 반입도 여의치 않았기 때문이다. 공방전이 한달을 넘김에 따라 농민군의 사기도 떨어질 조짐을 보여 수뇌부에서는 고심하고 있는 눈치였다.

3월 8일 농민군 지도부는 성문을 열고 나가 식량과 땔감을 확보하기로 결정, 홍총각, 우군칙, 김사용 등을 선봉대로 임명하고 한낮이 되자 서문과 북문을 열고 일제히 함성을 지르며 관군을 급습했다. 관군을 인솔하고 있던 허항은 기습에 저항 한번 제대로 못하고 살해당했다. 저녁 무렵에 끝난 전투의 결과는 농민군 전사 48명, 관군 사망 23명.

3월 13일 관군측에서 연 20여개에 항복 권유 선전문을 적어 띄워보냈다. 농민군은 사기가 저하돼 있고 식량 문제로 고생은 하고 있었지만 관군의 이러한 유치한 작전에 대해서는 코웃음치는 분위기다.

3월 20일 홍경래가 직접 지휘하는 3백 명의 특공대가 야밤에 은밀하게 성을 나가 관군의 본진을 기습하고 식량고를 탈취하기로 결정. 그러나 농민군이 식량창고로 일제히 몰려들었을 때 매복해 있던 관군에게 일격을 당했다. 쫓기기 시작한 농민군은 뿔뿔이 흩어졌고 홍경래는 말을 잃은 채 홀로 걸어서 도망, 가까스로 성안으로 들어올 수 있었다. 농민군 150여 명 전사.

3월 23일 농민군 1인당 한 되씩 배급되던 쌀이 절반으로 줄어들었다. 이제 성 안에서는 말도 잡아먹고 있다. 또 총알이 부족해 가마솥을 부수어 쓰고 있다. 군량미 조달 책임 이심이 배신하고 관군으로 넘어갔다. 지도부는 비전투원인 10세 이하 어린이와 노인들은 성밖으로 내보내기로 결정, 63명을 내보냈다. 농민군 장정들은 결사항전의 각오를 한 듯 가족들과 눈물로 이별.

4월 3일 이날부터 관군은 땅굴을 파기 시작했다. 성벽 밑에까지 파서 대량의 화약을 폭발시켜 성벽을 무너뜨리겠다는 것.

4월 19일 어느덧 겨울이 가고 가랑비가 음산하게 내리는 날, 새벽 안개가 채 걷히지 않은 북문이 엄청난 굉음과 함께 무너져 내렸다. 관군이 보름 넘게 땅굴을 파 성밑에 도달, 1천8백 근의 화약을 폭발시킨 것이다. 북문 위의 북장대는 땅바닥으로 곤두박질쳤고 때를 맞춰 관군이 물밀처럼 밀려들었다. 성안으로 들어온 관군은 닥치는대로 총을 쏘고 칼을 휘두르고 창으로 찔러댔다. 대원수 홍경래는 남문 부근에서 전사, 선봉장 홍총각은 체포, 우군칙은 도주하다 붙잡혀 처형. 저녁 무렵 전투는 끝났고 관군에 체포된 자는 총 2983명. 이중 10세 이하 어린이를 빼고 1917명이 즉결 처형됐고, 이들 시체를 태우는 검은 연기가 며칠간 계속났다.

## 봉기군 지도부 구성

```
            홍경래
         평서대원수(총사령)
     ┌───────┼───────┐
  총참모    부원수    후방사령
  우군칙    김사용    이희저
   ┌─────┴─────┐   ┌─────┴─────┐
남진군           북상군
(대원수홍경래)     (부원수김사용)
┌────┴────┐   ┌────┴────┐
모사   선봉장   모사   선봉장
(우군칙) (홍총각) (김창시) (이제초)
    후군장
   (윤후겸)
```

| 이 름 | 직 업 | 신 분 |
|---|---|---|
| 홍경래 | 농민, 풍수쟁이 | 양인 |
| 우군칙 | 상인, 광산기업주 | 양인 |
| 이희저 | 상인, 광산기업주 | 양반 |
| | | (역노출신) |
| 김사용 | 소작농, 막벌이꾼 | 양인 |
| 김창시 | 중소지주 | 양반 |
| 이제초 | 빈민 | 양인 |
| 양시위 | 배군(김사용 | 양인 |
| | 전사 후 부원수) | |
| 홍총각 | 소작농 | 양인 |

## 홍경래, 살아 있나?

홍경래봉기는 끝났지만 홍경래를 자처하는 무리들이 전국에서 봉기를 일으켜 전국은 아직 불안한 상태이다. 홍경래는 정주성에서 총탄에 맞아 죽은 것으로 되어 있는데도 그가 살아 있다는 소문이 꼬리에 꼬리를 물고 있다. 소문 중에는 "죽은 홍경래의 목은 그를 닮은 사람의 것으로 반란군 중에도 홍경래와 닮은 장정이 없어 관군 중에서 닮은 자를 골라 목을 베었다", "홍경래를 본 사람이 있다", "홍경래가 중이 되어서 도성 근교의 산으로 들어갔는데 머지 않아 도성을 치게 될 것이다"라는 말들이 근거없이 유행하고 있다.

이처럼 아직도 백성들은 홍경래가 살아 있다고 생각하고 있다. 아니 그렇게 믿고 싶어한다. 왜일까? 홍경래는 사람들 사이에서 신화화되고 있는 것이다. 어쩌면 홍경래가 정권을 잡았을 경우를 상상하며 현실의 괴로움을 잊는 위안을 삼고자 하는 것인지도 모른다. 홍경래는 죽었으나 그는 민중들의 가슴 속에 영원히 살아 있을 것 같다.

## 봉기 참가인물

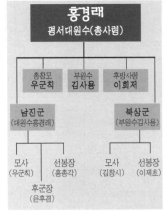

**우군칙** 36세. 노비의 아들이라는 풍문. 집에 첩과 노비를 둘 정도의 가산은 가지고 있으며, 홍삼 밀무역, 광산채굴, 고리대금업 등으로 경제력을 쌓음. 풍수도사로 자처, 진두 장시에 살면서 남의 묘자리를 잡아주는 것을 업으로 하였는데 상인 이희저 아버지의 묘를 잡아주는 것을 계기로 그를 봉기에 끌어들임. 유교적 교양과 천문학 소양도 어느 정도 가지고 있었다고 함. 화살이나 탄환자국인 듯한 흉터가 얼굴에 있음.

**김사용** 30대 후반. 신분은 향리에 속하나 매우 가난해 재산이라곤 태천에 있는 집 '초가삼간'이 유일. 가문의 친척들로부터도 소외되어 살았다고 함.

**김창시** 36세. 진사 출신으로 유학자 집안에서 성장. 봉기군 지휘자들 중에 신분이 가장 높음. 노비나 협인(출타시 동행하는 사람)을 둘 정도로 재산은 있었으나 서울에 출입하면서 부재가 많아져 의지할 바가 없게 되자 봉기 주도세력에 가담.

**홍총각** 24세. 평민 출신으로 12촌 친척들이 함께 봉기에 참가. 상업 활동으로 생계를 꾸려갔는데 빈한한 처지였음. 봉기군에서는 군사지휘 담당.

**이제초** 35세. 그의 집에 적지 않은 책이 쌓여 있는 것으로 보아 향리 이상의 신분에 속하는 것으로 보임. 초가삼간과 헛간 한 칸에 책과 종이 외에는 아무 재산도 없을 정도로 빈곤한 처지. 이때문에 결혼도 못하고 자식도 못두었음. 봉기군의 선봉장 역할을 맡음. 심한 고문을 받고도 말과 행동이 변하지 않을 정도로 강한 근력을 지닌 무사라는 평.

**이희저** 상인. 평안도 지역의 실력가들과 널리 관계를 맺고 있어 봉기를 조직하는 데 큰 역할. 다복동 내동에 봉기군 기지를 마련하는 등 재정적으로 가장 크게 기여함. 본디 노비의 신분. 재산이 많아 경제력을 바탕으로 관직에 접근하려는 의지도 한때 가짐. 정주성이 함락되자 도망.

## 심층 분석　홍경래 봉기, 어떻게 준비되었나

### 다복동을 근거지로 대규모 자금 동원, 무기와 군량 확보

#### 봉기 근거지

다복동은 가산과 박천 진두장에서 가까운 곳에 있고 앞에 대정강이 흐르며 부챗살처럼 퍼진 산줄기를 양 옆에 끼고 있는 한적한 곳으로, 외부와의 연계를 가지면서도 비밀을 보장하기에 매우 유리한 지대이다. 봉기군의 지휘부는 만일의 경우를 대비해서 다복동 앞에 있는 섬, 신도를 비밀장소로 정하고 모든 비밀 모임은 이곳에서 하기로 하였다.

#### 자금 준비

역노 출신으로 많은 돈을 모아 양반 신분까지 산 이희저의 자금으로 운산금광을 경영, 막대한 자금을 모았고, 우군칙은 의주 상인을 끼고 홍삼무역을 해서 자금을 모았다. 자금 조달 방법이 이처럼 계획적이고 치밀했다는 점에서도 자연발생적인 민란과는 차이가 있다.

#### 무기 조달

무기는 자체적으로 비밀리에 제조하거나 태천, 박천 등지의 군교, 아전들을 통해 관청 무기를 빼돌리기도 했다. 선천의 중군 유문제, 별장 최봉관 등은 칼·창·조총 등을 실어왔으며 정주의 아전 정진교 등은 관아에 보관되어 있는 탄알·총통을 탈취하여 다복동에 보냈다. 지휘관과 기마병들이 탈 군마도 다복동에 집결시켰다. 또 의주상인들로부터 받은 비단과 천으로 군복을 만들었다. 한편 우군칙은 박성신 등 부농을 동원해 군량을 준비했다.

#### 봉기군 모집

자금이 확보되자 농민군 모집사업을 적극적으로 벌여 나갔다. 가난한 백성들에게 여비를 후하게 주어 농민군 지휘부가 경영하는 금광이나 상업망 또는 신도와 다복동에 모이게 했다. 여러 가지 방법으로 그들의 힘과 용감성을 시험하여 10명 단위로 〈표지〉(증명서)를 주어 각 읍에 보내 대기하도록 했다. 처음 봉기 때 가담한 농민들은 광산 노동자를 중심으로 고용농, 빈농, 유랑민, 도시빈민, 노비, 일부 소상인들 이었다. 이들은 대개 토지로부터 유리되어 떠돌아다니거나 날품팔이 노동을 하는 등 최근 경제변동의 피해자들이라고 할 수 있다. 광산 경영주나 만상, 송상 같은 대상인들도 일부 참여했는데, 이들은 경제적 부를 축적하고는 있었으나 최근 세도정권의 일련의 정책들이 이들의 발전을 가로막아 불만을 가진 것으로 알려졌다.

## 변란의 불길 품은 풍운아

홍경래는 가슴에 변란의 불길을 품고 짧은 생을 살다간 풍운아다. 그는 세도정치가 온 사회를 옥죄는 지금 백성들의 가슴 속에 나라도, 세상도 바꿀 수 있는 것이라는 한줄기 바람을 일으키고 갔다.

시대는 사람을 만들고 사람은 시대를 만드는 법. 홍경래가 변란의 우두머리가 된 것은 시대 탓이라 해야 할 것 같다. 중앙 정부로부터 그토록 차별대우를 받던 평안도에서 태어난 것부터가 그렇다. 그는 키는 작았으나 체력과 담력이 출중하였다. 또 농민의 아들이었지만 어려서부터 워낙 총명하여 외삼촌 밑에서 글공부를 하게 되었는데, 이 때부터 생각하는 기상이 우람할 뿐 아니라 세상을 뒤엎으려는 반역의 성향을 보였으니, 그런 호걸남아가 어찌 이런 세상에 평탄한 삶을 살 수 있으리오. 봉건적인 속박과 세도정권의 썩은 정치를 뒤엎겠다는 그의 마음 속의 불길은 우리 시대가 지핀 것이다.

그가 변란를 계획하게 된 것은 가산에서 우군칙을 만나게 되면서부터. 그는 10년 세월을 평안도 각지를 다니면서 돈깨나 있고 의기깨나 있다는 기골있는 인물들을 규합했고, 드디어 변란의 깃발을 들어 평안도 일대를 뒤흔들었다.

그런 그는 과연 어떤 세상을 꿈꾸다 갔을까. 술서에도 밝았던 그는 「정감록」을 신봉하여 정진인이 나타나서 세상을 바꿀 것이라고 설파하고 다녔다. 조선왕조를 뒤엎고 권력을 잡아 새로운 나라를 세우려는 게 그의 생각임이 분명하다. 그러나 곤궁하고 천한 백성들이 그 세상에서 과연 얼마나 편안한 삶을 살 수 있을지는 알 수 없다. 그는 정주성에서 1백여 일에 가깝게 농민들의 마음에 등불이 되어 싸움을 이끌었지만, 막상 그가 자신과 생사를 같이했던 농민들의 희원(希願)을 자신의 것으로 삼지는 않았던 것이다. 그런 기대 자체가 섣부른 것일까. 그러나 그는 갔어도 그가 일으킨 바람은 아직도 백성들의 빈 가슴에 소용돌이치고 있다. 본관은 남양. 1780년생.

### 홍경래 난 소재로 한 민요 〈난이 났네〉 유행

난이 났네 난이 났네 / 다박골서 난이 났네
진을 친다 진을 친다 / 달래방천 진을 친다 / 안주산성 진을 친다

### 화제의 책 「정감록」 … 체제변혁 선동, 금서 1호

홍경래 난에서 홍경래 명의로 발표된 격문 내용의 일부가 「정감록」을 인용했다고 해서 「정감록」이 세간에 화제가 되고 있다. 「정감록」은 '삼한산림비기(三韓山林祕記)', '도선비결(道詵祕訣)' 등 10여 가지 문헌이 합본돼 있는 것으로 정감과 이심이라는 두 인물의 대화 형식으로 서술돼 있다. 내용은 풍수지리와 음양오행설을 바탕으로 현실부정과 체제변혁을 선동하는 것으로 돼 있다. 특히 "정(鄭)씨 성을 가진 진인이 나타나 조선왕조를 멸망시키고 새 세상을 열 것"이라고 예언하고 있다.

따라서 정부에서는 이를 금서 1호로 지정해, 소지를 금지하고 있으며 발견하면 즉시 불태워버리고 있다. 이에 따라 활자본은 거의 찾아볼 수 없고 필사본이 민간에 은밀히 전승되고 있다. 작자는 어느 한 사람이 아니라 전승되는 과정에서 많은 사람이 수정, 가필을 거듭한 것으로 판단된다. 처음 등장한 시기는 임진왜란과 병자호란이 일어난 후 사회가 극도로 혼란해졌을 때인 것으로 추정된다.

## 신라 진흥왕 순수비 발견

### 북한산에서, 김정희, 비문 해독 내용확인

1817년 북한산에서 그 옛날 신라의 진흥왕이 영토를 확장하고 기념하기 위해 세웠던 비석이 발견되었다. 발견한 인물은 금석학에 큰 관심을 가지고 활동하고 있는 김정희. 위치는 북한산 뒤편의 승가사에서 위쪽으로 20리 가량 떨어진 북한산 비봉 정상이라 한다. 이 비석은 원래 작년에 김정희에 의해 발견되었으나 발견 당시 비의 갓이 바닥에 떨어져 있고 비문이 너무 많이 훼손되어 어떤 비석인지 확인하지 못했었다. 올해 다시 이 비석을 찾은 김정희가 비문 중의 68자를 확인해 '진흥왕 순수비'임을 밝혀낸 것이다. 어린 나이에 북학파의 일인자인 박제가의 제자가 되어 청의 고증학에 심취해있던 김정희는 청에 직접 건너가 공부를 했다. 고국에 돌아와서는 옛날 비석의 문장을 연구하는 금석학에 심취했고, 이번에 진흥왕비를 발견한 것도 그런 노력의 결과인 것으로 보인다. 이번 일을 계기로 학계에 금석학이라는 새로운 학문분야에 대한 관심이 크게 일 것으로 보인다.

## "바닷고기 모두 모여라"

### 정약전, 유배지 흑산도에서 「자산어보」 출간

연구처로 적합한 곳이었다.

1815년 신유사옥에 관련되어 유배가 있던 정약용의 형 정약전이 유배지 흑산도 해안의 어류를 관찰, 조사해 「자산어보」라는 생물학 책을 냈다.

우리나라 최초의 어류분류학 저서라는 점에서 높이 평가될 것으로 보인다. 자신의 형 정약종은 사형되고 동생 정약용은 전남의 강진에 유배된 가운데 천주교 신자였던 그도 전남 완도군 신지군을 거쳐 흑산도로 유배가 있었다.

그는 서문에서 "자산은 '흑산'이다. 자(玆)는 그 뜻이 흑(黑)과 통하는 까닭이다. 내가 흑산에 유배돼 와서 보니 과연 '흑'자 뜻대로 바다 물결이 공포심을 자아낼 정도였다. 흑산의 바다에는 어족이 풍부하지만 그 이름을 아는 자가 극히 적었다. 내가 보기에 흑산은 박물학자들의 연구처로 적합한 곳이었다.

나는 이 책을 편성하기 위해 많은 섬사람들을 방문해서 여러 질문을 던지고 자료를 수집하였다. 그러나 각 개인들이 부르는 고기 이름이 서로 달라 표준 이름을 지칭하기가 매우 힘들었다. … 내가 너무 무식하여 다른 책들에서 이름을 찾지 못한 어류들의 이름은 새로 지어서 기록하기도 했다. 후학들이 이 저서를 잘 활용한다면 병을 치유하거나 생활에 도움이 될 만한 지식을 얻을 수 있을 것이다."

「자산어보」는 3권 1책으로 구성되었는데 1권에는 비늘이 달린 고기류 73종이, 2권에는 비늘이 없는 어류 42종이, 3권은 잡류로 해충 4종, 해금수 1종, 해초 35종에 관한 지식이 세밀히 분류되어 있다.

특히 그는 알을 낳는 어류의 경우 수컷이 먼저 정액을 쏟아놓으면 거기에 암컷이 알을 낳아 부화하도록 한다는 사실을 지적하였으며, 고래와 같이 뱃속에 새끼를 가지고 낳는 특수한 실례도 소개한다.

## 정부, 정주성 전투에서 신병기 선보여 … '운차와 유차'

정주성 전투에서 정부군이 새로운 공성용 기구를 사용하여 화제가 되고 있다.

이러한 새로운 무기가 사용된 것은, 정주성이 비록 성둘레가 13리 남짓하지만 남쪽만 평지이고 나머지 3면은 산으로 둘러싸여 있어 난공불락의 요새이기 때문이었다.

운차는 바퀴가 네 개 달린 공성용 사닥다리이다. 그 높이가 성을 굽어볼 수 있을 정도인데 위층의 앞, 좌, 우 3면은 널판지로 막고 속에 철갑을 댔는데 5~6명의 총수가 사격할 수 있도록 총구가 뚫려 있다. 가운데 층은 사다리다리로 되어 있고 아래층은 소가죽을 덮었으며, 그 안은 철갑을 대었는데 밑에서 군인들이 차를 밀고 가게 되어 있다.

유차는 널판지로 덮인 바퀴차 안에 공격대상물에 불을 지르기 위한 두 개의 기름가마를 설치한 것이다. 정부군은 유차 밑에서 숯불로 기름을 끓였다가 성문에 접근시킨 후 찬물을 부어 자연발화시켜 그 불길로 성문을 불태웠다.

그러나 이러한 공성용 무기들도 결국은 반란군의 효율적인 수성전략에 의해 정주성을 함락시키는 데 힘을 발휘하지는 못했다.

## 유럽, 기계 파괴 운동 확산

1811년 영국 노동자들 사이에 자신들의 일자리를 빼앗은 섬유기계를 파괴하자는 운동이 노팅엄 근처에서 시작되어 요크셔, 랭카셔, 레스더셔 등으로 확산되고 있다.

'러다이트'라 자칭하는 이들은 기계공업이 등장하기 전에 활동하던 수공업자들이라 한다. 대규모 공장 설립과 기계의 등장으로 수공업체제가 더 이상 생존해 나가기 어렵게 되자 이에 대한 반발로 공장의 기계들을 아예 부숴버리자는 구호를 내세우게 된 것이다.

이들은 보통 밤에 가면을 쓰고 움직이는데 실존인물인지 가공인물인지는 알 수 없으나 러드 왕이라고 알려져 있는 전설적 인물을 지도자로 모시고 있고, 서민들로부터 종종 지원을 받기도 한다. 현재 내각에서는 이 운동에 강경하게 대처한다는 원칙을 세우고 있어 일대 격돌이 예상된다.

# 역사신문

## 안동 김씨 일파, 정국 실권 장악

### 유력 가문들, 정국 운영 독점

#### 풍양 조, 대구 서, 연안 이씨 등

국왕 순조가 친정을 시작한 지 20여 년이 지난 오늘날, 국정의 실권은 국왕의 장인인 김조순을 중심으로 한 안동 김씨 가문과 효명세자의 외척이 된 풍양 조씨 가문으로 집중되고 있다. 이외에도 대구 서씨, 연안 이씨, 풍산 홍씨, 반남 박씨 등도 유력한 가문으로 부상하고 있다. 이는 영·정조 시기의 탕평정치와는 전혀 다른 양상으로 정치구조 자체가 크게 변하고 있는 것이라는 분석마저 나오고 있다.

현재 정부에서 정치적 의미가 있는 정3품 이상 관직인 당상관에서 이들 6개 가문이 차지하고 있는 비율은 30%에 이르며, 특히 국정운영의 중추로 떠오르고 있는 비변사의 당상 중에서는 이들이 무려 40%를 차지하고 있는 것으로 드러났다. 이들 중에서도 안동 김씨가 단연 두각을 드러내 당상관 중 8%, 비변사 당상 중 13%를 차지하고 있다. 아울러 이전에 비해 정3품 이하 당하관은 그 수가 대폭 줄어든 것으로 나타났으며, 승지들의 정치적 위상

은 바닥세를 면치 못하고 있는 것으로 알려졌다. 당하관이 주로 국정에 대한 비판기능을 담당하는 언관(言官)들이 포진하는 직책이고 승지는 국왕 비서들임을 감안할 때, 이는 일부 가문에의 권력 집중과 국왕권 약화를 드러낸 것이라는 분석이 유력하다.

이에 반해 비변사는 각 관직의 인사권과 군사권을 좌우하는 핵심 기구로 부상했다. 정부의 한 관리는 "수령 한 사람 이동하는 데도 반드시 비변사 회의를 거쳐야 하는 등 원래 문무관료 인사담당 기구인 이조와 병조는 자기 권한을 행사하지 못하고 있다"며 불만을 털어놨다.

한편 사림의 한 유생은 이러한 현상을 두고 "지난 시기 당쟁이 비록 정치에 역기능을 했지만 그래도 사림의 공론이 정치에 반영되고 사림으로부터 관료가 충원되는 구조는 긍정적인 면도 있었던 것이 사실"이라며, 출세하려면 유력 가문의 문전을 기웃거려야 하는 요즘 세태를 한탄했다.

## 대상인들, 수공업에도 손길뻗쳐

### "자본 대고 상품 독점"

#### 유통도 독점 … 폭리 취해
#### 수공업자들, 임금 노동자로 전락

각지의 대상인들이 상업뿐만 아니라 수공업 부문에도 손을 뻗치고 있는 것으로 밝혀졌다. 이들은 종이·모시·명주·사기·놋그릇 등을 만드는 소규모 수공업자들에게 자금을 미리 대부해주고, 그들이 만든 제품을 사들이는 방식으로 그들을 경제적으로 예속시키면서 해당 생산부문을 지배하고 있다. 또한 상품관로까지 지배해 매점한 상품을 직접·간접으로 독점가격으로 팔아넘기고 있다. 소생산자와 소비자들의 중간에서 양쪽 모두로부터 폭리를 취하고 있는 것이다. 이 과정에서 수공업자들은 자립성을 상실한 채 임금 노동자로 전락해가고 있다.

한편 농촌의 가내부업으로 진행되어온 명주실 및 비단 생산에도 침투하고 있다. 서울의 일부 상인들이 각지에서 생산된 명주실을 매점하여 직조 수공업자들에게 넘겨주고, 그들로 하여금 장인들을 고용하여 고급비단을 짜내게 한 다음, 그것을 다시 받아들여 시장에 팔아 이윤을 남기고 있는 것이다. 유성에서 놋그릇 수공업장을 경영해온 민간인 김아무개씨는 이런 현상에 대해 "이렇게 대상인들이 공장 자체를 장악해 가니, 소생산자들은 망할 수밖에 다른 도리가 없어요. 정부에서 뭔가 대책이 있어야 할 겁니다"라고 한숨을 내쉬었다.

## "쌀 폭동" 한성 주민, 시전 습격

### 시전 상인들 매점매석으로 쌀값 폭등
### 도시 영세민 '분노 폭발' … 치안부재

1833년(순조 33) 3월 한성 일부 주민들이 시전에 있는 미전과 잡곡전들을 습격, 방화하는 폭동이 발생했다. 난동자들은 떼를 지어 다니며 종루 인근 시전의 미전과 잡곡전을 닥치는 대로 부수고 불지르는가 하면, 한강변 나루에 경강(京江) 상인들이 매점매석해 놓은 쌀이 쌓여 있다는 소문을 듣고 몰려가 상인들 집 열다섯 채를 불사르는 등 과격한 행동을 서슴지 않고 있다.

정부는 사태가 치안부재 상태에까지 이르자 한성 차원이 아닌 중앙 포도청 교졸들을 풀어 사태 수습에

나서고 있으며, "앞으로 난동자는 체포 당일 즉결 처형한다"는 초강경 대응책을 발표했다.

이에 따라 현재 체포된 폭동 주동자 김광헌, 고억철, 홍진길 등 7명은 곧 효수형(梟首刑)에 처해질 것으로 알려졌다.

최근 들어 시중의 쌀값이 급격히 폭등하여 심지어 돈을 주고도 쌀을 구할 수 없는 지경에 이른 것이 이번 폭동의 직접 원인인 것으로 보인다.

그러나 폭동 당사자들은 단지 쌀값이 문제가 아니라 일부 시전 상인

들이 춘궁기를 맞아 쌀을 매점매석한 것이 자신들을 분노케 했다고 진술하고 있다. 실제로 지난 2월까지만 해도 도성에의 쌀 반입량은 예년보다도 많아 오히려 쌀값이 떨어졌었으므로 이들의 말이 전혀 터무니없는 주장은 아닌 것으로 보인다.

현재 정부는 쌀을 매점한 혐의를 받고 있는 경강 상인 김재순과 쌀판매를 거부한 미전 상인 정종근을 붙잡아들여 조사하고 있으며, 시전 감독 업무를 맡고 있는 평시서(平市署)에 대한 특별 감사에 들어가 귀추가 주목된다.

## '소작료 거부' 전국 확산

### 소작농들, 소작료 납부 거부 "세금부담 전가 말라"
### 지주층의 과도한 수탈에 거세게 대응, 분위기 험악

최근 소작농들이 지주에 대해 소작료 납부 거부투쟁을 벌이는 일이 자주 벌어지고 있고, 이는 전국적인 현상임이 밝혀져 관심을 모으고 있다. 소작료 납부 방식이 소작농들의 끈질긴 요구에 의해, 수확량의 절반을 내는 반타작제에서 미리 정한 일정액을 내는 도조제로 많이 바뀌고 있지만, 여전히 반타작제 소작지가 많아 주로 이들 농지에서 분쟁이 일어나고 있는 것으로 밝혀졌다. 그러나 도조법을 시행하고 있는 토지에서도 지주측이 갖은 방법을 동원해 소작료를 과다하게 거두어가는 경우가 많아 이들 토지에서도 심심찮게

분쟁이 일고 있다.

소작료 분쟁 중 가장 큰 부분을 차지하는 것은 반타작제를 고집하는 지주와 이를 거부하고 정액제로 전환시키려는 소작농 사이의 분쟁이다. 이 경우 소작농들은 수확 시에 양곡을 빼돌리거나 아예 소작료를 내지 않고 버티는 방식으로 지주에게 저항하고 있다. 아울러 국가에 토지 소유 규모에 따라 내는 결세, 공물 대신 내는 대동세 등을 두고도 치열하게 분쟁이 일고 있다. 결세와 대동세는 원래 법제적으로는 당연히 지주가 부담하는 것이지만, 지주들은 사실상 이를 소작농에게 전가시

키고 있어 소작농들의 저항을 불러일으키고 있는 것이다.

이러한 사태에 대해 지주들은 대개 지방 관아에 소송을 제기하거나 소작인을 임의로 교체하는 방식으로 대응하고 있으며, 소작인들은 "해볼 테면 해봐라" 하는 식으로 소작료 납부를 거부하며 버티기 작전으로 나오고 있다. 그러나 왕실 소유지인 궁방전에서의 소작료 거부운동에 대해서는 관이 개입하여 소작인을 유배 보내거나 곤장 등의 형벌로 다스리고 있어 소작인들의 분위기는 자못 격앙돼 있다는 소식이다.

# 역사신문

## 세도정치를 청산하라

### 세도정치의 폐해를 규탄한다

누군가 '지금 우리에게 정치가 있는가'라고 우리의 현실에 대해 질문한다면 우리는 어떻게 답할 수 있을까? 철저한 정치파괴가 진행되고 있는 현 상황에서 이런 자조 섞인 질문에 긍정적인 답변을 하는 이는 아마 극히 드물 것이다. 정치의 본질적 역할은 사회 각 정치세력간의 대화와 타협 등을 통해서 이해관계가 다른 집단들간의 이해를 조정하는 것이라고 했을 때, 과연 우리에게 정치가 존재한다고 할 수 있는지 의문이 든다. 모든 권력을 안동 김씨가 독점하여 국가를 사유화하고 있는 지금, 어쩌면 우리는 정상적인 정치가 사형선고를 받은 비정상적인 나라에서 살고 있는 불행한 백성인지도 모른다.

이러한 정치 실종의 대가는 너무나 가혹하다. 중앙과 지방 할 것 없이 부정과 부패가 만연되어 있고, 민생은 도탄에 빠져 백성들의 고통은 실로 형언하기 어려운 지경에 빠져들고 있다. 중앙에서는 세도정권에 줄을 대지 않고 관직에 나간다는 것은 불가능한 것이 되어, 감사 자리는 5만~6만냥, 고을원님 자리는 2만~3만냥 식으로 공공연한 매관매직이 성행하고 있다. 지방에서는 탐관오리가 백성들을 가혹하게 수탈함에 따라 백성들의 원성이 하늘을 찌르고 있다. 결국 총체적인 부정부패와 국가 통치질서의 문란은 고스란히 백성들의 고통으로 연결되고 있는 것이다. 그러나 세도정권은 이러한 현실의 모순에 대해서는 애써 눈을 감고, 오로지 권력과 부를 독점하고 유지하는 데에만 혈안이 되어 있을 뿐이다.

이처럼 정치가 실종된 상황에서 정치다운 정치라고 할 수 있는 것은 백성들의 저항뿐이다. 우리 사회의 총체적인 모순에 저항하고 이를 일소하는 데 희망을 걸 수 있는 것은 이것밖에 없기 때문이다. 세도정권은 이를 철저하게 탄압하고 있다. 지난 홍경래 난에서 끝까지 저항했던 마지막 반란군 2천여 명은 처참하게 살륙을 당해야만 했다.

그러나 세도정권은 명심해야 한다. 현재의 타락한 비정상적 세도정치가 계속되는 한, 홍경래 난은 백성들의 가슴속에 영원히 살아 남아 제2, 제3의 홍경래난으로 이어질 것이라는 것을. 백성들의 분노는 이제 비로소 시작되었을 뿐이다. 분노하는 백성들의 거대한 파도 중 겨우 그 일파가 세도정권을 때린 것이다. 세도정권은 이제 그 뒤에 몰밀 듯 밀려올 만파를 보아야 한다. 그 거대한 파도가 세도정권을 삼켜버리기 전에 위정자들은 사태의 심각성을 깨달아 이제라도 개혁의 길로 들어서야 할 것이다.

## 그림마당
이은홍

작품제목 : 영원한 권력

참으로 완벽한 형상이로고~!!

---

세도정치, 어떻게 보아야 하나

## 노론세력의 '신권중심 정치 운영론'의 19세기적 귀결
## 소수 세도가문 권력과 富 독점, 광범한 반발 부를 듯

지난 2백여년 동안 동인과 서인, 서인과 남인, 노론과 소론, 벽파와 시파로 이어지는 당파간의 피비린내 나는 당쟁에 진저리를 치는 사람이라면 요즘 정국이 마음에 들지도 모르겠다. 순조 등극 후 당쟁은 일체 없을 뿐 아니라 모두가 선왕 정조의 정책과 의리론을 계승해야 한다고, 또 계승했다고 한입으로 외치고 있기 때문이다. 오랜만에 찾아온 국론 통일이요 평화적 정국이다.

그동안의 당쟁이 주로 국왕의 왕위계승을 둘러싼 의리론과 정통론을 가지고 전개돼온 것을 생각한다면, 순조는 왕위계승자로서 한점 하자 없이 등극했으므로 어느 정파도 시비를 걸 수 없었기에 당쟁의 원인이 원천적으로 제거된 것일 수 있다.

그러나 지난 홍경래 난에서 봤듯이 당쟁은 없어졌어도 당쟁과 비교할 수 없는 폭발력을 지닌 민의 저항이 지축을 울리며 다가오고 있다. 왕실 외척이 된 몇몇 유력 가문이 정국운영을 독점하는 현재의 세도정치는 실제로는 극히 불안한 정치체제라고 할 수 있다.

이들이 내건 세도(世道)정치는 현명한 재상이 집권하여 세도를 올바로 이끌겠다는 것을 명분으로 삼고 있다. 말하자면 세도론은 송시열 이래 노론세력의 '신권중심 정치 운영론'의 19세기적 귀결인 것이다.

그러나 실제로는 극소수 유력 가문이 권력을 독점함으로써 우선 양반지배층 전체의 반발과 비판을 사고 있다. 또 권력과 연결된 부의 독점, 수탈과 부패의 사슬이 연결되면서 광범한 백성들의 저항을 불러 일으키고 있다. 또 이는 역으로 현재의 정국을 그만큼 경직되게 몰아가고 있으며 탄압은 더욱 가속화 되고 있다.

세도정권은 그 자체의 정국운영 원리상 스스로 자기모습을 바꿔갈 수 있는 정치가 없다. 따라서 남은 것은 정권 밖의 차원, 즉 민의 차원에서 이들을 타격하는 것 밖에 없다고 해도 과언이 아닐 것이다.

---

### 당대의 명문가 "안동 김씨, 대구 서씨, 풍양 조씨"

### 이들 3대 가문에서 정부 요직 독차지 … "정국 운영 좌지우지"

요즘은 서인이냐 남인이냐, 노론이냐 소론이냐 보다는 어느 가문 출신이냐가 출세를 좌우한다. 그 대표적인 가문을 소개한다.

**안동 김씨** 당대 최고의 명문가. 16대이며 서로 6촌간인 김상헌과 김상용 때부터 양 계로 나뉘어 내려오고 있다. 김상헌은 병자호란 때 강경 척화를 주장한 것으로 유명한 인물. 김상용 역시 강화 함락 당시 자결한 인물로 알려져 있다. 현재 당상관이나 비변사 당상 중에서는 김상헌 계가 김상용 계보다 2배 정도 많은 실정이다. 좌장격인 김조순은 역시 김상헌 계로서 순조의 장인이기도 하지만, 이미 정조 대부터 국왕의 눈에 들어 정조가 말년에 세자의 장래를 부탁한, 순조의 이른바 국구(國舅)이다. 이밖에 김좌근, 김이교 등이 두각을 나타내고 있다.

**대구 서씨** 유력 가문이면서도 현재 왕실과 외척 관계는 없다. 다만 13대 서종제가 영조비 정성왕후의 아버지다. 10대 때 서경수, 경주 형제를 기점으로 각기 가문을 형성, 당시에는 경수 계가 노론, 경주 계가 소론의 색채를 띠었지만 학계에서 주로 활동했기 때문에 두 가문 사이에 갈등은 거의 없었다. 양가 모두 농학을 가학으로 전승해온 점이 특색. 서경수 계의 좌장은 영의정을 지낸 서용보이며, 서경주 계에서는 전영의정 서매수가 두각을 나타냈다. 현재 가문 출신들이 당상관 및 비변사 당상에서 차지하는 비율은 안동 김씨 다음을 차지할 정도로 가문의 위세가 막강하다.

**풍양 조씨** 두 계가 있지만 둘 사이에 관련은 거의 없다. 하나는 18대 조도보 계이고 또 하나는 14대 조희보 계이다. 현재 조도보 계의 조만영이 효명세자의 장인으로 정계 실권자로 활동하고 있다. 안동 김씨 가문과 같이 왕실 외척으로 서로 경쟁하기도 하고, 때로는 협력하기도 하며 세도 정치의 두 축을 이루고 있다. 조희보 계는 영조 대에 탕평책을 주도한 조문명과 조현명이 두각을 나타냈었다. 조홍진, 조상진 등이 비변사 당상으로 있지만 정계 핵심부에는 이르지 못하고 비주류로 활동하고 있다.

| 6대 가문의 관직 분포 비율 | | |
|---|---|---|
| | 당상관 | 비변사 당상 |
| 안동 김 | 5.2% | 13.0% |
| 대구 서 | 5.0% | 6.7% |
| 풍양 조 | 5.0% | 6.0% |
| 연안 이 | 4.0% | 6.0% |
| 풍산 홍 | 3.0% | 4.2% |
| 반남 박 | 4.4% | 4.2% |
| 총계 | 29.9% | 40.0% |

※ 전주 이씨 가문이 왕실 성씨여서 비율상 안동 김씨 다음으로 높지만 정치적 성격은 거의 없어 제외.

---

### 쌀 폭동 왜 일어났나

### 유통구조 장악한 경강 상인들의 매점매석으로 쌀값 폭등

이번 쌀 폭동을 유발한 장본인들은 아무래도 한강변에서 쌀 유통을 장악하고 있는 경강 상인들이 틀림없는 것 같다. 시전에서 수집된 정보에 의하면 올해는 전라도 및 황해도에서 한강으로 유입되는 쌀 수량이 예년보다 많았다고 한다. 이에 따라 올 2월 중순경에는 춘궁기인데도 불구하고 쌀값이 오히려 떨어지는 기현상이 벌어졌다. 그러자 춘궁기 대목을 노리고 쌀을 매점매석해 놓았던 경강 상인들은 자신들의 지배 하에 있는 중개 상인 객주와 여각에게 쌀을 방출하지 말고 쌓아두게 한 다음, 미전 및 잡곡전 상인들에게 쌀값을 인상하도록 압력을 넣었다. 최근에 여각과 객주들이 순번

을 정해 한 곳에서만 쌀을 팔고 나머지는 문을 닫아버린 것도 이러한 농간이 있었기 때문이라는 것이다.

3월 들어 쌀값은 2월에 비해 무려 3배나 올랐고 돈을 주고도 살 수 없는 지경에까지 이르렀다. 하루 벌어 하루 먹고 사는 영세민들에게 이는 거의 살인적인 사태였고 결국 폭동으로 치닫게 된 것이다.

경강 상인들의 쌀값 조작은 이번이 처음은 아니다. 지난 정조 대에도 몇 차례 사회문제화된 적이 있다. 이들이 쌀값 조작을 통해 이득을 챙기게 된 데는 쌀 유통 과정이 이들에게 유리하게 변화되어 왔기 때문이다. 원래 한성에 공급되는 쌀은 각지에서 배를 통해 한강으로 들

어오는 것 외에도 한성 인근지역의 생산자 및 소상인들이 직접 공급하는 부분과 정부가 대동미 등 세금으로 거둬들인 것을 방출하는 부분이 있어왔다. 그러나 세금을 점차 돈으로 걷게 되자, 정부 방출미는 급격히 감소됐고 경강 상인들이 공급을 독점하게 된 것이다. 이들은 자본력이 커짐에 따라 엄청난 수량을 장기간 보관할 수 있고 전국 유통망을 통해 쌀값 정보를 신속하게 파악, 기민하게 유통 이윤을 챙기고 있다.

그러나 이들이 챙기는 유통 이윤은 결국 백성들의 호주머니를 털어가는 것과 다름 없는 것이고, 더 이상 털릴 호주머니가 없는 이들이 이번에 쌀 폭동을 일으킨 것이다.

---

# 육상교통, 놀라운 발전

## 역참과 발참, 계속 확대 정비

육상교통이 상업의 발전과 더불어 급격하게 발전하고 있다. 국가가 중앙과 지방 또는 지방과 지방 사이의 통신연락, 관리들의 내왕, 백성들의 공물 진상품 운반 등을 위해 설정한 역참과 발참이 계속 확대 정비되고 있는 것이다.

전국적으로 볼 때 역참조직은 현재 40개의 역에 510여 개의 속역이 있고 거기에 131,254명의 역리, 역졸들과 5,287필의 말이 배속되어 있다. 발참 조직은 임진왜란 때 긴급한 통신연락을 보장하기 위하여 설치하였는데, 현재는 일부 진상물품이 이 길을 통해 운반되고 있는 형편이다. 발참에는 말을 타고 연락하

는 기발과 걸음으로 전달하는 보발이 있는데, 기발의 경우는 서울과 의주 사이의 연락문서와 편지는 이틀이면 운송할 정도로 그 속도가 매우 빨라졌다.

---

## 함경도 통행단속 안한다

### 도로망 확대, 통제 불가능

**1829년** 정부는 함경도의 역참길에 설치됐던 고산, 곡구, 덕산의 3개 금소를 폐지했다. 금소는 도의 경계에 설치, 봉기를 일으킨 뒤 도주하는 백성들을 단속하던 곳이다. 이번 조치는 서울에서 함경도 지방으로 가는 길이 철령 남쪽에 4~5개, 북쪽 13개가 새로 뚫려 우회로를 포함 20여개가 넘게 되자 백성들의 통제가 불가능해졌기 때문이다. 또한 금속화폐가 전국 범위로 유통되고 대상인들이 전국 각지를 무대로 삼아 상업활동을 벌이고 있는 조건에서 새로운 도로들이 개척되고 기존의 길들은 확장되는 등 지역적 폐쇄성이 약화되어감으로써 더 이상의 통행단속은 무의미하다는 판단에 따라 이번 조치가 취해진 것으로 보인다.

---

# 물가, 지역차 줄었다

## 지역간 교역 활발
## 수상교통 발달에 힘입어

근래에 지역적으로 큰 차이가 나던 물가가 전국적으로 균등해지고 있다.

특히 지역적으로 차이가 많이 나던 청어·멸치·북어(명태) 등의 값이 수상교통의 발전에 힘입어 거의 전국적으로 비슷해지고 있다. 삼면이 바다로 싸여 있고 배가 다닐 수 있는 큰 강과 하천이 많은 우리나라의 자연적 조건에는 일찍이 육상교통보다 수상교통이 훨씬 발달하여 왔는데, 근래에는 상업의 발달로 이러한 수상교통의 발전이 가속화되고 있는 것이다.

전라도의 전주상인들은 생강을 비롯한 남쪽지방 특산물을 배에 실어 평양지방에 보내 큰 규모로 장사하고, 평양상인들은 담배를 비롯한 평안도지방의 특산물을 배에 실어 남쪽지방에 보내어 큰 규모의 장사를 하는 형편이다.

이러한 지역간의 활발한 교역에 힘입어 물가의 지역차가 많이 줄어들게 되었다. 이 과정에서 평양, 원산, 한성, 개성, 통영, 박천, 진두, 은진 강경포, 창원 마산포, 영광 법성포 등이 수상운수의 주요 중심지로 발전하고 있다.

---

## 호조판서 김병국의 자금관리인, 상쾌의 죽음

### 쌀 폭동 관련 '의혹 증폭'
### "안동 김씨 측에서 관련설 은폐하려 죽인 것"

이번 쌀폭동은 동막객주 김재순의 처형과 감독관청 당상관들의 대거 파면으로 일단락되었다. 그러나, 한양 쌀을 온통 매점할 수 있는 그 엄청난 자금줄은 끝내 드러나지 않았다. 그런데 영의정 김좌근과 더불어 안동김씨 세도가의 실세 호조판서 김병국의 자금줄을 한손에 거머쥐고 있던 자금관리인 상쾌가 이번 쌀 폭동의 수습과정에서 목을 매어 자살한 사건이 뒤늦게 밝혀져 세간의 의혹이 증폭되고 있다.

의혹은 안동김씨 쪽에서 세도가와 독점상인이 연결되어 있는 부패구조를 은폐하기 위해서 부랴부랴 그를 제거한 것이 아니냐는 것이다. 상쾌는 김병국의 하인으로, 이 세도가의 모든 음성적인 돈놀이는 모두 그의 손을 거쳐 이루어졌던 것으로 알려지고 있다. 왕실이나 세도가 등 고관대작들은 공개적으로 돈놀이를 할 수 없기 때문에 따로 자금관리인을 두어 객주와 줄을 대고 돈을 놀려 사욕을 채운다는 것은 이미 공공연한 비밀이 된 지 오래다. 이번 쌀폭동에서도 사채시장의 가장 큰손인 상쾌는 실적을 올리기 위해 단골 객주로 하여금 호판댁 대감의 이름으로 어음을 남발하는 등 무리수까지 동원하며 쌀의 매점매석을 시도했던 것으로 알려지고 있다.

한편, 상쾌는 원래 호판댁 마님 심부름을 하던 하인이었으나, 마님의 신임을 얻어 세도가의 자금관리인의 위치에 오른 인물로 알려지고 있다. 그는 마님이 닷돈을 주며 사과 한접을 사오라시키면 시장에 가서 제돈 두돈을 더 얹어 일곱돈하는 극상품 한접을 사와 마님으로 하여금 다른 하인들이 돈을 떼어먹은 것처럼 여기게 하는 술수로 신임을 얻은 것으로 알려지고 있다.

---

### 소작인들의 소작료 덜 내기 작전

**기름진 땅의 벼는 먼저 수확**

**볏단 크기 다르게 … 나중에 작은 크기로 통일**

**대충 탈곡한 뒤 다시 탈곡, 볏알 챙겨**

**지주들도 됫박 크게 하는 등 만만치 않은 대응**

소작인들이 소작료를 조금이라도 덜 내기 위해 다양하고도 지능적인 방법들을 사용하고 있어 관심을 끌고 있다. 소작인들은 지주가 소작료를 결정하기 위해 평뜨기(샘플링)할 때 터무니없이 수확고를 높이 매기는 데 대처하기 위하여, 기름진 땅에 조생종을 심어 평뜨기하기 전에 그 논의 벼를 먼저 거두어들인 후 소출이 가장 적은 논의 벼를 평뜨기하도록 하기도 하고, 또 감관들이 보는 곳에서는 볏단을 크게도 작게도 묶었다가 밤에 큰 단을 다시 작은 단으로 고쳐 묶고 나머지를 가져가거나 대충 탈곡하였다가 뒷날에 다시 탈곡하여 자기 소유로 하기도 한다. 그러나 이러한 방법을 동원하지 않고서는 수확고의 최고 80% 이상까지 받아가는 지주의 고율 소작료 착취를 피할 수가 없는 것이다. 한편 이에 대한 지주들의 대응도 만만치 않다. 소작료를 조금이라도 더 받아내기 위해서 곡물을 계량하는 말을 법제상으로 규정된 것보다 더 크게 만들어 사용한다. 더 지독하게는 소작료 자체를 인상시키거나, 소작료를 잘 내지 않거나 덜 내는 농민들을 쫓아내고 다른 소작인에게 토지를 경작하게 한다.

---

## 인물　의주 갑부 임상옥

### 인삼무역으로 떼돈 버는 만상 … 세도 가문 비호 아래 절묘한 처세술

의주 백마산성 서쪽 삼봉산 아래에 가면 수백 간짜리 저택이 있다. 집을 둘러싸고 있는 담장 또한 화려함의 극치를 보인다. 얼마 전에 암행어사가 들이닥쳐 감히 일개 상인 집이 궁궐보다 더 화려하다고 호통친 일이 있을 정도.

바로 만상(의주에서 활동하는 상인을 일컫는 말) 갑부 임상옥의 집이다.

그가 이렇게 많은 돈을 버는 비결은 요즘 대중국 무역의 주종 품목인 인삼무역을 통해서다. 중국 상인들은 조선 인삼을 제일로 쳐주기 때문에 부르는 게 값. 그러나 유독 그가 갑부가 된 데는 그만이 가지고 있는 두둑한 배짱과 사람을 보는 안목이 역할을 했다

는 평이다.

얼마 전 그가 북경에 거래차 갔을 때 있었던 일. 중국 상인들이 인삼 가격을 내릴 것을 요구하며 불매 동맹을 맺어 일체 매입을 하지 않았다. 그러자 그는 인삼을 모두 태워버리겠다고 광고를 하고는 실제로 인삼을 쌓아놓고 불을 붙이는 척했다.

소문을 듣고 달려온 중국 상인들은 거짓이 아닌 줄 알고 너도나도 그에게 달려들어 사정을 해서 결국 이전 보다 더 비싼 가격으로 인삼을 팔아치운 일화가 있다.

또 홍경래가 난을 일으키기 한참 전에 그 밑에서 사무를 본 적이 있었다. 그는 홍경래의 기질을 알아채고는 그에게 "자네는 개인

밑이 아니라 나라 밑에서 일 할 사람이네"라는 묘한 말을 건네며 일을 그만 두게 했다.

결국 홍경래는 반란을 일으켰고 반란군은 의주 부근까지 쳐들어왔다. 불행인지 다행인지 의주는 함락되지 않았으나 만약 의주가 홍경래의 손아귀에 들어갔을 때 임상옥이 어떤 행동을 취했을지는 상상에 맡길 수밖에 없다.

그러나 임상옥의 인삼 무역이 호황을 누리는 데는 우리나라의 무역 구조상 정부 고위층의 배경이 없이는 불가능한 일. 세도 가문 중 하나인 반남 박씨 문중의 박종경이 그의 뒤를 봐주고 있다는 후문이다.

---

### 운송체계 독점하고 물품 매점, 폭리 남겨

**사회** '독점상인' 하면 제일 먼저 떠오르는 상인이 송상이라고 생각됩니다. 이들의 실태를 자세하게 설명해주십시오.

**김기자** 그들은 대외무역을 통해 축적한 자본으로 전국의 모든 상업 중심지에 송방을 차려놓고, 여러 가지 지방 특산물들을 독점해 그 판로까지 지배하고 있습니다. 특히 개성에서 인삼재배가 발전하고 인삼무역이 급속하게 성장하게 되자, 홍삼제조업에 진출하는 한편 광업에도 손을 대 막대한 돈을 벌어들이고 있습니다. 송상들의 상품 거래와 자본회전 규모는 실로 방대하여 그들의 독자적인 장부기재방식인 복식부기(송도사개치부)가 따로 있을 정도입니다.

**사회** 이번 쌀 폭동에 책임이 있

는 동막여각 주인 김재순은 경강상인이지요?

**박기자** 근래에는 국가가 세금을 배로 실어나르는 조운체계는 사실상 이름뿐이고, 삼남지방의 조세미를 서울로 실어가거나 남쪽의 쌀을 북부지방으로 실어옮기는 일은 주로 경강 상인들의 배를 이용하지 않으면 안되게 되었습니다. 국가의 조운체계를 대신할 정도의 독점적인 수상 운송체계를 가지고 있는 것이지요. 이 수상운송체계를 이용하여 물품을 매점하여 폭리를 취하고 있습니다. 이번 쌀 폭동도 그래서 일어난 것이지요.

**조기자** 다른 여각, 객주 주인들도 독점을 통해 폭리를 취하는 것은 마찬가지입니다. 충청도 강경장에는 수많은 선상주인들과 화물객

주들이 자리잡고 있으면서 해산물을 매점하고 상권을 좌지우지하고 있으며, 황해도 봉산 은파장의 여각과 객주들은 그곳에서 생산되는 질좋은 목화들을 매점하여 폭리를 얻고 있습니다. 이미 1809년의 일이지만, 김아무개라는 상인은 서울 남대문 밖에 담배여각을 차려놓고 모든 잎담배를 매점해버리는 통에 정부의 비호 아래 잎담배·꿩·꿀 등을 팔아 이득을 보고 있던 10여 호의 여음남초여각을 파산시킨 일도 있습니다.

**사회** 바야흐로 상업계에도 약육강식의 논리가 지배하게 되어 자본력이 없는 소상인들은 몰락할 수밖에 없다는 것은 불을 보듯 뻔합니다. 정부가 심각하게 고려해야 하지 않을까 생각합니다.

# 인구통계 감소, "대책마련 시급"

## 양대 전란 이후 꾸준히 증가하던 인구, 갑자기 줄어들어 … 전문가들, "행정력 이완으로 집계에 오차 많다"

최근에 조정에서 실시한 전국적인 호구 조사 통계에 따르면, 꾸준한 증가 추세를 보이던 인구가 근래 들어 감소 추세로 돌아서 커다란 충격을 안겨주고 있다. 양대 전란 이후 인구는 17세기 중엽에 대략 131만 호에 인구 502만 명, 18세기 중엽에 169만 호에 인구 697만 명, 18세기 말엽에 175만여 호에 인구 737만 명 정도로 꾸준히 증가하는 추세를 보여왔다. 이는

전염병과 기근 등으로 인구가 한때 심각하게 감소한 적도 있지만 증가 폭이 자연감소를 상회하였기 때문이다. 특히 18세기에 이르러서는 정부의 행정력이 강화되어 인구 파악의 강도가 높아져 빠짐없이 조사할 수 있었던 것도 그 한 원인이었다. 그런데 순조가 왕위에 오른 후 시행된 지난번 호구 조사에 이어 이번의 호구 조사에서도 154만여 호에 인구 655만 명으로 집계되어

세도정치 이전보다 오히려 감소한 것으로 나타났다. 이에 대해 한 전문가는 "근래 들어 전염병과 기근으로 인한 자연 감소 외에도 세도정치의 여파로 행정력이 이완된 결과 통계상 인구가 감소한 것으로 집계되었을 것으로 보인다"고 분석했다. 어쨌든 인구감소에 대한 정부의 대책이 시급히 나와야 한다는 여론이 비등하고 있어 그 귀추가 주목되고 있다.

| 연대 | 인구수 | 증가지수 |
|---|---|---|
| 1669(현종 10) | 5.018.744 | 100 |
| 1699(숙종 25) | 5.774.739 | 115.1 |
| 1729(영조 5) | 7.131.553 | 142.1 |
| 1759(영조 35) | 6.968.856 | 138.9 |
| 1789(정조 13) | 7.368.345 | 146.8 |
| 1819(순조 19) | 6.512.349 | 129.7 |

# 무역 행태, '큰 변화'

## 결제수단 '은'에서 '인삼'으로

청나라와 무역량이 날로 확대되고 있는 가운데 지난 1720년대 이후 결제수단이 일본산 은에서 국산 인삼으로 교체돼고 있다. 아울러 수입품으로는 서양산 공업제품인 광목, 견직물, 잡화 등이 대량으로 들어오고 있는 것으로 밝혀졌다.

결제수단이 인삼으로 바뀐 것은 그동안 우리가 청과 일본 사이의 중개무역으로 짭짤한 재미를 봐왔으나 청·일간에 직접 교역로가 열린데다 일본의 막부 정권이 자국 은의 유출을 엄격히 통제, 은 수입이 격감한 데 대해 우리 상인들이 자구책을 마련한 결과다. 조선산 인삼은 청 상인들에게 인기가 있어, 공시가가 근당 3백 냥으로 값이 비싸고 보관과 운반이 편리하기 때문에 결제수단으

로서 나무랄 데가 없다. 그 동안의 거래량 추이를 보면 1811년에 2백 근에 불과하던 것이 1834년에는 8천 근으로 무려 40배나 증가했다.

무역 형태도 변화하고 있는데 그 동안은 사행(使行) 무역을 중심으로 부수적으로 사무역이 이루어져왔으나 현재는 송상(개성 상인), 만상(의주 상인) 등 사상들이 정부 고위층과 결탁, 무역을 주도하고 있다. 아울러 황해도 해안과 의주 인근의 장시도 등을 통한 밀무역도 극성을 부리고 있는 것으로 알려졌다.

또한 수입품은 서양 공업제품인 옷감류와 잡화가 주종을 이루고 있다. 이들 제품은 품질이 좋고 내구성이 뛰어나 국내 시장에서 인기가 날로 높아지고 있는 실정이다.

# 글 읽는 소리 요란한 '서당'

요즈음 농촌에 가보면 서당 없는 동네가 없고, 글 읽는 소리 제법 요란하다. 이제 서민들도 너도나도 자식을 글가르치기에 나서고 있다. 그만큼 생활에 여유가 생긴 것이기도 하려니 생각들이 깨어가고 있다. 이젠 양반님네들 처분만 바라보는 신세를 박차고, 스스로 세상일에 나서서 사람답게 살아보자는 자각이 싹튼 것이다. "매맞아 울고 있는 게으른 학동아 / 울음을 그치고 열심히 공부해라 / 살다보면 배운 것이 힘이 될것이다."

# 상업 신도시 속속 등장

## 행정이나 정치 관련없는 순수 경제중심지 면모 과시
## 기존 행정, 군사 중심지역도 상업도시화 가속

근래 들어 행정이나 정치와 관련이 없는 새로운 상업도시들이 많이 생겨나고 있다. 전국적으로 이름난 손꼽히는 장시들 중 경기도 광주의 송파장, 충청도 은진의 강경장, 함경도 덕원의 원산장 등이 모두 이러한 순수 경제 중심지에서 열리고

있다. 이같은 현상에 대해서 한 경제전문가는 "신흥도시들이 정치적 중심지 밖에서 주로 생겨나고 있는 것은 봉건적인 구속과 억압이 덜한 자유로운 분위기 속에서 상행위를 하기 위한 것"이라고 분석했다. 또한 기존의 행정중심도시나 군사도

시들도 점차 상업도시 성격을 가미해가고 있다. 이런 경제적 중심지들에는 주로 상인 수공업자들로 이루어진 600~700호, 또는 1000호의 인구가 집중되어 도시를 형성하고 있다.

## 기자 방담 상업 신도시를 가다

## 기존의 정치 중심지는 상업활동에 관의 구속과 간섭 많아
## 경제 논리가 지배하는 도시의 성장 눈부셔 … 온갖 물산 집결

새롭게 성장한 상업도시들이 정치적 중심지와 관련이 없는 순수한 경제도시로 성장했다고 하는데 그 이유는 무엇이라고 생각합니까?

**송기자** 저는 경기도 광주의 송파장을 다녀왔는데, 정치나 행정과는 무관한 그야말로 순수한 경제중심지에서 새롭게 생겨난 곳이었습니다. 정치적 중심지는 봉건적인 구속과 간섭이 많아 상업활동에 제약이 많기 때문에 이렇게 순수한 경제도시로 성장한 것이라 생각합니다. 특히 한성의 특권상인인 시전 상인의 농간과 관리들의 간섭을 받지 않는 곳이어서 새롭게 도시가 발전할 수 있었겠지요.

그곳에서는 상업활동이 정말 자유로왔습니까?

**송기자** 제가 그곳에 갔을 때는 관청은 없고 일정한 장소에 자리잡고 영업하는 상인들의 각종 가게와 여각, 음식점이 즐비하게 늘어서 있었습니다. 그리고 그곳 사람들을 만나보았을 때 그들은 한결같이

"여기서 판을 치는 것은 봉건관리가 아니라 여각, 객주 등 매점업자, 도매상인들이며 권세를 부리는 것은 정치적 특권이 아니라 경제력 즉 돈입니다"라고 말했습니다.

구체적으로 상업활동이 어떻게 이루어지는지 말씀해 주십시오.

**김기자** 제가 다녀온 강경장은 근래 들어 거대 상업 및 수산업 도시로 성장하여 수천금을 가지고 돈놀이 하는 사람들도 있었습니다. 이들은 전국 각지를 다니면서 상업을 하는 보부상과 선상들을 상대로 도매업과 금융업을 벌려 막대한 이득을 얻고 있었습니다. 이들 중에는 농촌에까지 활동을 뻗쳐 쌀과 각 지방의 특산물을 입도선매식으로 사들이거나 고리대로 농민들을 지배하고 있는 경우도 있습니다.

다른 곳의 사정은 어떻습니까?

**이기자** 원산은 본래 어민들이 모여사는 자그마한 어촌이었는데 상업이 발전하면서 상업도시로 발

전한 경우입니다. 근래에는 함경도 6진과 바닷가 지방을 다니는 상선들이 이곳에 정박하여 각종 해산물, 옷감류, 인삼, 목재, 목제품 등을 거래하고 있습니다.

상업활동의 규모는 어느 정도였습니까?

**최기자** 박천 진두장의 경우는 6백~7백 호 정도의 상인과 수공업자로 이루어진 신흥 상업도시로 성장하고 있으며 1년간 관청재정을 거의 전적으로 진두장의 장세로 충당하는 형편이었습니다. 한 군의 경비를 진두장의 장세로 충당하고 있다는 사실은 상품유통량이 방대하다는 증거가 아니겠습니까. 더군다나 진두장은 청천강 일대 넓은 지역의 상품들이 모였다가 흩어지는 곳으로, 이곳에는 의주의 만상들뿐 아니라 개성의 송상들도 '송방'이라고 불리는 가게방을 차려놓고 영업하고 있었습니다.

# 암행어사 '문제'

## 현행 암행어사 제도 무엇이 문제인가

## 순조, 암행어사 대규모 파견
## 사후관리 안돼 난맥상 노출
## 암행어사들이 부정 저질러

최근 들어 암행어사 파견이 부쩍 늘고 있는 가운데 암행어사들이 오히려 부정부패를 저지르는 일이 잦아 문제가 되고 있다. 얼마 전 국왕 순조는 전국 360여 개 군현 전부에 암행어사를 파견하겠다고 하여 관리들을 놀라게 했는가 하면, 부정을 적발해야 할 암행어사들이 오히려 부정을 저지르고 있어 또한 사람들을 놀라게 하고 있다.

암행어사는 국왕이 지방 행정 운영실태와 민심의 소재를 파악하기 위해 비밀리에 파견하는 직책이다. 따라서 암행어사가 많이 파견될 때는 대체로 국왕이 국정을 장악하고 정력적으로 정책을 추진하는 시기였다. 지난 영·정조 시대에 암행어사가 많이 파견되고 권한도 강화된 것이 그 예이다. 그러나 요즘의 암행어사 파견은 그 배경이 그때와 전혀 다르다는 데 문제의 심각성이 있다.

우선 현 국왕 순조는 초반에는 대왕대비의 수렴청정으로, 중반 이후는 안동 김씨와 풍양 조씨 등 세도 가문의 전횡으로 국왕권을 한번도 제대로 행사해보지 못했다. 이런 상황에서 순조가 국정을 장악하려는 안간힘으로 직권에 의해 암행어사를 파견해 자신에게 직접 보고를 올리도록 한 것이다. 그러나 일단 파견 지시는 내렸지만 국왕권이 약하다 보니 사후 관리가 전혀 안돼 지금과 같은 난맥상이 노정되기에 이른 것이다.

## 비공개 원칙 사실상 무너지고, 부적격자 많아

▲ 전에는 파견 명령서에 조사해야 할 읍을 3~4곳 또는 5~6곳 지정하였는데, 그곳 외에는 조사할 권한이 없었다. 또 지정된 곳이라도 부패와 불법을 발견하면 다만 그곳의 창고들을 봉하고 문서를 감사에게 보낼 뿐이었다. 그러면 감사가 재조사하여 처벌 여부를 중앙 정부에 상신했다. 그런데 요즘에는 암행어사들이 제멋대로 월권 행위를 일삼아 비리가 없는 수령들도 곤욕을 치르곤 한다.

▲ 어사가 출장갔다 돌아오는 데에는 불과 수십 일, 많아야 한두 달을 넘기지 않았다. 수행원도 한두 명이라 비용도 적게 들었고 비밀이 유지됐던 것이다. 그러나 요즘에는 한 도 전체를 한 어사에게 맡기는 사례마저 있어 이런 경우 다 돌아다니고 오는 데 8~9 개월이나 걸리고 비용도 많이 든다. 어사는 주로 젊은 선비 출신이라 비용을 감당하지 못하므로 수령들이 여비 명목으로 건네주는 뇌물 유혹에 쉽게 굴복하고 만다.

▲ 또 이전에는 일시에 파견하지 않고 각 지방 별로 무작위로 파견했으므로 지방 고을에서는 어느 때 어사 행차가 있을지 몰라 모두들 행동을 삼가고 향리들은 감히 불법을 행하지 못하였다. 요즘은 전국에 일시에 파견하니 지방 수령들이 미리 다 알고 암행어사를 융숭하게 대접해 여기에서부터 비리가 싹트는 것이다.

▲ 예전에는 어사 일을 잘 수행한 인물이 여러 차례 어사 일을 수행하는 경우가 많았다. 오천대감 이종성(李宗城)은 암행어사로 10여 차례 이상 파견되었으며, 정조 때도 5~6차례 파견된 사람이 있었다. 요새는 업무 파악도 안된 채 파견돼 지방 관들의 교묘한 비리와 부정을 적발해내기에 역부족인 경우가 많다.

▲ 원래 암행어사는 파견 명령을 받으면 아무에게도 알리지 않고 곧바로 임지로 출발해야 한다. 그런데 요즘에는 파견 명령을 받으면 주위 친구들이 축하 잔치를 베풀어주는 일이 흔하다. 이 과정에서 그의 부임지가 다 드러나 서로들 알려주고 해당 지방 수령들이 미리 대비를 하니 암행의 효과가 전혀 없는 것이다.

참조기사 14호 3면

## 이런 일도 있다 …

## 웃지 못할 일화 두 가지

▲ 황해도 은산에서 있었던 일. 내가 남루한 복장으로 변장하고 어느 고을을 지나는데 한 집에서 아기가 큰 소리로 울어대는 소리가 들렸다. 들여다보니 할머니가 아기를 달래며 "울지 마라. 울지 마. 어사가 온다"고 하는 것이었다. 할머니에게 다가가서 "어사가 호랑이라도 됩니까. 죄 있는 자들은 무서워하겠지만 죄 없는 사람이야 어사를 무서워할 이유가 어디 있느냐"하고 물으니 할머니가 대답하는 말. "요즘 세상에 죄 없는 놈이 어디 있나. 어사 온다고 관리들, 지주들 모두 숨느라고 온 동네가 야단이던데."

▲ 암행어사를 사칭하고 돌아다니는 자들이 있다는 여론에 따라 중앙에서 각지방에 이들을 잡아들이라고 지시를 내린 바 있었다. 그러고 난 뒤 얼마 안돼 평안도 지방으로 어사 활동을 나갔다. 과연 읍의 군졸들이 나를 수상히 여긴 듯 미행하며 동태를 살피는 것이었다. 어느 고개를 넘다가 쉬고 있는데 미행하던 군졸들이 나타났다. 나를 아래 위로 한참 훑어보더니 가짜 암행어사라는 심증을 굳힌 듯 허리춤에서 범인 묶는 쇠줄을 꺼내 나에게 보이며 "네 놈 이게 뭔지 아느냐"고 했다. 나는 기가 막혀 가슴 속에서 마패를 꺼내보이며 "너는 이 물건을 알아보겠는가"하였더니 얼굴이 흙색으로 변하며 기절하여 나뒹그려져 언덕 아래로 구슬 구르듯 떼굴떼굴 굴렀다. 내가 가서 부축해 일으키며 말했다. "너나 나나 다 나라 일을 하는 것이다. 더욱 힘을 내서 일하거라."

---

# 정약용, 18년만에 유배 풀려

## 유배지에서 개혁구상 책으로 정리
## 「경세유표」, 「목민심서」 완성

**1818년** 정약용이 지난 1801년 신유사옥으로 강진으로 유배된 지 꼭 18년만에 유배가 풀려 고향인 경기도 양주로 돌아왔다. 그는 그동안 강진 유배지에 초당을 마련, 학문연구에 전념, 주로 우리 사회를 개혁할 수 있는 개혁구상의 정리에 몰두해왔는데, 이를 정리한 것이 「경세유표(1817)」, 「목민심서(1818)」 등이다. 우선은 고향으로 돌아가 건강을 돌보며 계속 사회개혁 구상을 가다듬는 데 힘쓸 계획인 것으로 알려졌다.

### 정약용 귀향의 뒷 이야기

### 가을에 부채 부친 친구의 깊은 뜻

정약용이 18년만에 유배가 풀린 데는 친구의 속 깊은 우정이 한몫을 톡톡히 한 것으로 알려져 잔잔한 감동을 주고 있다. 얘기인 즉 18년이 흐르는 동안 정부 요직에 있는 사람들은 그를 잊어버리고 있었는데, 그의 친구이자 세도재상 김조순의 친척되는 김이교의 우정으로 유배가 풀릴 수 있었다는 것.

김이교는 다산과 나이도 같은데다 정조 때 규장각에서 초계문신으로 같이 공부했던 다산의 절친한 친구로서 항상 다산의 유배에 가슴이 아팠다. 그러다 얼마 전에 강진에서 유배 생활을 하고 있는 다산을 찾았다. 실로 오랜만에 만나 하룻밤을 지내며 회포를 풀었는데 김이교는 못내 마음에 걸리는 게 있었다. 사실 현직에 몸담고 있는 자신에게 다산이 자신을 사면케 해달라는 부탁을 하기를 바랐던 것이다. 그러나 다산은 그런 말은 한마디도 않고 옛얘기만 할 뿐이었다. 작별할 시간이 돼도 그 말만은 꺼내지 않았다. 마침내 그가 참지 못하고 "여보게 다산, 나에게 혹시 할 말이 없나" 하고 물었다. 다산은 알겠다는 듯 고개를 끄떡이며 말 대신 그의 부채에 시를 한 수 적어주었다.

**역마을 가을비에 임 여의기 어려움은 먼 곳에 찾아줄 이 다시금 뉘 있으리오 / 반자의 신선됨은 바랄 길 전혀 없고, 이릉이 돌아온다 하나 기약마저 아득할 사 / 유산에 글쓰던 옛일이 어제인 듯 그 어느 해엔 칼 잃던 때를 차마 말할 건가 / 대숲 우거진 곳에 새벽달 걸릴 제 옛동산이 그리워서 눈물 그렁그렁 하였소**

김이교는 서울에 올라와서 그 부채를 가지고 문안 인사차 세도재상 김조순의 집을 찾아갔다. 때는 신선한 바람이 불어오는 가을인데도 김이교는 천연덕스럽게 부채를 꺼내 연방 부쳐댔다. 김조순이 이상하게 생각해 그 부채를 보게 되었고 거기에 적힌 시를 보는 순간, "아니, 이건 정약용의 시가 아닌가" 하며 남쪽 하늘을 바라보며 추연한 기색을 지었다. 그리고 그 길로 입궐하여 순조에게 다산의 유배를 풀어줄 것을 요청했다.

---

## 특별 기고

### 나라의 대경장이 시급하다

정약용

18년만에 고향에 돌아와 고향 사람들의 생활모습을 보게 되니 감회가 더욱 새롭다. 강진에 있으면서도 나라가 날로 기울어가는 것을 피부로 느끼면서, 유배의 몸이지만 애타는 마음 금할 수 없었다. 조선의 선비로서 어찌 이런 현실에 개탄의 마음이 없을 것인가. 여기 내가 강진에서 지은 '애절양(哀絶陽)'이란 시 한 수를 적어 이야기의 실마리를 삼고자 한다.

"촌가의 젊은 여인 울음소리 애달프다 / 관가문을 향하여 내달으며 하늘을 우러러 원망을 울부짖는다 / 출정한 사내 돌아오지 않은 일은 오히려 있으련만 / 옛날부터 양을 자른 사나이 있단 말은 듣지 못했노라 / 시아버지 3년상은 끝난 지 오래 / 갓난아이는 물도 아니 가셨는데 / 3대의 이름이 군적에 실리다니 / 억울한 사정 호소할래도 범 같은 문지기 가로막더라 / 이정 놈의 호통바람에 외양간 소마저 끌려나갔다 / 주인은 문득 칼을 갈아 방안으로 들어가 피로써 자리를 흠뻑 적시었다 / 아이 낳은 것을 스스로 분히 여겨 이 환난을 당했구나 / 부자들은 한평생 풍악이나 즐기면서 / 쌀 한톨 베 한 자도 바치는 데 없다네 / 다같이 나라의 백성이언만 왜 이다지도 고르지 못하단 말인가 / 내 객창에 홀로 앉아 뻐꾹새도 일곱 아들 고루고루 기른다는 옛 시를 읊노라."

한 농민이 죽은 아버지와 갓난 아기까지 군역대상이 돼 그 부담에서 헤어날 길 없자, 자식 낳은 것을 자책해 자신의 생식기를 잘라냈다는 처참한 이야기를 전해 듣고 슬픈 마음 가눌 길 없어 읊은 시다. 이 얼마나 애통한 일인가! 도대체 왜 조선 사회가 이 지경에 이르렀는가.

무엇보다 나라의 기강이 무너져버린 것을 지적하지 않을 수 없다. 기강이 무너진 가장 큰 원인은 임금과 신하, 공과 사의 구별이 뒤섞인 때문이다. 임금이 나라의 중심에 서서 공공(公共)의 대의에 따라 정사를 베풀어야 하거늘, 임금의 지엄한 권위와 공정한 정사는 찾아보기 어렵다. 세도대신들이 권력을 독차지하고 나라의 이름으로 자신의 사복을 채우는 형상이니, 절대권력은 절대 부패하고 독점은 끝없는 독점을 낳는 법이다. 윗물이 이러하니 아래로 그 수족인 고을 수령인들 그만 못할 것이며 아전붙이인들 오죽하겠는가. 이래가지고서야 어찌 백성들이 살 수 있으며 나라가 온전할 수 있겠는가.

수령들은 마땅히 백성들을 사랑하는 마음으로 고을을 다스려야 할 것인 바, 지금 무엇보다 시급한 일은 백성들이 무거운 세금 부담을 줄이는 것이다. 아울러 장기적으로는 열심히 일하는 사람들이 안정되게 살 수 있도록 그들에게 생활 터전을 마련해주어야 한다. 그러자면 생업의 터전인 토지를 농민들에게 나누어주고 함께 농사지어 서로 일한만큼 나눠가질 수 있도록 하는 제도를 마련해야 할 것이다. 국가의 관리도 농사짓는 농민들 가운데서 학식있고 능력있는 사람을 발탁해 쓴다면 사회기풍이 날로 생산적이 되고 건강해질 것으로 본다.

조선사회 곳곳에서 지금 이러한 개혁을 촉구하는 메아리가 울려 퍼지고 있다. 이 메아리에 위정자 모두가 귀기울여 개혁에 나서지 않는다면 머지 않아 도탄에 빠진 백성들이 들고 일어날 것이다. 나라의 대경장이 시급하다. 내일은 너무 늦다.

역사신문

## 이번 호의 인물　김조순

### 세도 정권의 길을 연 장본인

곧고 날카로운 인상과 카랑카랑한 음성을 가진 그는 전형적인 선비다. 기량과 식견이 뛰어나 정조로부터 깊은 신임을 받았고 왕세자 교육의 책임까지 맡았다.

그런 그가 지금 세상이 모두 지탄하는 세도정권의 기둥이 되어 있다. 국왕 순조의 장인 즉 국구(國舅)인데다 규장각 검교제학과 홍문관 대제학을 겸하여 학문의 권위를 한몸에 지고 있다. 또 훈련대장으로 병권을 장악하고, 한강의 상권을 좌우하는 주교사 당상까지 겸하였으니 조선의 돈과 힘은 모두 그의 손아귀에 들어 있다. 하지만 그는 정부 요직이 주어질 때마다 매양 사양하는 모습을 보인다. 그의 근신하고 신중한 성품으로 미루어 체면치레만은 아닐 것이다. 어쩌면 오늘날의 세도정국은 그 개인의 권력욕에서만이 아니라 조선 정치의 구조에서 말미암은 것이라 해야 할 것 같다.

조선사회는 지금 각 분야가 급변하는 시대적 전환기다. 문제는 이러한 변화의 요구를 수용하여 사회를 개혁하느냐, 아니면 수구의 깃발 하에 변화의 싹을 자르느냐다. 정조 사후 노론지배층은 그들의 체질상 후자의 길을 택할 수밖에 없었으니 세도론을 앞세운 권력독점은 그들에겐 필연이었다. 왕권과 공도(公道)가 무너진 위에 세도(世道)의 이름으로 부와 권력의 독점만이 있을 뿐이다. 좋든 싫든 김조순이 그 정점에 서있는 것이다.

김조순은 그런 짐을 떠맡을 만한 인물이다. 개인의 역량도 역량이려니와 안동 김씨 가문이 그를 떠받치고 있다. 병자호란 때 척화의 상징이었던 김상헌의 후손이자 노론으로 영의정을 지낸 김창집의 4대손이다. 이렇게 그는 권력과 함께 재능과 덕망도 갖추고 있다. 그러나 그의 권력에 기대 출세하고 있는 그의 아들들과 친척들도 그러한 자질을 갖추고 있지 않다는 것은 역시 세도정치의 구조적 불행이다.

본관 안동. 1765년생. 호는 풍고. 저서로 「풍고집」이 있다.

### "차돌만한 둥근 것이 맛도 있네"

감자, 청에서 들어와

**1824년** 황녹색의 차돌만한 열매가 익혀놓으면 맛이 그만인 '감자'라는 것이 청나라에서 들어왔다. 일설에는 청나라 사람들이 우리나라 국경 근처의 밭에 몰래 침범해 감자를 심어먹었는데 그 뿌리가 남아 있다가 전파된 것이라 한다. 당분은 적지만 단백질이 고구마보다 많아 식용 대용으로 그만이라고 한다. 특히 가뭄이 들거나 흉년이 들었을 때 구황식품으로도 적절해 급속하게 전파되고 있다.

### 조선교회, 독립 승격 로마 교황청 발표

**1831년** 로마 교황청은 조선교구를 중국교구에서 분리시켜 독립교구로 승격한다고 발표했다. 지금까지 우리나라의 신도들은 주문모 신부가 왔을 때와 마찬가지로 이번에도 중국교구의 책임하에 새로운 신부를 보낼 것으로 알고 있었기에 더욱 놀라는 눈치이다. 또한 조선교회를 자기네 구역의 하나쯤으로 여기고 있던 중국교구의 입장에서도 이번 교황청의 결단은 파격으로 받아들여지고 있다고 한다. 이번 교구 확정은 그동안 우리나라의 신도들이 오래 전부터 신부영입을 호소하는 편지를 교황청 당국에 내어 실현된 것이다.

## "썩은 관리들이여, 이 책을 보라!"

### 정약용의 「목민심서」, 세간에 화제
### 관리들의 부패상을 백성의 입장에서 폭로, 고발

**1818년** 각지에서 횡령과 수탈을 일삼고 있는 수령들이 보면 가슴이 뜨끔할 책이 나왔다. 지방의 수령들이 행하는 부정부패를 날카롭게 지적하면서 그들이 지켜야할 지침을 꼼꼼하게 밝힌 「목민심서」가 세간에 화제이다. 저자는 18년간의 귀양살이를 마감하고 강진의 유배지에서 돌아온 정약용.

모두46권 17책으로 이루어진 이 저서는 그가 경기도 암행어사, 찰방, 부사 등의 목민관으로 나가 있을 때 행정문란과 부패로 백성들이 고통받고 있는 현실을 체험한 것이 바탕이 되어 씌여진 것이라 한다. 이제까지 관의 입장에서 나온 「목민심감」, 「임관정요」등의 목민서와는 달리 백성의 입장에 서서 관리들의 부정부패와 횡포를 폭로·고발하는 저서라는 점에서 새롭게 평가되고 있다.

특별히 책 제목을 '牧民心書'라 함은 목민할 마음은 있었지만 몸소 실천할 수 없었기 때문이라고 한다. 저자는 서문에서 "오늘날 백성들을 다스리는 자들은 오직 거두어들이는 데만 급급하고 백성을 부양할 바는 알지 못한다. 이 때문에 하민(下民)들은 야위고 곤궁하여 병까지 들어 진구렁 속에 줄을 이어 그득한데도 그들을 다스리는 자는 바야흐로 고운 옷과 맛있는 음식에 자기만 살찌고 있으니 슬프지 아니한가"라고 개탄하고 있다.

그는 수령의 청백사상을 중요시하면서, 청렴은 수령의 본분이며 모든 선의 원천이며 덕의 근본이라고 강조하고 있다. 수령은 애민정신을 바탕으로 상부의 부당한 압력을 막아내어 백성을 보호하는 것이 주임무라는 것이다. 과연 이런 수령이 우리나라의 고을에 몇이나 될지 의문이지만 간교한 수령들의 귀에 이 책의 귀절 한귀퉁이라도 들릴 수 있다면 얼마나 좋으랴!

### 화가 김득신 사망

**1822년(순조 22)** 조선 풍속화의 대가 긍재 김득신이 향년 69세를 일기로 세상을 떠났다. 현재 그가 일하던 도화서나 민간 화단 모두가 그의 죽음에 슬픔을 표하고 있다. 그는 단원 김홍도의 풍속화풍을 계승, 한 걸음 더 발전시킨 화가로서 조선 역사에 길이 남을 것으로 보인다.

그의 풍속화에 나오는 인물은 금방이라도 뛰어나올 듯 생동감이 있으며, 단원과는 달리 인물만이 아니라 배경에 산수를 곁들여 현실감을 더욱 높였다. 집안이 대대로 화가를 배출했으며 그의 아들들도 현역 화가로 활동하고 있다. 주요 작품으로는 〈풍속화첩〉, 〈파적도〉, 〈귀시도〉, 〈신선도〉 등이 있다.

### "풍속화를 절정기로 이끈 장본인"

## 빈체제, 붕괴 조짐

### 자유주의와 민족주의 운동 억압해 온 보수반동체제

자유주의와 민족주의를 억압해왔던 빈체제가 세계 각국의 자유주의 운동과 민족주의 운동의 폭발적인 분출로 인해 흔들리고 있다고 한다.

빈체제는 프랑스와 스페인, 나폴리 등에서 옛 왕가를 복구하고, 러시아의 자유주의 운동이었던 데카브리스트의 난을 진압하였으며, 주권재민의 개념을 부정해 군주는 어떠한 국민대표제도에 의해서도 제약받지 않는다고 선언한 오스트리아의 연방규약을 제정하는 등 한때 맹위를 떨쳤다. 그러나 에스파냐와 포르투갈의 식민지였던 라틴 아메리카의 여러 국가의 독립과 동로마제국의 멸망 이후 오랫동안 투르크제국의 지배하에 있던 그리스가 독립하게 됨에 따라 빈체제의 붕괴조짐이 서서히 나타나기 시작하였다.

빈체제의 실제적인 주재자인 오스트리아의 재상 메테르니히는 이러한 상황에 적극 개입하여 이 흐름을 저지하려 했으나, 유럽 각국의 비협조로 실패했다. 미국은 먼로선언으로, 유럽 각국은 그리스에 대한 독립지원으로 메테르니히를 궁지에 몰아넣은 것이다. 게다가 빈사상태에 빠진 빈체제에 결정적인 타격을 준 것은 입헌군주정을 선포한 프랑스의 7월혁명이었다. 7월혁명은 빈체제에 의해 복구된 프랑스 부르봉왕조의 반동정치에 대해 자유주의자들이 중심이 되어 혁명을 일으켜 자유주의자인 루이 필립을 시민의 왕으로 추대한 사건이다.

한편, 빈체제는 1814년 9월부터 1815년 6월까지 유럽 여러나라들이 참가한 빈회의에서 혁명 이전의 질서로 복귀시키자는 정통주의와 강대국간의 세력균형이라는 원칙에 의해 탄생한 보수반동체제를 말한다. 즉, 프랑스혁명 이래의 유럽의 전쟁과 정치적 변동을 복고주의적으로 수습하려 한 것이다. 또한, 빈체제의 등장으로 나폴레옹 정권 몰락 이후의 유럽 질서가 재조정되어 러시아는 폴란드를, 네덜란드는 벨기에를 합병하였고, 오스트리아는 이탈리아 북부 영토를, 영국은 전쟁 중 확보한 식민지를 인정받았으며, 스위스가 영세중립국으로 되는 등 유럽의 지도가 완전히 바뀌기도 하였다.

그러나 빈체제는 거센 자유주의와 민족주의 운동을 막을 수는 없었으며, 오히려 그러한 운동에 의해서 이제 역사의 유물로 사라질 운명에 처하게 된 것이다.

# 역사신문

## 정부, 천주교에 강경 대응

### 앙베르 등 프랑스 신부들과 김대건, '효수형'
### "오랑캐의 가르침에 빠져 처벌 자초하지 말라"

**1839년(헌종 5)** 천주교 조선 교구 제2대 주교 앙베르 신부를 비롯한 샤스탕, 모방 신부 등 프랑스 신부들이 새남터에서 효수형에 처해진 데 이어 조선 최초의 신부 김대건 역시 같은 장소에서 효수형을 당하는 등 천주교에 대한 정부의 대응이 날이 갈수록 강경하게 치닫고 있다.

이른바 1839년의 '기해박해'에서는 프랑스 신부 외에도 정하상(정약종의 아들이자 정약용의 조카), 유진길, 김제준(김대건의 아버지) 등 70여 명이 처형됐다. 정부는 서울 일원에 5가작통법을 엄격히 실시하여 교인들을 샅샅이 찾아내는 한편, 전국에 '척사윤음'을 발표했다. 수렴청정을 하고 있던 대왕대비(순조비) 김씨는 '척사윤음'에서 "결혼도 안하고 남녀가 같이 섞여지내 풍속을 어지럽히고 있다. 밤중에 비밀스런 방에서 가르치며 깊은 산이나 험한 골짝에 모여사는 이유가 뭔가. 오랑캐의 그릇된 가르침에 빠져 처벌을 자초하지 말라"고 말했다.

이러한 극심한 탄압으로 성직자 기근에 시달리게 된 김대건은 앙베르에 이은 제3대 주교 페레올 신부와 최양업 등 조선인 신부들을 중국으로부터 국내로 밀입국시키려 했으나 옹진 부근에서 공작을 수행하다 관계기관에 체포, 처형됐다. 김대건은 관관이 배교할 것을 강요하자 오히려 "당신도 천주를 숭배해야 합니다. 이 말을 거절하면 죄를 면치 못합니다"라고 말해 관관들의 실소를 자아냈다는 후문이다.

한편 조인영 등이 천주교도들에 대해 고문과 처형을 자행하며 공포 분위기를 조성하는 것은 헌종의 외척으로 이제 막 득세하기 시작한 풍양 조씨 일파와 안동 김씨 일파에 대한 무력 시위일 가능성이 높다고 분석하고 있다. **관련기사 2면**

## 프랑스 군함 잇달아 출몰
### 자국 신부 처형에 강력 항의

**1846년(헌종 12)**에 이어 1847년에도 계속 서해안에 프랑스 군함이 출몰, 정부를 긴장시키고 있다. 이들은 기해년(1839년)에 앙베르 등 프랑스 신부 3인을 처형한 것에 대해 강력하게 항의하고 있는 것으로 알려졌고 정부는 이들의 해명 요구에 대한 대응을 놓고 고심하고 있다.

1846년에는 프랑스 아시아 함대 사령관 세실이 군함 3척과 870명의 병력을 이끌고 충청도 홍주 앞바다 외연도에 와서 프랑스 신부 처형에 항의하는 국서를 전달하고 돌아간 바 있다. 항의 국서에는 중국인이나 일본인은 입국해도 처벌하지 않으면서 유독 프랑스인을 처형한 이유를 해명할 것을 요구하면서 "앞으로 또 이런 일이 일어나면 중대한 결과를 초래할 것"이라는 협박조의 문투로 돼 있었다.

그리고 항의 국서에 대한 답서를 받으러 1847년에 또 군함 두 척이 왔으나 조난을 당해 정부는 일단 그들에게 쌀과 채소는 물론 쇠고기와 돼지고기를 매일 대주면서 융숭하게 대접했다.

정부는 어쨌든 답서를 전달하기로 하고 준비했으나 이들은 이미 수리한 배를 타고 돌아가 전달하지는 못했다. 답서는 "당시 귀국 신부들은 프랑스인임을 밝히지 않았으며, 말했다 하더라도 우리는 귀국의 국명을 지금에야 알았다. 그들을 처형한 것은 흉악한 범죄를 저질렀기 때문에 표류 선원들과는 경우가 다르다. 중국인 신부 주문모를 처형했을 때 청에서 아무 말이 없었다는 사실을 감안하기 바라며 귀국과는 아무 원한도 없다"는 내용을 담고 있는 것으로 알려졌다. **관련기사 2면**

## 헌종 친정 시작
### 수렴청정 끝나, 국왕 외척 풍양 조씨 득세

**1841년(헌종 7)** 국왕의 나이 15세가 되면서 7년 동안 순조비 순원왕후가 실시하던 수렴청정이 끝나고 국왕의 친정이 개시됐다. 이와 함께 국왕 헌종의 외가인 조인영 가문이 급부상해 기존의 집권 세력인 안동 김씨 가문과 갈등을 겪을 것으로 예측되고 있다.

헌종은 아버지 효명세자가 왕위를 잇지 못하고 대리청정 기간에 사망하고, 뒤이어 할아버지인 순조 역시 45세의 나이로 승하하자 지난 1834년 8세의 나이로 즉위한 바 있다. 이에 따라 할머니인 순조비 순원왕후가 수렴청정을 해온 끝에 이번에 친정을 맡게 된 것이다. 그런데 헌종의 어머니는 풍양 조씨 가문이어서 헌종은 친정을 개시하자마자 조인영, 조병구 등을 등용하는 등 풍양 조씨에 기우는 모습을 보이고 있다.

그러나 정가에서는 안동 김씨 가문인 국왕의 할머니 순원왕후가 살아 있는 한, 안동 김씨 가문이 하루 아침에 퇴조하는 일은 없을 것이고 결국 두 가문이 경쟁과 협력을 절충하는 방식으로 권력을 분점할 것이라고 전망하고 있다.

## 헌종, 후사없이 승하
## 강화도령 철종 즉위

**1849년(헌종 15)** 6월 선왕 헌종이 후사 없이 갑작스레 승하함에 따라 강화도에 살고 있던 종친인 철종이 새 국왕으로 즉위했다. 즉위식 후 대왕대비는 "주상은 영조의 혈통이나 강화 민가에서 갖은 고생하며 자라셨다. 신료들은 이점을 헤아려 국왕을 잘 보필하라"는 언문교지를 내리고 곧바로 수렴청정을 선언했다. 이번 수렴청정은 국왕의 나이보다는 강화도에서 나무꾼으로 생활하여 글을 몰라 정치에 참여할 수 없는 상황이 더 고려된 것으로 알려졌다. 한편 대왕대비는 곧 안동 김씨를 권력의 핵심에 기용하는 것을 골자로한 내각에 대한 대대적 개편이 단행될 것임을 시사함으로써 풍양 조씨에서 안동 김씨로 세도가 급속히 넘어갈 것으로 전망되고 있다. **관련기사 2면**

## 이양선이 몰려온다
### 정부, 해안 경비 강화

외국선박이 계속 출몰하고 있어 정부의 대책마련이 시급하다. 처음에는 영국, 프랑스 등이 서해 연안을 침입했으나 최근에는 미국과 러시아 선박도 가담하고 있다.

정부는 이양선이 오면 국적과 목적을 알아보고 식량을 주어 돌려보내거나 통상 요구는 교섭 자체를 거절해왔으나 이양선의 출몰 횟수가 점차 빈번해지자 연해 방비를 튼튼히 할 것을 명하는 한편, 해안 지방 백성들이 외국선박과 밀무역 하는 것에 대해 금지령을 내리고 위반자는 엄격히 단속하고 있다.

## "북경 함락"
### 청, 2차 아편전쟁에서 영·불에 패배

## 북경조약 체결, '반식민지로 전락'

**1860년** 청의 수도 북경이 영국을 중심으로 프랑스·미국·러시아의 연합세력에게 함락되는 대란이 발생했다. 이는 아시아 대국인 청이 서양 세력에게 무릎 꿇은 사건으로 우리에게도 충격적인 일이다. 지난 1856년 청이 영국 선박 애로호를 강제 수색하는 사건에서 발단되었다. 전쟁 결과 맺어진 북경 조약에 따라 북경뿐 아니라 사실상 전 항구를 개항하게 되었으며, 외국인들에게 치외법권을 인정하는 등 한 국가로서 가져야 할 최소한의 권한마저 양도하게 돼 중국 대륙은 서구 열강의 반(半)식민지가 됐다.

이에 앞서 지난 1840년 청은 아편 밀무역 문제로 영국과 전쟁을 벌여 영국에 패배, 난징조약에서 이미 굴욕적인 조약을 맺은 바 있다. 이 때 아편 전쟁의 발단이 된 것은 청과 영국 간의 무역수지 불균형이었다. 영국에서 청으로 수출하는 직물보다 청에서 수입하는 차의 양이 훨씬 많아 결재 수단인 은의 부족에 시달려왔다. 결국 영국은 아편을 밀수출하여 그 대금으로 차 수입대금을 결재하는 파행을 자행했다. 이에 따라 청에는 순식간에 아편이 퍼져나가 온 국민이 아편에 중독되는 사태가 발생, 급기야 사회문제로 번지자 청 정부당국은 영국 상인들의 아편 밀무역에 대한 대대적 단속에 나섰고, 이 과정에서 영국측의 의도적인 도발에 의해 전쟁이 발발했다.

그러나 영국 등은 난징조약에 만족하지 않고 청의 수도 북경까지 개방할 것을 요구, 이번 2차 아편전쟁이 일어나게 된 것이다.

## 일본 개항
### 미국과 불평등조약 체결

**1854년(철종 5)** 3월 일본 에도 막부와 미국이 요코하마에서 가나가와(神奈川) 조약을 체결, 일본이 개항됐다. 이 조약에 따라 일본은 앞으로 미국에 대해 항구를 개방할 뿐만 아니라 미국 상품의 유입을 허용하는 부담을 지게 됐다.

이번 조약의 미국측 당사자 페리 제독은 이미 지난해 6월 4척의 군함을 이끌고 에도근해에 와서 통상조약을 요구한 바 있다. 그러나 당시 막부는 일단 페리에게 철수할 것을 요구했고 페리는 "6개월 후에 훨씬 더 많은 군함을 거느리고 올 테니 그때 확답하라"는 협박조의 말을 하고 물러갔었다. 6개월 후인 올 1월 페리는 과연 다시 왔고 겁에 질린 막부는 개항의 불가피성을 인정, 이번 조약이 체결된 것이다.

# 역사신문

## 서양의 침입에 대비해야

### 지금은 권력다툼 할 때 아니다

서해에만 나타나던 이양선이 이제 전국 연해에 나타나고 있다. 그것도 그 빈도수가 잦아지고 있다. 외부 소식통에 의하면 중화를 자처해온 중국이 서양세력의 침략 앞에 무참히 짓밟혀 그들의 자존심이 땅에 떨어졌다고 한다. 이처럼 지금 우리를 둘러싼 국제정세는 긴박하게 돌아가고 있다.

그런데 이러한 국제적 위기 상황에 대응해야 할 지금, 우리의 자세와 현실은 어떠한가? 날아가는 새도 떨어뜨린다는 안동 김씨의 세도가 풍양 조씨로 넘어갔다고도 하고, 아직은 안동 김씨가 건재하기 때문에 섣불리 예단할 수는 없는 문제라고도 한다. 시시각각 변하는 이 엄혹한 국제 현실에 아랑곳하지 않고 외척들간에 권력다툼이나 하고 있는 것이다. 정부는 도대체 서양세력의 침략에 대응할 준비나 제대로 하고 있는지 묻고 싶다. 군기고의 무기는 녹슬어 가고 있고, 이미 300년 전에 조총이 들어와 사용되고 있으면서도 아직 우리의 군대는 100보 밖에서 화살을 쏘아 과녁을 맞추는 훈련을 받고 있는 형편이다. 그나마 세도정권 등장 후의 온갖 부정부패로 아예 이러한 군대마저도 유지할 수 없는 형편이 되었다. 이런 상황에서 현재의 심각한 국가적 위기를 극복할 수는 없는 것이다.

그렇다면 지금의 위기를 어떻게 극복할 것인가? 먼저 무엇보다도 난맥상을 보이고 있는 내정을 시급히 개혁해야 한다. 내정을 개혁해야 이를 바탕으로 국방도 튼튼히 할 수 있기 때문이다. 다음으로는 개방적 외교정책으로의 전환을 적극 검토하는 것이다. 중국을 굴복시킨 서양세력은 먼 거리를 지척에 있는 것처럼 볼 수 있게 하는 천리경, 화력이 뛰어난 화포, 수만 리를 항해할 수 있는 증기동력 철선 등 우수한 과학기술을 가지고 있는 것으로 알려지고 있다. 지난번 로드 암허스트호가 통상을 요구해왔을 때 이규경과 최한기가 통상을 통해서 서양의 선진기술을 도입하여 부국강병을 이룩해야 한다고 주장한 것도 이러한 사실 때문이었다. 이제 이러한 적극적인 개방정책을 정부에서 전향적으로 검토해야 한다. 저들의 우수한 선진 과학기술과 제도를 면밀히 검토하여 그중에서 받아들일 것은 받아들이는 정책은 우리의 국력을 키우는 데 큰 도움이 될 것이다.

위기를 창조의 계기로 삼는 민족만이 세계사의 주역이 될 수 있다고 했다. 지금 우리는 서양세력의 접근이라는 심각한 위기상황에 직면해 있다. 그러나 오히려 이러한 위기를 내정개혁과 외교 정책의 전환을 통한 부국강병의 적극적 계기로 삼는다면 위기를 슬기롭게 극복할 수 있을 것이다.

## 그림마당
이은홍

## 이양선 왜 자꾸 나타나나

### 점잖은 통상요구, 거절하면 무자비한 함포 외교
### 자본주의적 요구 싣고 오는 제국주의 첨병들

근래 우리나라 근해에 이양선 출몰이 잦아지고 있다. 1832년 영국의 무장상선 로드 암허스트호를 타고 온 영국인들은 국왕에게 보내는 서한과 함께 여러 필의 모직천과 망원경, 유리그릇, 금단추, 서적 등을 예물로 바치면서 무역협정 체결을 요구했다. 그들이 예물로 바친 것과 같은 물품들과 우리의 금, 은, 동 및 대황 등 약재와 교역할 것을 요청한 것이다. 이러한 통상요구는 프랑스나 다른 나라의 이양선들도 대개 같다. 그러면 이들은 단지 평화적인 물품거래만을 원하는 것일까.

전혀 그렇지 않다는 것은 이미 중국에서의 아편전쟁이 증명해주고 있다. 현재 서양의 경제구조는 지난 16, 7세기에 스페인이나 포르투갈이 추구했던 원격지 무역에 의한 상업이윤 획득과는 판이하게 달라져 있다. 물론 그 변화의 원동력은 산업혁명이다. 엄청난 생산력을 가진 기계공업은 그 판매시장을 필수적으로 요청한다. 그리고 자본제 생산구조는 끊임없는 확대재생산을 하지 않고는 배겨날 수가 없고, 따라서 값싼 원료공급지를 찾아나서지 않을 수 없다. 이것들은 자본주의의 생명과도 같은 것이기 때문에 폭력적 수단을 동원해서라도 충족되어야만 한다. 청이 예전의 대국인 양 이러한 서양의 요구에 미온적으로 대처하자, 서양세력은 당장 함대를 출동시켜 자본의 요구에 굴복할 것을 강요한 것이 바로 아편전쟁인 것이다.

요컨대 서양의 자본주의는 이제 제국주의의 모습을 띠어가고 있다. 이 제국주의의 거센 파도는 중국을 덮쳤고 이제 우리 조선을 향해 오고 있는 것이다. 요즘 우리 근해에 나타나는 이양선은 바로 이 제국주의의 파도를 타고 오고 있다. 대국 청도 이겨내지 못한 이 거대한 물결을 우리는 슬기롭게 이겨낼 수 있을 것인가.

| 침입연대 | | 침략행위 |
|---|---|---|
| | 국적 선명 | |
| 1801 | | 제주도 대정현 |
| 1816.7 | 영국 군함(알세스트) (리라)호 | 황해도 대청군도, 충청도 외연열도 |
| 1832.6 | 영국 무장상선(로드 암허스트)호 | 황해도 몽금포, 충청도 홍주 고대도 |
| 1840.1 | 영국 2척 | 제주 가파도 |
| 1845.5 | 영국 군함(사마랑)호 | 제주 정의현 우도 |
| 1846.6 | 프랑스 군함 3척 | 충청도 홍주 외연도 |
| 1847.8 | 프랑스 군함(글로와르) (빅토리우스)호 | 전라도 고군산, 신치도 앞바다 |
| 1848.5 | 2척 1척 | 단천, 북청 |
| 1848.8 | 3척 | 연흥, 성진 |

## 철종 즉위에 얽힌 배경

### 안동 김씨, 세도정치에 걸림돌 안되는 왕손 물색

철종의 즉위에 대해 그 배경을 궁금해하는 이들이 많다. 하지만 속을 들여다보면 간단하다. 안동 김씨쪽에서 자신들의 독주체제를 재구축하기 위해 그에 걸림돌이 될 성싶지 않은 인물을 물색, 강화도에서 찾아낸 왕족이 바로 철종이다.

사실 선왕인 헌종이 아들을 남기지 않은 채 죽었을 때 정국은 일순 묘한 분위기로 빠져들었었다. 주지하다시피 헌종의 외가쪽은 풍양 조씨 가문이고 따라서 헌종 대에는 풍양 조씨가 득세했었다. 그러나 헌종이 죽은 상황에서 왕실의 가장 높은 어른은 순조비 순원왕후 김씨다. 순원왕후는 안동 김씨의 영수였던 김조순의 딸이니 안동 김씨 일파가 순원왕후의 권위에 기대 다시 권좌에 복귀하는 것은 시간문제였다. 다만 자신들의 세도정치에 걸림돌이 되지 않을 만큼 적당히 '멍청한' 국왕이 필요했다. 김조순의 뒤를 이어 안동 김씨의 영수를 맡고 있는 김좌근이 왕실 족보〈선원보략〉을 뒤적이며 이에 적합한 인물을 찾았다. 처음 지목된 왕손은 남연군의 아들 흥선군 등이었으나 형제가 넷이나 돼 일찌감치 탈락됐다. 다음은 덕흥대원군의 후손 이하전이 거론됐다. 가세도 약하고 형제도 없고 나이가 어린 것이 왕손으로 적격이었으나 너무 총명한 것이 문제였다. 이렇게 해서 강화도에서 농사나 짓고 있던 일자무식 철종이 선발된 것이다. 그는 형제도 없고 가세도 약해 국왕으로 안성마춤이었던 것이다.

### 철종은 어떤 인물인가

1831년생으로 즉위 당시 19세. 사도세자와 영빈 임씨 사이에서 태어난 은언군이 할아버지다. 아버지는 전계군. 3형제 중 막내인데 지난 1844년 그의 나이 15세 때 서광근, 민진용이 꾸민 역모사건에 형 회평군이 연루돼 처형당하는 바람에 일가가 모두 강화로 유배됐다. 왕족이라고는 하지만 가세가 어려웠고 특히 강화로 유배된 뒤는 평민들과 다름없이 농사지내며 지냈다. 하루 아침에 농사꾼에서 국왕으로 변신한 그가 국정을 잘 다스려나갈지 세간의 관심이 집중되고 있다.

## 취재 수첩

### 천주교의 성장

현재 우리나라의 천주교도는 1만 명에 이르는 것으로 알려져 있다. 신도들의 신앙심도 남달리 깊어 많은 신도들이 처형을 당하면서도 교세는 좀처럼 수그러들지 않고 있다. 천주교가 우리 조선에서 이렇게 끈질긴 생명력을 가지고 번성하는 이유는 어디에 있는 것일까. 또 정부에서는 왜 그토록 무자비하게 천주교를 탄압하려 드는 것일까.

일부에서는 천주교의 "인간은 하느님 앞에 평등하다"는 평등사상이 엄격한 유교적 신분질서의 무게에 짓눌려 있는 조선 민중에게는 그야말로 '복음'이었을 것이라고 말한다. 그러나 천주교가 인간평등의 종교라는 주장은 지난 1천년 동안의 유럽 역사에 대한 무지를 자백하는 것 외에 아무것도 아니다. 인간평등의 사상은 천주교의 교리가 아니라 현재 유럽을 뒤흔들고 있는 시민혁명과 산업혁명의 철학이다. 따라서 정확하게 보자면 이러한 유럽의 신흥사상이 천주교라는 낡은 틀에 묻어서 들어온 것이고 이에 우리의 일부 지식인들이 매혹당한 것이다. 그들이 청에 가서 서양 선교사들을 만나 서양 서적과 서양의 공업제품을 얻는데 그토록 열광적인 것이 이를 증명한다.

그렇다면 문제는 우리 내부에 있음을 고백하지 않을 수 없다. 우리의 정치가 민의 마음을 떠났다는 것은 지난 홍경래난이 극명하게 보여준 바 있다. 정치운영의 주체는 이제 몇몇 가문으로 집중되고 있고 조금이나마 진보적인 생각을 가진 정치인들이 설 자리는 점점 더 좁아지고 있다. 일부 지식인들의 시선이 서양으로 쏠리는 것은 당연한 일인 것이다. 바로 이 지점에 운신의 폭을 극도로 좁혀놓은 정치권이 천주교라는 외래 사상에 대해 신경질적 발작을 일으키는 근본 이유가 있는 것이 아닐까.

최근에는 천주교가 지식인보다는 아녀자와 서민들 사이에 급속도로 퍼져나가고 있다고 한다. 그리고 이제는 평등사상보다는 천당을 약속하는 내세사상을 내세우고 있다. 이제 본모습으로 돌아가는 것이다. 다만 우리 민들의 삶이 세련된 교리로 천당과 내세의 행복을 설파하는 외래 종교에라도 의탁하지 않고는 배길 수 없을 만큼 피폐해져 있다는 것이 안타까울 뿐이다.

지방 행정 엉망이다

## 탐학한 수령 밑에 아전들 '경쟁적으로 농민 수탈'

경기도의 어떤 읍은 요즘 수령들의 임명 기피지역으로 유명하다. 얼마 전 유능하고 강직한 수령이 부임하여 부정부패를 일제히 조사, 관련자들을 처벌하려고 했다. 그러자 부패의 주범인 아전들이 음모를 꾸며 당시 암행어사가 가짜라며 잡아들여 실컷 두들겨팼다. 화가 난 어사는 그 책임을 물어 수령을 당장 파면하도록 조치했다. 결국 부정부패 조사는 물 건너갔다.

이런 현상이 발생하는 것은 근본적으로 지방에 대한 중앙의 통제력이 극도로 약화됐다는 것을 의미한다. 그리고 이것은 세도정치가 장기화되면서 과거제도 및 인사행정이 문란해진 데 근본원인이 있다. 위 경우는 수령이 유능했다니 그나마 다행이고, 실제는 수령들 자체가 능력보다는 세도 가문의 연줄에 기대 임명되는 경우가 허다하다. 특히 세도가문에 뇌물을 주고 수령이 된 경우 본전을 회수하기 위해 주민들을 가혹하게 수탈한다.

더욱 고질적인 것은 지방행정의 말단 관리들인 아전 및 이서(吏胥)들의 지방민에 대한 수탈이다. 아전은 중앙에서 임명되는 것이 아니라 지방의 토착민들로서 사실상 지방행정을 장악하고 있다. 수령은 아전을 잘 만나야 한다는 말이 괜한 것이 아니다. 더구나 아전들은 급료가 없기 때문에 부정부패에 더욱 골몰한다.

지방 관아에는 중앙의 6조와 같이 이·호·예·병·형·공방이 있고 이들 기구에 필요한 아전은 많아야 10여명이면 되는데, 요즘은 수십 명에서 수백 명에 이르고 있다. 실제 업무에 종사하기 보다는 권세를 이용해 경쟁적으로 지방민들을 쥐어짜, 사욕을 채우고 있는 것이다.

### 지방 관아, "말단 수위까지 썩어"

▲ 백성들이 억울한 일을 호소하러 동헌에 오면 "이미 해가 저물었다"는 둥 갖은 핑계를 대며 문간에서부터 못 들어가게 한다. 결국 뇌물을 쥐야 통과.
▲ 곤장을 때릴 때 뇌물의 양에 따라 때리는 강도를 조절해준다.

▲ 옥에 갇혔을 때 처우는 뇌물의 양에 따라 달라진다.
▲ 추수기에 가정집을 돌아다니며 '구걸'한다. 말이 구걸이지 사실은 협박이다.
▲ 다른 사람에게 발부된 체포영장이나 출두영장을 들고 다니며 겁을 줘 뇌물을 강요한다.

## "환곡미 횡령 극심" 경주 백성들 상소

### 곡가 차이 이용하는 등 지능적 방법 속출 …

1841년 경주지방의 백성들이 수령들의 가혹한 환곡 횡령에 대해 상소를 올렸다. 이들은 아전이나 향리와 짜고서 수령들이 환곡을 다양한 방식으로 횡령해 많은 사람들이 피해를 보고 있으니 시정해달라는 요청을 했다고 한다. 이 지방뿐 아니라 각지에서 이런 피해가 속출하고 있는데 그 방법도 지능적이어서 조정에서도 혀를 내두르고 있다.

수령이나 서리가 환곡을 일부 횡령한 뒤에 이를 채워넣기 위하여 시가로 농민들에게 나누어준 후, 가을에 상정가보다 몇 배 높은 시가로 받아 없어진 액수를 채워넣는 방법, 쌀값이 비싼 지역에서 환곡미를 팔아 일부를 횡령한 뒤 나머지 돈으로 쌀값이 싼 지역에서 사 채워놓은 방법, 애초부터 백성들에게 환곡을 나누어주지도 않은 상태에서 가을에 환곡을 걷는 방법 등이다. 조정에서 이에 대한 강력한 대처방안이 없는 한 이런 현상은 더욱 노골화될 것으로 보인다.

## 놋그릇 제조업 활발

### 노동력 고용해 분업체제로

근래 놋그릇 수요의 증가에 따라 놋그릇 생산량이 비약적으로 증가하고 있다. 과거에는 극소수의 부유한 양반 계층만이 놋그릇을 사용하여 부의 상징처럼 여겨졌었는데, 요즘에는 웬만한 농가들에서 서너 개의 놋바리나 놋대접을 식기로 쓰는 것은 거의 일반적인 현상이 되었다.

이러한 수요의 급증에 따라 갑산, 안변 등지의 동광이 개발되었고, 놋그릇 수공업자들은 곳곳에 놋점이라는 수공업 공장을 설치하고 제품을 대량 생산하고 있다. 이에 따라 종래에는 안성, 개성, 전주 등 몇 개 고을만이 명산지로 알려졌으나 근래에는 구례, 정주를 비롯한 여러 지역이 새로운 놋그릇 생산지로 각광받고 있다.

이렇게 규모가 커지면서 놋그릇 생산방식에 있어서도 수십 명의 노동자를 고용하여 분업에 의해 대량생산하는 방식으로 바뀌고 있다. 이곳에 고용된 노동자들은 대부분 토지를 잃고 농촌을 떠나온 사람들로, 인격적으로 물주에게 예속되지 않고 빚만 없다면 언제든지 자유롭게 작업장을 떠날 수 있는 자유로운 품팔이꾼들이라고 한다. 임금은 매일 또는 장날에 맞추어 5일에 한 번씩 지급된다.

### 놋그릇 제작 과정

놋그릇 제작은 여러 단계의 분업과 각 단계마다의 협업을 통해 이루어진다.

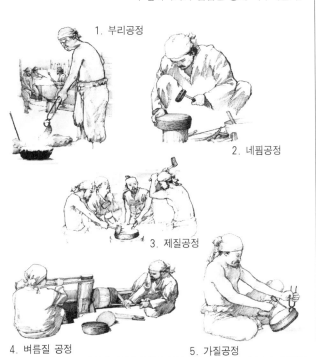

1. 부리공정
2. 네핌공정
3. 제질공정
4. 벼름질 공정
5. 가질공정

## 최초의 한국인 신부 김대건

1821년 충남 당진 태생. 그의 조부 김진후는 10년간의 옥중생활 끝에 76세를 일기로 순교했고, 그의 아버지 김제준은 1839년 기해박해 때 순교. 1836년 신학생의 자격으로 중국인 신부를 따라 중국으로 가서 6년간 마카오 신학교에서 수학. 이곳에서 우리나라 사람 중에는 처음으로 프랑스어와 라틴어를 배웠다. 만주에서 입국방법을 탐색하고 있을 때 북경에 온 교우 김 방지거를 만나 국내의 기해박해 참상과 그의 아버지의 순교, 어머니의 방랑생활 소식을 들었다. 참담한 심정을 가다듬고 조선에 입국한 그는 각오를 새롭게 다져 천주교를 이 땅에 뿌리내리겠다는 의지를 굳히게 된다. 영국 신부와 주교 1명을 위험을 무릅쓰고 모셔와 금강 하류에 있는 강경지방에서 포교하도록 했다. 1846년 다시 또 한명의 신부를 모셔오기 위해 백령도에 가 중국인 뱃사람과 연락을 취하는 도중에 관헌에게 발각, 처형당했다. 다음은 마지막으로 교우들에게 남긴 글이다.

"내가 외국인들과 교섭한 것은 내 종교를 위해서였고 내 천주를 위해서였습니다. 영원한 생명이 내게 시작되려고 합니다. 여러분이 죽은 뒤에 행복하기를 원하면 천주교를 믿으십시오."

## 서민층 천주교 신도 크게 늘어

### 부녀자층 대폭 증가

(단위:명)

| | 여자 | 남자 |
|---|---|---|
| 1784~1801 | 480 (81%) | 122 (19%) |
| 1802~1806 | 282 (64%) | 159 (36%) |

여러 차례의 천주교도에 대한 탄압을 거치면서 천주교도의 신앙 계층이 변화하고 있다. 처음에는 양반과 중인 남자의 비중이 높았는데, 점차 서민과 부녀자 층이 늘어가고 있는 것으로 조사되었다. 서양의 새로운 학문사상에 대한 관심 수준에서 출발한 천주교는 처음에는 도시의 식자층인 양반과 중인들 중심으로 유포되었다. 그러나 최근 일련의 정치적 탄압속에서 이들은 대부분 떨어져나가고 일반 백성들이나 부녀자들 속으로 확대되고 있다.

## 갑산 고진동, 구리광산 개발
## 국내에서 구리 공급 가능

### 구리 자급자족, 놋그릇 제조업 발전할 듯

갑산 고진동에서 우리나라 최대의 동점이 개발됨으로써 지금까지 일본에 의존해왔던 구리의 공급을 자급할 수 있을 것으로 보인다. 갑산지역은 동점이 개발되자 제련업자(성영주), 채굴업자(연군, 광군), 제련기술자(편수), 풍구질군(별패) 등이 각지에서 모여들어 커다란 점촌(광산촌)을 형성하고 광산업이 활기를 띠어가고 있다. 한편 구리의 자급자족으로 놋그릇 제조업 등이 더욱 발전할 것으로 보인다.

### 광산 개발 현장 노래한 '동점별곡' 유행

억조창생 모여들어 수천가에 잠겼으니 / 조석연기 창창하니 현운무가 자욱하네 / 계명성이 자로나니 별유천지 여기로다 / 성영주와 현주들은 동서남북 모여들어 / 편수별패 연군들은 벌떼같이 날아들어 / 백호동에 혈을 파고 개암같이 출입할제

**역사신문**

## "시대의 변화에 그림도 변하는가"

### 절제와 고고함의 극치, 문인화로의 회귀 – '김정희의 세한도'

단색의 수묵과 마른 붓질만으로 차가운 겨울날의 풍취를 그린 김정희의 그림이 화단의 찬사를 받고 있다. '세한도(歲寒圖)'라 이름 붙여진 이 그림은 제자인 역관 이상적의 변함없는 의리를, 날씨가 추워진 뒤 제일 늦게 낙엽지는 소나무와 잣나무의 지조에 비유하여 1844년 제주도 유배지에서 그려준 것이라 한다.

그림 끝에는 작가의 발문과 청나라의 16명 시인들의 찬시가 적혀 있다. 극도로 절제된 화면구성은 몇 해 전까지 유행했던 풍속화풍과는 아주 대조적이어서 흥미롭다. 이와 관련해 한 평론가는 "단순히 화풍의 변화라고만 이야기할 수 없습니다. 한낱 무지랭이 백성들이 화폭에 등장할 수 있었던 것은 당시 시대가

그것을 용납하는 것이었기에 가능했지요. 그러나 지금은 세도정치가 판을 치면서 그런 분위기는 퇴보하고 있습니다. 이것은 완당(김정희의 호)의 그림에서도 여실히 나타나고 있지요. 품격 높은 문인화의 재기라고나 할까요!"라고 말한다. 그래서일까? 세한도에서는 지나가는 과객 한사람도 눈에 들어오지 않는다.

---

이번 호의 인물 **김정희**

## 시련을 예술로 승화시킨 대천재

김정희는 재주가 넘쳐흐르는 얼굴 모습 그대로 예술과 학문에 탁월한 재능을 지닌 천재라 해도 지나치지 않을 것이다. 통나무를 짜개 놓은 듯한 독특한 그의 글씨로 인해 흔히 명필로만 알기 쉽지만, 그는 난이나 매화를 치는 데도 능했고 금석학과 경학에도 뛰어난 식견을 가진 대학자다. 북한산성의 순수비를 찾아내 고증한 것도 그의 업적이거니와 그의 글씨나 그림, 금석학에 대한 조예는 멀리 중국에도 알려져 중국의 당대 석학들이 찬탄을 금치 못한다고 하니 가히 그 수준을 실감케 한다.

그는 일찍이 박제가에게서 북학을 배웠고, 1809년 직접 연경에 가 번성하던 청조의 금석학에 접하면서 글씨란 옛 비석의 졸박(拙樸)한 맛이 있어야 한다는 서예론의 새로운 경지에 눈떴다. 그의 글씨는 청나라의 이런 서예론을 수용한 것이면서도, 끝없는 습작을 통해 그만의 독특한 필체를 형성하게 되었고, 여기에 조선 선비 특유의 문기(文氣)가 가미되어 더욱 새롭게 영글어갔다. 그런 그는 인생의 완숙기인 50대에 제주도 유배 중 사랑하는 부인과 사별하고 사촌형과 누님을 잃었다. 이런 슬픔을 딛고 그의 글씨는 더욱 격을 이뤄 추사체로 완성된 것이다. 예술의 경지는 피나는 노력과 함께, 인생의 쓰고 단맛을 모두 맛본 뒤 이를 그윽히 관조할 수 있는 여유 속에서 피어나는 것. 그는 감히 누구도 흉내낼 수 없는 조선 서예의 우뚝한 봉우리를 이룬 것이다.

인생의 신산(辛酸)을 다 겪은 그의 마음은 노경에 이를수록 불가(佛家)의 세계로 기울어가고 있다. 열여섯의 예민한 나이에 어머니를 잃어 일찍부터 인생의 허무에 눈을 떴던 김정희. 그래서 평소에도 불경을 읽고 선에 몰두하기도 했던 그는 이제 세속의 모든 영욕과 번뇌를 끊고 극락정토를 향한 염원으로 오롯이 타오르고 있다.

본관 경주. 1786년생. 호는 추사. 완당을 위시하여 200여 가지가 넘는다. 저서로 「완당척독」, 「담연재시고」 등이 있다.

---

## 방랑시인 김삿갓

### 전국을 유랑하며 세상을 조롱하다

"스무나무 아래 앉은 설운 나그네에게 / 망할 놈의 마을에선 쉰밥 주더라 / 인간에게 이런 일이 어찌 있는가 / 내 집에 돌아가 설은 밥을 먹느니만 못하다"

전통적인 한시의 권위에 감히 도전하는 이런 시를 지은 작가가 요즘 세간에 오르내리고 있다. '망할 놈의 마을'이라는 구절에서 시대에 대한 조롱과 야유와 절망이 배어져 나오는 이 시의 작가는 '김삿갓'이라는 이름으로 더 유명한 김병연이다.

과거에 장원급제한 경력이 있는 그가 이렇게 방랑하면서 풍자와 해학의 시를 짓고 있는 사연은 애절하다. 평안도 선천지방의 부사였던 할아버지 익순이 홍경래의 봉기 때 봉기군에 투항했다는 죄로 집안이 멸족을 당하였다. 다행히 어린 나이였던 그는 노비 한사람의 도움으로 형과 함께 피신해 죽음은 면했다. 그후 멸족에서 폐족으로 사면되어 어머니에게 돌아온 그는 과거에 응시해 그의 할아버지 익순을 조롱하는

글로 장원급제하게 된다.

나중에 어머니로부터 집안 내력을 전해들은 그는 조상을 욕되게 했다는 자책으로 방랑의 길에 오르게 된다. 찾아오는 아들과도 하룻밤 정도만 같이하고 심부름을 시킨다거나 용변을 핑계로 도망치기 일쑤였다.

한편 김병연 외에도 '김삿갓'을 칭하면서 시대를 한탄하고 세태를 조롱하는 시를 짓는 무명의 작가들이 늘고 있어 가히 '김삿갓' 붐이라 해도 좋을 듯하다.

---

## "만국의 노동자여, 단결하라!"

### 마르크스와 엥겔스, '공산당 선언' 발표

"잃을 것은 쇠사슬 뿐이요, 얻을 것은 세계다"

**1848년** 마르크스와 엥겔스는 새로운 사회주의 운동의 강령인 '공산당 선언'을 발표하였다. 이 선언은 자본주의는 결국 몰락하여 노동자의 사회로 대치될 수밖에 없기 때문에 만국의 노동자는 단결하여 자본주의체제를 타도해야 한다고 역설하고 있다. 이 선언으로 지금까지 감성적이고 공상적인 한계를 보여왔던 유럽의 사회주의 운동이 보다 조직적이고 투쟁적인 단계에 접어들 것이라는 게 현지 관측통들의 전망이다. 산업혁명 이후 유럽에서는 공업화.자본주의화가 진전되면서 봉건적인 농촌사회가 분해되어 부유한 자본가와 빈곤한 노동자·농민으로 나누어지고 있었다. 프랑스혁명 때는 봉건체제를 무너뜨리기 위해 양측이 연합하였으나 봉건체제가 무너진 이후 새 사회의 지배권을 장악하기 위해 서로 대립해왔다. 그런 가운데 노동자들은 경제적인 궁핍이 가속화되자 자신들의 생존권을 지키기 위해 노동운동을 벌였는데 여기에는 유럽사회의 여러 공상적인 사회주의사상이 스며 있었다. 마르크스와 엥겔스의 '공산당선언'은 이런 노동운동을 이념적·조직적으로 한 단계 끌어올리기 위한 노력이라고 평가되고 있다.

---

## 프랑스, 2월혁명

### 복고왕정 타도, 공화정 회복

해외 소식

**1848년** 프랑스에서 혁명 이후 다시 등장한 보수적 7월왕정(부르봉왕정)을 반대하는 운동이 드센 가운데 2월 22일 파리에서 집회를 연 일군의 민중들이 "부패한 금융귀족들을 타도하라, 도적놈과 압제자를 처단하라"고 외치며 개혁을 요구했다. 시위군중은 시청을 포위하고 왕정의 폐지와 공화국의 수립을 요구하

는 대자보를 곳곳에 붙여 자신들의 주장을 알렸다. 결국 루이 필립왕은 영국으로 도망치고 임시정부가 구성되었다. 그러나 공화정 선포는 임시정부 내의 왕당파와 몇몇 부르주아지들에 의해 계속 연기되다가 노동자계급의 파리 시청 점령 위협에 25일에야 이루어졌다고 한다.

한편 임시정부에서는 성년 남자의

보통선거권과 노동권을 선언하는 동시에 실업자의 구제기관인 국립작업장을 설립하기로 했다. 임시정부 구성에는 왕정복고를 주장하는 왕당파, 공화주의자들인 산업부르주아지, 소부르주아지, 노동자들의 대표 등 다양한 계층들이 참여하고 있는 만큼 계층간의 갈등도 만만치 않아 앞으로의 향배가 주목되고 있다.

---

## 중국의 홍수전, 농민군 이끌고 태평천국 운동

**1853년** 중국에서 봉기한 농민들로 편성된 태평군이 드디어 남경에 입성했다. 이곳을 수도로 정하고 천경이라 이름했다고 한다. 봉기한 지 2년 3개월만에 2백만의 대군을 거느린 이들은 남경입성으로 중국 동남지역을 완전히 석권하게 된 것이다.

이 봉기의 중심 지도자는 홍수전이라는 인물인데 '무릇 천하의 토지

는 모든 사람들이 다같이 경작할 수 있다 … 밥이 있으면 함께 먹고 옷이 있으면 함께 입고 돈이 있으면 함께 사용하여 어디나 고르게 해 가산이 넉넉치 않은 자가 없도록 하라'는 주장을 하면서 각지의 농민들과 비밀결사들을 규합해 봉기했다.

이들은 토지의 공유, 일부일처제 실시, 여성의 전족 금지, 여성의 참

정권 인정 등을 자율적으로 시행하기도 했는데 이는 청조의 봉건적인 정책에 전면적으로 대항하는 것들이어서 정부의 강한 탄압을 받고 있다 한다.

아편전쟁으로 국운이 흔들리고 있는 청조가 태평천국 운동과 같은 내적 위기를 잘 견뎌낼 수 있을지 귀추가 주목된다.

# 역사신문

# 농민봉기 … 진주, 무정부 상태

## 관아 습격, 부유층 약탈 … 인근 지역으로 급속히 확산

**1862년(철종 13)** 진주 읍내 각 면의 농민들이 장날을 기점으로 일제히 봉기, 10여일 동안 관아를 습격하고 부유층 집을 방화, 약탈하는 사태가 발생했다. 농민들이 조직적으로 봉기한데다 읍민들이 이들에게 음식을 제공하는 등 협조적이어서 진주병영은 손도 쓰지 못하고 있다. 현재 민란은 삽시간에 인근 지역으로 확산되고 있는 중이다.

진주지방을 순식간에 무정부 상태로 몰아넣고 있는 이번 민란의 원인은 일단 과도한 조세수탈에 대한 농민들의 불만이 일시에 폭발한 데 있는 것으로 알려졌다. 난을 주도한 층은 농민들이지만 일부 사대부들도 가담하고 있고 특히 주모자 가운데 유계춘·이계열·이명윤 등 몰락양반들이 포함된 것으로 알려져 정부에 충격을 주고 있다.

한편 경상감사 이돈녕의 보고를 받은 정부는 민란에 대한 수습대책을 논의하여 일단 진주민란의 원인과 피해상황을 조사하기 위해 박규수를 안핵사로 파견하기로 결정하였다. **관련기사 2면**

해설  진주민란, 왜 일어났나

## 농민들의 가장 큰 요구, "도결·통환 혁파"
## 조세체계 전반에 걸친 구조적 부정부패

이번 진주민란에서 백성들의 가장 큰 요구사항이었고 그래서 직접 농민들이 서면형식으로 확약을 받고자 했던 것이 도결과 통환의 혁파였다. 그렇다면 도대체 도결과 통환은 무엇인가?

세금 중에서 가장 기본적인 것이 토지에 부과되는 전세(田稅)다. 이 전세는 순수 토지세인 전세, 공물 대신 쌀로 환산해내는 대동세, 국방세인 삼수미세에 지방 관아에서 각종 비용으로 걷는 10여 가지 세가 합해진 것이다. 이 전세는 법률적으로 토지에 부과되는 것이기 때문에 땅 없는 소작인들은 관계가 없을 듯하지만 천만의 말씀이다. 지주와 소작인의 관계에는 유교적 신분질서 관념이 강하게 작용하고 있기 때문에 지주들이 소작인들에게 소작료와 함께 이들 전세도 부담하도록 강제하는 것이 일반적인 관례인 것이다.

전세 다음으로 큰 세목이 양인 장정 1인당 매년 포 1필을 내는 군포다. 이 군포의 경우는 폐해가 더욱 심각한데, 그 이유는 군현 단위로 거두어야 할 군포량이 이미 정해져 있다는 점이다. 이 경우 양인 장정 수가 점점 는다면 각 장정당 부담은 줄겠지만, 불행하게도 그런 일은 전혀 일어나지 않고 오히려 양인 장정 수가 급격하게 줄고 있다. 실제로도 줄 뿐만 아니라 관청의 장부상으로도 준다. 왜냐하면 양인들이 군역을 회피하기 위해 갖은 방법을 동원해 양반으로 계층 상승을 하는데다 관아의 서리들도 돈을 받고 장부상으로 양반으로 허위 기재해주는 일이 허다하기 때문이다. 결국 남아 있는 양인들의 1인당 군포 부담은 포 1필이 아니라 그 몇 배까지 올라가는 것이다.

세금은 아니지만 세금보다 더 농민들을 쥐어짜는 것이 환곡이다. 환곡의 원래 취지는 춘궁기에 농민들에게 양곡을 대여해주고 추수기에 이자와 함께 거두어들이는 것으로 어디까지나 농민을 위해 만들어진 제도다. 문제는 관청의 농간에 있다.

원래 관청은 보유 환곡미의 최대 절반까지만 대출해주고 나머지 절반은 비상식량으로 남겨놓게 돼 있다. 그런데 지방 수령들은 이것까지도 강제로 대출해주고 이자를 받아 자신들이 챙긴다. 그러고는 장부상으로 결손으로 해놓은 다음, 이 결손을 메꾸어야 한다는 명목으로 다시 마을 각 호에 이 결손액을 분담시켜 내게 하는 것이다.

더욱 문제가 되는 것은 이 전세, 군포, 환곡을 전부 합해 돈으로 환산해서 총액으로 산정하는 것이다. 매년 초 각 마을 유지들이 모인 가운데 군이 부담해야 할 총세액을 놓고 각 호별로 분담액을 정한다. 바로 이것이 도결이다. 이때 수령 및 서리들의 횡령액이나 장부상 결손액이 모두 총액 속에 끼어드니, 농민 각 호당 부담액은 눈덩이처럼 불어나는 것이다. 바로 이것이 통환이다. 진주민란이 도결과 통환이 결정되기 직전인 2월에 일어난 것은 바로 이 때문인 것이다.

## "유례 없는 사태"
### 정부, 긴급대응에 나서
### 안핵사로 박규수 파견

**1862년 2월 29일** 진주 농민의 폭동 소식을 진주 우병사 백낙신으로부터 보고받은 비변사는 이를 "유례 없는 사태"로 규정, 대응책 마련에 들어갔다. 정부는 일단 농민들이 합법적인 민원 호소 방법이 있는데도 이를 거치지 않고 불법적으로 난을 일으킨 데 대해 우려를 표명하는 한편, 사전에 농민들을 단속하지 못한 책임으로 진주 목사 홍병원과 진주 우병사 백낙신을 파면, 처벌하도록 했다.

정부 소식통에 의하면 좌의정 조두순, 영중추부사 정원용 같은 이들은 "문제의 근원은 지방 수령들의 실정에 있음"을 지적해 사태의 본질을 비교적 정확히 인식하고 있다고 하며, 국왕 철종도 "백성들만의 죄가 아니라 관과 민에 모두 책임이 있다"며 처벌 위주로 사태를 수습해서는 안될 것으로 생각하고 있다고 한다. 이에 따라 정부에서는 박규수를 안핵사로 파견하여 현지 사정을 살피고 난을 수습하도록 했다.

진주 일원에 도착한 박규수는 자신이 봉기 농민을 처벌하러 온 것이 아니라, 폐단을 해결하여 진주민을 살리러 온 것이라는 점을 각 고을에 알리도록 하는 등 일단 분위기를 가라앉히는 데 역점을 두고 있는 듯하다. 그러나 그의 측근에 의하면 그는 농민들이 불법적인 행동을 저지르고도 오히려 조직적으로 움직이는 것은 반드시 배후가 있기 때문이고, 그 배후는 글을 아는 사대부들임이 분명하다며 수사의 초점을 지방의 몰락 양반에 두고 있다고 한다. 그럼에도 주동자는 좀처럼 드러나지 않고 있고 사태의 원인 규명도 간단치 않아 안핵사에 대한 지방민의 기대는 별로 없는 상태다.

한편 중앙에서는 안핵사의 보고가 늦어지자, 오히려 박규수 개인에 대한 의구심이 일고 있는 등 대책마련과 집행에 혼선을 빚고 있다.

# "농민들아, 떨쳐 일어나라"

## 과중한 조세 수탈에 참았던 분노 일제히 폭발

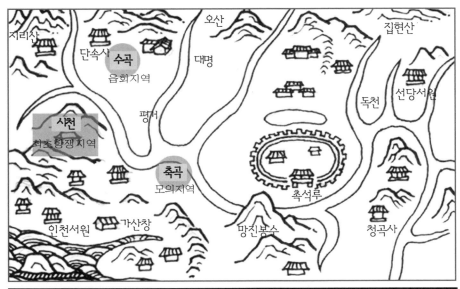

농민들아, 봉기하라
초군들아, 일어나라
어둔 밤은 물러가고
새 아침이 밝았나니
잠자는 사람들아,
모두 일어나라

초군가

### 현지 보고　진주민란의 전개 과정

**2월 6일** 수곡 장날, 남강 강변에 사람들이 모여들기 시작했다. 이미 주모자 유계춘, 이계열 등이 각 고을에 통문을 돌려 이날 모임을 알렸다는 후문. 각 고을의 대표자 30여 명이 모였고 그 주위로 수많은 군중들이 둘러쌌다. 몇몇 대표자들이 나서서 관의 과도한 조세수탈에 대해 분통을 터뜨리자 군중들은 환호와 함성으로 응답했다.

곧이어 대표자들 사이에서 조세 수탈에 대한 진정서를 어디에 낼 것인가를 놓고 격론이 벌어졌다. 한편은 상급기관인 대구의 경상도 감영에 제출하자고 주장했고, 다른 한편은 진주읍에 집단적으로 몰려가서 시위를 하자고 주장했다. 결국 사대부들이 강력하게 주장한 진정서 제출이라는 온건한 방안으로 결정이 났고 대표로 강화영, 장진기, 조학오 등을 선정했다.

이때 유계춘이 일어나 "진정서도 좋지만 그걸 들어주리라고 기대할 수는 없다. 장날에 모두 철시를 하여 우리의 단결된 힘을 과시해야 한다"고 주장했다. 뒤따라 "조세액을 결정하는 도결(都結)에 참가하는 지주들의 집을 불살라버리자"는 주장까지 나왔다. 밤 늦게까지 계속된 회의는 열기를 더해갔고 결국 행동대를 조직하기에 이르렀다.

**2월 14일 장날** 예정대로 집단 행동이 개시됐다. 덕산장에서 유계춘 등의 지휘자들과 각 리의 책임자들이 마지막 준비 모임을 끝내고 초군을 선두로 한 농민들이 덕산장에 진출하여 도결 결정에 참여한 훈장 이윤서의 집을 부숴버렸다. 또한 다른 대오는 수곡마을의 토호집을 헐어버리고 덕산장의 초군과 합세하였다. 백곡리와 금만리 농민들은 삼장리와 시천리를 휩쓸고 덕산장에 집결하였다. 이들 농민군들이 지나가는 곳에서는 집집마다 솥을 내 걸고 식사를 제공해주었다.

이로써 덕산·마동·원당·백곡·금만 등을 점거하여 하루만에 진주 서쪽 100리를 차지한 농민들은 덕산장에 집결, 토호와 탐관오리의 죄상을 폭로하는 대규모 집회를 가졌다.

**2월 18일** 각 면 단위로 농민들이 진주 읍을 향해 모여들었다. 오전 10시경 읍내 5리 밖에 구름떼같이 모여든 농민들은 "이포(吏逋)를 백성에게 징수 말라", "도결과 통환을 혁파하라"는 구호를 외치며 점차 읍내로 좁혀들어오기 시작했다. 이 포란 관청의 재정 결손액을 말하는 것이고, 도결은 전세, 대동세, 기타 세목을 다 합해 금전으로 환산하여 일괄 부과하는 것을 말하고, 통환이란 관청의 환곡미 결손분을 각 호에 분담시키는 것을 말한다. 모두가 그 동안 농민들의 허리를 휘게 만든 악귀 같은 조세수납 방식이었다.

진주 목사는 이미 기가 질려 있어 농민들의 요구는 무엇이든 들어주겠다고 했다. 농민들은 도결 혁파를 서면으로 약속할 것을 요구했고 목사는 당장에 서면으로 작성하고 날인까지 해주었다.

손쉽게 요구사항을 쟁취해낸 농민들은 흩어질 줄 모르고 이번에는 농민 수탈의 원성이 높았던 진주 병영으로 향했다. 가는 도중에 이방, 호방 등 조세징수 관리의 집들은 예외 없이 부수고 불태웠다.

**2월 19일** 전날에 이어 농민들은 진주 병사로 모여들었다. 진주 병사 백낙신은 농민들의 분노의 표적이 되고 있다고 생각한 서리 김희순을 농민들 앞에서 곤장을 때려 죽였다. 그러나 오히려 농민들은 그의 철면피한 행동에 더욱 분개, 백낙신을 감금하고 이어 이방 권준범을 처단했다. 농민들은 병영의 이방을 처단했으니 진주읍의 이방 역시 처단해야 한다며 다시 읍으로 향했다. 그러나 읍에 도달했을 때 이방 김윤두는 이미 도망쳤다. 흥분한 농민들은 목사를 붙잡아 병영으로 데리고가 백낙신과 함께 감금해버렸다.

목사는 "백성의 도리로서 감히 수령을 이와 같이 대할 수 있느냐"며 농민들에게 간곡히 호소했고 이에 농민들은 일단 목사와 병사를 풀어줬다. 그러나 조세 담당관리인 이방만은 반드시 색출해, 처벌하겠다는 농민들의 결의가 워낙 강해 밤 늦게 민가에 숨어 있던 이방 김윤두를 찾아냈고 몽둥이로 두들겨 패죽였다.

**2월 20일부터** 농민들은 읍 외곽지대를 돌며 대지주들 및 관과 결탁해 농민들을 괴롭히던 부유층의 집을 습격, 부수고 재물을 약탈하였다. 23일 밤이 돼서야 농민들은 일단 해산하였다.

이렇게 해서 10일 동안 불탄 집은 126호, 재산과 양곡을 빼앗긴 집은 78호에 달했으며 총피해액은 10만 냥에 달하는 것으로 집계됐다. 진주민란은 10일로 끝났지만 그 여파는 주변 사방으로 연쇄적으로 퍼져나가 삼남지방 일대가 진주에서와 같은 민란의 조짐을 보이고 있는 중이다.

### 진주 우병사 백낙신의 부정부패 진상

## 환곡, 광산 관련 부당 세수, 장부 허위기재 '수법 다양'

이번 민란에서 농민들의 공격 표적이 된 것은 동헌과 병영의 이방 및 호방이었다. 그들이 직접 농민들과 접촉하며 조세액을 책정하고 수납해왔기 때문이다. 그러나 그들이 상관 모르게 혼자만이 부정부패를 저질렀다고 볼 수는 없다.

과연 진주 안핵사 박규수의 조사에 의하면 진주 우병사 백낙신의 부정부패가 극심했던 것으로 밝혀졌다. 백낙신은 전라 좌수사로 근무하던 1859년에도 비리 혐의로 처벌을 받은 전력이 있는 사람이다. 그러나 든든한 배경을 가지고 있어서인지 4년도 채 안되어 경상 우병사에 임명되었다.

그의 비리 내용을 살펴보면 다음과 같다.

◎ 1861년 겨울 환곡 수납시 거둔 돈으로 관이 보유해야 할 곡식을 구입하고도 4천백 여 냥이 남아 자신이 챙겼다.

◎ 무기구입 예산 3천 8백 냥을 전용하여 쌀 1천2백여 가마를 구입, 이를 백성들에게 강제로 대출해주고 가을에 이자로 약 7천 냥을 받아챙겼다.

◎ 원래 군사훈련장이었던 청천 교육장은 군사훈련을 하지 않아 이미 여러 해 전부터 농민들이 개간해서 경작하고 있었는데, 이를 불법경작이라고 트집잡아 강제로 높은 세를 거둬 2천 냥을 착복했다.

◎ 광산 물주들에게 법에서 금하는 광산채굴을 했다는 죄목으로 마구 형벌을 가하고, 돈을 강탈하여 알려진 것만 2천 냥이고 많게는 1만 냥에 이를 것으로 추정된다.

◎ 병영 서리 문영진과 결탁하여 허위로 장부에 기재하고 빼돌린 돈이 이자까지 합해 수만 냥에 이른다.

---

### 박규수 지목
### 진주민란 주범 3인

#### 유계춘

민란을 처음부터 준비하고 이끌어간 인물. 47세로 신분은 양반이지만 땅은 한 뙈기도 없다. 농민들은 부당한 수탈을 당해도 관청에 대해 말을 하지 못했지만, 그는 비리를 보면 그때 그때 나서서 발언을 했고 이로 말미암아 여론을 주도하는 인물이 됐다. 이렇게 농민들의 괴로움을 피부로 느낀다고 글도 알아 지난 1859년에는 농민들을 대신해 비변사에 진정서를 제출한 일도 있다. 민란 중에는 각 고을마다 통문을 돌리고 방을 써붙이는 등 농민들이 조직적으로 움직이도록 애썼다. 그를 취조한 수사관들은 "땅도 없는 주제에 왜 나섰느냐"며 혹시 "이번 기회에 한몫 하려는 것 아니었냐"고 물었다고 한다.

#### 김수만

2월 18일 읍내로 진격해들어가 진주 목사 홍병원으로부터 문서로 도결혁파 약속을 받아낸 인물. 홍병원이 말로만 약속하고 어물쩍 넘어가려고 하자, 문서로 서약하지 않으면 믿을 수 없다고 강력하게 주장해 농민들로부터 환호와 박수를 받았다. 이후 농민들을 이끌고 진주 병영으로 진격, 병사 백낙신을 감금하는 등 행동대장을 맡았다. 올해 45세. 군관 출신이어서 정부를 놀라게 했다. 비록 정부에 몸담았던 몸이지만 부정부패에 대해서는 참지 못하는 성격이라는 평을 듣고 있다.

#### 이귀재

45세로 의령 출신 떠돌이로만 알려져 있다. 용봉면 승음촌에서 농민을 이끌고 봉기에 가담했다. 그가 이끄는 농민군에는 노비들도 상당수 끼어 있었던 것으로 봐서 신분에 대해 상당히 개방적이었던 것으로 짐작된다. 2월 20일 이후 도망친 이방 김윤두를 찾아내 몽둥이로 패죽이고, 연이어 진주 외곽을 돌며 부호들의 집을 부수고 재물을 빼앗는 등 농민들의 투쟁의식을 한껏 고양시킨 인물이다.

# 역사신문

**1** 전국 각지에서 농민항쟁 일어남 1862
**1** 삼정이정청 설치
**1** 이하전, 역모 혐의로 처형됨
**4** 경기 백성 상경시위
금위영 군졸, 배급쌀이 나빠 소란 일으킴 1863
**1** 동학교주 최제우 체포됨

# 전국에 민란 "나라를 흔들다"

## 남부 전역·제주·함경까지 농민항쟁 불길
## 정부, "국가적 위기" … 강경대응에 나서

**1862년** 진주민란이 불씨가 돼 민란이 삽시간에 삼남지방 전역으로 확산되고 있다. 경상도의 경우 이미 2월 초에 경상도 단성현 농민들이 난을 일으킨 것을 필두로 함양, 선산, 개령, 인동 등 전역이 민란의 소용돌이에 휘말리고 있다. 규모가 큰 읍 중에서는 민란이 안 일어난 지역이 대구와 안동 단 두 곳에 불과할 정도로 민란의 불길이 거센 상태다.

이러한 민란 불길은 전라도로 옮겨붙어 3월 말부터 시작해 4, 5월에 익산, 함평, 장흥, 순천 등 40여 곳에서 농민봉기가 일고 있다. 경상도에서 보고된 민란이 18건 정도인 것과 비교하면 전라도는 도내 거의 전역이 들고 일어났다고 해야 할 정도다. 민란의 불길은 경상도와 전라도를 거쳐 충청도까지 북상했다. 5월 들어 회덕, 공주, 은진을 시발로 민란이 번져나갔고, 특히 무리지어 말을 타고 총을 쏘며 다니는 명화적이 출현해 정부를 긴장시키고 있다.

이에 대해 중앙 정부는 최근 "법을 엄격히 적용해 난의 싹을 잘라야 한다"고 강경한 입장을 보이고 있으며, 특히 좌의정 조두순은 "포교, 포졸 중 진압에 힘쓰지 않고 관망만 하는 자는 군법에 따라 엄중 처벌하라"는 지시를 내렸다. 이는 민란 초기에 정부가 난의 원인을 주로 지방 수령의 무능과 비리에 두고, 농민들에 대해서는 처벌보다는 회유의 정책을 편 것과 대조적인 것이어서 관심을 끌고 있다.

한 정부 관리는 "처음에는 사실 대단치 않게 생각했는데 난이 전국으로 퍼지는데다 농민들이 지방관을 살해하고 심지어 스스로 이방과 수령을 선출하는 등 국기를 뒤흔드는 사태까지 나타나고 있어 도저히 묵과할 수 없는 상태"라고 강경대응의 배경을 설명했다.

한편 정부의 강경대응에도 불구하고 민란은 삼남지방을 넘어 남쪽 끝 제주도와 함경도 함흥으로까지 번지는 등 국가적 위기로 치닫고 있다.

관련기사 2·3·4면

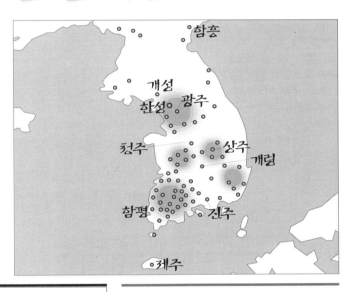

---

## 정부, 민란 수습대책
## 삼정개혁안,
## 발표 두 달만에 철회

### 기득권층 반발에 밀려

**1862년(철종 13)** 10월 정부는 계속되는 민란에 대한 치유책으로 지난 윤8월에 내놓은 삼정개혁안인 '삼정이정절목'을 "내용이 미흡하여 현실에 적합하지 않으므로 철폐한다"고 발표했다. 이에 따라 삼정은 구제도로 복귀하게 됐다.

'삼정이정절목'은 민란이 전국적으로 발생하여 좀처럼 수그러들 기미가 보이지 않자, 민심을 안정시키기 위해서 지난 5월에 설치됐던 삼정이정청에서 3개월 동안의 여론조사 끝에 백성들의 원성의 표적이었고 그래서 농민봉기의 주원인이 되었던 삼정을 개혁하는 내용으로 발표한 것이었다. 그 핵심은 삼정 중에서도 가장 문제가 심각한 것으로 밝혀진 환곡을 전면적으로 폐지한다는 것이었다. 다만 원곡은 3년에 걸쳐 회수하며 국가재정상 이자수입의 감소는 결당 2전씩 별도의 세를 거둬들여 충당하기로 했다. 이는 농민들의 요구에 현격하게 못 미치는 것이었지만 그나마도 이번에 철회돼 원점으로 돌아간 것이다.

정부 관계자는 "환곡제도는 원래 농민을 위한 제도인데다, 〈절목〉에 따른 원곡 회수가 오히려 농민들에게 부담만 준다는 여론이 있어 철회한다"며 앞으로 지방관에 대한 감독을 철저히 해 부정과 비리가 없도록 하겠다고 말했다. 그러나 농민들은 "원곡은 농민들이 가져간 것이 아니라 지방관들이 착복한 것이 대부분"이라며 이번 철회 조치가 기득권 세력들의 저항에 굴복한 것이라고 단정하고 있다. 관련기사 5면

---

## 동학교주 최제우 체포

### 사이비 종교로
### 백성 현혹한 죄

**1863년(철종 14)** 11월 삼남지방을 중심으로 교세를 확장해가고 있던 신흥종교 동학의 교주 최제우가 23명의 제자들과 함께 경주에서 체포됐다. 체포 즉시 대구감영으로 이송되어 현재 문초가 진행되고 있으며 죄목은 혹세무민죄가 적용될 것으로 알려지고 있다.

동학교주 최제우는 이미 작년 9월에 경주 진영에 체포된 바 있으나 제자라고 칭하는 수백 명의 무리가 몰려와 항의하는 바람에 석방된 일이 있었다. 그러나 이번의 체포는 민란으로 어수선한 틈을 타 동학이 인내천(人乃天)과 후천개벽(後天開闢) 사상을 내세우는 등 사실상 신분제를 부정하고 현체제에 도전하는 측면이 있어, 더 이상 좌시할 수 없다는 정부의 결정에 따른 것으로 보인다. 동학은 최제우가 지난 1860년 4월 5일 하느님의 계시를 받고 창시한 것으로 알려져 있으며, 현재는 교세가 날로 확대돼 각지에 13개의 접소를 두고 3천여 신도를 거느린 거대 종교조직으로 성장해 있다. 그의 체포는 이렇게 동학이 서학에 못지않게 위세를 더해가는 데 대한 정부의 위기감이 작용한 것으로 보인다.

대구 감영측에 따르면 그는 한성으로 압송된 뒤 곧 효수형에 처해질 것이 거의 확실하다고 한다.
관련기사 2면

---

## 이하전 사약

### 세도정권 견제에
### 왕실 '수난'

**1862년(철종 13)년** 8월 안동 김씨 일파가 왕실 종친들에 대한 압박을 강화하고 있는 가운데, 마침내 제주도에 유배돼 있던 완창군의 아들 이하전이 사약을 받는 사태까지 발생했다.

선왕 헌종이 아들 없이 죽은 데 이어, 현 국왕 철종도 아들이 없는데다 건강이 좋지 않아 현재 정가는 만약 이대로 철종이 승하할 경우 차기 국왕이 누가 될 것이냐를 두고 물밑 탐색전이 치열한 상태다. 이러한 상황에서 집권세력인 안동 김씨 세력은 왕위를 노릴 가능성이 있는 종친들을 정가에서 제거해왔으며, 이번 이하전 제거도 그 일환인 것으로 알려졌다.

지난 1860년 9월에는 왕실 종친들이 궁궐에 무단 입궐하는 것을 금지했고 이에 대해 경평군 이세보가 비변사에 나와 이에 항의하자 그를 전라도 강진의 신지도라는 섬으로 유배보낸 바 있다. 이어 올해에는 왕실 종친 중에서 유독 총명한 자로 소문이 나 있던 이하전을 역모 혐의가 있다 하여 제주도로 유배보낸 뒤 곧이어 사약을 내린 것이다.

상황이 이렇게 전개되자 현재 왕실 종친들은 극도로 몸을 사리고 있다. 왕실 소식통에 의하면, 이제 남은 종친이라고는 남연군의 아들 이하응 정도인데 그는 행실이 워낙 시정잡배와 같아서 안동 김씨의 블랙 리스트에서 일단 제외돼 있는 것으로 보인다고 한다.

---

역사신문

# 삼정이정청 폐지를 규탄한다

## 민란을 환골탈태의 계기로 삼아야

전국적인 민란에 놀란 세도정권은 황급히 삼정이정청을 설치하고 삼정개혁안을 발표하였다. 그런데 민란이 잠잠해지자 언제 그랬냐는 듯이 삼정이정청을 혁파하고 삼정개혁안도 철회하고 말았다. 이로써 지난번에 발표된 삼정개혁안은 폭발하는 민란을 잠재우려고 임기응변으로 백성들을 기만하기 위해서 내놓았던 것으로 결론이 났다. 이 소식을 전해들은 농민들은 정부의 발표를 곧이곧대로 믿은 자신들이 너무 순진했다는 자조 섞인 실망과 더불어, 백성을 기만하는 세도정권의 부도덕성에 치를 떨고 있다. 부도덕하고 부패한 세도정권의 실상을 적나라하게 보여준 이번 해프닝으로 백성들의 분노는 하늘을 찌르고 있으며, 또 다시 여러 지역에서 봉기를 준비하고 있다 하니 민란이 다시 일어날 조짐이다.

철저하게 민의를 저버리고 백성을 무시하는 작태를 보이고 있는 세도정권에 무슨 소리를 떠들어대도 '쇠귀에 경읽기'이겠지만, 나라를 위한 안타까운 심정으로 몇마디 하지 않을 수 없다. 무엇보다 중요한 것은 정부가 이번 민란에 나타난 민의를 겸허하게 수용해서 환골탈태의 계기로 삼는 의연한 자세를 가질 것을 당부하고자 한다. 민심은 곧 천심이다. 정부는 이번 민란에서 나타난 백성들의 요구를 하늘이 내린 지상명령이라고 생각하고, 백성들의 고통이 무엇인지, 이를 해결하기 위해서 정부가 무엇을 해야 하는지를 곰곰이 따져보고, 현실의 모순을 하나 하나 개혁해 나가야 한다. 그렇지 않으면 백성들의 더 크고 거센, 보다 근본적인 저항에 직면하게 될 것이기 때문이다.

정부가 해야 할 일 중에 무엇보다 시급한 것은 민란 당시의 가장 중요한 요구이기도 한 삼정을 개혁하는 것이다. 이것은 정부가 개혁해야 할 최소한의 것이다. 이에 대한 개혁조차 없이 백성들의 분노를 잠재울 수는 없을 것이기 때문이다. 그러나 여기에서 멈춰서는 안된다. 민란에 근본적으로 대처하기 위해서는 장기적으로 보다 근본적인 대책을 강구해야 한다. 그것은 우리가 누차 주장해온 토지 제도의 개혁을 포함한 우리 사회의 현실모순을 근본적으로 해결할 수 있는 제도의 개혁이 될 것이다. 삼정의 개혁은 조세수납체제 상에서 나타난 부정부패의 문제로서 그나마 세금을 낼 수 있는 형편이 있는 백성에게나 혜택이 돌아가기 때문이다. 많은 백성들은 아예 세금을 낼 수 있는 재산조차 전혀 없는 형편에 있기 때문에 이들에게 항산(恒産)을 제공하는 보다 근본적인 개혁이 이루어지지 않고서는 사회가 안정될 수 없을 것이다.

## 그림마당
이은홍

이 들판은 날라와 더불어 불이 되자하네, 타는 들녘 어둠을 사르는 들불이 되자하네

---

### 농민항쟁 부른 부조리들

## "삼정문란과 지주·소작인 갈등 … 지방관 부정부패까지 겹치다"

### 부정부패, 한도를 넘었다

일찍이 정약용은 지방 관아의 아전들을 가리켜 굶주린 이리와 승냥이로 묘사한 바 있다. 그렇다면 농민들은 이들 이리와 승냥이 앞의 토끼에 견줄 수 있다.

주지하다시피 아전들은 고정 급료가 없다. 더구나 최근에는 이들의 숫자가 엄청나게 늘고 있다. 따라서 이들은 지방 관아의 조세, 사법, 일반행정 전반을 사실상 좌우하면서 전천후로 농민을 수탈하고 있다. 이번 항쟁에서 이방과 호방이 집중적인 공격대상이 돼 살해당한 경우가 많은 것도 이 때문이다.

수령은 농민들에게 이들보다 비교적 후한 대접을 받았으나 거의 대부분 지역에서 마을 밖으로 쫓겨나거나 스스로 도망가는 추태를 보였다. 이는 세도정권 아래서 수령 자리가 돈으로 매매되는 일이 많아, 대개 무능하고 또 수령이 되기 위해 들인 돈을 백성들에게서 뽑아내기 위해 아전들과 합세해 농민수탈에 가담하는 경우가 많았기 때문이다.

### 조세제도, 구조적 문제 있다

흔히 삼정문란이라고 말하듯이 각종 세금이 농민들의 허리를 졸라매고 있다. 삼정이라면 토지세인 전세, 군역세인 군포세, 정부 대출곡제도인 환곡의 세 가지 행정을 말한다.

전세의 경우 어떤 고을은 세목이 44항목이나 될 정도로 많다. 국세 이외에 지방관들이 임의로 세목을 만들기 때문이다. 이에 따라 많은 경우 년 6~8가마를 전세로 내야 한다. 군포의 경우, 마을 단위로 총액제가 시행되고 양인만이 부담하기 때문에 양인 비율이 격감하는 현실에서 1인당 부담은 나날이 치솟고 있다. 환곡이야말로 부정부패의 온상이다. 농민이 원하지 않아도 강제로 떠맡긴 다음, 고율의 이자를 받아가는 것이다.

더욱 문제가 되는 것은 이 모든 세금을 총액으로 합해 돈으로 환산하는 것이다. 지방관들은 돈으로 받아 그것으로 곡식을 구입, 재정에 충당한다. 이때 남는 차액은 당연히 그들 호주머니 속에 들어간다. 반면 농민들은 곡식을 팔아 돈을 마련해야 하니 지방관들이 가져가는 차액만큼 손해를 볼 수밖에 없는 것이다. 거기에 총액 산정 때 지방관들의 횡령으로 결손된 재정분까지 합산해 떠넘기는 것이 특히 이번에 문제가 됐다.

### 지주와 소작인의 갈등

1846년 진주 나동리의 경우 6%의 지주가 전체 농지의 44%를 소유하고, 62.8%의 빈농이 전체 농지의 18%를 소유하고 있는 것으로 드러났다. 이렇게 빈익빈 부익부 현상이 심화되다보니 결국 농민들은 1년 농사지어봐야 먹고 살 수가 없다. 최근 1858년과 1859년에 진주의 총 1만 5천 호 중 3천3백 호가 파산, 농지를 떠났다는 통계가 이를 잘 보여준다. 특히 전세는 원래 지주들이 부담하게 돼 있으나 요즘에는 이를 소작인들에게 떠넘기는 것이 보통이다. 농민들이 오래 전부터 소작료 인하 투쟁을 벌여온 것도 이 때문이다.

---

## 항쟁의 선두에 나선 초군(樵軍)

항쟁의 불길이 거셌던 곳에는 항상 초군이 있었다. 초군이란 글자 그대로 나무꾼. 빈농으로서 대개 대지주나 부농 아래서 머슴을 산다. 이들이 농민항쟁에서 위력을 발휘할 수 있었던 것은 탄탄한 조직력을 갖추고 있기 때문. 먹고 살기가 힘들어 20~30명 단위로 산을 다니며 나무를 해서 내다 팔아 생계에 보태고 있는데 이 조직이 항쟁에 활용된 것이다. 마을 단위로 일사불란한 조직을 갖추고 있으며 우두머리는 초괴, 두목, 좌상 등으로 부른다. 봉기에 참여할 때는 모두 흰 두건을 머리에 매고 일정한 크기의 몽둥이로 무장했다. 항쟁이 한참인 와중에서는 농민군을 그냥 초군이라고 부르기도 했다.

---

### 인터뷰　동학교주, 최제우를 만나다

## "신분차별 없어 소외받는 사람들, 동학에 많이 들어온다"

혹세무민죄로 대구감영에 잡혀 있는 동학교주 최제우를 만나보았다. 기자와 만난 그는 다리가 부러질 정도의 심한 고문을 받아 몰골이 말이 아니었다. 그러나 눈빛만은 사람을 압도할 정도로 맑게 빛났다.

**불우한 환경에서 태어나 자란 것으로 알고 있습니다. 교주가 되기 전의 삶에 대해서 말씀해주실 수 있습니까?**

경주에서 가난한 양반의 아들로 태어났습니다. 임진, 병자 양란 때 혁혁한 공을 세우고 병조판서를 지낸 최진립 선생이 저희 7대조입니다. 하지만 제가 태어날 당시는 몰락한 양반 집안이었죠. 어렸을 때 부모를 여의고 전국을 떠돌아 다녔습니다. 그렇게 백성들의 비참한 삶을 목격하며 젊은 시절을 보내다 30대에 접어들어 민중을 구제할 생각에 깊이 골몰하였고 이름도 제우(濟愚:어리석은 백성을 구제한다)로 고쳤습니다.

**언제 동학을 창시했습니까.**

1860년 4월 5일 도를 닦고 있던 중 갑자기 몸이 떨리고 정신이 아득해지더니 천지가 진동하는 듯한 소리가 들려왔습니다. 한울님이 "너를 세간에 내보내서 이 법을 사람들에게 가르치도록 할 것이니 의심치 말지어다"라고 말씀하셨습니다. 이날 동학을 창도하였습니다.

**동학이라는 명칭은 아무래도 서학에 대항한다는 뜻이 들어 있는데, 동학이라 이름 붙인 이유와 서학에 대한 생각을 말씀해주십시오.**

동학이라 한 것은 "우리는 동에서 태어나 동에서 천명을 받았으므로 도는 비록 천도라 하더라도 학은 동학이다. 하물며 땅이 동서로 나누어져 있으니 서를 어찌 동이라 말하고 동을 어찌 서라 하겠는가"라고 제가 이미 《논학문》에서 밝힌 바 있습니다. 서양문명이 우리 동양을 침식해 들어오는 이 문명적 위기에서 민족을 구원하는 것은 우리의 도(道)밖에 없다고 생각합니다. 서학도 천시를 알고 천명을 받은 도이므로 막강한 힘을 가졌음을 인정합니다. 그러나 서학은 주술이 없어 빌어도 효험이 없고 조상 숭배를 배격한다거나 제사를 부정하는 등 우리의 풍속과도 맞지 않습니다. 또한 저들은 "죽어서 천당간다"라고 설교하며 오직 일찍 죽기만을 바라니 기이할 뿐입니다.

**동학도들은 서학도들처럼 서로 간의 차별이 없다고 하는데 사실입니까?**

저는 두 여종을 거느리고 있었는데 제가 동학을 포교하면서 한 여종은 며느리로 다른 한 여종은 수양딸로 삼았습니다. 제가 몸소 우리의 도를 행동으로 실천한 것이지요. 그리고 저희 도인(그는 교도들을 이렇게 불렀다)들은 신분의 고하를 막론하고 맞절을 하고 서로 존대말을 씁니다. 이런 탓으로 저희 도에는 소외된 신분들이 많이 들어오고 있습니다.

인터뷰를 마친 기자는 최제우의 찢긴 육체와 강렬한 눈빛을 뒤로 한 채, 무거운 발걸음을 옮길 수밖에 없었다.

봉기 발생 지역을 가다

# 지주와 소작인 간 대립 극심 … 전라도 지역 '가장 치열'

## 경상도

### 농민봉기의 진원지, 16곳에서 봉기

봉기 발생지역

이번 농민봉기의 첫 함성지인 단성과 진주가 바로 경상도지역이다. 모두 18개 지역에서 봉기가 발생한 이곳은 전라도 다음으로 논과 밭이 많은 지역으로 경제적 조건이 대체로 좋은 편에 속한다.

이런 곳일수록 지주와 소작인들의 대립이 극심해 6천 결 이상의 토지 면적을 가진 대읍 8개 지역 가운데 6읍(밀양, 진주, 상주, 성주, 경주,

선산)에서 봉기가 발발했을 정도이다.

최근에는 경상도 각 읍에서 상업적 농업과 민간수공업의 발전으로 상품유통이 활발해져 이 과정에서 돈을 번 거대지주 및 거대상인들과 이들에게 땅을 빼앗겨 쫓겨나는 빈농들의 대립이 심상치 않았다.

한편 상품유통이 이루어지는 장시가 발달해 이곳이 농민들 사이에 읍

내의 소식을 주고받으며 여론을 일으키는 장소가 되었다.

이번 경상도 농민들의 봉기도 대부분 장날을 이용했다.

| 발생지역 | 일자 | 전개과정 |
|---|---|---|
| 단성 | 2.4~ | 읍권 장악 |
| 진주 | 2.14~2.23 | 철시(撤市)·향회·초군 참여 |
| 인동 | 4.9~4.11 | 향회 개최·관아 공격 |
| 상주 | 5.15 | 양반·이서집 공격, 순영의 부장 구금 |
| 거창 | 5.12 | 선무자 이참현에게 결전(結錢) 항의, 초군 참여 |
| 남해 | 12.21~12.26 | 부호·이서집 습격, 환곡창고 탈취, 초군 참여 |

## 전라도

봉기 발생지역

### 모두 30곳에서 봉기, 삼남지역 중 가장 많은 수

이번 봉기발생 중 38건이 전라도 지역에서 발생해 삼남지역 중에서 가장 항쟁이 치열했다.

2, 3월의 경상도 여러 지역의 농민봉기 영향을 받아, 3월 익산지역을 필두로 4월과 5월 중순에 걸쳐 집중적으로 봉기가 일어났다. 전라도는 지주와 부농층의 토지겸병이 늘어나면서 이와 반대로 몰락해가는 빈농들은 줄을 이어 다른 지역보다도 농민층 분해가 심했다.

정약용도 "오늘날 호남민을 살펴

볼 때 대략 100호가 있으면 다른 사람에게 토지를 주고 지대를 거두는 자는 불과 5호이며, 스스로 토지를 경작하는 자가 25호, 타인의 토지를 경작하며 지대를 바치는 자가 70여호에 달한다"고 한 바 있다. 이들의 갈등이 이 지역 봉기의 가장 근본적인 원인이라 할 수 있다.

그 위에 봉기의 도화선이 된 것은 수령이나 이서들이 협잡해 세금을 엄청나게 거두기 때문이었다. 특히 최근의 상품화폐경제의 발달추세와

관련해 관에서 환곡을 나누어준 후, 시가 차이를 이용해 공공연히 수령과 이서들이 횡령했던 것이다.

뿐만 아니라 왕실의 토지로 되어 있는 곳에서 규정보다 더 많은 지대를 거두자, 이곳에서 땅을 부치고 사는 농민들이 더 이상 참을 수 없었던 것이다.

| 발생지역 | 일자 | 전개과정 |
|---|---|---|
| 장흥 | 5.13 | 조관(組官) 주도, 토호가·관아 습격 |
| 순천 | 5.15~5.17 | 관아 훼손·공전(公錢) 탈취 |
| 익산 | 3.27 | 군수 축출, 관속 대거 가담 |
| 강진 | 5.12일경 | 전라병사 행차 습격 |
| 고창 | ? | 감영에 체포된 주모자 구출 |
| 무안 | ? | 통문·도회, 동헌 습격 |

## 충청도

### 5월부터 10월까지 봉기, 가장 지속적으로 항쟁

봉기 발생 지역이 총 12군데인 충청도는 봉기가 5월에 집중돼 일어나 10월초까지 계속될 정도로 지속성을 보였다. 이 지역은 토지 비옥도가 낮아 생산물은 적은 편이다. 그러나 산천이 평탄하고 서울과 가까워 송시열과 송준길, 윤증, 김장생 등 서울의 세력 있는 양반 가문들이 이곳에 토지와 가옥을 두고 있다.

한편 금강이 통과하는 관계로 수륙교통이 크게 발달해 은진의 강경포는 최근 가장 유명한 포구 중의 하나가 되었다. 상업적 농업으로는 면화농업이 발달해 부자들이 돈을 모으는 가장 큰 방편으로 삼고 있다.

이곳도 전라도나 경상도와 마찬가지로 지주·부농과 소작인·빈농간

봉기 발생지역

의 대립이 심각했다. 게다가 군정이나 환정과 같은 세금을 수령들이 농

간을 벌여 횡령하는 경우가 많아 그에 대한 농민들의 불만이 고조되어

농민봉기로 터진 것이다.

| 발생지역 | 일자 | 전개과정 |
|---|---|---|
| 회덕 | 5.10 | 관아 습격 |
| 회인 | 5.14~5.15 | 초군, 변두리 양반집 습격 |
| 임천 | 5.17 | 양반의 무단지배와 관속의 탐학에 항의 |
| 진천 | 5월 중순 | 결가(20냥)의 고가책정에 항의 |

---

농민들은 무엇을 요구하는가

# 전세 인하, 환곡 폐단 시정, 토지 집중 방지, 지방관 부정부패 척결

**전세를 인하하라**

국세인 결세(토지세), 대동세(특산물 공납세), 삼수미세(훈련도감 운영비) 외에도 지방관아 운영비 명목의 수십 가지 세목이 지방관 자의로 설정되고 있어 불만의 표적이 되고 있다. 지방관이 임의로 세목을 신설, 수납하는 데 근본 문제가 있다.

**재결에 대한 면세조치를 공정하게 하라**

홍수나 가뭄으로 재해를 입은 토지에 대해서는 그 피해를 조사해 면세해주는데 바로 이 피해조사 때 지방관들은 부호나 대지주와 결탁, 그들에게 유리하게 산정해주는 대신 소농과 빈농들에게는 형편없이 박하게 산정해주는 것이 문제다.

**군포, 환곡 부족분을 농민에게 전가하지 말라**

군포의 경우 고을별 총액제가 근본문제다. 따라서 총액제로 하지 말고 호별

로 일정액을 고정시켜 달라는 것, 즉 호포제를 실시하라. 또 환곡이 부족해지는 것은 대개 이서나 수령들의 횡령으로 인한 경우가 많은데 이를 무조건 농민들에게 부담시키는 것은 부당하다.

**환곡 폐단 시정하라**

환곡제도 운영에 문제가 있다. 현재는 강압에 의해 의무적으로 대출 받고 비싼 이자를 치뤄 추수 때 이자를 갚고 나면 쭉정이밖에 안 남는다. 본래 뜻대로 농민의 자유의사에 따라 싼 이자로 대출해달라.

**지주들의 토지 집중 막아달라**

지주들이 부당한 수단을 동원해 힘없는 농민들의 토지를 강제로 빼앗는 경우가 많다.

**지방관들의 부정부패를 처단하라**

진주 우병사 백낙신의 경우에서 적나라하게 드러났듯이 지방관의 부정부패는 진작부터 문제가 돼왔다. 정부는 철저한 조사와 함께 강력하게 처벌하라.

독점보도　공주 농민들의 요구서

농민봉기가 전국적으로 발생하면서 농민들의 구체적 요구에 관심이 집중되고 있다. 이에 역사신문에서는 공주 농민들의 요구사항을 독점 입수하여 본보에 싣는다.

이번 입수한 요구서에서 보여지는 농민들의 요구는 주로 정부의 조세수취 방식과 과도한 조세수취량에 집중되어 있다. 지역에 따른 편차가 있지만 다른 지역도 대체적으로 이러한 요구들이었다.

1. 세미(전세, 대동미, 삼수미 등)는 7냥 5전으로 고정하여 거둘 것.
2. 각종 군포를 양인들에게만 편중되게 부담시키지 말고 각 호마다 균등하게 부담시킬 것.
3. 환곡의 폐단을 없앨 것.
4. 군액 부족분을 보충한다거나 환곡 부족분을 보충한다는 명목으로 추렴하는 제도를 폐지할 것.
5. 이서의 부정과 사령의 수탈을 금지할 것.
6. 전정의 세미(전세, 대동미, 삼수미 등)를 거둘 때 기한에 앞서 거두지 말 것.
7. 지력이 다해 세금을 낼 수 없는 토지와 가뭄 등의 피해가 큰 토지에 대한 면세조치는 균등하게 분배할 것.
8. 면주인에게 지급하는 예급조(例給條)와 각청의 계방조(契房條)는 시행하지 말 것.
9. 사대부가에서 임의로 토지소유권을 설정하는 것을 금지시킬 것.
10. 각 면 서원(書員)들에게 주는 예급(例給)과 주복(周卜) 명색을 시행하지 않을 것.
11. 공주부 각 반 하인들을 원래 정해진 액수에 따라 그 액수를 감할 것.

# 삼정이정책 백지화, 농민 항쟁 다시 잇달아

10월 29일 정부는 "지난 8월 19일 발표한 삼정이정책은 너무 서둘러 만든 결과, 완벽하지 못한 점이 많아 다시 구제도로 돌아가는 것이 편리할 것으로 판단된다"고 발표해 사실상 삼정이정책은 백지화됐다. 이로써 남부지방 전역을 휩쓴 농민항쟁에 전전긍긍하던 정부가 지난 8월 19일 내놓은 삼정개혁안인 삼정이정책은 시행한 지 불과 70일 만에 철회되는 파행을 기록하게 됐다.

한편, 함경도 함흥과 경기도 광주에서 이미 삼정이정책 자체에 대해 반대하는 봉기가 일어난 바 있다. 그리고 최근에는 함경도 고원, 경상도 창원, 제주도 등지에서 삼정이정책 철회에 항의하는 민란이 이어지고 있다.

## 제주 농민 수만 명 봉기

### 아전들 부정부패에 항의,
### 안핵사 이건필 파견해 가까스로 수습

**1862년 12월** 제주도에서 농민 수만 명이 봉기, 성을 점령하고 부패 아전을 학살하는 사태가 발생했다. 제주 목사 임헌대는 피신하여 행방을 감추었고 제주성은 농민군에 완전히 장악, 무정부 상태가 됐다.

농민들은 주로 화전을 일구어 생계를 잇고 있는데 관아의 아전들은 화전세를 규정보다 5배 이상 받는 수탈을 자행했다는 것이 농민들의 주장이다. 농민들은 이미 지난 9월과 10월에도 봉기하여 성으로 몰려와 항의하였으나 목사 임헌대가 부패 아전들을 처벌하겠다고 약속함으로써 해산했었다. 그러나 목사가 약속을 지키지 않자 이번에 세번째로

봉기한 것이다. 이번 봉기에서 부패 아전 5명이 타살됐으며 성 내외의 지주들집 여러 채가 공격당한 것으로 알려졌다.

한편 정부는 뒤늦게 보고를 받고 책임을 물어 목사를 파면하고 신임 이건대를 임명하는 한편 안핵사로 이견필을 파견하여 난을 수습하도록 했다. 안핵사 이견필은 목사 임헌대를 비롯해 부패 관리 10여 명을 유배 조치하고, 농민군 지도부도 20여 명을 곤장 혹은 유배형에 처하는 선에서 사태를 수습할 것으로 알려졌다. 농민군 지도부 중 강제검과 김흥재는 이미 신임 목사 이건대에 체포돼 효수형에 처해졌다.

## 함흥 농민들, 환곡 거두자 거센 항의

### "받은 적도 없는 원곡을 갚으라니 말이 되느냐"

**1862년 10월** 함흥에서 머리에 흰 두건을 쓴 천여 명의 백성들이 환곡을 다시 거둔다는 함흥지방의 시책에 함흥에서 봉기하였다. 이들은 동헌으로 들어가 판관에게 항의하다 그곳의 문을 부수는 등 한바탕 분풀이를 했다.

농민들은 "비변사의 포고문에 환곡을 폐지하고 대신 토지에 부담을 지운다는 구절이 있다. 이미 환곡이 타파된 지금 그 누가 환곡을 내라고 다그칠 수 있으며 또 그 누가 환곡을 내겠는가"라며 항의했다.

농민들은 환곡의 전면폐지라는 자신들의 요구가 그대로 반영된 것이 삼정이정절목인 줄 알았으나 실상이 다른 것을 알고 봉기한 것으로 알려졌다. 실제로 정부가 발표한 내용은 농민들이 이해하는 바와는 다르게 전답에다 2냥씩의 세를 더 부과하는

것으로 환곡의 이자 징수로 재정을 보충하던 방식만 폐지하는 것이며, 이미 나누어준 원곡은 회수한다는 것이었다.

그러나 대부분 환곡의 원곡은 수령이나 이서배의 착복으로 없어져 장부상에만 남아 있는 것이었다. 백성들이 실제로 받은 바 없는 원곡을 갑자기 물어내도록 하니 반발하지 않을 수 없었던 것이다.

## 경기 광주 농민들 상경, 영의정 집 앞에서 시위

### 6만 이상 운집, 조정의 해산 명령에도 불구하고 연일 계속
### "환곡제 폐지한다고 토지세 늘리는 것은 부당하다", 거센 항의

**1862년 10월** 경기도 광주 농민들이 한성으로 올라와 삼정이정청의 당상이었던 판부사 조두순과 영의정 정원용의 집 앞에서 시위를 벌이는 충격적 사태가 발생했다.

농민들은 "환곡의 쌀값을 1석에 5냥씩으로 계산하는 것은 너무 높다", "환곡세를 폐지한다 하여 토지에 2냥씩의 조세를 더 부과하는 것

은 부당하다"고 항의하며 조정의 해산명령에도 불구하고 5~6일간 계속 시위를 벌이고 있다.

그들은 광주부가 수어청을 겸하고 있어 방비가 견고하기 때문에 관아 공격에 나서지 못하고, 대신 광나루, 송파나루, 삼전도, 동작나루를 통해 한강을 건너 반나절 거리인 서울로 몰려든 것으로 보이는데 그 수가 6

만~7만 명인 것으로 알려지고 있다. 한편 정부는 농민들이 대규모적으로 그것도 한성까지 올라와 시위를 벌인 사태에 대해 심각하게 받아들이고 있다.

이번 사건에 대해서 한 선비는 "이로써 지난번 정부의 삼정개혁 조치가 실패하였음이 분명해졌다"라고 말하였다.

---

**화제**

## 제주민을 단결시킨
## 김석구 노인의 돌멩이

제주도 농민봉기 때의 일이다. 하장도에 모여 회의를 한 결과 "관아에 진정서를 올리면 반드시 세금을 감면받을 수 있다"는 의견이 주였으나, 이에 대해 중대리의 장환이라는 사람은 "횡령을 일삼는 아전들을 직접 응징하고 화전세 문서를 불태워 우리의 뜻을 알리자"는 강경론을 주장하였다. 이에 대해 많은 사람들이 "우리가 어떻게 관아에서 보낸 아전들의 집을 때려부술 수 있겠는가, 또 화전문서를 어떻게 불태울 수 있겠는가? 지금 하자는 대로 하면 반드시 후환이 있을 것이다"라며 동요를 보였다. 이때 김석구 노인이 돌멩이 하나를 꺼내 "돌멩이를 옆사람에게 전하는 자는 따르는 것으로 하고 전하지 않는 자는 따르지 않는 것으로 하자. 만약 이 돌이 다시 내손으로 돌아오지 않으면 이번 일은 실패할 것이다"라며 사람들에게 돌을 돌렸는데 그 결과 돌은 다시 돌아왔다. 이로써 제주민들은 단결하여 힘찬 투쟁을 전개할 수 있었다.

노인의 지혜가 제주백성들을 단결시킨 것이다.

---

취재기자 방담　최근의 농민항쟁, 발생과 전개과정

### 항쟁 시작되자 삽시간에 인근 지역으로 번져 … 쌓여온 모순, 분출구 찾은 셈

**김기자** 우선 3월부터 5월에 걸쳐 남부지방 전역에 걸쳐 농민들이 들고 일어난 것은 유례가 없는 일입니다. 각 지방 수령이나 도의 관찰사들이 놀란 것은 물론 중앙에서도 어안이벙벙했던 것 같습니다.

**최기자** 그동안 누적돼왔던 모순이 일시에 폭발한 것이지요. 특히 전세(田稅) 등 세금액수가 대개 이 시기에 결정되기 때문에 봉기가 한 시기에 집중됐습니다. 그리고 워낙 불만이 많았기 때문에 한 지역에서 봉기가 일어나면 인근 지역으로 급속하게 확산됐습니다.

**박기자** 제가 보기에 처음부터 폭력투쟁으로 나온 곳은 적습니다. 초기에는 세금액 결정을 두고 지방민들의 집회인 향회를 열어 부당한 세금징수에 대해 읍이나 현에 진정서를 내는 것이 일반적이었습니다. 그런데 진정서를 내도 반응이 없자 관아로 몰려가 항의를 하게 됐고, 이때 흥분한 소농이나 빈농들이 주동이 돼 폭력적으로 치달았습니다.

**최기자** 그건 좀 구별이 필요할 것 같습니다. 향회를 양반이나 전직 관리가 주도한 경상도 단성·진주·인동 등에서는 적어도 초기에는

온건한 진정서 방식으로 나갔지만, 처음부터 아예 초군들이 직접 농민 집회를 이끈 충청도의 공주·회덕·회인 등지에서는 처음부터 양반 부호의 집들을 공격하는 양태로 나섰습니다.

**김기자** 그러나 온건한 진정서 방식을 쓴 지역도 곧이어 주도권이 농민들에게 넘어가 읍 전체를 농민군들이 장악하는 양상을 보이지 않았습니까. 전체로 보면 항쟁의 주도권이 초기에는 지방 양반과 항임층에게 있다가 시간이 지나면서 가난한 농민 대중으로 옮겨갔다고 볼 수 있겠습니다.

**최기자** 특히 초군들의 역할이 컸습니다. 모두 머리에 흰 두건을 두르고 몽둥이를 들어 마치 규율을 갖춘 군대같이 보였습니다. 이들이 있었기에 상주에서와 같이 봉기군이 관아를 점령하고 심지어 개령, 거창, 무주, 순창에서는 체포된 농민군이 호송돼가는 것을 습격, 구출해내는 등 도망친 농민들의 사기를 높여줄 수 있었습니다. 특히 상주봉기를 주도한 정나귀, 김말대, 조두꺼비라는 이름으로 봐도 천민으로 보입니다만 끝까지 선두에 서서 싸우다

관군에 잡혀 효수당했습니다.

**박기자** 그러나 농민군이 읍내를 장악하고 부호의 집을 방화, 약탈하다가 스스로 해산한 것은 조직력의 한계를 드러낸 것이라고 봅니다. 또 공격 대상이 수령보다는 그 아래의 이서(吏胥) 특히 이방과 호방에 집중된 것은, 이번 봉기가 정부에 대한 공격으로까지 나간 것은 아니라는 것을 보여줍니다.

**최기자** 저는 오히려 정부의 무능이 그대로 폭로된 것에 초점을 두어야 한다고 봅니다. 농민군들은 관아를 점령하고 심지어 이서나 수령을 자체적으로 선출하기도 했습니다. 전라도 함평에서는 이런 상태가 한참 지속되어도 정부에서 전혀 손을 대지 못했습니다. 충청도 은진에서는 도 경계를 넘어 전라도 여산까지 장악할 지역을 넓혀갈 정도였습니다. 이는 우리 정부가 나라를 통제할 능력을 상실한 게 아닌가 하는 생각까지 나게 했습니다.

**박기자** 그러나 정부에서도 문제가 심각함을 인식하고 전국적으로 여론을 수렴해 이른바 '삼정이정책'을 발표하자, 농민들의 기대는 컸습니다. 그런데 구체적 시행

에 들어가자, 농민들의 오해로 함경도와 경기도에서까지 다시 민란이 일어났습니다. 그렇다고 해서 정부가 최근에 '삼정이정책'을 아예 철회, 백지화한 것은 사태를 더욱 악화시킬 수 있을 것 같습니다.

**김기자** 농민들은 삼정이정책에서 환곡을 폐지한다고 해놓고, 그 대신 쌀 한 가마당 5냥씩 새로 세금을 신설하는 것은 자신들을 기만한 것이라고 생각합니다. 이전에는 환곡 쌀이라도 받은 다음에 이자를 냈는데, 이제는 주는 것 없이 받아가겠다고만 하니 기가 막힐 노릇이라는 겁니다.

**최기자** 정부가 정신을 못차린 것 같습니다. 삼정이정책을 철회한 것은 누가 보더라도 지주층과 기득권층의 이해를 대변한 조치입니다. 농민들에게는 이전과 달라진 것이 없는 셈이지요.

**김기자** 여하튼 이번 전국적 농민항쟁은 우리 사회가 심각한 모순에 봉착해 있다는 것을 보여줬습니다. 정부가 이 모순의 핵심을 간과해 시급히 대응책을 세우지 않는다면 이번보다 더 큰 항쟁이 일어날지도 모른다는 생각이 듭니다.

# 삼정이정책 이렇게 만들어졌다

## 각계의 개혁안 중 가장 온건한 개량책 선택
## 발표 두 달 만에 기득권층 반발로 백지화

정부는 농민항쟁이 남부지방 전역을 휩쓸던 지난 5월, 문제의 심각성을 깨닫고 진주에 안핵사로 파견됐다 돌아온 박규수의 건의를 받아들여 삼정이정청을 신설했다. 이후 삼정이정청에서는 각급 관리들은 물론 재야 학자들로부터 광범위한 여론수렴을 거쳐 8월 19일 삼정이정책을 발표한 바 있다.

수집된 여론 중에는 삼정의 운영개선에서부터 토지제도의 근본적인 개혁에 이르기까지 다양한 내용이 포함된 것으로 알려졌다. 그러나 최종 결정된 내용은 그중 가장 온건한 것이었다. 전세의 경우 국세 이외에 지방관 임의의 세목은 일체 폐지하며, 군역세에 있어서는 불법 양반들을 색출, 모두 양인으로 함으로써 군역세 부담인구를 늘리는 방식으로 1인당 부담액을 줄이기로 했다. 가장 획기적인 조치는 환곡에 대한 것으로, 환곡 자체를 혁파하고 그 대신 토지 1결당 2냥씩 새 세금을 걷어 환곡에 충당하도록 했다.

그러나 이러한 조치는 각 지방 지주층의 반발로 제대로 시행되지 않았고, 환곡 대신 새 세금을 걷는데다가 기존 환곡 결손분은 분납으로라도 다 거두어들이기로 함으로써 농민들을 분노케 했다.

결국 농민항쟁이 일어나게 된 구조적 부조리는 그대로 온존됐으며, 다만 지방관들의 부정부패만 일시적으로 사그러진 것으로 보인다. 이는 정부정책이 정부 내 기득권층 및 각 지의 지주층들로부터 전혀 자유롭지 못하다는 것을 보여준 것으로 농민항쟁의 불씨는 계속 번질 것으로 전망된다.

---

### 난국해법 전국에 공모 … 어떤 의견 나왔나

## '삼정 문란 심각'은 공통 인식

### 해법은 근본적 토지개혁론에서 삼정 부분 개선론까지

삼정이정청에서는 지난 5월, 전국의 관리와 학자들에게 민란의 근본원인과 대책에 대한 여론을 수집하였다. 8월에 발표된 삼정이정책은 이중에서 가장 온건한 안을 채택한 것이었으나, 그마저도 이번 10월에 철회되어 기왕의 여론조사는 의미를 잃게 됐다. 그러나 당시에 제출된 여러 안 중에는 귀담아 들을 만한 개혁안도 있어 여기에 소개한다. 당시 선발된 99개 안에 대해서는 정부가 시상을 한 바 있다.

#### 삼정 개선론

국가가 국가일 수 있고 민이 민일 수 있는 것은 삼정에 힘입은 것이며, 나라에 3정이 있는 것은 하늘에 삼광(해, 달, 별)이 있는 것과 솥에 발이 셋 있는 것과 같아, 이를 제거해서는 나라가 유지될 수 없다고 생각한다. 삼정문란을 그 제도 자체에는 결함이 없고 다만 그 운영상에서 폐단이 생긴 것으로 본다. 삼정의 기본틀은 그대로 유지한 채 운영을 개선해야 한다고 주장한다.

**심명식** 환곡에 폐단이 생겨 환곡법 자체의 폐지를 주장하는 여론이 있지만 법에 폐가 생김을 미워해서 그 법 자체를 폐지한다는 것은 흐르는 물의 탁함을 싫어하여 그 수원을 막아버리는 것과 같은 어리석은 주장이다. 그 운영의 폐단은 제거하되 그 기능은 살려야 한다.

**이희석** 군정의 폐해에 대해서 호포제, 동포제, 결포제를 그 대안으로 제시하고 있는 여론이 있지만, 문제는 마땅히 져야 할 역을 피하는 자들이 늘어났기 때문에 생기는 것이므로 이들 피역자를 조사해서 역을 지도록 한다면 문제가 없다.

#### 삼정 부분 개혁론

삼정은 운영방식뿐 아니라 제도 자체에도 결함이 있다고 본다. 기본적으로는 삼정의 수취질서를 그대로 유지하되 그 운영을 개선함으로써, 해결할 수 있는 것은 개선하고 개혁해야 할 필요가 있는 것은 이를 과감하게 개혁해나가야 한다고 주장한다. 대체적으로 전정은 개선하고 군정과 환곡 특히 환곡의 제도는 개혁하지 않아야 한다고 주장한다.

**송근수** 국가가 징수해야 할 포를 모든 신분층에 호 단위로 분배하여 고르게 내게 하면, 관리들의 농간도 막을 수 있고 민의 고통도 없앨 수 있다. (호포제)

**임백경** 각 군현에서 고을 세액을 각 동에 분배하여 그 동으로 하여금 고르게 내게 하면, 거짓으로 양반을 칭하는 사람이나 세가의 그늘에 도피한 자들이 빠질 구실이 없게 되니 이중삼중으로 걷는 것과 불공평한 폐단이 없어질 것이다. (동포제)

**유중교** 떼어먹고 갚지 않은 곡식을 채운 뒤, 이를 사창제로 전환시키자. 그 총액수를 파악한 뒤 여러 고을의 크고 작음을 헤아려서 양곡을 매기면 각 읍에서는 다시 이를 각 동리에 고루 나누어, 향민으로 하여금 이를 사창제로 맡기되 관은 이를 다만 순시 감독하는 것으로 그치게 하면 공사가 모두 편안하게 될 것이다. (사창제)

#### 삼정 전면 개혁론

삼정의 수취질서 그 자체는 미법이 아니므로 삼정을 중심으로 한 세제를 좀더 합리적인 방향으로 전면 개혁해야 한다고 주장한다. 이들은 현재 삼정문란의 원인이 부세의 불균형에 있다고 보고 공평한 조세의 부과 방안을 모색하고 있다.

**기정진** 군포와 환곡이 영원불멸한 법은 아니기 때문에 이를 혁파하고 옛날 조용조의 세법에 의거해 새로운 제도를 마련해야 한다. 그리고 당의 세법은 사대부 계층이라 해도 면세되지 않았다는 것이 고려되어야 한다. 현재 신분에 따라 세금을 불균등하게 내는 폐단은 시정되어야 한다.

**김윤식** 삼정과 관련하여 최대의 폐단은 담세의 불균형에 있으므로 이를 시정하지 않으면 안된다. 따라서 군포와 환곡의 제도를 혁파하고 그 세를 모두 전세에다 통합해야 한다. 이를 위해서는 토지조사가 선행되어야 함은 물론이다. 이렇게 하면 토지를 많이 소유한 자는 조세를 많이 내고, 적게 소유한 자는 적게 내게 되어 조세가 공평해진다.

#### 토지제도 개혁론

삼정이정책만으로는 문제를 해결하는 충분한 방안이 될 수 없다고 보고, 삼정개혁은 전혀 다른 각도에서 제론되어야 한다고 주장한다. 이들은 토지제도와 지주제까지 개혁해야 민란의 근본적인 수습이 이루어질 수 있다고 본다.

**허전** 양전사업이 끝나면 새로이 법령을 발표하여 몇 결의 토지 1부를 소유로 삼아 항산전(恒産田)이라 이름지어 대대로 물려주게 한다. 토지를 많이 가지고 있는 자가 더 사는 것은 못하게 하고 파는 것은 허락한다. 토지를 많이 소유하더라도 상한선을 넘지 않게 하고, 토지를 팔더라도 항산전은 팔 수 없게 한다. 농민에게 최소한의 토지를 재분배해야 농촌경제가 살아날 수 있다. (한전론)

**신석우** 전국의 토지를 80결을 1부, 8결을 1통으로 하는 향촌제도로 재편성하고 농가 매 1호에는 1결씩을 받도록 한다. 다만 농가에 따라서 노동력이나 사람 수에 차이가 있을 것이므로 토지를 분배하는 데 있어서 차등을 둔다. 이렇게 모든 농가에 토지를 노동능력에 따라 차등적으로 고루 분배한다.

◆ 조선 만화경 5

## 어둠의 세력을 찾아라

이 바구

---

## 향회, 농민 대변기구로 변신

### 이번 농민봉기에서 제 몫 톡톡히

그동안 지방 사대부들의 향촌지배에 이용돼오던 '향회'라는 조직이 이번 농민봉기에서 농민들의 입장을 대변해주는 곳으로 역할을 해 주목받고 있다.

경상도 단성지방의 경우 농민들이 사전에 향회를 열어 우선 진정서를 관아에 제출하며 항의할 것을 결의한 바 있다. 봉기 발생지역마다 차이는 있을망정, 대체로 향회라는 기구가 예전과는 달리 농민들의 자치적인 의사결정과 집행의 기구로서 자리잡아가고 있는 것으로 보고되고 있다.

진주에서 발생한 농민봉기도 향회 소집으로부터 시작되었고, 순창에서는 묵은 폐단을 바로잡는다는 명목으로 향회를 열어 사람들을 모은 뒤 아전을 처형하기도 했다.

봉기 이후 몇 달이 지나도록 정부에서 아무런 조치가 없는 경우 백성들은 매일 향회를 열어 스스로 직접 행정을 수행했다.

그밖에도 부패한 수령을 내쫓고 새 수령을 맞아오도록 대표를 뽑아 서울에 보내기도 했으며, 막상 부임해온 수령일지라도 주민들의 감시 하에 놓여 있어 아무런 실권을 행사하지 못하기도 했다.

이러한 조직을 운영하기 위해서는 얼마간의 경비가 반드시 필요한데, 이는 주민들이 자신이 가진 토지 결수에 따라 염출하는 것을 원칙으로 하기도 한다.

이제 향회는 예전의 틀을 깨고 백성들의 이익을 대변하고 방어하는 기구로 자리잡아갈 것으로 보인다.

역사신문

## 이번 호의 인물　　김정호

### 평생을 지도제작에 몸 바친 야인

세상에 명예를 마다하고 돈을 싫어할 사람이 누가 있겠는가. 지금처럼 명리(名利)가 판을 치는 세상에 불우한 환경을 딛고 지도제작에만 한평생을 매달린 김정호 같은 재야 지리학자가 있다는 것은 조선의 복이다. 그 이전에도 조선에 지리학자가 없지 않았고 지도도 많았으나 그의 대동여지도만큼 방대하고 세밀한 지도를 갖지 못했다. 그런 대동여지도가 한 이름 없는 재야학자의 손으로 만들어졌다니!

어린 시절 그는 끝간 데 없이 굽이쳐흐르는 산줄기를 보고 그 끝은 어디일까 하는 호기심어린 의문 속에 여기저기를 가보기 시작했다. 이처럼 자기가 살고 있는 땅에 대해 샘솟는 관심이 넘쳐나던 그에게 정확한 지도가 얼마나 절실했던가는 낯선 곳을 여행해본 사람이면 누구나 짐작할 수 있는 일. 그러나 어떤 지도도 그의 필요와 관심을 만족시켜주지 못했다. 그래서 자신이 직접 지도제작에 나선 것. 대동여지도는 그가 이런 필요를 좇아 끝없이 완벽한 지도만들기에 몰두해서 나온 결정판과 같은 것이다.

그가 맨 처음 만든 지도는 1834년의 청구도. 지도 위에 경위선을 표시하였고, 산·강·섬·나루·봉수·성곽과 역사적 경계까지 첨부하여 역사지도도 겸하게 했다. 이를 바탕으로 역사적인 사실들을 새로 보태어 〈대동지지〉를 만들었고, 이런 경험을 종합하여 조선 팔도 전국 방방곡곡의 지형과 거리를 세밀하게 압축시켜 드디어 〈대동여지도〉를 완성했다. 친분이 있는 최한기가 도왔다고 하나 아무런 생업 없이 지도제작에만 골몰했으니 그 어려움은 필설로 형언키 어렵다. 이 지난한 작업을 끝내고 덧붙인 그의 한마디가 더욱 의연하다. "세상이 어지러울 때는 이런 지식에 의해 외침이나 내란을 막을 수 있고, 세상이 태평할 때에는 나라를 경영하고 백성을 다스리는 데 쓰면 될 것이다."

세상은 날로 변하고 인물도 더욱 새로워진다. 이 세상이 명리에 집착하지 않고 자신이 하고 싶은 일에 몰두하는 사람들로 가득찰 때 새 세상이 오지 않을까. 부디 그의 피땀이 새 세상을 여는 데 요긴하게 쓰여지길 빈다.

본관은 청도. 태어난 해가 분명하지 않다. 호는 고산자.

## 김정호, 대동여지도 간행

### 지금까지 제작된 지도 가운데 가장 정밀

이제까지 나온 지도중에 가장 정밀하게 작성된 '대동여지도'가 간행되었다. 16만부의 1로 축척해 그려진 이 지도는 세로 7미터 가로 3미터의 크기인데 8폭으로 접어 책크기 정도로 간수할 수 있게 되어 편리하다.

특히 산맥을 이전과는 달리 추상화하여 선과 면으로 표시해, 보는 사람들로 하여금 선의 넓고 좁음에 따라 산의 모양과 크기를 짐작할 수 있게 해준다.

김정호는 "이 지형표시법은 산지를 약 45도의 각도로 위에서 투영하여 얻을 수 있는 그림자의 모양으로 일종의 산악투영법입니다"라고 설명하고 있다. 한편 이전 지도와는 다르게 지도의 여백에 호구(인구수)와 전결(토지면적)을 기입하고 있지 않는 점도 특징 중의 하나이다. 인문지리적인 지도성격에서 이제는 완전히 지역의 위치만을 충실히 알려주는 자연지리적인 지도로 바뀌었음을 알 수 있다.

# 사당패, "성 문란 극심"

## 호구지책으로 매춘행위까지 일삼아

사람들을 모아놓고 징과 북을 치며 가무를 행하는 집단인 일명 '사당패'가 남녀가 함께 거처하면서 문란한 관계를 일삼고 있다는 풍문이 각지에 돌고 있다.

사당패는 각종 가무를 보여주는 사당(여자)과 일종의 '기둥서방' 역할을 하는 거사(남자)로 이루어져 있다. 사당은 보통 법고를 들고 추는 사당벅구춤, 각지에서 유행하는 민요, 줄타기 등을 아슬아슬한 묘기와 흥겨운 재담을 동원해 보여준다.

그런데 최근 사당과 거사의 은밀한 관계가 세간의 호기심을 촉발시키고 있다. 거사는 사당을 등에 업고 다닐 정도로 소중히 다루며 세수까지 시켜준다고 한다. 손님이 없을 때는 사당과 거사가 동침을 하지만 객이 있으면 사당을 내주고 거사가 하인 역할을 맡는다고 한다.

남원의 한 시장거리에서 만난 한 사당은 "가진 것이 몸뚱아리밖에 없는 우리네들로서야 묘기만 부려서 입에 풀칠 할 수 있나요. 어쩔 수 없이 '몸' 까지 팔 수밖에요"라고 하소연한다. 사당이 받는 화대를 '해우채'라 하는데, 이를 몽땅 거사들이 챙기는 바람에 사당들은 꼼짝없이 이들을 따라다닐 수밖에 없다고 한다. 부쩍 어려워진 농촌경제 때문에 많은 사람들이 유랑하게 되고 결국 이들이 유랑집단인 사당패에 가담해 끼니를 이을 수밖에 없는 우리의 현실이 안타깝다.

## 황량한 들판을 가로지르는 굿판의 함성

### 예전에는 무당 불렀으나 최근에는 마을 단위로 굿판 벌어져

황량한 들판의 어둠을 가로질러 요란한 소리들이 터져나온다. 순가락으로 양푼 두드리는 소리, 북채로 두드리는 놋대야소리, 젓가락 장단의 꽹과리소리 등 온갖 불협화음들이 묘한 화음을 이루어 마을 전체를 울리고 있다. 덩달아 마을의 개들도 저마다 짖기 시작해 그동안 기근과 흉년으로 사람 사는 냄새가 메말랐던 이곳에 오랜만에 생기가 돌기 시작한다. 장대 끝에 여자의 속곳을 내걸어 휘휘 휘두르며 온 동네를 헤집고 다니는 아낙네들이 내지르는 소리가 마을어귀를 휩싸고 돈다.

"시방 이 소리가 뭔 소린 중 아냐. 옛부터 동네 도깨비 귀신 쫓아낸 소리여. 소작하는 우리네 농간하는 마름귀신, 우리 서방 부역 억지로 끌고가 생과부 맨들던 부역귀신, 억지로 환곡 이자 뜯어가는 못된 수령귀신, 촌가시네 흘려가는 총각귀신, 장세 팔아묵은 장세귀신, 이런 귀신·도깨비 다 몰아낸 소리여!"

온갖 못된 도깨비를 몰아낸다고 해서 붙여진 이 굿판의 이름은 '도깨비굿'이다. 이 마을에서는 기근이나 흉년이 들어 사람들이 쓰러질 때나 최근처럼 농민군들이 무참하게 죽임을 당할 때면 이렇게 굿판을 벌여 액땜을 한다. 자신들에게 닥친 재앙이나 고난을 마을 공동의 힘으로 물리쳐보려는 것이다.

이런 굿판은 전국적으로 다양한 방식으로 행해진다. 충청도에서는 '디딜방아 액막이'라 하여 가뭄이 계속될 때 이웃의 디딜방아를 훔쳐 굿을 벌이는가 하면, 서해나 남해안의 바닷가에서는 서낭이나 임경업 장군상을 모시고 선원들의 안전을 기원한다. 예전에는 병자가 있거나 재앙이 있을 때 주로 무당을 불러다 굿을 했었는데, 최근에는 마을 단위로 고을의 위기를 극복하기 위한 수단으로 굿판을 벌이는 일이 많아지고 있다. 근래 들어 수령들의 탐학이나 수탈을 반대하는 농민봉기가 고을 단위로 일어나고 있는 것과 무관하지 않은 듯하다. 굿판에서 미친 듯이 내지르는 농민들의 소리를 민간신앙 차원의 염원으로만 듣고 말기에는 그 내용이 너무 현실적이다.

### 5층 아파트가 상징하는 파리의 세계

최근 유럽에는 사회현실을 압축적으로 보여주는 집단주택이 등장, 눈길을 끈다. 발코니가 딸린 1층은 부자들의 몫이고, 2층은 가족들과 함께 사는 젊은 부부들의 몫, 3층에는 빚쟁이들과 고양이들만이 찾아온다. 4층에는 관리인조차도 올라가지 않으며, 맨 위의 다락방에는 실업자나 가난한 노동자, 하녀 등이 차지했다. 마치 지금 유럽사회에서 각 계층이 첨예하게 분리되는 것을 상징하는 듯하다.

## 독일의 새 재상, 비스마르크

### "오늘의 문제는 철과 피로 해결"

1862년 프로이센 의회와 국왕이 군비확장을 두고 의견충돌이 격심한 가운데 국왕의 신임을 얻은 비스마르크가 새 재상으로 취임했다. 취임식 연설에서 그는 "오늘의 문제는 말이나 다수결로가 아니라 오로지 철과 피에 의해서만 해결될 수 있다"고 말해 군비확장을 반대해온 의회구성원들을 긴장케 했다고 한다. 그는 독일의 전형적인 토지귀족인 융커계층 출신이다. 청년시절에 많은 전투경험을 쌓은 그는, 황제통치라야 국민이 행복과 번영을 누릴 수 있다고 생각하는 보수정치가로 알려져 있다. 러시아 대사와 프랑스 대사로 활약하면서 유럽의 정세를 익힌 후, 36세의 젊은 나이로 이번에 재상의 자리에 올랐다. 독일이 통일되면 프랑스·영국 못지않은 세계적인 강대국이 될 수 있다고 확신하는 그의 평소 신념은 의회의 군비확장 반대 주장과 일대 격돌할 것으로 예상된다. 뿐만 아니라 주변의 오스트리아나 프랑스와 같은 국가들로서도 그의 평소 신념이 현실화되는 것에 대해 긴장하고 있다.

# 역사신문

# 고종 즉위 … 흥선대원군, '새정치 예고'

## 철종, 아들 없이 승하함에 따라
## 흥선대원군, 최고권력자로 급부상
## 안동 김씨 세도 타격받을 듯

1863년 12월 철종이 아들을 낳지 못하고 병사하자 현 왕실의 최고 어른인 헌종의 어머니 신정왕후 조씨는 영조의 증손자 남연군의 넷째 아들 이하응의 차남에게 왕위를 계승한다고 전격적으로 발표했다. 새 국왕 고종은 올해 나이 12세로 그동안 정계에 전혀 알려져 있지 않던 왕족이라 조대비의 이번 발표로 정가는 충격에 휩싸여 있다.

조대비는 고종의 즉위와 동시에 자신이 수렴청정할 것을 선언하고 연이어 고종의 아버지 이하응을 흥선대원군에 봉했다. 이에 따라 역사상 처음으로 국왕의 친아버지가 살아계시는 상황이 발생했다. 정부 대신들은 그에 대한 예우 문제로 격론을 벌였으나 대왕대비가 예우 절차를 명시한 지침을 내려 논란에 종지부를 찍었다. 지침에 명시된 예우절차를 보면 사실상 향후 정치가 대원군에 의해 운영되는 이른바 섭정(攝政) 체제로 나갈 것으로 분석된다. **관련기사 2면**

흥선대원군은 섭정을 맡자마자 안동 김씨 세도정치 하에서 반역자

로 처형된 왕족과 종친들 중에서 억울하게 죽은 사람들을 조사하라는 지시를 내렸다. 여기에는 선왕 때 역모 혐의로 사약을 받은 이하전이 포함될 것이 확실하며 이는 곧 안동 김씨 가문에 대한 공격 신호탄이라는 해석이 나오고 있다.

왕실 소식통에 의하면 흥선대원군은 이미 이전부터 대왕대비 조씨와 접촉해 오늘과 같은 날을 준비해왔으며, 그동안 타락한 행실을 보인 것은 안동 김씨 가문의 눈살을 피하기 위해 일부러 저지른 계략이었다고 한다.

## 안동 김씨 정계 축출, 비변사 폐지
## 부패 서원 완전 철폐 지시

### 대원군, 과감하게 인재등용하며 개혁정책 강력 추진

흥선대원군은 정부 내 안동 김씨 세력을 대거 해임시키고 안동 김씨 세도정치의 본산이라고 할 수 있는 비변사를 폐지, 그 업무를 의정부에 넘겼다. 그리고 남인과 북인 중에서도 인재를 등용하고 서얼과 지역적으로 차별받아온 평안·황해도인들에게 관직 임용 기회를 넓히는 조치를 취하고 있다.

지금까지 안동 김씨의 좌장으로서 권력을 장악해 온 영의정 김좌근이 해임됐고, 그의 아들로 호조판서 김병기가 광주유수로 좌천됐으며 전영의정이자 현 영돈령부사인 김흥근에게는 정계 은퇴를 강요했다. 반면 남인 유후조를 우의정에 임명하고 남인 한계원, 북인 임백경, 강로 등을 정승급에 배치했다. 안동 김씨 중 대원군의 노선에 따르는 김병학은 좌의정에 등용했다. 중인 출신들도 주요 벼슬자리에 등용됐으며 개성 사람들을 위한 특별과거를 실시, 급제한 왕성협을 홍문관 교리에 특채했다.

한 정부 관리는 대원군이 집권 초 "나는 천 리를 끌어다 지척을 삼겠

으며, 태산을 깎아내려 평지를 만들고, 남대문을 3층으로 높이려 한다"고 한 말이 바로 천 리 밖으로 밀려난 왕실 인사들을 가까이하고, 안동 김씨가 쌓아 올린 태산을 깎아내리겠다는 것이며, 또한 남인처럼 소외받아온 인사들을 크게 등용할 것이라는 의미라는 것을 이제야 알겠다고 말했다. 이러한 흥선대원군의 과감한 인사정책은 마치 영·정조 대의 탕평정치를 연상케 하고 있다.

또 대원군은 1864년 1월, 서원을 대대적으로 정리할 것을 지시했다. 서원은 당쟁 시기에 정치적 목적에서 마구 설립돼 여러 폐단을 낳

민원의 대상이 되어왔다. 대원군은 서원 소속 토지와 노비 및 재산을 조사, 등록하고 그들의 죄악상을 보고할 것을 지시하며 "근래 서원이 6백여 개에 이르나 대부분 사설서원이며 정부인가 사액서원도 서류상으로는 47곳밖에 없다. 이 47곳을 제외하고는 모두 철폐하라"고 명했다. 철폐된 서원의 토지와 재산은 묘당에서 관리하고 나머지는 국가에서 몰수한다. 아울러 앞으로는 서원 증설이 일체 허가되지 않는다. 이러한 대원군의 서원 정리방침이 알려지자 유생들이 크게 반발하고 나서 추이가 주목되고 있다. **관련기사 2면**

## "경복궁 중건한다"

### "왕실 권위 회복" … 막대한 비용 조달 '문제'

1865년(고종 2) 4월 대왕대비는 경복궁 중건을 전격 지시했다. 이 사업은 흥선대원군이 추진해온 것으로, 왕실의 권위를 회복하고 국가의 면모를 일신하기 위한 것으로 보인다. 이로써 임진왜란 때 불타버린

지 300년만에 조선의 정궁이 복원되는 셈이다. 그러나 경복궁 중건에는 막대한 비용과 노동력 동원 등 해결해야 할 문제가 산적, 정부의 재원조달 방법에 관심이 쏠리고 있다. **관련기사 3면**

---

1866년(고종 3) 정체불명의 이양선이 대동강을 따라 평양 근교로 침입, 양민을 해치고 물품을 약탈하다 평안도 관찰사 박규수의 관군과 평양 주민들의 공격을 받아 격퇴됐다. 이번 사건이 청에 알려지자, 청에 머물고 있던 서양인들은 이 배는 미국의 상선 제네럴 셔먼 호라고 주장하며 국제문제화할 태세를 보이고 있어 귀추가 주목된다.

지난 7월 11일 이 이양선이 목격됐을 때 우리측은 프랑스 군함으로 오인한 것으로 알려졌다. 일전에 국내에 들어와 있던 프랑스 신부들이 처형된 일로, 프랑스측이 보복 공격을 준비하고 있다는 첩보를 입수하고 있었기 때문이다. 그러나 박규수가 중군(中軍) 이현익을 보내 탐문한 결과 조선과의 교역을 원한다고 말했고, 이때 통역자가 영국인이었기 때문에 당국은 지금까지도 영국 선박으로 생각하고 있다.

당시 이현익은 이들에게 식량을 주며 돌아갈 것을 정중하게 요구했다. 그러나 이들은 만경대 부근까지

올라와 평양을 정탐하는 것이 발견됐다. 이에 이현익이 항의했으나 그를 납치하여 배 안에 가두어버렸다. 이에 흥분한 주민들이 이들이 타고 다니는 소형 선박을 향해 돌을 던지며 항의하자 총과 대포를 쏘며 위협했다.

이때부터 이양선과 우리 관민이 서로 화포를 쏘아대며 며칠 동안 공방전을 벌였다. 그러나 비로 불었던 대동강 물이 줄자, 이양선은 모래톱에 걸려 좌초됐고 우리측은 목선에 불을 붙여 이양선을 향해 떠나보내 이양선은 전소됐고, 승선자들도 모두 사망했다. 우리 측 피해는 사망 7명, 부상 5명이다.

한편 미국측이 청을 통해 보내온 사실확인 조회에 대해 정부는 "영국 선박이 내항한 적은 있으나 미국 선박은 내항한 사실이 없다"고 회신한 상태다. 소식통에 따르면 미국 선박 셔먼 호가 평양의 왕릉에 귀중한 보물이 묻혀 있다는 소문을 듣고 청 텐진항을 출발한 적이 있다고 한다. **참조기사 21호 1면**

## 이양선 평양근교 침입 … 난동 부려

### 우리측 강경 대응 … 선박 전소, 승선자 전원 사망

#### 청 거주 미국인들 "우리 상선 제너럴 셔어먼 호"라며 거센 항의

## 역사신문

# 보다 철저한 개혁을 바란다

### 지배층과의 타협을 경계한다

드디어 60년간 지속된 지긋지긋한 세도정치가 막을 내렸다. 그리고 등장한 흥선대원군은 세도정치를 일소하는 과감한 개혁정치를 펴나가고 있어 일단 백성들의 환영을 받고 있다. 비변사를 축소시키고 각파의 인재를 고루 등용하는 등 정치개혁부터 시작한 대원군의 개혁은 그간 백성들의 원성이 되어온 서원을 철폐함으로써 본격적인 개혁에 착수한 것으로 보인다. 이 과정에서 양반 유생들의 반발이 크게 있었지만 대원군은 오히려 이를 제압하는 강단을 보여주어 백성들의 찬사를 받았다. 한편, 대원군은 백성들의 오랜 숙원이었던 삼정에 대해서도 곧 과감한 개혁을 단행할 것이라고 한다. 어쨌든 백성들은 대원군이 과거 파락호 시절에 백성들과 고통을 함께 했다는 점 때문에 그 개혁의 방향에 대해 상당한 기대를 걸고 있는 것이 사실이다.

그러나 현재로서는 대원군의 개혁이 백성들의 가장 큰 불만요인인 삼정문제를 해결하는 선에서 기득권 세력과 타협할 가능성이 있다. 대원군의 집권은 백성들의 민란과 서양세력의 침략 위협이라는 안팎의 위기에 봉착하게 된 지배층이 백성들과 타협하지 않을 수 없어 이루어진 측면이 강하기 때문이다. 이런 의미에서 대원군의 집권은 민란의 전리품적 성격과 더불어 동시에 지배층의 새로운 위기 대처 방식이라고 볼 수 있다. 때문에 삼정문란의 해결을 통한 수취체제의 개편 정도에서 백성들의 정치적 진출을 차단하고, 또한 지배층에게는 일정한 양보를 끌어내는 대신 근본적인 개혁의 저지라는 당근으로 회유하려 들 가능성이 높다. 바로 이러한 것들이 보다 철저한 개혁의 전망을 어렵게 만드는 부분들이다. 그러나 우리가 누차 언급해왔듯이 지금 우리 시대의 모순은 수취체제의 개편이 아닌 토지제도의 개혁이라는 근본적인 개혁이 필요한 상황에 직면해 있다.

새로운 개혁정책을 나름대로 의욕적으로 추진해 나가고 있는 대원군에게 당부한다. 자신의 집권은 백성과 시대의 요청에서 비롯된 측면이 있다는 것을 명심하라는 것이다. 그러므로 현재 우리 사회가 직면한 시대적 과제가 무엇인가를 직시하고 현실 사회의 모순을 과감하게 개혁해나가기를 바란다. 또한 개혁을 추진해 가는 과정에서 기득권 세력과 타협하는 길을 택하기 보다는, 현재의 시대적 과제와 백성들의 요구에 부응하는 과감한 개혁의 길을 선택하기를 진심으로 바란다. 그렇지 않고 만일 안일하게 지배층과 적당히 타협하려 한다면 또다시 백성들의 저항에 맞닥뜨리게 되는 상황을 자초하게 될 것이다.

## 그림마당
이은홍

## 대원군 집권을 어떻게 볼 것인가

# 세도정치 추방하고 국왕중심 개혁 추진
# 과거지향성 때문에 성공은 미지수

몇몇 가문이 정치를 담당하는 세도정치 60년만에 역사상 유례 없는 새 체제가 등장했다. 국왕의 친아버지가 시퍼렇게 살아 국왕을 제치고 전권을 행사하는 대원군 집권체제가 그것이다. 물론 이전에도 수렴청정을 하는 사례는 더러 있었다. 그러나 그러한 수렴청정은 현 대원군 체제와는 본질적으로 다르다. 대원군은 불가피하게 집권한 것이 아니라, 오랜 기간 동안 정치공작을 거쳐 치밀한 준비 아래 의도적으로 집권했다. 대원군은 분명한 개혁 프로그램을 가지고 집권한 것이다.

지금까지 드러난 바에 따르면 대원군의 정책은 영·정조의 탕평정치와 유사하며 특히 정조의 '국왕 중심 개혁론'과 상당히 닮았다. 즉 국왕의 권위를 다시 회복해야겠다는 대원군의 의지는 강렬하다. 거액의 비용을 들여 경복궁을 중건하는 것도 그 일환이다. 나아가 대원군은 현재 우리 사회의 문제점은 대부분 국왕과 민 사이에 낀 사대부와 대신들의 비리에 있다고 본다. 그래서 사대부들의 온상인 서원에 철퇴를 내린 것이다.

민생정책은 '현명한 국왕이 다스리는 봉건왕조체제'의 한도 안에서 할 수 있는 최선의 개혁으로 보인다. 물론 그 줄기는 조세제도의 개혁을 통한 민생 안정이다. 전세(田稅)의 경우 누차 문제로 지적돼온 장부상 토지와 실제 토지 사이의 괴리를 해소하기 위해 전국적 토지측량을 실시했다. 이 토지측량은 그동안에도 계속 추진해왔지만 지주층들의 격렬한 반대로 번번이 무산돼왔던 것이다. 민란의 주원인 중 하나로 꼽히는 환곡제도에 대해서도 원곡을 중앙에서 관리하고 운영은 민간에 맡겨 중간관리들의 비리를 원천적으로 없애는 방식으로 개혁했다. 군포의 경우 역시 양반 지주층의 격렬한 반대로 계속 비토 받아온 호포제를 드디어 실시했다. 그리고 지방관들과 토호들의 비리와 부정 문제에 대해서도 대원군의 태도는 아주 강경하다.

그러나 이 모든 개혁에도 불구하고 생각하지 않을 수 없는 것은 대원군의 개혁 프로그램이 백년 전에도 성공하지 못한 개혁 방식이라는 점이다. 양반과 상민이 동등하게 군포 납부를 부담하는 호포제는 이미 신분제가 유명무실해졌기 때문에 당연한 정책일 수 있는데도, 여전히 양반과 상민의 부담액에 차별을 두는 과거지향성을 보이고 있다. 또 서학 탄압에서 보듯이 사상적 폐쇄성 역시 과거 그대로이다.

그럼에도 불구하고 일련의 개혁정책은 다음에 올 진보적 개혁세력에게 발판을 마련해줄 수 있다. 다만 이 개혁정책이 성공하려면 왕권이 극대화돼야 하는데, 극대화된 왕권은 다시 차세대 진보세력의 대두를 막을 수밖에 없다. 바로 이점이 대원군 정치의 딜레마인 것이다.

## 백수건달 이하응이 흥선대원군이 되기까지

### 쓸모없는 인간으로 낙인찍히기 위해 기생집 전전

흥선대원군이 하루 아침에 집권자로 부상하자 고개를 갸웃거리는 사람이 많다. 술에 곤죽이 돼 기생집 골목을 어슬렁거리던 작고 꾀죄죄한 그의 모습만을 익히 보아왔기 때문이다.

한 기생은 그가 술값을 못 내 자기 가랑이 밑에 엎드려 통사정한 일이 있다고 말한다. 이런 건달이 지금 과감한 개혁을 시행, 백성들의 갈채를 받고 있다. 결국 그는 오늘의 집권을 위해 그동안 고의적으로 백수건달 노릇을 해왔던 것이다.

안동 김씨는 자신들의 기득권을 영구히 유지하기 위해 왕족 중 똑똑한 자들은 모조리 제거해왔다. 그러나 그는 비록 가난하게 살아왔으나 왕족으로서 집권의 꿈만은 야무지게 키워왔다. 그는 안동 김씨에 대해

감정이 안좋은 대왕대비 조씨에 접근했고 이 자리에서 그의 차남을 차기 국왕으로 할 것을 내락받았다. 문제는 그때까지 살아남는 것뿐. 이때부터 그는 '죽일 가치도 없는 방탕아로 낙인 찍히기' 작전에 돌입했다.

허구헌날 기생집에서 술로 지샜다. 이때 그와 어울린 건달들이 이른바 천하장안 천희연, 하정일, 장순규, 안필주 등이다. 그는 안동 김씨 일가를 돌아다니며 구걸 행각을 벌였고 장남의 취직을 부탁하는 등 왕족으로서의 체면을 모두 벗어던졌다.

결국 이 위장 전술은 성공을 거두어 철종이 승하하자 전광석화와 같이 왕좌를 차지해 오늘의 추상 같은 대원군 자리에 오른 것이다.

### 대원군 예우 논란

국왕이 아들이나 형제없이 승하해 종친 중에서 왕위를 계승할 경우, 그 새 국왕의 아버지를 대원군이라 부른다. 이전까지 선조의 덕흥대원군, 인조의 정원대원군, 철종의 전계대원군 등 셋이 있었으나 살아 있는 대원군으로는 흥선대원군이 처음. 정부에서는 흥선대원군의 예우를 놓고 격론이 있었으나 대왕대비의 다음 지침으로 일단락됐다. "국왕 앞에서도 허리를 굽히지 않으며 신하라 칭하지 않는다. 사저를 운현궁이라 하고 대신들은 이곳을 지날 때 말에서 내려야 한다. 행차 때 군사들이 호위한다. 직위는 3의정 위에 있다. 운현궁 경비는 내수사에서 담당한다. 면세전 1천 결, 은 2천 냥을 지급하며 운현궁이 완비될 때까지 향후 오년간 호조와 선혜청에서 각각 1백 석의 쌀을 지급한다."

## 서원, 왜 철폐하나

# '유학 진흥' 방패 뒤에서 갖은 비리 저질러
# 대원군의 '국왕중심통치' 철학 반영

청주 화양동 서원에서는 임의로 화양묵패라는 고지서를 백성들에게 발급해 서원 제사비용 명목으로 돈을 징수한다. 화양묵패를 받은 인근 백성들은 논밭을 팔아서라도 지정된 금액을 납부한다. 이를 거역하면 서원에 잡혀가 공갈, 협박을 당하고 곤장을 맞기 때문이다. 대원군도 한량 시절에 화양동 서원이 관리하는 만동묘에 참배하러 갔다가 일개 문지기에게 매맞고 쫓겨난 바 있다고 할 정도다.

이러한 폐단이 화양동 서원만의 문제가 아니라는 것은 더이상 새로운 이야기가 아니다. 서원의 폐단은 서원이 증가하는 데 비례해서 증대

돼왔다. 서원에 속한 토지에는 세금을 부과하지 않았으므로 국고를 궁핍하게 만드는 원인이 됐고, 또한 서원에 소속된 사람에게는 군역을 면제해 주었기에 많은 양인들이 서원 노비를 자처하여 사회문제가 돼왔다. 백성들이 서원을 두고 "도적도 이보다는 나을 것이다. 서원은 양반 도적의 소굴이다"라고 비난하고 있는 것도 어제 오늘의 일이 아닌 것이다.

다만 사정이 이러함에도 그동안 그 어느 정치인도 서원에 대해 문제를 제기하지 않았다. 서원이 '유학 진흥'이라는 국시를 방패로 내걸고 있을 뿐만 아니라 유력 정치인을 배

경으로 하고 있기 때문이었다.

이번에 드디어 대원군이 서원 철폐의 칼을 뽑아든 것은 대원군이 집권하면서 일관되게 추진해오고 있는 왕권강화책의 일환으로 보인다. 말하자면 영·정조가 탕평책을 펴면서 그토록 구축하려고 애썼던 '현명한 군주 아래 행복한 백성들의 세상' 만들기다. 이 관점에서는 사대부 계층은 국왕과 백성 사이에 낀 방해물일 뿐이다. 즉 왕권 강화를 위해 사대부 계층을 제압해두자는 것이 서원 철폐 조치인 것이다.

백성들의 지지 속에 대원군이 추진하는 이 정책이 과연 성공을 거둘 것인지 귀추가 주목된다.

# 경복궁에 큰 불

## 건물 8백여 칸, 삽시간에 '잿더미'

## 경복궁 중건 공사 재개

### 재중건 재원 확보책 놓고 큰 논란

경복궁 중건 공사 현장의 대화재로 경복궁 중건 공사의 중단론이 우세하였으나, 대원군의 강력한 의지를 꺾지 못하여 결국 경복궁 중건 공사가 재개되었다. 그러나, 추가 재원과 노동력 확보 방법이 논란의 대상이 되고 있다. 무리한 재원 조달 과정에서 백성들의 원성도 만만치 않을 것으로 보여 경복궁 중건 공사는 어려움을 겪을 것으로 보인다. 다음은 정부가 발표한 추가 재원 조달 방식이다.

### 추가 재원 조달 방법

십만 냥에 수령 자리 주는 원납전 발행
상평통보 1백배 가치의 당백전 발행
토지 1결당 1백문의 세금 징수 등등

소기 성과 못 올리고 '경제 주름살'

**원납전 징수**  원납전 일만 냥을 내면 상민에게도 벼슬을 주고, 그 액수가 십만 냥을 넘으면 고을의 수령도 시켜준다. 각 고을에 할당량이 부여되어 벌써부터 원해서 납부하는 원납전(願納錢)이 아니라 강요에 의해 걷어 백성의 원성을 사는 '원납전'이란 소리가 나오고 있다.

**결두전 징수**  농민들에게 토지 1결당 100문의 세금을 부과하는 결두전(結頭錢)을 걷는다. 백성들은 이를 신낭전(腎囊錢 : 남자의 불알에 걷는 세금이라는 뜻)이라고 비꼬고 있다.

**당백전 발행**  상평통보 100배의 가치에 해당한다는 의미의 당백전을 발행하지만, 실제 가치는 20분의 1에도 못 미치는 악화로서 화폐가치를 떨어뜨리고 물가를 앙등시켜 서민 생계에 주름살이 늘고 있다.

**청전 수입**  청나라에서 화폐를 수입, 부족한 재원을 메꾸려고 하는 것으로서 당백전의 사용이 금지된 1868년 이후에 나타난 새로운 악화. 청전의 실제 가치는 상평통보의 3분의 1에 지나지 않는다.

**문세 징수**  사대문 출입자에게 물건에 따라 각각 다른 통행세를 징수하고 있다. 장작이나 과일 등은 한 발에 2푼, 한 지게에 1푼, 미곡이나 포목은 한 발에 4푼, 한 지게에 2푼의 통행세를 내야 한다.

**기타**  이밖에 사대부가의 묘소에 있는 거목도 벌채하고 명산의 거석도 채취하고 성황당의 거목도 마구 베어내 물의를 빚고 있다.

1866년 3월  경복궁 중건 공사 현장에 대화재가 발생, 거의 형태를 갖추어 가던 800여 칸의 건축물과 엄청난 목재를 삽시간에 잿더미로 만들었다. 어제의 불은 동십자각 근처 가건물에 두었던 기름과 도료에서 당겨진 것으로 추측되고 있다. 이번 화재의 책임을 물어 지난 밤의 입직 당상이던 훈련대장 임태영 이하 책임자들이 모두 파면됐다.

---

## 경복궁 중건 현장을 가다

### 부역자 3만 5천여 명 동원 … '바쁜 일손'

경복궁 중건현장에는 전국에서 실어온 목재더미가 산을 이루고 있었고 석재들도 엄청나게 쌓여 있었다. 돌을 쪼개는 망치소리와 정소리, 나무를 써는 톱소리가 요란했고 인부들은 바삐 움직이고 있었다.

공사장에는 관리들의 모습도 눈에 띄었는데 마침 공사장을 둘러보고 있던 영건도감 제조이자 공조판서인 이재원 대감을 만났다. 그는 "착공한지 나흘만에 683명의 사람들이 부역에 임했고 20여일 후에는 35,881명으로 부역대상을 늘렸다"고 말했다.

공사장 곳곳 색색의 깃발에 지방 이름이 씌어진 것을 보니 각 지방에서 올라온 부역인들로 생각되었다. 부역에 임하는 백성들에게는 하루에 1전씩 위로금이 지급되고 있다고 한다. 지방 출신의 한 인부는 "저는 대원군을 열렬히 지지합니다. 대원군이 양반들의 놀이터인 서원을 철폐한 것은 속이 다 시원합니다. 지금까지 나라가 양반을 위한 나라였지 어디 백성들을 위한 나라였습니까? 끝까지 대원군의 개혁정치가 계속되길 바랍니다"라고 말했다. 그러나 바로 등뒤의 목수장이는 "제대로 하는지는 두고 볼 일이지, 경복궁 짓는다고 원하는대로 자발적으로 돈을 내라지만, 입에 풀칠할 걱정부터 앞서는 우리에게는 강제로 돈을 거두겠다는 소리보다 더 무섭네 그려. 우리 옆집은 강제로 뜯겼다지!"라며 불만조로 중얼거렸다. 요즈음의 정책들에 대해 개혁이냐 독재냐를 따지는 목소리를 경복궁 중건 현장에서도 들을 수 있었다.

---

# "탐관오리, 철저히 색출, 처벌한다"

탐관오리들에 대한 철저한 색출과 처벌이 이루어지고 있다. 정부는 1864년 1월 관리의 복무기강 확립을 내용으로 하는 포고문을 발표한 바 있고, 같은 해 9월 공금이나 국가 양곡을 가로챈 관리들의 죄행을 조사보고하라는 지시를 내렸다. 다음은 주요 처벌 사례다.

**1864년**  27만 3천7백 냥을 횡령한 의주부윤 심리택을 잡아들여, 종로 네거리에 끌어내 군중들로 하여금 분을 풀게 한 다음 제주도에 귀양보냈고, 남양부에서는 대동미를 포탈한 윤영관을 처형.

**1865년 3월**  충청도 관찰사는 100섬 이상의 국가양곡을 축낸 자만도 76명이라고 보고, 정부는 1천 섬 이상 포탈한 김로홍을 사형시키고 9백 섬 이하 2백 섬까지는 귀양, 그 이하는 해당 관아에서 처벌할 것을 지시.

**1865년 4월**  경기 관찰사는 양근·안성·용인·적성·연천·화량·덕포·장봉 등 8개 읍에서 국가 양곡을 수만 섬 포탈했다고 보고, 강원도 감찰사는 국가양곡 포탈액이 연제에서 1만 8천 섬, 평창에서는 7천8백여 섬에 이른다고 보고.

**1866년 5월**  좌포군대장 신명순이 아무 이유없이 군졸을 체포 구금하고 잔인하게 죽인 사건이 발생, 남형죄로 체포, 귀양 보냄.

---

## 전국 유생, 서원정리 반대 시위

서원철폐 소식에 유생들은 대원군을 '동방의 진시황'이라 비난하며 부호군 임헌회가 정부의 결정을 취소할 것을 제기한 것을 필두로, 충청도 유생 김건수 등 833명과 성석 청 등 경상도 유생 1460여명이 집단적으로 항의 상소를 올렸다. 최근에는 통문을 돌려 세를 규합, 대궐문 앞에 몰려들어와 복합상소까지 하고 있다.

### 현장 스케치    돈화문 앞 유생들 시위

#### 대원군 질책에 "서원정리 철회" 주장 맥 못춰

전국서 유생들이 창덕궁 돈화문 앞에까지 몰려와 지도부의 선창에 따라 큰 소리로 '서원철폐 철회하라'를 외치고 있던 중 흥선대원군이 호위 병사와 함께 유림을 앞에 모습을 나타냈다. 훈련대장 이경하, 어영대장 이경우, 금위대장 이장렴, 관의금부사 정세기가 대원군 바로 옆에서 호위하고 있었다. 대원군은 특유의 카랑카랑한 목소리로 "백성을 해치는 자는 공자가 다시 살아난다 해도 내가 용서 못한다. 하물며 서원은 우리 나라의 덕망 높은 유학자에게 제사지내는 곳인데 지금은 도적들의 소굴이 돼버렸다"며 유림들을 질책하고 "오늘 날저물기 전에 한강 건너 돌아가지 않으면 왕명을 거역하는 대역죄로 다스릴 것"을 천명하였다. 이에 유림들은 묵묵부답.

대원군이 들어가고 돈화문이 닫히자 훈련대장 이경하의 지시에 따라 병사들이 유림들을 밀어내기 시작했다. 이에 한 젊은 유생이 "서원정리 조치를 철회하시오"라고 소리치자 병사들이 달려들어 그를 포박하였다. 그리고 더욱 난폭하게 유생들을 한강 나루터쪽으로 계속 몰아붙였다. 마포나루 등 한강의 나루터에는 이미 수많은 배가 징발되어 기다리고 있었다. 여기까지 밀려온 유생들은 군사들에 의해 강제로 배에 태워졌다. 구경나온 백성들은 유생들의 도망치는 모습을 재미있다는 듯 웃으면서 지켜보고 있었다.

---

## 프랑스 신부, 본국에 원정 요구 정부, 대책마련 부심

1865년  프랑스 신부 리델이 중국으로 탈출, 본국에 조선 침공을 요구하는 서신을 보냈다. 이는 우리 정부에서 올 12월 베르뇌 주교 등 선교사 9명을 체포하여 처형한 것을 시작으로 수천 명의 신도를 처형한 것에 보복하기 위한 것이다. 한편, 프랑스 공사관을 통해 이 요구를 접한 프랑스 정부는 조선에 대한 침략을 결심한 것으로 알려지고 있다. 청을 통해 이 소식을 들은 우리 조정에서는 이들의 침략에 대비한 방비책 수립에 골몰하고 있다. 다음은 프랑스 정부의 통고문이다.

"우리 정부는 이와 같은 유혈 폭행을 용서할 수가 없다. 조선 국왕은 불쌍한 우리나라 사람에 손을 댄 그날이 그의 치세의 마지막 날인 줄 알라. 그는 이미 끝장났음을 오늘 엄숙하게 선언하는 바이다. 이제 수일 내로 우리 군대는 조선 정복을 위해 떠날 것이다."

## 직분에 충실한 실무형 관리

박규수는 연암 박지원의 손자다. 그러나 정조시대에 자유분방하게 살았던 박지원의 모습과 비교해보면 그는 영 딴판이다. 세도정권의 경직된 분위기 속에 자라서일까. 그는 예설(禮說) 같은 고루한 문제에 집착하는 전형적인 양반선비의 모양새다. 생각하는 것도 전혀 닮지를 않은 것 같다. 늘 생각이 혁신적이어서 청나라로부터 선진문물을 과감하게 수용할 것을 주장했던 연암에 비하면, 그는 오히려 보수적이어서 모화사상을 내보이기도 한다. 사람의 천품은 하늘로부터 타고나는 것이어서 조·손(祖·孫)간에도 이렇게 다를 수 있는 것이다.

정확하게 보자면 그는 맡은 바 직분에 충실한 실무형 관리라고 해야 할까 보다. 대동강에서 이양선이 불탄 사건을 처리하는 과정에서 그는 대원군의 뜻을 충실히 따름으로써 벼슬의 품계가 올라갔다. 또 그가 지난 임술년 진주민란의 안핵사였던 것은 세상이 다 아는 사실. 그는 1854년에 이미 경상좌도 암행어사로 나가 수령들에 의한 삼정의 폐단이 극심함을 목도하고 이들의 부정행위를 낱낱이 정부에 보고한 바 있다. 이런 경험이 있어 임술민란을 수습하는 과정에서 삼정이정책을 마련하는 데 큰 역할을 했다. 그러나 안동 김씨 세도정권은 그가 난민들에게 관대했다는 이유를 들어 한 때 벼슬에서 물러나게 했다. 세도정권은 박규수 정도의 관리조차도 설 땅이 없는 정권이었다.

그러나 그는 대원군의 집권과 함께 다시 중용되었다. 그가 안동 김씨로부터 냉대를 받은 것도 이유겠지만, 삼정을 바로잡아 나라를 안정시키려는 대원군이 그의 가치를 인정했기 때문일 것이다. 그점에서 대원군과 그는 정치적 입장이 같다고 해야 할 것 같다.

하지만 시국이 날로 다단하게 변화하는 요즘에 세상에 어찌 인간의 행보가 한 길로만 갈 수 있을까. 특히 박규수 같은 실무형 관리라면 대세가 변하는 데 따라 또 다른 모습으로 변신할 수 있을 것이다. 그의 변신을 주목해보자.

본관은 반남. 1807년생. 호는 환재. 저서로 「환재집」, 「환재수계」가 있다.

# "또다른 진시황 오명 씻자"

## 대원군, 각종 편찬 사업에 적극 나서

서원철폐로 각지의 유생들에게 '또다른 진시황'이라는 비난을 듣는 대원군은 최근 이런 오해를 불식하기 위해서인지 각종분야의 편찬사업을 벌이고 있다.

지난 1864년에는 조휘림에게 명하여 각종 대외관계에서 오고간 사대 교린 문서를 모은 「동문휘고」를 간행케 하였으며, 같은 해 11월에는 교린관계만 정리한 「교린지」의 원편을 증보 간행케 했다.

곧이어 「철종실록」이 착수되어 1865년에 완성되었다. 이해 11월에는 「대전회통」이 완성되어 법전의 총정리를 단행했고, 육조기관 중 이조와 병조의 법규를 정리한 「양전편고」가 간행되기도 했다. 1867년에는 각 관청에서 맡은 일의 시행방법을 정리한 「육전조례」가 완성되었으며, 법전의 하나인 「오례편고」, 문관과 음관·무반의 각종 예식을 정리한 「삼반예식」, 왕실의 족보인 「선원보략」, 학동들을 위해 우리나라와 중국의 연표와 지도 등을 알기 쉽게 엮은 「기년아람」 등 많은 서적이 간행되고 있다.

## 경복궁 타령 유행

### 무리한 공사 추진풍자

경복궁을 중건하기 시작하면서 사람들 사이에서 타령조의 노래가 유행하고 있다. 팔도에서 동원된 장정들이 겪는 중노동의 고달픔과 원납전을 거두면서까지 무리하게 공사를 강행하는 데 대한 원망을 풍자하는 내용이라 한다. 노래 중에 '을축 4월 갑자일'이라 한 것은 원래 '갑자 4월 을축일'을 거꾸로 한 것인데, 경복궁 공사가 본말을 어겼음을 풍자한 것으로 보인다. '눈만 껌벅거린다'라는 말이나 '갈팡질팡 한다'는 말에 백성들의 불평이 그대로 담겨 있다.

을축 4월 갑자일에
경복궁을 이룩했네
석수쟁이 거동을 보소
방망치를 갈라잡고
눈만 껌벅거린다
도편수란 놈의 거동을 보소
목통을 들고
갈팡질팡 한다

# 수양버들처럼 부드럽게 움직인다

## 호신술 택견 유행

예전부터 '수박희'로 알려져왔던 전통무예술이 최근에는 '택견'이라는 이름으로 다수 민중들 사이에서 오락무예사로 유행하고 있다.

택견의 동작은 무용적 요소가 많아 마치 실바람에 하느작거리는 수양버들같이 섬세하고 부드럽게 움직이는 몸짓이 특징이다. 굼실굼실 곡선을 이루는 걷기로 활개짓을 하면서 앞으로 나가는 걸음걸이는 금방 꺾일 듯이 연약해 보인다. 그러나 뱃심내기로 힘을 품고 있어서 일단 힘을 모아 상대를 향하여 발질이나 손질로 공격을 하면, 우쭉거리며 뛰기는 탄력이 칼날처럼 강력하고 날카롭다. 또한 택견에서는 주먹을 쓰지 않는데 손바닥이나 손아귀로 밀어서 공격하거나 방어한다.

주로 발을 많이 쓰기 때문에 '각희'라는 호칭도 붙여졌다. 택견을 즐겨한다는 김갑돌씨는 "택견은 절대 공격을 우선으로 하지 않습니다. 부드러운 몸사위로 방어하는 것에 중점을 두지요. 최근에는 탈춤의 춤사위나 농악의 장단이 응용돼 멋과 해학까지 곁들여지고 있지요"라고 한다. 실제 전라도나 충청도지역에서는 해마다 백중날이면 인근 사람들이 모여, 편을 갈라 씨름과 택견으로 겨루면서 마을 사람들끼리 즐긴다. 한편 이 택견은 무과 시험과목으로 채택돼 더욱 대중화될 것으로 보인다.

# 대전회통 편찬

## "사회 혼란 막기 위해선 새로운 법령 필요"

**1865년** 새로운 법령집 「대전회통」이 간행되었다. 성종 대의 「경국대전」, 영조대의 「속대전」과 정조대 편찬된 「대전통편」을 모두 종합 보완하여 이번에 「대전회통」이 나온 것이다. 이 「대전회통」은 최근의 삼정문란이나 관리의 부정부패와 같은 혼란된 정치와 사회의 기강을 바로잡기 위해서는 무엇보다도 새로운 법령이 필요하다는 정부의 인식이 결집된 것이다.

# 청, 양무운동 한창

## 동도서기론으로 근대화 추진

아편전쟁으로 서양세력에 대해 충격을 받았던 청 정부에서는 최근 서양의 과학과 기술을 도입해 나라를 다시 세우자는 개혁운동이 한창이다. 이 운동은 위원, 임칙서, 이홍장 등에 의해 추진되고 있는데 국방, 교육, 실업 등의 각 방면에 걸치고 있다 한다.

1860년 '총리아문'의 설치를 기화로 시작된 양무운동은 화약과 총포의 제조, 외국서적의 번역, 최신 선박건조와 철도의 부설, 학교설립 등 다방면에서 개혁을 시도하고 있다. 그러나 낡은 정치체제는 그대로 두면서 서양의 과학기술만 도입하려는 '동도서기(東道西器)'적인 원칙이 얼마나 유효할지는 의문이다.

# 미국, 노예해방 선언

**1863년** 미국의 16대 대통령 링컨은 노예해방을 선언했다. 이에 따라 남부인구의 절대다수를 차지하는 4백만 명에 달하는 흑인노예가 해방되고 대농장도 해체될 것이라 한다. 또한 흑인도 백인과 똑같은 시민으로서 자유와 선거권이 법률적으로 보장될 것이라 한다.

그러나 한편에서는 링컨이 남북전쟁을 종식시키기 위한 정치적인 전략으로 노예해방을 선언한 것 아니냐는 해석도 나오고 있다. 사실 1861년부터 시작된 남북전쟁은 북부의 산업자본과 남부의 농업자본과의 대립이라고 해도 좋을 것이다. 전세가 불리해진 북부측 링컨은 남부의 세력을 약화시키기 위해 노예 해방을 선언한 것이라는 주장이다.

또한 이번의 선언으로 흑인들이 인간다운 자유를 누릴 수 있을 것이냐는 점에도 의문은 제기되고 있다. 가진 것이라곤 아무것도 없고 몸뚱아리뿐인 흑인들이 북부로 이주해 간다고 해도 결국 자본가 밑에서 최하층 노동자로 일할 수밖에 없으며, 그도 아니면 다시 옛 주인들에게 들어가 임금을 받고 일하게 될 것이기 때문이다.

노예제에 기반을 둔 남부의 "면화왕국"이 무너지기는 했지만 흑인노예의 인권을 실질적으로 보장해 줄 수 있는 대책은 보이지 않고 있다.

# 역사신문

**"서양과의 화의는 곧 매국이다"**

역사신문

미 함대, 통상요구 침공

신미양요 … 정부, 초강경 대응 '격퇴'

척화비 건립, 척화교서 전국에 반포

1871년 5월 관군은 강화도에 침공해온 미국 함대를 43일만에 격퇴했다(신미양요). 이로써 지난 1866년의 제너럴 셔어먼 호 사건과 함께 미국의 두 차례에 걸친 강압적 통상요구는 모두 좌절됐다.

이번 신미양요는 지난 2월, 청 주재 미국 공사 로우가 우리 정부에 서한을 보내 "셔어먼 호 행방불명에 대해 의혹이 있다. 앞으로도 있을 표류선박의 안전 문제를 협의하기 위해 귀국을 방문하려고 한다. 무력시위가 아니니 정중하게 맞아주기 바란다"고 한 데에서부터 발단이 됐다. 우리 정부는 "조난선박을 잘 대우해서 보내주는 것은 우리의 오랜 관례이니 협상이 필요없다. 그러나 교역은 원하지 않으니 괜히 헛수고 말고 오지 말 것"을 알렸으나 4월 로저스 제독은 군함 5척에 1천2백여 명의 군사를 싣고 와 인천 남쪽 남양에 상륙, 진을 치고 정부에 협상을 요구해왔다. 우리 정부가 협상을 거절하자 그들은 강화에 상륙 광성진을 목표로 삼아 공격을 해왔다. 결국 아군의 저항에 광성진은 함락시키지 못했으나 강화 일대를 점령, 주민들을 학살, 약탈하는 만행을 저질렀다. 그러나 그들은 애초에 우리가 쉽게 굴복할 것으로 생각했었는지 강력한 저항이 있자 퇴각했다.

강화도에서 치열한 전투가 벌어지고 있던 4월 정부는 강력한 척화 의지를 담은 교서를 전국에 반포했고, 대원군은 척화비를 세울 것을 명하였다. 결국 미국이 퇴각함에 따라 서양에 대한 정부의 대응은 더욱 초강경으로 치달을 것으로 예측된다.

관련기사 2·3면

"서양과의 화의는 곧 매국이다"

1871년(고종 8) 4월 미국 함대의 침략으로 강화도에서 연일 치열한 전투가 벌어지고 있는 상황에서 국왕은 "수천 년의 예의지국이 어찌 짐승 같은 오랑캐들과 서로 화의할 수 있는가. 그들의 요구대로 화의한다 해도 약속을 지킬 자들이 아니다. 만약 우리 중에 화의를 말하는 자가 있으면 매국의 죄로 다스리겠다"는 강력한 척화의지를 담은 교서를 전국에 반포하였다. 이는 국가적 위기를 맞아 이를 헤쳐나가기 위해서는 무엇보다도 민심의 결속이 필요하다는 판단에서 비롯된 것으로 보인다. 한편 대원군은 이에 만족하지 않고 서울의 종로 네거리를 비롯한 팔도의 큰 거리마다 척화비를 세울 것을 명하였다.

호포제 시행 전격 발표

군포제 전면 개혁 … 양반, 상민 모두 군역 부담

1871년(고종 8) 3월 정부는 군포제를 전면 개혁, 호포제를 시행한다고 발표했다. 군포는 호포로 개칭되고, 지금까지 상민층만 부담하던 군포를 상민, 양반 가리지 않고 호당 평균 2냥씩 납부해야 한다. 다만 양반층의 반발을 고려, 양반은 집안에 거느리는 노비의 이름으로 세를 납부하도록 조치했다.

이번 조치는 양역 대상자의 축소로 군포 수납이 어려워 국가 재정이 궁핍해진데다, 민란의 주요원인 가운데 하나가 바로 군포제인 데서 나온 정부의 결단이다. 호포제는 사실 지난 영조 때 균역법을 실시할 때부터 고려돼 왔으나 양반지주층의 강력한 반발로 실시가 저지돼왔었다. 따라서 호포제 실시 강행은 흥선대원군과 같은 강력한 지도자가 있었기에 가능했다는 평가가 일반적이다. 대원군은 최근 들어 서양의 이양선 침입으로 국가적 위기의식이 만연되고 있는 가운데 기습적으로 실시를 발표, 양반 지주층에게 반발의 여지를 주지 않은 것으로 보인다. 한편 일부 양반층에서는 "선비와 상민이 똑같이 세금을 내게 되면 이제 양반, 상놈 구별도 없어지는 것 아니냐"며 불만을 감추지 않았다.

관련기사 2·3면

프랑스 함대, 강화 침공

서양의 무력침공, 사상 최초 … 병인양요

佛 신부 처형 '보복공격' … 외규장각 약탈

1866년 11월 관군은 강화도를 공격해온 프랑스 함대를 격퇴하여 물리쳤다(병인양요). 이렇게 서양인들이 무력침공을 해온 것은 역사상 최초의 일이다. 로즈 제독이 이끄는 프랑스 함대는 프랑스 신부 9명을 처형한 데 대한 보복공격의 임무를 띠고 침공해온 것으로 밝혀졌다.

프랑스 군함은 지난 10월 근해로 접근, 한강을 따라 양화진까지 올라와 지형을 정찰한 후 김포해안의 갑곶에 상륙, 진을 치고 한강 봉쇄를 선언한 뒤 강화를 공략하기 시작했다. 우리보다 훨씬 우수한 무기로 강화를 손쉽게 점령한 그들은 "선교사 9명을 죽인 대가로 조선인 9천명을 죽여버리겠다"고 협박했다. 또 그들 배에는 조선인 천주교도 3명이 동승해서 지형지세 등 정보를 제공해주고 있어 충격을 줬다.

아군은 강화 탈환에 나서 순무영 천총 양헌수가 특수부대를 이끌고 강화에 잠입, 정족산성을 장악하고 프랑스군과 결사항전을 전개했다. 정족산성 전투에서 패퇴한 프랑스측 로즈 제독은 아군의 끈질긴 항전에 질려 마침내 퇴각했다. 그러나 프랑스군은 강화에 있던 외규장각을 습격, 우리 서적 3백여 권과 은괴 19상자 등을 약탈해갔다.

현재 정부는 프랑스 함대의 침공 배후에는 천주교도들이 있다고 보고 천주교도들에 대한 무자비한 처형에 나서고 있다. 체포된 천주교도들 수천 명이 양화진 부근 절벽에서 목이 잘린 채 물에 던져져 사람들은 이곳을 절두산(切頭山)이라고 부를 정도다.

관련기사 3면

정부, 국방력 강화조치

삼군부 신설, 군 통수권 일원화

신무기 개발, 포병 위주로 군 개편

정부는 이양선이 잇달아 연안에 출몰, 양민을 약탈하고 민심을 어수선하게 하는 데 대한 대응책으로 국방력 강화에 박차를 가하고 있다.

우선 지난 1865년의 비변사 폐지로 불확실해진 군사통수권 부문을 삼군부를 신설해 일원화했다. 삼군부는 3의정이 도제조를 맡고 병조판서가 제조를 맡아, 이전의 비변사 기능 중 군사 부분을 그대로 위임받아 집행하게 된다. 아울러 삼군부는 기존의 편제를 쇄신, 나이 든 노병은 편제에서 제외하고 포병 중심으로 병사를 정예화할 예정이다.

또 최근 침입해온 이양선이 최신식 무기를 구사하고 있어 신무기 개발에도 박차를 가하고 있다. 이에 따라 세입으로 들어오는 철물은 우선적으로 무기제조창인 진무영으로 보내 화포 제조에 쓰도록 했으며, 해안지방에는 민을 동원해 포대를 설치하도록 독려하기로 했다. 그리고 무관들의 처우도 개선하여 문관에 버금가는 지위와 생활을 보장할 예정이다.

한편 이러한 군제개혁은 현 정부가 정력적으로 추진하고 있는 왕권의 강화에도 기여할 것으로 판단된다. 과거 당쟁에서 정책이나 이념 논쟁의 이면에는 군권 장악이라는 측면이 중요하게 작용해온 것이 사실이었는데, 이번 조치로 군권이 왕권에 확실하게 귀속될 것으로 보이기 때문이다.

경복궁 완공

왕권 회복 국정개혁의 상징

1868년(고종 5) 7월 2일 고종은 대왕대비, 왕대비 등을 모시고 완공된 경복궁에 입주했다. 경복궁은 지난 1865년 4월 대왕대비의 발의로 중건이 결정된 이래, 대원군의 추진력에 힘입어 공사에 박차를 가한 결과 4년여만에 완공된 것이다. 이번 공사에서 광화문을 비롯한 4대문과 근정전, 사정전, 강녕전, 교태전 등 거의 모든 건물이 새로 지어져 건국 초기의 웅장한 자태가 그대로 재현됐다.

이에 앞서 광화문 앞 6조거리도 새로 단장돼 현 정부의 핵심기관인 의정부와 삼군부가 새 건물에 입주했다. 이로써 대원군이 추진하는 왕권강화와 개혁정책은 그 외형적 위용을 갖추게 됐다.

# 역사신문

## 격변하는 국내외 정세

### 위급할수록 신중하게 대처하라

지금 우리 조선은 외교적으로 건국 이래 최대의 난관에 봉착해 있다. 임진왜란이나 병자호란이 가져다준 피해가 얼마나 심각했는지 우리는 잘 알고 있지만 현재의 국제 정세는 그때와 또 질적으로 다르다. 우선 동양이라는 틀을 넘어 전지구적 차원의 변화가 우리를 향해 밀려오고 있다. 그리고 우리가 이 파고를 잘 견뎌내지 못한다면 민족 자체의 존립에 관계되는 엄중한 국면을 맞을 수 있다는 것이 국제문제 전문가들의 일치된 지적이다.

이러한 걱정은 괜한 것이 아니다. 수천년 동안 아시아의 문화 중심국이었던 중국이 서양의 무력 침공에 힘 없이 무너졌다. 우리도 이미 공격을 당한 바 있다. 문제는 이들의 목적이 단지 우리 땅을 탐내고 약탈하려는 데 있지 않다는 것이다. 우리의 사회 체제를 그들이 요구하는 바에 따라 바꿀 것을 요구하고 있다.

따라서 국정을 책임지고 있는 대원군이 이들의 침략에 대해 단호하게 격퇴할 자세를 보여준 것은 당연한 일이다. 백성들도 그래서 지지를 보내고 있다. 그들이 또다시 침략해온다면 이전과 같이 민족의 자존을 걸고 강력하게 대처해야 할 것이다.

그러나 그 수준에서 머물고 만다면 우리보다 월등한 문명을 이룩한 그들에게 우리가 언제까지나 버틸 수는 없을 것이다. 국제 정세의 축은 이미 중국에서 서양으로 옮겨가고 있는 것이 확실하다. 그런데도 과거에 집착해 국제 정세 속의 고립된 섬으로 남아서는 안될 것이다.

결국 서양 세력이 어떠한 의도를 가지고 있는지 냉철하게 바라보는 가운데서도 그들이 이룩한 우수한 문물에 대해서는 오히려 우리가 적극적으로 받아들여 우리 사회의 발전에 활용해야 한다. 저들은 철선을 만들어 수많은 화물과 사람을 싣고 지구 온 동네를 돌아다니는 마당에 우리는 겨우 배에 새 깃털이나 붙여 포탄이 비껴가기를 바라는 수준에서는 승패는 뻔하다.

이 점에 있어 우리의 유학자들은 편협한 오랑캐관에서 벗어나야 한다. 그들의 문물을 보지 않고 미리 오랑캐라고 선험적으로 규정해버리고나면 목이 굳어서 좌우를 돌아보지 못한다. 한편 일부 학자들처럼 무조건 서양 문물을 추종하는 자세는 더욱 위험하다. 우리 자신을 비하하는 시각으로 그들의 문물을 받아들이는 것이 얼마나 위험한가는 수천년 중국대륙 역사에서 지금은 사라져버린 수많은 변방 민족들을 보면 자명하다.

요컨대 물리적 국방력은 튼튼히 하면서 문화적으로는 대폭 개방하는 것이 현 정세가 요구하는 전략일 것이다. 귤은 아무리 쥐어짜도 형체가 남지만 토마토는 한번만 쥐어짜도 형체가 으스러진다. 우리 민족이 어떤 길을 택해야 할 것인가는 굳이 말하지 않아도 자명하다.

## 그림마당
### 이은홍

## 잇따른 서양의 침입, 사태의 본질은 무엇인가

### 서양, 자본주의 체제 붕괴 막기 위한 식민지 확보에 혈안
### 서양의 침입 계속될 듯 … 장기적 안목으로 대책 수립해야

프랑스와 미국의 함대가 연이어 수도 한성의 턱밑 강화를 침공해온 사태로 정부와 민간이 모두 어수선하다. 물론 정부는 이들을 모두 격퇴시킨 데 자부심을 느끼고 있는 듯하고 일부 백성들도 그런 분위기인 것 같다. 그러나 냉정하게 봐서 그들이 좀더 큰 규모의 군대를 이끌고 다시 쳐들어 왔을 때 우리가 막아낼 수 있으리라고는 결코 자신할 수 없다. 실제로 지난 병인, 신미양요 때 국지전에서는 우리가 그들의 신식무기에 속수무책으로 당해야만 했다. 청의 수도 북경이 함락당하는 판이라는 점을 생각하면 더욱 그렇다.

그런데 서양인들이 우리나라로 침입해오는 이유가 해적질이라든지 아니면 우리가 그들 국적의 선교사들을 처형한 데 대한 보복이라고 단순하게 보아넘길 수는 없다. 좀 아는 이들은 그들과의 교역을 우리가 매정하게 거절해서 그러는 것이라고 하고 정부에서도 대체로 그렇다고 보는 것 같다. 그러나 유감스럽게도 이 역시 사태의 핵심은 아니다.

영국과 프랑스와 미국은 지금 심각한 위기에 처해 있고 그 위기는 중국이나 조선을 식민지로 삼지 않고서는 해결될 수 없다. 이것이 사태의 본질이다. 그들의 위기란 우리에게는 낯선 개념이지만, 이른바 '과잉생산에 따른 공황'이다. 급속

한 산업혁명을 추진한 결과 이들 나라는 이제 상품이 창고에 가득가득 쌓이는 포화상태에 이르러 판매시장을 찾기에 혈안이 돼 있다. 이미 아메리카대륙과 아프리카대륙을 거의 다 식민지로 만들었다. 판매시장이 늘어날수록 공장을 돌릴 값싼 원료를 구하기 위해 또 식민지가 필요해진다. 식민지 확대재생산 구조다.

이 식민지 쟁탈전이 중동과 인도를 거쳐 중국에 도달했고 중국이 저항하려 하자, 아편전쟁이 일어난 것이다. 따라서 현재의 상황이 계속된다면 우리 역시 서양세력 앞에 무릎 꿇을 수밖에 없을 것이다. 이는 어둡지만 냉정한 전망이다.

### 서양세력에 대한 우리의 대응 전략은?

### 내수양이론이 대세 … 일부에서는 개항론 제기

서양세력에 대한 우리 정부의 정책 기조는 내수양이론(內修攘夷論)이라고 할 수 있다. 우리의 사상적 중심을 확고하게 세우고 민생을 편안하게 하면 서양 오랑캐를 물리치는 것은 문제가 아니라는 것이다. 얼마 전 전국을 휩쓴 민란을 직접 겪어본 박규수가 "내부에 분란이 있으면 외환이 두렵다"고 한 것이나, 최익현이 "국내 정치에 노력하면서 서양을 물리칠 방책을 마련하는 것이 보국안민"이라고 말한 것이 모두 이와 맥을 같이하는 셈이다.

그리고 이러한 내수양이론에 따른 구체적 정책으로 내정의 측면에서는, 민란의 근본 원인으로 지목되고 있는 조세제도 전반의 개혁이 제기되고 있고, 양이의 측면에서 국방력

강화 및 서양세력과 연관을 맺고 있다는 의혹을 받고 있는 천주교에 대한 대대적 탄압이 이루어지고 있다. 호포제 실시, 서원 철폐, 삼군부 설치, 천주교도 체포령 등이 모두 이러한 내수양이론의 틀 내에서 시행되고 있는 것이다. 또 서양에서 몰래 들여온 옷감을 거래하는 자는 적발 즉시 즉결 처형한다는 초강경 지침이 시달된 바도 있다.

그러나 서양 옷감은 이미 공공연히 매매되고 있고, 심지어 정부 공납품으로 진상되고 있는 상황은 이러한 내수양이론이 겪어야 할 어려움을 단적으로 보여준다. 따라서 비록 일부이기는 하지만 개국통상론이 제기되고 있다. 재야학자 이규경은 서양과의 교역은 서로 상대방에 없

는 것을 보충하는 의미가 있으므로 반대만 할 것이 아니라고 말했다. 최한기도 서양의 실용문화를 취하여 쓰지 못하는 것을 걱정해야지 천주교의 만연은 근심할 것이 못된다고까지 말하고 있다. 최근 청에 다녀온 박규수도 서양의 장점을 받아들여서 서양을 막아내자는 이른바 '해방론(海防論)'을 제기해 작은 파문을 일으킨 바 있다.

하지만 이러한 개국통상론은 내수양이론의 대세에 밀려 빛을 보지 못하고 있다. 이는 세도정치의 폐해를 거두어내려는 대원군의 강력한 통치가 빚어낸 경직된 정국 분위기와도 관련이 있다. 내외의 양측에서 압박을 받고 있는 대원군 정권이 이를 얼마나 잘 헤쳐나갈지 주목된다.

### 호포제 실시의 의미

### 양반도 군역 부담하는 획기적 조치 … 신분제 유명무실해져

지난 1750년대 영조 집권 시기부터 수없이 논란이 돼오던 호포제가 근 백 년만에 드디어 실시됐다. 호포제가 1백 년 동안이나 정부 정책으로 채택이 안됐던 것은 호포제에 관련된 이해관계가 엄청나기 때문이다. 호포제는 양반이 부담하지 않던 세목을 새로 떠맡는 것이어서 경제적 측면에서 당연히 저항할 수밖에 없는 것인데다가, 양반과 상민의 구별이라는 유교적 신분질서에 대한 중대한 위협이기도 했던 것이다.

유교적 신분제 아래에서는 국가에 노동력 제공의 의무를 지는, 이른바 국역(國役)은 애초부터 피지배층의 몫이었다. 그중에서 국방의 의무인 군역은 일정 기간 고향을 떠나 있어

야 하는 것이기에, 일 년 내내 농사를 지어야 하는 양인들에게 가장 부담이 되는 세목이었다. 그래서 사람을 사서 대신 군대에 보내는 이른바 대립제(代立制)가 성행했고 16세기 중반에는 이것이 제도로 정착된 이른바 군포제가 확립됐다.

그러나 군포 총액이 군현별로 책정이 되는 상황에서 양인이 양반으로 계층상승을 하게 되고 지방관들의 부정부패가 극심해지자, 자연히 양인들의 1인당 부담액은 하늘 높은 줄 모르고 치솟았던 것이다. 지난 18세기 중반 균역법 시행으로 양인들의 군포 부담을 절반으로 격감시킨 것도 이런 배경에서였다. 그러나 양인층의 신분상승과 지방관들의 부

정부패는 더욱 심해져 균역법의 약효를 금방 무력화시켜버렸고 최근에는 전국적 민란이 터져나왔다.

따라서 이번에 실시된 호포제는 민란의 원인 요소를 제거한 측면이 강하다. 그러나 더욱 중요한 것은 호포제 실시에 따라 신분제의 해체가 공식적으로 추인된 측면이 있다는 점이다. 피지배층이 부담하게 되어 있는 국역을 이제 양반층도 같이 부담하게 됐기 때문이다. 그리고 이러한 일을 해낸 공적은 단연 대원군에게 있다. 그러나 다른 한편으로 우리의 현실을 들여다 보면, 신분제는 이미 해체될 만큼 다 해체됐으므로 이번 호포제는 글자 그대로 '추인'에 지나지 않는다는 지적도 많다.

## 두 차례 양요, 전개과정과 이모저모

### 신미양요 상보

## 미군, 신무기로 무장 … 48시간만에 강화 주요보루 초토화시켜

3월 27일 중국 상해를 떠나 일본 나가사키에 도착한 미국 아시아 함대사령관 로저스는 5척의 군함과 대포 85문 그리고 1230명의 병력을 거느리고 〈한성에로〉라는 깃발을 달고 조선을 향해 출발했다. 중국 주재 미국공사 로우도 탑승.

4월 3일 미 함대가 경기도 남양부 풍도 앞바다에 정박하자 남양부사 신철구가 조사. 이들은 조선과의 교섭을 목적으로 왔다고 답하고는 수로를 측량하면서 8일에는 물치도 앞바다에까지 이르렀다. 정부는 어재연을 진무중군, 이창회를 강화판관에 임명하여 현지로 파견하는 한편 각영에서 차출한 500여 명의 군사와 대포, 각종 군기 및 식량을 공급하여 만일의 사태에 대비.

4월 14일 정부에서 역관을 파견하자, 로우공사는 상대하지 않고 고관을 보내줄 것을 요청. 미 함대는 오후, 손돌목을 지나 광성진으로 나가려고 했는데 연안을 경비하고 있던 포대에서 포문을 열어 공격했고 덕진진과 초지진에서도 합세. 조선 포대의 거센 발포로 미국측은 퇴각.

4월 15일 정부는 진무사 정기원을 보내 불법침략에 항의하고 통상교섭의 거절을 통보. 이에 공사는 드류 서기관을 통해 무단공격은 조선의 발포에서 비롯된 것이고 3,4일 내에 협상의 뜻을 보이지 않으면 군사행동을 취할 것이라고 협박.

### 미국측, '무의미한 승리' 자평

4월 24일 전날 킴벌리 중령이 지휘하는 미국 해병대 450명이 초지진에 상륙했고, 24일 아침에는 덕진진을 거쳐 강화수로의 가장 중요한 근거지인 광성진에 도착, 어재연 부대와 일대 격전. 미군의 총과 대포앞에 창과 칼로 대응한 우리군사들은 그나마도 없을 때에는 맨주먹으로 성벽에 올라 돌아나 흙을 미군의 눈에 뿌렸다.

용감히 싸웠지만 결국 패배. 그리고 광성보에서도 패배했다. 이 전투에서 어재연을 비롯한 53명의 장병이 전사. 미군측은 창에 찔려 전사한 맥키 중위 이하 3명이 전사하고 10여명의 부상자를 냈다. 불과 48시간만에 강화도의 주요보루를 초토화하고 많은 군기를 노획한 미군은 다음날 물치도로 퇴각.

5월 16일 조정에서는 강력한 척화의지 속에 종로 네 거리에 척화비를 건립하고 김선필을 진무중군에 임명. 파송하여 강화도의 방비를 더욱 굳건히 한 조정은 부평부사 이기조의 이름으로 미군의 침략을 비난하는 항의문을 보냄.

미국은 애초 대규모 군사행동을 감안하지 않았고 또한 그것이 미국 정부의 훈령 밖의 일이어서 15일 퇴각을 결정하고 16일 청국으로 퇴각. 미국은 이번 원정을 "동양에서 미국 해군의 위신을 손상시킨 최대의 실책", '무의미한 승리'로 규정하고 있다. 다만 수확이 있다면 미국 해군 촬영반이 최초로 전황사진을 촬영보도하였다는 정도라고 자평.

### 미 함대 조운선 왕래 막아 곡가 상승, 영세민 울상

미국함대가 한강의 조운길을 막아 각지의 세운선이 오지 못하자, 한성의 곡가는 크게 폭등. 이에 영세민들의 끼니가 어렵게 되었고 인심도 흉흉해져 이런 상태로 계속되면 어쩔 수 없이 미국에게 항복하고 말게 될 것이라는 소문이 나돌기도.

사진 위는 우리군대가 초지진을 한밤중에 공격하여 미국선박을 물리친 후 조선인 포로들을 인도받고 있는 장면.아래는 강화도 덕진진을 점령하고 돈대위에 늘어선 미군들의 모습.

### 전사자들에게 각종 포상 애도 분위기, 전국 확산

미국의 침략에 맞서 싸우다 광성진에서 장렬하게 전사한 순무중군 어재연에게 병조판서에 지삼군부사가 추증됐다. 이밖에 어재순은 이조참의, 그리고 군관 이상의 전사자에게는 모두 적합한 관직이 추증되었다. 또한 전사자의 가족과 부상자에게도 각기 토지가 내려졌다. 대원군은 조회 석상에서 "어병사의 운구를 맞이하지 않는 자는 모두 천주교도로 취급하겠다"라고 말할 정도였는데, 이로 인해서 모두가 자리를 비우고 출영을 나가 군마가 수십 리에 잇달았다. 장례식 후에는 또 다시 어재연에게 충장공이라는 시호를 내려 그의 장렬한 전사를 추앙하고 애도하는 분위기가 전국적으로 확산되고 있다.

### 병인양요 이모저모

## "이 변란은 천주교도들 때문 … 날마다 처형 계속돼"

▲ 정족산성을 점령하기 위해 프랑스군은 오전 11시경 산 밑에 도착, 장병들은 점심을 먹고나서 공격하자고 했으나 지휘관은 "절을 점령한 뒤 부처님 앞에 편히 앉아서 먹자"며 공격을 명령. 그러나 양한수 부대의 일격을 받아 6명이 전사하고 30여 명이 부상, 퇴각하고 말았다.

▲ 로즈 제독이 외규장각을 습격, 약탈해간 물품은 은괴 19상자, 서적 3백3십여 권, 국왕의 옥새, 투구와 갑옷 등이며 서적은 주로 영·정조대에 편찬된 것들로 밝혀졌다.

▲ 한강 나루 양화진에서 연일 천주교도를 처형했는데, 정부는 "천주학쟁이로 말미암아 오랑캐가 이곳까지 와 우리의 맑은 물을 더럽혔으니 불가불 천주학쟁이들의 피로써 더럽혀진 곳을 씻어야 한다"고 말했다.

▲ 양화진의 처형장에서는 천주교도들의 목을 잘라 강에 던졌으므로 절두산이라고 불리고 있는데 나중에는 목을 베는 데 시간이 걸린다고, 20여 명을 한꺼번에 큰 대들보를 베게 삼아 높게 한 뒤 높은 곳에서 다른 큰 대들보를 덜어뜨려 일시에 죽이는 방법도 썼다.

### 피난 가는 사대부, 떨쳐 일어선 일반 백성

전쟁이 일어나자, 피난 행렬이 그치지 않았다. 인파 속에는 말 등에 짐을 싣고 가마를 앞세운 사대부들의 모습도 눈에 띄었다. 대원군은 사대부들의 명단을 적어 놓은 잠영록으로 행방을 점검. 도성에 없다는 보고가 들어오면 그 이름 옆에다 仙자를 적어 넣었다. 이미 죽은 사람이라는 뜻. 후일 이런 사대부를 등용하지 않기 위해서다.

이와는 대조적으로 황해도 신계 초탄리에 사는 박승현은 서울에서 전쟁 소식을 듣고 남대문에 격문을 붙이고 같이 싸울 것을 호소. 또한 곳곳에서 의용군이 모집되고 조직돼 한강 일대에서만도 4천여 백성들이 모여들었으며, 반민(성균관에 붙어사는 사람) 200여명을 비롯 보부상, 중, 백정 등 각계 각층의 백성들이 대거 호응했다.

### 문답으로 알아보는 호포제

## "양반도 납세의무" … 양인 부담 얼마나 줄지는 운영에 달려 있어

**호포제는 이전의 군포제와 어떻게 다른가.**

국방의무 부담 체계인 군역제 자체에는 변함이 없다. 다만 부담 기준이 기존의 양인 장정 단위에서 양인, 양반 구별없는 호 단위로 바뀌는 것이다. 결국 양반층도 부담하게 되는 것이 달라지는 점이다. 양인층의 부담은 자연히 줄게 된다.

**호당 2냥씩만 내면 되는가?**

그렇지 않다. 각 고을의 장부상 호포 부담 호수에 2냥씩을 곱해서 고을별로 총액을 산정한 뒤 다시 각 호로 분담시키게 된다. 따라서 장부상의 호수와 실제 호수가 다를 경우, 실제 각 호의 부담은 지역에 따라 차이가 날 것이다.

**장부와 실제는 왜 일치하지 않는가.**

현재의 행정력 수준으로는 실제 인구변동을 그때 그때 장부에 반영시키기 힘들다. 최근에는 인구변동까지 극심해 장부와 실제의 차이가 더욱 많이 나고 있고, 지방관들의 농간도 많은 것으로 알고 있다.

**양반, 양인, 노비가 내는 액수는 똑같은가?**

신분에 따라 다르다. 양반, 지방관리, 양인, 노비마다 배정액이 정해져 있는데 대체로 양인이 양반의 1.5배를 부담하게 된다.

**양반이 자기집 노비의 이름으로 호포를 내게 한 이유는?**

양반층은 양인과 똑같이 호포를 내는 것에 대해 극도의 저항감을 가지고 있다. 부담 액수 때문이라기보다는 신분 구별이 없어지는 것에 대한 불안감이 크다. 그래서 편법을 쓴 것이다.

| 호포제 실시에 따른 부담층의 변화 | | | | |
|---|---|---|---|---|
| **호포제 실시전(정조 16)** | | | **호포제 실시후(고종 9)** | |
| 납부층 | 양인 500호(15%) | 총 15% | 양반·양인 2277호(74%) | 총 74% |
| 면제층 | 양반 1500호(49%) | | 관리 630호(19%) | |
| | 노비 1100호(36%) | 총 85% | 노비 230호(7%) | 총 26% |
| 경상도 영천지방의 경우 군포 납부층이 전체 백성의 15%였으나, 호포제 실시 이후 총 74%로 확대되었다. 그만큼 일반양인의 부담이 줄어들었다. | | | | |

## 특별 시국좌담　총체적 국가위기 어떻게 타개할 것인가

### "개혁은 이제 시대정신, 내실 갖춰 서양의 침입 막자"
### "서양의 앞선 문물은 우리 것으로 소화해야"

참석자 **홍순목** 황해도 관찰사, 이조판서, 한성판윤, 영의정
**이항로** 재야 유학자 **최한기** 첨지중추부사 (좌측부터)

**홍순목** 서양 이양선들이 출몰, 양민을 학살하고 약탈하는 사태가 벌어진 것에 대해 정부 관계자로서 죄송스럽게 생각한다. 서양의 요구는 통상조약 체결이지만 청이 아편전쟁에서 당한 것을 봐도 알 수 있듯이 통상은 단지 명분일 뿐이다. 정부는 서양 세력의 무력 침입을 단호히 격퇴한다는 각오다.

**이항로** 병인양요 당시 대원군은 천주교도들의 간언에 속아넘어갈 뻔했다. 당시 동북 변경 러시아인들이 남하하는 낌새가 있었는데 천주교도들이 대원군에게 접근, 프랑스 군대를 빌어 러시아를 물리치자고 제안했다. 나는 서양 오랑캐들의 농간에 속아서는 안된다며 서양세력을 단호하게 격퇴할 것을 주문했다.

**최한기** 나 역시 서양세력의 무력침공에는 단호히 대처해야 한다고 생각한다. 그러나 그들의 우수한 문물에 대해서까지 문을 걸어잠글 필요는 없다. 예를 들어 그들은 지구가 태양 주위를 1년에 한 바퀴 돈다는 사실을 여러 가지 증거로 증명하고 있다. 또 사람이 몹쓸 병에 걸리면 환부를 도려낸 다음 다시 꿰매는 치료법을 쓴다. 이런 것들이 실생활에 유용한 것이라고 한다면 당연히 받아들여야 하지 않겠는가.

**홍** 문제는 그들이 무력을 앞세워 우리를 굴복시키려 한다는 점이다. 청이 무너진 지금 중화(中華)의 정통성은 우리가 지키고 있다 해도 과언이 아니다. 일단 무력침공은 막아내면서 내부적으로 개혁할 것은 과감하게 개혁해야 한다.

**이** 개혁도 역시 존왕양이(尊王攘夷)와 춘추대의에 입각해야 한다. 개혁하자며 기껏하는 일이 명에 대한 의리의 상징인 만동묘를 헐고 서원들을 때려부수는 만행인가.

**홍** 정부의 정책기조는 내수양이(內修攘夷)이다. 내부의 정치를 잘해야 서양 오랑캐도 물리칠 수 있다. 농민들이 들고 일어나서는 외세의 침입을 막을 수 없다. 현명한 국왕이라면 백성들의 삶을 편안하게 해주어야 한다. 그래서 민란의 주요 원인으로 지목된 잘못된 조세제도를 개혁하고 있는 것이다.

**최** 호포제를 시행해 양반도 군포 부담을 지게 함으로써 양인들의 부담을 경감시킨 것과 환곡의 폐단을 시정토록 한 것 등은 올바른 것이었다. 그러나 환곡제의 경우 그 폐단은 너무나 크기 때문에 제도 자체를 폐지하는 방안을 검토해야 한다. 호포제도 실제로는 아직도 양반과 양인 사이에 차별이 있다. 또 지주들

이 소작인들에게 자신이 내야 할 세금까지 전가하는 것이 문제다.

**이** 호포제야말로 문제다. 글을 읽고 경륜을 밝혀 나라의 중심을 세우는 선비와 두 손과 두 발을 놀려 물질적인 것들을 만들어내는 상민 사이의 구별은 본원적인 것이다. 본원적인 구별을 억지로 구별이 없게 한다면 그것은 혼돈일 수밖에 없다. 국가재정을 위해 반상의 구별을 없애는 것은 빈대 잡기 위해 초가삼간을 태우는 것과 다름없다.

**최** 실생활에서 신분구별은 거의 없어지고 있다. 무엇보다 양반수가 급증하고 있다. 양반이 인구의 절반을 넘어 사실상 특권계급으로서의 양반은 해체된 거나 다름없다. 정부에서 공노비를 혁파한 것도 이런 상황을 반영한 것이다.

**홍** 호포제 시행은 국가재정상의 문제 때문이다. 서양에서 말하는 '인간평등' 사상은 도저히 받아들일 수 없는 것임을 확실히 밝혀둔다. 문제의 핵심은 국왕권을 다시 일으켜세워 강력한 민생정치를 펴는 데 있다. 이 과정에 사대부들이 방해물이 돼서는 안될 것이다. 서원철폐는 이러한 맥락에서 실시된 것이다.

**최** 민생정치의 핵심은 조세제도와 운영을 개혁하는 데 있다. 국가

재정을 일원화할 필요가 있다. 이곳저곳에서 세목을 신설, 징수하니 농민들은 중복해서 내기도 하고 국가적으로 낭비도 많다. 재정 전반을 체계적으로 재편성해야 하고 토지제도의 전반적 개혁을 모색해야 한다.

**홍** 개혁은 이제 시대정신이다. 개혁이 일정 수준에 도달하면 서양세력 문제도 자연히 해결될 것으로 본다. 섣불리 서양과 교류를 주장해 국론을 분열시켜서는 안될 것이다.

**이** 혼란스러운 시대일수록 정(正)을 보위하고 사(邪)를 물리치는 것이 중요하다. 임금 사랑하기를 아버지처럼 하고, 나라 걱정하기를 내집처럼 하는 각오로 매진한다면 이 난국을 헤쳐나갈 수 있을 것이다.

**최** 정(正)이란 것도 시대의 변화에 따라 변하는 것이다. 지금 정부는 천주교를 심하게 탄압하고 있는데 이는 두려움의 발로다. 남의 일을 잘 알지 못하는 자가 자기 일만 자랑하고 남의 일을 훼방놓듯이, 타국의 일에 통달하지 못한 자가 자국 일만 칭찬하고 타국 일을 낮추어 말하는 것이다. 눈앞에 빤히 보이는 우수한 문물을 두고도 그것을 취하지 않는 자세야말로 우리가 진정으로 두려워해야 할 자세다. 요컨대 새로운 지식은 습득하고 그것을 통

해 부국강병책을 실시해야 한다.

**이** 유감스럽게도 참으로 한가한 얘기다. 지금 서양세력들은 총과 대포를 쏘아대며 쳐들어오고 있다. 청의 수도 북경이 저들에게 함락되고 양민이 약탈당하고 부녀자들이 겁탈당하는 사태를 눈앞에 보고도 그렇게 말할 수는 없다. 특히 저들은 청의 경우 아편으로 미리 힘을 빼놓았듯이, 우리에게는 천주교와 온갖 기괴한 물품들을 들여보내 우리의 정신을 혼돈시키고 있는 것이다. 얼마전 오페르트라는 자가 우리 대원군 부친의 능을 파헤치는 만행을 보지 않았는가. 적의 계략이 이럴진대 천주교 포교를 허용하고 서양 물건들에 눈이 멀어가고 매혹당하는 것이 얼마나 위험한 일인지 걱정이 태산 같다. 저들은 인륜과 도덕이 없는 짐승과 같은 족속들이라 반드시 다시 쳐들어올 것이다. 우리 백성들 모두가 목숨 바쳐 싸울 각오를 해야 한다. 우리의 유교적 가치관을 더욱 바르게 확립하고 그것으로 무장해 있어야 할 것이다.

**홍** 지금은 병인·신미양요 직후라 우선적으로 국방력을 강화해야 할 시점이다. 정부는 내정 전반에 걸쳐 개혁을 추진하고 있다. 무엇보다도 단결이 필요한 시점이다.

---

## 독일인 오페르트, 남연군묘 도굴

**1868년** 독일 상인 오페르트가 미국 영사관의 통역관을 지낸 젠킨스와 프랑스 페론 신부 등과 공모, 충청도 덕산에 위치한 대원군의 부친 남연군 묘를 도굴하려 한 사건이 적발돼 충격을 던져주고 있다.

이들은 680톤 급의 기선 차이나호를 타고 상해를 출발, 천주교도 최선일의 도움으로 덕산군 구만포에 상륙해, 덕산 관아를 습격, 군기를

빼앗고 건물을 파괴한 다음, 곧장 남연군 묘로 가서 도굴을 시작한 것으로 알려졌다. 그러나 덕산 주민들의 완강한 저항과 조수의 교차시간 때문에 결국 실패하고 돌아갔다. 독일 상인인 오페르트는 수차례 통상을 요구했으나 실패하자, 조선인들의 조상숭배를 이용하여 통상을 관철시키기 위해 이번 만행을 저지른 것으로 보인다.

### 오페르트의 서신과 영종 첨사의 반박문

차이나 호가 영종도 앞바다로 퇴각하자, 영종 첨사가 파견됐는데, 만행을 저지른 오페르트는 대원군 앞으로 위협적인 서신을 보내왔다. 이에 대해 영종첨사는 반박문을 보냈는데 두 사람 서신의 요지를 본지에 싣는다.

#### 오페르트의 서신

남의 무덤을 파헤치는 것은 예의 없는 행동에 가깝지만 무력을 사용, 백성을 괴롭히는 것보다는 나을 것 같아 그렇게 했다. 본래 관을 파오려고 하였으나 그것은 너무 지나친 짓이라고 생각하여 그만두었다. 우리에게 석회를 팔 기구가 없겠는가(실제로는 석회 때문에 도굴작업이 늦어져 실패했다)? 당신네 나라의 안전과 존엄은 전적으로 당신에게 달려 있으니 높은 관리 한 사람을 보내 좋은 대책을 협의하는 것이 어떻겠는가. 만일 결단을 내리지 않는다면 반드시 위험한 지경에 처하게 될 것이다.

#### 영종 첨사의 반박문

너희들의 나라와 우리나라와의 사이에는 원래 서로 왕래도 없었고 또 서로 은혜를 입거나 원수진 일도 없는데 이번 덕산 묘지에서 저지른 사건이야말로 어찌 사람의 도리로써 차마 할 수 있는 일이겠는가? 또한 방비가 없는 것을 엿보아 몰래 들이닥쳐 소동을 일으키며, 무기를 빼앗고 백성들의 재물을 강탈하는 것도 사리로 볼 때 어찌 할 수 있는 일이겠는가? 이런 사태에서 우리나라 신하와 백성들은 다만 있는 힘을 다하여 한마음으로 너놈들과는 한 하늘을 이고 살 수 없다는 것을 다짐할 뿐이다.

---

## 이필제, 경상도 영해 점령 …
### 가명 쓰며 진천, 진주 등지서 변란 모의 … 정부, 체포에 총력

**1871년(고종 8) 3월 10일** 경상도 영해가 야간에 정체 모를 괴집단에 의해 피습, 점령 당하는 충격적 사태가 발생해 정부가 주모자 확인에 나서는 등 긴급대응에 나서고 있다. 사고 당시 영해부사 이정은 피살당했고 난동자들은 무기고를 탈취하여 무장을 강화해 인근 고을의 수령들이 일시 대피하는 촌극을 빚었다는 소식이다. 현재 이들은 모두 도주한 상태다.

현지에 파견된 조사관들의 수사에 의하면 주모자는 이필제라는 자로

밝혀졌으며 동원된 괴한들은 동학교도인 것으로 보인다고 했다. 붙잡힌 동학교도들은 3월 10일이 처형당한 동학 창시자 최제우의 7주기라 교주의 사면을 요구하기 위한 일이라고 해 동원에 응했다고 말하고 있다.

그러나 정부 관계자는 이필제라는 자는 엄밀히 말해 동학교도가 아니며 단지 동학조직을 이용해 국가적 변란을 일으킬 황당한 음모를 꾸미고 있는 자라고 밝혔다. 그는 이미 1863년에 수배령이 내려진 자로서

수배 중에도 주성칠이란 가명을 쓰며 진천과 진주 일대에서 변란을 도모한 적이 있으며, 현재 동학 2대 교주인 최시형과 상당한 친분을 맺고 있는 것으로 보인다고 한다.

한편 정부는 이번 영해변란이 조직적으로 인원을 동원했다는 점, 야간 기습공격을 시도했다는 점, 전투력이 뛰어나다는 점 등을 들어 이전의 민란과는 차원이 다른 것으로 판단하고 도주한 이필제가 반드시 다른 곳에서 후속 변란을 기도할 것으로 보고 행적을 추적 중이다.

---

## 환곡 운영방식 바꿔 '사창제 실시'
### 마을 창고 설치해 자치 운영하게

**1867년 7월** 의정부는 오늘 14개 조에 달하는 절목을 정하고 사창제를 실시한다고 공표하였다. 지금까지 가장 큰 농민의 부담으로 자리잡고 있었던 환곡제를 개혁한 사창제는 호조판서 김병학의 건의에 의해 이루어진 것으로 알려지고 있다.

이번 사창제도는 이전에 극성을 부렸던 관리들의 농간을 막기 위해 관리가 관할하던 환곡 운영방식을 폐지하고, 마을에 사창(마을 창고)을 설치하고, 이것을 그 마을 동리 사람 중에서 부유한 사람을 사수로

뽑아 엄격한 규정에 의해 자치적으로 환자곡을 대부하는 방식이다. 한편, 이를 위해 정부는 이미 작년 5월 내탕금 30만 냥으로 이루어진 〈병인별비곡〉과 올 6월에 새로 만든 152만 냥의 〈호조별비곡〉으로 환자곡을 조성한 바 있다.

이번 사창제가 제대로 정착된다면 관리들의 부정이 개입될 소지를 사전에 막음으로써, 백성들의 생활과 국가재정에 상당한 도움이 될 것으로 전망되지만 유명무실해질 우려도 많은 것으로 지적되고 있다.

### 이필제는 누구인가?

그는 수차례의 난을 주도하면서 가명을 10여 개나 사용했는데 본명은 근수. 필제란 이름은 자신이 민간에 널리 유포된 정감록을 이용하기 위해 지어낸 것. 양반 출신이며 충청도 충주목 출신. 안동 김씨와 통혼할 정도의 집안 출신. 헌헌장부의 면모를 가지고 있고 삼국지의 관우를 연상시키는 용모.

# 신분제 철폐, 토지개혁이 가장 시급한 과제

"신분제를 완전 철폐해야 하고 과감한 토지 개혁을 시행해야 한다. 또 왕실 외척들은 정계에서 물러나라. 장기적 안목에서 정책을 구상하고 국가의 체질을 강화시켜 변화하는 새시대를 맞이해야만 한다."

규장각 학사들이 내놓은 답안지는 현 시국을 근본적이고 과감한 개혁이 절실히 요구되는 시점으로 파악하고 있다. 가장 시급한 시대적 과제를 묻는 질문에 대한 규장각 학사들의 대답은 임진왜란 이후 극심한 사회변동을 겪으면서 상하층 양측으로부터 제기된 다양한 주장과 개혁안에 대한 총체적 요약이라고 해야 할 것이다.

불과 20년 후면 맞이할 조선왕조 개창 5백 년을 앞두고 본사에서는 현직 규장각 학사들에게 왕조 5백 년을 되돌아보는 앙케이트를 실시했다. 규장각 학사들이 꼽은 5대 사건으로는 조선 사회를 뿌리부터 흔들리게 한 임진왜란이 가장 큰 주목을 받았으며 가장 살기 힘든 시기도 이때라고 답했다. 반면 가장 살기 좋았던 시기로는 정조 통치기가 꼽은 학사들이 많았는데 현 시점에서도 정조의 개혁정치가 지식인들 사이에 높은 평가를 받고 있음을 볼 수 있다.

## 가장 시급한 시대적 과제

▲ 신분제 철폐와 토지개혁
▲ 외척의 정치 배제
▲ 성리학 대체할 새 철학 모색

### 조선왕조 5대 사건

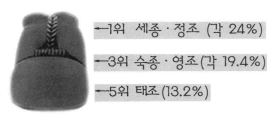

- 1위: 임진왜란 (1592) 34.5%
- 2위: 조선건국 (1392) 27%
- 3위: 병자호란 (1636) 23%
- 4위: 훈민정음 창제 (1443) 7.7%
- 4위: 인조반정 (1623) 7.7%

### 조선왕조 5대 국왕

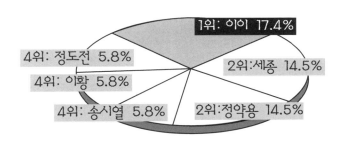

- 1위 세종 · 정조 (각 24%)
- 3위 숙종 · 영조 (각 19.4%)
- 5위 태조 (13.2%)

### 조선왕조 5대 인물

- 1위: 이이 17.4%
- 2위: 세종 14.5%
- 2위: 정약용 14.5%
- 4위: 정도전 5.8%
- 4위: 이황 5.8%
- 4위: 송시열 5.8%

---

## 조선왕조 5대 사건

1위 임진왜란(1592-1598)
2위 조선건국(1392),
3위 병자호란(1636-1637)
4위 인조반정(1623)
　　훈민정음 창제(1443)

왕조개창에 못지 않게 임진왜란과 병자호란이 높은 순위를 차지. 이 양 전쟁은 조선왕조를 전반기와 후반기로 뚜렷이 나눈 분기점으로서 이 전쟁들 이후 조선사회는 농업생산력, 신분구조, 사상동향 등에서 급격한 변화의 격량을 타기 시작했던 것이다. 다음은 인조반정이 차지한 것은 국왕 중심의 왕조 정치체제에서 대신들이 국왕을 갈아치우는 것은 충격적인 일이었기 때문인 것 같다. 우리의 자랑스런 글자 훈민정음 창제가 4위에 머문 것은 아쉬운 일.

## 정치부문

1위 인조반정(1623)
2위 계유정난(1453)
3위 중종반정(1506),
4위 조선건국(1392)
5위 기묘사화(1519)

인조반정과 세조가 실권을 장악하게 되는 사건 계유정난이 1, 2위 유교 이념을 국시로 하는 왕조체제에서 국왕이 쿠데타적 방법에 의해 바뀌는 것은 큰 사건이 될 수밖에 없었을 듯. 조광조가 사약을 받게 된 기묘사화가 높은 관심을 받은 것은 조광조의 개혁정책에 대한 기대가 컸기 때문일 것이다.

## 경제 부문

1위 대동법 실시
2위 균역법 실시
3위 이앙법 개발
4위 공법 시행
5위 영정법 실시

대동법 실시가 단연 수위. 균역법 역시 양인들의 군역 부담을 획기적으로 경감시킨 조치라는 점에서 대동법과 일맥상통한다. 이양법은 농업기술 혁명이라고 할 만한 것이어서 역시 주목을 받을 만했었던 듯.

## 사회 · 문화 · 종교 부문

1위 훈민정음 창제
2위 천주교 도래와 박해
3위 진경산수화 등장
4위 규장각 설립
5위 홍경래 난

훈민정음이 당연히 압도적 수위를 차지. 천주교 도래와 박해가 2위를 차지한 것은 다소 의외. 사실 천주교는 서양문물의 소개 역할이 컸다. 하지만 수만명에 이르는 천주교도들이 처형되는 피의 역사를 기록했던 것 역시 높은 표를 얻게 된 요인이었을 것이다. 진경산수화와 규장각 설치가 그 다음을 차지한 것은 우리 문화에 대한 자존심이 강한 규장각 학사들의 의식이 반영된 것.

## 조선왕조 5대 인물

1위 이이
2위 세종 · 정약용
4위 정도전 · 이황 · 송시열

이황보다 이이가 더 많은 표를 얻어 이채. 정치적 역할 면에서 이이가 더 컸기 때문인 듯. 국왕 중에는 세종이 2위를 차지. 나라를 쥐고 흔든 정도전과 송시열은 당연히 순위에 올랐으나 변변한 관직 한 번 못하고 탄압만 받은 실학자 정약용이 더 높은 점수를 얻었다.

## 5대 국왕

1위 세종 · 정조
3위 숙종 · 영조
5위 태조

세종, 정조가 수위를 차지해 열심히 일한 만큼 대우를 해준 셈. 숙종은 환국 정치로 정국이 극히 혼란스러워 높은 점수를 얻은 것으로 보인다. 태조는 국가를 건국한 업적이 컸다는 것을 반영하는 것.

## 5대 정치가

1위 송시열
2위 정도전
3위 이이
4위 조광조 · 허목 · 채제공

노론의 영수 송시열이 단연 수위. 조광조, 허목, 채제공은 개혁 정치를 펴다 격렬한 정쟁에 휘말린 공통된 전력을 갖고 있어 눈길을 끈다.

## 5대 학자

1위 이황
2위 이이
3위 송시열
4위 정약용
5위 조식

조선 유학의 두 거봉 이황과 이이가 나란히 수위. 조선의 주자 송시열이 그 다음을 차지했다. 실학의 거두 정약용도 빠질 수 없는 인물. 이황과 더불어 영남 유학의 쌍벽을 이뤘던 조식이 그 다음을 차지했다.

## 사회 · 문화 · 종교 5대 인물

1위 김홍도
2위 장영실
3위 최제우
4위 정선
5위 신사임당 · 박지원

풍속화가 김홍도, 과학자 장영실, 동학 창시자 최제우, 진경산수화의 대가 정선 등 각계의 실력자가 비슷한 평가를 받았다. 조선 시대가 사대부의 시대라고 한다면 신사임당을 빼곤 사대부 문화의 인물들이 뽑히

지 못한 점이 눈에 띤다.

## 5대 군인

1위 이순신
2위 김종서
3위 임경업
4위 권율
5위 남이 · 원균

임진왜란을 승리로 이끄는데 결정적 역할을 한 이순신이 수위. 국경을 개척한 김종서, 비운의 일생을 마감한 병자호란의 영웅 임경업이 높은 점수를 얻었다. 비록 마지막 순위이지만 원균이 순위에 든 것은 놀라운 일. 역사 해석은 과연 시대에 따라 바뀔 수 있는 것일까.

## 가장 살기 좋았던 시기

1위 정조시대
2위 세종시대
3위 영조시대

국왕이 실권을 장악하고 정쟁을 제압, 강력한 개혁정책을 편 것이

정조가 높은 평가를 받은 이유. 세종과 영조도 그와 같은 맥락이다.

## 가장 살기 어려웠던 시기

1위 선조시대
2위 철종시대
3위 인조시대

역시 전란이 있었던 선조, 인조 시대가 가장 어려웠을 것이다. 전국적으로 민란이 발생한 철종시대가 2위를 차지한 것도 당연한 일.

## 가장 시급한 시대적 과제

1위 신분제 철폐와 토지개혁
2위 외척 정치에서 배제
3위 유학 대체할 새철학 모색

신분제 철폐와 토지개혁이 단연 수위를 차지했다. 호포제나 균역법, 대동법 등 조세제도 개편은 아예 거론 조차 안된 것으로 봐서 규장각 학사들의 의식은 급진적 개혁론에 가까운 것으로 보인다.

이번 호의 인물　　대원군

## 호방하면서도 기민한 정략가

오척단구의 흥선대원군은 그의 몸전체에서 풍기는 인상 그대로, 호방하면서도 기민한 정략가라 해야 옳을 듯하다. 천하의 개망나니 파락호 흥선이 하루아침에 대원위대감이 될 것을 누구라서 상상이나 했겠는가. 그러나 그는 안동 김씨 세도가 시퍼런 속에서 철종의 사후를 노려 스스로를 철저하게 파락호로 위장하고 대왕대비 조씨와 연결하여 권력을 잡는 기민함을 유감없이 발휘했다. 안동 김씨 세도가들이 가슴을 칠 일이다.

집권 초의 전광석화 같은 조치들을 보면 그의 집권계획과 정책구상은 오래 전부터 그의 머릿속에 예비되어온 것이 확실하다. 안동 김씨가 숙청되고 몰락해 있던 남인계열의 유후조를 우의정에, 이경하를 훈련대장에 임명하는 혁신적인 인사정책은 세상이 바뀌었음을 실감하기에 충분한 것이었다. 전격적인 서원철폐 지시는 썩은 물이 고인 듯 답답하기만 한 조선사회에 청신한 바람을 불러일으키고 있다. 호포제 실시로 백성들은 어깨춤이 절로나는 살판난 세상이 되었다고 야단들이다. 이런 일련의 정책을 보면서 백년 전 영·정조시대와 그 임금들을 떠올리는 것은 지나친 상상일까.

그러나 60여 년 세도정치에 억눌린 왕실의 위업을 되찾기 위해 경복궁 중건을 강행하는 그의 결단이 한편으로 이해가 되면서도, 갈수록 늘어나는 건축비와 백성들의 원성을 들으면 그가 스스로 자신의 무덤을 파는 것은 아닌가 하는 불안감을 떨치기 어렵다. 왕조 재건에의 시대착오적 집착이 그의 개혁성과를 탕감하고 있지는 않은가.

쇄국정책 또한 그의 시대착오성을 여실하게 보여준 대목으로, 이 때문에 그는 필시 후세사가들로부터 혹독한 비판을 받을 게 분명하다. 다가오는 세상을 담아내지 못하는 것은 그의 그릇 때문일까, 조선 지성의 고루함 때문일까. 날로 거세져가는 서풍의 격랑 앞에 눈앞이 아득하기만 하다.

1820년생. 호는 석파. 영조의 현손인 남연군의 넷째 아들이자 고종의 아버지. 두주불사의 호방한 성격에 난(蘭) 치는 솜씨가 일품이다.

## 생명력과 해학을 담은 '장승'

### 대담한 파격성, 민중 성장 시대분위기와 관련

최근 몇몇 지방에 새로운 조형물이 동구밖이나 서낭당, 사찰입구에 세워져 눈길을 끌고 있다. 이름하여 '장승'인데 지역에 따라 '벅수' 또는 '천하대장군, 돌미륵'으로 불리기도 한다. 나무나 돌로 만들어진 이 조형물은 옛부터 수호신으로 알려져왔던 불교의 사천왕과 금강역사, 도교의 갑장군 등의 모습을 하고 있는데, 특히 얼굴 표현이 진수라 한다. 툭 불거진 퉁방울 눈과 주먹코, 삐져나온 송곳니 등이 보는 이로 하여금 소탈한 해학과 강인한 생명력을 느끼게 해준다. 대부분 사찰이나 마을을 수호하는 상징적인 역할을 하는데 때로는 마을의 경계를 표시해주기도 한다. 이러한 장승의 새로운 표현양식에 대해 한 미술평론가는 "시대 변혁기마다 우리 미술계에는 기존의 장르를 뛰어넘는 새로운 경향성들이 나타났습니다. 고려 초에 각 지방에 등장한 거대한 석불은 통일신라의 형식화된 불상양식을 부정하고 각 지방세력의 개성과 힘을 과시하기 위해 세워진 새로운 형식의 불상이었지요. 최근 유행하고 있는 장승도 같은 조류로 보이는데 고려 초의 괘불보다 훨씬 그 파격성이 대담하고 다양합니다"라고 말하고 있다. 장승이 보여주는 대담한 파격성은 근래 우리 사회에서 민중들의 자기 목소리가 커져가고 있는 분위기와 관련이 있는 것으로 지적되고 있다. 한편 최근에는 장승 주변이 농민들이 봉기모의를 하거나 결의를 다지는 곳으로 혹은 조정을 비방하는 괘서가 나붙는 곳으로 자주 이용된다고 한다. 백성들은 장승의 힘이 그들의 변혁욕구를 지켜주리라 믿는 것이다.

## "사회기강 단속" … 의복 간소화 전국에 지시

### 긴 담뱃대와 갓 끈, "모두 잘라라"
### 하얀 신과 비단신 신지 못해 … 검정 가죽신 장려
### 화류계 여성들의 옷차림도 단속 대상

정부에서는 문란해진 사회기강을 바로잡기 위해 의복을 간소화할 것을 전국에 지시하는 한편, 화류계 여성들의 차림새와 행동도 단속하기로 했다. 관계기관의 한 관리는 "최근 사회분위기가 혼탁해져 동방예의지국이라는 이름이 부끄럽게 되었습니다. 국민생활 전체의 쇄신이 필요한 때입니다"라며, 이번 조치의 배경을 설명했다. 사치스러운 복장을 개량하거나 간소하게 하라고 지시한 내용을 구체적으로 살펴보면 의관에 있어서는 테두리가 큰 통낭갓(대립)을 작은 갓으로 바꾸고, 도포의 넓은 소맷자락을 좁게 줄이게 하였으며 긴 담뱃대와 긴 갓끈도 모두 짧게 자르도록 하고 있다. 또한 큰 부채를 사용하는 것을 금하고 서신 용지인 대간지를 줄여 소간지로 사용하도록 하였다. 흰신이나 비단신도 신지 못하도록 하고 검정가죽신을 신도록 장려했으며, 문무의 대소관리들이 표범가죽이나 비단으로 안장이나 갑옷을 만들지 못하게 하는 한편, 50세 이하의 상민들은 명주로 만든 옷을 입지 못하도록 하였다.

풍기문제에 있어서는 화류계 여성들의 옷차림과 행동을 단속하고 있다. 관기(官妓)와 창녀(娼女)를 구분하도록 하고, 이들 기생들이 가마를 타거나 안경을 쓰고 비단신을 신는 것을 단속했으며, 검정신만을 신도록 하였다. 또한 정부의 관리들이 이들 기생을 첩으로 맞는 것을 엄히 단속하라는 지시를 내렸다. 낭비와 허례허식을 막자는 이번 단속조치가 실효를 거두어 그동안 찌들었던 국민들 생활에 신선한 바람이 불기를 기대해본다.

해외 소식

## '기발한 신무기' 개발 한창

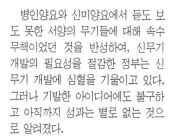

병인양요와 신미양요에서 듣도 보도 못한 서양의 무기들에 대해 속수무책이었던 것을 반성하여, 신무기 개발의 필요성을 절감한 정부는 신무기 개발에 심혈을 기울이고 있다. 그러나 기발한 아이디어에도 불구하고 아직까지 성과는 별로 없는 것으로 알려졌다.

**방탄조끼** 무명옷감 사이에 고운 솜을 겹으로 겹쳐누벼서 소총탄환을 맞아도 뚫리지 못하게 한 것. 실험결과 소총탄은 솜 열두 겹까지 관통하므로 열세겹으로 만들었다.

**학깃 부착 전함(鶴羽造飛船)** 학의 깃을 뽑아다가 짜서 전함의 주위에 부착시킨 것. 학의 깃이 가볍고 또 날리는 것이기 때문에 적의 포탄을 맞아도 관통되지 않고, 포탄이 비껴갈 것이라는 생각에서 만들어 한강 언덕에서 실험을 해봤으나 효과가 없었다. 이를 만들기 위해 전국적으로 포수가 동원돼 수많은 학과 두루미를 잡아댔다.

**목탄증기 합선** 서양 증기선을 본따 만들었으나 너무 느려 실패.

**어뢰(水雷砲)** 훈련대장 신관호가 만든 국내 최초의 어뢰. 노량진 강변에서 국왕의 임석 하에 위력 실험을 했는데, 폭발하면서 물이 10여 미터나 솟구치고 표적으로 띄워놓은 배가 분쇄돼 군중의 환호를 받았다.

## 일본, 명치유신 단행

### 막부체제 붕괴 … 천황, 직접 통치
### '부국강병' 표어 아래 통일국가 수립
### "봉건체제 해체, 문명개화의 기치"

**1868년** 일본에서는 막부체제가 붕괴되고 천황이 직접 통치하는 통일국가가 탄생했다. 신정부의 지도자들은 대부분 막부에 적대적이었던 젊은 무사들로서, '부국강병'이라는 표어 아래 서구열강과 어깨를 나란히 할 수 있는 민족국가를 만들겠다고 포부를 밝혔다.

공표된 '5개조 서문'에도 나타나 있듯이 에도로 천도한 신정부의 제 1목표는 구 봉건체제를 해체하는 것이라 한다. 앞으로는 중앙정부가 직접 지방에 관료를 파견해 통치할 예정이며, 경제부흥을 위해 정부차원에서의 적극적인 재정지원이 있을 것이라 한다. 또한 '문명개화'의 기치 아래 서구의 과학을 비롯한 생활문화가 폭넓게 수용될 방침이다.

그러나 기존에 권력을 행사해왔던 무사층들의 반발도 만만치 않아 신정부의 고민거리로 떠오를 것으로 보인다. 신정부 정책의 성공여부가 일본이 근대산업국가로 성장할 것인가의 관건이 될 것이다.

## 수에즈운하 개통

### 유럽의 아프리카 침략 교두보 될 듯

**1869년** 10여 년의 대공사 끝에 지중해와 홍해를 잇는 운하가 완공됐다. 이 운하는 영국과 프랑스의 후원 아래 진행되었는데 총 길이는 162.5km. 이로써 유럽에서 아프리카 동해안 및 인도양과 아시아로 가는 항로가 절반으로 줄었다. 이전에는 아프리카 동해안으로 가려면 아프리카 남단을 돌아가야 했다. 한편 영국이 운하의 경영권을 노리고 있다는 소문이 돌아 이집트인들의 반감을 사고 있다.

| 국 내 | | 국 외 | |
|---|---|---|---|
| 연 대 | 내 용 | 연 대 | 내 용 |
| A·D | | A·D | |
| 1608. 2 | 광해군 즉위 | | |
| | 선혜청을 두고 경기도에 처음으로 대동법 실시 | | |
| 1609. 6 | 일본과 국교 재개해 삼포 개항함 | 1609 | 일본, 네덜란드 상인에게 통상허가 |
| 1610. 2 | 대토지 소유자들, 대동법 실시를 반대하는 여론 조성 | 1610 | 네덜란드, 처음으로 유럽에 차 들여옴 |
| 9 | 왜관에서의 밀무역 단속하고 공무역에 대해 세금 징수 | | |
| 1611. 3 | 성균관 유생들, 정인홍을 「청금록」에서 삭제 | 1611 | 명, 동림당과 비동림당간의 당쟁 격화 |
| | | | 일본, 천주교를 금함 |
| 1612. 1 | 호패청에서 호패절목 제정 | 1612 | 일본, 영국인에게 통상허락 |
| 1613. 4 | 서인들의 반란 | | |
| 5 | 영창대군의 관직을 삭탈하고 서인으로 함 | | |
| 6 | 인목왕후의 아버지 김제남 사사됨 | | |
| 8 | 영창대군을 강화도에 안치함(계축옥사) | | |
| | 폐모론이 일어남 | | |
| 12 | 허준의 「동의보감」, 내의원에서 간행됨 | | |
| 1614. 7 | 명, 여진정벌을 위해 군사원조 요청 | 1614 | 프랑스, 삼부회 소집 |
| 1615. 2 | 영의정 이원익 파직 | 1615 | 여진, 처음으로 만주에 팔기의 군제 정함 |
| | 고추 들어옴 | | |
| 1616. 8 | 부산에서 상인들의 밀무역 단속 | 1616 | 후금 건국 |
| | 일본에서 담배 들어옴 | | 갈릴레이, 종교재판에 회부 |
| 1617 | 윤선도 죽음 | | |
| 1618. 1 | 인목대비의 호를 삭탈하고 서궁이라 함 | 1618 | 유럽, 30년전쟁 시작 |
| | 대북파 정권장악 | | |
| 7 | 후금을 치기 위해 강홍립을 도원수로 하여 1만명을 요동에 | | |
| | 파견키로 결정 | | |
| 8 | 허균, 역모죄로 처형 | | |
| | 군역 도피현상 부쩍 증가 | | |
| 1619. 3 | 강홍립, 후금에 투항 | 1619 | 명, 「서유기」, 「금병매」 등의 소설 나옴 |
| | | | 아메리카, 제임스타운에 식민회의 열림 |
| 1620.11 | 창덕궁 중건 | 1620 | 영국, 메이플라워호로 아메리카 상륙 |
| 1621. 2 | 광해군, 비변사에 후금 방비에 최선을 다할 것 지시 | 1621 | 후금, 요양 점령 |
| 7 | 명나라 장수 모문룡, 국경을 넘어 서북진에 주둔 | | 일본, 네덜란드 商官 설치 |
| 1622.10 | 병기도감에서 조총 900여 자루, 대포 90문을 제조 | 1622 | 영국, 제임스 1세 의회해산 |
| | 각 고을에 소속된 관노비 대부분이 분산 도피 | | |
| 1623. 3 | 인조반정 | 1623 | 영국, 서인도에 식민 시작 |
| 4 | 정인홍 처형됨 | | |
| 9 | 조익, 대동청 설립의 편의를 건의 | | |
| | 강원·충청·전라도에 대동청을 설치 | | |
| 1624. 1 | 부원수 이괄, 반란 일으킴 | 1624 | 스페인, 일본의 대마도에 사신, 보냄 |
| | 총융청·어영청 설치 | | 영국, 처음으로 동인도에 식민설치 |
| 11 | 강원도에 대동법을 실시, 상평통보를 유통시킴 | | |
| 1625. 2 | 이원익, 대동법의 정지를 요청. 호남지방의 대동법 실시 중지 | 1625 | 명, 전국의 서원폐지 |
| 7 | 호패법 실시를 전국에 공포 | | |
| 10 | 동전을 유통시켜 재정부족을 보충하려 함 | | |
| 1626. 3 | 호패를 차지 않는 사람들에 대한 통제강화 | 1626 | 청, 태종 즉위 |
| 11 | 남한산성을 쌓고 수어청을 둠 | | |
| 1627. 1 | 정묘호란 | 1627 | 청, 조선에 침입 |
| 4 | 인조 강화도에 환도 | | |
| | 정봉수의 의병부대, 용골산성에서 많은 적 섬멸 | | |
| | 네덜란드인 박연 등 일행 3명, 제주도에 표착 | | |
| 1628 | 유성룡의 「징비록」 간행됨 | 1628 | 영국, 권리청원 의회에서 통과 |
| 1629. 2 | 황해도에 명화적 이충경·한성길 등이 횡행 | | |
| 1630. 3 | 수군에 속한 노비들을 다시 호조에 소속시켜 신공 징수 | | |
| 7 | 명나라와의 교역로를 등주로 결정 | | |
| 1631. 7 | 정두원, 명나라에서 천리경·서양포·자명종 등을 가져옴 | 1631 | 명, 이자성의 반란 |
| 9 | 훈련도감의 군대 4천여 명으로 증가 | | |
| 1632. 3 | 후금, 회령에서의 국경무역 요청 | | |
| 1633. 1 | 척화의 교를 내리고 후금의 침략에 대비케 함. | 1633 | 갈릴레이, 종교재판에서 지동설 포기 강요당함 |
| | 임경업을 청북방어사에 임명 | | |
| 2 | 최명길, 후금과의 화의 폐기를 반대 | | |
| 11 | 상평청에서 상평통보 주전 | | |
| 1634.11 | 처음으로 상평통보 사용 | 1634 | 영국, 처음으로 선박세 입법화 |
| | 각사노비의 신공을 내년부터 동전으로 내게 함 | | |
| 1635. 5 | 최명길, 상평청 폐지 건의 | | |
| 2 | 경상좌도에서 양전 실시 (등록결수 169575결) | | |
| 3 | 전라좌도에서 양전 실시 (경작지 123260결) | | |

| 국 내 | | 국 외 | |
|---|---|---|---|
| 8 | 경상·충청·전라도의 토지대장에 등록된 토지 총결수 89만 5289결이 됨 | | |
| 1636. 2 | 후금이 보내온 국서를 접수하지 않고 거절 | 1636 | 후금, 국호를 청으로 함 |
| 11 | 최명길, 청나라와 단교한 것은 잘못임을 상소 | | |
| 12 | 병자호란, 인조 남한산성으로 피신 | | |
| 1637. 1 | 강화도 함락 | | |
| | 인조, 삼전도에서 청 태종에게 항복 | | |
| 4 | 왕세자 일행, 볼모가 되어 심양에 도착 | | |
| 5 | 명나라 연호를 폐지하고 청의 연호를 씀 | | |
| 1639. 2 | 진휼청을 선혜청에 소속시킴 | 1638 | 일본, 기독교 엄금 |
| 12 | 김상헌, 청에 원조병 보내는 것을 반대 | | |
| | | 1641 | 영국, 청교도혁명 일어남 |
| 1642.11 | 청나라 최명길을 구류, 임경업은 도망 | | |
| 1644. 1 | 소현세자, 심양에서 한성으로 돌아옴 | 1644 | 청, 북경을 국도로 정함 |
| 1645. 5 | 봉림대군 한성으로 돌아옴 | 1645 | 인도, 영국에 대해 벵갈무역상의 특권부여 |
| 12 | 김육, 새 역법을 도입할 것을 주장 | | |
| 1646. 3 | 소현세자빈 강씨 사사됨 | 1646 | 청, 처음으로 과거제 실시 |
| 6 | 임경업 장살됨(1594-) | | |
| 7 | 호조참판, 대동법을 계속 확대하여 실시할 것을 주장 | | |
| 1647. 5 | 소현세자의 세 아들을 제주도로 귀양보냄 | | |
| 1648. 3 | 천문학자 송인룡을 청나라에 보내 서양 역법을 배워오게 함 | 1648 | 유럽, 웨스트팔리아 조약 성립 |
| 1649.11 | 김육, 대동법을 충청도에 실시할 것을 제의 | 1649 | 영국, 찰스 1세 처형, 공화정이 됨 |
| 1650. 1 | 우의정 김육이 대동법을 전국적으로 실시하자고 하자 김집 일파가 극력 반대 | 1650 | 명, 정성공, 명조회복운동 |
| | 김집, 김육과의 불화로 고향으로 돌아감. 김육, 영중추부사가 됨. | | |
| 1651. 1 | 김육, 영의정이 됨 | | |
| 3 | 평안도와 황해도에 금속화폐를 유통시킴 | | |
| 8 | 김육, 호서에서 대동법 시행 | | |
| 1652. 2 | 선혜청에서 경기의 대동미를 가을부터 돈으로 대납시키는 문제를 결정 | | |
| 3 | 관상감의 요청으로 천문학관을 연경에 보내 시헌역법을 배워오게 함 | | |
| 6 | 어영청을 설치하고 어영군을 둠 | | |
| 1653. 1 | 다음해부터 시헌력을 사용키로 함 | 1653 | 청, 일조편법 실시 |
| 7 | 관서지방에 화폐가 널리 유통 | | |
| 8 | 제주목사, 네덜란드인 하멜 일행의 표착 보고 | | |
| 1654. 2 | 청, 러시아 정벌에 조선 조총병 지원을 요청 | 1654 | 포르투갈, 네덜란드 소유의 브라질 빼앗음 |
| 3 | 충청도에 대동사목 반포 | | |
| 1655. 1 | 추쇄도감을 두고 전국의 노비를 조사해 강화방비에 임하게 함 | 1655 | 독일, 베를린에서 처음으로 신문발행 |
| 1656. 4 | 김육, 금속화폐의 유통을 위한 적극적인 대책 제기 | | |
| 1657. 7 | 김육, 전라도에 대동법을 실시할 것을 제의 | | |
| 1658. 3 | 청나라, 러시아 정벌의 원병을 구함 | | |
| 5 | 나선정벌을 위해 조총수 100명 징발 | | |
| 8 | 호남의 여러 연해읍에 대동법을 시행 | | |
| 1659. 5 | 현종 즉위 | | |
| 1660. 3 | 허목 등 상소하여 복제를 3년설로 주장. 예론논쟁 시작 | 1660 | 청, 프랑스 배가 처음으로 광주에 기항 |
| | 명, 작은 고을 20명으로 정함 | | |
| 4 | 윤선도, 예론문제로 귀양감 | | |
| 7 | 전라도 산간군들에 대동법 실시 | | |
| 11 | 재정부족을 메우기 위해 공명첩을 대량으로 발급 | 1661 | 프랑스, 루이14세의 친정시작, 콜베르 재상 임용 |
| 1662.10 | 화전의 폐해가 심함. 전라도 산군에 대동법 시행 | | |
| 1663. 3 | 호남대동청을 설치하고 전라도의 대동미를 13두로 규정 | | |
| 10 | 전라도 유생들, 대동법 폐지를 주장 | | |
| 1664. 6 | 호남지방에 홍수로 50여 명 익사 | 1664 | 프랑스, 인도에 동인도 회사 설립 |
| 1665.12 | 전라도 산군에 실시하였던 대동법 중지 | | |
| 1666. 9 | 노비의 신역가를 일부 쌀로 징수 | | |
| 10 | 전라도에 유치했던 네덜란드인 하멜 등 7인, 일본으로 도망 | | |
| 1667. 5 | 노비의 신공을 반 필씩 감함 | 1667 | 영국, 런던에 페스트병 유행 |
| | | 1668 | 영국, 뉴턴, 반사망원경 발명 |
| | | | 네덜란드, 하멜 「조선표류조난기」간행 |
| 1669. 3 | 함경도에 천연두가 퍼져 900여명이 사망 | | |
| 1671. 6 | 기근으로 한성의 쌀 1섬이 은 8냥으로 폭등 | | |
| 1673. 2 | 왜관으로부터 징수한 은세가 8,139여 냥에 이름 | 1673 | 청, 삼번의 난(-1681) |
| 7 | 금지했던 가죽제품의 북경무역을 허가 | | 일본, 영국 배가 와서 통상요구 |
| 1674. 8 | 숙종 즉위 | | |
| 9 | 진주유생들, 송시열의 예론을 반대하는 상소를 올림 | | |
| 10 | 성균관 유생들, 송시열의 예론을 지지하여 진주유생 공격 | | |
| 12 | 예론을 재개하여 기년제를 주장했던 관리들을 벌함 | | |
| | 북한산성 수축 | | |

| 국 내 | | 국 외 | |
|---|---|---|---|
| 연 대 | 내 용 | 연 대 | 내 용 |
| 1675. 1 | 송시열, 덕원에 유배 | | |
| 1675. 7 | 윤휴, 이조판서가 됨 | | |
| 1677. 3 | 호패법 시행(한성은 3월 1일부터, 지방은 5월 1일부터) | | |
| 11 | 경상도에 대동법 실시 | | |
| 1678. 4 | 금속화폐의 전국적 유통 선포 | | |
| 1679. 6 | 허목,허적을 논핵 | | |
| 1680. 5 | 허적·윤휴 사사됨. 송시열 석방 | 1680 | 영국, 동인도 회사, 청과 무역시작 |
| 11 | 양인들의 군역회피현상이 심하게 나타남 | | |
| 1683. 1 | 제언사 당상을 두어 관개수리사업을 관장케 함 | | |
| 4 | 남인 숙청을 둘러싸고 서인이 노·소론으로 분당 | | |
| 7 | 경상도의 대동미 1결당 13두를 12두로 경감 | | |
| 1684.12 | 청나라의 관보를 번역하여 외국의 정보를 수집 | | |
| 1685. 1 | 황해도 수안·곡산·서흥 등지의 조세를 무명으로 징수 | 1685 | 영국, 제임스 2세 즉위. 동인도 회사, 벵골군과 교전 |
| 9 | 호패를 위조하는 자는 사형에 처함 | | |
| 1686. 1 | 짐수레를 만들어 시험적으로 운반에 사용 | | |
| 11 | 솔잎을 먹는 법을 민간에 널리 주지시킴 | | |
| 1687.12 | 숙종, 탕평책을 유시함 | | |
| 1689. 1 | 소의장씨, 희빈으로 승서 | | |
| 2 | 세자책봉문제로 노론 실각, 남인집권(기사환국), 송시열 제주도에 유배 | | |
| 6 | 송시열 사사 | | |
| 1690.10 | 장희빈, 왕비에 책봉 | | |
| 1691.12 | 성삼문 등 사육신에 관작을 다시 주고 시호를 내림 | | |
| 1693. 7 | 주전을 호조에서 전담키로 하고 사사로이 주조하는 하는 자는 교수형에 처하기로 함 | | |
| 11 | 울릉도에 일본인의 출입을 엄히 단속함 | | |
| | 안정복이 울릉도와 독도의 조선영유권을 일본에 확인시킴 | | |
| | 호남유생들이 부안현에 유성원의 서원을 세움 | | |
| 1694. 2 | 안정복 등 울산어민들이 울릉도에 잡입한 일본어민들을 추방 | | |
| 3 | 노론에 의해 남인 몰락(갑술옥사) | | |
| 4 | 폐비민씨를 복위케 하고 왕후 장씨를 다시 희빈으로 강등 | | |
| 1697. 1 | 장길산이 지휘하는 농민군 봉기 | 1696 | 네덜란드, 자바에서 처음으로 커피 재배 |
| 1698. 1 | 숙종, 탕평책을 지시함 | 1699 | 청, 영국의 광동무역 허가 |
| 1701.10 | 장희빈 사사 | | |
| 1703 | 사문난적론 일어남 | | |
| 1704. 8 | 해서의 대동법 시행절목 결정 | | |
| 12 | 대보단 완성 | 1705 | 청, 러시아 사신이 와서 무역 요구 |
| 1705. 3 | 숙종, 대보단에서 명의 신종을 제사지냄 | | |
| 1706. 5 | 황해도지방의 대동법실시문제를 논의 | | |
| 10 | 청에서 [칠정력]을 수입 | | |
| 1708.12 | 황해도 대동법 실시 | | |
| 1711. 3 | 북한산성 축성 시작 | | |
| 1712. 5 | 백두산정계비 세움 | | |
| 1713. 2 | 중인과 서얼출신에게 죽은 뒤에 벼슬을 주는 규정 만듦 | | |
| 1716.10 | 병신처분, 노론 승리 | | |
| 1717. 5 | 윤선거.윤증 부자의 관작 추탈 | 1717 | 청, 그리스도교 포교 금지 |
| 1720. 2 | 한성의 무녀를 쫓아내라는 명령 중지시킴 | | 영국, 프리메이슨단 결성 |
| 6 | 경종 즉위 | | |
| 1721. 4 | 관상감에 혼천의를 만들도록 지시 | | |
| 1723. 3 | 평안도 자산에서의 금채취 금지 | | |
| 1724. 1 | 금속화폐 주조 허가 | | |
| 8 | 영조 즉위 | | |
| 12 | 서얼 200여명이 차별대우 철폐를 요구 | | |
| 1725. 1 | 영조, 붕당의 폐해를 하교 | | |
| 3 | 노론 4대신의 관작 회복 | | |
| 5 | 재정난으로 공명첩 1000매 발급 | | |
| 1726. 5 | 한성의 일반 상인들, 점포설치를 허가해줄 것을 요구 | | |
| 1727. 3 | 세미를 늘리기 위해 물에 불리는 것 엄금 | | |
| 8 | 전라도 각지에서 민란이 일어남 | | |
| 9 | 여러 도에서 무명으로 징수하던 세의 절반을 돈으로 징수 | | |
| 1728. 1 | 서소문에 괘서사건 발생 | | |
| 3 | 이인좌 등 반란 일으킴 | | |
| 1729. 6 | 오가작통법 및 이정법을 개정하여 통제 강화 | 1729 | 청, 영국 등 여러나라와 무역시작, 아편판매 금지 |
| 1730. 5 | 수어청에 명하여 총을 만들게 함 | | |
| 12 | 노비종모법 시행 | | |
| 1732.11 | 개인의 화폐주조 엄격히 단속 | | |
| 5 | 충청도에서 환자곡에 의한 착취가 심함 | | |
| 1733. 3 | 평안도지방에서 농업을 포기하고 상업에 종사하는 상인이 증가 | | |
| 1735 | 대동미 전부를 무명으로 받던 규정을 폐지하고 돈과 무명으로 절반씩 받음 | 1736 | 프랑스·몽테스키외·볼테르 등 계몽사상가 활약 |

| 국 내 | | 국 외 | |
|---|---|---|---|
| 연 대 | 내 용 | 연 대 | 내 용 |
| 1736.12 | 난전의 상품을 현장에서 압수하는 것을 금함 | | |
| 1738. 1 | 영조, 권농의 윤음 내림 | | |
| 1739. 6 | 노비의 신공을 바치게 하는 법을 엄수케 함 | | |
| 9 | 노론파 관료들 다시 등용 | | |
| 1740. 2 | 각지방의 도량형기를 통일시키도록 함 | | |
| 4 | 새로운 수차를 충청·전라·경상도에서 시험적으로 사용 | | |
| 1742. 3 | 탕평비 세움 | 1742 | 영국과 프랑스간의 식민지쟁탈전 시작 |
| 4 | 화폐부족을 극복하기 위해 민간의 놋그릇을 수집하여 화폐주조문제 논의 | | |
| 1743. 7 | 양인군역을 규정한「양역실총」을 간행하여 반포 | | |
| 1745. 7 | 군포 2필을 1필로 감함 | | |
| 12 | 평안도의 쌀과 조 30만섬을 호조에 넘겨주어 재정 보충 | | |
| 1747. 5 | 영남 7읍의 전세를 화폐로 받음 | 1747 | 청, 외국 선교사 거주 금지 |
| 1748.11 | 경기도 마전지역 난민들이 수어청 둔전의 곡물을 탈취함 | | 미국, 보스턴에서 폭동일어남 |
| 1749. 2 | 충주에서 도둑들이 운반중에 있는 군포 탈취 | | |
| 1750. 2 | 군문의 군사들이 수공업제품을 만들어 팔다가 시전상인들과 충돌 | | |
| 5 | 영조, 홍화문에 나가 백성들의 양역변통에 대한 여론 수집 | | |
| 7 | 균역청을 설치하고 균역법을 실시 | | |
| 1752. 1 | 병조판서 홍계희,「균역사실」의 책자 올림 | | |
| 1753. 1 | 공인의 폐단 엄금 | | |
| 1754. 2 | 과거시험을 보는 장소에 책과 따라가는 사람의 입장을 금함 | 1754 | 북미의 영국신민지들, 올버니에서 회의 |
| 1755. 2 | 나주에서 괘서사건이 일어나 윤지 등 처형 | | |
| | 중앙관청 소속 노비들의 신공을 반필 씩 줄임 | | |
| 11 | 죽령 및 5개현의 전세를 화폐로 징수 | | |
| 1756. 1 | 가체를 금하고 족두리를 쓰게함 | 1756 | 프랑스·오스트리아간에 베르사이유 조약 체결 |
| 1757. 5 | 난장형을 금하고 지방에서는 태형만 가할 수 있도록 규정 | 1757 | 인도, 플라시 전투 |
| 1761. 8 | 노비에 대한 상전의 사형 금지 | | |
| 1762. 5 | 왕세자, 뒤주 속에 갇혀 굶어죽음 | | |
| | 세자의 위호를 회복케 하고 '사도'라 함 | | |
| 7 | 각도에 향전이 성행하여 이를 금함 | | |
| 1763. | 통신사 조엄, 대마도에서 고구마 종자를 가지고 옴 | | |
| 1764.10 | 장예원 혁파 | 1765 | 영국, 인지조례 통과 |
| 1771. 2 | 평안도에서 관청고리대 빚 30만 냥을 강제 회수 | | 아메리카식민지 대표회의가 뉴욕에서 열림 |
| 7 | 매관매직 현상이 횡행 | 1767 | 영국, 타운센드조례 제정 |
| 11 | 신문고 다시 설치 | | |
| 1772. 3 | 서얼소통법 시행 | 1770 | 영국, 차이외의 수입세 폐지 |
| 12 | 경상도 서얼 3천여 명이「청금록」에 올려줄 것을 요구 | | 미국, 보스턴학살사건 발생 |
| 1774. 4 | 첩 자식의 상속권 인정 | 1773 | 미국, 보스턴 차사건 발생 |
| 1775. | 삼남지방에서 환곡 대신에 돈으로 징수하는 전황의 폐단이 심함 | 1774 | 미국, 필라델피아 제1회 대륙회의 열림 |
| 1776. 3 | 정조 즉위 | 1775 | 미국의 워싱턴, 식민지군의 최고사령관이 됨 |
| 1777.12 | 교서관을 규장외각으로 함 | 1776 | 미국, 독립선언 |
| 1778. 2 | 노비추쇄관을 폐지 | | |
| 1781. 1 | 사상의 매점행위와 난전으로 시전상인과 공인들이 몰락 | | |
| 1782. 4 | 상인들의 매점행위로 한성의 쌀값이 폭등 | 1781 | 러시아, 농노제 폐지 |
| 1783.11 | 함경도 각사노비·관노비의 납속 속양을 승인 | | |
| 1784. 3 | 전황이 심하여 관청의 돈 10만 냥을 공물값으로 지출 | 1783 | 영국, 미국과 파리조약 체결 |
| | 이승훈, 연경에서 천주교 관련 서적을 가지고 귀국 | 1784 | 미국, 필라델피아에서 최초로 일간신문 나옴 |
| | 이벽·권철신·권일신 등, 이승훈에게 세례받음 | | |
| 1785. 1 | 한성에 천주교 교회 창립(진고개 김범우의 집) | | |
| 3 | 천주교도 처형됨(서학의 옥) | | |
| 1786.11 | 동 100만냥을 주조하도록 명령 | | |
| 1787. 1 | 개성상인들이 종이를 매점해 밀수출 | | |
| 5 | 프랑스 함대 페루즈 일행, 제주도를 측량하고 울릉도에 접근함 | | |
| 1788. 1 | 개성상인들의 종이 밀무역과 한성난전 엄히 단속 | | |
| 2 | 채제공, 우의정이 됨 | 1788 | 프랑스, 전국에서 농민봉기 |
| | 영남지방에 목화흉년으로 지세를 목화대신 돈으로 징수 | | 영국, 오스트레일리아에 유형식민지 시드니 건설 |
| 1789. 7 | 사도세자 묘를 수원으로 옮김 | | |
| 1789.12 | 한강에 주교 사설 | 1789 | 프랑스, 삼부회 소집 |
| 1790. 3 | 정약용, 해미현으로 유배 | | 프랑스,바스티유 공격으로 혁명 발발 |
| 1791. 2 | 시전의 특권을 없애고 자유매매를 허가한 신해통공 공포 | | |
| 10 | 천주교 관계서적의 수입 금함 | 1791 | 프랑스, 국민의회에서 헌법제정 완료 |
| 11 | 호남 진산군의 천주교도 윤지충·권상연 등을 처형(신해교난) | | |
| 1792.10 | 북경주교 구베아, 교황 비오6세에게 조선교회창설을 보고 | 1792 | 프랑스, 파리민중, 튈르리궁 습격 |
| 12 | 삼남지방의 목화흉년으로 대동목을 돈으로 징수 | | 입법의회 해산되고 국민공회 설립 |
| | | 1793 | 자코뱅의 독재, 마리 앙트아네트 사형 |
| 1794. 1 | 수원성 쌓기 시작 | 1794 | 로베스삐에르 처형 |
| 1795. 5 | 주문모 도망. 윤유일·최인길은 처형 | | |
| 6 | 한성의 쌀값 폭등 | 1796 | 청, 백련교도 봉기 |
| 1797. 6 | 정약용, 자신의 서학오염을 인정하고 승지 사직소 올림 | | 프랑스 나폴레옹, 아탈리아 원정군의 사령관이 됨 |
| 1797. 8 | 경사·전라·황해도 지방에 목화 흉년으로 군포 대신 돈으로 징수 | | |

| 국 내 | | 국 외 | |
| --- | --- | --- | --- |
| 1797. 9 | 영국 배 흐로비던스 호가 동래부에 표착 | 1798 | 프랑스 나폴레옹군, 로마 점령 |
| 1799. 5 | 조정대신들, 서학확대에 대한 대책 논의 | 1799 | 프랑스 나폴레옹, 블뤼메르 쿠데타로 친정정부 수립 |
| 1800. 1 | 서얼소통 시행 | 1800 | 미국, 워싱턴에서 제1회 국회가 열림 |
| 2 | 신유사옥 | | |
| 7 | 순조 즉위, 정순왕후 대리청정 함 | | |
| 1801. 1 | 홍국영의 관직 삭탈 | | |
| | 천주교도 색출방법으로 5가작통법 시행 | | |
| | 공노비 혁파 | | |
| 2 | 신유박해(권철신, 이승훈, 이가환 등 처형) | | |
| 3 | 주문모 신부 자수(4월에 처형) | | |
| 9 | 황사영 백서사건 | | |
| 11 | 정약용, 강진으로 귀양. 정약전, 흑산도로 귀양. 황사영 처형 | | |
| 1802. 1 | 장용영 폐지 | 1802 | 프랑스 나폴레옹, 종신통령이 됨 |
| 1804.12 | 사창제를 양남.양서에 실시 | 1803 | 영국, 대프랑스전쟁 재개(-1815) |
| 1805. 1 | 안동김씨의 세도정치 시작(-1860) | 1804 | 프랑스, 나폴레옹을 황제로 추대 |
| | 삼남지방과 영동지방의 대동포를 돈으로 대신 징수 | | |
| 1806.12 | 採金設店으로 개인경영 금광업이 전국적으로 활발해짐 | 1806 | 프랑스 나폴레옹, 대륙봉쇄령 공포 |
| 1808. 1 | 함경도 북청.단천에서 농민봉기 | 1807 | 독일, 농민해방령 공포 |
| 2 | 금난전권 폐지 | | |
| 1809. 6 | 경강상인들의 농간으로 곡가 상승 | | |
| 1811. 2 | 평안도 곡산에서 농민봉기 | 1811 | 영국, 러다이트 운동(-1812) |
| 3 | 천주교 금지령 강화 | | |
| 5 | 한성에 도적 횡행 | | |
| 12 | 홍경래 등이 지휘하는 봉기군, 가산 군수 살해(12.18) | | |
| 1812. 1 | 관군, 봉기군 진압하고 곡산 수복 | 1812 | 프랑스군, 모스크바에 입성했으나 퇴각 |
| 6 | 황해도.평안도의 양반을 관리로 등용해 민심 회유 | | |
| 1813.11 | 제주도에서 토호 양제해 등이 주도해 농민봉기 | | |
| 1814. 1 | 홍경래의 봉기 당시 죽은자들을 위해 '忠義壇'세움 | 1814 | 프랑스, 연합군에 파리 점령당함 |
| 5 | 한성에서 곡가 상승으로 폭동 일어남 | | 유럽, 빈회의 개최 |
| 10 | 한성 쌀값 계속 오름(쌀 한 섬값 12냥으로 예전의 2배) | | |
| 1815. 2 | 충청.강원도의 천주교 탄압(을해교난) | 1815 | 청, 아편수입 금비 |
| 6 | 경상도 천주교도 300여명 검거 | | 영국, 곡물법 공포 |
| 1816. 7 | 영국 군함 충청도에 옴 | 1816 | 독일, 연방의회 개최 |
| 11 | 대구에서 천주교도 29명 순교 | | |
| 1820. 8 | 선혜청 관리들이 50여만 냥의 세금 포탈 | 1820 | 이탈리아, 나폴리에서 카르보나리당 주도하에 혁명 |
| 1821. 5 | 금위영과 어영청의 상번을 5년간 중지하고 그 대신 쌀과 돈으로 세금 징수 | 1821 | 그리스, 독립전쟁(-1827) |
| 1823. 7 | 경기도를 위시한 5도의 유생들, 만인소를 올려 서얼의 임용 요청 | 1823 | 미국, 먼로주의 선언 |
| 11 | 비변사, 서얼허통절목 제정 | 1824 | 멕시코 공화국 성립 |
| 1825. 9 | 정하상 등, 로마교황에게 서한을 보내 조선 천주교도의 고난을 알림 | 1825 | 러시아, 데카브리스트의 난 일어남 |
| 1826. 1 | 도량형 문란해짐 | | |
| 9 | 정주성에 홍경래가 살아있다는 괘서 나타남 | | |
| 1827. 2 | 곡성에서 교난(정해교난) | | |
| 3 | 楚山의 주민들, 부사의 탐학을 우의정에게 호소 | | |
| 8 | 전국 각지에서 천주교도 수백 명 체포 | | |
| 1829. 8 | 한성의 상인들, 연안 강령포에서 조운선 습격해 1만냥 탈취 | 1829 | 청, 외국과의 통상금지 |
| 9 | 강계지방의 산삼공물을 화폐로 징수(산삼1냥을 화폐 80냥으로) | 1830 | 프랑스, 7월혁명 발발 |
| 1831. 9 | 로마 교황청, 조선교구 승인 | | 영국, 차아티스트 운동 |
| 1832. 6 | 영국상선 로드암허스트 호, 황해도 몽금포 앞바다에 나타나 통상 청함 | | |
| 11 | 상인들의 독점으로 한성 쌀값 폭등 | | |
| 1833. 3 | 한성의 쌀값이 폭등하여 도시빈민들의 쌀폭동이 일어남 | 1833 | 독일, 관세동맹 체결 |
| 4 | 황해도 재령지방의 소작인들이 소작료 납부를 거부 | | |
| 12 | 삼남지방에 목화 흉년으로 대동포를 대동미로 징수 | | |
| 1834.11 | 헌종 즉위, 순원왕후 김씨 수렴청정 | | |
| 1835. 7 | 서북인을 등용함 | | |
| 1836. 9 | 삼남지방에서 군포를 화폐로 징수 | 1836 | 청, 아편 흡연죄 정함 |
| 1837. 5 | 충청도 대흥군에서 집권자들의 죄행을 폭로한 괘서사건 발생 | | |
| 1839. 3 | 천주교도 40여명 체포 | 1839 | 청, 영국선의 출입 금지 |
| 7 | 앙베르주교,샤스탕 신부 등 처형 | | |
| 8 | 유진길,정하상 등 다수 천주교도 처형 | | |
| 9 | 천주교도 물색 위해 오가작통법 강화 | | |
| 1840. 3 | 죽산부민 봉기해 부사 살해 | 1840 | 영국, 청 침공(아편전쟁 시작) |
| 12 | 풍양조씨의 세도정치 시작 | 1842 | 영국, 청의 상해와 남경 함락 |
| 1841. 9 | 경주부민 수백명, 경주부의 환곡포탈사건을 들고 연일 복궐상소 | 1844 | 네덜란드, 일본에 개국 권고 |
| 10 | 황해도 연안 등 12개 군현에서 군포의 절반을 화폐로 징수 | | |
| 1845. 6 | 영국군함, 제주도와 전라도 서남해안 측량 | | |
| 7 | 조정, 영국군함의 행위에 대해 중국 광동의 영국당국에 항의 | | |
| 8 | 훈련도감에서 무기 제작 | | |

| 국 내 | | 국 외 | |
|---|---|---|---|
| 연 대 | 내 용 | 연 대 | 내 용 |
| 1846. 5 | 김대건 체포(7.26 순교) | 1846 | 영국, 곡물법 폐지 |
| 1846. 6 | 프랑스 해군소장 세실, 천주교탄압을 구실로 군함3척을 이끌고 침입 | 1847 | 영국, 과잉생산으로 공황일어남 |
| 1847. 1 | 서양 직물의 수입증가로 국내 백목전상인의 경영난이 심각해짐 | 1848 | 프랑스, 2월혁명 일어남 |
| 1848. 4 | 외국군함의 연해침입에 대한 해안경비 강화 | | 오스트리아 3월혁명, 프로이센 3월혁명 |
| 1848. 6 | 이양선이 함경도 앞바다에 나타남 | 1849 | 프로이센, 독일제국헌법 제정 |
| 1850. 2 | 이양선 1척, 강원도 울진해안에 나타나 발포하여 군민 살상 | 1850 | 청, 태평천국의 난 일어남(-1864) |
| 1851. 9 | 안동 김씨 세도정치 재개(김문근의 딸을 왕비로) | 1851 | 영국, 제1회 만국박람회 열림 |
| 1852. 4 | 흉년으로 삼남지방에서 방곡조치를 금지하도록 요구 | 1852 | 프랑스, 나폴레옹 3세 즉위 |
| 1852.10 | 환곡의 폐단에 대한 대비책 강구 | | |
| 1853. 4 | 러시아 함대, 영일만까지 남하해 동해안 측량 | | |
| 1854. 4 | 러시아 배, 함경도 영흥 해안에서 백성들 살상 | | |
| 1854. 6 | 함경도민의 외국선박과의 교역 금함 | | |
| 1855. 6 | 강원감사, 통천군에 미국인 4명이 표류됨을 보고 | | |
| | 영국 군함 독도 측량 | | |
| | 프랑스 군함 동해안 측량 | | |
| 1856. 7 | 프랑스 군함, 충청도에서 가축 약탈 | | |
| 8 | 이양선, 풍천에서 가축 약탈 | 1857 | 인도, 세포이 반란(-1858), 청, 제2차 아편전쟁 |
| 1858. 8 | 한성에 도둑 횡행 | 1858 | 무굴제국 멸망 |
| 1859. 4 | 서원의 신설 금함 | | |
| 5 | 영국 배, 동래에 출몰해 통상요구 | | |
| 11 | 일본, 서양국가에 대해 개국하였음을 통고해옴 | | |
| 1860. 9 | 돈의문에 괘서사건 | 1860 | 이탈리아의 가리발디, 시칠리아 정복 |
| 1862. 2 | 지방관리들의 봉급을 감함 | 1861 | 미국, 남북전쟁(-1865) |
| | 진주에서 농민 봉기 | 1862 | 청, 양무운동 시작. 동치중흥(-1874) |
| 4 | 익산.개령. 함평 등에서도 농민봉기 | | |
| 5 | 삼남지방으로 농민봉기 확산 | | |
| | 삼정이정청 설치 | | |
| 8 | 삼정이정청 폐지 | | |
| 10 | 삼정에 관한 옛 법규 복구 | | |
| | 제주, 함흥, 광주에서 농민봉기 | | |
| 1863. 1 | 세금을 함부로 징수하지 못하게 함 | 1863 | 미국, 노예해방령 |
| 11 | 동학교주 최제우 체포 | | |
| 12 | 고종 즉위, 흥선군 이하응 정국 장악 | | |
| | 서원철폐 단행 | | |
| 1864. 2 | 비변사와 의정부의 사무한계 규정 | | |
| 3 | 동학교조 최제우, 혹세무민죄로 처형(1824-) | | |
| | 삼군부 설치 | | |
| 1866. 1 | 천주교서책의 소각과 오가작통법의 강화를 시달 | | |
| | 다수의 천주교 신부, 신자 처형 | | |
| 3 | 경복궁 중건 공사장에 화재 | | |
| 7 | 미국 상선 제너럴 셔먼호 평양에 정박해 양곡을 약탈하며 총기난사 | | |
| | 평양군민,셔어먼호방화 | | |
| 8 | 척사윤음 반포 | | |
| | 프랑스함대 경기도 앞바다에 도착(병인양요) | | |
| 9 | 프랑스군, 강화부를 점령하고 방화와 약탈을 자행 | | |
| 10 | 양헌수 부대, 강화도 정족산성에서 프랑스군 격퇴 | | |
| 11 | 금위영에서 당백전을 주조케함 | | |
| 1867.11 | 경복궁 근정전 완공 | | |
| 1868. 1 | 권농윤음 반포 | 1868 | 일본, 명치유신 |
| 4 | 독일상인 오페르트, 남연군 묘 도굴하다 발각 | | |
| 10 | 최익현, 토목송사 중지, 당백전의 폐지, 문세 중지를 상소 | | |
| 1869. 3 | 전라도 광양현에 농민봉기 | | |
| 7 | 건영도감, 대원군의 명에 따라 전국에 원납전 납입을 독촉 | 1870 | 이탈리아 통일 완성 |
| 1871. 3 | 서원철폐 지시 | 1871 | 독일제국 선포 |
| | 양반.상민 불문하고 호포징수 | | |
| 4 | 미국송사 로저스 5척의 군함이끌고 괌성진 점령(신미양요) | | |
| | 어재연 부대, 초지진에서 싸우다 전사 | | |
| 8 | 이필제, 봉기 주도하다 체포 | | |
| 1873.10 | 도성의 門稅 폐지 | | |
| 11 | 최익현, 대원군 탄핵. 국왕, 내용이 과격함을 이유로 유배를 명함 | | |
| | 국왕 친정선포 (대원군 실각) | | |

# 찾아보기

**신문으로 엮은 한국 역사 4**

## 역사신문

1996년 7월 30일 1판 1쇄
2022년 6월 30일 1판 34쇄

지은이 | 역사신문편찬위원회

편집 관리 | 인문팀
제작 | 박홍기
마케팅 | 이병규 · 양현범 · 이장열
홍보 | 조민희 · 강효원

출력 | 블루엔
인쇄 | 천일문화사
제책 | J&D바인텍

펴낸이 | 강맑실
펴낸곳 | (주)사계절출판사
등록 | 제 406-2003-034호
주소 | (우)10881 경기도 파주시 회동길 252
전화 | 031) 955-8588, 8558
전송 | 마케팅부 031) 955-8595    편집부 031) 955-8596
홈페이지 | www.sakyejul.net    전자우편 | skj@sakyejul.com
페이스북 | facebook.com/sakyejul    트위터 | twitter.com/sakyejul
블로그 | blog.naver.com/skjmail

ⓒ 사계절출판사, 1996

ISBN 978-89-7196-306-7 04910

벼여 실고 며 벼여ᄒ 혼 남으여 나 들그 몃으여 나

부모셤기ᄂᆞᆫ도 벼슬시부모의게미루면다시더ᄒᆞ고 아ᄃᆞᆯ

써시업시리라고로어ᄌᆞ사롬의어버이룰셤김이

의귀홈으로써그효도룰옴기지아니ᄒᆞ고이미부훔

으로써그마음을고치지아니ᄒᆞᄂᆞ니고로룰오뎌어

버이셤김을하눌셤김갓치호다ᄒᆞᆫ고쓰도오뎌도

ᄂᆞᆫ어버이편이홈만큼이업다ᄒᆞ니가히풍경치안

휴랴시경에글오뒤어늬옷은씻고어듸옷은씻지아

니ᄒᆞ리오도라가친뎡부모쎄문안ᄒᆞ리라ᄒᆞ니인ᄂᆞᆫ

후비룰이롬이니라